中国律师实训经典 | 美国法律判例故事系列

审判故事
Trial Stories

[美]迈克尔·E·泰戈
(Michael E. Tigar)
安杰拉·J·戴维斯 | 编
(Angela Jordan Davis)

陈虎 郭春镇 杨瑞 | 译

中国人民大学出版社

编者：迈克尔·E·泰戈，美国大学华盛顿法学院法学研究教授、杜克法学院访问教授。安杰拉·J·戴维斯，美国大学华盛顿法学院法学教授。

译 者 简 介

    陈虎，男，安徽淮南人，中南民族大学法学院副教授，北京大学法学院博士后，武昌理工学院特聘教授。曾在《中外法学》、《法制与社会发展》、《北大法律评论》等期刊发表多篇学术论文和译文，其中多篇被中国人民大学报刊复印资料全文转载；译有《吉迪恩的号角》一书，主持省部级课题多项。

    郭春镇，男，山东聊城人，厦门大学法学院副教授，吉林大学理论法学研究中心博士后，福建省法学会法理学专业委员会常务副主任。著有《法律父爱主义及其对基本权利的限制》一书；曾在《中国社会科学》、《环球法律评论》、《法制与社会发展》、《法律科学》、《北大法律评论》等期刊发表多篇学术论文和译文，其中多篇被《新华文摘》、中国人民大学报刊复印资料等转载；主持省部级课题多项。

    杨瑞，女，河南周口人，法学博士，华中农业大学文法学院讲师。曾在《现代法学》、《法律科学》等期刊发表学术论文多篇，主持省部级课题多项。

目　录

1

导　论

审判——尤其是陪审团审判——就像其他公共事件一样，往往能够抓住美国人的想象。就在人们急切地浏览体育版面希望寻找他们或喜欢或讨厌的球队的新闻之前，重大审判往往被刊载在重要版面之上，而且成为热烈争论的焦点话题。如果双方律师表现出色，审判就会成为一个论坛，在其中，有关司法和人类情感的话题都会在陪审团这一由社会代表组成的组织面前悉数登场。

根据莫里斯州长（Governeur Morris）（他曾签署过《独立宣言》）的说法，1735年对报纸编辑约翰·彼得·曾格（John Peter Zenger）的审判"标志着之后彻底改变了美国的自由曙光的出现"。在18世纪60年代发生的这些审判，挑战了英国对殖民地居民财产进行搜查和扣押的法律规定，直接引发了约翰·亚当斯（John Adams）后来所写的一系列事件："当时当地正是一个独立国家形成的历史时期。"在此后数十年的时间里，这场审判以及对亚伦·伯尔（Aaron Burr）叛国罪的无罪判决在公众意识中引发了深层的思考。在一系列涉及劳工权利、种族关系和谋杀的案件之中，人们研究克拉伦斯·达罗（Clarence Darrow）的辩护，以寻求其对我们在律师执业以及法律的社会作用方面的启发。民事案件也提出了一系列重要议题，包括权力分配、权力机关及个人的社会责任和法律责任、社会关系、一个复杂社会中的风险分配。这些议题同样是社会公众关注的焦点话题。

对于这类事项的审判注定就不会，或者说就不应当会是一场"普通的"或者"乏味的"审判。如果你是一名律师，并且仅仅将审判看作"另一种工作形式"，你就不可能打动陪审员和法官。陪审员已经从日常生活中抽出时间来参加审判。他们拿着最低的报酬，有时甚至连这个数都拿不到。有人会告诉他们说他们正在发挥着参与式民主的核心作用。当他们耳闻目睹了律师、双方当事人以及法院工作人员以一种毫无激情的方式展开他们各自工作的时候，这一说法通常都很难让他们相信并接受。有一些律师，他们能够唤醒陪审员的正义感，能够将案件叙述得像一个故事，只要陪审员照律师所说的去做，就会产生合理的结局，他们往往能够因此获得胜诉。更宽泛一点说，他们帮助修正公众的观念：正义有时是可以达到的。

读者可能会问："本书的写作目的是什么？"对辩护工作的理解几百年来一直涉及两个不同但又相互关联的方面。第一个方面与辩护的技术和手段有关——询问证人，在法官和陪审员面前辩论。这些方式自从古希腊和古罗马时代就开始以"修辞学"的方式得到传授，而今天则成为在法学院和研讨班上传授的模拟法庭的主要组成部分。但是，学会使用辩论这一手段还仅是一个开始，对法庭和审判的观察者而言，这些手段仅仅是体验和理解法庭工作的一个部分而已。

第二个方面就是学习律师是如何以正义为目标而对当事人的诉求加以处理的，充分理解当事人以及该诉求以便他或她能够运用技术和手段实现该诉求。本书中提到的审判故事就向我们展示了律师在这方面的工作，以及他们是如何——很多时候还会展示他们是为何——做这些工作的。律师的工作是以了解客户为开端的，整个工作过程就是一个带有同情，同时又伴有足够怀疑精神以保持独立判断的过程，然后就是对事实和法律问题的孜孜不倦的调查和研究。这些故事中的每位律师都展现了一种对复杂，有时甚至有些矛盾的证据的完美的掌控能力。律师有时还会运用一种新的叙述方式，以唤醒听众的正义感。这一方面的技巧是无法通过案卷材料学习到的，而必须亲自观察，亲身体验，方可掌握。

审判辩护故事在很多重要的方面都有其自身的特点。以下场景古已有之：两个人各自叙述自己的故事版本，由一人居中裁决哪个版本更有说服力。在对话中，我们彼此展示对于过去事件的不同描述。在本书中，我们选择了一些双方的故事版本都非常可信的审判。但是，各章作者并不仅仅满足于重述故事本身，他们还揭示了故事是如何被描述的，而且用这种方法告诉我们有关辩护和律师的知识。一个审判故事就这样得以巧妙地构建。实体法——以及与之相关的民事侵权法或者刑法——界定了何种诉求会被受理，何种辩护会被采纳。这些故事不是小说。证人必须出庭，也许还要带着文件或物品出庭；他们的叙述必须符合证据法和审判程序的规定。律师在法官和陪审团面前辩论，寻找使证据更具有说服力的方式。

这一复杂的过程并不是想象出来的。这些审判都发生在关键的历史性时刻。如何叙述故事的辩护决策必须建立在以下基础之上：了解如何才最有可能抓住那些从社区中选出的陪审员以及主审法官的注意力，并最终说服他们。因此，尽管这只是一本故事书，但却不是，也不能是虚构的。你会在本书中看到某些虚构的故事，但却总会有律师运用对抗制程序中诸如交叉询问等揭示矛盾的方式，将这些故事拆穿，并展示出事实的本来面貌。

本书中的故事都是真实的，至少在三个层面上可以这么说。首先，这些故事都选自真实案件的文字记录。其次，这些案件个个都具讽刺意味，因为它告诉我们在追求正义的过程中辩护和律师所起到的重要社会作用。最后，这些案件描述了每一位律师都应当掌握的技术和技巧：对候选陪审员的审查——预先审查程序，开庭陈词，主询问，反询问，专家证言的运用，结案陈词，以及如何向法官陈述。

这些案件的时间跨度长达两个世纪。您将会看到——就像您期待的那样——在这段时期内，修辞的风格发生了许多改变。同时，您也将看到——也许还会对此感到惊讶——故事叙述的基本主题却几乎从未发生过根本的变化。在共和国成立之初，只有具有一定财产的白人男子才有资格做陪审员。而在 20 世纪的最后 25 年，宪法却禁止在陪审员选择中对妇女有任何歧视。1986 年，在无因回避程序（peremptory challenge）中的种族歧视也被宣布为违宪。这些以宪法为基础的变化是与美国这个 3 亿人口的社会日益增长的社会和道德观念的多元化相伴随的。今天的陪审员再也不是由一种肤色、一种思维（cast of mind）的人组成的了。

尽管在陪审团组成方面发生了这样的变化，审判的主题却一直相对稳定。在导论的后半部分我们还将探讨这一话题。究竟是什么发生了变化？在1800 年，律师和陪审员，除了白人以外，差不多都来自同一个社会阶级。而今天，各种人群都有机会进入法学院和充当陪审员。有时，对于律师而言，他们很难理解自身与他们所要说服的陪审员所处的各种不同的社会地位之间的鸿沟，并建立起沟通的桥梁。各位在阅读本书故事的时候，请牢记沟通的理念，并注意律师是如何处理这一问题的。

本书有些章节介绍了双方的辩护活动，而其他章节则仅仅关注原告方或被告方的辩护活动，以便读者朋友能够解构和评估律师的工作。比如，您将会在伯尔（Burr）案件中了解控方的立场，在利奥波德和罗卜（Leopold—Loeb）以及尼克尔斯（Nichols）案件中了解辩方的立场。

这就是美国社会的特征：重大的社会问题往往都会转化为法律问题。在一场历史性的审判中，人们最为关注的就是裁判是否公正，以及这一裁判是否通过公正的程序作出。这样一个裁判需要得到社会的认可。一个最为戏剧性的例子是在二战即将结束时的纽伦堡（Nuremberg）审判。一些盟军领导期望能够将纳粹领袖集体枪毙，最后决定进行审判是为了向全世界展示纳粹罪行的证据，告诉世人1 100万人是如何被屠杀的。在本书中，有许多（如果不能说是大多数的话）审判都有重大的历史意义，因为它们给世人带来的启发要远远超过故事本身，它们告诉我们，一个故事是如何在历史和社会的思想模式中发挥其作用的。

■ 对亚伦·伯尔（Aaron Burr）的审判

对亚伦·伯尔的逮捕和审判与现代很多高风险和引发高度关注的审判具有类似的特征。杰斐逊（Jefferson）总统公开宣称伯尔确实有罪。主审法官约翰·马歇尔（John Marshall）也知道，他的法庭表现会招来总统盟友和对手的共同批评，甚至可能会导致对他的弹劾。辩护律师对控方一有机会就提出的所谓政治动机进行了反击。伯尔也进行了自我辩护。控方试图通过被控罪行中所包括的发出倡议、准备行动一直到计划行动等环节，拓展政治罪行的定义，在本案中也就是所谓的叛国罪。双方律师都知道，当他们在法庭上发言的时候，他们是在向三类不同的听众发言：陪审团，主审法官以及社会大众。

辩方最终说服了主审法官本案无案可答，他们通过交叉询问和出色的辩论达到了这一目的。而控方，尽管未能对被告定罪，却成功地说服了陪审员，如果确实不构成指控罪名的话，伯尔的确构成了其他犯罪。他们肯定说服了公众（至少是那个时代的重要人物）相信伯尔确实有罪。直到20世纪弗格森（Ferguson）教授讨论的历史著作和小说面世之前，历史学家的定论一直都对伯尔十分不利。亚伦·伯尔在独立战争期间受到了特殊的对待。他在1801—1805年任托马斯·杰斐逊的副总统，他自己和杰斐逊有关其为何没有继任副总统一职的说法有所出入。约翰·亚当斯一直十分鄙视杰斐逊，他认为伯尔作为候选人是导致亚当斯在1800年选举中竞选失败以及杰斐逊能够获胜的关键。

伯尔于1805年3月2日离开美国参议院之后，就着手组织之后使其被控叛国罪的那些政治和军事行动。在不同的地点进行了一系列的审前程序之后，他于1807年8月17日正式在弗吉尼亚州被提起指控。按照当时此类诉讼通常采取的形式，该起诉书是这样开头的：

美国弗吉尼亚地区大陪审团，经郑重宣誓将亚伦·伯尔提交法庭审判，亚伦·伯尔，纽约市以及纽约州执业律师，美国居民，受美国法律的保护，并对美国效忠，他并不信仰上帝，也毫无对国家的忠诚感，但却被魔鬼的煽动蛊惑和引诱，于西元 1806 年 12 月 10 日这天，在上述弗吉尼亚州伍德郡一个被称为布兰内哈萨特（Blennerhassett）岛的地方——就在该法院的辖区——居心叵测地发动了一场企图破坏美国的和平与安宁，扰乱美国的武装暴动、叛乱和战争。1806 年 12 月 10 日，亚伦·伯尔在"布兰内哈萨特岛"，在伍德郡，在弗吉尼亚州和法院辖区，和 30 个以上大陪审团至今不知其姓名的人，以战争状态进行武装和列阵，也就是说，带着枪、刺刀和短剑等等一切进攻性和防御性的武器，心怀恶意地、以一种非法和错误的方式武装集会，反对自己的祖国，将自己置于美国的对立面……

罗伯特·弗格森（Robert Ferguson）教授对检控官威廉·沃特（William Wirt）构建和传递的有关伯尔的故事格外关注，该故事把伯尔描绘成一个可耻的骗子，一个对其国家和人民毫无责任感的人。

伯尔（Burr）案已经成为美国公正刑事审判许多重要方面的象征。众所周知，首席大法官马歇尔裁决，刑事被告可以通过强制程序获得传票，即使是美国总统也不例外。但不太为人所知的是，马歇尔大法官代表法庭就陪审团审判的目的以及对公正陪审员的需要所发表的意见。

控方认为，陪审员如果"仅仅认为"伯尔有罪，就仍可以留在陪审团中，因为该陪审员对伯尔的有罪与否并没有一个固定的立场。辩方则认为，允许这样一个人担任陪审员对被告是不公平的，他很可能受到新闻评论和控方公开言论的过度影响。读者可能会感觉到，这些辩论实际上与今天那些热点案件的辩论也十分类似。首席大法官马歇尔的观点值得在这里详加引用，尽管这些观点是在只有 12 个有财产的白人才有资格加入陪审团的时代形成的，但却具有很大的现实意义：

> 陪审团审判的最大价值当然在于其公平性和公正性……陪审团应当在心智白板的状态下听审，其对证言以及案件的法律问题可能产生的印象都持开放的状态，而不会因为一些先入为主的偏见对这些印象加以排斥。法律的所有规定都是为了达到这种效果。为何一方当事人的最远房的亲戚也不能参与陪审团？当然，仅仅是这种关系本身，与案件判决结果并无直接的关系，也不会遭到任何反对。该规则的真正理由在于：法律怀疑亲戚可能会对一方当事人加以偏袒；怀疑他有偏见，而这一偏见很可能会使他无法公平地听取双方意见，并公平地裁决提交到他面前的证词。该规则的目的就是要组成一个公正的陪审团，以保证公平结果的实现。一个与一方当事人有关系，因而可能会使公众对陪审团的公平性产生怀疑的人，是不被允许进入陪审团的。这一关系可能是八竿子打不着的远方亲戚；也可能从未见过当事人；他可能会宣称自己对本案没有任何先见。但是，法律极为小心地将其排除在陪审员资格之外，因为它会带来对其公平性的质疑，因为一般情况下，任何处于同一境地的人都会产生偏私。

> 如果法律极为严谨地通过某种特殊的方式保证审判的公平，但却又

任由以别的方式对这一公平审判加以破坏，这是十分奇怪的事情。如果法律通过排除一个远房的、根本就互不认识的亲戚进入陪审团这一方式来稳妥地保证一场公平的审判，但却完全不顾那些可能对作出公平审判更为不利的人，这样的制度也会变得十分奇怪……为什么个人的偏见会成为人们对某一制度进行质疑的正当理由呢？仅仅是因为，在这些偏见的影响下，个人一般都会在心中形成预断，而这一预断将会阻止其根据证词作出公平的裁决。他会宣称，尽管存在这些偏见，他仍然肯定会听取证据，并根据证据进行裁断；但是法律却并不相信他的表态。还有什么理由能够怀疑对案件存有偏见并对该案认真地作出和提交判决意见的人吗？尽管他本人相信自己会根据证言进行裁决，但是法律却不信任他，当然，这种不信任并非没有理由：他会更乐意听取那些确证他内心想法的证言，而对那些可能挑战他想法的证言却有意无意地加以忽视；我们不要期待他会像其他人那样公平地权衡证据和双方的辩论意见。

有可能组成一个对被告人有罪与否没有任何先见的陪审团吗？大家对此可能抱有极高的期望，这也许是根本不可能的事情，因此法律不会做如此绝对的要求。法庭认为，那些对证言轻易采信或者对证言进行公平考量的轻微印象，都不能构成反对一个陪审员的充足理由；但如果陪审员脑中强烈而又深刻的印象会使他对与其印象相左的证言有强烈抵触的话，则足以构成反对其当选陪审员的理由。

■ 希尔蒙（Hillmon）案

1879年，一名男子在堪萨斯州的曲溪（Crooked Creek）边头部中弹身亡。这一不为人所知的不幸事件为我们留下了一笔神秘的、标志性的法理学遗产。他的死亡在莎莉·希尔蒙（Sallie Hillmon）（声称是死者妻子）和与其签署了人身安全险的保险公司之间引发了6场诉讼，而每一场诉讼都被怀疑是场骗局。此外，该男子的死亡产生了一个新的传闻规则的例外，即"心理状态"（state of mind）的例外，该例外现在已经被联邦证据规则第803条第3款吸纳而成为正式的法律。保险公司认为，死者并非希尔蒙，而更可能是大家没有想到的沃尔特（Walter），他是被希尔蒙杀死的，因此希尔蒙夫妇可以从他们的人身保险中骗取保险赔偿。作为对这一主张的证明，保险公司还提交了一封沃尔特先生在被害前写给他未婚妻的一封信件，信中说他很快就会和一个名叫希尔蒙的男子一起从事一场回报丰厚的生意。此后就再也没有他的消息了。最高法院最后可能会裁决，这封信是可采的，因为它表明了其将来要做某事的意图，而这一证据更能证明其后来采取这种行动的可能性。

在这一章中，保罗·伯格曼（Paul Bergman）教授和玛瑞安·维森（Marianne Wesson）为莎莉·希尔蒙太太和康涅狄格州互惠人寿保险公司的律师进行了引导。为了从大量事实描述中找到真相，这些律师要在与希尔蒙案有关的法律和社会领域里仔细地挖掘。他们让陪审团放下所有既有的知识、信念和策略。他们将要对希尔蒙案审判中提交的一系列证据和辩论内容进行整合，试图说服 20 世纪的听众接受他们的诉求，以及新的传闻规则例外的正当性（否则就会缺乏正当性）。作者的叙述方式允许现代读者去解构希尔蒙的故事，并领会这些故事的组成部分是如何被天衣无缝地组织在一起的。

■ 利奥波德和罗卜（Leopold and Loeb）

1924 年 5 月 21 日，内森·利奥波德（Nathan Leopold）以及理查德·罗卜（Richard Loeb）在芝加哥杀害了博比·弗兰克斯（Bobby Franks）。他们被提起诉讼，并作了有罪答辩。克拉伦斯·达罗在量刑阶段为他们进行辩护。他们放弃了陪审团审理。主审法官最后判处被告人终身监禁。利奥波德和罗卜案是本书中唯一一个未由陪审团审理的案子。不难猜测为何达罗会选择由法官主审：芝加哥当地的民众对被告极度愤怒，以至于要想选择一个公正和诚实裁决的陪审团是不可能的事情。达罗对法律所作的最为重要的贡献就在于，他曾在干草市场案中为被错误定罪的被告作请求赦免的辩护，这是在备受瞩目的审判环境下扭转陪审员偏见的一个典型范例。

有很多关于利奥波德和罗卜案的书籍、电影和电视剧。卡罗尔·斯迪克（Carol Steiker）教授在她所撰写的章节开头就解释了为什么她相信该案值得我们再次关注。编者也同意她的说法。在任何有关辩护的讨论中，达罗对证据的提交和封送处理都代表了 20 世纪律师执业的最高水平。斯迪克教授向我们展示了达罗是如何参与这一死刑审判中的关键问题的——不仅仅是对有关犯罪的证据，还包括对被告品格证据的"理性道德反应"（reasoned moral response）。

■ 奥西恩·斯威特（Ossian Sweet）医生

1925 年，奥西恩·斯威特医生，非裔美国人，与妻子和孩子一起搬进了位于底特律的一个白人聚居区。当年 9 月 9 日，一群白人暴徒把他的家团团围住，其中一人被开枪打死，斯威特医生和他的妻子、兄弟以及很多当晚在他家的朋友都被控以谋杀罪。

克拉伦斯·达罗是如何代理斯威特医生以及其他同案被告人的这一过程，是对全国有色人种协进会（NAACP）的发展状况以及 20 世纪 20 年代美国北部种族关系非常有意思的反映。

第一次审判最后以无效审判而告终，芭芭拉·伯格曼（Barbara Bergman）教授比较了达罗在两个案件中的辩护，解释了为何第二次的辩护结果会有这样的差异。达罗在这起明显带有种族问题的案件中，说服由 12 名白人组成的陪审团的功力是非常厉害的。就在代理斯威特案一年以前他还为利奥波德和罗卜辩护，同年又参与了约翰斯科·普斯（John Scopes）一案的辩护，这些都足以证明克拉伦斯·达罗无愧于该世纪最伟大辩护律师的称号。

壳牌诉德士谷（Pennzoil v. Texaco）

1985 年 11 月 19 日，得克萨斯州休斯顿的一个陪审团宣布了一份判罚100.53 亿美元的裁决，创了历史之最。该裁决比之前最高判罚数额多出 5 倍以上。该案并非严重身体伤害的案件，也不是安乐死（wrongful death）和医疗过失，只是一份对商业世界里司空见惯的事件作出的一份普通判决而已。这就是壳牌诉德士谷（Pennzoil v. Texaco），因一次简单的商业交易而引发的诉讼。罗伯特·劳埃德（Robert Lloyd）教授详细研究和审查了该案各方当事人以及所有事件和细节，让一个复杂的法律诉讼也能为外行读者所理解。他对按照行业标准最为典型的商业谋略进行了详细的解释。然后，劳埃德教授还解释了人身损害赔偿律师乔·基麦尔（Joe Jamail）是如何运用简单、讲故事和请求的手法去劝说陪审团相信：德士谷的行为确实已经恶劣到了应该受到如此严厉惩罚的地步。

阿勒里案（State v. Allery）

希瑞·阿勒里（Sherrie Allery）在经历了数年极端的身体和精神虐待后，出于自卫而杀死了她的丈夫。正如大多数有关妇女杀害虐待者的案件一样，阿勒里在杀死其丈夫之前的行为并不完全符合正当防卫的特征，特别是需要证明存在针对其生命或严重身体伤害的紧迫威胁。因此，本案律师，艾伦·耶如谢夫斯基（Ellen Yaroshevsky）试图传召专家就受虐妇女综合征向法庭作证。

在展示律师自身观点的章节中，耶如谢夫斯基女士描述了该案审判中非常有意思的细节，并为读者了解她和其当事人之间形成的诉讼策略提供了独特的视角。阿勒里案是对导致一个妇女杀死虐待者的事实和情境的最好描述。该案最终还促成华盛顿州有关受虐妇女综合征的专家证言可采性以及正当防卫的法律发生了非常重大的变化。

公民诉奥兰苏·詹姆斯·辛普森
(People v. Orenthal James Simpson)

很少有案子像辛普森案件一样吸引了这么多人对其加以报道。尽管该案肯定还没有达到某些人所称的"世纪审判"的程度，但的确要比任何一起名人审判重要得多。正如安杰拉·J·戴维斯（Angela J. Davis）教授指出的那样，辛普森案件集中反映了刑事司法体制中最为重要的一些问题，包括阶级和种族差异、DNA 证据以及警察伪证。

在这一章中，戴维斯教授重点关注了种族问题——其在审判中的重要性以及影响律师辩护的方式。她讨论了辩护和控诉双方中有关种族问题的立场冲突，并比较了各方最终采取的策略差异。戴维斯教授审查了种族问题是如何影响律师选择、审判地点以及陪审团挑选、对法庭最富争议证人的主询问和反询问以及结案陈词的。她指出，双方作出的有关种族问题的策略选择可能在很大程度上会影响到案件的最终结局。

特里·尼克尔斯（Terry Nichols）以及俄克拉何马（Oklahoma）爆炸案

1995 年 4 月 19 日，发生在俄克拉何马市的爆炸案，造成了 168 人死亡。这则爆炸性的新闻立即传遍了世界。蒂莫西·麦克维（Timothy Mcveigh）以及特里·尼克尔斯因密谋爆炸 Murrah 联邦大楼而被逮捕并在联邦法庭接受审判，罪名是爆炸和纵火，以及针对大楼里联邦雇员的 8 项一级谋杀罪。美国科罗拉多州地区法院的理查德·马什（Richard Matsch）法官，将此案从俄克拉何马市移送到丹佛市，并批准了将两名被告分离审判的动议。

马什法官有关改变审判地点的观点反映了大概两百年前马歇尔首席大法官在伯尔一案中所表达的一种不易觉察的偏见——即使马什法官并没有引用这些观点。

麦克维所有被指控罪名均告成立，并被判处极刑，在上诉无效后于 2001 年被执行死刑。尼克尔斯则被判密谋罪成立，而爆炸罪、一级和二级谋杀罪均不成立。陪审团认定其构成 8 项非自愿的一般杀人罪。陪审团本以为他可能会被判处死刑，但马什法官却判处其终身监禁。在后来的审判中，俄克拉何马市的州法院判处尼克尔斯谋杀罪名成立。陪审团本以为可能会判其死刑，而他再次获判终身监禁。

就像阿勒里的文章一样，这篇文章提供了初审律师的第一手观点。这篇文章由迈克尔·泰戈（Michael E. Tigar）参与完成，他是尼克尔斯先生的主辩护律师。杜克大学法学院的詹姆士·科尔曼（James Coleman）教授也参与了该章的写作，提供了只有局外人才能带来的别样视角。该章作者的目的就是希望能够让读者深入了解辩护律师工作的最主要部分，这有助于理解客户基于正义而提出的诉求。

除了审判摘要以外，作者还引用了有关审判地点和陪审团选择程序的材料。这些材料有助于说明与弗格森撰写亚伦·伯尔案、斯迪克教授讨论利奥波德和罗卜案时同样的某些关键问题。在向观众讲述一个故事时，后者的接受程度取决于他们心中的价值判断。有时，社会情绪或是争议问题的本质都会影响到某个或更多——甚至是全部陪审员——审视证据和法律原则问题的客观程度。在这样一起案件中，律师有各种选择，包括放弃陪审团审判，或者改变审判地点。有时，就像伯尔案一样，律师还可以感觉到法官或陪审员不会接受他或她的观点，而在这种情况下，就需要向法庭之外更广泛的听众陈述自己的观点。

■ 在万络（Vioxx）诉讼中的两个插曲

万络（Vioxx）是一种用来治疗关节炎以及与之相关病痛的一种药物。制药公司默克（Merck）标注的万络的有效日期是 1999 年到 2004 年，在这段时间内，默克将万络从市场上撤回，因为之前有临床研究结果表明：在服用了该药物的患者中间，患心脏病和中风的人数呈现上升态势。在有关万络诉讼的章节中，迈克尔·泰戈特意从写作时已经提起诉讼的一万多起案件和已经审理过的 12 起案件中，选择了两起由陪审团审判的案子。其中一起是在位于得克萨斯州布拉佐里亚（Brazoria）郡的州法院审理的，最后裁决原告有权获得补偿性和惩罚性的赔偿。另一起则在得克萨斯州休斯顿的联邦法院审理，该司法辖区也包括布拉佐里亚郡，但在那里，陪审员却是从更大的范围内选择产生的。休斯顿的这次审判最后未能作出裁决，后来又对默克公司进行了重审。

万络诉讼特别值得研究，因为这一系列案件涉及更大范围的产品质量责任诉讼的各个方面，而不限于某种特定的药物。在这样一个案件中，厂商按照法律规定和内部规章，已经决定销售某种畅销药品。但是，正如几乎所有产品一样，风险总是存在的。比如，一辆小型轿车价格很低，且耗油较少，这就有利可图，但也可能在撞车时安全系数更低。化学物质可能会让炉子变得干净，但也可能对外壳过于刺激，长期使用还可能致癌。

陪审员因此会被要求审查和判断厂商销售该商品的决策是否合理，并对厂商所作出的警告以及在销售过程中的推销手段进行评估。万络案件接受审判时正逢一档叫做《犯罪现场调查（CSI）》的电视节目走红；在该节目中，法庭科学侦破了许多罪案。在万络诉讼中，律师请求陪审员也进行一次"犯罪现场调查"，审查一下默克公司认为万络产品的益处要大于其风险这一决策的科学基础。陪审员还被要求审查，默克公司对已为人所知的产品风险是否足够坦率，对那些尚未为人所知的风险是否努力加以发现。

当然，这些案件中的根本问题在于：是不是万络导致了心脏病和中风？但是，当证人认为因果关系尚未得到证明的时候，陪审员关于默克公司是不是该药品可以信赖的开发商和营销商的感觉，不可避免地会影响到他们对这些证言是否可信的判断。

泰戈教授选择这两起案件，其目的是对比律师的决策和辩护，以及联邦法官和州法官对诉讼程序进行控制的不同方式。

（陈虎　译）

第1章

希瑞·林恩·阿勒里案：虽败犹荣

(State of Washington v. Sherrie Lynn Allery)

艾伦·耶如谢夫斯基 (Ellen Yaroshefsky)[1]

---

[1] 本杰明·N·卡多佐法学院诊所教授。

"罪名成立。二级谋杀。"

希瑞·阿勒里非常害怕，就在身体倒向辩护席的一刹那，泪水湿润了眼眶。我凑过身去试图安慰她。当时是 1980 年。在此之前，有很多妇女因不堪忍受家庭暴力而以看似残忍的手段杀害自己的丈夫，她并不是第一个因此而被定罪的女人。

她甚至也不是第一个被法庭剥夺专家作证机会的被告，该专家会向法庭解释她面对的危险究竟有多大，以及为何她最终采取防卫手段以保护自己免遭丈夫致命暴力的侵害。但是，在华盛顿州，她却是最后一个被法庭剥夺这一权利的被告。

在判决作出 4 年之后，华盛顿州最高法院以满席听审的方式（en banc）推翻了有罪判决，并采纳了专家就受虐妇女综合征所作的证言。[①]

希瑞·阿勒里并没有被重审。她在该案判决后不仅被直接释放，而且成为以正当防卫进行辩护的成功范例。[②]

虐待史

1980 年 11 月 1 日深夜，36 岁的希瑞·林恩·阿勒里在位于华盛顿州塔科马港市（Tacoma）的家中开枪打死了她的丈夫韦恩·阿勒里（Wayne Allery）。在长达 5 年的时间里，希瑞·阿勒里因不堪忍受丈夫对自己身体、心理和感情上的残酷虐待而多次报警，如今竟以这种悲剧的方式收场。她的丈夫不仅对她拳打脚踢，还用刀威胁要刺破她的身体和喉咙。有一次，她被丈夫用一个铁制轮胎砸破了脑袋而被送进医院，缝了 35 针。1980 年 10 月初，阿勒里鼓起勇气向法院提出离婚诉讼，法院颁发了限制令，要求韦恩不得住在家中，也不得随意接触她。韦恩拿到限制令时正好喝得酩酊大醉，就把她痛打了一顿，把她的鼻子都打断了。警察没有执行这一限制令，于是她又到法院申请了一份新的限制令，并于 1980 年 11 月 1 日送达韦恩本人。

希瑞·阿勒里告诉法庭，她很害怕丈夫会在收到限制令后找她。可偏偏事与愿违。她在上班时接到了丈夫打来的电话，希望他们还能在一起生活。顿时，恐惧再次涌上她的心头。

希瑞在当地一家酒吧工作，她特意提前下班，躲在一家小旅馆里以免被丈夫找到。几个小时后才回家。家里一团漆黑，她没有发现丈夫的汽车，这才稍感安全地走进了家门。她随身带着曾寄存在朋友斯库特（Scooter）那里的一些物品，包括一架相机和一把猎枪。进门后，她转身把门锁上，直接向厨房走去。客厅里的灯突然亮了，韦恩就坐在沙发上，他抬眼看着希瑞，嘴里骂骂咧咧，还不停地威胁说要杀死她。希瑞走进卧室，拿出猎枪把子弹推上膛准备自卫。此时厨房里传来一阵金属发出的声音，她以为是韦恩进去拿

---

① State of Washington v. Sherrie Lynn Allery，101 Wash. 2d 591，682 P. 2d 312（1984）.

② 几年前，希瑞·阿勒里允许我使用一些私密资料撰写本案故事。

刀去了。她拿着枪慢慢地往后门走，希望能够借机逃跑。她感觉韦恩就在身后。她转过身来，发现他坐在沙发正中间望着她。她开了一枪，韦恩当场毙命。

希瑞立即夺门而出，去找她的朋友和邻居——警官威廉·霍姆斯（William Holmes）和他的女朋友塔玛拉·麦克唐纳（Tamara McDonald）。以前有很多次，韦恩打她和耍酒疯的时候，她都会跑到他们家去寻求庇护。威廉还没回来，只有塔玛拉一人在家。希瑞把事情的经过全都告诉了塔玛拉，两人一起回到了希瑞的家中。希瑞感觉韦恩已经死了，但还不敢肯定。事实上，他的确已经死了。塔玛拉建议她立即打电话给她的离婚律师拉尔夫·鲍尔温（Ralph Baldwin）。几小时后，她见到了鲍尔温，此时，鲍尔温已经把情况报告给了检察官。同时，希瑞在脑子一团乱麻的情况下重新回去工作，将发生的事情告诉了两位同事。

鲍尔温错误地以为，只要自己能够主动带着希瑞去检察官那里接受讯问，就不会被起诉谋杀，在这一错误思想的指导之下，鲍尔温在4天后带着希瑞接受了4个小时的讯问并作了笔录。讯问笔录长达52页。在头16页中，希瑞描述了案发当晚的情形。笔录的剩余部分则是对婚后5年时间里她丈夫对其施暴历史的控诉。

几天后，希瑞以一级谋杀罪接受正式提讯。最初确定的保释金数额是5万美元，后来减少到1万美元。在一位朋友帮她交保后，希瑞被释放。《塔科马港市新闻》跟踪报道了此案。

▌ 案件的最初进展

警察迅速展开了侦查，调取了当事人的朋友、熟人、同事、死者家属以及犯罪嫌疑人过去朋友的证言。案发地是个非常小的社区。一帮朋友坚定地支持希瑞，而另一帮朋友则对她的行为表示愤怒，人们迅速地表现出立场的不同。流言蜚语开始在小区上空流传，关于该案事实的各种版本似乎也都有板有眼。

几周之后，希瑞来到我们办公室。我以前曾经做过公共辩护人，是纽约市为数不多的女刑事辩护律师之一，1980年，我从纽约移居到华盛顿州。我和我的搭档曾共同代理过华盛顿州的两起"女性正当防卫案件"，在1980年，这类案件才刚刚出现。女性可以主张自己枪杀虐待者的行为是合法的（正当防卫）而不是请求免责（如因精神问题而不承担责任），这种观念在当时还是相当新鲜的。法律和文化中潜在的偏见使得人们不敢相信如下观点：杀人的妇女可能是由于合理的恐惧而不是出于愤怒和冲动实施了该犯罪行为。

我们立即着手调查，与社区里的很多人进行交谈。通过对之前调查的回顾，亲自进行事实调查以及与希瑞本人长时间的讨论，我们确信这是一起正当防卫的案件，而且，如果案件提交审判，我们可以提供许多能够证明存在长期虐待的证人、医疗记录以及照片。希瑞也会亲自作证。这些实物证据会引起争论。我们可以聘请很多专家——犯罪学学者（criminalist）①、枪支专家，特别是专门研究受虐妇女的专家。这会是一场艰苦的诉讼。1980 年，人们普遍认为，如果挑衅者并没有攻击妇女，那么，在这样的案件中提出正当防卫的抗辩就是不可能成功的。

通常情况下，刑事辩护多半都要依靠对控方证人的交叉询问来支持辩方的观点，但正当防卫的辩护却有所不同，陪审团必须相信被告人的陈述，这使得正当防卫的辩护往往风险较大。虽然最终法官要指示陪审团，控方应当承担证明责任，必须以排除合理怀疑的证明标准否定正当防卫的辩护事由，但其作用却微乎其微。实践中，只要被告开口说话，陪审员就会关注她的陈述是否真实。在一个妇女杀害其丈夫的案件当中，陪审团很容易倾向于认为她是在蓄意复仇，我们十分清楚，这一证明责任是让人失望的。

当然，我们试图与检察官讨论这个案子是没有作用的。埃尔斯沃思·克莱利（Ellsworth Connelly），塔科马港市著名的专门负责谋杀案件的检察官，已经年过 6 旬，短小精悍，粗暴易怒但又并不乏味。克莱利可是个传奇人物，他以极富感染力的结案陈词而著称。他喜欢担任凶杀案件的检察官，据说，他很少败诉。他根本就"没有时间"去操心这类"受虐妇女的事情"。对克莱利而言，这个案子就是一起极为简单（open-and-shut）的预谋杀人案。在他看来，希瑞·阿勒里当天喝得烂醉如泥，满嘴脏话，蓄意谋杀她的丈夫。她并不是个贤妻良母。在案发前一天她就扬言要杀掉被害人，第二天她果然这么做了。她到处叫喊着她丈夫死后她有多么痛快。事情简直太清楚不过了。非常明显，他肯定会暗示陪审团应当判处其终身监禁。再进行讨论或者辩诉交易都无济于事。毫无疑问，这就是一级谋杀。而且，他显然特别想与一个三十岁左右的西雅图女律师辩论。他抱怨自己"并不了解那些代理谋杀案件的女性"，"现在只想痛打那个死去的可怜男人"。我觉得自己还是相当有家庭观念的一个女性。

塔科马港市离西雅图只有 45 分钟的车程，但在 1980 年，两地的文化却有着天壤之别。阿勒里的案子被小镇的工人们当作肥皂剧一样观赏。这个案子发生在贫民窟（the wrong side of the tracks），充斥着漫骂、酗酒、枪支和暴力。希瑞来自蒙大拿州，是个感情麻木的白人妇女，喜欢乱开玩笑，一张嘴就能让人脸红。表面上看，她完全不是那种顺从、温顺或者易受伤害的女人。只要见过她一面，就很难把她和"受害人"的形象联系起来。她的开朗掩盖了她脆弱的一面，正是这种乐观支撑着她度过并不顺利的人生和充满暴力的婚姻。我们的工作就是说服陪审团相信，希瑞·阿勒里在开枪射杀韦恩的时候有理由认为自己的人身安全正处在巨大的危险之中，而且她所采取的行动不论从主观上还是从客观上来看都是合理的。

要说服陪审团相信这一点的确很不容易。首先，韦恩并没有使用武器。希瑞也说她只是听到被害人在拿某种金属，但却并没有亲眼看见。其次，枪口留下的物证距离死者的头部有三到五英尺的距离，在被告人开枪时，死者

---

① 犯罪学学者会运用科技手段和专业技能对实物证据进行分析、比较、确定和解释。这些检验对象包括头发、纤维、血迹和其他污迹、被污染的痕迹、脚印。本案审理时，DNA 鉴定还没有广泛应用于刑事司法领域。

究竟是躺在沙发里还是正起身冲向被告，专家证人会有不同的说法。但不管怎样，他当时确实是躺在沙发里的。最后，如果被告人确实被长期虐待的话，她就有足够的杀人动机；而如果这一点并不成立，被告人自卫的辩解也就不攻自破了。此外，还有控方证人证明，案发前一天希瑞曾经说过"我要杀了他。把他该死的脑袋给砍下来"。还有人证明，案发几个小时后，希瑞还说非常高兴把他给弄死了。我们自然可以认为这些证言不过表达了一种愤怒、挫败感和一种自嘲，但是陪审团却必须理解希瑞，理解她和韦恩的关系以及长期受虐在案发当天对被告人感知眼前危险所产生的影响。

陪审团可能不会接受我们正当防卫的辩护意见，在当地对于受虐妇女存在普遍误解和神秘感的情况下更是如此。我们需要一个专家证人帮助陪审团了解她内心的恐惧以及其行为。

受虐妇女与正当防卫

法院、学者、律师、心理学家以及社会工作者对于受虐妇女综合征以及其他种类的综合征的症状都进行了非常深入的研究。这种病症本身也得到了心理学家的重新定义和限定。自从第一起涉及受虐妇女综合征的案件判决近30年来，法院在这一领域已经发展出了一套有时甚至有些自相矛盾的观点。最为重要的是，在过去30年间，公众对家庭暴力的认识也在逐渐深入。媒体提供了大量有关家庭暴力的故事和节目。联邦、州以及地方政府也制订了内容广泛的计划致力于解决家庭暴力及其负面影响。各类民间组织、受虐妇女保护会、法律辩护组织以及许多社会服务团体都致力于提高公众对这一问题的认知度。尽管这些努力尚未转变为对家庭暴力因果关系的深层理解，但至少存在于1980年的那种神秘感和误解大为减少。人们开始公开讨论这一问题，家庭暴力的问题再也不需要遮遮掩掩了。

但是，在1980年，我国却只有3个法院在正当防卫的案件中，采纳了有关受虐妇女综合征的专家证言。而华盛顿并不在其列。神秘感和误解充斥在整个文化和法律之中，陪审团难以公平地判断一个被控谋杀的受虐妇女实施的行为，除非陪审员能够克服以下这些普遍观念：

——受虐妇女应当自己反省，她们要么确实该打，要么就是故意找抽；

——受虐妇女都是受虐狂；

——好妻子是不会被打的（换句话说，"她活该"）；

——打人的男人在和所有人相处时都有暴力倾向；

——警察能够保护受虐妇女。

值得注意的是，如果虐待行为真如她自己描述的那样经常发生和非常可怕的话，大部分受虐妇女都会解释为什么她没有选择和丈夫断绝关系，以及为什么在杀人之前会感到自己的生命正处于危险之中。换句话说，她一定会解释为什么这次她没有像以往一样选择忍耐。

本案情形

　　本案提出了但不限于以下问题。我们需要专家在特定夫妻关系的背景下解释被告开枪的行为。只有这样，陪审团才能公平地判断在开枪时，希瑞是否处在一种对紧急危险的合理恐惧之中。我们必须为陪审团提供一种根据，以使其能够公平地判断希瑞在开枪前后所说的那些不利于自己的言论。

　　法院在本案中采纳有关受虐妇女综合征的专家证言的可能性究竟有多大？那个名叫斯坦利·沃斯威克（Stanley Worswick）的法官对于法律可以说是深思熟虑、了如指掌。尽管华盛顿的法院还从来没有采纳过类似的专家证言，但华盛顿最高法院却曾在温如案〔State v. Wanrow, 88 Wash. 2d 221, 559 P. 2d 548（1977）〕中发表过十分重要的判决意见。该法院认识到，性偏见已经渗透到了正当防卫的法律之中，因为人们会认为一个杀害自己丈夫的女人本身就是不可理喻的。

　　因此，法院同意在那些提出正当防卫抗辩的案件中对陪审团作出特别的、详细的指示：

　　　　在判断伊冯·温如（Yvonne Wanrow）的行为时，你应当努力作为一个理性人设身处地地站在被告的立场考虑问题。因此你应当考虑她的过去和现在的文化水平、她的信仰，以及她周围人的情况，在开枪之前死者都有哪些言行，他们以往相处的情况以及在案发时影响她行为和恐惧合理性的所有因素。

　　温如案的判决认识到：平等保护原则要求陪审团从妇女的角度按照所有她的经历去评判她的行为。该案裁决给我们以希望，阿勒里的初审法院也会采纳有关受虐妇女综合征的专家证言。

　　除了在温如案中确立的原则以外，在其他公共政策的层面，华盛顿州也是相当开明的，虽然塔科马港市并非如此。华盛顿州是最早为家庭暴力的女性受害者制订保护计划的州之一，特别是检察机构在这方面做了很多工作。西雅图，这个坐落于寂静的塔科马港北部的城市，其检察官办公室就设有专门负责性侵害案件的部门。西雅图港景医院（Harborview Hospital in Seattle）拥有全美为数不多的性侵害治疗中心之一。由港景计划的负责人卡瑞尔·柯林贝尔（Karil Kleingbeil）作为权威专家出庭作证是个很好的办法。

　　我们想让法官了解，专家证言对于我们理解当时情景下希瑞·阿勒里的行为、想法和举动是多么地重要。我们要为出具专家证言提供足够明确的理由，并不停地清楚回答同一个问题："你是说，长期受虐待就是杀人的理由吗？"答案是"不"，但是我们也知道律师、法官和公众都很难设身处地地理解被告的感受。我们可以提供有关受虐妇女综合征的专家证言以避免神秘感和误解，并证明被告的开枪行为在当时是完全合理的。

■ 当事人

在所有谋杀案件中高效的审判准备工作是十分关键的，但如果被告是妇女的话，事情还要复杂得多。律师接受委托帮助女性被告及其家人。这是一种"团队辩护"，不仅要处理法律问题，还要进行心理的慰藉和安抚。我们找到一些社会工作者去安慰希瑞和她的女儿托妮（Toni），派遣调查人员去和政府福利部门、社会和服务机构与医院接触以获得必要的关照。她没有任何经济来源，因此大部分服务都由公益组织或志愿者提供。妇女团体对她的案子给予了大力支持并帮助她照顾孩子。

希瑞的经历十分悲惨。不论韦恩的行为多么残暴，她杀的毕竟是她曾经深爱的男人。即使她已不会再面临家庭暴力的危险，但她却充满了内疚、悲伤、忧郁和不知所措的感觉。她内心极度悲伤，情绪处于崩溃的边缘。许多朋友都离她而去。韦恩的家人和朋友更是把她形容得十分歹毒，而对这个案子的情况却闭口不谈。希瑞十分地脆弱，她担心自己女儿失去父亲的感受。她知道她可能要被判刑，而她女儿将会因此无人照料。

显然，对希瑞来说，接受心理医师的劝告，开始面对自己行动造成的后果才是最有益处的。治疗会有所帮助。她曾经在一种如此困难的环境中挺过了漫长的岁月，需要调整自己的心境以继续未来的生活。

这当然只是一个长期的目标，但马上接受治疗，对于在审判中最大限度地提高其可信度这一眼前任务却会产生不利的影响。治疗要分好几个疗程。最糟糕的情况是，她在作证时对韦恩还余恨未消，或者在对受虐妇女综合征的理解上显得过于复杂。她可能会表现得比真实情况更为坚强。这就太危险了。我们和她交流，希望她能在作证后再接受治疗，她同意了。

■ 法律和事实准备

证人

审判准备阶段意义重大而且任务繁重（intensive），包括事实调查、物证审查、寻找专家以及庭审准备。当然，我们希望能在 1980 年 11 月 1 日当天就接手这个案子。那个时候我们可以去接触证人，他们的态度都还很强硬，虽然对于事情的叙述会有所差异，但基本都很确定。希瑞以前的朋友都不再"喜欢"她了。各种说法之间极为矛盾。个别"过去的朋友"对其他人所说的内容现在又被推翻。流言蜚语到处流传。每个人似乎都坚持自己对希瑞和韦恩的个性、行为以及当天发生事情的看法。由于韦恩已经死了，人们开始同情他。

人们又开始重提往事。人们并不是十分肯定记忆是否准确无误。有很多事情都没有独立的证据加以证明。证人证言只是一种对记忆力过于自信的产物，只不过增强人们对这起具有新闻价值的案件的记忆力罢了。一些控方证人很少和辩方交流。我们的调查已经深入韦恩·阿勒里和控方证人的背景。

临近审判时，在韦恩被害前后希瑞究竟说了些什么还存在着分歧。辩方并不否认她确实说过一些愤怒和自嘲的话，但我们会指出，这些话是在极度恐惧的情况下说出来的。她的态度，她的想法，以及她的感觉都是我们准备对控方证人交叉询问的主要内容。很难在交叉询问中去质疑控方证人的偏见、对其进行弹劾或者寻找其证言之间的矛盾，但是，在大部分交叉询问中，我们却可以用事实证明我们的主张和观点，并使我们的证人提供的证言更具可信度。

审前动议

审前动议被广泛采用，但争议极大。有些动议在审前阶段就会被作出裁决。当然，也有一些动议在审判阶段发现该问题时或者是庭前指示时才会被否决。但是，这些动议都会在审前程序的较早阶段提起。让法院在庭前就能知道本案争议的特殊问题是十分重要的。

我们提出的某些动议得到了法庭的支持。辩护中一个十分重要且引起争辩的是一份物证，证明韦恩在开枪前正朝被告人走过去。为此，我们需要聘请一位犯罪学者，我们必须向法院提交足够的信息以支持利用公共基金聘请的请求。最后法院批准了这一请求。

但是我们聘请专家就受虐妇女综合征作证的申请却没有得到法庭支持。我们提交了一份详尽的备忘录，列举了相关的判例并说明这类证言的必要性。法院仅仅同意提供一名专家作证。对辩方更大的打击是，法院只能将这位专家安排在希瑞作证之后出庭。我们的辩护策略是在希瑞作证前就让专家就受虐妇女综合征向法庭作证，这样就会让陪审团破除对这种症状的神秘感和误解，并在理解希瑞的行为时有一定的知识背景。

我们希望劝服法院像温如案一样，对陪审团进行正当防卫的指示，但这一点非常困难。对于我们的审前动议，法院认为温如案判决意见中的很多内容都是"至理名言"，温如案并没有准确地反映法律的本义。法官并没有对正当防卫的指示问题作出进一步的评论，他会在举证结束后宣布判决。

对该案的批判主要针对的是大量的证据裁决，其中有许多在事前的动议中都曾经提到过。正如辩方试图排除有害的、不相关和不可采的传闻证据，控方则多次试图采纳希瑞和死者的陈述。辩方试图排除一份控方证人的证言，该证言证明，韦恩曾在案发数月前表示，他担心自己的妻子会杀了自己。最后，法院支持了辩方的动议，排除了这份控方的关键性证据。我们本期望在反询问时加以排除。

根据控方的指控，他们只会援引希瑞陈述中 11 月 4 日对警方所作的有罪供述的那一部分。辩方请求提交整份陈述，包括死者对被告实施暴力的描述。最后，法院驳回了我们的动议。陪审团只打算听取有罪部分的陈述。

我们请求法庭采纳有关韦恩·阿勒里过去暴力行为、各种毁坏性和怪异行为的证据，这些行为中有些希瑞知道，有些则不知道。控方认为，这类证据由于会产生不当偏见，时间过于久远，无法证明她的精神状态，因而大多都不具有可采性。法院对此暂不裁决。

最为令人不安的是，控方请求并最终获得了蒙大拿州密封的福利档案。1975年，希瑞与一位酒鬼同居（common-law marriage），被法庭裁定为无抚养能力（unfit），因而失去了对3个孩子的监护权。控方提出，这些档案是一个关心此案的人送来的。我们请求开示这些档案。法院驳回了我们的请求。我们转而要求控方不得提起之前的这段婚姻和失去孩子监护权的事情。控方无法提出其具有可采性的理由。法院暂不裁决。

组成陪审团

"雷打不动"的审判日期后延了一个礼拜，以给控方足够的时间保证希瑞的邻居威廉·霍姆斯和塔玛拉·麦克唐纳能够到庭作证。他们案发后匆忙离开了小镇，据说是去了夏威夷。法院根据辩方提出的反对意见，注意到控方有几个月的时间传唤证人，但一直没做，因此裁定延期审理。延期的后果就是陪审团成员已经不再是新手了。相反，他们已经在陪审期内的第一周开始听审其他的案件了。通常，这对辩方而言并不是件好事。新陪审员每两周就要审理一个新的案子。通常情况下，辩护律师都想选择那些从未做过陪审员的或者虽然做过陪审员但从未作出过有罪判决的人。陪审员在第一周的时候表现都是"最好的"，他们会把最不满意的事情留到第二周。而我们就是在第二周开始审判的。

法院允许提出的问题范围很广，包括妇女和暴力、正当防卫、凶器以及其他相关问题。我们询问陪审员对于警察的态度，主要是因为希瑞在寻求警察帮助的时候曾经有被警察取笑的经历。对这一问题有过任何知识和经历的陪审员都会被排除。一个渴望进入陪审团的人含着眼泪离开了法庭，其被排除仅仅是因为说了一句"要不是上帝的保佑我早就被排除了"。很快，又有一名希望加入陪审团的人因为同样的原因而被排除，我们再次感到奇怪：为什么这些可能了解更多情况的人不能留下来裁决案件呢？相反，在用完了所有无因回避请求权（preemptory challenge）之后，我们组成了一个对"受虐妇女"没有任何概念的陪审团，其中许多人都与警察有关，许多人都是蓝领工人。几乎所有人都曾在其他陪审团中作出过有罪判决。这种陪审团对辩方可十分不利。如果之前的判决可能是无罪的话，情况会不太一样。陪审团接着做了宣誓。

开庭陈述

双方的开庭陈述各执一词。控方描绘了一幅妻子预谋杀害丈夫，蓄意谋杀并着手实行的画面：案发前晚，希瑞对她的朋友说自己准备把她丈夫的头给打爆。第二天就从朋友那里弄到了一把猎枪。回到家后，发现丈夫坐在沙发上。她的枪还放在车里。他醉倒在沙发里，让被告拿个盆过来。希瑞出去拿枪，然后进了屋子，把子弹推上了膛，在 3 英尺外朝他头上开了一枪，然后就从靠近她朋友家的房门处逃了出去。没有人报警。倒是她的一个朋友试图给她找一个律师。然后希瑞承认自己开枪杀死了丈夫，但却歪曲了事实，用某种方式主张她有权这么做，因为他过去总是打她。检察官认为，即使这些情况基本属实，"家庭矛盾"也不能成为杀人的理由。这是控方第一次运用"家庭矛盾"的说法，但当然不会是最后一次，他们将这一概念贯穿在主询问和交叉询问以及辩论总结陈词之中。

相反，辩方的开庭陈述围绕着婚后家庭暴力历史加以展开，我们描述了在开枪当时，被告人所遇到的足以令她终身恐惧的身体、心理和感情上的打击。她并没打算杀他，而只是想保护自己。围绕着这种打击，有各种没有任何事实根据的观点和性别偏见，作为对其的质疑。辩护律师公开攻击控方将暴力侵害轻描淡写为"家庭矛盾"的说法。辩护律师将焦点集中在案发前一天的白天和晚上，描述了一个已经提起离婚诉讼、两次请求颁发限制令以防止被韦恩·阿勒里侵害的担惊受怕的女子的形象：这些常规的手段都不能够保护她。11 月 1 日这天，她非常害怕他又会回家，因为如果回来就一定会杀了她。在描述这些令人恐惧的事情时，辩护律师指出，被告人认为自己可能会被丈夫打死。出于自卫她才会立刻开枪。这应被定性为正当防卫。辩护律师对控方指控的事实提出了质疑，辩护律师认为，希瑞·阿勒里在 11 月 4 日对警察所作的陈述才是案发当天事实的真实版本，而不是像其他人在案发后编造的那样。

控方的指控

"我要杀了他。我要把他该死的头给打爆。"

在希瑞发出威胁的 24 小时内，韦恩就因头部中枪而死于冲击波。他死后数小时，有人证明希瑞到处吹嘘说他已经死了。是谁开枪这个问题已经没有任何疑义。问题是希瑞在开枪当时的精神状态，而上述证言会对她非常不利。

控方传召了许多证人，他们都曾听到希瑞说要杀死她丈夫。辩方无法，也没有质疑这些陈述的真实性。相反，我们开始通过交叉询问让陪审团了解被告是在什么样的环境下说出这些言语的，辩方正是通过这种方式对这些可恶的证言进行驳斥。希瑞经常故意自嘲，经常用些尖刻的幽默来处理一些棘手的问题。在交叉询问的过程中，不管对希瑞多么心怀敌意，控方证人每次都会作出一些对辩方非常有利的证言。

对每一位证人的反询问、再主询问和再反询问都是控辩双方就希瑞言词含义的一场持续的较量。控方将这些话作为证明被告冷血、预谋的证据。而辩方则指出：希瑞和韦恩在过去经常说这样斗气的话。这并不能证明希瑞有杀人的故意，只是一时的气话。希瑞只不过是借此发泄抑制的感情而已。

希瑞的好友玛丽·克尔（Mary Kerr）也被控方传召作证，显然，控方认为她能够证明希瑞和韦恩之间的矛盾只不过是"家庭争吵"而已。克尔并不同意控方的说法，相反，她提供了第一份证明韦恩对希瑞施加威胁和粗暴指责的证据。

玛丽的证词对希瑞所作的正当防卫的辩护非常关键。她提供了希瑞所说言词的背景。她证明限制令并没有发挥作用；她还告诉陪审团案发前一周希瑞的黑眼圈；并提供了 10 月 28 日希瑞报警但却无人出警的详细情况。一个同情她的邻居多次收留了希瑞，玛丽知道希瑞被打得很惨。

控方于是转而纠缠于希瑞在开枪后所说的那些话。案发后，希瑞心神错乱，不知所措，在惊魂未定的情况下回到酒吧继续工作。控方找了两个当时在酒吧里的证人。酒吧老板诺玛·吉恩·林德伦（Norma Jean Lindgren）证明希瑞告诉他："以后再也不会有麻烦了，我丈夫已经死了。"

卡门·康萨蒂（Carmen Conzatti）的证词对希瑞非常不利。康萨蒂一直是希瑞的朋友，直到案发后的第二周还得到了韦恩家里的帮助。她承认希瑞很爱她的孩子，但却对韦恩的暴行轻描淡写。令人感到费解的是，她开始相信，希瑞是为了报复而杀人。

与林德伦作证不同的是，康萨蒂说，10 月 31 日这天当韦恩出现，希瑞提前下班的时候，"韦恩看上去很正常"。希瑞11 月 1 日回来的时候她正好也在酒馆里。她说希瑞戴着副眼镜，不停地抽泣，好像是感冒了。有个客人说："你肯定晚上没睡好。"希瑞跑到休息室去，康萨蒂跟着她走了进去。康萨蒂证明希瑞当时说："我真的伤害了韦恩。我做了件可怕的事情。我杀了韦恩。"希瑞最关心的还是她的女儿。康萨蒂于是在第二天报了警。希瑞打电话问她，有没有把她昨天所说的话讲给其他人听。康萨蒂承认自己说了，希瑞骂了一句"哦，他妈的"。

我们的任务是要将康萨蒂证词的负面影响降到最低。在交叉询问时，她承认，韦恩在家的时候，有很多天晚上，希瑞都满怀惊恐地和女儿一起睡在车里。她还证实了在法院向韦恩发布限制令后希瑞非常害怕，但是她丈夫仍然没有遵守禁令。她知道韦恩之前的暴行。康萨蒂显然对希瑞婚后的不幸并不同情，但也承认希瑞的确经常抱怨挨打，而且十分关心她的孩子。

控方在用希瑞在开枪之前和之后所说的那些极具破坏性的言语描述了韦恩的死亡之后，又开始使用物证证明希瑞对案发经过的描述与事实不符。

这份物证存在着争议。控方证人——一名病理学者和一名犯罪学家——不顾辩方的反对，证明韦恩是被凶手从距离 3 英尺到 5 英尺的距离射中头部而死在沙发上的。在20世纪80年代初，血迹喷溅分析还很难受到成功的质疑。尽管辩方极力反对，法庭还是采纳了射击测试和猎枪射击的实验结果。

控方传召的最后一名证人试图证明希瑞在开枪后所说的那些话。克劳德伦·艾奇（Claudellen Edge）[绰号"滑板车"（Scater）]，又是一个"过去的朋友"，他成了我们最大的隐患。"滑板车"描绘了一幅场景：希瑞带着她的孩子和她一帮朋友跑回酒吧。她证明案发前10天，希瑞让她保管一个照相机、一把枪、零钱罐、毯子和枕头。案发前一天，希瑞还让艾奇把这些东西都还给她。"滑板车"按照她的指示把东西都带到了她上班的地方，放在了她的车里。"滑板车"在案发当晚看见她在上班。她的证词一次又一次对我们造成冲击。

> 她说她有事跟我说——她不想我告诉任何人。
> 那你怎么回答的？
> 我说"好的"。有些话就是一闪念的事，我说——"和韦恩有关吗？"她说"是的"。我说："是不是和这起案子有关？"她回答"是的"。我说："是你杀了他吗？"……
> 她怎么回答？
> 她说："是的。"我又问她："他死了吗？"她说"死了"……
> 你没有问她发生了什么吗？
> 问了。
> 她怎么说？
> 她说——她回家后发现韦恩在家里，他生病了，躺在沙发里。他说："老婆，给我拿个盆过来，我病了。"希瑞就去拿了个盆。然后出去到车里拿了枪，回来后就把他杀了……我问她是不是流了很多血，她说"没有"……
> 当时你感觉她的状态如何？
> 很兴奋。
> 再说一遍。
> 她很高兴。

控方极力强调希瑞毫无悔恨之意，让"滑板车"无意中充当了弹劾的角色。她将希瑞描述得"兴奋"和"高兴"，可其他同样不喜欢希瑞的证人却说案发后希瑞戴了一副墨镜，情绪低落。这两种证言之间完全矛盾。交叉询问直接戳穿了"滑板车"所说的案发第二天希瑞"兴奋"、"情绪很好"、"一点也不消沉"的证言。"滑板车"在证人席上开始感到紧张。在开庭数天前，她曾经拒绝与辩护律师交谈，而是将事情第一次全盘告诉了警方。尽管她的证言对控方十分有利，但她的可信性却大打折扣。控方举证结束。

▉ 辩方的辩护

我们作出了一个策略性的决定，逐字宣读希瑞对开枪当时情景所作供述的笔录，以此开始我们的辩护。之所以采取这种非常规方式，有以下几个理由：首先，控方被允许对该陈述按照侦查思维进行解释，必然会使其产生最为负面的影响。其次，我们打算让希瑞亲自作证，以证明她的陈述从未发生过任何改变。最后，也是最为重要的一点，对 1980 年 11 月 1 日这天发生事情的描述非常详尽，让人感到恐惧。

辩护于是安排了一个有极大说服力的、无懈可击的生动举证，重构了韦恩对希瑞实施的家庭暴力行为。证人相继描述了希瑞遭受的暴打；韦恩一旦酗酒就会性情大变；而其他时候则像个十足的好男人。一旦陪审团接受了韦恩"双重人格"（Jekyll and hyde）的形象，他们就很容易理解为何希瑞虽然总是挨打，但仍然和他生活在一起了。韦恩性情和注意力的突然变化对理解希瑞日益增加的恐惧和担心也十分地重要。

杜安·拉德（Duane Rader），一个和韦恩一同工作的锅炉修理工，描述了韦恩被杀两周前的性格变化。拉德证明，韦恩曾说："我一喝威士忌，就会往死里打我老婆。"

接着，警察科特·本森（Curt Benson）生动地描述了在 1979 年 12 月发生在这夫妻之间的一次家庭暴力的细节。警察接到报警：丈夫喝醉了酒，正拿着把枪，后来又换了把刀威胁自己的老婆。希瑞想带着女儿托妮离开那里。韦恩同意她走，但不能带走托妮。警察将她和她女儿解救了出来。

希瑞以前的邻居萨拉·简·霍姆斯（Sara Jane Holmes）也作证说，她曾多次见过韦恩打希瑞。希瑞有很多次都睡在停靠在马路边上的汽车里，因为她很害怕。萨拉描述说：有一次希瑞尖叫着跑到她家后门求救。韦恩把她的衣服都撕开，就留了条内裤，一路追到霍姆斯的门前，踢她，想把她给拖走。希瑞那天晚上就睡在她家的沙发上。这样的情况发生过多次。

玛丽·克尔在辩方的提示下回忆起韦恩死前一周发生的一件事情：希瑞戴着副墨镜到她这里来。玛丽问她脸上是怎么回事，希瑞回答说是韦恩打了她的鼻子，还让她不要对外人提起。

希瑞的姐妹，也是她最好的朋友林达·史密斯（Linda Smith），总是会在希瑞挨打之后安慰她。她曾多次去希瑞的家把托妮和她带走，因为希瑞被打得很厉害，甚至连胳膊都抬不起来，也不能抱孩子。当林达开始就 1979 年 9 月发生的一件事情作证的时候，这件事足以证明韦恩怪异而又令人感到可怕的行为，控方提出反对，陪审团没有理会这一反对，然后一段冗长的辩论开始了，林达准备证明韦恩回家时喝醉了酒。

> 他把所有外套都脱掉，坐了下来，把两条腿伸开，把身子往下一沉，两手交叉，僵硬地微笑，然后起身，把保险丝拔了出来，房里的灯全都灭了，然后说：我们开个家庭会议……气氛非常让人害怕。

这种不可预料的征兆强化了希瑞所说的对他感到害怕的理由。控方大声提出反对意见：

> 从被害人过去的行为中找出一些名声不佳的、龌龊的、不文明的行为并不能证明被告人的行为就是正当防卫。这十分容易造成陪审团对死者的偏见，因为除了表明他是一个早该千刀万剐的无赖以外，根本无法为被告人的杀人行为找到任何合法的借口。

不幸的是，法官没有注意到：控方也在利用被告人在蒙大拿州的不光彩经历来抨击希瑞的品格，在该州，希瑞的三个孩子已经被从她身边夺走。法院采纳了不利于希瑞的证词。监护权被屡次剥夺和韦恩行为的不可预见性使得希瑞对潜在危险的感觉有所增强。这一论辩并没有取得成功，法院拒绝采纳该证据。

S·林达·史密斯的丈夫史蒂夫·贺兰（Steve Hozan）和韦恩在一起待了很长一段时间，因为韦恩当时正在参与建造一艘船，史蒂夫担任木工和机械工。他作证说，7月4日他们4人在船上举行了一次聚会，史蒂夫听到韦恩说，他打算和威胁杀死希瑞。韦恩说他确定希瑞打算将来乘船去圣胡安，因为他准备"杀死希瑞"。他认为在水中没有人能够找到她，而且水里的螃蟹会"马上"把她吃掉。在对他多次看见希瑞脸上和手上的伤痕作证后，史蒂夫谈到在案发前一天晚上他和韦恩的一段对话。韦恩一直在给史蒂夫打电话让他快点把他的船修好。如果他能快点的话，他愿意给他买把步枪。他告诉史蒂夫，他打算带他的女儿回加利福尼亚。

你害怕吗？

是的，害怕所有人，这就是我们为什么故意把火熄掉的原因。

法官排除了关于韦恩喝酒时打人的品格证据。我们提出了许多证据，包括证明"韦恩喝完酒后十分紧张"的证词。"他觉得他是街头霸主。""他是两个人。""他一旦喝了酒就性情大变。""我从没有见过一个人可以像电灯开关一样变化如此之快。"陪审团完全没有听到上述这些证词。

但是，对这些证据的可采性进行的辩论却使得法院采纳了有关特定行为的部分证词，这些证词产生了相同的结果。辩方指出了韦恩在没喝醉情况下的行为表现。这一证据十分重要，陪审团可以据此了解韦恩本质上还是个不错的人，因此能够理解希瑞一直没有和他离婚的原因："只要不喝醉，他是个很不错的人。""你不能相信这个。""如果你加以引导的话，他可以一直表现得像个神父。""他和你想象的完全不同。""他爱他的家庭。"

你曾经看到过他性格上的突然转变吗？

看到过。

他只能喝一杯，但他那天却喝了四五杯。

其他5个证人，包括公寓负责人、同事、警察和家人，都指证韦恩曾有过暴力行为。同事看见他喝醉酒后，叫喊着，抓住希瑞冲进餐厅。有一次他"拿了把刀抵住她的肋骨，嘴里骂骂咧咧"。"她被打得遍体鳞伤，眼圈也是黑的，腿上到处都是伤痕，脚踝也是肿的。"证人知道希瑞有时会离家，和她女儿一起在车上睡觉，和朋友、姐妹们待在一起。

警官和医院工作人员指证1976年韦恩曾用一个铁质轮胎残忍地打希瑞的头部。希瑞被送进医院时，头部有一道长约四英寸的口子，要缝35针。巡警杰·莱顿告诉希瑞："你明白吗？小姐。他是不是想把你打死啊？"巡警证明，在与韦恩的接触过程中，他的情绪和态度多次反复。事情的起因是韦恩指责希瑞与楼下的一个黑人男子有婚外情。这显然不是真的，但控方对这一事实的强调是在为最后总结时的疑点埋下伏笔——韦恩有疑心和理由生气。一个专家将要证明这类指责与虐待行为之间是有因果关系的。

控方在交叉询问中反复指出，证人每次都没有见到希瑞所说的被打的伤口，韦恩根本不像在这些暴力行为中描述的那样混蛋透顶（"并不总是醉醺醺地叫嚷着回家"），一定是她自己哪里做得不对才被打的。从交叉询问的情况来看，她的行为——在城里各个酒吧喝酒——也一定是让韦恩恼火的原因之一："她说了什么让他如此生气？"值得注意的是，控方强调她把孩子丢下不管去朋友家里，是个不称职的母亲。

面对证明可怕虐待行为的极为有力的证据，控方却在交叉询问中继续坚持这一让人感到厌烦的、现在已经完全不可信的论调，认为这些只不过是家庭琐事，是婚姻生活中的常事。为了坚持这一立场，控方还试图证明希瑞夸张了虐待的情况，但他们也许没有注意到，这种策略让整个指控变得渐趋荒诞。

他们问一个证人："韦恩并不总是打她，是吧？"

另一个证人，刚刚证明希瑞身上被打得遍体鳞伤，眼圈都是黑的，就被问到了同样让人感到吃惊的问题："你从来没有见过韦恩真正打过希瑞，是吧？"

还有问其他证人的问题："每次她说被打了，你都没有看到伤痕。""他并不总是喝醉了叫喊着回家。"控方还故意指出有关受虐妇女的疑惑中最具破坏性的一点：是她做错了事才会挨打的。"她说了什么把他惹恼了？"他问其他证人。控方反复论证是她的行为——在城里的酒吧到处喝酒——导致韦恩发怒的。

控方没有放过任何一个机会询问希瑞是否曾经喝醉过酒。她从未喝醉过，但是反对总是被法庭驳回。让人感到讽刺的是，控方强调她把孩子丢给韦恩，自己跑去朋友家，是一个很不称职的母亲；而且当韦恩的暴力达到高峰的时候，她还把托妮丢在了她姐妹那里。

辩方接着争辩说：物证及其专家，犯罪现场重建专家雷蒙德·戴维斯（Raymond Davis），检查了所有报告和照片，又在控方实验室里对射击实验进行了检测，并重访了犯罪现场。他证明，血流痕迹最终表明，如果韦恩·阿勒里当时躺在沙发里，是不可能被打死的。证据表明，他的头是斜着的，而不是像控方拍摄的照片显示的那样。这些照片表明射击时韦恩·阿勒里所处的位置，法庭不顾控方的反对采纳了这一证言。照片与希瑞的陈述是一致的，她说，韦恩看上去似乎要起身朝她的方向走去。戴维斯也作证说，希瑞所用的步枪的扳机压力（几磅的压力）要比其他枪的压力小得多。他总结说：

> 根据脸上的血迹、血迹喷溅的方向、被害人身上血迹喷溅的情况来看，他有可能是被以警方照片中显示的方位被杀死的（也就是说他不是在熟睡的时候被杀的）。

他关于射击角度的看法与希瑞的陈述是一致的：

> 子弹从另一个位置射出的说法不大可能，希瑞说她从拱门旁门道里的厨房附近转身，看见他似乎正准备起身。这个位置并不像控方所说的那样和沙发是垂直的。

希瑞·阿勒里的证词

在一组证人相继向法庭陈述了韦恩对希瑞残忍施暴的骇人听闻的故事之后，辩方又按照事先的策略安排传召一名受虐妇女综合征专家出庭作证。在希瑞作证之前，我们试图让陪审团理解这种持续的恐惧和身体的侵害对一个妇女看待自我、虐待自己的丈夫以及她世界观的影响究竟会有多深。专家会提供相关信息以帮助陪审员公平地判断希瑞的行为，她会对开枪前后的情绪和行为作出解释，以帮助陪审员将对受虐妇女和虐待她们的人的种种误会和没有根据的说法抛在一边。

法官再次允许专家提供证明，但也仅此而已。除非希瑞先作证，法官不会听取专家证言。我们于是再次提议排除对她先前习惯法婚姻（Common-law marriage：习惯法婚姻未举行任何仪式而自称夫妇者）和蒙大拿州法院裁决她是个不合格母亲的交叉询问的内容。（没错，根据庭审记录情况的确是这样的。我从没有见到过记录。）控方拒绝开示蒙大拿州提供的福利记录。法院再次推迟作出裁决。

我们传召希瑞出庭作证，并提醒她注意关于她行为的一些无法解释的地方，这些地方没有专家作证的铺垫就必须由她自己作出解释。我们还要解释为什么她每次被打之后都会主动回到韦恩身边；我们还必须谨慎处理以下证据的细微差别：过去被虐待的经历既能够有力证明她不断增加的恐惧，同时也是控方证明其具有犯罪动机的有力证据。陪审团必须明白她是出于恐惧，而不是出于狂怒或愤怒才开枪杀人的。在这一点上，我们必须要对案发前一天她威胁要杀死韦恩的言辞作出解释。

希瑞非常紧张，但言谈表现得极为恭敬，而且语调出乎意料地柔和。在介绍完自己的背景之后，她已经开始逐渐适应了法庭的氛围。辩护律师开始询问她 1975 年和韦恩结婚的事情。她向人们描绘了一段两人田园诗般的感情："他总是逗我开心。他知道我的感受。我也明白他的感受。这段时间的生活简直好得让人难以置信。我们每天都形影不离。"结婚后两年，他们的女儿托妮出生了。

接着，希瑞描述了早些时候韦恩对自己的一些言语上的恐吓，但还算不上暴力，但是也揭示了韦恩非常不同的另一面。没过多久，特别是他喝醉了以后，这些言语上的恐吓就开始逐步升级为严重的身体侵犯。有一次：

> 他从口袋里掏出一把 22 型手枪打我。我被打倒在床上。他又打了我好几下，拿着手枪在我面前晃，就像这样，他的手在发抖。床是有弹性的，他抖得非常厉害。然后我就看着他的脸。此时，他的眼睛就像摄像机的快门一样咔嚓闪了一下……然后他趴在床上，抱住我开始痛哭。他说自己感到非常抱歉，以后就再也没有发生过这样的事情。

但是暴力仍然在继续，频率之高让人无法想象。

希瑞谈到了韦恩为自己的暴力感到抱歉后的行为，以及他的双面人格。

> 我喊他绒绒（Fuzzy）。绒绒是个绅士，他爱我，也爱周围的一切。
> 他像当初我们刚刚在一起的时候一样温柔。
>
> 可当我喊他韦恩的时候，他就变成了另外一个人，行为可怕。打
> 我，给我带来痛苦。哦，上帝，你无法相信我都经历了些什么。

她谈到了韦恩试图控制她的一些琐碎的、怪异的事情。

> 他会检查车子的里程数，以判断我当天有没有跑到很远的地方。他
> 总是问我要去哪里，了解我的朋友们都住在哪里，商店都在什么位置，
> 以判断我是不是开车去了很远的地方。
>
> 我们开始经营有许多黑人的公寓之后，许多房客都会过来拜访，打
> 声招呼。他开始为和黑人打交道之类的事情找茬、吵架。而这些事情纯
> 属子虚乌有。
>
> 后来他就指责我从支票账户上偷偷取钱，这纯属子虚乌有，于是我
> 们就分立账户。

关于野蛮侵犯的细节描述是非常生动的。她证明"铁质轮胎"事件导致
她的头皮被缝了 35 针。

> 他（韦恩）爱喝威士忌——我们习惯于称其为烈酒。突然我就什么
> 也看不见了，我的脑袋感觉很疼。
>
> 后来的事情我就只知道护理人员不停地冲我叫喊："小姐，你知不
> 知道，他是想把你弄死啊？你明白吗？"
>
> 你明白吗？
>
> 我不知道。我不知道当时我是否清楚这一点。我不知道当时我在想
> 什么。

警察把韦恩带到监狱去了。朋友们说服希瑞去探望，他又开始懊悔。希
瑞决定撒谎，把他救出来。她带他回来，过了一段平静的日子后，暴力再次
升级。

希瑞讲述了另一起可怕的事情：好几次她报警求救，但都被以"家是一
个人的城堡"为由拒绝处理。这是许多警官普遍持有的一种态度，这也强化
了控方这只不过是"家庭矛盾"的观点。她回忆：有一次报警后，警察赶到
现场，告诉我：

> 我可以帮托妮收拾东西，然后带她离开这里。我说："我们为什么
> 一定要离开？"那位警官把手背在后面，两脚叉开，说："我们不想把一
> 个男人从他的家里带走。"

接连几个钟头，希瑞都站在证人席上重述她和韦恩在一起的痛苦岁月：
他经常喝得烂醉如泥，他"举止奇怪，又惊慌胆小"，因为希瑞"并不知道
他在做些什么"。这也加剧了她对他的恐惧，因为当"一个人表现得让你觉
得很陌生的话——事情就发生了变化，行为与平常大相径庭，这是很让人提
心吊胆的事情"。

她说，有很多次他都把刀放到她喉咙上，用斧头把所有圣诞礼物全都剁
碎，用步枪对着她。有许多次她都睡在车上或邻居家的沙发上以躲避他的骚
扰。有一次她试图逃离，去他父亲位于蒙大拿州的家中，但是当韦恩出现在

她面前对她"说些我爱听的话"的时候，她又回到了他的身边。

因此，辩方遇到了一个常见的问题，为什么一个受虐待的妇女仍然选择与虐待她的人生活在一起，这将对该妇女的证词可信性产生极大的负面影响：为什么要留下来？希瑞尽其所能地予以回答。首先，她说，她真的不知道这是为什么；在之前的婚姻中，她带了两个孩子，因此被束缚了。她也没有工作。她真的不知道还有什么别的原因。接着，她试图更为充分地回答这一问题：

> 你为什么不离开他？
>
> 我离开他许多次。我待在别人的家里。
>
> 那你为什么后来又回去了？
>
> 我想开始是因为很多人跟我说，而且我自己当时也相信，离开他我无法生活下去；我没有办法一个人承担生活的重担，我也不能……我只是就坡下驴而已。之后我仍然没有选择离开，我想是因为我相信他所说的话。我认为主要是因为我想相信。我不知道我是否真的相信，还是因为只是我愿意相信。

对于当时情景下的许多妇女而言，这堪称一段经典回答。但是，没有专家证人的帮助，陪审团还是可能无法真正理解她的感受。

希瑞描述了1980年夏天，随着韦恩的行为变得越来越难以忍受，她的心理发生了巨大的变化。他把希瑞带到一艘船上，"满脸狞笑"，她此后再也没有和他一起坐过船。虐待和暴力行为仍在继续。

她决定提起离婚诉讼，并向法院申请限制令。

> 他变化如此之大，让我感到非常陌生。我再也不懂他到底在想些什么了。我不能——我已经完全不明白他了。他已经不再是喝醉后才开始打我了，只要他稍有不爽就拿我出气……我知道我必须离开他了。我知道事情已经不可能好转了，但是我清楚唯一的解决办法就是……找到一份工作，我需要一笔钱。于是我就去申请了一份做酒保的工作，因为这比做个厨师挣得要多。

希瑞跑去告诉韦恩，他会收到一份离婚协议。她还没来得及写离婚协议，"他就使劲掐住我的喉咙，冲我说'信不信我把你的喉咙给挖出来'。我说：'凭什么？'他回答说：'不，我要把你的鼻子剁碎塞到你的猪脑子里。'他又开始打我。我的眼镜被打飞了；地上到处都是血"。

韦恩收到了一份限制令，要求他不能回家。他找到希瑞。她报了警。又和以往一样，警察让她冷静一点。警官说："你想让我们怎么做？"希瑞说："就做你们对一个收到刑事限制令的人该做的事情。"警官又问了一遍，看起来已经有点不耐烦了，然后警察就走了。韦恩留下来没走，但情绪已经很平稳了。她到邻居家的沙发上睡了一夜。第二天早上，玛丽·克尔的一个朋友卡瑟林·费特（Kathryn Fechter）问她打算怎么办时，她用韦恩经常对她说的一句话回答说："我想把他的狗头给剁下来。"

> 为什么？
>
> 这是韦恩在家里常对我说的一句话——他就想这么对付我来着。

你没事吧？

　　我不知道他对我做了什么——我很害怕——我不想流落街头。我以前带着托妮和我的姐妹一起去了次夏威夷，因为我待在车里，而他又不能照顾孩子，因为他喝醉了酒，没完没了的争吵、到处躲藏，这些对孩子都很不好。

　　第二天，第二份限制令又送达给韦恩。他可不管这些，他打电话给希瑞，问他是不是可以回家。希瑞大为震惊。她说：

　　他行为上的巨大变化把我吓死了。我不明白，也不知道他要做什么。这对我来说非常非常恐怖。

　　她没有回家，而是待在了工作的酒吧里。

　　那天晚些时候，韦恩走进了希瑞工作的那间酒吧。她脸色苍白。希瑞形容说当时韦恩"开始满口胡话"，"我很害怕他会打我。以前他从不会在外人面前打我，可现在他却不管这些。我走开打电话给离婚律师。他说这是公共场所，我们在这里什么都不会做。我说：'为什么？你的意思是不是说你不会在公共场所把我杀死？'"他说"是的"。

　　那天晚上，她又在玛丽·克尔家里的沙发上过了一夜。

　　希瑞于是等到了第二天，11月1日。韦恩再次出现在她工作地方的时候威胁要把她整死。她从后门逃走，在几个他找不到的酒吧里打发时间。几个小时后，她回了家，以为自己已经安全了。实际上根本不是。

　　房子是黑的；也没有见到韦恩的车子。希瑞的心理压力小了许多，她觉得韦恩肯定不在家里，就壮起胆子把车里的东西都搬了下来，包括一把枪，因为害怕他会用这些东西打她，她才把这些东西从房子里拿了出来。她这天早上从一个朋友那里把这些东西整理好的。

　　希瑞进门后把门锁上了，以防他闯进来，尽管她并非有意为之，但事实上这却使她无法快速地离开房子。就在这个时候，客厅沙发旁边的灯亮了起来。韦恩整个人睡在沙发上，开始骂她。他一边骂一边检查他的眼镜，由于长期经受韦恩的虐待，她感觉到这是一个很危险的表情："我知道这意味着我又要遇到麻烦了。"她赶紧往卧室跑去，听见他说：

　　"我觉得，我必须杀死你这个婊子养的。你刚才没听见我说话吗？"

　　希瑞听到厨房里有金属摩擦的声音，以为他正在拿刀。然后她听到了脚步声。她说她当时把子弹推上了膛，希望以此为掩护冲到厨房去，这样她就可以从后门逃跑。她接着说，她朝韦恩开了枪。

　　我正往外冲的时候，经过过道进了厨房，他没有说话。我想他肯定是想偷偷跑到我的后面，因为以前他曾经多次这样做过。我只能用耳朵去判断他的方位——他的进攻性的声音。我举起枪以从火炉跑到门前。我问他为什么不离开这个家，因为我不想再有任何麻烦。他数落了我一通，还说这是他的房子，为什么我不去叫警察，因为他们什么屁事都不做，报警也没有用。我试着不再移动。我不知道他在哪个位置。我说：为什么当时我不选择离开呢？

　　然后突然他朝我大叫，"你哪也别想去"。声音从各个方向传来，好像是从墙上反射的一样。

我不知道声音从哪个方向传来……我吓得跳了起来。我从火炉那里走了出来，就开枪了。

她站在那里很长时间；她当时知道发生了什么，但就是不敢相信。她对陪审团说："我不知道究竟该说些什么。"

希瑞从旁边的门出去到了邻居家，他们曾多次在韦恩虐待她的时候为她提供过救助。让人震惊的是，她和她的朋友一同回到家里的时候，韦恩已经死了。她形容她当时震惊的感觉，她大脑已经停止运转。邻居试图联系她的离婚律师，希瑞不可思议地宣布她需要回去工作。她于是就回到酒吧，告诉了她两位同事事情的经过。尽管她并不记得细节，她却并不否认她曾说过"他死了，以后再也不会有麻烦了"、"韦恩已经死了"之类的话。专家可以解释她正处在震惊的情绪之中，而且刚从再也不会面对危险的情况中有所缓解。她的邻居一找到离婚律师，并且同意见她一面，她就立即放下了手头的工作。

我们在主询问的最后，问了她一个问题："你是不是蓄意杀死你的丈夫？"她回答说："不，我只是想摆脱他。我想一个人待着。"当她离开证人席的时候，我不知道陪审团是否能够理解那种恐惧的心理让她真诚地相信——即便这种认识是错误的——她不能坐以待毙。

控方对希瑞的反询问

控方对希瑞的反询问建立在对受虐妇女的陈腐观念、神秘和误解的基础之上。她被问了很多关于为何还继续留在丈夫身边，未能成功地对丈夫提起控诉以及说要保护他的谎言之类的问题。控方着力论证这只不过是"一场家庭矛盾"的论点，他们将她感觉到威胁的那些谈话和正常夫妻之间的对话进行了比较，比如，案发当天晚上关于马铃薯和番茄酱的谈话。在一次恶毒的攻击行为之后死者就收到了第二份限制令，控方试图营造一副家庭和谐的景象。

他说他想和你共进晚餐？
他没有这么说。
反正谈话是关于做饭和吃饭的，是吧？

控方想把案件描绘成一个饱受攻击的丈夫和一个不称职的母亲之间的问题，所有的措辞都充满了轻视和诋毁的讽刺语气。控方不顾对方感受，试图通过这一方式把无情虐待妻子的韦恩·阿勒里描绘成只是想和妻子就"家庭矛盾"进行沟通的男人。不顾辩方的多次反对，法庭准许控方利用几年之前蒙大拿州的一个诉讼程序作为证据，该程序剥夺了希瑞对她3个孩子的监护权，但这一裁决现在已经被证明是错误的。控方极力将希瑞塑造成一个"坏母亲"的形象，指出她曾将几个孩子丢给韦恩而自己跑到蒙大拿州她父亲那里待了一段时间。

控方的反询问试图证明韦恩是个文盲，读不懂限制令，而且即使的确存在恐惧心理，但作为一个妻子和母亲，待在其他人家里也是非常冲动，对孩子也是很不负责的。由此，诉讼开始朝着有利于控方的方向倾斜，控方大概无法正面证明希瑞带着孩子睡在汽车里是对孩子很不负责任的一种做法。

希瑞并没有被控方吓倒。就在控方试图从她嘴里得到对控方有利证言的时候，她对事实问题非常地清醒，并不断纠正控方的错误。她这样解释她把弹药装进枪里时的想法：

> 我只知道我必须离开那间房子来保护我自己；如果确实需要那样的话。我真的根本没有想过要开枪。

在控方暗示她在事发几小时后居然还无所事事地在酒吧里喝咖啡时，她针锋相对地予以回敬。她咬紧牙关大声回答，其语气斩钉截铁，不容置疑：

> 4 天来，我一直在听你说所有关于我的事情，现在我相信你无法拒绝我开始叙说我对整个事情的看法。

就本案的许多方面来说，希瑞作证时的强势是一把双刃剑：一个专家能够给陪审团提供的最好帮助之一就是向陪审团解释，一个在作证时如此强势的女人在被她丈夫嘲笑和攻击的时候还能表现得非常温顺。

专家证言

希瑞作证后，陪审团休息了一会儿，然后传召专家卡瑞尔·柯林贝尔出庭作证。显然，柯林贝尔博士的专业资质是无可指摘的，专业水平也没有任何问题。作为一名华盛顿大学社会福利工作的教授和海景医疗中心社会福利工作的负责人，她在医院里建立了性侵犯研究项目。该中心因其为暴力犯罪被害人（特别是强奸和乱伦案件的被害人）以及被家人虐待的妇女提供服务而闻名全国。柯林贝尔博士被公认为这一领域的前辈，她为发展这一领域的诊断标准而工作了 15 年。她在同行评议的学术期刊上发表文章，在全国发表演讲，在国会为受虐妇女综合征提供专家证言。她目睹过成千上万名受虐 15 年以上的妇女。在准备这起案件时，她还专门对希瑞进行了 5 个小时的检查。

柯林贝尔博士的证词首先强调了受虐妇女综合征的几个可以确认的症状。她介绍了受虐妇女在面对丈夫时的精神状态和行为模式，可能与一般女性面对同样问题时的表现不大一样。她为陪审团提供了一个基础，借此可以理解一个患有受虐妇女综合征的人为什么不会离开她的丈夫，为什么不会报警或者通知朋友，为什么会害怕侵犯日益升级。柯林贝尔教授进一步解释了为什么希瑞·阿勒里在扣动扳机时会觉得自己正处在紧迫的危险之中。我们认为，在这一关键问题上的专家证言对于陪审团理解一个普通的外行无法理解的现象会有很大帮助。

华盛顿最高法院推翻了初审法院的判决，裁决专家证言具有可采性：

> 柯林贝尔教授证明受虐妇女综合征在精神疾病领域已经是公认的现

象，而且在专业的诊断教科书中也被作为一个专门的技术术语。该病症具有三个明显的阶段。在第一阶段，夫妻之间关系开始紧张，开始发生一些轻微的虐待行为。

更为严重的暴力行为会随之而来，妇女会经历一种无法阻止丈夫的无力感。心理学家将这一现象概括为"习得性失助"（learned helplessness），在这种状态下，妇女在心理上完全无法摆脱，因为经济上还依附于丈夫，永远是男人的附属物，而法律制度也无法有效解决这一问题。

最后，会有一段时间双方相安无事，她会原谅她的丈夫，希望虐待再也不要发生。

我们主张，而且上诉法院最终也同意，这一证据能够对证明妇女在开枪时的感受和行为具有实质的证明作用，这对她提出的正当防卫的辩护意见至关重要。①

虐妻者的特点

在对受虐待妇女综合征作了一个宏观的介绍之后，柯林贝尔教授转而开始为陪审团简介虐妻者的品性。她对韦恩·阿勒里的品性概括得非常准确。她证明，虐妻者一般都是酒鬼；不太自信，自控能力很差；他们总是郁积着各种情绪，然后变得非常容易恼怒，并通过暴力发泄情绪。

柯林贝尔教授还描述了虐妻者通常采用的类似间谍活动的一些策略来控制同伴或妻子。她证明，在夫妻关系中的早期，这种对配偶的控制往往被看做是"关心和爱情的体现，他送我去上班或者回家吃午饭，我们形影不离。"但是柯林贝尔教授指出，随着时间的推移，直到她变成了婚姻的囚徒之后，这种关爱就会逐渐减少了。这会让一个女人非常失望，真切地感到寒心，这可能就是在这种关系中经常出现的一种无助的感觉。在这一点上，虐妻者疑心极重，经常看什么都不顺眼，包括通奸。既可能是送报纸的人，也可能是杂货铺里的收账员，或者是在希瑞案子中邻家的"矮黑鬼"（the midget niggers）。

受虐妇女的特点

同样，柯林贝尔教授也对希瑞·阿勒里这位受虐妇女的特点进行了描

---

① 为了推翻初审法院拒绝采纳专家证人的裁决，上诉法院认为："……陪审团在判断被告人是否构成正当防卫时必须对其在行凶当时的事实和情境予以全面考量。"为了更有效地向法庭展示被告当时感知到的情境，她内心恐惧的合理性，辩方可以说明被告当时的感觉，以让陪审团克服对那些虽受暴力摧残，但仍不愿离婚的妇女陈腐观念。而通过专家向陪审团提供有关受虐综合征及其影响的专业证言是一个比较恰当的方式。See Comment, "The Expert as Educator: a Proposed Approach to the Use of Battered Woman Syndrome Expert Testimony", 35 *Vand. L. Rev.* 741 (1982).

述。她解释了为什么受虐妇女通常都不会离开她的丈夫，指出她们会经常通过一些小的细节来强化她们关于情况会逐渐好转的想象。她们常把自己的丈夫形容为性情暴躁、不可捉摸的人。她们经常小心翼翼，不知道又会因为一件什么小事而引发一场大的地震。

柯林贝尔教授解释了"暴力的循环理论"，让陪审团能够深入理解受虐妇女不离开自己丈夫的那些不可理喻的理由。她说，在一种存在虐待行为的夫妻关系中，在暴力行为之后通常都会非常懊悔。虐妻者会说他再也不会这样做了，他只是一时控制不住自己的脾气。他乞求对方的原谅以继续和自己在一起生活，还说要一起解决这些问题。因为妇女非常绝望，期望能够相信自己的丈夫，所以就留了下来。研究表明，受虐妇女留下来还有另外一层原因，这些妇女往往都经历了：（1）极度的惊恐让妇女无法冷静地作出判断；（2）习得性失助；（3）经济上的依赖；（4）担心一旦离开就会被杀害。

渐渐地，妇女们开始突破各自的底线，或者开始判断她们处境的危险程度。她们开始接受这种状况的所有责备和责任，不明白她们究竟做错了什么才造成了今天的局面。[①] 当然，这一视角的缺乏（loss of perspective）直接加剧了对这种病症的巨大误解，它让人感觉妇女就该被教训，因为就连她自己也觉得这一切恶果都是自己造成的，因此活该挨打。柯林贝尔教授还强调了妇女们在挨打的问题上为何会撒谎和编造故事。她还介绍了有关暴力侵害之后受虐妇女记忆准确性的已经得到公认的科学研究结论，以及这些研究的可预期性和可靠性。她证明，在病情危险期方面的文献表明，对事实有所扭曲是非常常见的，这取决于精神上受到创伤的妇女与多少人以及哪些人谈及此事。比如，她们对警察谈的细节可能就会与和朋友们谈的细节大为不同。柯林贝尔教授证明，因为陪审员对这一领域的研究和知识并不太了解，很多暴力的标志都是与普通人的直觉不符的，这一点对于那些审理涉及虐待案件的陪审员而言尤为重要。

我们特别小心地避免去问希瑞言词的真实性问题，而是问柯林贝尔博士希瑞在开枪前后所说的各种话究竟是出于何种心理。柯林贝尔博士认为，在经受了长期的虐待的情况下说出一些过头话，比如"我要把他的头给砍掉"，是很正常的。"在这种状况下说出这种话再正常不过了。在充满暴力的夫妻关系中，经常说些恶毒的话简直就是家常便饭。"在被问到受虐妇女杀死自己丈夫之后那种如释重负的表情时，柯林贝尔博士说，这种如释重负的表情是一种创伤后反应（post-trauma reaction），这些表情反映了妇女再也不用提心吊胆的心情。

在专家作证之后，我们向法庭陈述了辩护意见，督促法庭采纳该份证词，因为我们提出的辩护意见是正当防卫，据此，陪审团有权听取专家证言，只有通过专家证言他们才能够评估被告认知状态的主观和客观合理性。我们的辩护意见还援引了另外 3 个州法院的判决，这些判决裁定，对受虐妇女综合征证言的排除侵犯了被告提出有利于自己的理论的第 14 修正案的宪法性权利。俄亥俄州法院认为，由于正当防卫是谋杀罪的免责事由，因此辩方有权提交关于受虐妇女精神状态的专家证言，因为受虐妇女的主观状态，

---

① See e. g. , Julie Blackman, *Intimate Violence*, Columbia University Press, 1989.

特别是她独特的心理特性以及在反映和认知上与常人的差别，是外行人的知识和理解能力难以作出判断的。

我们论辩说，专家证言对希瑞的辩护来说至关重要。控方认为希瑞在被虐待的次数和程度问题上未能如实作证，我们对此没有异议。但是，控方把被告受到的侵犯看作是夫妻关系中的小打小闹（ups and downs），并进一步认为希瑞在开枪前后所说的话表明她蓄意杀死韦恩，而且在他死后她还非常高兴。对这些意见，我们表示坚决的反对。专家的证言将为陪审团判断希瑞上述行为的真正原因提供一个专业的基础和背景。我们提醒法庭注意，在陪审团筛选程序（voir dire）中，控方排除了所有声称自己了解有关受虐妇女知识的候选人，而组成了现在这样一个很容易受控方宣扬的没有事实根据的说法和误会左右的陪审团。

控方的发言再次强化了陈腐的观念和没有事实根据的观点。对判例闭口不提，还歪曲专家证言。控方对科学研究、科学结论和专家证人提出质疑，他认为法庭应当拒绝采纳专家证言，因为它缺乏相关性：

> 这位女士（指柯林贝尔教授）说，该病症就是曾受过极度侵害的妇女的一种抱怨情绪的反映。但在我看来，在任何一个星期一，在任何一个检察官的办公室里，都不会听到这样的抱怨。我并不关心有多少博士认为这是一个正常的现象——结婚证书其实就是殴打妻子的证书，我也不同意是妇女本身造成这一结果的毫无根据的观点。我对此完全看不出有任何问题。我一生都在普通人群中生活。我完全不能相信这种说法。我对此没有体验。这完全是胡说八道。

法院最后总结：

> 陪审员对生活中司空见惯的（原文如此）现象是能够理解的，他们不需要一些高深的理论来帮助理解这些现象。问题在于，我们谈论的是不是超出普通陪审员理解能力的事情。问题是她们这些妇女是不是真的活该遭到虐待。我不这样认为，我也不认为陪审团会这样想。我们根本没有专家所说的那种毫无根据的错误观念。

主持一项家庭暴力专项研究的临床心理学家威奇·博伊德（Vicki Boyd）博士也向法庭提交了一份书面证言，但却被法庭驳回。

反询问以及再反询问

在希瑞作证之后，双方围绕着控方反询问的范围进行了一场极为激烈的辩论。他们试图从几个证人口中引出证言，包括韦恩的姐姐，她说她从没有看到希瑞表现出对韦恩的恐惧，一直到案发当晚也没有发现她对被害人有仇恨。控方用特有的夸张手法辩论道：

> 她在证人席上详细描述了自己日复一日受到的虐待、羞辱等诸如此类的经历，这类事情在 1980 年更为严重，她再也无法忍受这些，如此

恐怖和可怕，以至于她最终提出了离婚。我想通过这些证人说明的是，他们夫妻之间其实不存在任何问题，至少在 1980 年 10 月 27 日，也就是被害人被害 4 天以前并没有像她展示的那样有任何的问题……我认为，根据她的证言，她想摆脱，或是试图摆脱这一切，既与本案有关联，也是真实的。

尽管辩方对这一证言的可采性提出质疑，但法庭还是采纳了，其理由是：

> 阿勒里太太对这段漫长婚姻的过程作证，证明韦恩·阿勒里就在事发前的那段时间里发生了变化；他的行为举止改变了，他的言语改变了，他对她的称呼改变了，他对房子的称呼也改变了——称之为房子而不再是家。我觉得，所有这些都表明，他当时正在发生着变化，因此，这些足以反驳那些认为他没有发生变化的证据。

辩方律师的出色表现，以及甚至连辩方都没有提出的家庭暴力从未间断的事实，使得这一证言并没有对最后的裁决形成特别负面的影响。

控方接下来提供的两位反驳证人对辩方造成了沉重的打击。法庭竟然采纳了控方证明韦恩害怕希瑞这一荒诞论点的证言。为了支持这一论点，他们传召了迈克·里士满（Michael Richmond），他曾为此事先后两次作证：一次是在 1979 年，另一次则是在案发 4 个月前。韦恩曾带着两到三把枪到里士满家，要求里士满替他保管。里士满证明，韦恩曾说，他很关心希瑞，而且他们正在发生冲突，他害怕她可能会伤害他或托妮。里士满还说，他从没有看到希瑞表现出对韦恩的恐惧，但却听到希瑞咒骂韦恩，比如，说他"像个建筑工人"。

控方最后传召了罗伯特·克尔（Robert Kerr）出庭作证，法庭在此之前曾经剥夺了他的证人资格，他本可以证明韦恩死后数月希瑞所说的那些不幸但却十分清晰的自嘲言论。而现在，在反询问中，克尔对罗伯特（Robert）所说的对希瑞的恐惧作证，他说，韦恩曾告诉他，他准备从家里搬出去，因为"我不知道她是否想要离婚，我也不清楚她是不是要杀了我"。

克尔在控方反询问程序中的首要任务就是绘声绘色地描述案发 6 个月后他与希瑞见面时的场景：

> 她跳了起来，问我："是否想知道事情的真相？"然后，她就开始咬自己的手指，扭着屁股说："我杀了这个婊子养的。真是太爽了。看到他的脑浆从头上流出来，眼珠子挂在脸上，别提有多爽了。"
>
> "这是你想听到的吗？"

交叉询问很容易就把他对希瑞的偏见、他和他妻子对希瑞的不同看法和辩论展露无遗。他不愿意承认，韦恩对希瑞"一点都不关心"，也不愿意承认他和他妻子就韦恩和希瑞的关系与案发经过产生过争论。但是，这一证言还是让陪审员对希瑞的品格产生了怀疑，而且给控方提供了更多的事实证明希瑞曾意图谋杀被害人。

辩方试图向法庭阐述清楚希瑞最终的爆发极具讽刺意味，以及她对克尔深恶痛绝所产生的结果，这一点非常重要。为了扭转克尔证词的影响，辩护律师在再反询问程序中传召了被告人的邻居威廉·霍姆斯。霍姆斯曾经亲眼目睹了希瑞和克尔之间发生冲突的场景。他对两人之间争吵内容的详细描述并没有像克尔描述的那样糟糕，但也已经够糟了。霍姆斯说，希瑞言语之中带着不屑和挖苦，因为她知道克尔非常恨自己，并且相信是她残酷地杀害了自己的丈夫。在任何情况下，她承认说过这些话都会产生极坏的后果。即使陪审团也认为，希瑞只是一种自我嘲讽，并且认识到希瑞和克尔两人之间的恶劣关系，他们还是会受到她证言的误导。陪审团既没有理解她对克尔的嘲讽和愤怒，也没有不理解。法庭休庭。对于这一问题双方再也没有提起。

陪审团指示

陪审团指示非常重要。尽管在华盛顿，当一个人遭受重罪侵犯的时候，他没有任何义务从自己家里离开，法庭仍然不会发布"没有义务离开"这样明确的指示。法庭表示，这是因为希瑞·阿勒里在开枪杀死她丈夫的时候并不是处在盛怒之中。

在长时间的辩论结束之后，法庭拒绝向陪审团作出温如案[①]所确立的正当防卫指示，该指示会让这些普通的陪审员了解：必须根据希瑞当时所处的环境，根据她在当时和事前所了解的所有事实和情况来判断她的行为。[②] 但是，沃斯威克法官却说，温如一案中的观点仅仅代表少数法官的立场，而不能代表多数法官在正当防卫问题上的立场，而且，"我这些身处高位的兄弟们（原文如此）如果想就这一问题确立规则的话，就应当加以清晰明确的表达，而且不仅仅应当记住他们自己的观点，还要知道其他人的观点"。

结案陈词

双方饱含感情的结案陈词形成了鲜明的对比。由于希瑞·阿勒里胆小怕事，又易于激动，控方将其塑造成一个言语粗俗的女人的形象：她根本没有从1975年失去对孩子监护权事件中吸取任何的教训。她是个脾气暴躁的妻子，因为经常在塔科马港市的酒吧和沙龙里酗酒寻欢而经常惹恼她的丈夫。她对丈夫和孩子不管不顾。她对遭受的身体虐待极尽夸张之能事，而事实上根本就不像她自己所说的那样是个身体、精神和情感上虐待的受害者。她早已厌烦了自己的丈夫，并计划杀死他，还到处扬言她要这么做。她果然做到了，并在事后四处吹嘘。这些极具煽动性的评论非常有说服力，尽管在控方总结时辩方不停地提出反对意见，但法庭只是支持了其中一小部分。控方极

[①] State v. Wanrow，88 Wash. 2d 221，559 P. 2d 548（1977）.

[②] State v. Allery，101 Wash. 2d 591，682 P. 2d 312，314（1984）.

为有效地依靠每一个有关受虐妇女的陈旧观念来破坏希瑞·阿勒里的形象，并自始至终强调她是个不称职的母亲和妻子。希瑞被妖魔化了。

在辩护律师开始总结陈词的时候，希瑞的精神重新振作了起来。我描述了他们之间的婚姻、暴力和个性，以让希瑞在法庭上感觉到自己的存在。我对控方认为虐待行为只不过是"家庭琐事"发展的结果这一观念大加批判，并表明，虐待行为是周期性的——有时他们的夫妻关系还是充满温情的。我谈到了她曾多次试图离开这个家庭，也提到了这么做所面临的危险，还提到了她内心与日俱增的恐惧以及那些"征兆"——她正处在危险之中的暗示和迹象。我提到她每天都要艰难地掩饰自己内心的恐惧和脆弱。她已经学会了如何在这种恶劣关系中保护自己。当然，爱情的"锁链"和对她女儿托妮的关心，是理解希瑞生活和动机的关键。

我提到了被告遭受虐待的历史、入院治疗以及多次报警的经历，提到了他们的朋友、家人和同事，试图用这些因素的组合帮助陪审员理解案发当天希瑞的精神状态。然后，我又极为详尽地描述了案发当晚的事情经过——希瑞进入漆黑的家里，灯突然亮了起来，韦恩就坐在那里，威胁要杀死她，金属发出刺耳的声音。我们希望陪审团能够设身处地地想象希瑞当时的处境，并感受她在案发当天站在家中的那种恐惧心情。我们希望陪审团不要被有关受虐妇女的传言所误导。

陪审团退席评议，几个小时后，他们问了有关正当防卫和杀人罪的定义等一些相关问题。我们感到了一丝希望。就在他们准备开始周末休假的5分钟之前，陪审团达成了最后的裁决，由陪审团主席宣布"被告一级谋杀罪不成立"。我深呼了一口气。希瑞表现得十分镇定。然后，陪审团主席又接着说："陪审团裁定，希瑞·林恩·阿勒里二级谋杀罪成立。"有几个旁听群众开始惊呼。有人说："哦，不。""请保持安静。"法官说道。

后来我们与几个显然同情希瑞处境的陪审员聊天，他们认为自己没有给被告定预谋杀人罪已经帮了她很大的忙了。他们透露，许多陪审员都不理解如果虐待真的如她所说的这么严重的话，为何她不选择离开。他们还认为，她的确是一个不称职的母亲和妻子。

甚至在她完全镇定下来之前，希瑞仍然在关心着她的女儿托妮。她必须照顾她的女儿。幸运的是，法庭允许希瑞继续保释。

妇女团体围绕本案举行了很多活动。它们撰写文章，给法庭写信，举办各种活动教育公众有关受虐妇女综合征的有关知识。在华盛顿，法庭有权力判处被告非监禁刑。在长时间的听证程序之后，法庭判处被告20年监禁，但准许上诉期间对其予以保释。许多机构都支持这一上诉。西北妇女法律中心（the Northwest Women's Law Center）在本案中表现得非常活跃，它们还为本案上诉撰写了法庭之友意见书（amicus）。

在口头辩论结束之后，上诉法院指出，本案提出了"具有重大公共意义的问题"，并将此案转交华盛顿高等法院。1984年5月17日，华盛顿高等法院做了沃斯威克当初建议的事情——对该问题做了详细的书面阐述。该法院用十分明确的语言推翻了有罪判决，裁定：（1）受虐妇女综合征的证言是可采的，因为这种病"可能会对犯罪当时妇女的感知和行为产生实质性的影响，并且也是其正当防卫抗辩事由的核心问题"；（2）原审法院未能发布

"没有义务搬家的指示"的做法是错误的；（3）1975年蒙大拿州法院曾经在一场听证程序中剥夺了希瑞·阿勒里对孩子的监护权，原审法院以此作为证据加以使用容易导致对被告的偏见，因而是错误的，原因在于"被告之前作为母亲的错误行为与本案没有相关性"。法院清楚地表明，温如一案是个可采纳的标准，尽管法庭对正当防卫的指示"从表面上看来已经足以清楚表达一种主观的正当防卫标准"，"但对于普通陪审员而言，这一标准却仍然并不十分清晰"。而且，法院注意到，柯林贝尔拥有良好的专业声誉，关于受虐妇女综合征的科学理解已经得到充分的发展，因而可以在审判中予以采纳以服务于各种不同的目的，包括解释为何一个妇女不会离开她的配偶、为何不会报警或告诉朋友，以及为何恐惧最终升级为进攻性的行为。

这一判决得到了妇女团体的热烈欢迎。我们心里的一块石头总算落了地，但希瑞·阿勒里却仍然需要面对再次审判。4年时间过去了，检察官也换了新人，社会环境也变得更为开化。尽管控方不停地声明，测谎试验对判决结果不会有任何实质性的影响，阿勒里还是在该案的关键问题上接受和并通过了测谎实验。我们再次遇到了那些检察官，向他们提供了测谎的结果。我们等待着最后的裁判。

1984年7月31日，塔科马港市检察官办公室对外宣布，对希瑞·阿勒里作出不起诉的决定。在经过了长时间的斗争之后，她终于感到，辩护的努力多少总算有点成效。尽管她可能更想从陪审团那里听到"无罪"的宣告，但一想到长期的折磨就要结束，心里还是觉得轻松了许多。她只有一天的时间可以感受这种放松的心情，在之后的几个星期内，她会接到一些充满仇恨的信件和愤怒的电话。她要回到她女儿和朋友们给予的温暖与支持之中。她也要逐渐开始一段崭新的生活。她很快就认识到，继续留在塔科马港市会忍受人们无情的白眼。她和托妮于是搬到蒙大拿州。让人感到高兴的是，希瑞再也不用活在恐惧之中了，她很平静地承认，她非常难过的是，托妮本来不会失去自己的父亲。她的眼泪让我们再也不愿意记起曾经发生的一切，除了其中所包含的讽刺。

（陈虎　译）

第2章

叛国罪，亚伦·伯尔以及民族想象（national imagination）

罗伯特·A·弗格森（Robert A. Ferguson）[1]

被告席上的名人
故事的力量
一个曾经十分优秀的人
一个失去祖国的人
里士满的判决
大众司法

---

[1] 哥伦比亚大学，法律、文学及批判主义方面的"乔治·爱德华·伍德伯瑞（George Edward Woodberry）"教授。

被告席上的名人

悬而未决的社会焦虑会使得法庭审判聚焦在公众注意力之下，1807年，亚伦·伯尔因为严重的行为不端和叛国这两项罪名受审，成为第一个激发了民族想象的案件，再也没有其他案件更能说明上述现象的了。该案在弗吉尼亚地区的美国巡回法院审理，要不是涉及名人，这次审判本来完全可以避免臭名远播的结果。亚伦·伯尔，51岁，曾是独立战争的英雄、某政党的领导人、纽约著名律师、美国联邦参议员，不仅如此，3年以前，他还曾经担任过美国第三任副总统。主审本案的正是美国联邦最高法院的首席大法官约翰·马歇尔，他在1807年饱受外界争议。代理该案的都是弗吉尼亚律师界的精英，这些人在国内声望显赫，结交甚广，可以使弗吉尼亚在长达25年的时间里持续控制联邦政府的行政部门，这样长时间的控制在美国历史上也是前所未有的。在法庭外，有一个更为重要的人物若隐若现，此人正是精心策划了这次起诉伯尔的主控官，美国总统托马斯·杰斐逊。

在一起本来就富有争议的审判中，名人的轰动效应一旦被放大，必定会产生极大的影响，这些名人往往会因为一些他们无法控制的原因而被抓进法院受审。谁也不想身陷讼累，但是在1807年，人们却会因为各种让人费解和复杂的原因而遭到审判，以至于人们至今仍对那时的审判争论不休。一个十分具体的问题——亚伦·伯尔是否犯有针对美国的叛国罪——就提出了一系列这个国家尚未做好应对准备的问题，这些问题涉及的领域会使地区之间剑拔弩张。在不确定和相互冲突领域中的这种蔓延势头产生了一个新的现象：第一起极为鲜明地激发了民族想象的审判。

当时的政治还是可以控制的。伯尔利用自己在这个新成立国家中的领导地位为自己谋取私利、赚取财富，他赤裸裸的野心公然挑衅了社会既存的道德规范。高层政治精英们试图相信，公民的美德能够使这个国家的政治实验保持一个无私的形象。[①] 尽管这场斗争最后以失败告终，但那些参与其中的人却对这一目标十分重视。伯尔并不是这类人，1804年，他曾因政治分歧而在一场决斗中杀死了亚历山大·汉密尔顿（Alexander Hamilton），这就险些逾越雷池。一个荣誉观念仍然支配人们行动的社会都会保留决斗这种解决争端的方式，但是，一位政治领袖在决斗这种场合杀死另一位政治领袖，这多少有些违背那些不成文的规则，甚至可以说得上是犯罪。[②] 伯尔把汉密尔顿约出来，一心想置其于死地。就像他后来吹嘘的那样："我确信能够搞

---

① 为了叙述的方便，要将这一问题视为"真实的叛国罪行"。See Gordon S. Wood, "The Real Treason of Aaron Burr", *Proceedings of the American Philosophical Society*143（June 1999），280 - 293.

② See Joanne B. Freeman, "Dueling as Politics: Reinterpreting the Burr-Hamilton Duel", *The William and Mary Quarterly*, 3d series, 53（April 1996），289 - 318. 这种有关决斗的习惯做法通常都会最终促成和解。比如，汉密尔顿，就曾10次卷入有关荣誉的争议之中，但却从未参加过任何一场决斗。

死他。"在外人眼中，这句话无异于承认这场决斗就是一场谋杀。① 有一个问题至今仍在美国政界被不断提及：一个经选举产生并指导人民的官员，其公共道德和私人道德之间究竟应该是一种什么样的关系？

被告的其他违法犯罪行为与其身份地位密切相关。伯尔曾在革命军中服役，他完全可以自称为共和国的缔造者。1805 年到 1806 年，他在西部各地之间往来穿梭，因其英雄的声誉而受到了极为奢华的欢迎和接待。但是，我们能对一个建国者在追求个人私利方面施加什么样的限制呢？没有人搞得清楚，但是，伯尔对其他人在这方面的自律表现得极为不屑。伯尔是含着金钥匙出生的，因此在举止行为上就显出一副傲慢和不可一世的贵族做派；与其他建国者不同的是，他的祖父和父亲都是社会名流。他的直系祖先，乔纳森·爱德华兹（Jonathan Edwards）和老亚伦·伯尔，都是美国殖民地时代非常有名的宗教界人士，而且还都担任过普林斯顿的校长（新泽西大学）。这些资历如此重要，以至于约翰·亚当斯后来不停地抱怨，杰斐逊之所以在 1800 年从他手中夺走了总统宝座，就是因为伯尔作为副总统候选人担任了他的竞选伙伴，这一对搭档"仅仅从他的家乡就赢得了 10 万张选票"②。

在共和国刚刚成立的时候，即使是从伯尔本人身上也可以看出各种不同观念之间的冲突，但他还是凭借着这层资本，突破了社会所能接受的行为尺度。美国早期的基督教文化，以及刚刚浮现的对世俗世界的启蒙在伯尔的身上都能找得到踪影，在 1800 年总统选举之后这两股力量就冲突不断。没有人知道宗教和世俗这两种力量在同一个人身上发生冲突时会产生什么样的情形，同样也没有人知道当一个人的贵族身份行将终结，而开始以共和主义者的身份出现时，又会产生什么样的情形。伯尔心里十分清楚，在这些问题的风口浪尖上生活，早晚会惹事上身。"只有在有人会受到不利影响的时候，命运之神才会要求我必须如何去做。"他在多年以前就这样写道。③

伯尔被指控的犯罪行为加重了另一种不确定性。在 1805 年到 1807 年之间，伯尔以一个普通公民的身份在西部地区策划了暴力夺取政权的行动，每一次行动都给这个新生的国家带来了不同的伤害。他的计划之中包括虽然模糊但是彼此之间存在联系的备选方案：派遣武装分子秘密潜入西部地区以占领土地，以西班牙人利益受损为代价以换取美国人私有财产的增加，对墨西哥进行彻底的征服，令人信服地建立一个由英国或西班牙资助的独立的西部帝国。由于当时的环境已经不复存在，这些计划所引起的担忧在今天已经很难想象。在 1807 年，当时的人们很难想象美国最终究竟会有多大的疆域，即使是那些私下揣测的人，也对疆域的扩大究竟会对现存的制度安排造成什么样的影响存在分歧。这些争论日益尖锐，地区之间在疆界问题上也已剑拔

---

① 一个证明伯尔经常四处扬言的证人——之后他称这是一场谋杀——就是 1808 年的杰里米·边沁。See Milton Lomask, *Aaron Burr*, two vols. (New York：Farrar, Straus, Giroux, 1979 - 1982)，Ⅱ：309. 一旦其生平和时代背景发生矛盾，我都会以这一标准的传记为根据。

② John Adams to Thomas Jefferson, November 15, 1813, in Lester J. Cappon, ed. , 2 vols. , *The Complete Correspondence between Thomas Jefferson & Abigail & John Adams* (Chapel Hill：the University of North Carolina Press, 1959)，Ⅱ.

③ Aarron Burr to Sally Burr Reeve, January 17, 1774, Lomask, "Preface", *Aaron Burr*，Ⅰ, xix.

弩张。在这些州有关共同体的淡薄观念之中，地区认同和疆界争议仍然是它们关心的焦点问题。[1]

因此，伯尔的行为所引发的问题远远超出了他个人的范围。许多对这个国家只有部分认同的美国人，正试图到西部去独立开辟新的生活。他们中很少有人知道，也很少有人关心，为了改善生计而在主权不明的地区采取的个人行动会构成针对美国的叛国行为。在独立战争期间，在每个美国人都曾被以修饰性的措辞指控过的这个国家，叛国究竟是何含义？西部拓荒者们热衷于和西班牙人及法国人的土地索赔请求进行抗争，而很少关注对新土地的带有侵略性的诉求所带来的国际关系的紧张。杰斐逊本人在1803 年任职总统期间，就从法国人手中私下购买了路易斯安那州的土地，他也因此遭到了批评。行政机关吸收新地区进入联邦的权力究竟有何限制？这些土地究竟应该如何进行分配？这些问题又会产生诸多新的问题。在1807 年，外国人对西部大片土地的诉求既是事实又是威胁。在对这些争议土地进行开发的计划中，将外国势力卷入其中，这对一个公认的建国者而言究竟有多大的危险？

这些不确定性以及伯尔臭名昭著的行为，决定了法庭上对被告人是否有罪的辩论将会成为公众的关注焦点。事实上，那些不受约束的关于本案的庭外讨论会使亚伦·伯尔名誉扫地，而这种制裁是审判本身无法做到的。大多数美国人都会对法庭作出的"无罪判决"充耳不闻，而宁愿去相信控方对犯罪行为的指控。他们这种选择性的关注几乎与法律毫无关系，而与意识形态的需求关系甚密。即便马歇尔决定性的判决意见中体现了另一种重大的国家价值，情况也同样如此。事实上，我们可以通过这种在法律结论和社会效果之间的差异得出一个更为重要的结论：当公众对于裁判结果既不是全盘接受，也不是一概拒绝的时候，我们就可以大胆假设：一定有一种犯罪与刑罚之外的因素在其中发挥着作用。

出于好奇心，无以计数的报纸文章、33 出剧目，两倍于此数量的小说，以及大量的诗歌，开始以各种方式演绎着亚伦·伯尔的经历，这些作品都是作者本人出于好奇心，对各种资料加以对比研究而创作出来的。心胸宽广、善于伪装、对每一个视线所及的女性都极尽诱惑之能事，这是那些不负责任的冒险家和无能的叛国者在传说中的普遍形象。爱德蒙德·斯莱德曼（Edmund Stedman）的诗歌《亚伦·伯尔的求爱》就抓住了这一现象的本质："在伯尔求爱的时候，无论是寡妇还是少女都无法抗拒。"[2] 伯尔总是对社会最敏感的部分给予特别关注，这些对伯尔形象的重塑使得他的这一主要人格特征更具魅力。历史人物的政治机会主义已经变成了一种实施卑劣行径的、阴险的能力；除非社会对其加以警觉，否则，这种独立的品性只会格外增加叛国者的魅力。如果叛国行为最终成功，被虚构出来的伯尔就会加剧美国人

---

[1]　Seymour Martin Lipset, *The First New Nation: The United States in Historical and Comparative Perspective* (New York: Basic Books, 1963).

[2]　"Aaron Burr's Wooing", *The Poems of Edmund Clarence Stedman* (Boston: Houghton Mifflin, 1908), 389 – 390.（斯莱德曼是在1887 年创作该首诗歌的。）

民的恐惧；可如果失败，则会打消民众的疑虑。①

　　这些作品中表现出的困惑在 20 世纪显得格外突出。从 1973 年乔·维达（Gore Vidal）的小说《伯尔》开始，修订者就希望"能将亚伦·伯尔重新列入伟人祠（Pantheon of the Founders）"。他们并不是用叛国，而是用当时的环境和党派政治来解释这位历史人物的所作所为。对历史的虚构而非爱国主义，才是现代小说作家们关心的主题，最近的一些传记作家都被提起了诉讼。这位后现代的伯尔是一系列事件的牺牲品，他还是反对奴隶制的最早的废奴主义者。弗吉尼亚人总是按原则办事。是一帮"政治家的鹰犬"把伯尔从权力宝座上赶了下来，杰斐逊的品行也在退化，他是"第一个向民众发表信誓旦旦的声明但后来又承认自己是在撒谎的总统"②。我们不难发现这一变化的原因：19 世纪的美国人害怕外国势力对西部地区的入侵，而到了 20 世纪，美国人则更为担忧来自行政权力、官员渎职以及操纵真相的危害。但是，两个世纪的美国人在心态上也有类似之处。不论他们是否支持这位历史人物，所有对他的描述都使得亚伦·伯尔成为社会关注的核心。

▋ 故事的力量

　　社会焦虑和法庭辩护从本质上来说都是夸张的，这就是富有争议的审判总是能够反映一个社会意识形态关切的原因之一。伯尔一案在这一方面就很有意思，因为该案说明了在对抗性的审判程序中，双方的辩论是如何反映社会各界对该案的看法的。诉讼各方各自提交被告有罪或是无罪的故事版本，以供裁判者参考，如果社会接了一个与裁判结果不相一致的故事版本，就可以说明社会大众对该案的看法；这还可以告诉我们，社会对其自身的问题是如何看待的，甚至还会透露出社会如何确认和对待其敌人的信息。

　　威廉·沃特（William Wirt）深得托马斯·杰斐逊的欣赏，1807 年，当时还只是控方初级律师的沃特在亚伦·伯尔案（United States v. Aaron Burr）中发表的辩论意见就左右了社会对该案的看法。在这之后，任何人提及该案都会认为，他在 8 月 25 日发表的对伯尔进行批判的生动演讲，"使得在场的听众——甚至他们的子孙都拍案叫绝"③。但是，究竟是什么让沃特如此令人难以忘怀呢？大部分人都只是将其归功于演说者的雄辩口才。沃特使

　　① 有关亚伦·伯尔形象的变化以及对这些变化的描述，see Charles F. Nolan, Jr., *Aaron Burr and the American Literary Imagination* (Westport, Conn., Greenwood Press, 1980)。

　　② Gore Vidal, Burr, *A Novel* (New York: Random House, 1973) and Roger G. Kennedy, Burr, Hamilton, and Jefferson, *A Study in Character* (Oxford: Oxford University Press, 2000), pp. 87-110, 353, 377. 文中引用部分引自 Kennedy。See, as well, Thomas Fleming, *Duel: Alexander Hamilton, Aaron Burr, and the Future of American* (New York: Basic Books, 1999).

　　③ Lomask, *Aaron Burr*, II, 235-236, 275. See, as well, Herbert S. Parmet and Marie B. Hecht, *Aaron Burr: Portrait of An Ambitious Man* (New York: Macmillan, 1967), pp. 299-300; Nolan, *Aaron Burr and the American Literary Imagination*, pp. 35-36; Buckner F. Melton, Jr., *Aaron Burr: Conspiracy to Treason* (New York: John Wiley & Sons, 2002), pp. 210-213.

用了很多早期共和主义律师非常熟悉的方法来组织辩论：辩才滔滔，旁征博引，以及对世俗和宗教解释的巧妙平衡。① 作为帕特里克·亨利（Patrick Henry）的传记作者和美国历史上任期最长的总检察长，沃特在接下来的几十年中因其雄辩的口才而声望日增，但是其他的律师，特别是辩护律师卢瑟·马丁（Luther Martin），在当时也同样因雄辩而著称，还有约翰·威克汉姆（John Wickham），伯尔的主辩护律师，5 天之前就发表了一次演说，被专业观察家评价为"美国律师界有史以来最为出色的法庭表现"。首席大法官马歇尔将威克汉姆而不是沃特的辩论意见作为法律问题加以援引，以对陪审团进行指示（根据现有证据，无法证明伯尔犯有叛国罪），威克汉姆的辩论意见受到了法庭的高度赞扬。②

沃特掌控公众意见的能力属于另一个层面的问题。他将人们对伯尔的关注转化为一个大家熟悉的故事，借此降低了人们对该案的关注程度。对于叛国罪的指控取决于能否证明伯尔曾经为针对美国的"征税战争"或者针对美国的敌对组织"提供过帮助"，这一指控还要求对同一公开行为必须有两名证人提供的宣誓证言。③ 实际上，控方必须证明被告的确在布兰内哈萨特岛上实施过叛国行为，该岛位于弗吉尼亚州俄亥俄河的中流，因此位于里士满的联邦法院对此案具有管辖权。由东部法院进行审理非常重要。伯尔曾在西部实施过违法行为，但都被 3 个极富同情心的大陪审团宣告无罪，其中有两起案件是在肯塔基州，另一起在密西西比。西部之所以对伯尔如此照顾是因为它想和西班牙开战。因此，西部各州并不关心伯尔本人的升迁，而只是承认伯尔是一个战争英雄，他会为开发西部土地以供更多人来此定居采取更多铁腕措施。

在东部，人们都带着怀疑和警惕的目光看待被告以及与西班牙开战这件事情。政府第四次试图起诉伯尔取决于能够将一个假定的事实和两个富有争议的前提联系起来。有 30 个到 40 个武装人士奉伯尔之命在布兰内哈萨特岛上集结，准备沿着密西西比境内的俄亥俄河顺流而下，进入路易斯安那和西班牙人的地盘。但是，1806 年 12 月 10 日这天岛上是否发生了叛乱，这场叛乱是不是亚伦·伯尔指挥的呢？政府指控中最大的疏漏在于一个无可争辩的细节问题。12 月 10 日那天，伯尔远在 200 里之外的肯塔基。一切都取决于控方是否能够证明伯尔以及他的一位资助者哈曼·布兰内哈萨特（Harman Blennerhassett）就在岛上一起密谋叛国，并在该岛上实施该计划。

---

① Robert A. Ferguson, "The Configuration of Law and Letters", *Law and Letters in American Culture* (Cambridge: Harvard University Press, 1985), pp. 1–83.

② 关于威克汉姆辩论意见的重要性，引文［引自利特尔顿·W·塔泽韦尔（Littleton W. Tazewell），一位受人尊敬的律师，同时也是负责指控伯尔的大陪审团的成员］，以及卢瑟·马丁的雄辩演说，see Lomask, *Aaron Burr*, Ⅱ，270–272，245–246，277–279。庭审记录同样显示了威克汉姆在法庭上的突出表现。法庭记者戴维·罗伯逊将威克汉姆决定性的辩论意见置于其《报道集》的压轴部分，其中卷二有关辩护的大部分内容都与威克汉姆的辩护意见有关。

③ 美国联邦宪法第 3 条第 3 款第一部分这样写道："只有对合众国发动战争，或依附、帮助、庇护合众国敌人者，才犯叛国罪。无论何人，如非经两个证人证明他的公然的叛国行为，或经由本人在公开法庭认罪者，均不得被判叛国罪。"

布兰内哈萨特于 1796 年和他的妻子一道从爱尔兰移居此地，并且投入了大笔资金在这片蛮荒地带开垦出一片农场。他将这一片曾经被称为贝克斯（Backus）岛的地方［位于现在俄亥俄州玛丽埃塔（Marietta）附近］变成了一个以他自己名字命名的私人避风港。伯尔曾被这里优美的环境、布兰内哈萨特的财富和布兰内哈萨特妻子的一些说词深深地吸引，他还曾用自己的专业知识和技能试图模仿这一切。伯尔显赫的社会地位和政治名望完全可以使他对这位爱尔兰资助者想拥有更多财富的梦想加以利用。伯尔曾告诉布兰内哈萨特，美国很有可能在 1806 年向西班牙宣战，如果真的如此，无穷无尽的挣钱机会就会如潮水般涌来。但是他十分谨慎，并没有将他的全部计划和盘托出，而只是含糊其辞地加以暗示。

当威廉·沃特于 8 月 25 日开始对该案进行指控的时候，他必须要解决针对伯尔案件证明上的两方面的困难。代表法院一方的约翰·马歇尔已经明确表示，他并不相信伯尔会在布兰内哈萨特岛上当着两个证人的面实施公开的叛国行为，他对亚伦·伯尔在该岛上出现是否可以作为一个法律问题也提出了公开的质疑。有一篇报道足以说明沃特在解决这些困难时是何等的聪明：

> 布兰内哈萨特是何许人也？他是个爱尔兰作家，为了躲避本国的政治风暴而到我国寻求安宁。他的经历表明，他本身并不喜欢战争，否则，他就不会离开爱尔兰而选择来到美国。在他初到美国时，他甚至退出了大西国（atlantic states），来到我国西部丛林深处寻求安宁，与世隔绝。但是他也随身带来了他的品位、科学知识和财富。瞧！这个不毛之地的高兴劲儿！在俄亥俄州，他拥有一个美丽的岛屿，他开始在上面拓荒，将这座岛屿用许多浪漫的、极富想象力的物件进行装饰。就连申斯通①在世也会嫉妒的是，在他周围，灌木丛枝繁叶茂。还有属于他的音乐，足以让卡里普索②及其女神们也为之着迷。一个规模颇大的图书馆向他打开了无尽的宝藏。哲学部分的藏书为他揭示了自然的无穷奥秘。和平，安宁，以及纯真的生活交织而成的幸福感始终环绕在他的周围。比所有这些美妙之处更为重要的是，他还有一位美丽动人，在待人接物的每个环节都优雅得体的妻子，气质好得让人无法抗拒，她对自己的丈夫关爱有加，还为其生育了好几个孩子。所有这些都告诉我们，现实生活就是这样的平淡而幸福。③

这段文字所展现出来的吸引力十分明显，它们以一种特殊的方式唤起了 19 世纪特有的想象。布兰内哈萨特让人感觉，拓荒者的每一个浪漫梦想都已经得到了实现。他打算过一种完全由自己掌控的生活，从污浊恶世中抽身而退，根据自己的需要改造自然，按照自己的想法把眼前的这片土地改造成

---

① 申斯通（William，1714 - 1763）是英国诗人——译者注。

② 卡里普索是特立尼达岛上土人即兴演唱的歌曲——译者注。

③ David Robertson, *Reports of the Trials of Colonel Aaron Burr, Late Vice President of the United States, for Treason and for a Misdemeanor...in the Circuit Court of the United States Held at the City of Richmond, in the District of Virginia, in the Summer Term of the Year* 1807, 2 vols. (Philadelphia: Hopkins and Earle, 1808), Ⅱ: 96 - 97. 所有关于罗伯逊《报道集》的进一步资料详见文中括号部分。

一个名副其实的天堂。他的财富，他的品位，他的技术知识（philosophical apparatus，"哲学部分的藏书"），还有无可挑剔的伴侣（"美丽动人，待人接物的每个环节都优雅得体"），都让这位正直的男人有一种"幸福交织"的感觉。家庭价值以及致力于"和平"和"安宁"的国家确保了这种"平静的生活"得以持续。对于古代（"卡里普索及其女神们"）以及英国田园传统（William Shenstone）的简短提及再次以美国梦的方式对罗马诗人贺瑞斯的重生（Retreat Born）理念表达了敬意。

这一切似乎都不是现实，沃特美梦成真的场景形象地说明了约翰逊的一句著名格言："人类心智并不是从快感到快感，而是从希望到希望。"① 沃特赋予梦想如此宽广的范围，是因为他想用力将每个具有相同抱负的听众的希望粉碎。这段文字描述了那些让人无限憧憬的生活之后突然话锋一转：

> 就在一片安宁和简朴、平静之中，在丰富的精神生活和纯粹的心灵盛宴之中，破坏者悄然而至，他将这个天堂一般的地方变成了地狱。对这些不幸的财产所有人而言，没有人对即将发生在他们身上的这些破坏行动提出足以使其感到恐惧的警告。破坏者就这么成了不速之客。他通过后来拥有的较高社会地位而逐渐为人所知，他通过优雅尊贵的举止，优美精辟的言谈，以及极富魅力的风度迅速赢得了民心。博得民众的好感并不困难。纯真的人总是非常单纯和容易受骗。他们自己就不会伪装，自然也不会怀疑别人。他们心不设防。他们的心灵是开放的，来者不拒。这就是《圣经》中的那只蛇进入树林时伊甸园的状态……在很短的时间里，整个人（就是那个不幸的布兰内哈萨特）就全变了，他放弃了之前让他感到快乐的每样东西。他再也不愿享受之前的宁静了；他现在对此已经缺乏兴趣，感到乏味。他把书全都扔了。蒸馏器和熔化锅也都不要了。灌木已经开花，在空气中都可以闻到一股芳香；他已经不喜欢这些了……他那迷人的小岛注定很快就要变成一片荒野；几个月后，在一个冬季的午夜，在俄亥俄河的河岸上，我们看见他内心深爱的、含在嘴里都怕化了的那位美丽、温柔的搭档哭得浑身发抖，眼泪和雨水混在一起，刚刚落下就马上结成了冰。

这段文本选自《迷失的天堂》，这是里士满法院非常熟悉的一本著作，也是 19 世纪初美国史诗作品的范本。沃特紧扣"迷失"这一主题，尽管在他看来，这个《圣经》故事中也含有世俗的维度。他更为关注布兰内哈萨特为撒旦般的伯尔所失去的物质因素，而非亚当在上帝眼中所失去的精神因素。而现在，沃特的听众关心的则是另外一些完全不同的问题。布兰内哈萨特怎么会放弃那些他曾经如此狂热追求并且通过自己的劳动和智力计划完全实现了的物质享受？布兰内哈萨特是不是特别脆弱？每个人都这么容易受到影响吗？沃特利用了使这次审判如此轰动的社会焦虑心理。在他对伯尔的指控中，从天堂到荒野的转换在一眨眼的工夫中就完成了，来自西部美景的诱惑也开始蜕变为荒无人烟的不毛之地。沃特还用其他有威胁性的事物来对一

---

① Samuel Johnson, "Rambler 2", *Essays from the Rambler，Adventurer，and Idler*, ed. by W. J. Bate（New Haven：Yale University Press，1968），p. 4.

些事情进行解释。在田园生活中所获得的令人愉快的独处生活让每个农场牧主都不愿意陌生人出现（每一家都是夜不闭户，大门敞开）。不幸的牧主可能会突然之间轻易地失去自己所有的财产！沃特将这种富足生活的理想打破，呈现出其事实上不确定的一面。

沃特笔下的布兰内哈萨特是一个聪明而有教养的人，但是这些在本案中没有任何作用，在其他案子中可能也没有什么作用。伯尔这个陌生人的出现是相当可怕的事情。这个革命英雄疯狂地掌握了许多无法与之抗衡的隐性权力。伯尔利用其掌握的资源占据了一个不尽公平的优势地位。他充分利用了建国者的崇高地位，滥用"较高的社会地位"破坏爱国主义和"不幸的布兰内哈萨特"之间的平衡状态。沃特问道：在建国行为业已完成之后，建国者应该扮演一种什么样的角色？这段文字中提到的《圣经》中那条诱人犯错的蛇其实是暗指"伯尔的野心"，这一野心针对的是一个刚刚建立的国家。这位白手起家的爱尔兰移民自然敌不过亚伦·伯尔这个天生的贵族，后者在举止和演说方面更有天赋。

沃特提出的问题并没有就此结束。布兰内哈萨特这样一个爱好和平的人士，究竟是怎么突然和彻底地转变成一个战争分子的？（在同一段文字中，我们可以看出，布兰内哈萨特"不再醉心于音乐的丰富旋律"，而是"渴望战斗号角的铿锵和大炮的轰鸣"）对土地的渴望，建国初期在不受控制的土地交易中备受指责的恶行（这可能是原因之一），以及帝国主义思潮，对这个安静的、热爱和平的国家所满足的现状提出了挑战。沃特带领着他的听众继续深入。在《迷失的天堂》这本书的第九卷中，远在撒旦策划整个伊甸园的没落之前，我们知道在该书第一卷中，"这个想法还没有付诸行动/可以将天堂变成地狱，将地狱变成天堂"[1]。

在沃特有关没落的寓言中，繁华正是其自身的掘墓人。正是布兰内哈萨特的财富让伯尔决心拿他下手。被害人单纯而放松的心理状态使得他放松了对周围人的警惕。当时最著名的道德家将这一事件列入《无用的人类愿望》，"腰缠万贯，却买不来真相和安全/财富越多，危险也就越大"。是什么让布兰内哈萨特不再满足于自己理想的生活状态？"当你年华老去，再用倦怠的目光看着那些积累起来的财富/你边看边想，这些财富再也不能带给你快乐。"[2] 就可以很容易把他说服，尽管你现在拥有这些财富，但很快就会厌倦这一切。沃特在这里以一种半开玩笑的方式思考着一个巨大的文化困境。在一个致力于追求幸福的国家，如果财富本身不能带来幸福感的话，我们又该追求什么？

另一段措辞更为模糊的文字也谈到了这些话题，但却给人们保留了一点希望。美德，看起来要比对财富的满足更加难以保持。在沃特的文字结尾处

---

① John Milton, *Paradise Lost*, book 1, lines 254 - 255.

② Samuel Johnson, "The Vanity of Human Wishes", lines 27 - 28, 263 - 264, in E. L. McAadm, Jr., and George Milne, eds., *The Works of Samuel Johnson*, 12 vols. (New Haven: Yale University Press, 1964), Ⅵ: 90 - 109. 塞缪尔·约翰逊是"在美国图书交易市场上，能够找到的英国或美国的最好的作者"，而且"在 18 世纪末和 19 世纪初一直保持着对美国期刊出版业的令人难以置信的主导地位"，甚至在 1810 年还在这一领域超过了乔治·华盛顿和本杰明·富兰克林，see James Basker, "Samuel Johnson and the American Common Reader", in Paul J. Korshin, ed., *The Age of Johnson: A Scholarly Annual* (New York: AMS Press, 1994), pp. 6-13。

有一段不太引人注意的引文——"含在嘴里都怕化了"——就引自哈姆雷特的演讲《脆弱，你的名字是女人！》哈姆雷特的母亲——格特鲁德（Gertrude）王后，是丹麦人心目中幸福的代名词，她在国王去世两个月内又嫁给了国王的弟弟克劳迪亚斯（Claudius），没过多久，人们就发现，正是克劳迪亚斯杀死了国王。在莎士比亚的所有作品中，这一段堪称最为著名的演讲。哈姆雷特对这个堕落国家的认识使得他失去了对其周围所有事物的兴趣，这一点与布兰内哈萨特如出一辙。"在我看来，这个世界是多么地让人疲倦，了无生气，沉闷乏味，而又没有意义！"哈姆雷特注视着一个杂草丛生的院落时大发牢骚。两人之间的这种相似告诉我们更深的信息。通过某种暗示，布兰内哈萨特的妻子屈从于亚伦·伯尔极具诱惑和吸引力的权力，这一点与格特鲁德屈从于克劳迪亚斯而进行的乱伦行为非常类似。[①] 换句话说，真正的问题并不在于布兰内哈萨特的心理变化，而在于亚伦·伯尔所控制的破坏活动。正是伯尔破坏了他们对于幸福的理解，诱导他们走上了另外一条道路。

两性关系的情趣是这段文字的重点，也给出了沃特想要的全部答案。通过这种暗讽，他的演讲使他的同龄人不用进行过多的反省。所有问题都是由于亚伦·伯尔的意外出现和行动而产生的。伯尔能够说明美国梦中所包含的众多矛盾吗？我们又能让他进一步说明人类生活状况下的固有缺陷吗？是的，他可以。只要沃特在法庭上尽力论证的叛国罪的宽泛标准被接受，那么，根据任何一个标准，伯尔都会被看作是"破坏者"。通过将与伯尔名字有关的精神因素从高到低进行倒置，沃特将伯尔塑造成了与其著名先辈完全不同的人物。他从政治和宗教两个方面证明了伯尔所起的负面作用。

是什么因素让亚伦·伯尔最后被定罪？在沃特关键性的描述中，伯尔到布兰内哈萨特岛上，"使其从天堂变成了地狱"。犯罪和罪孽，诱惑和邪恶，人类的努力和宇宙的形成都在沃特的叙述中出现，让他的听众在这些熟悉的具有象征意味的词汇面前望而却步。这些在人类和精神世界之间的混合证明了伯尔应当受到谴责，即使他的罪行仍然无法得到确证。有人能够真正了解伯尔内心深处最真实的企图吗？没有，但这并不重要，只要有人知道他的确有所企图就够了。"只有他自己才能真正知道他在想些什么，"沃特在向上级汇报时特别强调这一点。"只有那些能够看穿午夜黑暗，甚至是叛国者内心深处的人才能够真正了解他们的想法。"

现代读者会觉得，这种姿态往往会让人感到很不舒服，但是，当时的法律观念也乐于赋予沃特一幅他用苍白的语调描绘的生活图景。法庭上使用的语言总是可以控制的。沃特打量着他，寻找着现成的语言。正式的起诉书上记载，伯尔在实施危害美国的叛国行为时丝毫没有对上帝的畏惧，相反，却被魔鬼的教唆鼓动和诱惑（Ⅰ：430，431）。这只是找出亚伦·伯尔犯罪根源的第一步而已。沃特并不是在法庭上率先援引伊甸园的堕落故事或《迷失的天堂》这部著作的人。辩方的卢瑟·马丁很早就采取过这种方法，他严厉批评托马斯·杰斐逊在接到法院传票后拒不提交答辩状的行为。这类审判通

---

① See William Shakespeare, *Hamlet*, *Prince of Denmark*, Act Ⅰ, scene ii, lines 129-159.

常都对共谋者之间的分工比较感兴趣，这些共谋者会推翻控方提出的证据。马丁试图指责告发伯尔的人，他认为，这些人"向总统所进的谗言就像撒旦对夏娃所说的那些话一样有害"（Ⅰ：129）。

为什么诉讼双方都引用了弥尔顿的精神分类和模式的观点来佐证各自的观点？是因为弥尔顿的语言更为精准吗？当然有这方面的原因，但这一现象也同时说明，允许以宗教的语言加以论证能够让早期的共和主义者们相信，他们并非偏听偏信。① 法庭上沃特的叙述非常逼真，这让整个故事听起来更为可信。在早期的美国，对于某种犯罪的法律界定遵循了英国普通法的惯有做法，即用一种理论术语来解释人们所能理解的堕落的严重程度。叛国罪属于"一个公民（被视为一个社会的成员）可能犯下的最为严重的罪行"，这就显示了一种最为严重的堕落、最为严重的犯罪。沃特认为，实施这种深思熟虑的犯罪，其内心的罪恶是无法估量的，只有上帝才能看透这些卖国贼内心究竟是怎么想的。②

在马丁和沃特所引用的弥尔顿的著作中，国家这一概念非常关键，这一概念在后来对亚伦·伯尔的描述中被广为采纳就是一个很好的证明。约翰·亚当斯，一个在 1807 年非常有偏见的观察者，这样描述本杰明·拉什（Benjamin Rush）："我觉得法庭上肯定会发生些事情，这些事情将会加强或是削弱我们对于整个国家的信心。"这两人将审判看成是对国家的一次检验，这种重要性体现在一些与历史不符的细节之中。亚当斯和拉什是当时最为敏锐的观察者，而他俩都相信，如果伯尔在 1807 年被无罪释放，他的声望就会急剧上升，而且将他释放也会使人们重新评价正在展开的共和国试验，他仍有可能成为美国的总统。③ 国家概念在这次对一位全国名人的叛国罪的审理中得到展示，而且被告相互矛盾的名誉也会围绕着这一概念的要素加以展开。对那些心怀恐惧的人们而言，这次审判对于妖魔化伯尔绝对是非常必要的。

■ 一个曾经十分优秀的人

要让一个刚刚成立的国家稳定，就必须对其所取得的各项成绩不断加以庆祝，最早的庆祝对其领导者而言具有"非同寻常的意义"。有关乔治·华

① "决策者发现整个故事"和"你讲述故事的方式都十分重要"。Michael E. Tigar, "The Theory of the Case", *Examining Witnesses* (Chicago: American Bar Association, 1993), pp. 4 - 16. See, as well, Anthony G. Amsterdam and Jerome Bruner, "On Narrative", *Minding the Law* (Cambridge: Harvard University Press, 2000), pp. 110 - 142.

② See William Blackstone, *Commentaries on the Laws of England*, 4 vols. (Oxford: Clarendon Press, 1765 - 1769), Ⅳ: 74 - 75. See, as well, Karen Halttunen, "The Murderer as Common Sinner", *Murder Most Foul: The Killer and the American Gothic Imagination* (Cambridge: Harvard University Press, 1998), pp. 7 - 32.

③ John Adams to Benjamin Rush, September 1, 1807 and Benjamin Rush to John Adams, July 9, 1807, in John A. Schultz and Douglass Adair, eds., *The Spur of Fame: Dialogues of John Adams and Benjamin Rush*, 1805 - 1813 (San Marino, Ca.,: Huntington Library, 1966), pp. 98 - 99.

盛顿和本杰明·富兰克林这些人物的神话有助于建立一种刚刚出现的公民宗教。① 即使在今天，早期共和国的编年体历史书都会将这些建国者的故事及各自扮演的角色放在最开篇的位置。他们在世时，多少带有一些个人的私心，这些建国者们利用其职位谋取利益，而其中大多数人都希望能够得到公众的宽恕，"对名誉的热爱以及对于高贵心灵的强烈情感"。谁可以进入建国者的伟人祠，又该被摆放在什么位置？谁被抬举得过高了？谁根本就不该入选？这些都是独立战争幸存者们经常考虑的问题。"你居然将汉密尔顿上校列入内战英雄榜"，约翰·亚当斯写给本杰明·拉什的一封具有代表性的信件中说："凭什么？在他出道的时候，独立战争早已结束。"② 当然，这还只是将其排除在外的其中一个理由，类似的理由不胜枚举。

亚伦·伯尔发现自己在 1805 年被从建国者的位置上排除了。在杰斐逊的第二任任期里，他不再担任副总统一职，伯尔以为自己还有权担任一个很高的职位，因此也就没有再期望做一个成功的律师，他一瞬间就从位高权重的官方要员变为一介平民。伯尔在西部所有的阴谋诡计都被别人看作是期望重新获取之前地位的手段。在他失去副总统职位一年以后，他与托马斯·杰斐逊有过最后一次谈话，直言不讳地谈到了他所处的困境。总统记录了这次谈话的内容，但是考虑到总统对伯尔怀有敌意，这次将伯尔看作乞求者的会谈意味着对伯尔的一种羞辱。杰斐逊在他的日记本里记载了发生在 1806 年 3 月的这次会面：

> 伯尔来找我谈了一次，他提到在我任职前不久曾给他写过的一封信，信中暗示：如果他没有当选的话，我会为他指定一个很高的职位；他也表达了辞去副总统职位转任他职以继续服务于政府的意愿；但是他从未要求过某一职位；他也从未寻求过任何人的帮助，而只是希望靠自己的能力打拼；我总是很有礼节地利用他的才智，但是仅此而已；他曾经协助我们将各种事情打理成现在这个样子，他对政府的运作鼎力支持，他完全可以加害于我；但是他只是希望能够换个环境工作；他现在已经不再做任何具体的工作，而只是希望从事某项事务；如果我会对他提些具体建议的话，他愿意在城里再待上几天时间。③

杰斐逊对这次会谈的简略记录使得两人的矛盾比会谈当时的实际情况显得更为明显，但是，伯尔身上的这种被动-攻击性的特点却很可能是真的。即使的确是伯尔主张在现有政局下的特殊地位，他也承认不被人民接受的现

① See Robert Middlekauff, "The Ritualization of the American Revolution", in Stanley Coben and Lorman Ratner, eds., *The Development of an American Culture* (Englewood Cliff, N. J.: Prenctice Hall, 1970), pp. 31 - 44, and Robert N. Bellah, "Civil Religion in American", *Daedalus*, 96 (Winter, 1967), 1 - 21. The quotation is from Middlekauff, p. 41.

② Alexander Hamilton, "The Federalist No. 72", *The Federalist: A Commentary on the Constitution of the United States*, ed., Edward Mead Earle (New York: Modern Library, 1937), p. 470; John Adams to Benjamin Rush, August 23, 1805, *The Spur of Fame*, p. 34; and John A. Schultz and Douglas Adair, "The Love of Fame, the Ruling Passion of the Noblest Minds", *The Spur of Fame*, pp. 1 - 18.

③ "Thomas Jefferson: Memorandum of a Conversation with Burr", in Mary-Jo Kline and Joanne Wood Ryan, eds., *Political Correspondence and Public Papers of Aaron Burr*, 2 vols. (Princeton: Princeton University Press, 1983), II: 962 - 963.

实；他坚持认为，他虽然的确曾经要求获得一个职位，但并不是低声下气地乞求；他说自己一直都对杰斐逊十分忠诚，尽管曾公开威胁过他；他发现自己无事可做、无所适从的时候，为自己的重要性而努力争辩。他最大的需求就是能够获得一个"高级职位"。杰斐逊可能夸大了伯尔的绝望情绪，但是这种情绪的确存在。这位前任副总统似乎在说："帮助我吧，不然我就自己解决，我现在只能通过伤害你达到我的目的了。"杰斐逊肯定看到了这种危险，从他的字里行间也能够看出他心里的这种想法。

总统毫不犹豫地决定反击。杰斐逊告诉伯尔，他并不是自己想象的那样仅仅是在舆论上"失去了公众的信任"，而是"在最近的总统选举中失去了这份信任。即使在他任职期间，也没有一个人希望他能够留任"。伯尔的失败，既是因为缺乏支持，也是因为他在任副总统期间表现出的能力不足。他的政治同僚们也对他颇有微词。杰斐逊利用这一机会将伯尔从各种阵线中排除了出去，他还附带表明，他"不怕任何人会加害于他"。这位总统喜欢卖弄学问，总是无法拒绝进行演讲的诱惑："根据我对他的观察……他对公众不再信任自己一定非常敏感，而且在一个像我们这样的政府的日常运作之中，一定要尽可能地充分展现出公众的信任，应当从公众当中雇佣那些具有公众品质的公务人员，而不是从行政部门再去选拔。""仅仅"这个副词的运用——"仅再次选拔人员"——可谓一语中的。

杰斐逊，这位握有美国最高权力而且没有期限限制的人，不再考虑伯尔在西部地区的个人威信所具有的重要性。伯尔决定好好利用这一威信。他的武装部队从来没有超过100个人，尽管传言说已经达到了20 000人！（这在当时简直是个天文数字）。不论真实数字如何，由于美国已经对西班牙宣战，要把该地区从后者手中夺回来，伯尔的部队在当时必然是人们关注的焦点。如果伯尔的行动真的导致了战争的发生（他知道，许多西部人其实都会为此而感到高兴），结果都会是一样的。两种结果都能够达到这位前副总统的目的。不论通过哪种方式，伯尔都会因此而成为美国西部甚至是更大范围地区的英雄，但是这些都取决于和西班牙的战争，这场战争始于策划者对形势的误判，而终于杰斐逊总统。

1806年，西班牙和美国之间的关系高度紧张，战争一触即发，但是杰斐逊却推迟几个月按兵不动，避免最后关头的公开冲突。这一切都打乱了伯尔的计划。总统的决策让伯尔进退两难——一个公民，对和平的邻居组织了一次非法的军事行动。但是迄今为止，伯尔的计划也不能被认定为一次针对美国的叛国行动，因此，杰斐逊还在等待机会。这位总统提出要在收到伯尔写给詹姆斯·威尔金森（James Wilkinson）将军（路易斯安那北部地区的军事首脑）的信件之后将其逮捕。这封信是由威尔金森交到杰斐逊手上的，全信用密码写成，其内容是督促威尔金森带领他的政府军加入伯尔的志愿军队伍，听从伯尔的指挥采取武装行动。

在给威尔金森的信中所表达出来的伯尔的意图更为接近叛国行为的界限，伯尔在1805年和1806年这两年内在多次讲话中都表现得颇像一个叛国者。不仅如此，根据叛国罪的定义，该罪要求必须要有针对美国的公开行为。为了达到这一目的，让伯尔不在西部担任任何官方职位就十分必要。从1806年3月他们之间的那次谈话开始，杰斐逊的目的就是不给伯尔任何正式职位。伯尔职位下降的原因会在法庭上多次提及，就像《迷失的天堂》一样，对叛国罪的审判，也会围绕着伯尔失去的地位这一主题展开。

作为一个共和国早期的名人，借着独立战争胜利的余威，伯尔在西部的大规模行动还是有可能成功的。只有这种人物才有希望组织起一支有凝聚力的军队占领墨西哥或是建立一个独立的国家。但是，名人的主张究竟会在审判中带来什么影响？影响可能是多重的，每种主张都会将伯尔好的和坏的一面进一步放大。即使是那些普通的被告，其特点在审判时也会比生活中表现得更为明显，因为人们如此关注于他们的违法行为。在伯尔的案子中，在有罪与无罪之间的悬而未决的状态在叙述过程中产生了极不寻常的极端效果。这位曾经的独立战争英雄在 1807 年既是一个无赖，又是当时当之无愧的杰出人士，这一切都取决于你的出发点是什么。没有人能够忽视他曾经的身份和之前作为独立战争偶像的地位，正如控方喜欢说的那样，他"曾经是位十分优秀的人"。

另一个因素让问题变得对每个人而言都更为深入。伯尔既是被告，同时又是自己的辩护律师，这是审判记录在令人好奇的细节上展现出来的容易引起争议的问题。伯尔，这位审判活动的中心人物通过其在革命战争年代的传说来获得正式的头衔。作为被告，他的身份是"伯尔上校"，而当他自我辩护时，他又变成了"伯尔先生"。这种对两种不同身份处理时的尴尬在审判中经常出现。伯尔做了一件轰动的、最为著名的事情，他申请法庭签发对总统的传票，试图将杰斐逊拖入审判（Ⅰ：113-114ff）。控方对"伯尔先生"这种根据法律作出的冒险主义的举动颇为不满，向法庭大声地提出了长时间的抗议。而被告从一开始就一直以绝无仅有的熟练，防止被人仅仅看做一名被告，以摆脱控方的指控带来的负面影响。尽管他的"一些做法的确非常奇怪"，但伯尔的确"占据了对控方和其他攻击者的优势地位"（P$_{Ⅱ:28}$）。每个人似乎都同意，在辩护律师的描述中，被告的形象具有一种神秘而危险的魔力。

诉讼双方对这个被舆论放大的被告都无计可施。控方律师很难证明伯尔就是主谋，而不仅仅是被指控罪名的同谋。伯尔在事情发生时并不在布兰内哈萨特岛上，这让控方的证明更为困难，也会使其被迫夸大被告那种可以立即消除时空距离的超能力。毕竟，伯尔距离事发地有两百多英里之远（Ⅱ：209）。为了对这段空间距离作出合理解释，控方将其说成是"密谋的发起人"，"整个叛国计划自始至终的参与者"，"整个叛国行动的灵魂人物"，"可恶的煽动者"，"策划了整个阴谋的胆大包天、野心勃勃的高明人物"，"了不得的演员"。此外，作为对其不在犯罪现场更为聪明的应对，控方还把伯尔形容成"由行星围绕的太阳"（Ⅱ：39，66，95）。这些努力将其身体上的非凡能力（"一个军人，胆大热心，坐不住，而且野心勃勃"）、超乎寻常的聪明（"没有人对于人类的本质有更为全面的认识"），以及一种超常的权利感结合到了一起（"没有人会比被告更有天赋识别和维护其自身的权利"）（Ⅱ：39，33，28）。

这些个性特点在独立战争英雄们的身上都可以轻易找到，控方依靠这些特点证明伯尔有能力在远处指挥这场阴谋。但是，还有一个更好的方法能够证明伯尔不在布兰内哈萨特岛上，控方并非真的无计可施（was not at a loss for words）。如果在冲突现场的隆重出现才是独立战争英雄的特点，那么托词和回避就是秘密行动（因此，人在远处就是合乎逻辑的）的叛国者的看家本领。控方通过将伯尔塑造成一个总是会以卑劣手段行事的负面形象指出了这种可能性。人们一般会如何评价一个人的缺席呢？我们又要用超自然的力量帮助我们理解这一现象。不再强调自始至终身体的在场，伯尔完全可以同时出现在任何地方。控方指出，他可以"像一个黑暗之神一样，不为人知地从大陆的一端游荡到另一端"（II：65）。

辩方在伯尔的身份上投入了更多的努力。正如已经得到证明的独立战争期间他的记录显示的那样，伯尔是民众的领袖。卢瑟·马丁竟将西部的伯尔与所有建国者中最为伟大的乔治·华盛顿（George Washington）相提并论：这两个人"都功绩卓越，这是根据那些值得骄傲的战争原则为依据作出的判断"（I：467）。爱德蒙德·伦道夫（Edmund Randolph）则主要关注其他主要政治家的经历，由此提出了另外一种理解的角度，对伯尔的"所有谴责和抨击"都可以由此得到解释而不需要使用犯罪的概念。每个领导人都遭遇过错误的指控，伯尔在这方面与杰斐逊和华盛顿并没有什么区别："许多其他伟大和杰出的品质都曾被以类似的手段攻击过。"伦道夫认识一个著名的人物，而此人"就被派系斗争和错误的指控给毁掉了"（II：391，397）。

任何人发现共和国的建立者和美国的前任副总统作为被告出现在法庭上都会觉得迷惑不解，美国的司法部长恺撒·罗德尼（Caesar Rodney）在法庭上如此说道。他指着那个"他曾经视做朋友，和自己不分彼此的人"，为其"极为出众的才华"和"最为可耻的罪行"（I：8）之间的反差而感到十分地惋惜。控方公开承认前任副总统"可能在公众的信任度和感情上处于一人之下，万人之上的地位"。在审判时，要避免这些可能引起预断的声望事实进入法庭，但在上级法院的一个令人感到尴尬的推翻原判的裁定中，又同样根据这些事实认为，伯尔所处的"环境与其说是加重还不如说是减轻了他的罪行"（I：450-451）。辩方同样故意作出一副遗憾的姿态来进行辩护。为什么美国的总统"试图摆脱战争的阴影，控方为何要千方百计地去栽赃"一个无辜的人和一个正直的盟友？（I：128）双方都不断指出带有成见的指控、紧急警报以及诉讼双方都经常提到的国家面临的危险（I：62，78，163，233，239-240，409，411），不仅如此，正如在任何一起引起高度关注的案件审判中都经常出现的那样，相互的羞辱在双方律师之间日益升级（I：232，263，331，386，585）。

尽管存在着法庭冲突，但仍然有三件事情对诉讼双方而言变得十分明显，并且得到了中立观察者的确认。每个人都同意，在事情发生后，不论是更大范围的形势还是亚伦·伯尔的名望，都无法一如既往地保持下去。更为确定和不吉利的是，他们还认为，里士满（Richmond）达成的决议会产生旁人无法理解的全国性影响，最后，所有的人都急切地等待最后结果的出现。在这最后一点上的同意以一种特殊的方式完成了相互的想象，远远超出了这件事本身的含义。在某种程度上具有先例意味，美国人第一次承认，并继而欢迎一起法庭事件作为判断他们整体状况的晴雨表而产生的更大范围的影响。不论发生什么，早期的共和党人都接受：审判会改变共同的观念，有时也许还能改变国家的发展方向。而这个案子，尽管人们还没有意识到，其实就是这个法律共和国诞生的标志性事件。

本案的辩论打印稿足有一千页之多，但之后正式的裁决却极为简单。约翰·马歇尔效仿约翰·威克汉姆曾在 8 月 20 日和 21 日交给他的提示，对叛国行为进行了相当严格的限定，部分推翻了自己在诉讼早期作出的裁决。这将是一份最长的判决意见，也是马歇尔以法官身份撰写的一份最为详细的学者式的判决意见，总共花了 3 个小时的时间才完成。该判决意见的主旨可以用一句话来概括。马歇尔宣布："根据原则和先例，被告人不论是在法律上还是在事实上都没有出现在布兰内哈萨特岛上；法庭强烈倾向于这一意见：如果没有两名证人证明其事实上或在法律上确实曾在该岛上出现过的话，那么，起诉书中指控的这一行为就不能成立。"（Ⅱ：432）

由于结果早已确定，马歇尔接着就指示陪审团将他所说明的法律规则适用于本案事实，陪审团在经过短暂评议后，于 1807 年 9 月 1 日宣读了判决："我们陪审团一致认为，根据提交给本庭的证据，起诉书所指控的亚伦·伯尔的犯罪事实不能成立。因此，我们宣布被告人无罪。"还有最后一轮较量。伯尔和他的律师尽力试图改变判决意见中那种故意作出的勉强语气，但是首席大法官拒绝他们所提出的"无罪"这一更为简洁的判决。之所以如此，也许是考虑到法庭上发生的一些具体情况吧。

伯尔可能并没有叛国，但是他的行为的确不被接受，而且，这一行为在法庭越是被讨论，就变得越发不可接受。他的恶魔形象已然形成，因为它可以驱逐一个国家面临的威胁。一起引起广泛关注的审判并非最后一次将一个刚刚产生的问题置于舆论的风口浪尖。一个敌对国家在北美西部兴起的可能性在 1807 年让很多人都非常担心，各个国家都可能效仿流血和屠杀的欧洲模式来加以应对。一直到 1804 年杰斐逊担任总统之后，才开始着手解决不同国家和平相处的前景问题。他在成功地购买了路易斯安那州之后，曾写信给约瑟夫·普里斯特利（Joseph Priestley）："我们究竟是继续维持一个联盟还是形成一个新的大西洋和密西西比联盟，我相信对大家的幸福而言都不是非常重要的。"① 亚伦·伯尔在西部的影响使得安于现状的人们开始警觉起来，杰斐逊会谴责里士满法院作出的裁决，并预测这些裁决可能带来的可怕后果。他这样评价法院的裁决："这些裁决等于宣告免除每一个共谋叛国者的责任，这种共谋可能会摧毁这个国家。"②

伯尔已经展现了一个具有吸引力的、有魄力的领导可能会欺骗别人和他一起建立一个对立的国家。审判将这一可怕的前景展现给了所有人。正如一位声称曾经被伯尔误导的人在法庭上对他的评价那样："他在社会上享有的尊崇地位，以及从民众那里得到的巨大信任都让我无法怀疑他的爱国情感。"对这个坐以待毙的国家而言，在这一令人不安的时刻，这个演说家，一个配有武器的、机灵的退伍军人，坚持认为他"在美国再也找不到这样一个人，会比伯尔上校有更大的安全保障来展示自己的荣誉"（Ⅰ：474）。

---

① Thomas Jefferson to Dr. Joseph Priestley, January 29, 1804, in Merrill Peterson, ed., *Thomas Jefferson: Writings* (New York: the Library of American, 1984), p. 1142.

② Thomas Jefferson to General James Wilkinson, September 20, 1807, in Albert Ellery Bergh, ed., *The Writings of Thomas Jefferson*, 20 vols. (Washington, D. C.: the Thomas Jefferson Memorial Association, 1907), Ⅺ: 375.

伯尔被夸张的形象对公众的想法产生了很大的影响。有些人了解程序运作的情况。在审判时提到哈曼·布兰内哈萨特岛时，爱德蒙德·伦道夫解释说："伯尔的罪行其实很小，只是被夸大了而已。"（Ⅱ：387）诉讼双方为了辩论的需要都对亚伦·伯尔的某一方面特点加以夸大，使得人们只了解那些夸大的事实，以至于不知道应该如何处理这些让人感到迷惑的事情。最后，这种夸张的手法会通过反例来描述建国者中的伟人。作为撒旦的伯尔由于在外表和思想上的双重畸变而成为堕落的天使。这个反面教材再次强调了其他建国者如果正确行事的话会意味着什么。伯尔奇怪的形象会把早期共和党人吓到，使其对于国家认同形成一种更为严格的界定。布兰内哈萨特的诱惑给所有人提出了一个及时的警告。

在一种文化中，对"邪恶"的定义可以识别出那些应受谴责的事物，并将其消灭在萌芽状态。亚伦·伯尔，就像弥尔顿式的撒旦一样，将所有追随者引入了歧途。[①] 正当越来越多的美国人在头脑中想象着一个得到上帝保佑的大陆共和国的时候，1807年的这次审判用活生生的例子告诉人们，如果美国势不可挡的扩张趋势偏离了正确的方向，错误究竟应该由谁加以承担。早期的共和主义者非常关心，作为一个公民，在一个急剧变化的国度中，他们究竟应当做些什么。[②] 伯尔给他们上了一课，告诉他们不能做些什么——这为美国的西进扩张提供了全新的紧迫任务，并进行了重新的界定。最终审判时针对伯尔叛国罪的指控，控告他将东、西部分立起来并挑起争斗（Ⅰ：447-448）。由于一个分裂国家的危险在战前这段时期变得越来越可能，因而审判时他的恶棍形象和对公众安全造成的危险才继续得到了关注和强调。在对他最为生动的描述之中，亚伦·伯尔成为了内战恐怖的一种象征。

一个失去祖国的人

大部分美国人都是通过一则小故事首次接触亚伦·伯尔这个人的，这则故事的名字是"失去祖国的人"，作者是爱德华·埃弗雷特·黑尔（Edward Everett Hale），写于1863年。黑尔（Hale）的传记作者注意到："眼前的成功和长远的感情上的成功"使得整个故事"在所有为杂志撰写的故事中显得非常特别"，在他将故事的主角菲利普·诺兰（Philip Nolan）作为一个美国文学中被认可的人物与瑞普·凡·温克尔（Rip Van Winkle）放在一起的时候，他并没有过分夸张。黑尔逝世的1909年，《国家》杂志将《失去祖国的人》评价为"可能是美国本土最受欢迎的小故事"。在其首次发表的一年时间里，这个故事就卖出了50万份，这在当时简直就是一个天文数字。而且

---

① See Andrew Delbanco, *The Death of Satan: How Americans Have Lost the Sense of Evil* (New York: Farrar, Straus and Giroux, 1995), pp. 44, 234.

② See Joyce Appleby, *Inheriting the Revolution: the First Generation of Americans* (Cambridge: Harvard University Press, 2000), pp. 1-55.

此后一直不断再版，并被编入各种选集。①

黑尔所写的爱国主义故事可以用 4 句话来概括：亚伦·伯尔和另外一些被指控为"Big Flyes"的人在 1807 年都没有被定罪，但是年轻的菲利普·诺兰（Philip Nolan），一个被伯尔诱惑的美国低级军官却被判有罪，让人感到尴尬的是，他在法庭上喊道："美国！我希望我再也听不到美国这两个字！"审理该案的法官是一位独立战争期间的军人，决定满足他的愿望，判处他登上政府船只在海上度过他的余生，要求只有一个——"他再也不能听到美国这两个字"。用一生的时间完全忘记自己的祖国，这件事让诺兰渐渐明白了爱国主义的含义。在海上待了五十多年后，在为其祖国鞠躬尽瘁后，诺兰死于南北战争期间。②

黑尔是在 1863 年撰写这一故事的，这一年正是为了建立统一国家而进行的战争最为困难的一年。他公开表明自己的目的就是教育美国人民，特别是年轻一代，"'爱国主义'这个词究竟意味着什么——或者说一个人所属的国家究竟是什么含义"。当他看到自己写的故事"到处传播"的时候，他感觉到欣慰："这篇故事吻合现在人们的爱国主义情感。"他还表明自己通过对记录的反映对读者有着什么样的期待。黑尔忙于仔细研究，以使其小说能够有更为准确的历史细节，但是他在写作时却几乎"一气呵成"，仅仅是在与编辑联系或完成某一部分之后才会稍事休息。他认为写作过程中的连续性也会影响到阅读的过程。"情感丰富的读者可能会想知道"，黑尔披露说，"我的眼泪打湿了手稿"③。

在《失去祖国的人》中，对亚伦·伯尔形象的刻画受到了威廉姆·沃特的启发：伯尔是一个"快乐的骗子"，"一个伪装得很好的征服者"，是一个十分聪明的律师，"曾经胜过不知道多少地区律师"，更有极为荒诞的传言，将他形容成"身后跟着一支军队，而前方就是一个庞大的帝国"。当他遇到"小诺兰"的时候，就像"魔鬼那样对其进行诱惑"。第一次相遇就让"着迷的"诺兰对平凡的生活感到无聊和烦躁，尤其是在他面前展现的布兰内哈萨特岛；第二次见面诺兰就将自己的"身体和灵魂"彻底交给了伯尔，从那时开始，"尽管他自己并不知道，诺兰实际上已经成为了一个失去祖国的人"（666 页）。正如沃特所描述的那样，伯尔是通过其地位和个人魅力征服诺兰的。他拥有神秘的权力。特别重要的是，黑尔的小说的叙述者，一个退役的海军军官，对伯尔大加谴责，但却承认，他并不知道伯尔在他的西部地区到底要做和已经做了些什么。"至于伯尔究竟要做什么，我所知道的并不比你们多，亲爱的读者们。"这位叙述者在一份能够控制整个故事的情感基调的直接叙述中坦承，"他究竟要做什么与我们无关"（666 页）。

为什么一个叙述者可以如此自信地说伯尔有罪与否与我们无关呢？伯

① See John R. Adams, *Edward Everett Hale* (Boston：Twayne Publishers, 1977), pp. 27, 111; "Edward Everett Hale, 1822 - 1909", *Nation*, 83 (June 17, 1909), 604 - 605.

② Edward Everett Hale, "The Man Without A Country", *The Atlantic Monthly*, 12 (December, 1863), 665 - 679. 文中该故事的更详细资料可以参见这份原始资料，文中以括号加页码的形式标注了具体出处。（黑尔在之后的版本中又作了一些细微的改动以增强其作为历史事实的准确性。）

③ Edward Everett Hale, "Editor's Note To Edition of 1897", *The Man without a Country and Other Stories* (Boston：Little, Brown, and Company, 1899), pp. 4, 11 - 13.

尔，在《失去祖国的人》中是一个特别突出的人物，就像一个舞台的支柱一样重要。这个支柱起到了很好的作用，因为黑尔复制了那副场景，对亚伦·伯尔的审判已经在共和国文化中留下了印记。叙述者必须承认他对伯尔主观意图的忽视，因为每个审理伯尔的法庭都会得出结论，无法给他定任何罪，所以，"我不知道"（666 页）这个短语才在叙述者对伯尔的描述中反复出现。这一叠句（Refrain）重复了里士满法院陪审团的裁决，尽管那次审判体现出的对被告人人格的贬损仍然得到了保留。这种结合意味着叙述者不需要解释与魔鬼相关的"快乐的骗子"这个词的含义。亚伦·伯尔，"身后有军队，身前有帝国"这一虚构的形象已经背叛了美国的未来图景——足以对他进行严厉的谴责。在黑尔的故事中，伯尔的形象与其说得到了澄清，不如说得到了固定，这一形象服务于某一特定的目的。由 18 世纪独立战争的权利而确定框架的共和国联盟已经被一个现代国家取代，在这个国家中，对成员资格的检验就是其忠诚度。其到 1863 年的明确目标就是要将整个大陆建成一个统一的国家。

对那些在内战中饱受考验的人而言，《失去祖国的人》减轻了从早期共和国到现代国家转变的难度。这个故事，尽管简单，但却展示了在头脑中意识形态的改变。菲利普·诺兰反对美国的灾难性的呼吁之所以发生，是因为他一直控制着一种愤怒的冲动（这种冲动在共和国早期并不常见），而没有接受其国家身份，也没有接受在其军队中被指定的位置，而对成员身份的更大认同可能会使他不至于犯下后来的错误。在他小时候，在后来产生争议的得克萨斯地区，一个英国人对其进行的公民教育并不理想，当归属于某一国家的需要控制其思想的时候，诺兰却错误地把自己的"身体和灵魂"交给了一个错误的集体。他由于对国家价值一无所知而深受其害："对他而言，'美国'并不是个现实的存在。"（667 页）当时的现实是，在 1807 年美国还完全没有达到今天这样的规模。伯尔的阴谋对黑尔正好非常有用，因为这件事情可以在国家问题上加速一种正确的转变。黑尔在之后的一次评论中也承认，在这个国家不断变化的界定方面的确存在一系列问题。

> 内战给我们上了很好的一课，1896 年，一般美国人都很难理解，为何需要上这样一课。美国现在是一个国家了。不论是北部、中部、西部，还是太平洋各州，任何认为美国是个联盟的人都是美国真正的公民。是这场战争达到了这样一个状态。[①]

多元化对于 1863 年处于内战中的这个国家而言是一个危险的概念。黑尔撰写文章阐述团结的必要，并提供一种强有力的证明：他的界定不应受到怀疑。

这个故事通过三种方式将读者带进了其国家统一的主张之中，其中只有一种方式得到了有力的证明。第一种，也是受到最多关注的方式是，黑尔运用似真性证明其真实性。该故事虚构的叙述者，一个名叫佛瑞德·英格汉姆（Fred Ingham）的退役美国海军上校，用水手的行话和极富文学气息的语言

---

① Hale，"Editor's Note to Edition of 1897，"p. 3. 对这一点的学术证明，see Carl Van Doren，"Introduction"，*The Man Without a Country*，limited editions club edition（New York：Marchbanks Press，1936），ix。

讲述着整个故事。尽管这个故事似乎是匿名的，但这个讲故事的人却通过写出曾经被删除的共同首字母暗示了作者的身份：作者爱德华·黑尔（Edward Hale）后面跟着佛瑞德·英格汉姆船长的名字。这个故事是英格汉姆在"半信半疑"的状态下与诺兰一起完成的。叙述者和故事主角之间互相学习，他们逐渐"因信任而关系亲密"，并且对彼此"十分友善"（675、677页）。作为共同成长的人，英格汉姆，这个年轻的海军军校学生，首先在一系列海上冒险经历中从成年诺兰那里学到了很多。现在，作为一个有着多年海上经验的老兵，这位叙述者又通过故事告诫1863年的美国年轻人"应该怎样对待自己的国家"（666、677页）。

英格汉姆对某些事情的确不知情，但却是一个相当可靠的叙述者，他会根据许多种叙述组合成自己的故事版本："在三十年间我通过一些军官了解到一些情况。"（675页）正如海上航行应当有规律地分开行驶一样，故事中的每个军官都告诉读者船上惯例的不同模式，这些模式反过来又与美国海军的历史相联系。直到最后一个名叫丹佛斯（Danforth）的军官写给英格汉姆的信中提到了诺兰的悔恨和死亡，这一系列才告终止。这封信的描述还配以作者所在船只的名字和诺兰死亡地点的经纬度（677~679页）。黑尔如此娴熟地运用这些细节来加强故事的真实性，以至于有些19世纪的读者会给他写信，以求证和矫正他故事中主人公的经历。①

黑尔提高国家凝聚力的第二招是回顾那些亚伦·伯尔在共和国早期的一些传言和事实。就像第一位历史学家希罗多德（Herodotus）一样，叙述者要在他耳闻和目睹的事情之间作出区分，要在推测和事实之间作出区分，要在某一信息来源的可靠性和另一信息来源的不可靠性之间作出区分，他同样很快就证明了一种不确定性。这些态度确保了之前一直神秘莫测的事情具有内在的真实性。故事中许多句子都以类似这样的短语开头："我有理由认为，""我一直认为"，"很可能是这样的"，这些短语让英格汉姆可以比以前所说的"但是这点我真的知道"要强得多。这些都能够确保诺兰最后彻底的悔恨是绝对真实的（666~667、670、675页）。

叙述者详细描述了诺兰的经历，"澄清了过去我们凭空捏造的一些神秘传闻"，并用这一更为精确的描述去定义这个国家。他告诉我们："这些我从近四十年时间里听到的与其有关的所有传言中挑选出来的，我相信都是传说而已。而有关他的谎言是如此之多。"（677、671页）《圣经》中就曾经提到——耶稣曾经将一种"不纯洁的精神"以"魔鬼"的形式从一个疯子那里放逐出去，其名字就叫"利君（Legion）"——拐弯抹角地变成恶魔，但这次却以迷惑结束。② 叙述者在他之前的不了解和当下的了解之间进行认真的区分，这种区分与一个好公民必须接受的教育的理想十分类似。

这种传言和迷惑同样适用于对亚伦·伯尔的描述。有传言说诺兰后来

---

① Hale，"*Author's Note to Edition of* 1897"，pp. 16 - 19. 黑尔对于证明自己故事真实性的难以抑制的渴望，在之后的版本对历史事实的细微修订中可见一斑。我从黑尔在之后版本对约翰·塞金杰观点的证实中受益颇多，"The Man without a Country：Its Moment of Production，Moment of Representation，Reception History，and Adaptations"［尔湾加州大学英语和比较文学系毕业项目提交的课程论文］。See，as well，Adams，*Edward Everett Hale*，p. 30.

② The Gospel According to St. Mark，5：1 - 15.

在他的船上与伯尔会面，黑尔为此专门辟谣。根本就不存在这次偶遇，也不存在"巨大的麻烦"。诺兰从来没有问过伯尔"'失去祖国之后'有何打算"。叙述者对这一幻想的辟谣让黑尔能够保证其叙述中想象的其余部分能够接近事实。英格汉姆一开始把这次与伯尔的会面称为"谎言"但后来很快又改口，非常熟练地将"谎言"这个词改成"虚构"，说得如此真诚以至于人们都会深信不疑（675 页）。黑尔希望他的读者们知道，历史上危险的自私行为都很喜欢夸张和歪曲事实。当然，问题是，同样的虚构现在威胁到了这个国家。南部联盟已经采纳了一个有关国家起源的错误说法，以破坏各州之间的联合，该联盟的领导由于其无知，应当承担"诺兰所有的烦恼"（676 页）。准确成为了矫正国家身份的首要品德。黑尔的连续的故事讲述者用消极事实来取代夸张的说法，这是界定其国家的积极事实可靠性的一种方式。

第三种增加真实性的方式和人的心理有关。《失去祖国的人》的故事情节相当伤感。19 世纪之后的读者随着黑尔的讲述不停地流泪。我们必须注意到他们情感的发展才能解释这些反映。由于遭到过于严厉的惩罚，诺兰在放逐海外的轮船上度过了长达半个世纪的囚禁生涯，他一共经历了 6 次影响其成长的危机，这些危机使其逐渐开始接受这一令人难以置信的惩罚是正当的。每起事故都是这堂教育课的组成部分，并引发了"多愁善感的读者"的强烈共鸣。

在第一次教训中，诺兰在大声朗读沃尔特·斯科特（Walter Scott）爵士的"最后一个吟游诗人的歌曲"时当众出丑。斯科特，这位早期文学民族主义的代表性人物，提醒诺兰注意自己被孤立的现实。被剥夺了"我自己的，我土生土长的祖国"之后，诺兰变成"可怜的人，他全力以赴地自我奋斗"（670 页）。第二起事件是，"当时南部一个非常著名的美人"，"一个绝世佳人"，在船上举行的舞会上拒绝和诺兰谈及家乡这一话题，以社会的名义结束了他的孤立状态。通过南部文化的一个极为有力的象征——南方美女，带给人们一个真实的南部形象。第三次危机是，诺兰在 1812 年的一次海上战争中英勇参战，这次经历使他和其他人明白了勇气从来就不是问题的关键，因此即使其表现英勇，也并没有为其带来减刑的优待（671~672页）。第四次事件，大概在故事进行到一半的时候发生，而且持续时间最长，人们应该认真对待这起事件。事情始于 19 世纪 20 年代，他们抓获了一艘贩奴船，释放了船上的奴隶，菲利普·诺兰第一次公开忏悔，黑尔试图借此机会对公民身份进行定义（673~675 页）。

以一个翻译的身份在奴隶船上被带到国外，诺兰经历了"中途航道（Middle Passage）的恐怖"，一种"难以形容的恶劣行径"。就在他为那些乞求"带我们回家，带我们回到自己的国家，带我们回到自己房子"的那些被释放的奴隶进行翻译的同时，"诺兰的痛苦"也在与日俱增。在他们乘坐一艘小船回到自己船只上的时候，这些事件直接引发了对见习军官英格汉姆的忏悔。"年轻人"，诺兰开始说道，"让这些来告诉你，离开了家庭，离开了故乡和祖国，会是个什么样子"。家庭，故乡，祖国在诺兰关于祖国的新概念中全都是一个意思。英格汉姆还听到："当你为家庭、故乡和祖国做每件事的时候，你要忘记你自己！"在这段独白的最后这两段话完全融在了一起："记住，孩子们，在所有这些人的背后……是祖国，你的祖国，你属于你的祖国，就像你属于你的母亲一样。站在你的祖国一边吧，孩子们，就像你会站在你母亲一边一样。"（675 页）成为一个民族主义的"业余牧师"的诺兰在第五课中认识到，他之前的家乡，得克萨斯本应加入联邦，在一个内涵丰富的短语中，他认识到"得克萨斯已经被联邦排除在外了"（676 页）。

第六个也是最后一个情节告诉我们，即将离开人间的诺兰已经在他轮船的包房里为他的国家建造了一个小的神龛。他所敬拜的这个地方挂了副星条旗，一幅华盛顿的画像，以及美国雄鹰。"你看这里"，他说，"我也有祖国！"如果 19 世纪的描述是可信的话，这一段表白让人泪流不止。[1]"不可能有人像我一样深爱着这副古老的旗帜，不可能有人像我一样为这个国家祈祷，也不可能有人像我一样对这个国家充满希望。"诺兰补充道。他的意思是，人人都可以把爱国挂在嘴边却少有实际行动。在一个一天举行两次的仪式上，他曾下跪感谢上帝，"伯尔从未成功过"，并祈祷上帝会"看见并降福给你的仆人，美国的总统以及其他所有的官员"。

在诺兰屋里最让人震惊的发现是他的一张空白地图。最早的共和主义者生活在超出其定义和理解能力的对领土的焦虑之中。诺兰在 1863 年时对此也并不理解，他准备用自己想象的概念去填补这一空白。他所要做的第一件事——也是对他而言最为重要的姿态——就是丹佛斯（Danforth）同意的"取下他精美的地图，然后用其手中的铅笔尽其所能地将'新的州'绘制进去"。诺兰变得"狂热和兴奋"。他不被公众所接受展现了亚伦·伯尔审判富有象征性的一面，而不仅仅是一个故事而已。问题不仅仅出在国家疆域上。在疆域的不确定性以及随之产生的、对一个让人满意的生存空间想象能力的缺乏，使得早期共和主义者的行为符合甚至超过了后来美国人的见识。

诺兰屋子的法律意义在他所撰写的墓志铭中有所体现。这些最后的语句，同时也是黑尔故事的最后语句，是"他比任何一个人都要爱他的祖国；但却从来没有获得别人那种尊荣"（679 页）。任何审判都期望被告能够接受惩罚而不仅仅是忍受惩罚。当被告抗拒法院裁决的合法性时，一种担心就会像臭味一样在整个程序中弥漫。毫无疑问，诺兰已经被极为严肃地加以对待和处理，但是他对祖国的热爱却克服了他在这一问题上所可能有的各种犹豫。正如他谈及祖国时提到的那样："永远不会抱有不切实际的幻想，只是在她对你发出命令的时候为其服务，即使上刀山、下火海也在所不辞。"（675 页）

一个被过度惩罚的被告是值得同情的，一个具有如此经历的被告会受到大家的钦佩。诺兰的高贵源于其在惩罚中经历的成长，正如亚伦·伯尔擅自逃避惩罚给他带来的不光彩一样。诺兰在弥留之际得知伯尔永远不会再接受审判时，一度非常恼火。叙述者告诉我们，诺兰完全是在撒谎。爱德华·埃弗雷特·黑尔期望他的读者能够对以下两个问题有非常确定的答

---

① 有关文读者的反应，see Jean Holloway, *Edward Everett Hale*, *A Biography*（Austin：University of Texas Press，1956），pp. 139ff. 。

案 （678 页）：亚伦·伯尔是否应该受到惩罚？更重要的是，他是否真的逃避了惩罚？

里士满的判决

关于某起审判的连续出版物在判断何谓"大众司法"方面有一种独特的作用，所谓"大众司法"，其实就是社会对裁判结果作出的一种补偿性反应。一旦在官方裁判和公众感知之间发生冲突和不一致，大众司法就会发展成一种严重的问题。如果一份"无罪判决"未能让老百姓理解被告享有疑点利益时，问题就会变得更为尖锐。[1]

一份"无罪判决"可能完全是妥当的。法律制度假定，被告人不需要证明自己是无罪的，他们只需要提出合理的怀疑以避免被判定有罪就可以了。但是，在法庭辩论中，"无罪"的主张却使得那些引起广泛关注的重要问题无法获得解答。如果被告是无罪的，那谁又是有罪的？这一问题总是会让人十分窝火。老百姓期望审判能够解决这一问题，而如果犯罪或者其他形式的违法行为无法得到制裁的话，他们就会变得非常愤怒。一旦法院作出了无罪判决，对于法庭内发生情形的各种看法就会发生改变。各种人的声誉就会因此而发生变化。所有这些情况在对亚伦·伯尔的审判中都存在，这些情况可以用来描述历史理解方面的更大变迁。

在伯尔案审判所涉及的声誉问题中，只有约翰·马歇尔的声誉完全没有受到负面的影响。这位以巡回法官身份出现的首席大法官在当时广受批评，但是 1807 年 8 月 31 日他在里士满所撰写的司法意见，却是其职业生涯最为辉煌的顶点之一。马歇尔在来自各方的巨大压力下主持了整个审判，而其中最大的压力则如上文所述。马歇尔对该案的主审甚至还遭到了来自其主要政敌美国总统杰斐逊的弹劾恐吓。杰斐逊在华盛顿监视着对伯尔一案的指控。他批准所有关于本案的开销，围绕着本案的诉讼策略问题写了大量的信件提出自己的建议，并授权对所有转做控方证人的同谋者进行一揽子赦免。审判前 6 个月，杰斐逊就曾宣布，亚伦·伯尔是"主犯，其罪行成立毫无疑问"[2]。他需要对伯尔定罪。如果最后的判决让他不满，他就会对马歇尔进行弹劾，这一威胁最早在法庭上转弯抹角地向其提出，后来则由双方明确提出，这种威胁因此变得更为现实。在杰斐逊任期之内，对审判法官中联邦主

---

① See David Richard Kasserman, "Public Justice", *Fall River Outrage: Life, Murder, and Justice in Early Indust-rial New England* (Philadelphia: University of Pennsylvania Press, 1986), pp. 213 - 245.

② Lomask, *Aaron Burr*, Ⅱ: 232 - 235, 251, 199. 有关杰斐逊对伯尔罪行的评论和其他公开言论，See *American State Papers: Miscellaneous* (Washington, D. C.: Government Printing Office, 1835), Ⅰ: 472; also James Richardson, ed., *A Compilation of Messages and Papers of the Presidents*, 1789 - 1897, 10 vols. (Washington, D. C.: Government Printing Office, 1896 - 1899), Ⅰ: 406, 412 - 417.

义者进行的威胁包括弹劾，以及缩减司法机构的立法计划。①

出于对控方策略的担心，辩方暗示马歇尔已经身处正义的殿堂，这加重了马歇尔的不适。"这座殿堂的地面非常湿滑"，爱德蒙德·伦道夫注意到，他对马歇尔的解决方式提出了质疑，"凡是打算在这座殿堂里站稳脚跟的人都必须用手扶住智慧雕像；这座雕像的台座是一只狮子"。伦道夫怀疑马歇尔是否有这种从古代就由狮子所代表的勇气去作出正确的行动，他没有留下任何负面的信息去冒险。"在政治仇恨的冲突之中，正义有时会被遗忘，或是成为错误的热情和偏见的牺牲品"，伦道夫总结道。这一对职业勇气所发表的相当傲慢无礼的演说包括了这样一段文字，这段文字是马歇尔撰写其司法意见以决定是否允许控方提出有关叛国罪的建设性理论之前能够听到的最后一段话。

在一个受到广泛关注的案件中，压力是不可避免的。里士满的人口在审判过程中翻了一番，新闻媒体带着对诉讼中每个人表现的猜测和对马歇尔的认真观察报道了审理程序的每个细节。首席大法官要面对双方对其公正性提出的严肃挑战，他必须要在交由陪审团决策的事实问题和交由法庭裁决的法律问题之间作出重要的区分。首先，在里士满预先审查程序中，大部分候选陪审员都承认，通过阅读报纸的评论，对伯尔多多少少都有些偏见，而且他们都接受总统对于伯尔的不利评价，在这种地方如何才能组成一个公正的陪审团呢？毕竟，杰斐逊是一个对纽约人很不满的弗吉尼亚人。当陪审团在 8 月 17 日最终组成的时候，正好是马歇尔对陪审团公正性的合理限制进行争吵和分析之后的两个礼拜。每个人都明白，被选出的这 12 个人会作出对被告不利的判决。

法律方面的争论仅仅取决于马歇尔会作出何种抉择。控方想在有利于自己的陪审团面前尽可能地提出一些问题，而辩方则希望能由法官进行裁决。"发动战争"这句话意味着什么？这究竟是一个由陪审团裁决的事实问题，还是由法官裁决的法律问题？推定亚伦·伯尔在布兰内哈萨特岛上出现过，这究竟是一个事实问题还是一个法律问题？同样地，伯尔在岛上发生的行为当中究竟是主犯还是从犯，这究竟是一个事实问题还是一个法律问题？马歇尔发现自己处境不妙，他必须处理一年之前自己发表的有关叛国罪的模糊措辞。在只有一方当事人伯尔曼这个涉及其他被告的案子中，他曾表明"如果战争真的被发动了，也就是说，如果有一群人真的以发动叛乱为目的而聚集在一起，所有这些参与其中的人，不论所起的作用多么地微小，或者离行动的现场多么地遥远，只要事实上加入了谋划的过程，都被认为是叛国者"②。这一表面上对叛国行为较为宽泛的界定能够决定主、从犯的区分以及发动战争的程度问题吗？这一法律问题要比对伯尔的行为所发表的公众评论复杂

① 针对马歇尔或直接或间接的弹劾威胁主要出现在以下文献之中：Robertson's *Report* at Ⅱ：193，200，205，238 and Raymond E. Fitch, ed., *Breaking with Burr*：*Harman Blennerhassett's Journal*, 1807 (Athens, Ohio：Ohio University Press, 1988), p. 61；Lomask, *Aaron Burr*, Ⅱ：276 - 277 and Samuel H. Smith and Thomas Lloyd, eds., *The Trial of Samuel Chase*, *an Associate Justice of the Supreme Court of the United States*, *Impeached by the House of Representatives*, *for High Crimes and Misdemeanors*, *before the Senate of the United States*, 2 vols. (Washington, D. C.：Samuel H. Smith, 1805), Ⅰ：8ff.。

② *Ex Parte Bollman*, 4 Cranch 75，115，125 - 127 (1807)。

得多。

在提交司法意见的时候，这位首席大法官非常清楚如何习惯性地遵循宽泛的解释原则。他运用了双方律师从英国和美国的法律中可能拿来辩论的一些奇怪判例和法律，并且引用了比他所撰写的其他司法意见更多的权威判例。① 然后，在声明"经过了最为温和和最为慎重的思考之后"，他得出了一个关于叛国的较为严格的界定，这一界定将使得政府遵循美国宪法第 3 条第 3 款的字面含义。马歇尔注意到："战争必须确实存在，否则发动战争的罪行就不可能成立"。他还发现，根据提交的证据，还无法证明战争已经产生。有两名目击证人证明被告与之有直接关系的"武装集会"对于定罪而言是必不可少的条件。

马歇尔还发现，英国对于推定叛国的理论"并不适用于美国"，这意味着公开的叛国行为不能直接扩展到包括"计划和建议叛国"的行为，正如伯尔看上去做过的那样。出于对这一理论的不满，马歇尔紧紧抓住事实问题对控方的指控进行了最后决定性的一击："按照法律原则和权威判例，法庭上受审的被告在法律上和事实上都没有出现在布兰内哈萨特岛上。"看上去几乎没有必要再多说什么，但是马歇尔却偏偏加了这么一句："法庭强烈认为，没有两名目击证人证明被告在法律上或事实上曾在该岛上出现过，起诉书中指控的公开行为就无法得到证明。"

陪审团至此已经无案可裁，马歇尔转而开始对付法庭上让他感到难堪的人。他的司法意见的最后一段文字确立了司法权抵御行政和立法权干预的经典论述。在较早时候，当辩方律师"明确暗指针对他的弹劾威胁可能影响本案审判"的时候，马歇尔曾委婉表示自己并没有发现这种弹劾的威胁。而如今，由于案件已经判决，他表明，他在那些能言善辩的律师所嘲笑的司法界中的地位是多么地稳固，律师都觉得他非常狡猾。即使是与那些他所感谢的展现了高超口才的律师相比，他的司法意见也毫不逊色，往往能够切中要害，就连事实问题也莫不如此。尽管在最后，他从那些律师在夸夸其谈中使用的同一份笃信宗教的名单中精明而又悄无声息地剽窃了一段文字："法院不敢篡夺权力，这一点确实如此"，马歇尔开始说道，"但法院不敢推卸权力也是事实"。

马歇尔温柔地批评了向他陈词的律师。他的立场从来没有违背职责和法律的限定而偏向任何一方。他提醒这些律师：每一方都"太急于表达各自的论点了"：他们在"法庭评议时都显得没有什么耐心"，而且"对各种动机都心存怀疑甚至是恐惧"。这些倾向"可能都是人的天性与生俱来的缺陷"，但是一个法官却必须克服这些弱点并能够控制它们。这些弱点往往表现得十分引人注目。马歇尔曾因针对他的模糊指控而深受其害，他就这么说过，毫不犹豫地运用基督的语言来表达他的处境。他并不喜欢身处"令人不快的境地"。其实，又有谁会喜欢呢？"没有人想成为奇怪的诽谤对象"，他提醒那些毁谤过他的人，包括美国总统。"即使一个人会对苦难的命运漠而视之，

---

① See G. Edward White, *The American Judicial Tradition: Profiles of Leading American Judges* (New York: Oxford University Press, 1976), pp. 11 – 15, and Albert J. Beveridge, *The Life of John Marshall*, 3 vols. (Boston: Houghton Mifflin Co., 1919), Ⅲ: 504.

不责备自己，他仍然无法完全彻底忘记那种切肤之痛。"马歇尔即使是在酩酊大醉之后也能始终保持清醒的头脑。一种他周围人难以理解的责任意识支撑着他，并始终指导着他的所作所为。

这位首席大法官知道对于叛国罪的宽泛界定意味着什么。在将伯尔提交法庭审判时，他就注意到，"由于这是针对一个政体最为严重的罪行，因此这一指控就最有可能被当做一种被争夺权力的各方怀有恶意的斗争工具"。显然，美国人民"根本就不相信普通法对国家的界定"，而是在宪法文本中去寻找依据。只有一种严格的界定才可能控制那种无根据的激情。伯尔案能够保证结果但却要付出一定的代价。很快就会有一个丑陋的前夫子女规避叛国罪指控中的所有这些困难：谋反罪。马歇尔甚至愿意再次指明这一种方式，亚伦·伯尔只不过是一个催化剂而已。

在马歇尔的司法意见中，伯尔谋反案中主要的谋反者都被明确地列出。这位首席大法官一再指出他们之间的联系，但也作出了重大的区分。"不论试图以武力谋反推翻我国政府的罪行多么恶劣"，他推理道，"这种谋反都不是叛国"。该犯罪的策划者与其说是一个事实上的行为者，不如说是一个"更可恶的罪犯"，但是"道德上的有罪"并不能通过推理或是先例就将伯尔的行为定为叛国罪。如果伯尔一直在做别的事情，以下这段话也是正确的："法律并不能期望一个人为其任何行为进行辩护。"一个引发了叛国行为的人能够根据宪法而被定罪吗？可能，但是联邦最高法院却从来没有这么说过；马歇尔对这一方面的所有既往判例进行了区分，包括只有一方当事人的伯尔曼一案。那么，伯尔是叛国行为的从犯吗？马歇尔不乏幽默地处理了这一问题：

> 在起诉书中，被告被控实施了某一犯罪行为，对该起诉书进行的答辩并不能被理解为对其本应拥有权利的放弃，如果他被指控提议实施该犯罪的话。被作为主犯提出指控的被告不能主张我不是主犯，而只是个从犯；我并没有实施犯罪行为，我只是建议他们犯罪而已。

没有人会在所有关于伯尔的描述中忽略其策划谋反的角色。马歇尔看上去似乎在说，与其说是伯尔赢得了官司，倒不如说是政府搞砸了他们的案子。把握时机和恰当措辞在他看来意味着一切。这个案子的结局之所以如此，只是因为"提交的起诉书"不太理想。还有其他因素吗？马歇尔暗示的确有此可能。如果杰斐逊能够认真倾听，他本可以认识到马歇尔会满足控方基本的控诉请求。这位首席大法官在对待他通常称之为"罪犯"者的态度中已经暗示了他不能接受的行为。这种暗示尽管十分隐蔽，但却足以帮助其胜诉。其实并不需要对伯尔定罪和判处刑罚。更应该注意避免的是他政治生命终结的可能。这个仍然背负着政治威胁的人在被释放之后很可能还会遭到更为不利的命运。

大众司法

亚伦·伯尔接下来的生活证明了这一点。在他离开法庭的那一瞬间，其在美国的政治生命就已宣告结束，由马歇尔主持审理该案与这一结果有着很大的关系。释放这个表面上的无赖所遇到的限制提升了法律程序的尊严，但却让伯尔颜面扫地。这个建国者再也无法分享共和国建立所带来的种种荣耀和好处。伯尔现在以及永远都将被定位在一个试图使这个国家分崩离析的纵容者的耻辱柱上："破坏者来了。"而且，他还承担着美国任何一个成功的故事都无法容忍的角色：缺乏经验的笨蛋。伯尔努力过的事情没有一件成功过。就在菲利普·诺兰创立很久以前，伯尔就是一个失去祖国的人。在他被法庭释放后在欧洲游荡的 4 年期间，他的情绪就在种种不切实际的宏伟目标和他所处的现实环境之间不停地摇摆和徘徊。正如这些年中他的旅行经历表明的那样，他过着一种毫无目标的生活，不停地旅行，野心受挫，与人浅交则止，沉溺女色，贫穷不堪。他曾经这样描述这段时间的生活："这段经历太过漫长，无法细述，也不足为外人道。"①

他总是精力充沛，他不停地与他无法改变的命运抗争。伯尔是怀着巨大的野心前去欧洲的，而且，他一直都很善于与人交往。在欧洲，他的朋友圈子很广，包括杰里米·边沁（Jeremy Bentham）、查理斯·拉姆（Charles Lamb）、威廉·戈德温（William Godwin），以及约翰·沃夫冈（Johann Wolfgang von Goethe），但是这位前副总统先生每到一处，那些身处欧洲的美国人都避之唯恐不及，而且每一次他试图重新确立自己名人地位的努力都会给他带来更大的羞辱。伯尔的梦想与他的新处境极不相称。"我坐下来回忆最近六天来所有鸡毛蒜皮的小事"，1809 年，他在斯德哥尔摩（Stockholm）给友人的一封信中这样写道，"事实上只有这些小事。但是如果能够把我心里的想法和盘托出的话，每一天都可以写满整整一卷"。1910 年巴黎，他最终清醒地认识到了一切。在那里，他怀着极为崇高的理想，"希望能够成为拿破仑一样的皇帝，和像他一样出色的自己"。但是，一旦不被官场骚扰时又备受歧视，他发现"自己在巴黎不但前途暗淡，而且食不果腹"②。

各种社会歧视开始迅速而又密集地包围了他。在巴黎艾伯利男爵（Barond'Albey）家进餐时，伯尔发现，他"是个极不重要的客人，甚至连椅子和盘子都没有"，"他在所有人都落座后还没有位子"。在另一个贵族的家中，他甚至被拒绝入场，"因为他并不在受邀客人名单之列"。贫穷最终使得伯尔完全"被社会抛弃"。在他欧洲之行临近终了的时候，他发现自己已经穷到在严冬里无法生火的地步，也无法把破旧的鞋子拿去修补。此时，饥饿已经不是一种修辞而是活生生的现实，这一现实使他饱尝人间冷暖。"比挨饿要糟糕得多"，他告诉翻译，"这本有争议的书"，他在某个场合发现，"包括了大量对 A. 伯尔的侮辱和诽谤"③。

这次旅行记录了一个人与绝望情绪做斗争的历程。伯尔抱怨自己"太过懒散"。他非常嗜睡，而且一睡过头连做的什么梦都想不起来。"早上六点回家"，早早进门，"大概多少有点冒傻气"。"平安夜里，我只能在一个陌生地方闲逛，独自一人，不带任何武器"，"决定怎么打发时间还真不是件容易的

①　Matthew L. Davis, ed., *The Private Journal of Aaron Burr*, *during His Residence of Four Years in Europe*; *with Selections from His Correspondence*, 2 vols. (New York: Harper and Brothers, 1838), Ⅰ: 382.

②　*Private Journal*, Ⅰ: 228.411; Ⅱ: 53.

③　*Private Journal*, Ⅰ: 435, 428, 413, 441; Ⅱ: 32 - 33, 82, 108.

事"，1809 年，他在斯德哥尔摩写给友人的信中说，"为什么要待在这个地方？简单来说，我已经决定离开这里，尽管我并不知道为什么，也不知道要去哪里"。作为一个欧洲的旅居者，伯尔有好几年没有家里的消息了。他自己也承认，自己变得粗野而易怒。① 他给自己的爱女西奥多西娅（Theodosia）讲述自己的旅行经历，后者则给他回信，期望他能够在异国他乡建功立业。"告诉我"，她在 1808 年 10 月间写道："你在做一些值得你追求的事情。"通过阅读美国来的报纸，他在寻找"一些对我而言比较重要的消息，应该说，如果还有事情对我比较重要的话"。这其实是对一个名闻利养的、喜欢挑剔的社会名流的最大惩罚。②

尽管很少反思，伯尔也知道，在他身上究竟发生了什么。他在欧洲的经历变成了一场毫无意义而又漫长的悲惨经历。他继续描述此行的影响。他的存在似乎已经无足轻重。这位建国者从极高的位置落到今天的境地，就像指控他的人一样，他用一种宗教但却充满嘲讽的语气述说着这一切。"我经常听说罪孽深重的人可以通过彻底的忏悔来减轻他良心的负担。"他在 1808 年写道，"让我们试试吧"。在巴黎，这名军人，游览了荣民院（Hotel des Invalides），这是一个为法国自己的军事英雄们开设的医院和纪念馆。当伯尔上校很自然地前去向蒙蒂贝洛公爵（Duke of Montebello）致敬时，后者在成为一位拿破仑勇敢的陆军元帅一年前的一次战斗中受了致命伤。在伯尔看来，这位公爵在各个方面享尽殊荣，是在黑暗中指引国人前进的无数灯光中最为耀眼的一盏。这位来自美国的放逐者承认，他来到这片土地是为了追求个人的目标："我最想见到的就是让灵魂洗涤罪孽的过程。"③ 即使这只是一个玩笑，与他自身境况的对比也很难没有任何痛苦。

巴黎另一处神圣的建筑则给他带来彻底的绝望。伯尔早在 1811 年就参观了伟人祠。他当时穷困潦倒，到处躲避债主和法国政府。他所有自负的计划都无法施展时，他也没有任何方法或是官方文件可以离开法国。他对这段经历的描述有必要全文引用：

> 我散步时总是想着其他一些事情；我根本不知道自己要去往何处，但不知不觉来到了伟人祠前。接着，我就在那里站了几分钟以确定我究竟是谁，我究竟身在何处，我到这里来究竟要做什么，我出国来到这里究竟是为了什么，我想到哪里去。④

作为法国国家荣誉的象征，伟人祠代表了伯尔想要努力达到但却最终失败的一切。而且，它里面还葬有那些尽享尊荣的先人，在门廊上刻着一段格言："Aux Grands Hommes La Patrie Reconnaissante."这位贫困的翻译者毫不费力地就可以把这段格言翻译成英文："献给伟人们，祖国感谢你们！（To Great Man the Grateful Country）"⑤ 伯尔再也不是一个伟人了，他的国

---

① *Private Journal*，Ⅰ：431，124，412，434，127，228，333，300；Ⅱ：27，72，80，95。

② *Private Journal*，Ⅰ：72-73，114；Ⅱ：10。

③ *Private Journal*，Ⅰ：94，227；Ⅱ：10。

④ *Private Journal*，Ⅱ：128。

⑤ 关于伟人祠的象征意义和文化上的重要意义，See Priscilla Parkhurst Ferguson, *Literary France*：*the Making of a Culture* (Berkeley：University of California Press，1987)，pp. 1-7。

家也肯定不再感谢他了。他的国家不可能在他死后给他如此规格的待遇。这一幕场景非常能够代表他失去的地位和暗淡的前途，他也在疑惑自己究竟是谁，他还可以去向哪里。伯尔生活在 18 世纪。他这种被放逐的生活在象征公民团结（civic cohenrence）的纪念碑前失去了所有的意义。在这里，其实在哪里都是如此，他认识并接受了这样一个现实，美国这个国家已经和他无关了。亚伦·伯尔的敌人正希望看到这样的结局。

对伯尔地位的衰落花费如此笔墨是有必要的。在环境本身没有问题的时候，抓住一场引起广泛关注的案件审判可以带来持久的变化，而且也可以从这一现象本身总结出很多经验教训。这一审判会把一个优秀和成功的被告所有的身份全都抹去——即使是被告本人也会这么认为。伯尔会在 1812 年年中重返美国，继续后面漫长的法律执业生活，但是他的祖国对待他的态度却不会有任何的变化。1836 年，正如当初谋划叛国的人们多年前设想的那样，得克萨斯果然从墨西哥分离出来并宣布自己是一个独立的国家，但对伯尔而言，情况仍然没有任何变化。"看！"伯尔应该会有这样的反应，"你们看见了吗？我是正确的！我只不过早了 30 年做了那件事而已！30 年前被认为是叛国的行为在今天居然是爱国的体现！！"[1] 其实并非如此。是对叛国罪的指控把问题搞混淆了。国家对该罪的理解永远不会发生变化。对伯尔叛国罪的审判已经在国家形成的观念中成为一个永久的象征（Niche）。对于一个仍然在不断扩张的美国而言，伯尔作为一个不得做哪些事情的反面教材，去修正那些在这片土地上生生不息，但又不超越其特定时代的人们的观念，仍然具有十分重要的价值。

一个人不能失去自己的社会等级哪怕已经没有了社会地位永远处于被夸大但又被忽略的地位，伯尔重返类似于伟人祠和荣民院的地方又为他重新赢回了尊敬。作为一种权利，他要求死后能够葬在普林斯顿大学的总统墓区，葬在他的祖先乔纳森·爱德华兹总统和老亚伦·伯尔总统的旁边。普林斯顿大学会拒绝他的这一请求吗？最后，普林斯顿大学批准了这一愿望，但对过分的要求却没有许可。1836 年 9 月 16 日，亚伦·伯尔被以隆重的礼节葬在了合适的位置，但是墓穴本身却在此后几十年中没有作出任何标记。今天，一个简单的标记向世人表明：墓穴里葬的是"革命军陆军上校"以及"美国副总统"，这些是伯尔最为重要的爱国证明。[2]

这个墓地值得一游。不过需要仔细寻找才能够发现伯尔墓穴上的标记。普林斯顿大学将墓碑的三面都用矮树丛包裹，和总统墓区里的其他墓穴隔离开来。隔离得非常彻底。除了正中间的部分以外，石头旁环绕的矮树丛把伯尔墓穴的其他部分全都遮蔽得严严实实。为了能够看到那块碑铭，你必须站在总统墓区外面往里看。墓区里再也没有其他墓石是以这种方式设计的了。亚伦·伯尔并没有叛国，但直到 21 世纪，他仍然没有得到人们彻底的宽恕。

（陈虎 译）

---

① Quoted James Parton, *The Life and Times of Aaron Burr* (New York：Mason Brothers, 1858)，p. 670.
② Lomask, *Aaron Burr*，Ⅱ：405-406.

第 3 章

"我和一个叫希尔蒙的人一起去"

保罗·伯格曼 (Paul Bergman)[①]

玛瑞安·维森 (Marianne Wesson)[②]

---

　　① 加州大学洛杉矶分校法学院荣誉退休法学教授。

　　② 科罗拉多大学伍尔夫尼克尔研究所研究员与首席教育学者 (Wolf-Nichol Fellow and President's Teaching Scholar),法学教授。

1. 案情陈述

1879 年 3 月，在位于堪萨斯州（Kansas）西南偏远地区曲溪附近的一处营地，一名男子因头部中弹而死亡。死者很可能是因其同伴约翰·布朗（John Brown）的意外枪击而亡的约翰·W·希尔蒙。如果这真是希尔蒙的尸体，那么三个人寿保险公司将向他的妻子莎莉赔付她所主张的 25 000 美元保险金。这个数字是最近希尔蒙为他的生命投保的数额。[①] 经过调查，保险公司认定死者是弗雷德里克·沃尔特斯（Frederick Walters），因为他的家人曾在枪击发生的期间内报告他已失踪。保险公司认为，希尔蒙与他人合谋用沃尔特斯的尸体代替希尔蒙的尸体来骗保谋利，因此它们拒绝依据莎莉的主张进行赔付。

莎莉于 1880 年分别对纽约互惠人寿保险公司（Mutual Life Insurance Company of New York）、纽约人寿保险公司（Life Insurance Company of New York）和康涅狄格州互惠人寿保险公司（Connecticut Mutual Life Insurance Company）提起了诉讼（后来进行合并审理），此举引发了美国司法历史上最为漫长的民事诉讼。该案经过不同法官和陪审团的 6 次审理，历时十余年，产生了两个美国联邦最高法院的判决。审判结局也是非常不一致，令人联想起亨利八世（Henry the Eighth）的 6 个妻子的命运（离婚、身首异处、死亡、离婚、身首异处、幸存）。在莎莉·希尔蒙的案件中，判决结果分别是悬置陪审团（Hung Jury，即不能作出一致决断的陪审团）、悬置陪审团、支持莎莉的判决反转、悬置陪审团、悬置陪审团、支持莎莉的判决反转。

第一次判决反转源于联邦最高法院在纽约互惠人寿保险公司诉希尔蒙案 [Mutual Life Insurance Co. of New York v. Hillmon, 145, U. S. 285（1892）] 中的观点。联邦最高法院判决认为，在第三次审判中的法官犯了可反转的错误，他只允许保险公司对潜在的陪审员进行一个总括性的强制性质疑，而不是对每个陪审员分别进行 3 次质疑。更重要的是法院对证据法的违背，联邦最高法院还判定之前的法院排除弗雷德里克·沃尔特斯给他未婚妻及其他亲戚的邮件的证据效力的做法是错误的。沃尔特斯给他亲戚的信件从未被出示过，但给他未婚妻埃尔维娜·卡斯顿（Alvina Kasten）的信件却被出示过，这封信的内容表明，沃尔特斯想跟"一个叫希尔蒙的人"一起去旅游，后者会向他支付"在其他任何地方都挣不到的酬劳"。这一观点是传闻规则（hearsay rule）的例外"心理状态"的源起，现在它已经被规定在联邦证据法的第 803 条第 3 款中。

第二次反转源自联邦最高法院对康州互惠人寿保险公司诉希尔蒙案的判决 [Conn. Mutual Life Ins. Co. v. Hillmon, 188 U. S. 208（1903）]。联邦最高法院在该案中的观点没有创造出新的法律原则，但却使第七次审判成为可能。不过这个案件的结局却是平稳而终（a whimper rather than a bang）。康

---

① 可以运用两种方式来估价 1879 年的 25 000 美元在 2005 年的价值，它相当于 2005 年的 480 000 美元。参见 http://www.eh.net.hmit。

州互惠人寿保险公司作为该案中的一个保险公司愿意咽下苦果，同意赔付保单面额及其利息。结果是，并没有一个司法判决对曲溪旁的死者身份到底是约翰·希尔蒙还是弗雷德里克·沃尔特斯进行认定。而且，无论希尔蒙还是沃尔特斯，在 1879 年之后都从未被公开见到过或听说过。①

本文将对发生于 1899 年的第六次审判进行论述。第六次审判持续了 5 周，超过 100 名证人参加了作证。很多证据通过宣誓作证后被记录下来或以文字记录的方式保存在早期的审判记录中。到第六次审判的时候，有 16 个曾参加审判的证人已经去世，其他证人中有的只留下陈述记录，有的人已无法找到。令人惊讶的是，第六次审判中的有些证人在之前的审判中从未作过证。威廉·胡克（William Hook）法官主持了这次审判，而在第一次审判时他还只是个法科学生。

双方律师都对此案倾注了大量的时间、精力并进行了富有创造性的论辩，即便还没有产生最后的司法判决。因此我们可以认为，这些律师的"心理状态"是如此难以安宁，以至于当他们停下来之后，仍然在为他们当事人的论争而伤神。为了让他们的灵魂彻底安宁，我们引介出约翰·阿特伍德（John Atwood）和詹姆斯·格林（James Green），他们分别是莎莉·希尔蒙和康州互惠人寿保险公司的首席律师。我们请阿特伍德和格林分别将他们的观点在 21 世纪的读者面前表达出来，而这些读者可以被视为担任终审法院（Court of Last Resort）的法官。作为回报，阿特伍德和格林承诺反思和分享他们在审判中的辩论策略。他们为法律职业和陪审制度奉献了终身，他们希望他们的经历会对新时代的律师有所帮助。*

2. 最初策略

阁下，请允许我先报上自己的名字，我叫约翰·阿特伍德，是莎莉·希尔蒙的代理人。莎莉是位坚强的女性。1/4 个世纪以来，华尔街三个拥有财富与权力的保险公司均认为曲溪边的死者不是她丈夫而是另有他人，这是毫无道理的。对此，她坚决要求对方放弃这一观点并向其连本带息支付赔偿金。格林先生将会告诉您所有的钱都跑到律师那里了，这话基本正确。但是，这种不幸到底是因谁而生的呢？一个年轻的寡妇，一个女侍者，如果不是为了让对方当事人履行承诺以满足她的期待，她怎么才能找到资金来为大

① 公共媒体常将美国 20 世纪各种不同的案件称为世纪审判，包括 1995 年的辛普森案和 1924 年利奥波德和罗卜的谋杀案、1925 年的约翰·斯格普斯（John Scopes）教授进化论案等。但是希尔蒙案应该在两个世纪的审判中均占有一席之地，因为该案从 1880 年延续到了 1903 年。

* 这里将要陈述的律师的观点源自历史文献和其他历史证据，尽管在很多例子中当事人的观点会相互矛盾。作者将各种不同的观点和策略进行了归类，不过这些思维活动并没有文献支持。但是，这些回忆与作者所知的历史记录是完全一致的。作者的行文完全立足于当时报道该案（包括一些证据和论理方面的专家）的报纸内容，这些报纸包括：《托皮卡首府日报》（TOPICA DAILY CAPITAL）、《劳伦斯每日论坛》（LAWRENCE DAILY TRIBUNE）、《莱文沃斯标杆晚报》（LEAVENWORTH EVENING STANDARD）和《莱文沃斯时代报》（LEVENWORTH TIMES）。这些报纸可以在托皮卡的堪萨斯历史协会档案馆中找到。本文是基于 1903 年美国联邦最高法院判决中的记录整理而成，记录中包括审判证据领域委员会以及其他专家的观点。此外，我们还参考了国家档案文件管理局以及美国中部地区、堪萨斯城、密苏里州关于希尔蒙案的现有资料中的各种文件。

规模的调查、艰苦的准备、6 次审判和 3 次上诉（其中一次是向新成立的中级上诉法院上诉）——而这 3 次都是顽固的对方当事人引发的——支付费用？

我承认，当我第一次接手代理莎莉·希尔蒙案件时，我和我的同事曾经心存犹疑。首先，众所周知，我们必须得面对冷酷无情和资金雄厚的对手。我们都很清楚在劳伦斯这个地方的审判中，保险公司的触手能伸得有多长。在离发现尸体的营地不远的梅迪辛·洛奇先生（Medicine Lodge）已经对该案有了足够充分的审查。约翰·布朗已经描述他的朋友约翰·希尔蒙死亡的发生过程。他回忆了当他正从一个四轮货车上卸货时，一只来复枪是如何走火并击中了希尔蒙的头部。验尸委员会也很确定地提交了意外事故致死的鉴定结论。

保险公司代理人坚持将尸体运回了劳伦斯，并在那里进行了再次审查。我们怀疑保险公司贿赂了县助理检察官乔治·巴克（George Barker）、验尸官以及验尸委员会的每一位成员，尽管第五次审判时我们才能够知道它们的代理人承认了这种秘密的不法行为（当对巴克和他的上级县检察官詹姆斯·W·格林是否为保险公司效力的情况进行调查时，他们都很愤怒。但当我们第一次提起诉讼时，他们很快又在被告人卷宗中以验尸委员会成员的面目出现，你会注意到他们全程都扮演着这样的角色，甚至直到现在）。劳伦斯验尸委员会所得出的鉴定结论是：这是被"J. H. 布朗"重罪谋杀的"一具身份不明者"的尸体。我们毫不怀疑的是，这是几个保险公司的官员们炮制的结论，因为它们想要保护好自己的保险柜，同时便于通过另一个对法律的忠诚度令人怀疑的检察官 W. H. 布坎（W. H. Buchan）来进行恫吓。

布坎运用了逮捕和起诉等威胁方式制造出了这个鉴定结论，同时他还谎称他被布朗年迈的父亲所雇佣来代表布朗，以获得虚假的书面证词。在这份被强制作出的陈述中，布朗发誓说死者不是希尔蒙，而是同行的名叫"乔·伯克利"（Joe Berkley）或"乔·伯吉斯"（Joe Brugis）的人。希尔蒙花钱招他同行，图谋在一个偏僻的地方把他杀掉，然后把他的尸体当作希尔蒙自己的尸体以蒙混过关。当我们参与了希尔蒙夫人的诉讼后，我们知道了这一切。因为，首先存在 3 个彼此利益冲突的保险公司。（稍后我将会对此详述。）

或许我们的忧虑还有另一个原因，因为我们不想让您觉得我们是怯懦的律师，容易被强势的反对观点吓倒。事实是这样的：我们不能确定希尔蒙夫人的主张全部是正当的。希尔蒙的夫人、朋友莱维·伯德温（Levi Baldwin）和房东阿瑟·贾德森（Arthur Judson）都发誓运到劳伦斯待查的尸体就是约翰·希尔蒙。但是劳伦斯的很多市民，包括没有明显撒谎动机的人，在看过尸体［因为这是被当作巴里（Bailey）和史密斯（Smith）的重大成绩而被展示的］后说不是希尔蒙。关于牙齿、身高和疤痕都有不少争议。有很多人说尸体有 6 英尺，约翰·希尔蒙一生中的身高都矮于这个尺寸；也有很多人说希尔蒙至少有一颗黑色牙齿或缺失一颗牙齿。尸体的表情是接近完美的笑容，这一点也不能被忽视。而且，相对于那些声称记得希尔蒙那颗黑色或缺失牙齿的人，莎莉、伯德温和贾德森都说希尔蒙的牙齿并没有特别明显的缺失。

莎莉的诉讼还有令人困扰的另一方面。退一万步说，对于像约翰·希尔蒙这样的牧牛工为他的生命购买如此巨大数额的保险确实很罕见，而且是在他死亡之前很短的时间内购买的，这一事实很难令人拒绝。莱维·伯德温（他是莎莉的堂兄弟）在希尔蒙支付第一期保费的时候，还提供了一些资助，我们知道保险公司已经找到证人说莱维·伯德温曾谈及一个通过人寿保险和虚假死亡来赚钱的办法。此外，约翰·布朗对曲溪边意外事件的陈述——当他把枪从四轮货车上拿下来的时候，扳机挂到了毯子上——非常缺乏说服力（或许因为他是一个文盲，因而不习惯对自己的行为进行说明）。

但是希尔蒙夫人坚定地认为尸体就是她丈夫的，所有的言论没有一处相互矛盾之处。在布坎的逼迫下，约翰·布朗在1879年9月违心地签署了令人厌恶的书面证词，但是多日之后他无法继续忍受这种谎言，于是又否认了这份证词，转而支持他之前的陈述。布朗甚至走得更远，他把书面证词扔到了布坎办公室的火炉里，然而那个奸诈的法律人救下了这份证词，因为，这有可能在审判中控诉布朗先生的时候用得着，这表明布坎所真正忠实的地方。于是布坎向希尔蒙夫人出示了布朗的书面证词，后者同意在没有法律代理人陪伴的情况下听布坎阅读。无疑，布坎相信这种方式会将这位年轻的寡妇恐吓得宣布放弃之前的观点。但是，当他向莎莉出示证词的时候，莎莉平静地问布朗先生："你认为我不能认出我丈夫的尸体吗？"多年以后，布坎承认在希尔蒙事件中他所有的收入均来自保险公司，但是我们相信一直以来都是如此。

这些事件让我相信保险公司会竭尽全力劝说证人来伪造证据，就像它们已经对莱维·伯德温所做的那样，它们使得伯德温以一种不周密的表述来编造保险欺诈的证词。这种被告耍弄的花招使我们怀疑它们的诚信，就像希尔蒙夫人一以贯之的坚持赢得我们对她的信任一样。我们愿意接手她的案子，我们相信陪审团会以有利于她的方式解决纠纷，虽然事后看来我们有些过于自信。同时，我们从未听说过弗雷德里克·阿道夫·沃尔特斯，更没有听说过他的未婚妻埃尔维娜·卡斯顿以及其未婚夫给她信件中提到的内容。

基于同样的事后洞察力，我现在能够认识到，被告自1879年4月，就开始想方设法赋予尸体一个身份。当然，绝非赋予其希尔蒙的身份。基于这种努力，它们轻易地列出了各种报纸〔无疑，它们还得到了查尔斯·格里德先生（Charles Gleed）的帮助，他是在结束了为期1年的来自格林先生——除了他还能有谁呢——的法律指导之后的年轻记者〕。因此，从报纸上可以看到在调查中产生的各种观点，比如说这尸体是劳伦斯的劳威尔（Lowell）夫人离家出走的兄弟，一个失踪的"年轻的印第安纳人"，一个叫弗兰克·尼克尔斯（Frank Nichols）的"阿肯色人"（Arkensaw）。当然，所有这些谣言都是假的。当把尸体挖掘出来供劳威尔夫人检视的时候，她说她根本不认识这个人。说这是个印第安纳人的观点也被放弃。谣言中的"阿肯色人"被证明在劳伦斯的调查结论出来之后仍然活蹦乱跳。但这些阴谋诡计使得我们更加审慎地对待我们听到的内容，尤其是埃尔维娜·卡斯顿小姐的证言，这份证言是我们在提起了希尔蒙诉讼之后收到的。

有一些情况令人颇感好奇，我们是在联邦法院提起诉讼的，而非地方法院，可以想见，在地方法院当地公民在面对大型的州外经济实体的时候可以表现得更好。我们对此深思熟虑之后，最后决定节省我们的一些时间到联邦法院起诉。我们从未怀疑过，如果我们在州法院起诉的话，只要规则允许，这些公司肯定会在那里让案件消失。不久，州保险专员要求州外保险公司宣誓放弃求助于联邦法院解决纠纷以作为在本州经营的条件，但是这些努力是不成功的，对于我们的案件完全无济于事。但是，在1897年，麦克纳尔（McNall）专员在第六次审判前一天勇敢地撤销了格林先生的当事人的运营执照，因为它长期拒绝赔付希尔蒙夫人的正当主张。这使得它的信誉受损，这对于解决希尔蒙夫人诉纽约人寿保险公司的案件会有所帮助。正如大家所欣赏的，我们不仅在主诉讼方面，在各方面都为被代理人的利益而奋战了数年。我们深信，我们不是为希尔蒙夫人一个人在战斗，而且是为所有在面对州外保险公司（和其他公司）的狡诈交易和不道德的商业行为时利益容易遭受侵害的堪萨斯人而战斗。

我们经常被问及的另一个问题是为什么我们提起了三个独立的诉讼，而不是同时对三个被告起诉。答案是我们认为解决了一个案件之后，我们能够利用先前获得的赔付来支付进行其他诉讼的费用。但是，福斯特法官（Foster）基于审判效率的考量，在第一次审判之前将它们合并审理了。我们默认了这一决定，因为那时这些公司的顽固态度非常明显。但是如果我们能够认识到这样审判后来给我们带来的麻烦的话，我们绝不会同意这么做（人们总是事后诸葛亮，难道不是吗？）。因为，当1888年夏伊拉斯法官（Shiras）对合并审理的案件进行第三次审判的时候，专横的反对行为这一问题也成为纠纷的内容。尽管它们的利益和立场非常一致，各被告仍坚持认为它们在每个独立的诉讼中都同样享有反对权。我们成功地向夏伊拉斯法官要求各保险公司合并行使它们的诉讼主张，这样它们只能否决3个陪审员，我们也有权排除同样数量的人选。回顾一下，我们不应该在这方面态度如此强烈。你可能会回忆起来（尽管没什么人能回想起来），正是这一规则成为保险公司在第三次审判败诉后主要的上诉理由。联邦最高法院作出有利于保险公司的决定，判定它们应各自行使总计3次反对权，而不是总括地行使3次反对权。

因此，联邦最高法院对传闻证据创造出了令人瞩目的"心理状态"例外，尽管这一判决对于证据法非常重要，但这种创造看起来只是马后炮（afterthought），不过，对我们来说，看起来联邦最高法院认为，不管保险公司享有多少次专横的反对权，它们都不会在再审中获胜，除非它们同意将埃尔维娜·卡斯顿的信件提交为证据。我认为联邦最高法院本应由于对信件证据效力的排除而反转希尔蒙夫人的最初的胜利，如果夏伊拉斯法官没有排除这封信的证据效力的话，则会基于其他理由而反转。因为我相信联邦最高法院将该案视为一场诈骗，决意不让希尔蒙拿走以不正当的方式获得的这份收益。因为不仅联邦最高法院持这种观点，几乎所有后来研究该案的学生都这样认为。为此我们要感谢那封信。

* * *

阁下，请允许我报上自己的名字，我叫詹姆斯·格林，有幸担任康涅狄格州互惠人寿保险公司的代理人以保护它的权利。在非正常死亡的概率远远高于现在的过去，这个公司为许多人做了大量好事。但在19世纪，保险公司和其他大公司常常成为民粹主义政客（Populist politicians）和与之联盟的报纸的替罪羊。很多辛勤劳作的人和公司在19世纪七八十年代经受了很多苦难。政客们认为赢得支持和选举的最简单方式是责难银行、铁路和保险公司，而堪萨斯则是民粹主义的温床。堪萨斯保险业的主管人麦克考尔（Mccall）一度拒绝在该州向我的当事人颁发从业执照，而这仅仅是因为它敢于为自己辩护，在法院对抗莎莉·希尔蒙的诉讼主张。麦克考尔的行为是如此放肆以至于他涉嫌干涉诉讼当事人的权利，同时也涉嫌对公司在堪萨斯州进行商业活动进行干涉。即便我的当事人的绝大部分客户是个人及家庭，但无疑其中的很多人是民粹主义政党的成员。根据我朴素的人生经验，很多人为了其自身的利益而愿意将一些成功的公司妖魔化。我相信正如我们这个辩护委员会所做的那样，现在有很多律师为了防范让自己的当事人（也就是那些不受欢迎的保险公司）成为牺牲品而不得不制定策略。

我知道陪审团的很多人都是法科学生，因此你们可能很有兴趣知道我是在1878年在堪萨斯大学开始了我的法学院执教生涯。我的第一个班有13个学生，他们每个人都向我支付了25美金以获得听课的权利。作为法律系主任和唯一的教授，我可以很骄傲地说我的嫂子凯特·斯蒂芬（Kate Stephens）是法律系最早的女教授之一。在那个时候，法律系的教授挣不了多少钱，因此我也从事法律实务工作。希尔蒙案是我所遇到的最让人难忘和最为冗长的案件。

原告律师用尽一切办法来证明陪审团基于情感和偏见而不是证据和法律作出判决。比如，在第六次审判中原告的最终陈述部分，哈奇斯（Hutchings）将被告的证据称为"一堆腐烂的谎言"。他一再强调这个案件是一个贫穷、孤独的寡妇和一个强势、冷酷无情的公司之间的纷争。这不仅是不公正和充满偏见的，而且还是严重不正确的。任何向莎莉·希尔蒙赔付的金钱都会直接跑到她的律师那儿，因此他们实际上是为自己的钱包而战。

阿特伍德先生的最后陈述尤其偏执。他将我和我的团队成员描述为爬行的、黏糊糊的、狡猾的大蛇，是"只会用年老无齿的嘴巴噬咬女性声誉、干不了体面工作"的走狗。现在，法官们已经绝不允许这样侮辱人格的言辞出现了。但是在我所处的时代，十分过激的言辞仍然是普遍存在的。不管恰当与否，莎莉的律师们显然相信获胜的唯一途径是通过偏见与固执，而非理性和公正。

当然，不管陪审团成员如何向我们保证在陪审员资格审查时他们会公平对待双方，我们知道莎莉有心理优势。因此，我们确定了面对陪审团和上诉法院的策略。在陪审团面前，我们提供来自医学专家的证据、中立的证人和沃尔特斯与希尔蒙家庭的证人，以表明尸体不是希尔蒙的，实际上是沃尔特斯的。

我们一边关注可能发生的上诉，一边把握胡克法官的相反证据裁定的例外，以保留我们在上诉时提起它们的权利。（我知道现在的律师无须通过掌握相反证据裁定的例外这种让法官感到尴尬的方式，保留在上诉时对抗裁定结果的权利而与审判的法官面对面接触。）最重要的是，我们提交的对陪审团进行指导的建议如果被采纳，会对支持我们对待该案的视角非常有利；如果被拒绝，则会使得我们在上诉时具有优势。由于当地的陪审员已经被长于叫嚣的对手忽悠得心情激动、狂乱，我们不得不经常为保险公司在州外的商业活动进行辩护。因此我们一直很清楚，获得胜利、赢取公平的最好机会是在上诉法院。上诉法院的法官不会明显地让自己的实际决定受那些陪审员的影响，我们相信证据的说服力会使得他们倾向于接受我们的法律观点。

我提供三个例子。当阿特伍德先生告诉你，约翰·布朗声称自己是意外射中希尔蒙的人。在各种场合，布朗都发誓证明他不合情理的意外枪击是真实的，原告将含有这种表述的证词提交给第六次审判的陪审团。但是，我们认为布朗所说的话只有一次是真实的，这一次他仍签名承认希尔蒙去找一个人去冒充他自己，以及他确实开火但并没有受到致命伤。在第六次审判中，是原告而不是被告向陪审团阅读了这份证词。因此我们要求胡克法官指导陪审员认真思考布朗证词的真实性，而不是对他的宣誓作证的证词进行质疑。胡克法官拒绝指导陪审员，这是一个错误。我们相信这是个错误，它会导致上诉审对该案反转。我们是正确的，在1903年联邦最高法院第二次意见中，它是造成"关于布朗证词指导中的错误"之一。

我承认第二个例子有些间接，但它是一个颇具创造性和令人艳羡的辩护。原告的诉状声称希尔蒙已经死亡，保险公司的答辩拒绝承认希尔蒙死亡并认为这是一个骗保的阴谋。这些最初的诉讼请求从未改变，每次审判也都是对曲溪边的死者是希尔蒙还是沃尔特斯这一基本的事实问题进行认定。但是，在第六次审判前，我和同事想出了一个新的辩护方向，我们计划论辩：即便曲溪边的死者真的是希尔蒙，保险公司也没有义务赔付。因为保险条款中规定怀有实施欺诈骗保的目的时，保险合同即告失效，因此保险公司从一开始就无须赔付。

我们辩护的路线是，保险条款中的语句表明"如果该条款的达成过程中有任何欺诈、不实陈述、规避法律或隐瞒事实的情形，该条款将当然无效"。这一辩护策略的优点很明显，即便陪审员相信这场阴谋出了纰漏以致布朗意外地杀死了希尔蒙，也不影响我们赢得裁判的胜利。而且，我们可以用这个观点对原告律师进行突袭，因为此时我们无须改变上诉理由。我们已经在上诉中指出欺诈已经发生，同时指出我们相信既有的上诉请求和合同文本都对原告有足够充分的提醒。最后，如果像我们预料的那样，胡克法官拒绝对陪审员进行这种指导，我们就有明确的上诉事由。联邦最高法院最后判定"没有要求对仅有的关于欺诈被告的证据是否会足以导致合同条款无效这一问题表达观点"。但是，胡克法官排除了我们提供的阴谋欺诈证据，联邦最高法院的确部分地因此而反转判决，所以我相信我们对这一问题的策略是成功的。

我们策略的第三个例子是考虑了保险公司对莎莉·希尔蒙的态度。几个保险公司的形象已经被败坏为面目狰狞的、贪得无厌的外州公司，它们密切地团结起来欺负一个女人，而这个女人在她的律师阿特伍德公开的描述中是一个"天真的、傻傻的、毫无心计的乡村女孩儿，她几乎不知道或完全不了解律师们的阴谋诡计"。我们相信，他们在法庭上对莎莉进行直接攻击会强化这种偏见。因此，自案件的起始，我们就很清楚地向陪审员表明，我们绝不相信莎莉参与了这一诈骗行为的谋划。比如，我在第六次审判的公开陈述中指出，"莱维·伯德温、约翰·H·布朗和约翰·希尔蒙共同谋划了对保险公司的欺诈。我们从未声称希尔蒙夫人参与过这场阴谋"。

我们将莎莉与阴谋切割的策略是想让陪审员知道我们公正地对待莎莉，同时不会对我们提供的阴谋证据造成影响。如果胡克法官基于莎莉没有参与阴谋而排除了证明阴谋的效力，进而裁判我们败诉，我们就会获得应该反转的理由。这次，我们的策略又成功了。胡克法官将我们提供的阴谋证据予以排除的行为是联邦最高法院在 1903 年对该案予以反转的重要原因。联邦最高法院认为"他（希尔蒙）针对保险条款实施的任何欺诈行为都可以由保险公司在对她（莎莉）的诉讼中作为抗辩的理由"。

不过，我们也在反思如此谨慎对待莎莉是否明智。我们承认，没有证据能直接证明莎莉与阴谋有关。但是，我们有足够的外围证据来证明包括莎莉和其他谋划者们的行为。如果不固守当初的策略，我们也可以论证通过推理得出莎莉参与了这场阴谋的结论。在这一点上如果我们更具有侵略性，陪审员对莎莉可就不会如此关照了。

比如，约翰·布朗声称意外杀死希尔蒙，他写了封信给莎莉，告知她的丈夫意外死亡。布朗是在梅迪辛洛奇写的信，那里正是尸体所在的地方。但是，莎莉并没有立即冲向梅迪辛洛奇见她丈夫的尸体，相反，莎莉让她的兄弟莱维和艾尔·伯德温去梅迪辛洛奇把尸体运回她所居住的劳伦斯。莎莉的行为与人类的天性相矛盾。设想一个热恋的新婚女性，如果她真的相信爱人被杀死了，她一定会和她的兄弟赶往梅迪辛洛奇。她的行为支持我们的推断，即她之所以待在家里，是因为她知道这封信是愚弄保险公司的手法，她知道她的丈夫仍然活着。

此外，伯德温兄弟实际上并没有把尸体运回劳伦斯。相反，在保险公司的人出现之前，他们和布朗急着将尸体埋葬在梅迪辛洛奇并将坟墓用栅栏隔离。如果他们想把尸体运回劳伦斯的话，他们需要用金属棺材，但他们并没有这样做，他们用一个牛头不对马嘴的故事敷衍了事。如果我们接受这种未经证实的说法的正确性，就很难解释为什么他们不想方设法把莎莉带到梅迪辛洛奇，以让她在埋葬之前再见她深爱的丈夫最后一面。还有，从这种难以让人信服的行为中所推理出的结论是他们都知道这具尸体不是希尔蒙的，他们需要尽快将尸体埋葬以掩盖自己的罪行。

或许能证明莎莉参与了阴谋的一个最有说服力的证据是，当为保险公司效力的检察官布坎告诉莎莉，布朗承认他意外杀死希尔蒙一事纯属虚构时她的表现。如果她没有参与这场阴谋，你能合理地预料到莎莉在知道她的丈夫仍然活着的时候会表现得很激动和如释重负吗？她不会因为布朗和伯德温兄弟的虚假故事和作伪证而感到悲伤和愤怒吗？但是莎莉并没有那样做。相反，在布坎的强烈要求下，她顺从地签署证书，正式放弃她对保险条文的主张。

现在，胡克法官判定由于莎莉没有对这些证书进行过慎重考虑，因此它们并不能阻止她展开下一步的诉讼。我们不同意这一判决，但是这并没有降低莎莉的行为不像一个如释重负的妻子这一观点的说服力，相反，却更能证明她是一个参与诈骗的合谋者。我认为她在交叉询问中对我们问题的回应完全表明并非像她的律师所描述的那样，她是一个伤心的寡妇：

问：你参加你丈夫的葬礼了吗？
答：没有。贾德森参加了。

不考虑辩论策略，你也想知道为什么保险公司愿意向我们支付费用来跟莎莉·希尔蒙进行将近四分之一世纪的诉讼。由于我再次回来参与这个案件，我能认识到你在食物和交通等基本物品方面的花费。因此我知道 25 000 美元跟当初本案开始时的价值无法相比。但是 25 000 美元也不是任意花费的，保险公司仅仅花在我们律师身上的费用就远远超过当初本可以向莎莉支付的钱。你知道，我们律师所申诉的并不是这些。但是，我们能提供好的参考意见，我们的建议常常能解决问题。

为了理解保险公司的动机，你必须要认识到希尔蒙案发生的时间，在那个时期保险公司认为保险欺诈是日益增长的问题。你可以看一本 J. B. 刘易斯（Lewis）、C. C. 伯姆鲍格（Bombaugh）写于 1896 年的颇为生动的《非凡花招和阴谋：诈骗人寿保险公司惊人图谋的权威记录》（*Remarkable Stratagems and Conspiracies：An Authentic Record of Surprising Attempts to Defraud Life Insurance*）中所论及的阴谋诡计。保险公司之所以与莎莉·希尔蒙的虚假主张相抗争，是因为它们想划出一条明确的界限，表明它们并不是很容易被那些骗子欺诈的。

我相信你会告诉我保险诈骗在当前依然存在，我也怀疑人性到现在也没有太大变化。但是如果我告诉你 19 世纪 70 年代发生的臭名昭著的诈骗行为，可能你会理解为什么保险公司相信必须与约翰·希尔蒙和其他阴谋家进行坚决的斗争。

在 1872 年，威廉·阿德左克（William Udderzook）和温菲尔德·斯考特·高斯（Winfield Scott Goss）合谋向三个保险公司为高斯的生命投保 25 000美元。听起来很普通？他们从医疗机构弄到了一具尸体并将其放到高斯租赁的房屋中，然后导演了一出煤油灯引发的爆炸。阿德左克声称尸体是高斯的并要求保险公司赔付。但是保险公司拒绝支付该保险金。与希尔蒙案相似，保险公司提出尸体的牙齿和高斯本人牙齿的差异。但是，高斯的"遗孀"却成功地赢得了对人寿保险公司的诉讼。

尽管赢得了该案的胜利，但是阿德左克很明显对保险公司不屈不挠的调查颇为恐慌，这些调查包括广泛地分发高斯的照片并查询是否有人知道其行踪。阿德左克不再相信高斯能够继续隐藏下去，尤其当他知道高斯有嗜酒的缺点时。因此阿德左克引诱高斯到一个树林里并谋杀了他。阿德左克并没有逍遥多久，在 1874 年他被指控勒死了高斯。高斯夫人再次遭受损失——她曾经获胜的判决被反转。我希望这个例子能够解释清楚人寿保险公司在 19 世纪的最后一段时间反对的是什么，以及为什么我的当事人和其他保险公司相信确有必要拒绝莎莉·希尔蒙的诉求。

约翰·阿特伍德再次陈述。女士们、先生们（请原谅我的笨拙，因为我不习惯在女士面前演说，这是由于她们并不在我工作职责所涉的堪萨斯法院和其他地方的法院担任过陪审员），在我详述有关埃尔维娜·卡斯顿小姐和她的情书的一些趣事之前，我先简要回应一下格林先生的观点。

我认为只能以约翰·布朗先生在布坎的命令下签署的证词开始讨论，舍此我们别无选择。假如我们不这么做，被告人也一定会这么做。布朗先生没有在发誓后检验自己证词的习惯，因此在第一次审判后没有随时检验证词。我们必须让陪审团了解布朗先生在媒体面前表述的审前作证内容，即他在曲溪边意外射杀了希尔蒙。（第一次审判以误判告终——就像第二次、第四次和第五次那样，都是误判。在第一次审判中没有他证词的记录，但是他的证词还是保存下来了。）那个时候（我相信现在也是）的规则是，一个传闻陈述可能会以与现实的证人证言同样的方式被提出异议。我们知道保险公司们会提供书面证词证明与先前证言的相互矛盾。我相信你可能听说过一种叫预期异议（anticipating impeachment）的技巧，它可以用来消除不利方面，尤其在我们想让陪审团在案件过程中意识到布朗先生所承受的引导他作出虚假陈述的压力，而不是让那些英明的陪审员相信我们试图向他们隐瞒书面证词的存在的时候。

证据还有很多。在布坎以强迫方式从约翰·布朗那里获得书面证词后，他还成功地获得了希尔蒙夫人解除三个条款——承诺不起诉保险公司——的签字。当她了解到布坎曾雇佣约翰·布朗证明自己做假证以不利于她时，她在绝境中行使了自己主张履行保险条款的权利。（几乎是在布朗先生改变自己证言后的即刻之时，但这并没有阻止她签署解除条款。）幸运的是，法律规定对这三个条款的解除（对此她并没有深思熟虑）并不产生法律拘束力的效果，除非她同时认同这些条款的内容。是希尔蒙夫人的律师维特先生（Wheat）阻止了她认同这些条款，当时这些文件正好在他手里。我们知道格林先生和他的同事试图表明我们的当事人对她自己的案件并不信任。但是法律不会阻碍陪审员得知她已经签署解除条款的信息，布朗先生的证言及其内容是最好的证据，它能证明希尔蒙夫人在保险公司及其代理人行为的冲击下发生了判断力上的神经错乱。

我们的错误在于关注的是证言的有限影响（就像对希尔蒙夫人行为的指控和解释一样），而不是予以获取真相内容的证据本身。我们仍然这样认为，胡克法官所做的限制是非常正确的，他向陪审团作出了这样的指导。但是，众所周知的是这种指导对于陪审员来说并没有太大意义。通过它我们向联邦最高法院——它曾一度剥夺了我的当事人赢得诉讼的机会——提交了另一个理由去重新立法来规制针对我方当事人及其主张的敌意。

格林先生的观点是正确的。他的当事人的策略（将辩论基础从约翰·希尔蒙并没有死于曲溪转换为坚持主张即便他死在那里，保险条款仍应无效，因为他曾经考虑进行保险欺诈）是有欠光明正大的。我想说，这一选择代表了一种非典型性的对被告方先前光明正大行为的偏离，但是我发现我自己实际上不能这样说。因为我们在这里不仅不受法庭规则的限制（尤其是那些关于典型证据在总体上难以获得承认的事情），而且还有权利戳穿关于格林主任自我吹嘘的、在创立堪萨斯大学法学院时所扮演的奠基者角色的表述，以及对他的嫂子凯特·斯蒂芬的成就所生的自豪感。如果你怀疑我，我鼓励你去查询斯蒂芬教授在 1924 年出版的数量不多但很有指导意义的著作。在该书中她透露格林［在学生那里他被称为"吉米叔叔"（Uncle Jimmy）］如何从他的岳父那里窃取了法学院创建人的声誉，而他岳父才是法学院真正的创立者。书的名字也很吸引人：《中西部州立大学的吉米叔叔神话的真相》、(*Truths Back of the Uncle Jimmy Myth in a State University of the Middle West*)。

3. 重要的信件

　　我是阿特伍德先生，我仍在您左右。我说过将告诉您我对埃尔维娜·卡斯顿小姐及其书信首次了解的情况。在一个简短的介绍后，我或许能使您理解引向第一次审判的几个月中我们的情况。您会回忆起，尽管我们有最初的疑虑，但我和同伴预估了在一个很棒的陪审团面前取胜的可能性。按照我们的观点，约翰·布朗前后自相矛盾的表述削弱了他自己陈述的可信度，比如他对在巴里和史密斯（Bailey&Smith）曾展示出的尸体是否像约翰·希尔蒙时发表的观点。我们认为曾经期待用来对抗对方的证据也不大具有可行性。比如，约翰·希尔蒙最近有因为接种天花而产生的疤痕，尸体也有这样的疤痕，这一点无疑支持希尔蒙夫人的观点。但是保险公司经过努力得到的一个医生的观点认为，尸体上的疤痕离当前太近，不可能是希尔蒙的。布朗的证词曾作出高度不可能的判断，他说徒步旅行者"乔·伯克利"同意希尔蒙从胳膊上用小刀取得天花病毒来临时给乔接种。我们认为陪审员不可能相信这样的故事，尤其是当他们了解到保险公司的医生已经在事后消除了接种疤痕并"失去"疤痕的时候，因此我们选择的专家不能检验出来。

　　我们认为，另一个被告的不恰当的证据来自米勒医生（Miller），他曾在希尔蒙与保险公司签订保险合同前应保险公司的要求对希尔蒙进行体检。米勒医生在被询问之下不得不承认，希尔蒙在填写保险申请表的身高一栏时将身高写明为"五英尺十一英寸"。但是这位好医生却声称希尔蒙几天后向他承认自己只有"五英尺九英寸"。这次医生进行了实际测量并注意到了这一较低的身高，他将这一不常见的事件记进了自己的总账簿（这是记录他病人支付账目的本子）。我们认为，这一行为有违于人们的日常经验，这一行为既不能说明希尔蒙无辜，也不能说明希尔蒙有罪。因此我们想不出希尔蒙这样做的任何理由。医生做假证或伪造证据也不具有令人信服的解释力，我们希望向陪审团论辩此事。

　　这些算计和我们深信的陪审团非常厌恶的布坎的行为，以及我们当事人的人格魅力（格林先生认为莎莉·希尔蒙的寡妇身份对我们来说是一份资产，这一点他是对的），合力使得我们的希望大增。但我们一再低估了我们对手的不诚实。

　　在 1881 年 6 月，我们代表当事人提起诉讼后的几个月，我们收到一份通知，说被告将启用爱荷华州麦迪逊堡（Fort Madison，Iowa）的埃尔维娜·卡斯顿小姐的证言。我们不知道卡斯顿小姐会对希尔蒙夫人和保险公司做什么，不过我们当然有兴趣知晓她将做什么。我们希望她是这场日渐漫长的诉讼中最后一个声称埋葬在橡木山公墓（Oak Hill Cemetery）的尸体就是她失踪的亲戚的证人。不过，她的身份似乎更加危险：记者。

　　我们到达了麦迪逊堡的法庭，证据将被提交到那里。我们看到保险公司的律师和代理人围在一位特别娇小的女士身边。她衣着朴素，看起来比希尔蒙夫人还要年轻、甜美。她发过誓后开始作证。略加准备之后，她说与一位名叫弗雷德里克·阿道夫·沃尔特斯的年轻人订婚，后者在 1878 年 3 月离开家乡麦迪逊堡，去寻求财富。在他离开期间，他每隔两周给她写一封信，直到 1879 年 3 月上旬，她收到最后一封信，也就是她用来作证的那封信。她所说的这最后一封信是从邮政局长手中拿到的，时间是 1879 年 3 月 3 日。她声称字迹确实是她离开的未婚夫弗雷德里克·阿道夫·沃尔特斯的。自此她再也没有他的消息。

随即信件作为证据被提交并展示。我担心希尔蒙夫人的律师团队全都会挤在这位年轻女士身边，急切地想看这封书信。下面就是我们看到的：

最亲爱的埃尔维娜：

我在昨天下午，离开恩波利亚（Enporia）前的一小时收到你寄来的我渴望已久的来信。在下周的前几天，我会一直待在这里。然后我将离开这里去一个从未想过要去的地方。我和一个叫希尔蒙的男人一起去，他想开辟一个羊群放牧场，并许诺给我一份我在其他任何地方都挣不到的工资。因此我决定接受这个活儿，直至我找到更好的工作。这个县有很多人患上了里德维尔热（Leadville Fever），如果我不是接受这个活儿的话，我会回自己那里。但是现在我将去看堪萨斯印第安保留地、科罗拉多和墨西哥这一带最好的地方，这是我们曾想去的路线，这一旅程会让一个人花费 150 元到 200 元美金，但这次我不用花一分钱。除了能挣一份高工资，我还会经常给你写信，直到我安顿下来再等你的回信（你一定要回信，宝贝），好吗？我将有几个月的时间不能回家，也不能确定什么时候才能回去。我像你想我一样急切地想见到你。但是我不想身无分文地回去，那不是我离开家的目的（你知道的）。当我回家的时候你就会知道我们暂时分离的原因（你肯定会明白的）。如果有人问起我在做什么，就说你也不知道，因为这不关他们的事。还有件事，别要我写长信，因为当我收到我的甜心的来信时我会手忙脚乱。如果没有人告诉我，我找不到合适的词汇来表达我的心情。但是你知道如果没人告诉我怎么写，我就不会花费（原文为 waist，疑为 waste——译者注）很多纸张讨论这个话题（就像现在一样）。不久我会结束这封信，否则，我会想起另一个写了两页纸的家伙，他在邮政局长那里以欺骗方式少付 3 美分，你知道我不喜欢那样。请代我向问起我的朋友问候，给你我所有的爱。我会很快结束这封信，我会尽快再给你写信的。

永远爱你的人

F. A. 沃尔特斯（原文为沃尔特 Walter——译者注）

另外：非常感谢你的诗，我已经按你说的那样做了（在读诗的时候想你）。

诗歌！我的心马上一沉，因为我马上遇到一些难以克服的困难：第一，一封证明希尔蒙和一个失踪的年轻人在一起的信件，使得他被怀疑提供一份"在其他任何地方我都无法挣到的酬金"，而这恰恰发生在他神秘消失之前。但是，不仅如此，这个娴静的年轻女子也近乎一个寡妇的身份使得她的主张并不比我们的当事人的主张说服力差多少（甚至可能更具有说服力）。而且，通过这位女士提供的诗歌可以看到，这个青年心里渴望探险，但仍珍视未婚妻的等待。这个案件不再是一个可怜的寡妇与一个无情的东方公司的对抗，而是一个寡妇和另一个寡妇的对抗，我们确信被告将会努力将这一主题发挥到极致。这确实是一个艰难的低潮时期，它不仅可能掠去我们的乐观态度，而且可能会暂时困扰我们的心智。一个人如何才能解释这一近八年来从未让我们遭遇如此重创的境况？我也非常为难地承认我们同意将这封信在前两次审判中作为证据提交，而没有提出反对意见。

各位朋友好，詹姆斯·格林再次发言。能够查清曲溪被枪击的不幸灵魂的姓名与身份对我们的辩护来说非常重要。阿特伍德先生冷漠地暗示我们急切地进行一场心智斗争以引发一场寡妇之间的斗争，但是我们唯一的目的是想告诉陪审员到底发生了什么。

我们在这方面的辩护方式对所有被告律师都提供了一个重要的参考。我们曾坚决否认这是约翰·希尔蒙的尸体，并以此作为辩护的全部理由。在我们看来，我们收集和提供的证据足以让原告无法完成民事举证责任，也足以对抗他们证据上的数量优势。请让我提示以下证据：

- 尸体有非常健全的牙齿。在我所处的时代，没有比他的牙齿更好的了。但是被告提供了很多证人，包括希尔蒙的一些亲戚和他的未婚妻，来证明他的牙齿缺失或变黑。我们的证据并非都与希尔蒙牙齿方面的问题一致，但是这些牙齿都和尸体一样处于一种不好的状况，这一点毋庸置疑。而且，当阿特伍德先生和他的团队毫无顾虑地指控我在明知的情况下提交虚假证据时，我的想法是，证人的回忆并非完全吻合，我从他们那里获得并提交的证据表明我希望接受的是他们最真实的回忆，将记忆中的片段置于它们原本的位置。
- 艾尔瓦·伯德温和他的兄弟莱维到了梅迪辛洛奇，很快将尸体埋葬了。保险公司的代理人梅杰怀斯曼（Major Wiseman）也帮着确认尸体并挖出来进行检查。他证实当尸体面部的尸布被掀起来的时候，艾尔瓦·伯德温马上叫道："天哪，这不是希尔蒙。"艾尔瓦在审判时否认他说过这样的话，而且，尽管原告一直知道他的下落，但直至第六次审判才让他来作证。
- 我们提交了希尔蒙右手拇指根部有一处很大伤疤的证据，这个伤疤是希尔蒙打猎时发生意外而造成的，当时他的猎枪在手中爆炸了。而尸体却没有这样的伤疤。
- 尸体是 5 英尺 11 英寸高。而希尔蒙曾于 1864 年在联邦军队中服役，军籍资料中记载他的身高是 5 英尺 5 英寸。原告承认尸体中枪时所穿的衣服是莱维·伯德温的，莱维·伯德温在作证时承认他自己只有 5 英尺 8 英寸高。希尔蒙在 16 岁时服役，之后他可能又长高一些，但是长高 6 英寸似乎不大可能，而且这也无法解释如果尸体是希尔蒙的，为什么他会穿一个身高 5 英尺 8 英寸的人的衣服。最后，希尔蒙和布朗在动身去曲溪前曾经在迈克尔·麦什（Michael Mesh）家住过几周，麦什证明他和希尔蒙曾经相互量过身高，测量结果是希尔蒙身高 5 英尺 9 英寸。麦什此前从不认识希尔蒙，他也没有从作证一事中获得任何好处。希尔蒙和布朗曾经给他提供一份薪水并邀请他加入行程。如果他接受了邀请，恐怕在曲溪边发现的就不是沃尔特斯的尸体，而是他自己的尸体了。
- 约翰·布朗在证言中改变了他意外杀死希尔蒙一事的说法，抛开这个不谈，他对于杀死希尔蒙一事的陈述还是无法令人相信的。当他从车上卸货的时候，他的来复枪意外开火这样的事情是合理的说辞吗？这样的说法听起来难道不像一个为了解释希尔蒙死亡而布朗又并非故意谋杀而编造的故事吗？而且，布朗解释说，尸体之所以有被烧过的痕迹，是因为希尔蒙被射中后脚步踉跄，最后跌倒在营火堆上。但是，斯图尔特医生（Stuart）检查过头部伤口并为被告证明"中弹者会马上倒地，无法动弹，随即马上死亡"。对于斯图尔特医生在之前审判中所作的证词，原告不能提供相反的医学证明。最后，布朗作证说在很长一段时间里，他和希尔蒙都是一起穿越荒凉、危险的田野，但希尔蒙从未提及他曾经投过人寿保险。即便阿特伍德先生也不得不承认，保险费对于希尔蒙这样经济条件的人来说实在是过高。

但是，我认为仅仅否认原告的虚假表述还是不够的。可以理解的是，很多陪审员都想知道尸体是否真的是希尔蒙的，如果不是，又到底是谁的？陪审员会合理地希望我的当事人来回答这个问题，如果我的当事人不能回答，只因我不能向他们提供死者的身份，就很有可能认定这具尸体就是希尔蒙的。因此，我告诉陪审员尸体是弗雷德里克·沃尔特斯的，并为这一论点提供了充实的证据。

这一策略使得我们承担失去要求原告承担举证责任的利益损失。向陪审员提供了在两种不同答案之间进行选择的机会，他们可以选择其中一个令人更为满意的答案，而不管应该由哪一方承担举证责任。因此，在我的最终陈述中，我很谨慎地告诉陪审员"您无须确认尸体是沃尔特斯还是其他什么人，您只需认定他到底是不是希尔蒙"。尽管坚持尸体是沃尔特斯可能会导致我们失去本应让原告举证这一我们享有的证据利益。

我再也不去揣测我的策略是否明智，因为支持尸体是沃尔特斯的证据在理智与情感两方面都是强有力的。我从始至终坚信要用强有力的观点来对待案件，在本次审判中我仍然沿袭这一路径。尽管我不得不持有更为重要的证据，但我确定我自始至终都有鲜活的证据。我从梅杰怀斯曼开始提供证据，前已述及，他证实当艾尔瓦·伯德温一看到尸体从地下挖出来，马上脱口而出"天哪，这不是希尔蒙"。

我请我最后一个证人作证，希望能给陪审员留下强烈和持久的印象。她就是范妮·沃尔特斯（Fannie Walters），弗雷德里克·沃尔特斯最小的妹妹。像她的姐姐和兄长一样，她也看过了尸体的照片并作证说尸体就是她的哥哥弗雷德里克。范妮也收到过弗雷德里克的来信，说他在跟一个叫希尔蒙的人一起去西部。于是我更进一步启用了她的证言。

范妮和弗雷德里克彼此非常相似。比如，脸部的整体轮廓非常相似，都有凸出的颧骨和罗马式的大鼻子。因此，我请求把尸体的照片提交给陪审员观看。然后我请范妮站出来面对陪审员，请他们比较一下她和照片中尸体的面部。我请范妮咧嘴大笑一下，因为她的牙齿与作为证据提交的尸体牙齿的轮廓非常相似。我希望，这些展示能够形成安静但强有力的证据，来证明尸体就是她的哥哥弗雷德里克·沃尔特斯。这些就是我的辩护所依靠的证据。

现在，阿特伍德先生攻击我们认为尸体是沃尔特斯的观点，他争辩说保险公司四处搜寻合适的受害者，在至少一个案件中，被告认定是某人的尸体，而事实却证明这个人活得好好的。我不为这些事件道歉，也不认为这些事件会根本上削弱我们观点的说服力。一开始，保险公司并不知道尸体的真实身份，因此广泛发布通知，请求人们如果知道近期有失踪的人大体上符合所描述的特征，就把信息告诉我们。保险公司以负责的态度彻底检查了反馈来的信息。当比较失败的时候，保险公司就继续进行。保险公司认真的行为加强而非弱化了他们认为尸体是沃尔特斯的观点。

您应该也能理解，约翰·布朗向布坎所做的证言延迟了保险公司探求尸体真实身份的行动。布朗在证言中说受害人是"伯吉斯或弗兰西斯……一个他们称为乔的人"。布朗模糊和具有误导性的表述无疑为他免受起诉提供了保护，却让保险公司失去了线索。在一段时期内，他是成功的。

沃尔特斯写给埃尔维娜·卡斯顿的信以及他写给其他家人的信件都表明了他和希尔蒙同行的计划，都对我们所主张的尸体是沃尔特斯的这一观点的成立有重要意义。我还提供了很多沃尔特斯的亲人和熟人看到尸体照片后提交的证据，他们都相信尸体就是沃尔特斯的。物理和生理证据也表明尸体就是沃尔特斯的。比如，沃尔特斯背上有颗痣，尸体上也有。沃尔特斯的牙齿非常健康，尸体也是这样。此外，沃尔特斯和尸体都是5英尺11英寸。

但是，对手是一个难以对付的家伙，他充分利用各种机会攻击这一证据。比如，被告的证人仅仅依靠照片就确定尸体是沃尔特斯的。正是跟照片绝大部分相符，我们才能在对女士保留体贴的情况下（就像我们曾做过的那样）认定尸体身份。让她们通过照片确认身份是因为尸体已经发生腐坏了。也有证据证明沃尔特斯一只脚有姆囊炎、一只手上有个小疤痕，这些都没有在尸体上发现。因此，尽管我们的证据已经具有很强的说服力，但仍不能消除针对尸体是否为沃尔特斯的所有怀疑。

我相信沃尔特斯的信件会消除其余的把沃尔特斯直接与希尔蒙联系起来的怀疑。阿特伍德削弱信件的重要性的努力是拐弯抹角和费力的。可能沃尔特斯在谈及希尔蒙的时候指的是其他人。在他早期的一两封信件中，沃尔特斯在信中说过打算去内布拉斯加州（Nebraska）。由于他没有按照这些计划行事，为什么陪审团就相信他一定就执行了跟希尔蒙的计划呢？阿特伍德先生最没有正当理由的观点是，既然埃尔维娜·卡斯顿从未在一次审判中亲自作过证，她的被诵读并被记载在法庭记录中的证据肯定是伪证，那封信肯定是伪造的。埃尔维娜已经看过照片，已经知道她的爱人在曲溪边被杀。她不在法院传讯权力的范围内，作证除了能使她痛苦有所缓解，并不能让她得到什么。我还想指出，阿特伍德先生有同样的机会劝说她离开爱荷华并亲自作证，就像我曾经做的那样。最后，在二十多年的诉讼中，阿特伍德先生从未提供过一丝一毫的证据来怀疑这封信的权威性。沃尔特斯无疑就是这些信的作者，这些信就是希尔蒙计划欺诈保险公司的确凿证据。

女士们、先生们，约翰·阿特伍德再次陈述。事情发展到第六次审判的境地，已经耗费了太多的时间，难道不是吗？如果我们的读者变得有些疲倦，那么就请想象一下在案件发展到最后一次审判的时候，律师们有多么地疲倦。格林先生一如既往地留给我大量的困惑［我本想用混乱（obfuscation）一词的，但不想让他觉得我说话太不克制］来消除。

● 对于颇具争议的牙齿问题，格林先生没有提及，即便是保险公司自己的医生，在现场验尸的时候，也承认在检查尸体的时候，发现上面的一颗牙齿比其他牙齿要短。如果这个人不是咧着嘴大笑的话，生前他的熟人会产生他缺失一颗牙齿的印象。（没有理由表明希尔蒙先生活着的时候对这些证人都会咧着嘴大笑，因为这些人在他死后显然对他和他的遗孀颇有敌意。）

- 艾尔瓦·伯德温先生在第六次审判作证时拒绝承认说过"天哪，这不是希尔蒙"。这种拒绝可能来得有点晚，但是至少他承认他在本案第一次作证一事。与之对应的是，证人怀斯曼先生认为是伯德温先生说了这句话，怀斯曼先生在前3次审判中都作为证人参加，但从未提及艾尔瓦·伯德温先生与该案有牵连的评论，直到第四次才提及。如果这一在格林先生看来非常有说服力的事件确实发生了，为什么怀斯曼先生在前3次没有描述过（或格林先生没有引发他描述过），而直到他第四次作证时才说出来呢？

- 至于约翰·希尔蒙在军队服役登记表记录中的身高，这个男孩那时不过十六七岁。在那个年龄他当然不可能长到最高，那时的营养水平跟现在你更为习惯的、更为富足的年代大不一样。

- 好的，风趣的麦什先生。你知道什么时候成人会在晚上相互比较看谁长得高并以此为娱乐？显然，我们在19世纪没有电视或——你管它叫什么来着？互联网？但是我们没有绝望到进行你在陈述中所说的那种娱乐活动。麦什先生可能真的被邀请加入希尔蒙和布朗的旅行，在当前这种邀请被视为一种邪恶的举动，或者损毁声誉的标志。我想，对于小人物来说，通过论证自己在臭名昭著的事件中惊险地幸免于难这种方式来出人头地，这种方式是众所周知的（此话意在双关，不好意思）。在最后时刻决定不去乘坐泰坦尼克号的人应该足以填满一个中等规模的岛屿。

- 保险公司提议将死者的尸体身份列出候选名单，这一提议受制于死者名字和其失踪的环境。或许格林先生这种拖网式的辩护很有说服力，但是我必须要提醒你，候选人范围并非如此限定。在相当于一个排的失踪者里，有一位叫弗兰克·尼克尔斯（Frank Nichols），绰号"阿肯色"的人。有报纸报道说他失踪前曾告诉朋友他"遇到一个叫希尔蒙的人"向他提供一份很高的酬劳，邀其同行。我相信格林先生会否认这一报道与自己有什么瓜葛，但是他在传媒界有很多仆从和同情者，这些陈述有助于挑起对希尔蒙的反感，直至这个"阿肯色"最终被证明仍然活蹦乱跳。从一个失踪者的嘴里（或纸质文本）得到关于一个叫希尔蒙的人的信息，这主意太好了，以至于很难令人信服，但是这正是我们在卡斯顿的信中再次看到这一信息的原因。

那封情书！每次开庭它的出现都令我抓狂！但是之前，正如你将要说的，"去那儿"，我必须对另一件事进行评价。格林先生承认仅仅通过尸体的照片（对尸体照相是一种相当不敬的行为）就认定他是某人失去的儿子、兄弟和未婚夫的说法并不可靠，他对此的大方态度令人尊敬。这种观察带来的明智判断使我们在最后的审判中反对证据中的一项：沃尔特斯母亲的证明。当她看到出示给她的图片时，她叫道："那是我儿子！"然后昏了过去。胡克法官维持了我们的反对意见。"就照片对母亲的影响而言"，他注意到，"照片自然有它们的影响。她年事已高并哀痛于儿子的离世。因此任何尸体的照片都会产生同样的效果"。这一微小的胜利让我们很高兴。不过，尽管法官对此有明智的表述，但是母亲的情感反应令人相当动容。

格林先生注意到，直至陪审团听取亨利·西蒙斯（Henry Simmons）夫人的证词，法庭内包括我和我的同事在内的希尔蒙夫人一方人都没有质疑沃尔特斯/卡斯顿信件的证据效力。我看到格林先生简直要跳起来和你讨论此事，因此我会向他让步，但请记住我很快将对此作出更多的陈述。

4. 一个惊人的证据

格林先生又回来了。您可能认为，经过历时二十余年的 5 次审判，原、被告双方关于尸体身份的任何证据都已经出示过了。那么，想象一下我的惊讶：在阿特伍德先生进行反驳的时候，他请阿瑟·西蒙斯来作证这一事实震惊了法庭。西蒙斯之前从未作证，就连他居住在堪萨斯的莱文沃斯的时候也没有做过，尽管他了解所有案件相关问题并声称他持有关于弗雷德里克·沃尔特斯的重要信息。

请理解我和同事在西蒙斯出现时所表现出的惊讶，这并不是因为我的辩护团队缺乏准备。我们在参与案件审理的时候，并没有新发现，也没有进行广泛的审前讨论。一般而言，律师们都希望在审前进行证据列表交换。而证据突袭（pull rabbits out of hats）在当时是一种常见的技巧。

在 1879 年，西蒙斯拥有一个雪茄工厂。20 年后，在第六次审判中，西蒙斯突然提交了一份商业记录，表明在那一年的 5 月，在曲溪边死亡案件之后的大约两个月后，弗雷德里克·沃尔特斯仍在雪茄厂工作。西蒙斯确定沃尔特斯照片中的人就是为他工作的人。他作证的节录如下：

问：你最早知道这个人沃尔特斯为你工作的时间是什么时候？

答：我是在不久之前经几个人的提醒才注意到的。

问：在你关注此事之后，你在记录中查找并落实此事了吗？

答：是的，先生。

问：（证据保存在公司 1879 年的日常记录本上。）这是你亲自书写的备忘录吗？是在沃尔特斯为你工作的时候记录的吗？

答：是的，先生。

问：沃尔特斯什么时候为你工作的？

答：如果不查找记录本的话，我记不清具体的日期了。

问：除了记录本上的记录之外，你对这个人还有什么记忆吗？

答：是的。我一见到他的照片就清晰地记起他了。

问：当你翻看你的记录本时，你是不是重新回忆起以前了？

答：是的，先生。

问：沃尔特斯是哪个月份为你工作的？

答：从记录本中可以看到是 1879 年 5 月。

评论：我认为很明显这个证据是传闻证据，因为证人只是简单地证明了记录本的内容，而不是从自己当前的记忆中证实的。但是，胡克法官拒绝了我们反对将

　　　　　　记录本作为有效证据的观点。

　　问：在记录本中他叫什么名字？他走的时候叫什么名字？

　　答：他的名字叫 F. 沃尔特斯。

　　我相信你能想象出我有多么震惊。在我们声称沃尔特斯死亡后的两个月，有一个当地企业主却证明他仍然活着。显然，我们不得不对他的证言发生怀疑。我们可以立即像铜牛对待斗牛士一样责难他，同时指控他撒谎。但是，我们并不相信陪审团会相信他那些陈述。西蒙斯看起来是一个坦诚的公民，没有动机去作伪证。我们请求一次短暂的休庭，仔细检验西蒙斯的日常记录本，然后断定我们的辩护律师巴克（Barker）先生的交叉询问会强调西蒙斯故事中难以令人信服之处。对于刚开始律师生涯的人士而言，这是非常重要的一课。除非你有近乎无懈可击的证据，法官和陪审员就不会相信证人在蓄意撒谎。如果你对证人向你提供的信息仔细品读，你会习惯从交叉询问中获得更多的信息。从巴克先生富有技巧的交叉询问过程中摘录的文本会证明我的意思：

　　问：这本记录是用铅笔写的吗？

　　答：是的。不过其中有些部分是用钢笔写的。

　　问：一个名字用橡皮擦去了，然后在它上面写上了沃尔特斯的名字？

　　答：是的。

　　问：擦去的是什么名字？

　　答：擦去的是安德森（Anderson）的名字，写上了其他的名字。

　　问：你自这个事件发生后一直在莱文沃斯生活吗？

　　答：是的，先生。

　　问：你记得这个案件之前已经审判过吗？

　　答：是的，先生。

　　问：这是你参加的第一次审判吗？

　　答：是的。

　　问：在 20 年后你仍然记得那个人的照片形象？

　　答：是的。

　　问：你之前从未看过照片？

　　答：从未看过。

　　问：在沃尔特斯工作的时候，还有哪些人同时为你工作？

　　答：我记不起来了。

　　问：那时候你雇佣了多少人？

　　答：我想大约二十五个，我不知道具体多少。

　　问：从那时至今一共有多少人为你工作过？

　　答：我说不清。人员经常流动。

　　问：他们经常出去旅行吗？他们喜欢律师吗？

　　答：是的。

　　问：在沃尔特斯在的时候，你记得为你工作的人员总共有多少人吗？

　　答：我发现总共是 22 人。到 4 月 28 日为止的那一周。

　　问：在你的记录本上沃尔特斯的名字一共出现过几次？

答：3 周内出现两次。

问：沃尔特斯在其他时间也为你工作过吗？

答：没有。

问：你如何解释你记录本中的擦痕？

答：我有一个对工人认真工作而生产出来的雪茄记账的习惯，同时对每个人的产量记账。我在生产雪茄的工人身边走来走去，将雪茄从他们的桌子上拿走。在1879 年 4 月 18 日为最后一天的那周，一个叫安德森的工人辞职，他一共生产了900 支雪茄。由于沃尔特斯取代了他的位置，因此我只是擦去了安德森的名字，在上面写上沃尔特斯的名字，以使表格栏目匀称。在 5 月 4 日，沃尔特斯生产了 1 200 支雪茄，5 月 31 日是 900 支。

问：你能形容一下沃尔特斯吗？

答：只能粗略形容。

问：你能记起关于他的牙齿、眼睛或头发的样子吗？

答：回忆不起来。

如果巴克先生在这里，他无疑会因为要求西蒙斯解释橡皮擦痕而道歉。在这一点他已经控制了询问，将西蒙斯的回答限制为短句，来暗示日常记录本明显被篡改了。（我没有说阿特伍德跟此事有关。）西蒙斯明显对记录本之外的事情没有任何记忆，在 20 年的时间里有数以百计的人为他工作，他声称能通过面容而认出其中一个将近二十年前的雇员的照片，这一点是很难让人相信的。但是，通过让西蒙斯解释擦痕如何产生，巴克先生让证人决定答案的范围并对擦痕进行解释。在这个城市，该案件被一再审判并广为报道，西蒙斯与该案无所牵涉地过了二十多年，但突然冲到法庭并提供了重要证据，我们成功地使他的证言不具有可信度。我相信我们完全压制住了西蒙斯的证言。

约翰·阿特伍德继续发言。尊敬的各位读者，关于亨利·西蒙斯最令人欣慰的事情是我们得知他通过了报纸这种传统上围捕被告工具的考验。《莱文沃斯时代报》一直寻求将该案置于更易为人们观察、审视的地方。它宣称在 1899 年 10 月 25 日那天发行的报纸上，在有证据证明 F. A. 沃尔特斯于1878 年在莱文沃斯生活并在斯塔格（Staiger）& 西蒙斯烟草厂工作的情况下，法庭将纳入该证据，这与我们将简要作出的结论相一致。我们饶有兴趣地阅读这份报纸，因为像所有出色的出庭律师一样，我们在法院休庭之后每晚都会读报，以观察媒体如何表述我们的努力并判断是否需要作出一些调整（尽管我们更清楚地知道怎么做而不是期待《时代报》给一番吹捧）。报道在对案件预测的时候提到了一位名叫阿瑟·西蒙斯的先生。对我们来说，我们中应该有个人去跟西蒙斯先生谈谈，因为我们之前从未听说过他。对我们而言，正如报纸所表述的那样，他的证据不会给我们的案件带来很大的不利：在重大事件发生之前的一年里，沃尔特斯曾在莱文沃斯工作过。此外，它还证明了什么呢？但是人们从不知晓，我向我们团队的哈钦斯（Hutchins）先生提供了一些沃尔特斯家人提供的照片，在分发这些照片时我们发现了西蒙斯先生。

现已查明，他的名字不叫阿瑟，而是亨利，而且他是烟厂的合伙人，但报纸上的错误信息不止这些。我也从未因与证人熟络而感到高兴。因为正如格林先生所表明的，亨利·西蒙斯的表述是他曾在 **1879** 年雇佣过这个年轻的雪茄工人，而这正是曲溪边的死亡事件发生了两个月之后。不仅如此，他还有这些事件的书面证据。

我们当然知道，被告会攻击西蒙斯记录的真实性。正如你所看到的，他对这样的批评已经做好了准备。但最妙的是巴克先生恰好落入圈套之中，他认为西蒙斯对过去 20 年的记忆不可能太好，尤其是他在同一时间雇佣过数十名乃至上百名的雪茄工人。这一怀疑对于令人满意地重现事实打开了一扇门，因为若非如此话，这份证据可能会被视为典型的不当证据而被排除。

> 我自己：是什么特殊之处使你认出那个人的？
>
> 西蒙斯先生：他是一个喜欢向别人谈起自己的人，说过很多关于旅行的事。他在很多城市呆过，他还说过很多他的艳遇（love scrapes）以及如何逃离艳遇。

艳遇!! 你可以确信，当我听到这些话的时候我非常兴奋，因为这不仅能够解释西蒙斯先生对这个家伙的印象，而且还使得我们以一种相当不同的角度来观察这个爱吹牛的家伙与埃尔维娜·卡斯顿小姐的关系——你不这样想吗？我不想浪费时间去画蛇添足（gild this lily），只想暂停思考证人的证言并坐下来歇歇脚。其他的都是例行公事。在论辩和指导后，陪审团在仅仅 10 个小时的思考后，就决定反转该案，支持莎莉·希尔蒙的主张（对你来说这可能是很长一段时间，但我们已经习惯了比这时间长得多的考虑了）。

现在，回到情书一事上来，因为它总是浮现在我脑海中。我责备自己没有对这封信所断言的内容的真实性进行更多的思考。但在 1892 年联邦最高法院的判决之后，我相信有必要对它进行解释。我们知道一个年轻人写这样一封信的背景——提到了约翰·希尔蒙和威奇塔（Wichita），向西前行以开辟一个新牧场——然后就再也没有人见过他，而这都是在希尔蒙死后很短的时间内发生的，这实在让人难以相信是纯属巧合。我们试图论证"约翰·希尔蒙"不是一个普通的名字，而是一个年轻的沃尔特斯需要交往的人。我充分意识到这听起来很不具有说服力，但我们别无选择。我不想夸口，但我想到了它对我们声誉的影响，即便是在承认这封信的内容给我们带来相当不利的条件下，我们仍然努力工作，并延缓了保险公司在 1895 年和 1896 年的审判的胜利。

你肯定会想我们应该已经调查过这封信系伪造信件的可能性。我们当然想到此事了，我能够通过一些机敏的调查，获得一些年轻的沃尔特斯笔记的样本。（卡斯顿小姐声称她已经丢弃了他的情人写给她的这最后一封信之外的所有信件——我发现这样的说法不大可能——但是我们在麦迪逊港叫了一些朋友，能够弄到一些样本。）令我们非常失望的是，我们咨询的每个人都认为信件中的字迹与样本一致。尽管文献科学并没有像您所处的时代那样先进（尽管我能理解即便在 21 世纪也仍然会有一些矛盾之处），我们认为几乎不可能说服陪审团，让他们相信卡斯顿的信件并非来自沃尔特斯先生的亲笔书写。在最后一次审判中，沃尔特斯先生的姐姐提供了一大堆他兄弟寄来的信，声称在那时之前它们都被放错了地方。快速地两相对比之后我们最初的观点被确定：卡斯顿的信件并非伪造。事情结束了，最后的审判也结束了，上诉被判决，案件被协议终止。之后我对希尔蒙案件进行反思，成功地认识到弗雷德里克·阿道夫·沃尔特斯给埃尔维娜·卡斯顿的信里所说的话全都是谎言。

我确信是亨利·西蒙斯的证据使我们赢得了最终的胜利。他对沃尔特斯在劳伦斯案件两个月之后仍然生存的确认非常有说服力，让陪审员能够将那封信置之一旁。但是当我回顾这一里程碑式的诉讼时，我开始考虑陪审员如何解释不理会那封信这一行为。我的意思是，他们心中是怎么想的，并最终以一致通过的方式认定证据，支持了希尔蒙夫人的诉讼请求。信件确实不是伪造的，我确信这一点，同时我怀疑陪审员们对此有不同的看法。因此如果它是弗雷德里克·沃尔特斯亲笔书写的，并且如果（看起来应该是真的）他的朋友、家人和未婚妻在这封信后再也没有收到他的信，这又如何解释？信中提到希尔蒙要开辟一个大农场，而且还有 1879 年 3 月 1 日这个时间和维奇塔这个地点，这不应该仅仅是巧合。

我很遗憾地认为，尽管在这么长的时间里我认真思考过该案，也只能得出这样的结论：在 1879 年秋季或 1880 年前几个月的时间里，在案件审理之后，格林先生的当事人（我不是说他个人也牵涉于其中）没有将沃尔特斯隐藏足够长的时间。他们很快测量了他的身高并发现他是一个自恋和沉迷于冒险经历的（还有艳遇）年轻人。他们认识到他会完美地完成他们的目标，因此和他签订协议，每月支付给他一大笔钱来换取他同意去做哈克贝利·费恩（Huckleberry Finn）可能说过的事"赶紧去边疆"，绝不要回堪萨斯或爱荷华。是的，在离开之前，他必须写一封信，其中的主要内容是保险公司的主管人员向他描述的（尽管那些人鼓励他根据自己的希望进行润色，以使信件看起来更像他自己的风格）。

是的，我知道这样解释的困难：保险公司和管理人的贪婪、埃尔维娜·卡斯顿小姐为什么会对何时以及如何收到信件进行撒谎的迷惑、伪造邮戳的必要性。我已经回答过所有的反对意见，但或许我应该给格林先生机会来说些话，我很高兴地知道像很多具有举证责任的人那样，我会有最后的机会向你陈述。

5. 最终陈述

女士们、先生们，詹姆斯格林的最终陈述。阿特伍德先生和我非常感谢你们对于证据以及我们陈述的关注。我希望在消除了保险公司每次都要面对的敌意与偏见的 1 个世纪之后，我们能够站在堪萨斯法庭里面，你们会改正第六次审判中的错误并判决那尸体是弗雷德里克·沃尔特斯。

我不认为我应该就阿瑟/亨利·西蒙斯先生发表过多言论。在活着的希尔蒙与死者的尸体之间，我们遭遇了太多的变数。阿特伍德先生在最后请求你们相信一位证人。他在关于该案的新闻一直环绕、盘旋在他周围的情况下保持沉默，却突然拿出一份修改过的记录本，说 20 年前的 5 月，沃尔特斯曾经为他工作。西蒙斯想让你们相信在他最后看到沃尔特斯的 20 年后，他能从数以百计的雇员中认出沃尔特斯的照片。而这却发生在西蒙斯承认他并不记得沃尔特斯的眼睛、牙齿或头发的情况下。

我曾经告诉过我的学生，不合理的证据经常会产生不合理的解释。这对于西蒙斯声称因为沃尔特斯谈及过他的艳遇而记得他一事也当然是成立的。阿特伍德先生认为这一解释使得被告的观点崩溃，但实际上它只是进一步损害西蒙斯的可信度。如果西蒙斯有这样好的理由记得沃尔特斯，那他就绝不可能在20年的5次审判中都对此保持沉默。那么，西蒙斯对与沃尔特斯同时在卷烟厂工作的其他20到25个人印象如何？（西蒙斯没有像对沃尔特斯那样想起其中任何一个人），还有那个沃尔特斯"一直对他说话"的人？当然，至少其中有一个人还在沃尔特斯死后还记得他曾跟自己一起造雪茄。但为什么他们中没有一个来作证？保险公司花钱让他们全都保持沉默吗？最后，西蒙斯一直忙于统计数以百计的工人制造的雪茄数，但是他能在20年后记得起沃尔特斯说过什么吗？很遗憾阿特伍德先生走得这么远，把一个不令人信服的故事强加给各位。

　　阿特伍德先生承认他的说法难于解释这一事件：保险公司的管理人在曲溪边发现尸体的两个月后，找到沃尔特斯并说服他写一封假的"亲爱的埃尔维娜"的信，然后让他消失。但是他必须得承认这一困难完全是显而易见的（scratch the surface）。我可以明确地说，无论是我还是其他同事，都与这封信的书写无关。我们也不能这样做。我要提醒各位，沃尔特斯并没有像阿特伍德先生所说的那样只写"一"封信。沃尔特斯给不同的人写的信中都提到了他与希尔蒙同行。如果这些信都是伪造的，那保险公司需要在所有信件上都伪造邮戳并诱骗所有收信人共同作伪证吗？

　　现在让我们暂时忽略阿特伍德先生理论中的所有问题，集中讨论"亲爱的埃尔维娜"一信的问题。为了便于辩论，我先退一步，假如像阿特伍德所主张的那样，沃尔特斯并非全身心地爱上（head over heels in love）埃尔维娜，她只是他"艳遇"的一部分。但可以肯定的是，我们所知道的一切表明埃尔维娜深深地爱上了弗雷德里克·沃尔特斯。如果她提交的是一封虚假的信，你能想象她配合地作证说希尔蒙的照片是她深爱的弗雷德里克·沃尔特斯吗？还要作假说沃尔特斯已经死亡？沃尔特斯的父母和姐妹也都能发伪誓假装深爱他们的儿子和兄弟已经死了吗？他们都同意再也不见沃尔特斯，因为他们一旦发誓说他已经死了之后就当然不能见到他？那样对待自己亲人的只能是野兽，没有任何迹象（当然，阿特伍德先生没有提供这样的迹象）表明埃尔维娜和沃尔特斯的亲人对他的情感是亲情和关爱之外的情感。他们真切地相信他们经历了可怕的丧失亲人之痛。最后，对我而言，为他们相亲相爱人的记忆辩护远比基于经济收入为我的当事人反转案件判决更为重要。

　　非常感谢。

　　女士们、先生们，非常感谢您在最后仍关注此案。如果约翰·阿特伍德站在这里宣告詹姆斯·格林的辩论没有说服力，那么他就是个笨蛋。格林主任是一位强大得令人生畏的辩护律师，我知道各位肯定被他提出的一些观点影响。但是他想挽回在两个陪审团面前所失分数的迫切心情，使得他歪曲了一些事情，同时忽略了其他一些事情。我必须矫正它们，这不仅是我对于当事人的义务，更是对历史和证据法的责任。

　　格林先生确保自己和他的同事没有参与制作伪证这一不诚实行为，对我来说，不承认格林先生的这一观点是缺乏职业素养的表现。或许他不知道他的当事人及其他代理人做了什么。比如，在一些场合，布坎先生（你可能还记得他承认从保险公司那里拿钱）给布朗施加压力，令他签署虚假证据。布坎还提交了一封以布朗的名义写给莎莉·希尔蒙的信，在信中，布朗写到"我想知道约翰在哪里，这件生意如何运作，以及在可能的时候我能做什么。可以让我父亲告诉我。你的挚友约翰·H·布朗"。很明显，写这封信的目的是把它当作布朗和希尔蒙夫妇联合起来谋划保险诈骗的证据，为了达成这个目的，这封信在每次审判中都被提交。但是布朗说他是在布坎以起诉相威胁的情况下为了自保而写的，布坎自己也承认他从未将信邮寄给希尔蒙夫人，而是直接交给了保险公司。保险公司对为它们的利益而伪造书面证据——书信体的证据——并不陌生。

我必须提醒各位注意被告律师的企图，包括格林先生。他们试图解释"弗雷德里克·阿道夫·沃尔特斯"和"乔·伯吉斯"（Joe Burgis）名字之间的差异，后者是布坎在强迫布朗签署的伪证中所指认的谋杀案受害者。直至最后一次审判的每次审判，格林先生和他的同事都争辩说沃尔特斯只是以化名来旅行，沃尔特斯和"乔"是同一个人。但在最后一次审判中，保险公司的管理人员西奥多·怀斯曼（Theodore Wiseman）承认"乔·伯盖斯"是一个确实存在的人，他也是当时一个失踪的年轻人，被告曾试图将他的身份与尸体联系在一起。不仅如此，怀斯曼还承认他在前述宣誓作证书之后不久，曾找到这个乔·伯盖斯（他通知过他的雇主保险公司）。非常明显，被告希望在布坎书写宣誓作证书的时候伯盖斯先生仍处于失踪状态。但是当他还没有做的时候，他们已经知道了沃尔特斯先生失踪的消息，他们临时炮制了"化名"的故事，并在他们知道这是伪造之事的情况下，坚持将这个故事讲了将近二十年。那份臭名昭著的宣誓作证书是布坎的策划，并非事实，对此人们还能指望有什么更好的证据呢？（我必须说，没有必要更深入地寻找证据证明被告的律师们都像各位所信任的格林先生那样圣洁。）

关于沃尔特斯的几位亲人都在法庭宣誓收到弗雷德里克·阿道夫提及约翰·希尔蒙的信件，人心并非科学仪器，我不会假装我有几分把握去解释这些事件。但是我确实知道除了给卡斯顿小姐的信，不止一封关于"希尔蒙"的信被制造出来，据说这些信件都找不到了（尽管年轻的沃尔特斯写的其他很多信都能找到）。我确信保险公司说服了沃尔特斯的家人，说照片上的尸体就是他们深爱的失踪的孩子。正如胡克法官明智地观察到的那样，这不是一个很困难的任务（这也是为什么 20 世纪联邦最高法院要求在刑事诉讼中确定身份时要向那些心慌意乱的证人们展示多幅或系列照片，而不是容易操控的单张照片）。一旦这样说服了他们，那么如果他们记起沃尔特斯曾在给他们的信中表达过一些曾经向未婚妻表述过的类似信息，就不是一件令人惊讶的事情了。或许他们很快就会变得愿意去说几乎所有的事情，如果他们认为这将有助于制止邪恶的希尔蒙所犯的恐怖罪行——这时他们已将希尔蒙视为凶手。

至于卡斯顿小姐，我开始考虑她的问题。对她来说，很难承认被热爱旅行和自由的未婚夫抛弃。对卡斯顿小姐来讲，未婚夫被一个善于谋划的不法家庭谋杀的解释应该远比她被未婚夫抛弃体面得多。无疑，她应该是被教唆过，因而认为她只是撒一次无害的谎：她会说她曾通过邮局收到一封信（无疑是她未婚夫的笔迹），时间是在邮戳日期之后不久。而这信实际上是被告人的律师在几个月后向她出示的。埃尔维娜可能被告知，这封信原本是寄给她的，但是一些小的疏漏使得它没有被及时送达。在一个令人望而生畏的法官面前，一份证词很快出炉了，加上一份态度温和的、拒绝远赴堪萨斯参加任何审判的言辞，事情就这么成了：杀害她情人的罪犯就此伏法了。我不是在责备她，而是想责备那些假装富有同情心却利用了她相信别人的天性的人士。

我一直以来相信各位的良善本性，但在请诸位仔细考虑您所了解的事项之前，我先请求各位更加深入地思考。可悲的是，该案的被告成功地在很长一段时间里剥夺了莎莉·希尔蒙得到她丈夫辛辛苦苦向她提供的、在他一旦身死可以让她得到的保险金。尽管正义来晚了，但毕竟她最终获得了胜利。正是保险公司的阴谋诡计和联邦最高法院轻信它们对于希尔蒙事件的表述，使得我们得到一个令人高度怀疑的证据规则：传闻规则的例外规则"心理状态"。我相信你现在知道指的是联邦证据规则第 803 条第 3 款。它代表了一种具有严重误导性的政策选择。宣称某人想要去做某事并不一定引导他实际去做，人们在新年对未来所作打算表明了这一点。非但如此，这个规则的声誉完全来自希尔蒙判决，而这促使联邦最高法院接受了埃尔维娜·卡斯顿信件的证据效力：实际上它的基础是很脆弱的。就这封导致这一愚蠢规则产生的信件而言，它从头至尾充斥着谎言，从它开始含蓄地宣告（今天是 1879 年 3 月 1 日）到它对感情的职业化表达（我像你想我一样地急切地想见到你），再到他最为重要，同时也是最具欺骗性的表达："我和一个名叫希尔蒙的人一起去。"弗雷德里克·阿道夫·沃尔特斯从未遇到过约翰·希尔蒙，在写这些字的那一天，希尔蒙已经死了，躺在橡山公墓的墓穴里。

谢谢您的关注。

6. 判决

陪审团的女士们、先生们，请退下，思考您的判决。在您认定了曲溪边的死者是约翰·希尔蒙还是弗雷德里克·沃尔特斯之后，请告诉我结果。

7. 阿特伍德的律师团队基于新发现的证据而申请再次审判的提议

原告莎莉·希尔蒙通过她的律师约翰·阿特伍德，通知法庭所有相关律师基于新发现的证据而请求再次审判，请求陪审团认定死者是否为弗雷德里克·沃尔特斯。原告提交玛瑞安·维森教授的下列声明，以支持自己的动议：

在 2006 年 5 月，我和一位科罗拉多大学的同事，发掘了堪萨斯州劳伦斯城橡山公墓中埋葬在希尔蒙墓穴中的尸体。我们已经从约翰·希尔蒙父亲那里找到了父系直系血统中的后代，如果能从尸体中提取 DNA，我们希望能够确定死者是否和勒雷·希尔蒙（Leray Hillmon）的后代有血缘关系。不幸的是，由于尸体长期浸在地下河流中而受损严重，无法从骨骼片段中提取 DNA，因此我们被允许保留发掘成果。

在对结果失落之余，我的同事、人类学教授丹尼斯·范·戈文（Dennis Van Gerven）对尸体的面部组织和照片中所显示的两个人进行了法医检验。在劳伦斯验尸过程中尸体在棺材中被照相，两个人的照片也在审判时展示过。我能够对保存在国家档案文件管理局中的照片原件进行数字化拷贝。范·戈文教授的正式报告可以在我的网页（www.thehillmoncase.com）上找到，但他的结论可以简单归结为：死者不是沃尔特斯，是希尔蒙的可能性非常高。

（郭春镇　译）

第4章

达罗（Darrow）为利奥波德（Leopold）和罗卜（Loeb）的辩护：该世纪对未来最有影响的判决

凯洛·S·斯迪克（Carol S. Steiker）[①]

---

① 哈佛大学法学院霍华德和凯瑟琳·艾贝尔法学教授（Howard J. and Katherine W. Aibel Professor of Law）。

1924 年，19 岁的小内森·利奥波德［Nathan Leopold，Jr.，绰号"宝贝"（Babe）］和 18 岁的理查德·罗卜［Richard Loeb，绰号"围嘴"（Dickie）］在芝加哥残忍地谋杀了 14 岁的鲍比·弗兰克斯（Bobby Franks）。即便在这样一个媒体饱和的时代，人们想要低估媒体，无论是地方性的、国家性的乃至国际媒体，对犯罪及随后而来的法律程序倾注的关切都是不可能的。被告人和受害人的年龄、被告家庭的财富和特权，令人发指、（thrill）残酷无情的杀戮行为，以及克拉伦斯·达罗（Clarence Darrow）担任被告的代理人，种种因素合在一起为该案赢得了现在广为人知的"世纪审判"之称号。利奥波德和罗卜案的审判并非被认为是 21 世纪第一个获此称号的案件［萨科和万泽提案（Sacco and Vanzetti）3 年前已被审判］，它当然也不是最后一个［想想林德伯格婴儿绑架案（Lindeberg baby kidnapping）的审判、朱利叶斯和埃塞尔·罗森博格案（Julius and Ethel Rosenberg）、查尔斯·门森案（Charles Manson）、O. J. 辛普森案（Simpson）、蒂莫西·麦克维案（Timothy McVeigh），还有其他很多案件］。它甚至不是克拉伦斯·达罗仅有的"世纪审判"，甚至 10 年审判也算不上，因为他在此后第二年又在"猴子案"中为约翰·斯考珀斯（John Scopes）辩护。但是这个案件从那时起对公众注意力和想象力的影响是不可否认的：它在诉讼过程中吸引了大量公众进入法庭旁听②，它无数次出现在报纸的头条③，它是书籍④、电影⑤、剧作⑥和网站⑦的富矿，在它被审结之后的八十多年里产生了很多关于此案的

---

② See Orville Dwyer，"Riotous Crowds Battle Police to Hear Darrow"，*Chi . Daily Tribune*，Aug. 23，1924，at 3.

③ 当利奥波德和罗卜因为谋杀弗兰克斯而被逮捕时，《纽约时代报》连续 3 天在首页谈论该案。See "Two Rich Students Confess to Killing Franks Boy in Car"，*N. Y. Times*，June 1，1924，at §1，at 1；"Student Slayers Accuse Each Other of Actual Killing"，*N. Y. Times*，June 2，1924，at §1，at 1 ；"Slayers of Franks Now Suspected in 2 More Crimes"，*N. Y. Times*，June 3，1924，at §1，at 1. 审判的每个阶段都让《芝加哥论坛报》用巨大的黑体字标题报道，see Robert M. Lee，"Darrow Urges Life Terms"，*Chi. Daily Tribune*，Aug. 23，1924，at 1；John Herrick，"Darrow Pleads for Parents"，*Chi. Daily Tribune*，Aug. 26，1924，at 1；Orville Dwyer，"Slayer's Trial Ends Today"，*Chi. Daily Tribune*，Aug. 28，1924，at 1.

④ 关于该案报道最为全面和最常被引用的一些书籍，see Clarence Darrow，*The Story of My Life*（1932）；Hal Higdon，*Leopold and Loeb：The Crime of the Century*（1975）；Maureen McKernan，*The Amazing Crime and Trial of Leopold and Loeb*（1924）；Alvin v. Sellers，*The Loeb-Leopold Case*（1926）；Kevin Tierney，*Darrow：A Biography*（1979）；Arthur Weinberg & Lila Weinberg，*Clarence Darrow：A Sentimental Rebel*（1980）.

⑤ 至少有 4 部长篇电影故事受该案启发而拍摄，一些电影较之其他电影更接近案件事实，它们是：Alfred Hitchcock 在 1948 年拍摄的 *Rope*，Richard Fleischer 在 1959 年拍摄的 *Compulsion*（由 Meyer Levin 在 1956 年创作的小说改编而来），Tom Kalin 于 1992 年拍摄的 *Swoon* 和 Barbara Schroeder 在 2002 年拍摄的 *Murder by Numbers*。

⑥ 包括 John Logan 1985 年首次公演的剧作 *Never the Sinner：The Leopold & Loeb Story*；Stephen Dolginoff 在 2003 年纽约首次公演的音乐剧 *Thrill Me：The Leopold & Loeb Story*。

⑦ 最为全面的网站可参见 Leigh Bienen，"Homicide in Chicago，1870 - 1930：Crimes of the Century：1924：Leopold and Loeb"，at http: //homocide. northwestern. edu/crimes/leopold（最后浏览日期：2007 - 03 - 28）；Scott A. Newman，"The Leopold and Loeb Case of 1924"，at http: //Chicago. urban-history. org/scrapbks/leo _ loeb/leo _ loeb. thm（最后浏览日期：2007 - 03 - 28）；Marianne Rackliffe，"Leopold and Loeb"，at http: //www. Leopold and Loeb. com/（最后浏览日期：2007 - 03 - 28）。

法学论文。⑧

　　尽管臭名昭著，利奥波德和罗卜案被纳入"审判故事"看起来仍是个怪异的选择。该案之所以入选，有两个原因：首先，人们在一个世纪的很大部分时间里已经对该案从不同视角花费很多笔墨进行讨论，那么，再次回顾它有什么特殊意义？其次，该案实际上并没有牵涉审判，至少在传统意义上没有。利奥波德和罗卜面对死刑控诉承认有罪，克拉伦斯·达罗将全部努力集中于介绍这些年轻人的生活背景和精神状态，以图在宣判的法官面前挽救他们的性命。但是，正是该案的后一个特点回应了前一个问题，同时提供了另一个解读的视角。基于最近的思考，达罗为利奥波德和罗卜的辩护不仅揭示了在非常困难的案件中富有技巧的法律策略或者大师级的雄辩表演，而且他是当代极其出色的死刑法律与实践方面的先驱。达罗关于他当事人的年纪与法官判决之间的相关性惊人地促成了联邦最高法院近期宣布的一个判决，该判决认为对青少年犯罪判处死刑违反联邦宪法第八修正案。⑨ 此外，达罗坚持他的当事人的家庭背景和精神状态与判决之间的相关性，这种观点预兆了联邦最高法院开始在第八修正案之下对死刑判决的合宪性进行分析的趋势。⑩ 同时，这一观点直到现在仍然持续产生影响，律师如果决定放弃对其可能被判死刑的当事人的社会、历史背景进行仔细调查，这将被认为是"律师的无效帮助"（ineffective assistance of counsel），而这又违反了宪法第六修正案。⑪ 现在，达罗在利奥波德和罗卜一案中的诉讼表现和雄辩策略使得该案已被联邦最高法院视为死刑案件中的宪法经典案例。不仅如此，达罗在该案中运用技巧将全方位的刑事辩护律师专业化为"减轻处罚专家"（mitigation specialist），这一制度在当前已经作为常态运用在死刑审判中。实际上，ABA（美国律师协会——译者注）在《死刑案件中辩护律师的指定与表现的指导性规定》中要求律师熟悉这一技艺，该规定已在 2003 年被重新修订。⑫

　　如果说衡量很久之前的一个案件的"令人记忆深刻"或"伟大"的标准是看它在当前司法运作中的潜力，那么达罗在利奥波德和罗卜案中的表现则非常符合这一标准。我这里的目的是重温达罗在辩护时的观点，它为当代死刑法律与实践提供了理论预演。在重温时，我希望达成两个目标：第一是揭

---

　　⑧　See，e.g.，Jonathan L. Entin，"Book Review：Using Great Cases to Think about the Criminal Justice System"，89 *J. Crim. L. & Criminology* 1141（1999）（对 Gilbert Geis 和 Leigh B. Bienen 1998 年的著作 *Crimes of the Century：From Leopold and Loeb to O. J. Simpson* 进行了评论）；Scott W. Howe，"Reassessing the Individualization Mandate in Capital Sentencing：Darrow's Defense of Leopold and Loeb"，79 *Iowa L. Rev.* 989（1994）；Gerald F. Uelman，"Symposium on Trials of the Century：Who is the Lawyer of the Century?"，33 *Loy. L. A. L. Rev.* 613（2000）. 第一篇在法律评论中对该案进行评价的是利奥波德和罗卜案判决几周后讨论会文献的出版物，在讨论会上，包括法官、主张死刑的公诉人和刑法学者等很多法律专家都对该案进行了评论。See A Symposium of Comments from the Legal Profession，in the Loeb-Leopold Murder of Franks in Chicago，May 21，1924，15 *J. Crim. L. & Criminology* 347，395 - 405（1924）.

　　⑨　Roper v. Simmons，543 U. S. 551（2005）.

　　⑩　Woodson v. North Carolina，428 U. S. 280（1976）；Lockett v. Ohio，438 U. S. 586（1978）；Eddings v. Oklahoma，455 U. S. 104（1982）.

　　⑪　Williams v. Taylor，529 U. S. 362（2000）；Wiggins v. Smith，539 U. S. 510（2003）；Rompilla v. Beard，545 U. S. 374（2005）.

　　⑫　See American Bar Association Guidelines for the Appointment and Performance of Defense Counsel in Death Penalty Cases，31 *Hofstra L. Rev.* 913（2003）.

示当前被联邦最高法院接纳为具有强制力的"标志成熟社会进步的、演化的体面标准"[13]。第二是按照在当前死刑案件中被视为有效表现的标准来反思达罗的辩护策略和演讲口才。为了防止我们过于沾沾自喜于达罗的精彩表现和人文关怀或我们自己作为"成熟社会"的"进步"表现,我会认真思考达罗在该案中辩护策略被神化之处,而其中一些地方实质上具有反讽的色彩。

Ⅰ. 达罗在利奥波德和罗卜案中的辩护

A. 犯罪、调查和有罪辩护[14]

鲍比·弗兰克斯于 1924 年 5 月 21 日被谋杀。同时,19 岁的内森·利奥波德将从芝加哥大学毕业,他打算秋天去哈佛大学学习法律。理查德·罗卜18 岁,将从密歇根大学毕业——他是该校历史上最年轻的毕业生,他打算在秋天去芝加哥大学学习法律。他们都来自芝加哥南部富裕、显赫的犹太人家庭,都具有很高的学习天赋,表现优异,都是在一般人高中毕业的年纪从大学毕业。在谋杀案发生的前几年,他们结成了亲密的友谊,并且断断续续地有了秘密的性关系。他们密谋在几个月内实施一起绑架谋杀案,商量应选择什么样的受害人(他们曾基于现实可操作性考虑但否定了杀害他们自己家人的想法),寻找处理尸体的地点,并在确定受害人的身份之前草拟并打印了勒索信。

最终,他们决定让受害人他自己选择(这里当然要用"他",因为女孩通常被保护得很严密,难以下手):他们决定看邻居中谁会在他们确定要犯罪的那个下午最便于被迅速绑架。结果是鲍比·弗兰克斯——一个 14 岁的男孩,同时也是罗卜的远房表兄弟——在放学回家的路上被他们遇到。鲍比·弗兰克斯被罗卜和利奥波德引诱到他们租的一辆车上。尽管两个被告都坚持说另一个人实施了谋杀行为,但他们都承认并有医学证据确认了凿子对头部的多次重击和窒息(受害人嘴巴被塞住)的共同作用导致了鲍比的死亡。利奥波德和罗卜用专门买来的毯子遮盖住鲍比的血尸,开车直奔乡村——在路上他们还停下来吃饭——然后在他们早已踩点选定的沟渠中掩埋了尸体。

利奥波德和罗卜做了很多其他工作以防止罪行暴露。在秘密埋入沟渠之前,他们肢解了鲍比·弗兰克斯的尸体并泼上强酸以阻碍确认身份。他们在一些灌木丛中隐匿了浸渍血迹的毯子,将血衣在罗卜的地下室燃烧,在利奥波德的车库冲洗所租汽车上的血斑,将凿子扔出车外。他们在谋杀后的当晚给弗兰克斯家打电话,声称他们的儿子被绑架但是是安全的,要他们在早晨等候新的消息。到了早晨,他们打印了勒索信,要求弗兰克斯先生支付 1 万美元的赎金,并在家里等候进一步的电话指令。当天稍后,利奥波德和罗卜给弗兰克斯先生打电话指示他带上赎金到一个药店(在那里他们打算进一步

---

[13]　Simmons, 543 U. S. at 561 [引自 Trop v. Dulles, 356 U. S. 86, 100 – 101 (1958)]。

[14]　随后对事件的表述摘自本章注释 3 中 Hidgon 对该案的详细描述和本章注释 3 中 McKernan 的表述。

发出指令并最终指示他将赎金扔到一辆开动的火车上）。在弗兰克斯准备照做的时候，鲍比的尸体被发现。搜寻凶手的行动开始了。

尽管凶手智商很高并小心行事，该案还是很快告破了。利奥波德很快被注意到，他因经常去发现尸体的地方被确认为犯罪嫌疑人（他是一个非常热衷的鸟类观察者）。然后，警察在埋藏鲍比·弗兰克斯尸体的地点附近发现一些眼镜碎片，经过仔细排查，发现它属于芝加哥地区仅仅销售出的 3 副眼镜之一——是小内森·利奥波德购买的眼镜。警察找到利奥波德和他形影不离的朋友罗卜进行询问。起初，他们对在谋杀案发生当天的所作所为作出了相互矛盾的回答，而这只是一周前发生的事情。随着警察怀疑的增加，打印的勒索信与在小内森·利奥波德家发现的"显影纸"（dope sheets）（法学院学习所用的纸）完全一致——都有一个扭曲的"i"。最后，利奥波德司机的证词与利奥波德和罗卜最终串通好的故事相矛盾，他们说自己在谋杀案当天用车拉女孩出去了。而司机明确地说利奥波德的车整个下午一直在车库，这个年轻人是乘坐另一辆陌生的车（租的车）回家的。

当听到司机提供的重要证词时，罗卜首先崩溃了，他向检察官坦白了他们的罪行。尽管利奥波德在面对司机提供的证据时态度仍旧顽固不化，但检方暗示了罗卜已经交代的现实使得他也坦白交代，尽管他们都坚称确实是对方杀害了鲍比·弗兰克斯。两人交代的情况明确无误地证明了两被告合谋绑架和谋杀的罪行。1924 年 5 月 31 日，芝加哥媒体报道了利奥波德和罗卜认罪的惊人新闻，芝加哥的《预示与回顾报》（Herald and Examiner）第二天报道了这一消息并在 10 分钟内发行了 10 万份认罪内容的号外。[15]

该案的进展和新闻发布一样快：利奥波德和罗卜在认罪后的 1 周内被大陪审团起诉，并在 6 月 11 日被审判，他们的代理人是克拉伦斯·达罗和本杰明·巴奇里奇（Benjamin Bachrach），这两人是芝加哥最著名的刑事辩护律师。[16] 在 7 月 21 日他们第二次出庭的时候，利奥波德和罗卜承认被指控的谋杀和绑架罪名，这使得他们面临最高为绞刑、最低为 14 年监禁的刑罚。尽管他们的认罪很"让所有人大吃一惊"[17]，但事后看来，基于放弃陪审团审判这一辩护方式，认罪行为看起来并不是多么惊人的举动。被告面临的不利证据实在是太确凿无疑了，陪审团绝对会认定他们这些富家子弟是毫无同情、悔恨之心的凶犯，他们如此随心所欲地实施谋杀行为（抛开他们犹太人和同性恋的身份，因为这会引发对他们更进一步的蔑视）。

唯一靠谱的有技巧的（remotely plausible）辩护应该是精神失常的辩护，这就要证明被告人或者不知道他们行为的性质（也就是说，不知道他们在做什么），或者不知道他们的行为是错误的。然而，从被告人的智力水平、教育程度和对媒体、警察的大量陈述来看，这样的辩护绝对是不可避免会失败的，达罗从一开始就很清楚这一点。[18] 相反，达罗让他的当事人马上承认

⑮　Higdon, *supra* note 4, at 112（引自 *Chicago Herald and Examiner*, June 1, 1924）。

⑯　本杰明·巴奇里奇的兄弟沃尔特在下个月也加入了辩护团队；巴奇里奇兄弟是罗卜的表兄弟，达罗是这个家族的老朋友。

⑰　McKernan, *supra* note 4, at 76.

⑱　See Darrow, *supra* note 4, at 234 - 237.

有罪，希望避免被指责为替杀人绑架犯服务的律师，以求获得两个独立的定罪和死刑判决（每个单独拿出来都是一项死刑犯罪）。[19] 然后，达罗寻求证据对他当事人的背景和心理状态进行证明，向法官极力主张针对每一项单独的犯罪（尽管是合一的）指控进行辩护，以求赢得有机会活命的判决。伊利诺伊州法律既要求国家证实犯罪的所有要素，哪怕嫌疑人已经承认了有罪指控，又要求法官考量犯罪行为加重和减轻的证据。正是在这种类似审判的程序中，达罗希望在该案中留下利奥波德和罗卜的性命。他的努力受到了检察官罗伯特·克劳威（Robert Crowe）强有力的挑战，后者在犯罪嫌疑人认罪之后当即向媒体发表言论："只有一种惩罚能让检方满意，那就是把他们送上绞架！"[20]

B. 提交罪轻的证据

仅在两天后的 1924 年 7 月 23 日，"审判"就开始了。在后续的整整一周中，检方通过对大约八十份证人证言进行审查而提交了犯罪证据。检方详尽的证据完全满足了政府对犯罪的举证义务，辩护方只能进行很少的交叉询问。7 月 30 日，政府暂停了该案的进展，辩护方开始提交己方的证据。在这一点上，达罗辩护策略的新颖和精彩之处就很明显了：他的计划是提交精神状态的证据，虽然本可以将它们用于在陪审团面前支持犯罪嫌疑人精神不正常的认定，但他却用于主张法官应基于此作出轻于死刑的判决。

达罗想要改变之前法律对精神状态进行全有或全无的（all or nothing）认定方式，代之以应受惩罚的程度作为认定标准，这完全是前所未有的[21]，同时马上引起了检方的驳斥。检察官克劳威坚持认为："他们试图表明责任的等级。在法律中没有责任等级一说。你或者对你行为后果完全负责，或者完全不用承担责任。"[22] 克劳威要求关于被告人精神状态的证据只应与精神失常这一辩护理由相关，"同时应提交陪审团"[23]。作为回应，达罗坚持认为他并非为当事人的法律心智辩护，而是寻求证明他们精神状态的证据，实际上就是关于他们"精神疾病"的证据，而这并不足以作为精神失常的辩护理由，但这仍与公正的判决相关。他论辩道："这种达不到充分法律辩护理由的证据是一种环境，法院可以将这种环境纳入考量范围并且法院在行使立法授予的自由裁量权时，在决定刑罚的时候应当考虑那些影响被告人的环境因素。"[24]

检方和被告方就被告人精神状态证据的相关性和可接受性的争论持续了 3 天，以法院作出如下规定而告终：

> 根据授予法院司法权并规定法院有义务同时听取罪轻和罪重两方面证据的立法条文的规定，法院得认为，法院有义务听取被告可能提交的任何证据，法院不应事前决定证据的种类。[25]

---

[19] *Id.* at 236 – 237.

[20] Hindon, *supra* note 4, at 167（引自 *Chicago Tribune*，July 22，1924）.

[21] "提供被告人精神状态的证据以减轻刑罚的事例前所未有过。迄今为止这样的证据用来全力证明被告人处于精神失常状态，不必为他的行为负责，一次无须收到惩罚。"（Higdon, *supra* note 4，at 164.）

[22][23] McKernan, *supra* note 4，at 79.

[24][25] *Id.* at 80.

法官没有就他将听取被告的何种证据作出任何承诺，他只是说："法院将会聆听证据并将根据其自身属性赋予其相应的权重。"[26]

被告聘请了当时几个最著名的心理学专家（那时被称为"精神病学家"）来对利奥波德和罗卜进行检查。考虑到辩方可能主张被告精神失常，检方先发制人，在获得被告的口供之后马上聘请了几个当地最著名的心理学专家来证明他们的精神正常。被告转而在华盛顿、纽约和波士顿向国内专家求助。利奥波德和罗卜的审判最后变成了被告请的精神病学家和检方请的精神病学家之间的交锋。[27]辩方的专家准备了两份详尽的报告来论证被告的背景和精神状态，这些表述全部（除了那些不宜打印的事项）出现在麦克柯南（McKernan）对案件的说明中。[28]其中一份报告是由威廉·A·怀特医生（Dr. William A. White）、威廉·希利医生（William Healy）、伯纳德·格罗克医生（Bernard Glueck）和拉尔夫·C·哈米尔医生联合作出的。第一位是华盛顿特区圣·伊丽莎白医院（St. Elizabeth）的主管人；第二位是波士顿贝克法官（Judge Baker）基金会的主任，同时也是芝加哥青年心理研究所（Juvenile Psychopathic Institute）的前主任；第三位是新生监狱（Sing Sing Prison）心理诊所（Psychopathic Institute）的前主任，同时还是纽约市儿童指导局（Bureau of Children's Guidance）的前主任；第四位是来自芝加哥的神经精神病学家。这些知名专家中有3位在审判中为被告作证，尽管他们的书面报告并没有被作为证据。另一份更早，也是更全面、细致的报告是由两位专家作出的，他们是 H. S. 哈尔波特医生（H. S. Hulbert）和卡尔·M·鲍曼医生（Karl M. Bowman），前者是在芝加哥从事私人业务的神经精神病学家，后者是波士顿心理医院的首席专家（chief of staff），同时还是哈佛大学医学院的讲师。哈尔波特医生也在审判中作证，他的报告是将近三百页的正式记录，这一记录进入了证据范围并成为达罗辩护所倚赖的核心证据。[29]

这些报告和精神病学家的辩护证词描绘了两个深受精神疾患困扰的年轻人的形象，这些报告同时还将"硬"科学和"软"科学以一种惊人的方式混合，交织着医学和心理学的发现。医生们指出，"围嘴"罗卜的头部早期曾经受到损害，他长期忍受一再发生的头部晕眩。他们还描述了罗卜如何熟练地进行病理性撒谎以应对一位过于严厉的女家庭教师。罗卜还过着痴迷于侦探小说的幻想生活，把自己想象成为一场犯罪活动的主谋。怀特医生在审判中说道："幻想生活有一种倾向，即在现实中将不正常的幻想生活实现。"[30]怀特医生作证说，罗卜"在情感控制方面仍然是一个小孩"，并估算他的情感年龄（亦即利奥波德的情感年龄）"大概是在五到七岁"[31]。希利医生将罗

㉖　Higdon, *supra* note 4, at 193.

㉗　实际上，一开始就很清楚，被告人的精神状态将是案件的核心问题，因此，芝加哥最重要的报纸开始寻求将西格蒙德·弗洛伊德（Sigmund Freud）从欧洲引介过来用以检验利奥波德和罗卜。威廉·姆兰多夫·赫斯特（William Randolph Hearst）个人接触过弗洛伊德并为他到美国提供一些资助，甚至愿意为他的美国之旅包租一艘客轮。弗洛伊德以健康问题为由拒绝了这些邀请。*Id.* at 139 - 140.

㉘　See McKernan, *supra* note 4, at 82（引用），83 - 163（报道）.

㉙　See Higdon, *supra* note 4, at 147.

㉚　*Id.* at 208.

㉛　*Id.* at 212.

卜的精神状态描述为完全不正常的情形："我认为，犯罪自身是罗卜精神生活中病态动机的直接结果。犯罪计划和犯罪行为的实施可能是因为他精神状态不正常，是一种病理学上人格分裂的结果。"㉜ 格罗克医生了解到罗卜的罪行后，"惊讶于他完全不正常的情感"，并认为"对我来说除了在错乱人格的基础上理解他之外，我完全无法理解他的行为"㉝。哈尔波特医生将罗卜的精神错乱与他曾观察到的内分泌失调联系起来："我的观点是这个人不在正常的心理和精神状态中，他的反常行为与他的精神状态有密切的关系。"他最后作出结论说："一方面，他的判断和他的情绪之间不一致。另一方面，他的判断和他的智力成就之间也不一致。这种不一致大于我们在正常人身上观察到的偏离。因此，我不得不认为他有精神疾病。"㉞

辩护方的精神病学家们强调了"宝贝"利奥波德在成长和人格方面的不同面向，指出，他在儿童时期与女家庭教师之间不正当的性关系、他的生理自卑感与强烈的精神优越感相互纠结，以及青年时期母亲的去世，种种因素交织在一起塑造了他现在的性格。怀特医生将利奥波德的痴迷与弗雷德里希·尼采（Friedrich Nietzsche）的哲学联系起来，尤其是尼采的"超人"或 Ubermensch（德文"超人"之意——译者注）联系起来，这种理念强调超人不受那些低等生物必须遵守的规则与惯例的约束。怀特还指出利奥波德沉迷于国王-奴隶的幻想，并描述了他和罗卜如何玩这种幻想游戏。在游戏中利奥波德扮演罗卜的卑屈而强壮的奴隶。希利医生描述了两个被告人之间的性协议，在协议中利奥波德同意帮助罗卜实施他的犯罪意图，作为回报罗卜应在性活动中扮演献殷勤的服从者角色。在哈尔波特和鲍曼的报告中，记录了两个被告人之间长期存在的没有事发的共同犯罪行为，包括盗窃、入门偷盗和纵火等。希利的结论是利奥波德和罗卜一样也有"精神疾病"，同时继续解释说利奥波德有"偏执人格"，在遇到罗卜之前他已经形成了这样一种病理性人格。㉟ 格罗克医生也强调了两个被告人之间的关系是理解他们犯罪行为的重要因素："我认为弗兰克斯案可能是这两个令人惊讶的病理性紊乱人格相遇后产生的不可避免的结果……"㊱ 哈尔波特医生强调了类似的观点："这一犯罪行为的精神病学的原因不会在任何一个孩子身上单独发现，但在两个相似的病态人格相互影响和交织之下则会发生作用……"㊲

当然，检方的精神病学家对于两个被告人的心理状态提供了非常不同的意见。在利奥波德和罗卜供述犯罪后的一天内，检方成立一个由地方专家组成的 3 人专案组对被告人进行了检查，他们分别是：修·T·帕特里克医生（Hugh T. Patrick）、阿奇博尔德·切奇医生（Archbald Church）和威廉克·罗恩医生（William O. Krohn）。第一位是美国神经病学协会（Neurological Association）的主席和西北大学医学院的荣誉教授；第二位是著名的精神疾病教科书的作者及西北大学神经和精神疾病专业的系主任；最后一位

㉜㉝　*Id.* at 217.

㉞　*Id.* at 224.

㉟　*Id.* at 216.

㊱　*Id.* at 218.

㊲　Id. at 225.

是在芝加哥进行私人执业的知名专家。这3位医生在辩方精神病学家之后对被告进行了检查，认为尽管辩护方的哈尔波特和鲍曼报告作出了证明，但没有证据能够证明两被告有精神疾病。这3位医生强调被告人"有完全的认知能力"⑧（entirely oriented）并显示了良好的逻辑和记忆能力。他们认为被告人有幻想的现象是完全正常的："幻想就是白日梦。每个人都会这样。"⑨ 正如检方第一位专家直率作出的结论那样，不能从被提交的证据中得出具有精神疾病的结论，

> 除非我们假设每个故意实施冷血犯罪、充分谋划的罪犯都是具有精神疾病的人。从两个孩子所作的所有陈述和他们之前的经历来看，没有任何证据能够证明他们患有精神疾病；在检查中没有任何问题；检查表明，除了他们对自己所实施的残暴行为缺乏理解外，没有任何精神上的不正常或怪癖。⑩

C. 为活命而进行的辩护

在检方提交了精神病学家的驳斥证据后，审判的质证阶段结束，进入了法庭辩论阶段。检方有一次公开辩论和反驳的机会。助理检察官托马斯·马歇尔（Thomas Marshall）和约瑟夫·萨维基（Joseph Savage）一起做了公开辩论，每个人的演说都在法庭程序中历时两天。马歇尔认为"对于如此邪恶的罪行只有一种刑罚最为适合"⑪，并引用了无数已经执行了死刑的先例，甚至包括那些适用于青少年的死刑先例，尽管这些先例后来获得了司法自由裁量权范围内的特赦（great mercy）。萨维基回顾了案件的事实，认为特赦完全不应适用于这样凶残的谋杀者，他劝导法官"绞死他们！绞死这些残酷的超人！"⑫ 沃尔特·巴奇里奇第一个发言并代表被告进行了简要陈述，而达罗则是所有人都在等待的发言的人：8月22日星期五，"潮水般的人流"涌到法院去听他为其当事人活命而进行的辩护。⑬

根据众人所言，达罗为利奥波德和罗卜进行的历时两天的辩护演讲中充满了精彩绝伦和感人至深的话语，其中很多被认为是他律师生涯中最为精彩的部分。⑭ 当达罗以其充满激情的话语作出结论时他洒下热泪，法官们的眼睛也都湿润了。或许最令人惊讶的是，达罗的辩护甚至把罗卜感动得流

---

⑧ *Id.* at 228（这意味着他们知道自己是谁，他们在何时、何处）（切奇医生的证词）.

⑨ McKernan, *supra* note 4, at 183（切奇医生的证词）.

⑩ *Id.* at 171–172（帕特里克医生的证词）.

⑪ *Id.* at 306.

⑫ Hindon, *supra* note 4, at 233.

⑬ *Id.* at 234（引自 *Chicago Daily News*，August 22, 1924）. 达罗观点的全部文本可见于 McKernan 的著作，*supra* note 4, at 213–305, 也可参考网络资料，Douglas Linder, "Famous American Trials: Illinois v. Nathan Leopold and Richard Loeb", at http://www.law.umkc.edu/faculty/projects/ftrials/leoploeb/darrowclosing.html（最后浏览日期：2007–03–28）。

⑭ *Id.* at 235. 阿兰-德肖维茨（Alan Dershowitz, 辛普森案的辩护律师——译者注）在对达罗自传1996年版本进行介绍时将利奥波德和罗卜案视为达罗的最高成就。See Clarence Darrow, *The Story of My Life*, Ⅺ (Da Capo Press, 1996). 但是在其他场合，德肖维茨又在没有对他的言论提供证据的情况下提出了达罗向法官行贿的可能性："尽管达罗有精彩绝伦的表现和独具有说服力的辩才，但仍明显有为提高其观点的可接受性而向法官行贿的可能性。"〔Alan M. Dershowitz, *American on Trial* 261（2004）.〕

泪——在认罪和进行心理评估时他都没有任何情感表示，甚至还在整个审判过程中的大部分时间开玩笑和窃笑。[45] 达罗有丰富的肢体语言，表情丰富、音量浑厚，或急速移行或喃喃自语；他还引用奥玛·开阳（Omar Khayyam）和 A. E. 豪斯曼（Houseman）的诗句。达罗论辩的核心有两个：利奥波德和罗卜的年龄及他们错乱的精神状态。当达罗干脆地驳斥检方所认定的两被告是由于贪婪而产生犯罪动机时，他说："这不是钱的问题。这是不成熟并受疾病所困扰的孩子实施的无意识行为。"[46]

达罗在最终陈词之前就一直强调两被告的少不更事的重要性。在他劝说法官应允许提交"减轻"这一罪行惩罚的证据时，他富有修辞技巧地问："年轻是不是一种减轻罪责的环境？"[47] 是的，达罗认为：

> 仅仅因为孩子缺乏成人所具有的对生命的判断能力……我们都曾经年轻过，我们知道幻想和奇特行为是一个孩子的日常生活中随时都会出现的事情。我们知道我们曾经深陷其中的梦想世界。我们知道这其中的事情都是虚妄的。我们知道对这个梦想世界是缺乏正确评价的（appreciation）。我们知道一个孩子的心理状态。这两个男孩都是未成年人。法律会禁止他们缔结契约、禁止他们在没有获得父母同意的情况下结婚，会不允许他们行使投票权。为什么？因为他们缺乏那种只会随着年龄的增长而获得的判断力，因为他们还没有充分的责任能力。[48]

在最终陈述中，达罗一再提及当事人的年龄，几乎一直将他们形容为"儿童"（children）、"男孩"（boys）或"少年"（lads）。首先，他想方设法证实对于像利奥波德和罗卜这样年轻的被告人极少有判为死刑的情况，认为"在芝加哥从未有过二十一岁以下的男孩被判处死刑的案例"[49]。实际上，达罗愿意赌运气说在整个伊利诺伊州没有一个 23 岁以下的人曾被执行死刑。[50] 达罗嘲笑检察官和检方精神病学家的观点，将他们形容为坚持"如果一个孩子年龄达到无须在摇篮里"且如果"他知道对与错的区别[51]，就应该（在他们犯下重罪的时候）对其处以极刑。达罗大声呼吁道，一个"真正的"心理学家，他应该"知道年轻人的不幸"，"知道青少年的压力"，"知道这些压力是每个孩子都要面对并且对孩子们来说难以对抗"，"知道笼罩在孩子生活上的神秘的幻想世界……"[52] 达罗主张法官应该记起自己孩提时期的所作所为，并问道："我们对儿童时代所知有多少？"他自己回答道：

> 儿童的脑子是梦想的城堡，想象和幻想的家园。实际上，可能不存在没有幻想的孩子，因为幻想总是远比现实更具诱惑力。幻想、梦想和幻觉的经线和纬线，它们编织起了儿童时代的生活。你知道它，我也知道它……在我将绞索套上一个男孩的脖子之前，我会努力回忆在年少时的记忆与情感……我会努力记起这些本能的、长存的感动，它们对我生

㊺　See Robert M. Lee, "Darrow Urges Life Terms", *Chi. Daily Tribune*, Aug. 23, 1924, at 1.

㊻　Higdon, *supra* note 4, at 237.

㊼㊽　*Id.* at 191.

㊾㊿　McKernan, *supra* note 4, at 214.

[51]　*Id.* at 215.

[52]　*Id.* at 258.

命和情感的震撼是如何强烈。我会努力记忆起，在那些汹涌而来的、控制孩子的情感面前，孩子们是多么的无措与无助。[53]

达罗还提及了未成年人的性欲的强大影响，他说："两个男孩都处于儿童时期最为艰难的阶段，在这个阶段，性的需求是新鲜而陌生的。"[54] 达罗解释说："从十五岁到二十或二十一岁，青少年面临着未成年人的青春期和性压力的负担。"[55]

在他辩护的最后，达罗坚持认为"进步"和"人性"在自己一方，同时他预测，"如果说在人们的心中人性在起作用的话，如果有意按照进步的方式看待当前的话，那么终有一天人们在回顾当前的时候，会将其视为野蛮时代"[56]。达罗确定地断言："我知道未来是在我们这一边的。法官阁下可以选择站在过去还是未来。"[57]

达罗在最终陈述中花费了更多的时间来论述利奥波德和罗卜的背景与精神状态，强调他们的病态心理如何与他们的年龄相互作用并造成了他们愚蠢的犯罪。达罗坚持认为要注意他们计划的非理性一面："除非一个人在饱受心灵折磨，同时处于年轻时代，否则没有人可能作出这样的事情。"[58] 达罗在最终陈述之前的很长时间，在他论述辩护方的精神病学家对请求轻判的证言的可接受性的时候，他就坚持向法官主张被告人紊乱的精神状态的证据完全与判决决定有关，他认为这是"一个人性的问题，一个共同正义的问题"[59]。达罗在辩护中关于这个主题进行了大量详尽的论述。

他以各种方式一再表达了他的核心论点，即"在这个案件中，不是一个单独的行为，不是一个病态心理的行为，绝非一个"[60]。达罗问法官能否想象一个"正常"的男孩会实施这样的犯罪："在某种意义上这个问题跟问你是否认为太阳在半夜发光一样。这不是正常的行为。肯定是什么地方出了问题。"[61] 达罗又煞费苦心地令人回忆起每个被告人成长过程中的一些细节和精神困扰，然后质疑法院对罗卜或利奥波德所做之事的谴责。他以修辞学的方式问道："谁去谴责他们？"谁这样做就"不是出于本性"[62]。

达罗认为检方精神病学家所作出的两被告没有精神问题的结论是存有偏见的，不是基于对被告人的充分检查得出的，甚至可以说是不诚实的结论。[63] 他认为，辩方的精神病学家已经进行了深入的检查并已经提交给了法庭"一

---

[53] *Id.* at 263，265.

[54] *Id.* at 266.

[55] *Id.* at 267.

[56] *Id.* at 298.

[57] *Id.* at 304.

[58] *Id.* at 231.

[59] *Id.* at 192.

[60] *Id.* at 243.

[61] *Id.* at 255.

[62] *Id.* at 267，266.

[63] "阁下，除了切奇和辛格的证言，或帕特里克的证言，我们还能获得其他什么证言？"（*Id.* at 287.）达罗只拒斥了克罗恩的证言，将其视为嗜血的魔鬼，克罗恩愿意像孩子们吞吃西瓜那样享受地将被告人送到绞刑架下。

个这两位青春少年不幸心灵的故事，一个悲伤和令人感到遗憾的故事"[64]。达罗坚持认为，这个"令人感到遗憾的故事"是被告人犯罪的根源，正是它削弱——实际上是消除了——他们对犯罪的责任。"人性已经在发挥作用了……现在明智的人们知道每个活生生的人都是他所承载的无穷的遗传因素和围绕于他的无限的环境作用下的产物。"[65] 按照达罗的观点，真实的人性与智慧不仅应引导我们得出利奥波德和罗卜不应因为他们的犯罪而被绞死，而且应该要求我们放弃作出人们期待作出的决定：

> "听到年轻人们口口声声在谈正义。好吧，如果这不能使我感到悲伤的话，这只会让我感到好笑。谁知道正义是什么？……阁下知道吗？人们制造出了发现正义的机器了吗？有人能够称量我并说出我应该得到何种奖惩吗？……我们都诚实一点吧。阁下能够正确评价自己并说出应得到何种奖惩吗？阁下能够正确评价这两个年轻人并说出他们应该得到何种奖惩吗？"[66]

在达罗长时间感情充沛的呼吁之后，本杰明·巴奇里奇基于被告人的立场进行了简要陈述，没有什么新的见解。案件在克洛维检察官长时间狂怒的驳斥声中结束。克洛维的高昂声调使他汗流浃背，他嘲弄地将辩方精神病学家称为"三个来自东方的智者"[67]，将"加重"和"减轻"概念轻蔑地称为"陌生的外国词汇"[68]；他颇具攻击性地将强奸了鲍比·弗兰克斯并谋杀了他[69]的被告称为"邪恶的人"；他反击了达罗并把他的观点称为"危险的生命哲学"[70]。克洛维论证说，无辜的年轻人被谋杀并埋在弗兰德斯的田地，法院如何能够宣告利奥波德和罗卜太过年轻而不能因他们的犯罪受死？

D. 判决

约翰·R·卡维利法官（John R. Caverly）对这个案件深思熟虑到 9 月 10 日。在这一天，他作出了自己的决定，判决利奥波德和罗卜由于谋杀鲍比·弗兰克斯而受终身监禁，由于绑架而遭受 99 年的监禁。法院注意到了该案引发的"深远和非同寻常的影响"[71] 并解释了这一判决的理由。法院放弃死刑惩罚的唯一理由是被告人年轻：

> ……之所以选择监禁而不是死刑，主要是因为法院考虑到被告人的年龄，他们分别是 18 岁和 19 岁。

> 这并不是说法院在任何情况下都不会执行死刑，而是说法院相信，对未成年人不判处死刑是在其自由裁量权的范围之内的。

---

[64] *Id.* at 290.

[65] *Id.* at 254.

[66] *Id.* at 240.

[67] *Id.* at 312.

[68] *Id.* at 318.

[69] Higdon, *supra* note 4, at 244 - 245. 这种颇具色情意味的表述使得法官将女士们临时请出法庭。*Id.*

[70] *Id.* at 247.

[71] McKernan, *supra* note 4, at 376.

> 这一判决与刑法在世界范围内的进步是一致的，也符合启蒙人性的要求。此外，这也与国内所遵循的先例一致……(72)

至于达罗详细论述的将精神病学因素作为减刑的理由，法院审慎地承认了这一主张的说服力和重要性，但仍然坚定地拒绝了这一主张：

> 法院……认为有必要仔细考量关于两个被告人的生理、精神和道德情况的大量数据。他们已经在重要方面被证明处于不正常状态；如果他们处于正常状态的话，他们不会实施这样的犯罪……
>
> 同时，法院乐于承认对两被告曾经的生活经历和当前精神、情感与伦理状态所作的详细分析具有重要意义，对于犯罪学也有重要的研究价值。但是法院坚决认为，对于其他被指控犯罪的人作同样的分析表明，他们也有类似或有差异的不正常情况。看来这些分析的价值在于它们对于犯罪和犯罪分子的可适用性上。
>
> 既然他们关心人类责任和法律惩罚这样宽泛的问题，并且对于每个被告人都有一种不明智的特殊关注，那么，他们可能很需要立法而不是司法。基于此，法院乐于认为在该案中被告人的判断力在这方面没有受到影响。(73)

法院仍然建议假释委员会确保利奥波德和罗卜因他们的罪行永远得不到假释，以“满足正义和保卫社会最重要的利益这一目的”(74)。

达罗赢得了诉讼和他的当事人的生命。在判决中，他对于他当事人年轻这一重要特征的强调使他赢得了这次诉讼的战役，从而赢得了他当事人的性命。但是，就社会背景和精神状况对刑事罪责的重要性这场更重大的战役而言，他失败了。实际上，按照法官的观点，精神病学家们的全部争论——就像它自身一样消耗大量的时间，付出了过于昂贵的代价——只是一场毫无目的的对审判主题的偏移。但是，随着时间的推移，在更广阔的法律学说与实践的战场上，达罗的观点全都赢得了决定性的胜利，至少对于死刑这一特殊的法律领域而言确是如此。

Ⅱ. 现代死刑的法律与实践

A. 对于未成年人犯罪的死刑废除

达罗曾以利奥波德和罗卜的年轻作为保留他们性命的理由。多年以来，

---

(72) *Id.* at 378. 后来利奥波德嘲弄地评论道：“我们觉得聪明的律师所付出的巨大努力是无效的……我们只需要将我们的出生证明提交出来就可以了!” [Higdon, *supra* note 4 at 266 (引自 *Nathan Leopold*, *Jr. Life Plus* 99 *Years* 〔1958〕 at 82).]

(73) McKernan, *supra* note 4, at 378 (强调部分为作者所加).

(74) *Id.* at 380.

那些主张结束对未成年犯罪人执行死刑的人士反复引用这个理由。[75] 这样的主张有时在个案审判中会赢得法官和陪审团的认同,甚至会赢得规定了最低死刑年龄的州立法机构的认同,但是对未成年罪犯执行死刑的实践直至2005年才被终止,联邦最高法院在这一年宣布死刑刑罚违反联邦宪法第八修正案规定的禁止"残酷和异常的惩罚"。联邦最高法院对其所进行的宪法分析与解释很明显与81年前达罗的观点非常相似。在国家范围内实施并绝对适用表明这一胜利是伟大的:宪法性法律现在强制要求不仅在所有案件审判中,甚至在决定恰当的刑罚时,都必须考虑到犯罪人是否成年,而且还强制要求正式立法保护未成年人(在犯罪时不满18岁)绝对不适用死刑。

这样的规定来得晚了些。当联邦最高法院首次对死刑的管理进行"宪法化"时[76],它要求法官或陪审团要考虑可能被判死刑的被告人的年龄,但这一因素没有被专门确定为免除死刑的相关因素。联邦最高法院两次支持了得克萨斯州的死刑计划[77],这一计划要为近几十年对绝大多数未成年人所执行的死刑负责[78],该计划只要求陪审团考虑是否被告人"故意"实施犯罪、是否被告人在将来很可能会造成"危险"[79]。如果认定为"是",死刑就会被强制执行。联邦最高法院所进行的推理是:在这样的"特殊事件"中,考量被告人的年龄就足够了,因为年轻的犯罪人不可避免最终会长大,这与他们将来的人身危险性是相关的。

而且,联邦最高法院两次拒绝了对未成年犯罪人执行死刑是为宪法所禁止的观点。在1987年的汤普森诉俄克拉荷马案[80](Thompson v. Oklahoma)中,联邦最高法院的多数意见决定的"体面的文明标准"[81](civilized standards of decency)不允许对15岁及以下的犯罪人执行死刑,但是联邦最高法院的多数法官拒绝将适用范围扩展到包括15岁以上的犯罪人。两年之后,联邦最高法院在斯坦福诉肯塔基(Stanford v. Kentucky)一案[82]中判决对那些大于15岁的犯罪人执行死刑。联邦最高法院的多数法官认为:对那些16岁到17岁的犯罪人执行死刑,既不像对15岁及以下的犯罪人执行死刑一样

---

[75] See Lisa Kline Arnett, "Death at an Early Age: International Law Arguments against the Death Penalty for Juveniles", 57 U. *Cin. L. Rev.* 245, 245 (1988)(引用了达罗的辩护词);Dershowitz, *supra* note 43, at 260(引用了达罗的辩护词并增加了以下内容:"我想知道如果我们仍然对'男孩和女孩'执行死刑,如果在当前时代仍然有克拉伦斯·达罗这样的人,他会用他的雄辩能力召唤起我们对宪法演进的历史良知,而不是仅仅诉诸干巴巴的词语。")。

[76] 参见下文"B. 个性化判决的宪法要求"。

[77] Penry v. Lnaugh, 492 U. S. 302 (1989);Johnson v. Texas, 509 U. S. 350 (1993)。

[78] 实际上,在死刑判决的"当前时代"(从1976年至今),得克萨斯州对未成年人执行的死刑超过了其他所有州的总和(得克萨斯州有13人,其他州加起来才有9人)。See "Death Penalty Information Center: Juvenile Offenders Executed", by State, 1976 - 2005, at http://www. deathpenaltyinfo. org/article. php? scid=27&did=882(最后浏览日期:2007 - 03 - 28)。

[79] 在这一点上,法律规定也要求陪审团确定是否存在被害人挑衅的情况。经过修改的当前得克萨斯州立法并不包括挑衅问题,但确实包含一个更具普遍性的问题,它要求确认是否"考虑到所有证据,包括犯罪的环境、被告人的性格和背景,以及被告人个人道德方面是否具有过错。要有充足的减轻处罚的环境或确保判处终身监禁的环境,而不是直接判处死刑"[Tex. Code Crim. Proc. Art. 37.071 (2006)]。

[80] 487 U. S. 815 (1988)。

[81] *Id.* at 830.

[82] 492 U. S. 361 (1989)。

罕见，人们也不拒绝将其视为全国性的共识。汤普森案中大法官中的多数人在斯坦福案中又吵吵嚷嚷，意见不一，强烈要求立法机构、陪审团、专家组织和其他国家废除对未成年人的死刑。这些反对者提出了对未成年人犯罪的应受惩罚性较为宽松的标准和废除未成年罪犯的死刑执行，以求对形成可接受的刑罚目标作出重大的贡献。

13 年之后，潮流发生逆转，联邦最高法院针对罗帕诉西蒙斯案⑧（Roper v. Simmons）所形成的另一个多数意见采纳了斯坦福案中反对者的观点——也就是达罗的观点——拒绝对任何低于 18 岁的犯罪人执行死刑。正如达罗所论证的那样，没有其他法官在芝加哥判决过年轻犯罪人死刑⑧，联邦最高法院查询了陪审团所作的判决决定和各州设立的年龄界限，以求确定是否存在反对执行未成年人死刑的共识。达罗和联邦最高法院关于"共识"的观点都是相当具有倾向性，并意味着这个概念本身就具有内在的争议。达罗将过去对已经被判决有罪的年轻犯罪人执行死刑的范围限制在芝加哥，这使得他对执行死刑的未成年人的统计记录为零。联邦最高法院则将完全废除死刑的 12 个州也算作拒绝对未成年人执行死刑的州，因此结果是以 30：20 反对执行死刑（而不是以 20：18 支持授权执行死刑的那些州的决定）。⑧ 在严格的反对意见中，斯卡利亚大法官（Scalia）恶作剧式地注意到："向那些禁止死刑的州咨询有关低于 18 岁的犯罪人例外处罚的事项，很像在一辆电车上进行消费偏好投票时把一个老派阿米西人〔old-order Amishmen（阿米西人〔Amish〕是美国和加拿大安大略省的一群基督新教再洗礼派门诺会信徒，他们主要是德裔瑞士移民后裔。他们有传统、严密的宗教组织，过着与世隔绝的生活。由于担心新事物会影响家族的团聚或者使生活变得复杂，他们拒绝汽车及电力等现代设施，以过简朴的生活而闻名。——译者注）〕包括进来。他们当然不喜欢消费，但是他们不会对所争议的问题有任何态度。"⑧ 呼吁像之前法院、陪审团和立法机关所作出的决定那样有一个"客观"的标准，很快转化为一场关于形成一个共识时应该将什么东西计算在内的艰苦论争。

在西蒙斯案中联邦最高法院引用了国际上对于未成年人死刑的观点，这尤其具有争议。在此之前，联邦最高法院宣布对存在精神智力障碍的犯罪人执行死刑违宪，它在判决书的脚注中及时地注明，"国际社会"（包括宗教领袖和心理学家）以压倒性的优势反对死刑，这一态度支持联邦最高法院发现的反对死刑的国家共识。⑧ 在西蒙斯案中，联邦最高法院将这种对国际观点的采纳提升到文本表述的层面，并明确地表达自己的赞同态度：

> 我们决定，对于未满 18 岁的犯罪人而言，死刑不是一种恰当的刑罚。美国是世界上唯一以官方制裁的方式继续对未成年人执行死刑的国家，这是一个残酷的现实。这一现实不再具有支配地位，因为对宪法第

---

⑧　543 U. S. 551 (2005).

⑧　"在芝加哥从没有过被控有罪的二十一岁以下的男孩被判处死刑。"（McKernan, *supra* note 4, at 214.）

⑧　Simmons, 543 U. S. at 564.

⑧　*Id.* at 610 - 611 (Scalia, J. 的反对意见书).

⑧　Atkins v. Virginia, 536 U. S. 304, 316 n. 21 (2002).

八修正案进行解释仍然是我们的责任。但是，至少从联邦最高法院对却伯案［Trop v. Dulles，356 U. S. 86（1958）］的判决之始，联邦最高法院就开始参考其他国家的法律和国际权威机构的观点，作为对第八修正案禁止"残酷和异常的刑罚"进行解释的参考知识……这并没有减少我们对宪法的忠诚，也没有减少我们承认的一点，即其他国家和人民对特定基本权利的明确确认，不过是强调我们所继承的自由范围内的这些权利的核心地位。⑧⑧

尽管达罗在辩护中没有努力推动废除死刑的国际化（只是引发了对"人性"这一模糊概念的进一步探讨），卡维利法官曾尖锐地评论道，达罗在力图让被告免于死刑的辩护中刻意强调他们的年龄，这"符合全世界范围内刑罚的进步"⑧⑨。

最值得注意的是，达罗关于未成年人罪犯的核心观点引起联邦最高法院的共鸣。联邦最高法院经常从西蒙斯案的诸多法庭意见书（amicus briefs）中引用精神病学专家关于未成年人能力的观点，这一点令人惊讶。首先，达罗坚持认为在法律制度的其他领域规定了对未成年人的特别对待，这保证了在死刑方面也应对其进行特别对待："法律禁止他们签订契约，禁止他们在没有获得父母同意的情况下结婚，不允许他们行使投票权。为什么这样？因为他们没有那种只能随着年龄的增长而逐渐具备的判断力，因为他们还不能充分地履行义务。"⑨⑩ 他注意到了在西蒙斯案中联邦最高法院的实际解读："我们承认未成年人相对不成熟和欠缺责任能力，几乎所有国家均禁止 18 岁以下的未成年人投票、参加陪审团或在没有获得父母同意的情况下结婚。"⑨①

达罗最雄辩的并充满诗意的辞令使人们注意到儿童或未成年人固有的精神状态。他强烈要求法官去回忆自己在年少时的状态并颇富修辞地询问全体法官："我们对儿童所知有多少？"在回应时，达罗表述了未成年人的"幻觉与错觉"，以及"本能的、持久的情感"削弱了他们的判别能力；他将儿童的心理刻画为充满了他的"全部生命，这种心理无视其行为后果，只存在于当下，缺乏责任，未受关注"⑨②。在西蒙斯案中，联邦最高法院的大法官们在评估中一致冷冰冰地认为"正如很多父母所知道的"，未成年人"缺乏成熟并没有形成责任感"⑨③。而达罗则悲叹道，"年轻人是多么地虚弱和无力"⑨④。在西蒙斯案中联邦最高法院指出年轻人如何"在他们自己的环境中缺乏控制力，或欠缺控制自己的经验"⑨⑤，因此更容易屈从同伴的压力。达罗颇具挑衅

---

⑧⑧　543 U. S. at 575，578.

⑧⑨　McKernan，*supra* note 4，at 379.

⑨⑩　Higdon，*supra* note 4，at 191.

⑨①　543 U. S. at 569.

⑨②　McKernan，*supra* note 4，at 263，265.

⑨③　*Id.*（里面的引文省略）在西蒙斯案中联邦最高法院有能力得出积累的更加"硬"的科学理由来支持它（和达罗）关于未成年人缺乏责任能力的直观认定；紧随其后的是"正如所有父母所知道的"阶段，联邦最高法院增加了"对被告人进行科学和社会学的研究并传唤他的朋友进行确认……"的阶段。*Id.*

⑨④　*Id.* at 265.

⑨⑤　543 U. S. at 569.

性地问："在当前的律师中、在国会议员中甚至在检察官中，有多少人曾经在年少时不曾做过疯狂行为和出格的事情？"[96] 这唤起了人们对年轻时代无力、虚幻感的体会。联邦最高法院由此解释说"未成年人的人格特征更为易变，缺乏固定性"[97]。

很明显，较之于"未成年人"（juvenile）这一概念宪法上的意涵，达罗对"年轻人"这一概念进行了更为宽泛的理解。利奥波德和罗卜分别是 19 岁和 18 岁，不受西蒙斯规则的保护。[98] 但是达罗对年轻人的精神状态所作表述的精确度和重要性，得到了联邦最高法院的确认——即便在将来年轻一词的意涵被重新定义——这只能被认为是对达罗当时令人震惊的自负的认同，达罗当时说："我知道未来在我这一边。"[99]

B. 个性化判决的宪法要求

相对于废除未成年人的死刑，该案之后对达罗将利奥波德和罗卜的背景及精神状态与法官的最终判决的相关性进行宪法性确认则更为令人惊讶。毕竟，年轻的犯罪人不应被处以死刑的观点已经存在很长时间了，这不是达罗创造出的新观点。但是如果说达罗发明了家庭背景和精神状态这一理论，同时这一理论被精神病专家证实，而且该理论能够基于判决的目的而"减轻"刑罚，那么这应该是一个比较公平的说法。

在利奥波德和罗卜案所处的时代，精神病学证据只在否定承担刑事责任这方面被认可，这是广为接受的。正如检察官克洛维所愤怒抗议的那样："他们试图表明责任的等级。但在法律中没有任何责任等级。"[100] 克洛维在他的最终陈述中将法律术语"减轻"和"加重"嘲弄为"陌生的外国词汇"[101]。达罗在为他的"减轻"理论寻找法律支持的时候遇到很大的困难："很难找到能够以精神病学证据作为减轻的辩护理由的先例；弗兰克斯谋杀案的判决会建立起一个先例。美国联邦最高法院没有作出这样的判决，伊利诺伊的法院也没有。"[102] 我们不能忘记，达罗最终也没有能够说服卡维利法官实际上考虑达罗花了 3 天时间试图纳入证据范围的证词。

但是，半个世纪后，联邦最高法院不仅支持法官可以在死刑程序中考虑被告的背景和精神状态，而且支持这样的观点，即考量联邦最高法院所定义的"减轻证据"是被检方诉诸死刑的被告人的宪法权利（constitutional entitlement）。这一要求是以反向方式作出的。对死刑的合宪性进行攻击是在 20 世纪 60 年代由主张废除死刑的全国有色人种协进会法律保护基金（LDF）

---

[96] McKernan, *supra* note 4, at 265.

[97] 543 U. S. at 570.

[98] 把 18 岁作为成人年龄的共识是最近时期的产物，是宪法第二十六修正案推进和带来的结果，该修正案在 1971 年越战时期被批准，规定"年满十八岁或十八岁以上的合众国公民的选举权，不得因为年龄……被否定或剥夺……"（U. S. Const. amend ⅩⅩⅥ，§1.）

[99] McKernan, *supra* note 4, at 304.

[100] *Id*. at 79.

[101] *Id*. at 318.

[102] Higdon, *supra* note 4, at 190.

发起的，攻击的焦点主要在于判处死刑的专横性，在运用死刑的时候缺乏指导标准。很多犯罪——不仅是谋杀，还有诸如强奸、绑架甚至抢劫——在很多地区都是可以适用死刑的，而陪审团有宽泛的自由裁量权以选择适当的判决。[103] 但一般来说，在 20 世纪 60 年代只有少数的被告人被执行死刑，而他们都很贫穷和来自少数族裔，被执行死刑的人数与这一群体人数颇不成比例。在 1971[104] 年，联邦最高法院考虑并拒绝过对死刑判决的"缺乏标准"、不符合正当程序的指责。之后的第二年，联邦最高法院在第八修正案禁止"残酷与异常的刑罚"条款下接受了同样的观点，在具有里程碑意义的福尔曼诉佐治亚州案[105]（Furman v. Georgia）的判决中，联邦最高法院在整个美国都在实施死刑的情况下，判定死刑无效。

在福尔曼案中，联邦最高法院的大法官们的态度产生了严重分化，最终的结果是 5∶4。持多数意见的 5 个大法官都发表了个人意见，而且没有一个人加入别人的观点中。[106] 尽管如此，对于温和派大法官斯图尔特（Stewart）和怀特（White）所投出的举足轻重的两票而言，很明显，死刑立法的幅度和执行死刑判决标准的缺乏是具有决定性的因素。从福尔曼案的判决中可以将斯图尔特的赞同意见总结为："这些死刑判决是残酷和异常的，跟被电击一样残酷和异常。"[107] 对于福尔曼案的判决也有强烈的反对意见，尤其是在南方；在几年内，有 35 个州重新草拟了死刑立法，以图在联邦最高法院的判决后保留死刑。不出意料，出于对"电击"的考虑，一些州制定了强制死刑立法，要求对特定犯罪施加死刑的惩罚，限制判决者减轻刑罚的自由裁量权。这些州修改了它们的死刑判决立法，通过更新死刑的适用条件和对判处死刑时应考量哪些因素进行指导，以求在不取消自由裁量权的情况下限制或控制死刑判决中自由裁量权的使用。

在 1976 年，联邦最高法院授权对新制定的 5 部死刑立法的合宪性进行审查。结果是支持了 3 部立法（佐治亚州、佛罗里达州和得克萨斯州的立法），对它们在死刑判决时的"指导性裁量"条款予以许可。[108] 佐治亚州和佛罗里达州的立法对"加重"和"减轻"术语所运用的环境规定成为新一代死刑立法中的范本，它们规定了在判处死刑时必须考量的因素。这些术语来自《标准刑法典》（Model Penal Code）所规定的死刑制度，州立法机构紧随福尔曼案的剧变来从该法典中寻找启示。[109] 与这些对自由裁量权的指导的许可形成对比，联邦最高法院在审查了北卡罗来纳州和路易斯安那州的两部强制

---

[103] 在发生利奥波德和罗卜案的时期，在伊利诺伊州，陪审团作出死刑判决是件普通的事，即便法官一般对此作出死刑外的判决。达罗进行有罪辩护很大程度上是为了避免由陪审团对他的当事人作出判决。

[104] McGautha v. California, 402 U. S. 183 (1971).

[105] 408 U. S 238 (1972).

[106] 异议者都写出他们自己的个人意见，尽管其中有人加入了其他人的不同意见。

[107] 408 U. S. at 309 (Stewart, J., 协同意见书).

[108] Gregg v. Georgia, 428 U. S. 153 (1976); Proffitt v. Florida, 428 U. S. 242 (1976); Jurek v. Texas, 428 U. S. 262 (1976).

[109] *Model Penal Code* § 210.6 (1962 年官方草案).

性立法后，予以否定⑩，审查后的多数意见中所作的解释文本可能来自于达罗的最终陈述："对第八修正案所强调的人性的基本尊重要求考虑犯罪人的特点与记录，以及犯特定罪行时的环境，将这些考量视为在判处死刑的程序中必不可少的合宪性审查的一部分。"⑪

在否定了强制死刑立法之后的几年里，联邦最高法院强调并加重了它对第八修正案之于考量减轻处罚证据的作用。在俄亥俄案中，一名叫桑德拉·洛基特（Sandra Lockett）的年轻妇女参与了她哥哥和其他几个人对典当行的抢劫，在抢劫过程中典当行的所有人由于抵抗而被枪杀，她也因此被判处死刑。洛基特在策划该起犯罪过程中只起到了很小的作用，在其他同伙进入典当行犯罪时她只是留在车旁等待。俄亥俄州的立法仅将减轻刑罚的环境局限在很小的范围内，联邦最高法院认为该判决没有考虑洛基特的"特征、之前的犯罪记录、年龄、缺乏判处死刑的特定目的，以及她在犯罪中很小的作用"⑫，因此判定对洛基特的死刑判决无效。在洛基特案件中联邦最高法院的结论是，第八修正案要求判决死刑时，"要考虑到被告人各方面的特征和记录，和所有被告提供的任何犯罪的环境，将这些作为减轻因素，作为判处低于死刑的刑罚的根据"⑬。

4年之后，与利奥波德和罗卜案惊人相似的一个案件中，一位俄克拉何马州的法官判处16岁的被告蒙特·李·艾丁斯（Monty Lee Eddings）死刑，理由是他枪击一名移开他汽车的警察。就像达罗曾经在利奥波德和罗卜案中所做的那样，艾丁斯的律师借助精神病学的证据详细表述了艾丁斯的背景和精神状态：艾丁斯被他酗酒的母亲在混乱的环境中抚养，后来又被移送给他严苛的父亲，后者常常为了控制他的行为而打他。他在心理与情绪的发展方面备受困扰和抑制。与卡维利法官的做法一样，主审法官同意将艾丁斯的年轻作为与判决决定密切相关的因素，但决定法律不允许他考虑"这个年轻人的暴力背景"⑭。联邦最高法院否定了该判决意见，指出在判处死刑这一点上，"曾生活在困难家庭的经历和情绪受困扰是被告人主张减轻刑罚的典型证据"⑮。在支持对卡维利法官在利奥波德和罗卜案中的观点进行批判的基础上，联邦最高法院判定不仅法官必须允许采纳（introduction）这些因素为典型的减轻处罚的证据，而且"洛基特案要求审判者必须听取"⑯。

在近几年，联邦最高法院在死刑案中推进达罗式的主张走得更远。允许辩护方的律师在死刑案中引入减轻证据，甚至要求审判者在辩方引入这样的证据时加以考虑，是一回事。而完全要求死刑辩护方的律师在死刑案中发掘所有可能的减轻处罚的证据，尤其是在死刑案的被告人因贫穷而导致由一些

---

⑩　Woodson v. North Carolina, 428 U. S. 280 (1976); Roberts v. Louisiana, 428 U. S. 325 (1976).

⑪　Woodson, 428 U. S. at 304 (Stewart, Powell and Steven 等人的观点) (引用略).

⑫　Lockett v. Ohio, 438 U. S. 586, 597 (1978).

⑬　*Id*. at 604 (强调部分为作者所加).

⑭　Eddings v. Oklahoma, 455 U. S. 104, 109 (1982).

⑮　*Id*. at 115.

⑯　*Id*. at 115 n. 10 (强调部分为作者所加).

非常糟糕的律师来辩护时仍要发掘这类证据，则是另外一回事。⑰ 构成"无效的律师帮助"（ineffective assistance of counsel）的相关标准要求在宪法第六修正案下对定罪或判决有相反意见，联邦最高法院在没有改变这一标准的情况下，对最近死刑案件中的可接受的调查行为采取了非常严格的立场。从2000年开始，联邦最高法院已经基于"无效帮助"判定3项死刑判决非法，在这些案件中，律师没有足够关注达罗和他的精神病学家在利奥波德和罗卜案中发掘出来的减轻刑罚的证据。

威廉姆斯诉泰勒⑱（Williams v. Taylor）的案件中，联邦最高法院严厉谴责了辩护律师，因为他直至审判开始的前一周还没有为审判阶段进行准备，他也没有进行过调查，而这些调查本可以发现更广泛的关于威廉姆斯所遭受的暴力、遗弃等"儿童时期的梦魇"；也没有发现他模糊的智力障碍和在狱中的良好表现。⑲ 在维金斯诉史密斯案⑳（Wiggins v. Smith）中，存在类似的没有挖掘出减轻刑罚的证据的现象，这些证据包括儿童时期受到严重的暴力和被遗弃、严重的性虐待以及被告精神能力受损的事实。但是，虽然维金斯的公共辩护律师明显非常勤勉和有能力，但他没有建议有关人员注意扩大判决前和社会公益部门的报告中所忽略的调查范围。虽然他没有敷衍塞责、草率了事，但他无意中错过一些可以减轻刑罚的潜在证据。联邦最高法院认定辩护律师没有调查他的当事人的"社会历史"——这在马里兰州是很常见的，正是这个原因，公益辩护办公室会提供一些资金支持——这使得对被告的辩护成为有缺陷的辩护，这就要求推翻对维金斯的死刑判决，因为辩护人没有挖掘出强有力的减轻刑罚的证据，而这本可以动摇那位单独认定事实的陪审员的观点，从而保留维金斯的生命。最后，罗姆佩勒诉比尔德案㉑（Rompilla v. Beard）也牵涉到一位犯下错误的勤勉和有能力的公益辩护律师，他没有检查检察院声称自己所依赖的、公开的法院文件，检察院靠着这些文件找到罗姆佩勒之前有过犯罪记录的证据，这些证据与他在当前被指控应判死刑的证据类似。如果辩护律师检查过这些文件，他们就可以发现迄今为止没有被发现的减轻罗姆佩勒刑罚的证据，这些证据包括儿童时期受到虐待、酗酒、可能的心理疾病和认知能力的缺陷。像对待维金斯案一样，联邦最高法院认定，没有发掘出潜在的强有力的减轻刑罚的证据这一事实要求推翻对被告人的死刑判决。

并非太过自由主义（non-too-liberal）的联邦最高法院认为死刑辩护律师应以非常负责的行为标准来要求自己，来调查减轻处罚的证据。这种意愿表明了从达罗时代开始，法律已经发展到了何种程度，在达罗时代，减轻处罚的概念尚处在被理解为"陌生、异国"的边缘。克洛维检察官在他强烈的驳斥意见中，嘲笑心理学家对被告人儿童时期的兴趣："怀特医生用手把我

⑰　See generally Stephen B. Bright, "Counsel for the Poor: the Death Sentence not for the Worst Crime, but for the Worst Lawyer", 103 *Yale L. J.* 1835 (1994).

⑱　529 U. S. 362 (2000).

⑲　*Id*. at 395 - 396.

⑳　539 U. S. 510 (2003).

㉑　545 U. S. 374 (2005).

拿起并放到育儿室······"[122] 但是现在，甚至已经有了一个术语——"社会历史"——以对那些当事人的生活进行深入的调查，而这当时是达罗聘请他的精神病学家所做的。[123] 此外，正如联邦最高法院最近的判决所教导的，死刑辩护律师如果不通过观察育儿室去收集社会历史资料，则会将他们自己置于危险之中。

C. 减轻处罚的职业化

不仅对被告人的背景进行深入调查的程序已经有了专业名称，而且在死刑审判中还产生了一种专业化的职业角色，进行社会历史调查并寻找减轻处罚的证据，他的名字叫"减轻处罚专家。"在1999年的"世界观察"（*World Watch*）栏目[124]中，《大西洋在线》突出了这种称呼，对其进行了如下界定：

> **减轻处罚专家**名词，刑事辩护团队中的一员，他收集关于被告人的详尽背景材料以求说服陪审团不判处死刑："死刑辩护律师越来越严重依赖减轻处罚专家。"（《美国新闻与国际报道》）

在死刑案件中对这类专家的需求得到了ABA颇有分量的许可，这体现在ABA 2003年修订后的《死刑案件辩护律师的任命与表现指导准则》中。ABA将减轻处罚专家称为"辩护团队在整个死刑审判过程中不可或缺的成员"[125]。在表述哪些减轻处罚专家的所为是必不可少时，ABA可能会作出与达罗对他的精神病学家在利奥波德和罗卜案中所起作用类似的陈述：

> 减轻处罚专家具有医学和信息收集方面的经验与训练，而这些则是律师所欠缺的。他们有能力与时间去发掘出一些敏感的、尴尬的甚至令人感到羞辱的证据（比如，家庭范围内的性虐待），这些证据可能是被告人没有提供的。他们拥有临床技术来辨认出这些诸如天生的、精神的或神经病学的条件，并据此理解这些条件可能以何种方式影响到被告人的发展与行为······基于全面的调查，减轻处罚专家按照对个人发展的影响，包括那些对人格和行为的影响，对信息的重要性进行分析，在此基础上汇编出当事人全面的和完好记录的心理社会记录。[126]

当然，减轻处罚专家不必，一般也没有把自己训练成一个心理学专家或

---

[122] McKernan, *supra* note 4, at 312.

[123] 一个专家（纽约市死刑调查与减轻刑罚办公室主任）对于社会历史的含义给出了他的观点：减轻处罚调查始于对当事人的调查，但不可避免地会对几代人进行调查以确定基因倾向和环境影响，正是这两大因素塑造了当事人的生活并确定了他或她的可选择范围······在社会历史调查中关键的因素是收集关于当事人和他或她的家庭的可靠和客观的文献······对记录文献的查询代表包括出生证件、家族档案；产前、出生和儿科的图表；用药、医院和精神健康记录；学校、社会服务机构、未成年人法院、雇佣情况、社会保障机构和工人报酬文件；服役记录；结婚和离婚文件；死亡和验尸记录；矫正、缓刑和假释记录；法庭文件和诉讼记录。See Russell Stetler, "Capital Cases: Mitigation Evidence in Death Penalty Cases", 23 *Champion* 35, 38 (Jan./Feb. 1999).

[124] Anne H. Soukhanov, "Word Watch"（原著为Word Watch，应为World Watch印刷错误——译者注），*The Atlantic Online* (Apr. 1999)（汇编了一些新创造出来的术语，这些术语近期被广为传播，或被赋予了新的含义），at http://www.theatlantic.com/issues/99apr/9904wdwtch.htm（最后浏览日期：2007-03-28）.

[125][126] ABA Guidelines, *supra* note 12, at 959.

精神病学专家。ABA 强调减轻处罚专家所做的工作等同于对口的专家所做的工作，他们对被告人进行检查并确保被告人接受必要的治疗服务。但是这个角色对于死刑案件的结果是如此重要，在其技巧与任务方面需要如此专业化，以致 ABA 强调每一死刑案件辩护"团队"（至少由 4 个人组成）必须有一位这样的专家。此外，ABA 非常清楚它的要求不是一种"热望"，而是体现了一种"当前关于在死刑案件中有效的辩护代理要求做到哪些内容的必要共识"[127]。

ABA 要求的重要性在近年来有所增加。当联邦最高法院首次宣布它当前居于主导地位的标准，以据此对无效的律师帮助进行宪法性评估的时候，它对 ABA 所提议的建立最低限度的宪法性评估标准表示赞同，但这只是一种敷衍性的赞同：

> 美国律师协会的标准及类似标准［对于辩护律师而言］只是决定什么是合理标准的指南，但它们只是指南。还没有一种针对辩护律师的特定的详尽规则能够令人满意地考虑到辩护律师所要面对的各种环境，或关于如何才能最好地为刑事被告人代理的各类合法决定的范围。[128]

但是，在三起因为没有对减轻处罚的情节进行充分调查而被推翻的案件中，联邦最高法院引用了 ABA 的一般标准来支持其所认定的律师行为有瑕疵的结论[129]，在后面两个案件中，它专门指出新设立的死刑专门辩护标准，这个标准在 1999 年首次公布，在 2003 年被修订。[130]

ABA 所明确表述的减轻刑罚专家的角色，由于其自身的训练和经费因素，现在已经被承认为一种"新职业"[131] 了。[132] 当前关于死刑案件中减轻刑罚专家的必要性的争论[133]，已经和其他问题纠结在一起，这些问题包括出版问题和组织问题，组织问题包括此类角色是否有必要存在，对该职业提供的

---

[127]　*Id.* at 920.

[128]　Strickland v. Washington，466 U. S. 668，688－689（1984）（强调部分为作者所加）．

[129]　*Williams*，529 U. S. at 396；*Wiggins*，539 U. S. at 522，524－525；*Rompilla*，545 U. S. at 387.

[130]　*Wiggins*，539 U. S. at 524；*Rompilla*，545 U. S. at 387.

[131]　Pamela Blume Leonard，"A New Profession for an Old Need：Why a Mitigation Specialist Must be Included on the Capital Defense Team"，31 *Hofstra L. Rev.* 1143（2003）．

[132]　See *id.*；See also Graig M. Cooley，"Mapping the Monster's Mental Health and Social History：Why Capital Defense Attorney and Public Defender Death Penalty Units Require the Services of Mitigation Specialists"，30 *Okla. City U. L. Rev.* 23（2005）；David D. Velloney，"Balancing the Scales of Justice：Expanding Access to Mitigation Specialists in Military Death Penalty Cases"，170 *Mil. L. Rev.* 1（2001）．

[133]　See，e. g.，Natman Schaye and Roseann Schaye-Glos，"Mitigation in the Death Belt-Twelve Steps to Saving Clients' Lives"，29 *Champion* 18（2005）；Russell Stetler and Kathleen Wayland，"Capital Cases：Dimensions of Mitigation"，28 *Champion* 31（2004）．国家法律援助与辩护人协会（the National Legal Aid & Defender Association）为死刑辩护律师提供了培训，并在 2007 年 3 月将减轻处罚专家称为"天平中的生命"。See NLADA Training and Conferences，at http：//www. nlada. org/Training/Train_Defender/Train_Defender_Balance（最后浏览日期：2007－03－28）；与之类似，国家刑事辩护律师协会（the National Association of Criminal Defense Lawyers）与著名的死刑辩护组织南方人权中心（Southern Center for Human Rights）在 2008 年合作进行类似的"在案件中拯救生命"（Making the Case for Life）的培训。See NACDL and Affiliate CLE Schedule，at http：//www. nacdl. org/public. nsf/freeform/affiliate_cle-schedule? OpenDocument（最后浏览日期：2007－03－28）．

训练意见及包括资金资助等技巧的义务等。[⑬]

可以说，当一个新的观点、服务或产品的名字由于经常被使用而进入词典时，你就知道这个新的事物已经出现了，这样讲应该是公平的。毕竟，很多消费者以克里内克斯（Kleenex，一种纸巾的品牌——译者注）代指纸巾，以杰罗（Jello，一种果冻品牌——译者注）代指果冻，以施乐（Xerox，一种复印机的品牌——译者注）代指复印机。尽管我们现在不将其称为"达罗辩护"或"利奥波德和罗卜策略"，但我们现在仍有了"社会历史"和"减轻刑罚专家"这样的名词来形容这种达罗代理利奥波德和罗卜案时所创造出的、适用于死刑案件的激进，却难以令人忘记和拒绝的辩护方式。如果克拉伦斯·达罗仍健在，当他看到他的辩护策略以这种明确的方式存在着，我相信他很可能会觉得惊奇和开心。

Ⅲ. 作为遗产的反讽与希望

尽管达罗被认为是一个软心肠的人道主义者，但是他绝不愚蠢。我怀疑他不知道很多讽刺故事，它们将他在利奥波德和罗卜案中的胜利和他辩护策略的最终胜利在更广泛意义上用于死刑的法律理论与实践领域。

首先，是案件自身。尽管达罗通过辩护挽救了他当事人的生命，理查德·罗卜还是在很年轻时就死亡了——他在 30 岁的时候在狱中被刺死。[⑮] 尽管被判处终身监禁，罗卜并没有比在当前判处死刑活得更长久一点（如果说多活了一段时间的话），现在对于判处死刑案件的争吵、辩论、诉讼时间平均下来超过 10 年。[⑯] 从另一方面来说，小内森·利奥波德也没有服完他全部的"终生"监禁，尽管卡维利法官严厉警告假释委员会要把被告人监禁起来。实际上利奥波德在监狱服刑 33 年后被释放，并很快出版了他的回忆录，书名叫"终身监禁再加 99 年"[⑰]。他结了婚并在波多黎各度过了余生，1971年去世，享年 66 岁。[⑱] 达罗在有生之年看到了罗卜被杀，但没有看到利奥波德被释放：达罗在 1938 年 3 月 13 日去世，享年 81 岁。

尽管达罗可能会惊讶于他当事人的最终结果，但他会更震惊于如前所述的法律发展，他的辩护策略通过宪法决定而被神圣化了。但是震惊毕竟不同于快乐，因为达罗锐利的目光没有错过进步过程中的阴影。

[⑬]　See，e.g.，Chris Adams，"Death Watch: Securing the Funding for Your Mitigation Specialists"，28 *Champion* 19（2004）.

[⑮]　Higdon，*supra* note 4，at 295. 尽管被指控谋杀了罗卜的同室犯人面对压倒性的对他不利的证据，但他仍然靠着极端令人怀疑的正当防卫的借口而被免于处罚。*Id.* at 310.

[⑯]　See *Times on Death Row*，Death Penalty Information Center，at http://www.deathpenaltyinfo.org/article.php? &1397#INTRODUCTION（最后浏览日期：2007-03-28）（"在美国，对死刑犯人的争议一般会耗时 10 年来等待执行。有些死刑犯人的争议会长达 20 年。"）.

[⑰]　See Higdon，*supra* note 4.

[⑱]　*Id.* at 340.

第一，达罗所论证减轻处罚的证据与他的当事人应受惩罚性之间的关联远远不同于联邦最高法院所采纳的减轻处罚的要求。达罗的观点是坚持完全的决定主义论，即没有一个犯罪人在他的命运中能够作出真实的选择，因此不应责备这些人："聪明的人们现在知道每个人都是他从无尽的祖先身上所继承的因素和他所置身于其中的无穷尽的环境共同作用下的产物。"[13] 但是联邦最高法院的减轻处罚原则尽管被许可，甚至被要求遵守达罗在利奥波德和罗卜案中的辩护理由，但仍是立基于完全异于决定主义论的理论之上的。按照联邦最高法院的理论，一些人们确实"应该"被判处死刑，死刑程序的工作在于把这类人和其他人区分开来，相对于前一种在检视了其背景与经历后确实应被判处死刑的人，后一种人的应受惩罚性较轻。这种观点深深根植于报应主义理念，反映和强化了在当代美国惩罚理论中的、被称为"报应主义复兴"[14] 的观点，而这种观点正是达罗所憎恶的。这种复兴强调个人有责任和道德义务面对恰当的"公正惩罚"。在这种刑罚理论之下，要求对每个犯罪人所作出的惩罚作出恰当的衡量与评估，以求精准地确定确实应处死刑的人选；而减轻处罚理论位于这种理论的核心。达罗一定会失望地发现，他关于减轻处罚相关性的主张在报应主义刑罚观的时代也能够赢得诉讼，而报应主义刑罚观是完全与他的决定主义观念相悖的，但恰恰是决定主义促使他进行激情四射的辩护。

第二，达罗会非常失望地发现在美国仍然继续有力地适用死刑，尤其是在我们同时代的很多发达国家已经废除了死刑的情况下。达罗对死刑的反对意见已经凝聚在他为利奥波德和罗卜的代理中，第二年他创建了美国废除死刑协会（American League Abolish the Death Penalty）。[14] 尽管宪法否决对未成年人判处死刑的消息让他振奋，但我怀疑他会对于这种缩小了死刑适用范围的可能性没有什么特别的感觉。导致对被告人进行差别对待的个别化要求的宪法性规制，可能会对于全国范围内的死刑执行情况进行固化，对此达罗可能会有同样的感觉。我曾在别处更加彻底地论述过死刑"改革"可能不是在废除死刑的轨道上进行的：通过对死刑适用制度的真正的改进和营造一种错误的印象——对死刑已经表面上进行了更好的规制，而实际上并非如此——死刑范围的缩小和死刑判决过程中的程序性改善反而可能会保护死刑制度与实践。[14] 达罗应该能够理解这种担心：对法律职业者来说，改善死刑适用的程序可能会阻碍永久性废除死刑那一天的到来。

尽管具有这些反讽的意味和随之而来的法律上的担忧，我还是认为达罗

---

⑬　McKernan, *supra* note 4, at 254.

⑭　See, e. g., Jeffery L. Kirchmeier, "A Tear in the Eye of the Law: Mitigating Factors and the Progression toward a Disease Theory of Criminal Justice", 83 *Or. L. Rev.* 631 (2004) （"在美国最近四十年中，有'伟大的报应主义哲学复兴'，在重新提出了'刑法中道德主体的理念和道德责任，放弃二十世纪中期的残酷的治疗心理学派'"）［引自 James Q. Whitman, *Harsh Justice: Criminal Punishment and the Widening Divide between American and Europe*, 23 - 24 (2003)］.

⑭　See Death Penalty Debate, 20 *Champion* 20, 23 (1996).

⑫　See Carol S. Steiker & Jordan M. Steiker, "Sober Second Thoughts: Reflections on Two Decades of Constitutional Regulation of Capital Punishment", 109 *Harv. L. Rev.* 355 (1995); Carol S. Steiker & Jordan M. Steiker, "Should Abolitionists Support Legislative 'Reform' of the Death Penalty?", 63 *Ohio St. L. J* 417 (2002).

应该承认甚至庆祝他在利奥波德和罗卜案中留下来的遗产。每个刑事辩护律师都知道，胜利不可能是一蹴而就的。实际上，当达罗在为他的当事人被判死刑进行辩护时，他就知道该案唯一可能的胜利就是让利奥波德和罗卜不站在绞刑架前。但是达罗知道他自己不仅是为他的当事人的生命而辩护，而且还是在"为未来而辩护"[13]。他知道法官和他一起站在"连接过去与未来"[14]的桥上。发生在1924年的死刑案件与当前死刑案件之间的距离虽然微小，但是我们有真实的理由让达罗明确而崇高的信仰能在未来保持生命力。

（郭春镇　译）

---

[13][14]　McKernan, *supra* note 4, at 304.

第 5 章

丛林中的避难所：特里·林恩·尼克尔斯（Terry Lynn Nichols）和他的俄克拉何马城爆炸审判[①]

迈克尔·E·泰戈[②]（Michael E. Tigar）
小詹姆斯·E·科尔曼[③]（James E. Coleman, Jr.）

[①] 有关审判的全部文字记录保存在 Westlaw 的数据库 OKLA-TRANS 中。其中也有麦克维（McVeigh）和尼克尔斯（Nichols）案中审前和审判程序的 DVD，由科罗拉多州丹佛的 PubNetics 国际出版公司发行，在包括华盛顿法律学院的平茨（Pence）图书馆在内的法律图书馆中可找到该 DVD。迈克尔·泰戈的开场和最终论辩在法庭系列经典中的第 25 卷，该系列书由职业教育集团发行，网址为 www.proedgroup.com。在摘录审判材料时，作者并不用省略号表示省略。"丛林中的避难所"一词是爱德华·班尼特·威廉姆斯在阿尔德曼诉合众国 [Alderman v. United States, 394 U. S. 165 (1969)] 一案中首次提出的。See Michael E. Tigar, *Persuasion: The Litigator's Art* 281 (1999).

[②] 美利坚大学华盛顿法律学院研究讲座教授，杜克大学法学院访问法学教授。

[③] 杜克大学法学院法律实践教授。

1995年4月19日，在俄克拉何马城的莫拉联邦大厦（Murrah Federal Building）前，26岁的蒂莫西·麦克维（Timothy McVeigh）从在莱德租车行租来的卡车驾驶室里走出来。车上载有5 000磅桶装的混有硝酸铵、硝基甲烷和柴油的炸药以及用来引爆的雷管。硝酸铵是一种在市面上销售的化肥，它的爆炸特性是众所周知的。在农场，ANFO（硝酸铵/柴油）常用来炸毁树桩或其他无公害目的物，美国农业部相关文件中就有如何制造这种爆炸物的记载。但麦克维的目的则是非常邪恶的。

麦克维引燃了一个定时的导火线后离开了。爆炸毁灭了整座大厦，导致168人死亡和数以百计的人受伤，同时还损坏了附近的很多建筑物。麦克维的动机很难用几句话说清楚，但他是一个狂热的右翼分子，认为美国政府是一个腐败机构，它在一场国际阴谋下想要剥夺美国人的自由。他与一些武装军事组织也有关联。

麦克维在俄克拉何马城留下了自己的水星侯爵车（Mercury Marquis），这是他停在莫拉大厦便于自己逃离的车。他开至州际公路北部35公里处时，俄克拉何马骑警注意到该侯爵车没有车牌。在常规检查中，麦克维表露出他车里有上膛的手枪。骑警因麦克维持枪和驾驶无牌照汽车而逮捕了他。当麦克维被关在俄克拉何马州佩里县监狱的时候，当地的FBI调查组发现了莱德租车行卡车的后轮轴并追踪到了堪萨斯州姜欣城（Junction City）的汽车出租公司。出租公司的雇员说有两个人租赁了汽车，按其描述，其中一人外表很像麦克维。当地一位汽车旅馆的老板也从FBI提供的草图中认出了麦克维。1995年4月22日，FBI的特工在佩里县拘禁了麦克维。

FBI还发现麦克维有一个叫特里·尼克尔斯的朋友，麦克维第一次遇到他是在军队服役期间，后来麦克维曾跟他在他密歇根的家庭农场生活过一段时间。尼克尔斯的名字和照片在全国范围内被传播。当时尼克尔斯和他的妻子玛丽菲（Marife）、小女儿住在堪萨斯州的赫林顿（Herrington）。1995年4月22日下午，特里·尼克尔斯在听到广播新闻后，带着他的全家向赫林顿警察局投案。地方警察通知了FBI，尼克尔斯被拘留，先是作为证人，后来作为共犯而被起诉。

在俄克拉何马联邦法院，麦克维和尼克尔斯被指控合谋大规模使用杀伤性武器、纵火和对联邦雇员进行杀害等8项一级谋杀。俄克拉何马当局保留在州法院对他们杀害另外160人而进行审判的权利。

俄克拉何马伊妮德的斯蒂芬·琼斯（Stepen Jones）被指定为麦克维的律师。由于在俄克拉何马的律师中很难找到愿意接受指定为尼克尔斯代理或者对为他代理不感到内心不安的律师人选，俄克拉何马西区的首席法官戴维拉·塞尔指定迈克尔·E·泰戈作为尼克尔斯的代理律师，泰戈当时是得克萨斯大学法学院的教授。由于这是一起死刑案件，尼克尔斯还获得两个有经验的律师的帮助。① 法院指定了得克萨斯州休斯敦的罗纳德·G·伍兹律师作为助手。伍兹毕业于得克萨斯法学院，曾做过 FBI 的特工，是休斯敦的地区助理检察官，在被乔治·布什总统任命为得克萨斯南区国家检察官之前，担任国家检察官助理。在辞去公职之后，伍兹开始从事私人律师业务。他之前曾和泰戈、迪克萨马利坦（Dick DeGuerin）作为同一律师团队的同事在为凯·贝里·哈奇森（Kay Baily Hutchison）议员辩护时合作。随着案情的发展，法院还另外指定了律师作为辅助律师、专家或调查人以帮助工作的进行。

避难所的主意

俄克拉何马城的爆炸案是世界性的新闻，在美国历史上的本土恐怖主义事件中名列首位。它是如此深远地影响到了俄克拉何马城，以至于它成了定位时间的事件：关于这一事件的新闻报道将其发生的时间表述为 1995 年 4 月 19 日后的特定时间。泰戈和伍兹面临的前景是：审判会在俄克拉何马州的俄克拉何马城进行，主持审判的法官是其生活在某种程度上被爆炸影响到的人，陪审员是其生活被纠缠进入这一重大事件中的人。对此，他们有所退却。但不管在哪里，审判最终总是要进行的，案件的进行不可避免会让包括陪审员在内的所有美国人回忆起那起爆炸案及其余波所造成的破坏、愤怒与恐惧。政府关于特里·尼克尔斯责任的观点在于宣称他在麦克维实施行动的那天早晨共谋犯罪行为并为其实施进行准备。

尼克尔斯辩护主题中最重要的部分必须得是"避难所"。避难所给人一种安全、理性、同情和救赎的形象，而这些就是尼克尔斯的辩护所依靠的人性特质。避难所是安静的场所，在那里人们再不会为爆炸事件所引发的恐惧与愤怒而去评价特里·尼克尔斯对该案的涉入和分离程度。如果他被认定有罪，避难所可以提供一种考虑公平刑罚问题的环境。

案件的故事——一种双重的方式

在一起死刑案中，理解当事人故事的意义比在其他案件中要重要得多。联邦宪法第八修正案规定死刑判决必须是"合理的道德反应"：发现并提供被告人尽可能全面的画像是他们的权利，甚至是政府的义务。因此被告人有权要求陪审团考虑这些证据并让这些证据产生效果。不去努力探究被告人生活和性格的各个方面不仅会导致在审判中失败，而且还构成无效的律师帮助

---

① 在死刑案件中，法院还会指定另外的律师在相关领域作为辅助律师或专家提供帮助。See Ake v. Oklahoma, 470 U. S. 68 (1985)；《美国律师协会指南对于死刑案件律师的指定代理和义务履行》(1989)，引自 Rompilla v. Beard, 545 U. S. 374, 387 n. 7 (2005)。

这种宪法性瑕疵。①

一起死刑案件被分为两个部分。在无罪推定阶段，陪审员们重点处理那些被用于证明有罪的证据。如果陪审团发现被告犯有可判死刑的罪过，就进入审判的量刑阶段，在这个阶段，一些证据规则可能被宽松理解，被告——或者在更小的范围内，起诉方——获得更广阔的自由发挥空间。② 比如，就减轻处罚问题而言，第八修正案要求精神状况的证据，这不仅是必须在死刑阶段获取并考量的，而且这些证据必须来自专家或非专家证人。

因此，由于这些宪法性的原因，辩护人（advocate）必须从两个非常不同的视角去考虑死刑审判：首先，从犯罪的角度与从起诉的角度表述会产生很大的冲突，而这足以产生合理怀疑；其次，提供一种关于被告的、能够让其获得保命判决的生活图景。

这种双重方式并不意味着审前准备和代理诉讼会以不会交错的平行路径进行。相反，在第一个阶段，辩护人必须开始搭建一条通往第二个阶段的桥梁。比如，被告可能只是在犯罪中起到辅助、教唆或共谋等次要作用，因此在导致死刑的犯罪中被认定有罪。③ 因此他或她应该被判处死刑，这是不违反宪法的。④ 但是，犯罪中的次要作用是一种减轻刑罚的条件。表明次要作用的最好机会是在定罪阶段，在此阶段，被告人会遇到就被指控的行为进行作证的证人。如果其中的一个或多个证人是诉辩交易的合作者，尤其是这样。在下面的讨论中，对合作证人迈克尔·福蒂尔（Michael Fortier）的交叉询问有双重目的——首先是想表明特里·尼克尔斯是无罪的，同时还指出他被指控参加犯罪的程度一定不会比福蒂尔自己的参与程度更深。这些都需要在审判的定罪阶段完成。

开始，由于被拒绝保释，尼克尔斯被拘留在俄克拉何马城郊的一所联邦监狱。没什么特殊理由使他信任为他指定的辩护律师，对律师的专业水准统计后的可怜数字让他有客观理由怀疑他们的能力。⑤ 他对政府的不信任和对自己困境的担心，无疑会让他有沉重的心理负担。辩护律师的工作是建立起他的信心和知道他的故事。辩护团队的成功要求被告人的合作和信任。一个辅助律师的工作是陪伴尼克尔斯和他的家人尽可能长的时间。辩护团队还聘请了一位精神病学专家和乔治城大学医学院教授詹姆斯·S·戈登（James S. Gordon）医生，后者还是心灵-身体医学中心的创建人和主任。戈登医生花费了数以百计的小时陪伴尼克尔斯和他的家人。

辩护律师为了解尼克尔斯的生活细节而努力工作，这样做有几个目的。首先，了解他和麦克维之间关系的细节，可以建立起他无罪的理论。其次，让陪审员从整体上认识一个人，他们习惯对其所能理解的人判定无罪；他们

---

① Generally Rompilla v. Beard, *supra* （死刑案件中有效律师帮助的标准）；Wiggins v. Smith, 539 U. S. 510 (2003) （调查义务）.

② 在尼克尔斯案中所适用的联邦死刑立法是 18 U. S C. §§ 3591 - 3596。

③ 关于定罪和量刑阶段的关系，see Oregon v. Guzek, 546 U. S. 517 (2006) （在量刑阶段，被告无权以新证据为由重新启动定罪阶段）.

④ See LaFave, Israel & King, *Criminal Procedure* § 3.5 (f) (4th ed. , 2004) .

⑤ See , e. g. , Stephen B. Bright, "Essay: Counsel for the Poor: the Death Sentence not for the Worst Crime but for the Worst Lawyer", 103 *Yale L. J.* 1835 (1994) .

能够从被告的证言和性格方面的证据及家庭成员与专家的证据得到对被告的整体印象。最后，如果进入到了量刑阶段，被告的生活故事可以成为证据和论辩的基础。

对尼克尔斯的审判呈现了两个相互冲突的故事版本。政府的版本被泄露给了媒体：蒂莫西·麦克维招募他的朋友、在部队服役时的好兄弟特里·尼克尔斯，把硝酸铵和柴油等成分混合成为炸弹，点燃了他们从采石场偷来的导火线。麦克维在堪萨斯州的姜欣城以虚假身份租赁了莱德租车行的卡车。他和特里把炸药材料混合起来。麦克维开着卡车到了俄克拉何马城并引爆了炸弹。尼克尔斯的辩护团队则提供了该案件事实的不同版本：尼克尔斯和麦克维因为同在军中服役而相识，曾在枪支展览中共同做过生意、卖过一些东西。麦克维曾和尼克尔斯及其家人共同生活过一段时间。但是尼克尔斯从未赞同过麦克维种族主义和倾向暴力的社会态度，并小心谨慎地和麦克维保持距离。尼克尔斯把注意力集中在婚姻和家庭上。

从一开始，这就是一个基本的共谋与共犯案件，在该案中，关于未完成犯罪和从犯责任的规则将起到重要作用。[1] 尼克尔斯辩护团队从未怀疑过麦克维计划并执行了爆炸，或者有其他人帮助他实施了犯罪行为。基于这一观点，形成了两个重要的基本辩护原则：首先，不要拒绝承认明显的事实以免让自己给陪审团留下坏印象。其次，运用最小冲突理论，寻找一个能产生不同结果、足以改变视角的案例理论。在一个刑事案件中，仅仅依靠合理怀疑是绝对不够的。绝不要假设你没有任何举证义务，但一定要为陪审员提供一个可替代的观察事件的视角。

可替代的视角就是特里·尼克尔斯不可能跟麦克维或其他人合伙制造能够任意杀死人们的炸弹。实际上，尼克尔斯在爆炸事件前几个月曾与麦克维有过联系。有证据证明，麦克维后来嘲笑过尼克尔斯是"被驯化的"家伙，并找到其他人帮他谋划。总之，辩护人应该说出麦克维寻找犯罪设备和共犯人员的完整故事。最后，辩护人在审理过程中申请了92个证人。尼克尔斯先生却没有作证。

一篇简短的文章不可能重现历时数月的审判中的所有证据，我们只能勾勒出事件的概况并表明辩护律师们是如何处理复杂的事实与法律问题的。如果尼克尔斯无法否认和麦克维的联系像他所主张的那样是无辜的，既没有实施进一步非法行为的计划，也没有这样计划的后续重要行为，那么麦克维是如何实施犯罪行为的？

政府有义务在案件中进行细致的调查，但这实际上正在重要的案件中进行。在备受瞩目的案件中，这种义务有助于确保陪审团的裁决和旁观者的判断是可靠的。是的，有人跟陪审员说，这是一起严重的犯罪和历史性的案件。正是基于这些原因，政府尤其有义务作出正确的决定。因此，辩护集中于政府提交法庭证据的疏漏，以及政府在追踪罪犯主要同谋者过程中的失误。

第一个和最重要的公开的主角与"约翰·多伊♯2"（John Doe ♯2）有关。莱德租车行出租卡车的证人们都同意麦克维和一个不是特里·尼克尔斯

---

[1]　See generally Wayne R. LaFave, *Criminal Law*, chs. 12 - 13 (4th ed., 2003).

的人同行。另外的证人在堪萨斯州姜欣城的汽车旅馆以及其他地方看到有人和麦克维在一起，这个人与在卡车租赁行出现的人相一致。FBI请素描专家画出了约翰·多伊的合成图像并由媒体公布。

随着调查的展开，辩护方发现了其他证明麦克维与潜在的共犯接触的证据，甚至发现从麦克维的一些言谈中可以推导出尼克尔斯并没有帮他犯罪的结论，尽管这一结论是有争议的。

■ 审判团队——准备

辩护技巧是辩护取得成功不可欠缺的因素，但是如果没有对事实和法律进行全面准备和周密论证，则是徒劳无功的。这些准备包括庭前调查和法律研究，几乎在所有的案件中都要组成一个律师团队。最后，尼克尔斯辩护团队包括5位律师、5位辅助律师和5位调查人员，同时还有签署了协议的重要领域的专家，以及12个可以在任何时间提供帮助的法学院的学生。这个团队经常碰面讨论整个案情。在与检方达成证据发现的互助协议之后，辩护方得到了FBI收集到的4万个证人的证言和10万件物理证据，以及数十份专家报告。辩护方认真研究了调查人员通过访谈得到的数以千计的证人证言，对物理证据进行分类并评估，以求发现它是否对辩护成功有所帮助。法院允许辩护方聘请计算机专家来扫描证人的陈述和其他材料，这样辩护方就能够进行电子化的搜索。律师们和法科学生们准备并装订了数十份审前申请。从1995年4月泰戈首次接受指定直到尼克尔斯在1997年9月被审判，这个团队一直是满负荷工作着。

■ 本文中的审判事件

第一，我们通过申请法官回避、改变审判地点和对被告隔离来引入避难所的想法。

第二，我们运用一切照实陈述（voir dire）① 的技巧以求探知潜在陪审员考虑所有证据的能力与意愿。依照这一技巧，如果是在量刑审判中，就能够把减轻处罚的法律与证据的作用充分发挥出来。

第三，我们作出了一些公开陈述，这些陈述作为对事实问题进行辩护的开端，特意为理性和同情发挥作用开辟了空间。

第四，我们复制了对迈克尔·福蒂尔进行交叉询问的专家意见，以达到双重目的。一是对尼克尔斯牵涉犯罪产生怀疑，以表明尼克尔斯并不比福蒂尔卷入麦克维事件的程度更深，而福蒂尔的情节已足以使其脱离判处死刑的威胁了。二是专家还引导如何将辩护主题转换成对主要合作证人的询问。

---

① 根据上下文的语境，第六章将其翻译为"预先审查"——译者注。

第五，在简要了解了最终陈述的主题后，我们提出了量刑阶段的部分观点，以表明在死刑案件中避难所的策略如何在减轻处罚的辩护策略中居于主导地位。

回避、审判地点和共同诉讼：在何地、向谁讲述故事

回避

大爆炸严重破坏了莫拉联邦办公大厦，对大厦后面的联邦法庭也造成了很大损毁。实际上，联邦法律援助辩护办公室（Federal Defender Office）也遭到严重破坏，以至于它宣布陷入了要不要为麦克维或尼克尔斯代理的矛盾境地。尽管有国内和国际媒体监督，辩护方仍认为，俄克拉何马潜在的陪审员们的态度特别不利于一场公平的审判。因此，辩护方寻求通过申请俄克拉何马联邦法官的回避和改变审判场所来救济。

死刑案件中的主审法官不能仅仅是一个中立的裁判者。每件死刑案件都是在宪法第八修正案的法理指导下进行审判的。联邦最高法院一再对死刑案件进行宪法视角的审视。尼克尔斯和麦克维是根据 1994 年的制定法被审判的，该文本引发了很多合宪性问题和解释方面的问题。[①] 该案的审判存在一种风险，即任何俄克拉何马的法官都会感觉他或她与结果有利害关系。联邦第十巡回法院的上诉法庭同意了辩护方的请求，作出尼克尔斯辩护团队努力争取的裁决，认定所有俄克拉何马的法官都没有资格进行审判。[②] 制定法规定上诉法院的首席法官有权指定主审法官，基于此规定，首席法官斯蒂芬妮·西摩（Stephanie Seymour）选定理查德·P·马什为科罗拉多美国地区法院的首席法官。这是一个精妙绝伦和符合逻辑的选择。马什法官被认为是一位慎重和具有学者风范的法官，他尊重辩论原则。

审判地点

辩护方因此提起了要求改变审判地点的动议。马什法官予以同意并将案件置于科罗拉多州的丹佛进行审理。他接受了辩护方提出的理论，辩护方认为陪审员们以特殊的方式理解和感知影响他们生活与利益的事件。毫无疑问，俄克拉何马城的爆炸事件是全国皆知的。那么，为什么说丹佛较之其他城市，比如塔尔萨（Tulsa，俄克拉何马东北部城市——译者注），是"更有利于"（safer）公平审判的地点呢？一项民意测验可以看出这两个城市对于案件的固有态度的差异，俄克拉何马公共官员的评论偏向于判决死刑也与此

---

① 马什法官对于该制定法的宪法性思考与解释问题的报道，see 940 F. Supp. 1571（D. Colo. 1996）and 944 F. Supp. 1478（D. Colo. 1996）。

② Nichols v. Alley, 71 F. 3d 347（10ᵗʰ Cir. 1995）（发布命令书要求回避，同时要求巡回法院的首席法官指定该案的主审法官）。

有关。但还有更多的不同点。

斯考特·阿姆斯特朗（Scott Armstrong）是一位受人敬重的记者，为《华盛顿邮报》工作，曾著有几部关于法律制度的重要书籍[①]，他在关于审判地点的听证中提出了重要证据。阿姆斯特朗注意到媒体编辑为读者和电视观众服务。当一个悲剧事件发生时，它就成为一件全国乃至世界范围内的新闻。但是受到影响的社会共同体对于特殊的新闻报道有着特殊的兴趣。共同体想要"正义"和"封闭"（closure）。共同体的成员比外人更加关注悲剧性事件对共同体及其成员的影响。因为编辑为当地市场服务，这些特殊的关注可以从纸质和电子媒体中看到。这种报道的结果就会面临高度风险，即共同体成员会形成一种态度，这种态度会使得公平、无偏私地考量证据非常困难。用律师的语言来讲，阿姆斯特朗所确认的这种共同体心理被称为"内在偏见"（implied bias）。

泰戈在从下述要求改变审判地点的口头表达中所摘录的文字里仔细探究了这些论题。[②]

阁下，我们看到了媒体报道的数量、质量和内容。阁下，我们看到一个简单的强化我们所有经济制度的观念——市场观念。阿姆斯特朗先生帮助我们看到市场观念在编辑决策中所扮演的角色越来越重要。也就是说，传媒王国的大人物、编辑对于市场的反应非常敏锐。

现在，政府说"哦，这是一个全国性和国际性的事件"。当然，它的确是一个全国性和国际性的故事。它在 CNN 上播放了 1 个小时。它们展示这样的故事，并且一次就在 CNN 上播放 1 小时。但是，当一切已经烟消云散后，全国的媒体仍像刚发生时那样热炒这个故事，地方媒体重复整个故事，从始至终，一而再、再而三地不断重复。

这一概念正是文森（Vinson）博士［政府专家］和布朗森（Brsonson）博士［辩护方专家］所认同的称呼"突出性"（salience）。阿姆斯特朗分析发现，在俄克拉何马这个单一的市场上，媒体的编辑们正在这样做，因为他们认为这是赢得听众和读者的手段。社会学家所称的"突出性"，如果用琐屑的比喻来形容的话，就像你脑子里的一些缝补儿歌或广告歌曲一样，当你在公路上开车的时候，你就开始哼唱。我知道那或者是一首我女儿听的牙膏广告的歌曲，或者是其他什么我无法从头脑里赶走的东西。之所以无法赶走，完全是重复这一强大的力量在起作用的结果。

俄克拉何马的人们一次又一次地被告知——这就是一件突出的事情——他们与这一事件有关，然后人们开始相信这一点了。但这还不仅仅是媒体告诉他们的，他们的领导告诉他们以这种方式确认身份，这些领导包括州长基廷（Keating）和议员因霍夫（Inhofe）。他们通过购买大事记、认同、信奉口号向整个州和周围地区来表达自己的身份认同感。他们认同这个概念，将其视为产生新发现的机制。

---

① 他与鲍勃·伍德沃德（Bob Woodward）合著有 *The brethren: Iside the Supreme Court*（1979）。

② 完整的讨论可见于 1996 WL 45128（2/02/96）。

现在，这种媒体差异还有第二部分。这不是俄克拉何马城所富有的东西。这是布兰森博士所说的"主旋律思想"。为什么一个可以预见的审理奥斯瓦尔德案（Oswald，全名 Lee Harvey Oswald，美籍古巴人，被认为是谋杀美国总统肯尼迪的主凶——译者注）的模拟审（mock-trial）陪审团，会被电影《肯尼迪》（JFK，美国第 35 届总统 John Fitzgerald Kennedy 名字的缩写——译者注）所影响？我认为文森博士和布兰森博士同意这一点：之所以产生这样的影响，是因为电影对于观众有着强大的影响力，能够让他们相信他们所看到的就是真实的证据。

毕竟，当我们教导年轻的律师成为出庭律师的时候，就像以前教导我们的律师那样，至少要教会他们知道案件的决定者要了解全部的故事。文森博士告诉我们，当未来的陪审员接受案件审理的任务并带有一系列态度和信仰的时候，他们了解全部的故事；提供这个和他们了解的故事相矛盾的证据，会引发认知上的不协调，进而引发他们的应对行为，包括非理性地忽视证据并将这一行为合理化、忘记证据、将证据的作用最小化，等等。

我们不是在说地方媒体有意让所有人产生偏见，我们是说有必要对此进行应对。因此，不仅把地方报道和全国报道的数量进行对比，还要对其性质进行对比，这样的对比是有价值的。

现在，我认为还有比这些更有说服力的东西，这就是联邦最高法院一再说过的：死亡是不一样的。这当然是成立的。这是对审判的陈述。但是自福尔曼诉佐治亚州案（Furman v. Georgia）之后，法院以一种非常坚决的方式告诉我们：死亡是不同的。

为什么死亡是不同的？这有什么程序上的意义？1994 年的《联邦死刑法》是一部权衡的立法（weighing statue），它规定陪审团有义务对刑罚进行评估。陪审团并不仅仅是发现事实因素，它还要作出最终决定。这就是该部立法的根本特征。

对于福尔曼诉佐治亚州一案是否达到了它的目的，已经有很多研究了，最近有一篇文章发表在《哈佛大学法律评论》上。我们不准备在这里讨论此事。很明显的是，在《联邦死刑法》下，审理案件的陪审员的自由裁量权使得陪审团面对大量高度情绪化的证据，并陪审团被明确要求去做一些只有审判死刑案件才需要做的事情，也就是说，作出理性的道德反应并据此来决定。在独立的（free-floating）决定中，他们的痛苦、愤怒和同情等情感，都要明确地被考虑到。

阁下昨天阻止了我的进一步发言，因为我和霍尔登博士走得太远了。我不确信我在何处越过了界线，但是我希望在我问霍尔登博士关于波黑塞族人（Bosnian Serbs）问题之后还能有一点时间。因为霍尔登博士作为专家，确实知道人们是如何参与事件的：他们—我们，他们—我们的框架，在这里就是俄克拉何马—这些被告的框架。

基廷州长的话一再被引用，他的颂歌（mantra）一再被唱响，"我们将给予这些人们公证的审判。俄克拉何马人是独立的。我们要确保我们抓住的是真正的凶手。一旦抓获，我们就会对他们执行死刑。"就像福尔曼诉佐治亚州一案的基因退出了它的法律染色体。

C. S. 刘易斯（C. S. Lewis）在他的《美文选集收录》中的一封信中写道："有时候，就像走在夜晚黑色的山路上，这时我们更想看到的是几英尺前的距离，而非遥远的地平线。"我们能看到的前面几英尺告诉我们所在的这个时间和地点，这个城市的负有责任的陪审团，将是一个具有适度偏见可能性的陪审团。对此，人们能够确信。

我们面前有两条路，这是我们面对着数十年来被推升至如此崇高地位的宪法自由和触手可及的受害人的痛苦，竭尽所能之后所找到的两条路。其中一条是我们所想要的，它要我们远离悲伤、愤怒和报复。基廷州长召唤我们沿着我们所谓深思熟虑设计的路走。媒体则引诱我们沿着他们所服务的市场这条道路走。我向联邦最高法院建议的另一条道路，则是制宪者留给我们的道路，远处的不公正的审判在制宪者的记忆中仍然鲜活。

我们既不想玷污，也不想拒斥受害人的悲伤和愤怒，也不想阻止他们寻求报复的呼声。阁下，这是我从事法律职业的第三十个年头，我比以往的任何时候都更加相信，当我们传唤一些人、任何人、特里·尼克尔斯进入法院来决定其应该生或死的时候，我们的工作就是在我们力所能及的地方建构起一个丛林中的避难所。

检察官慷慨激昂地提出的一个问题是，为什么用一切照实陈述而不是一种充分的救济方式，去探究陪审员的态度和去除那些已经下定决心的人士。基于陪审员的态度，很多案件可以根据一切照实陈述而得出拒绝改变审判地点的结论。对于马什法官表达过的这种想法，泰戈回应道：

阁下，我从未说过降低辩护的力量，也没有说过降低法官的能力以驱逐偏见和获得真相，但是我的母亲一直告诉我不要用叉子喝汤。叉子是好东西，但是有一些东西不是设计叉子的时候想要对付的。

■ 共同诉讼与分开诉讼——与分离的审判对应的分离的辩护

即便在一个没有被预设的态度支配的论坛上，也很难经常在多被告的案件中说出你的当事人的故事。各方都参与审判和坐在法庭同一边的事实可能会让陪审员认为他们都牵涉进了被指控的犯罪行为。让每一方都有一个独立的律师代理有助于把事实与问题分开处理。法官会指导陪审团每一方都有权被分开进行考量。但是在对抗性审判的情况下，或有相互冲突的审判故事时，共同诉讼就成为问题了。联邦最高法院曾赞许检方偏爱进行多被告（multi-defendant）的审判。① 主张分开诉讼的动议很难胜利，对这一主张的否定在上诉时被评论为"滥用自由裁量权"，并注意到对地区法院裁决的支持。

对于特里·尼克尔斯而言，他的辩护主张是：麦克维跟同伙一起犯下爆

---

① Zafiro v. United States，506 U. S. 534（1993）.

炸的罪行，其中有些人已经被确认，FBI 知道还有另外一些人参与，但还没有找到他们，但是尼克尔斯并不是其中一员。尼克尔斯团队的观点是，麦克维是一个种族主义者和右翼狂热分子。

麦克维和尼克尔斯都要求分开进行审理。尼克尔斯的动议集中于这样的事实——在死刑案件中，对判决因素进行单独的考量是宪法第八修正案理论的特征。两个被告人同时参加诉讼而且有不同的故事时，这样的考量就很难做到了。有观点认为，如果有必要，通过一次审判确定责任，然后分别进行审判确定刑罚，这样就可以解决问题。为了进一步反驳这种观点，辩护方还指出，两个被告的辩护方式不同，在很多方面都是相互冲突的。马什法官再次以公开的方式同意进行分开审理。① 麦克维首先被审判。

选择陪审团

法院发出招录 1 000 个尼克尔斯案陪审员的征召信。被征召人到丹佛露天广场报到，其中 500 人在上午到达，500 人在下午到达，来听取马什法官的指导和填写冗长的表格。如果一切照实陈述的誓言被排除——这经常只是由法官而非律师所做的——这个表格就变成一份找到适格陪审员的必需工具。陪审员要提供的信息包括住所、工作、宗教信仰、服兵役历史、教育程度、阅读习惯，对媒体报道的了解程度等。填表人会得到对其在表格中的信息予以保密的承诺，他们通常比在公开的法庭上更为正直。因为露天广场的环节是审判阶段的重要部分，尼克尔斯先生也身着便装而不是囚服到场。不能有任何明显的安保措施来表明此人是官方认定的危险人物。②

在凭借表格内容排除了几百名候选陪审员后，发誓"一切照实陈述"的行动在联邦法院大楼开始。陪审员们被同时召集进入法庭，相继接受法官、检察官和辩护律师的提问。

"一切照实陈述"的行动是一个与那些可能成为陪审团成员的人士发展融洽关系的机会，也提供了一个行使无因回避权利的机会，还是建立诉讼挑战的基础。尽管无因回避颇具争议，但在死刑案件中的作用仍然是明显的。陪审员们经常对讨论虔诚的信仰心怀犹豫，在死刑案件中，这种犹豫当然也适用于他们希望在量刑的任何阶段都遵守减轻处罚的法律。至少从布莱克斯通（Blackstone）的时代开始，无因回避被认为是有利于减轻处罚的，因此成为被告人必须享有的权利。③

1997 年 10 月 19 日《俄克拉何马日报》上的一篇新闻报道保有辩护方一切照实陈述的风格④：

在为期 3 周的陪审团遴选过程中，泰戈跟拉丁文老师谈话时引用拉

---

① 169. F. R. D. 362 (D. Colo. 1996)（很大程度上讨论重点在于任何合并审判中不可接受的共同被告传言和讨论对抗时的辩护）.

② Estelle v. Williams, 425 U. S. 501 (1976)（在陪审团面前被告人不得被要求身着囚服）；Holbrook v. Flynn, 475 U. S. 560 (1986)（官员身着制服的形象只能在法庭出现，以免产生由于被告人的危险而穿制服的暗示）.

③ See 4 Blackstone, *Commentaries* 353 (15th ed. , 1809).

④ 这篇材料选编自迈克尔·E·泰戈, *Persuasion：the Litigator's Art* 60 - 70 (1999)，以脚注的方式进行了注解。

丁文，跟一位在巴黎读过大学的女士谈论巴黎的风景，谈论小说《马语者》(The Horse Whisperer) 的粉丝是否支持以温和的方式来驯马。①

他坐在辩护桌边尼克尔斯的一旁，经常迅速移动目光以获得观察陪审员候选人的更好视角。他经常把自己硕大的右手放在尼克尔斯的肩上，好像在安抚他的当事人。

陪审员候选人在同一时间被提问，国家地区法官理查德·马什让检察官先问。

因此，泰戈在等待自己提问的时间里，听取相互交流的信息。从候选人肩膀下沉的动作中了解他，他保持着微笑并轻敲自己的头作为对特定问题的回应。

当轮到他时，他以令人深刻的形象走向讲台，在那里他的男中音在整个房间回响。

"我叫迈克尔·泰戈，"他告诉候选人，"荣·伍兹 (Ron Woods)，就是右边这位，和我一样都是律师。在爆炸事件之后，我们很快被指定帮助特里·尼克尔斯先生。我很高兴能进一步了解一些事情并与各位共度一小段时光。"

泰戈亲切的话语经常会收到效果——候选人会作出更为坦率、真诚的反应。随着他对生物能量学、农业、分娩方式等所有用得着的话题的引用，他们被他的渊博知识深深吸引了。

泰戈想要知道候选人是否会打孩子或愿意跟他们一起休息。②

他问一位自习室管理人，当在教室内发生打斗时，他如何决定谁是对的一方。③ 他问学校巴士的驾驶员学生如何形容她。④

从第52位起，一位护士助理认为对一个罪犯而言，死刑太容易了，泰戈想知道她认为一个骗子在监狱中会思考什么。"他们会对自己曾经的所为感到后悔，他们将会知道他们所犯下的罪行是错误的。"她回答道。

当他没有得到满意的答案并不得不问更多的问题时，他有时特意让自己显得不骄傲自大。⑤ "我听到您说'我想我会的'，"他温和地对另一

---

① 这不是"聊天"，这是一种发现这些人如何处理困难问题的方式。如果你能够了解陪审员最近读过什么书，你就能知道这位陪审员的读书习惯，你会发现他们中的很多人曾读过关于法律制度的流行书籍，比如约翰·格里沙姆 (John Grisham) 或斯考·特图罗 (Scott Turow)。《马语者》就是这次"一切照实陈述"时的流行书籍，它是关于如何对待人与事的书籍。

② 在刑事案件中，这是一个重要的问题，尤其是当陪审团决定刑罚的时候。这也能说明在案件中陪审员的态度，在这些案件中，惩罚性赔偿和留置都可能成为问题。

③ 自习室管理人一直在决定"案件"，比如当在学校教室里有打斗的案件，他会怎么做？他会听取双方的意见吗？他是否会发现自己很难拒绝基于案件所涉人员而形成的先入之见？

④ 坚定但是公平？细心？稳健的司机？为什么？

⑤ 在个人的"一切照实陈述"过程中，负面的回应给提问者一个机会去强调不存在对与错的答案，只有真实和率直的答案。在获取关于未来的陪审员的信息时，开放性问题是标准。当律师感觉到基于某种原因必须挑战一个陪审员时，那就是要转到开放性问题的时候了。如果一个陪审员不直接回答问题，律师应该继续追问。当你得到一个坦率的答案时，你需要说："谢谢。我知道这属于一个困难的问题。"如果律师在集体性的"一切照实陈述"活动中得到一个"坏"答案时，要感谢这个陪审员"我很欣赏您的观点"，然后问："对于您和我们分享的观点，其他人有不同看法吗？"通过这种方式，律师不仅能得到答案，还能观察到人们参加类似协商过程中的表现。

个候选人说，"这有点像我的妻子说：'你爱我吗？'我会说：'我想是的，她就会想问另一个问题。'"

泰戈通过向一位卡车司机描述他的工会手册给他留下了深刻印象。"您仍然会得到一个小册子，上面有两张马的图片在前面互相凝望？"泰戈问他。

"是的。"他说。①

"我是说，查克拉是——对了，您如何界定查克拉？"（Chadras，古印度能量学的能量中心——译者注）

"我会说查克拉是身体中的一些点，存在于和物质身体相互作用的能量体中；它们是数据中心和能量中心，我们从那里接受能量，能量正在离开我们的身体，"她说。

"在您眼里，它们会沿着经脉发生吗？"泰戈问道。

"是的。"

"因此有能量的脉络在体内运行，沿着这些脉络有作为中心的查克拉，是吗？"他问道。

"是这样的。"

"这是在对东方医学研究的基础上产生的吗？"泰戈说。

"是的，那是古老的知识。"她回答道。②

当第 657 号候选人最终被证明是个拉丁文教师的时候，检察官和记者在泰戈走上讲坛的时候，知道会发生什么。他没有感到失望。

"您有没有听到过这样的说法 Ubi societas ibi jus?"他说道，然后又翻译出来，"在有社会的地方，就有正义观……我的发音是错的，请不要给我打分；但是我们确实生活在这句话所界定的社会结构里……有哪些规则？"

"啊哈。"第 657 号说。③

泰戈有时会在提问的时候逐渐切入要点内容，以使潜在的陪审员预先考虑他的辩护。

陪审员们将会听到一些与尼克尔斯相关的证据，包括他和儿子在堪萨斯、他和一个兄弟在密歇根引爆小型爆炸物等。辩护人将争辩道他们这是开玩笑。

因此，当一位学校大巴司机在问卷上写道她的一个朋友家中有自制的火炮时，泰戈给予了特别的关注。

"产生了很大的噪音？"他问道。

---

① 这一问卷表明这个陪审员是一位忠诚的工会会员。他曾经在他的工会进行过罢工。根据他的协议，他能够在担任陪审员时得到全部的工资。他曾经读过他的合同并知道他在这方面的权利。因此他应该是人们想要的思维缜密的聪明的陪审员。对那些不辞劳苦，准备为陪审团服务的人士，向他表示敬意非常重要。因为知道卡车驾驶员协议上面有什么——也就是那个标志——正是律师恰好知道的旧知识，但是如果你需要理解工会合同规定如何提供陪审团服务，你应该在跟陪审员谈话前进行研究。

② 辩护人在调查，以发现这个陪审员的情绪稳定程度。在提问后，检方倾向于否决由她担任陪审员，理由是她是个"怪癖"的人，而实际上她不是。

③ 这句引自西塞罗对法治具有说服力的评论，可以在一个高度透明的审判中开始对这个问题进行讨论。这句格言经常与另一句相比较，即 inter arma silent leges，意思是：在战争时期，法律保持沉默。

"是的。"她回答说。

"每个人都喜欢吗?"

"是的,"她说,"我想是的。有时候它非常响。"

"嗯,您不会突然得出有些家伙在七月四日(美国的国庆日——译者注)想去引爆东西制造大的声音当作炸弹爆炸吧,会吗?"辩护律师问。

"不会。"她说。

"这不符合逻辑吧?"他问道。

"不符合。"她说。

他得到观点了。

另一位候选人,第848号,解释说:"我对辩护人感到非常不舒服。我不想白天黑夜地跟他们在一个漆黑的或有灯光的小巷子里。"①

泰戈开始没有问题,但当该候选人准备离开的时候,他突然想起了一个问题。

"对不起,阁下。我能问您一个问题吗?"他问道。

"可以,"法官说道,然后开玩笑说,"自行辩护?确定名称了吗?"

但泰戈是认真的。

"夫人,"他说道,"您是否曾将您的观点在其他时候告诉过其他开小货车或有其他背景的陪审员们呢?"

"没有,先生。"她回答。

法官也开始严肃起来,告诉泰戈他欣赏这个问题,"因为我从未考虑过它"。

法官在努力找 64 个可以接受的潜在的陪审员,要排除那些从未投票赞成过死刑和自动赞同的人士。然后他会让检察官和辩护律师再次削减陪审员,直至留下 12 个陪审员和 6 名替补。每一方都要排除 23 人。辩护律师试图尽可能地去掉最不适合人选并努力使得检察官行使政府的否决权。

因此,辩护律师最终试图说服反对死刑的人去考虑赞同惩罚。如果达到了这个目标,法官会接受该候选人,遇到挫折的检察官将不得不运用否决权,而否决权本来可以节省下来排除对他们来说更糟糕的候选人。泰戈通过影响潜在的陪审员,使他们中立、无偏见,赢得了他们的赞赏。

在第 474 号候选人身上发生了最具戏剧性的变化,他说:"我认为有些事情应该留给上帝去解决,而不是我。"

检察官没有问任何问题——因为显然法官肯定会排除第 474 号。但是泰戈通过向这位公司经理提问如果外国军队侵犯了美国她是否会为自己而战,改变了她的观点。在他提问结束时,她同意去考虑留命与处死的问题。

尼克尔斯的辩护团队希望陪审员能够愿意听取证据并作出合理的判决。

---

① 因为这个原因该陪审员将不会参加审判,但是律师需要确定她有没有将她的想法传播给小组其他成员。

提问"一切照实陈述"问题的目的在于发现陪审员在日常生活中如何面对和处理问题：这是对他们在陪审团商议过程中如何行为进行最可靠的指导。

▎开场白[①]

马什法官并没有限制开场白的时间。每一方都陈述了两个小时左右。马什法官禁止在开场白中运用诸如表格和图片这样的演示证据。他认为，开场白是律师和检察官直接向陪审团致辞的时间。

泰戈和伍兹认同这样的格言：绝不要在案件一开始就浪费公开致辞的机会。被告有等候或在辩方陈词的一开始作出陈述的权利。但是，等到那个时候会付出牺牲个人的代价，并且会让陪审团在听检方证据的时候不能够了解到跟检方的观点不一致的信息。辩方可以在检方陈词的时候以交叉质询的方式提交证据。对陪审员们将要听到的内容作一个简要的说明非常重要，人们倾向于记住和保留与他们曾经听到的与故事相关的信息，尤其是他们倾向于相信的故事。

在尼克尔斯案件中，陪审员们在来到法院之前，他们已经读过、听过和看到过大量的关于俄克拉何马城爆炸的信息。然后他们听到检方指控的尼克尔斯如何帮助麦克维计划、准备和实施了爆炸行为。对于被告方而言，有一点非常重要，就是要承认陪审员已经听到的和将要听到的信息，但将它们在不同的背景下表达出来。

在刑事案件中，陪审员们一开始会对辩护律师给予一定的信任，辩护律师要做的是想方设法延续这种信任并将它转移到被告人身上。展示信用的一种方式就是表现出对相关证据的熟练掌控。尼克尔斯团队想通过与检方的证据和观点的直接交手，通过提供一个看起来可以替代检方所提主张的事实来达到这个目的，而这个事实基于这样的观点：检方所做的调查是粗疏而不可靠的。

检方的开场白

检方的首席代理人是经验丰富的审判检察官拉里·麦基（Larry Mackey），检方清楚地知道尼克尔斯方辩护的主要议题是当爆炸发生时他不在场。麦基决定一开始就与这个问题正面交锋，在公开陈述中，他说道：

> 尊敬的法官、陪审团的女士们、先生们，早上好。在1995年4月19日星期三，在那个早晨，特里·尼克尔斯在家中。他在堪萨斯的赫林顿，跟他的妻子、女儿在一起。他在家中，一个距离美国中心的俄克拉何马城市区、俄克拉何马城的联邦建筑物之前的卡车炸弹爆炸非常安全的距离之外。而这场爆炸恰恰就是尼克尔斯所计划的。

---

① 该陈述的全部文本可见于1997 WL 677907（1997）。

在那个早晨，俄克拉何马城还有其他人参与了此事，而特里·尼克尔斯也参与了谋划。在 4 月 19 日的早晨，蒂姆·麦克维在俄克拉何马城，他是其中之一。在那一天，特里·尼克尔斯确切地知道蒂姆·麦克维在哪里，确切地知道他将会做些什么。

蒂姆·麦克维在那里正在做一件事，只有一件，就是恐怖主义计划的最后一个环节，而这正是特里·尼克尔斯和蒂姆·麦克维在这一天的几个月之前就着手准备的事情。

这是一起两个男子密谋谋杀无辜人们的案件。当炸弹爆炸、人们死亡的时候，他们的计划成功了。

在那一天、那一刻，特里·尼克尔斯确实不在俄克拉何马城；但是在那一天前的几个月的时间里，特里·尼克尔斯一直在蒂姆·麦克维的身边，参与这项计划和暴力行动。

按照那个计划，在 1995 年 4 月 19 日星期三的当天，特里·尼克尔斯知道蒂姆·麦克维将把从莱德租车行租来的大型卡车开得距离俄克拉何马城即将失去的联邦建筑物尽可能地近。按照那个计划，蒂姆·麦克维引爆了炸弹。

当在那个早晨的九点零二分，炸弹爆炸的时候，爆炸毁灭了卡车，破坏了建筑物并永久性地改变了美国历史的模样。爆炸杀死了 168 人，包括成年男人、女人和小孩；包括这个国家的各个族裔的人，白人、非裔美国人、西班牙裔人、美洲印第安人，包括各种年龄段、种族和背景的人。

正如特里·尼克尔斯和蒂姆·麦克维所计划的，4 月 19 日的俄克拉何马城还有其他无辜的人。实际上，在那一刻有数百人在莫拉大厦里。这些人中的绝大部分只是那里的工作人员，为联邦政府事务工作的男人和女人。其他的是一些在寻求政府帮助的市民。还有一些被父母托付给该建筑物内日间照管中心的少年和婴幼儿。

那些死去的人都在建筑物内。数十人，包括 19 个孩子，仅仅是因为待在建筑物内就被炸死了。当他们脚下的地板和头上的天花板倒塌的时候，他们就在这个 9 层的建筑物内。

尼克尔斯方的开场白

尼克尔斯方的开场白包括三部分。迈克尔·泰戈一开始对指控和证据进行概述，寻求建立主要的辩护主题。然后荣·伍兹分解 FBI 的调查报告，指出 FBI 决定把焦点集中在特里·尼克尔斯是蒂姆·麦克维的唯一真正应受处罚的同案犯上，同时还指出这一观点中存在的所有疏漏之处。泰戈首先开始：

尊敬的法官、律师、尼克尔斯先生①，尊敬的陪审团成员，在 4 月

---

① 开场白中的惯例是向自己的当事人致意，让陪审员们知道他或她对于你将要做的工作是基础性的，表示对自己当事人的尊敬。

19 日早晨九点零二分，或者是几分钟之前，蒂莫西·麦克维把车停在俄克拉何马城莫拉大厦前。他当时在一辆从莱德汽车出租行租来的有 20 英尺大小的箱子的福特 F-700 卡车里。蒂莫西·麦克维不是单独行动的，在卡车驾驶室里还有一到两个人。驾驶人泊好了卡车并引爆了炸弹。

是的，特里·尼克尔斯不在场，并且直到第二天才知道爆炸的事情。他当时在堪萨斯赫林顿第 2 街道南 109 号的家中，在他刚刚购买并在 36 天前搬进去的家中。他在家中，跟他在一起的有他怀孕的妻子玛丽菲、还是婴儿的女儿尼克尔（Nicole），玛丽菲·托雷斯·尼克尔斯（Marife Torres Nichols）生于菲律宾，作为特里·尼克尔斯的妻子来到美国。特里·尼克尔斯在建造生活，而非炸弹。①

我的名字叫迈克尔·泰戈，我和我的团队为特里·尼克尔斯代理。我们在这里为一个不可否认的事实赢取尊敬，这个事实就是特里·尼克尔斯是被假定无辜的。我们在这里指出这些证据之下潜藏的数以百计的合理怀疑。

在开场白中，我首先想介绍一下我们的团队成员，这些将要在这里帮助我们的人，然后我想向您提出所有指控的概要，来指出哪些是不存在争议的，我们同意检方的哪些说法，哪些是我们确实反对的，哪些是检方试图证明而没有证明的，在所有证据俱在的情况下在何处您能发现合理怀疑。是的，在所有证据俱在的情况下。

您能看到我的手吗？您不能看到我的手。除非我把它反过来让您看到正反两面，您才能说看到了我的手。

就像在生活中那样，关于几个重要事件的最后一点证据可能就是整个图画的点睛之笔，因此我们请求您敞开心灵。我们会向您提供证据，首先会对我们的第一个证人进行交叉询问，他会让我们的证言成立。但是在审判的头几周，检方可以选择带来什么人证和物证。他所辩白的理由乍一看是正当的，但是辩方终会寻找出真相。

您会一次又一次地听到无罪推定。这意味着我们是以清白为起始点（clean page）进行辩护的。这意味着怀疑、偏见、先见和投机没有空间。

现在，检方正在休息，我们将要请证人出场并展示给您。在简要介绍和评论那些指控的内容之后，荣·伍兹和我以及同事，做一个含有三个部分的开场白，这样您就能够有一个完好的方法来紧跟证据线索。

第一，我将向您展示我们对俄克拉何马城爆炸案的调查结果。我将向您展示蒂莫西·麦克维如何计划了他的犯罪，他打算跟谁共同犯罪以及谁帮助他实施了犯罪。我会告诉您蒂莫西·麦克维利用了哪些人，向哪些人撒了谎，以及那些被他以各种方式利用的人们会招致哪些不公正

---

① 这个句子很好地表达了尼克尔斯案的主题，这是由凯西·罗伯特森（Cathy Robertson）创造设想出来的，她是尼克尔斯团队的减轻处罚专家。她的职业是一名英语教授。她和她的丈夫亚当·什西威尔（Adam Thurschwell）一起为辩护团队工作。泰戈和伍兹聘请她负责处理减轻处罚的证据。有一天在团队办公室，她走出她的工作隔间大声说出了这句话。

的怀疑。

第二，荣·伍兹和我告诉您关于特里·尼克尔斯的信息，他生长在一个农场社区，已婚，是3个孩子的父亲。荣会告诉您当特里·尼克尔斯从收音机里听到由于认识蒂莫西·麦克维而被搜寻的信息之时，他如何直奔警察局并花了9个半小时的时间向FBI说出真相——是的，真相——即便FBI特工向他、他的家庭和法院撒了谎。

第三，我将简要谈论一下FBI和它的实验室，它的所谓"专家"，其中有些人将会在这里作证，他们运用垃圾的科学手段，做了草率的田野调查并匆忙得出了错误和过早的判断。我之所以说"简要"，是因为当他们的证人们进行作证时，我们将会充分地对他们进行交叉询问，您会有机会看到谁是对的、谁是错的。

因此，谁在尼克尔斯的团队？是的，第一个成员是特里·尼克尔斯。然后是我，迈克尔·泰戈，我是一位教师。我在得克萨斯州奥斯丁（Austin）的得克萨斯大学教书。我的同事是荣·伍兹，一位来自休斯敦的职业律师，前合众国得克萨斯南区检察官和前联邦调查局特工。我这里还有一些年轻律师的帮助：来自华盛顿的里德·钮赖特（Reid Neureiter），来自纽约的亚当斯·什西威尔和来自奥斯丁的简·泰戈（Jane Tigar）。

现在，处理证据问题吧——您会不时看到这些在法庭忙碌的人们——我们的证人有来自俄克拉何马城的罗斯·海尔（Rose Haire）、蒂阿·古德曼（Tia Goodman）和占·哈尔波特（Jan Halbert）、莫里·罗斯（Molly Ross），以及来自丹佛的斯蒂芬妮·怀特。

让我们开始提问吧：为什么那些检察官指控是特里·尼克尔斯所为？他们将提出什么样的证据来排除合理怀疑？好吧，您知道有起诉书，有11个不同的指控。当案件结束的时候，马什法官会告诉您这些指控中的每一项中的正式、合法的因素。实际上，他还会告诉您，如果检方不能证明这些因素排除了合理怀疑，那么您就有义务判定这些指控不能成立，并且认定"无罪"①。

现在，第一个指控是蒂莫西·麦克维、特里·尼克尔斯和其他人对莫拉联邦大厦及其中的人们使用和阴谋使用大规模破坏性杀伤武器。我们并不否认蒂莫西·麦克维确实和其他人谋划去炸掉该建筑物。我们同意并理解、保证和承认至少有168人在这场犯罪中殒命，这场犯罪还对数以百计的其他人造成了巨大的伤害。对此我们没有任何异议，问题是这能否在法律上推翻特里·尼克尔斯与这场犯罪完全无关这一假设。

但是我想警告各位：检方可能会选择不承认我们已经承认的现实。他们可能会选择把4月19日灾难性破坏中生动的、煽情的和悲剧性的证据置于您面前。这些证据——我重复一下，这些事情——都不存在争议。我们理解世界不能还给我们它所带去的快乐。检方可能会一再播放这些恐怖的影像，仿佛是在说必须要为此惩罚某些人。当然，这也不是

---

① 在开场白中清楚地陈述每项主张的因素几乎总是好主意，这样可以有助于向陪审员们提供一个框架，在这个框架内看待证据。泰戈对于起诉书中每一个罪状都进行了细致的研究。

问题，问题是在这些证据面前应该由谁接受惩罚；我们相信，这的确是一个需要基于证据和法律，而不是基于愤怒的火焰回答的问题。

如果检方提交这一证据，我们的关注将会是表明它多么地符合我们所勾画出的图像，而不是他们的。我们将会对来这里的所有证人进行交叉询问，即便是那些错过很多的那些人。在交叉询问时，我们会充分尊重他们。所有的生者，都是我们应该尊敬的；所有的逝者，都是我们应该信任的。

现在，有充足的证据表明蒂莫西·麦克维发誓运用暴力，他鼓吹憎恨信条（preached his gospel of hate），还组装了炸弹材料。但没有任何证人说他们听到特里·尼克尔斯向任何人宣扬过暴力威胁。该案的关键是指控，指控的内容是，特里·尼克尔斯知道向建筑物和建筑物之内的人们使用大规模破坏性的武器和故意地加入这场阴谋。关于这一点，特里·尼克尔斯说他无罪，而且相关证据也会向您表明对此有充分的合理怀疑。因为与麦克维有联系而心生内疚并不是密谋，知晓也并不是合谋，被联系也不是阴谋。

在谈到关于证据将表明什么的时候，我并不是想通过这种方式说我们不承担举证义务。特里·尼克尔斯是无辜的，他被推定无罪。如果他们想要改变这一结论，他们就需要向您提交证据，来排除所有的合理怀疑。我们对此不负任何举证义务。我们的工作只是表明合理怀疑，为了做到这一点，我们将向您表明针对他们观点的铁证和可靠的证据。当我们开始进行交叉询问的时候，我们将从他们所提供的一个证人开始表明这一点。

荣·伍兹第二个陈述。他通过陈述一个主要的辩护主题开始了他的论证：检方的调查没有提供得出特里·尼克尔斯有罪的证据。他的开场白演示了一种正确地提供证据细节的好方式：

尊敬的法官、律师、尼克尔斯先生，尊敬的陪审团成员，证据表明，在爆炸发生之后进行调查时，FBI 花了一天半的时间做了一件完美的工作。证据将表明 FBI 找到了属于莱德租车行的卡车后轴，而这已经被炸到离现场一个街区远的地方了。在后轴上有汽车识别代码，一辆汽车的身份编码。每辆汽车都有一个独立的身份号码，这样可以追溯到生产者。通过这个号码，他们能够把莱德租车行的卡车追溯到福特生产商，以及把福特车卖给莱德租车行的销售行为。

他们能够到莱德租车行在迈阿密的总部，通过它们的计算机记录，找到该卡车仅仅在两天前被罗伯特·克林（Robert Kling）在堪萨斯的姜欣城北被出租出去。他们通过查询记录和有效工作，很快在 19 日星期四的下午得到了这一信息。

斯考特·克拉布特里（Scott Crabtree）将检查他所说的埃尔顿·艾略特·博迪商店（Eldon Elliott Body），告诉他们保持随时可以拿到记录的状态，同时，不要谈论这个案件：我直接去了那里去访谈任何一个与租赁行为有关的人。

克拉布里奇特工下午到了那里并把埃尔顿·艾略特、维基·比墨

（Vicki Beemer）和汤姆·克辛格（Tom Kessinger）隔离开来，跟他们就罗伯特·克林以及第二个跟他们在一起的人的情况进行了深入交谈。

然后他让 FBI 在华盛顿总部的法医画家在晚间飞过来，他第二天早晨到达并分别见到了维基·比墨、汤姆·克辛格和埃尔顿·艾略特。通过跟他们面谈和得到他们的表述，他能够画出罗伯特·克林和约翰·杜威的 2 号速写图。

在这个阶段，FBI 利用合同中的信息，确定姓名罗伯特·克林，而住址达科塔南部这一信息是错误的，根本不存在这个地址。

因此，当画家完成了速写之后，它们被命名为约翰·杜威 1 和约翰·杜威 2 号。这是 20 号星期四的早晨。您可能已经看到，或通过电视在回忆中重现那两张速写图。

那是通过跟 3 位仍然保持新鲜记忆的证人交谈后的结果。这是在 19 日的事，他们还记得租赁是发生在两天之前的事。他们的记忆还很鲜活，还能回忆起细节。

然后 FBI 拿着约翰·杜威 1 和 2 的草图，在姜欣城地区和周边地区分散警力，拿着这些草图来到商店、加油站、餐馆和汽车旅馆，试图发现约翰·杜威 1 和 2 的身份。与此同时，他们还在全国范围内，在电视上播放那些你可能还能回忆起来的所见内容。

他们在下午非常幸运地到达了梦乡（Dreamland）汽车旅馆，旅馆的主人李·麦克高恩（Lea McGown）告诉 FBI 的特工，约翰·杜威 1 的速写图是蒂姆·麦克维，他从 4 月 14 日星期五直到星期二一直住在这个旅馆。FBI 查阅了登记记录，发现蒂姆·麦克维曾以自己的名字登记并放弃了在密歇根戴克尔（Decker）所用的名字诺斯·范·戴克（North Van Dyke）。

伍兹继续展示 FBI 的失策之处和错过的机会，在辩护方看来，他们本可以通过这些机会确认麦克维真正的同伙。

■ 交叉询问告发者——迈克尔·福蒂尔_____

正如前面所提请注意的，迈克尔·福蒂尔似乎是检方的关键证人。他曾经了解并和麦克维一起生活过，还认识尼克尔斯。他在针对麦克维的诉讼中起到了重要作用，麦克维在尼克尔斯之前已经被审判并被判处死刑了。福蒂尔背诵了很多麦克维在法庭外的宣言，承认他是合谋者，同时还指认尼克尔斯有罪。在开场白中，泰戈已经提醒过陪审团这样的陈述，承认自己是同谋者的证言，面临两大障碍：其一，首先必须得相信福蒂尔所说的麦克维说过这些话是事实；其二，如果麦克维说过这些话，还要证明他说过的这些话本身是事实。因此，按照规定，泰戈有资格质疑麦克维和福蒂尔的话的可信度，对于一个像麦克维这样的声明者来说，这样的话很像是在类似于在被控告的情况下，作为证人作证时说的话。[①] 因此，福蒂尔对麦克维不利的形容

---

① Fed. R. Evid. 806.

可以被用于削弱麦克维的传闻。

福蒂尔曾和麦克维旅行至"案发"的莫拉大厦。福蒂尔和他的妻子洛丽（Lori）生活在亚利桑那州的金曼（Kingman），麦克维曾在那里生活过一段时间。他知道麦克维曾求助于一些人帮忙制造炸弹，这些人没有一个被起诉。

福蒂尔曾被 FBI 面谈过几十次，每次都在 FBI 的 302 文件中记录下来，但这不是福蒂尔之前的陈述，而是特工根据对福蒂尔所说内容的记忆而记录下来的。这些文件可以被用来更新回忆，但是除非再要求特工进行作证，不应承认这些记录的效力。[1] 很多交叉询问致力于对福蒂尔在为 FBI 和检方工作时所提供的证据方式进行追踪，这种方式逐渐增加了更多的让尼克尔斯承担罪责的细节。正如泰戈在对这一过程进行总结的时候所说的那样，"海军陆战队塑造军人；FBI 塑造证人"。

交叉询问集中于福蒂尔的用药情况，这部分地表明他无须为此被起诉。更重要的是，辩方打算请医生来说明甲基苯丙胺对认知能力和记忆力的负面影响。

福蒂尔和检方达成了诉辩交易。他承认犯有下列罪名：合谋销售所偷窃的军火、在州际贸易中运输所偷窃的军火、作出不知道莫拉大厦爆炸计划这一虚假陈述、包庇重罪。他没有被要求承认密谋爆炸建筑物的罪名，也没有任何与爆炸事件直接有关的犯罪。为了尽可能地为自己获得在诉辩交易中的好要价，他有很强烈的动机去裁剪自己的证言，以符合检方在该案中的观点。交叉询问将主要集中于对这一点的讨论。

交叉询问的另一个目的是表明福蒂尔比尼克尔斯更深地卷入了爆炸案中。如果陪审员们相信这一点，他们可能会至少让尼克尔斯不会面临更严重的指控。在量刑的阶段，陪审员们会考虑与尼克尔斯可能犯有同等罪过却没有被判处死刑的其他人，而这是减轻对尼克尔斯处罚的环境。

福蒂尔接受的直接询问持续了一天的时间。通过福蒂尔与麦克维的关系引入福蒂尔，又通过麦克维与尼克尔斯的关系引入尼克尔斯。其要旨在于表明麦克维和尼克尔斯是同伴，麦克维经常说他和尼克尔斯会一起行动。下面是从冗长的交叉询问中摘录出来的简要内容[2]：

开篇主题——对福蒂尔的指控

问：早上好，先生。

答：早上好。

问：我的名字叫迈克尔·泰戈。我是被指定的特里·尼克尔斯的律师之一。您曾经说过几个在 1995 年 4 月发生在您身上的不同故事，是吗，先生？

答：是的，我说过。

问：首先，我想问您昨天和今天告诉我们的事情，然后我将问您其他时间说过的一

---

[1] 一份 FBI 的"面谈记录"，被称为表第 302，是 FBI 特工的"陈述"，不是被面谈的证人的陈述，除非证人以签署和其他方式对这些内容予以承认。The Jencks Act, 18 U. S. C. § 3500. See LaFave, Israel & King, *Criminal Procedure* § 24. 3 (c) (4th ed. , 2004).

[2] 全部的交叉询问内容在 1997WL 7033345（上午部分）和 1997 WL 703866（下午部分）。

些事情。① 您曾跟检方达成过协议，是这样的吗？②

答：是的。

问：您没有被指控合谋在莫拉大厦进行爆炸，是吗，先生？

答：是这样的。

问：您没有承认在莫拉大厦的爆炸案中有罪，是吗？

答：是的。

问：您没有承认谋杀大厦内的任何人，是吗？

答：是的，先生。

问：检方没有告诉过您，您被要求对您所做的所有的事情认罪，您是这样理解的吗？

答：是的，我被指控的所有事情。③

麦克维是种族主义者——福蒂尔和尼克尔斯则不是

问：现在，您提到第一次和麦克维谈论政治问题是在军队的时候，是这样的吗？是否他和您共同看过某些文献？

答：是的。

问：他给过您一本叫作《透纳日记》（Turner Diaries，一本 1978 年出版的宣扬种族清洗的书，被联邦调查局称为"右派种族主义者的圣经"——译者注）的书，是吗？

答：是的。

问：先生，是不是可以这样说，从那个时间起一直到您最后见到他，他经常给您看一些政治性的作品？

答：是的，是这样的。

问：先生，是不是可以这样说，他制作政治性文献的副本并曾将这些副本分发给其他人？

答：我相信是这样的。

***

问：是不是可以这样说，麦克维先生和您在军队时共同看过的政治性文献有某些特点？

答：是的，我想这么说是公平的。

问：那是一本白人至上主义的作品，是吗？

答：是的，在军队看的那本书当然是。

问：您当时并不认同白人种族至上主义者的日程，是吗，先生？

答：我不认同。

问：您当时不认同，现在也不认同，是吗？

答：是的。

问：您这些年来一直是他的朋友，但是您从未赞同过他的种族主义观点，是吗？

---

① 陪审团现在已经知道交叉询问中问题的顺序。

② 引入第一个问题。

③ 他在回应中有些东拉西扯，但没有要求询问人进一步控制他，这已经是很好了。福蒂尔已经花费了数百个小时来准备这场交叉询问了。交叉询问不可能获得比案件所可能提供的信息更多的内容。这是这一策略固有的特点。

答：是这样的。

问：现在，您提到麦克维先生的态度随着时间发展而变化了，是这样的吗？

答：是的。

问：在 1993 年的韦科（Waco）事件之后，他变得更加激进了，是吗？

答：他对于韦科事件一直心烦意乱。①

麦克维是不值得信赖的

问：现在，您知道麦克维先生是个贼，是吗？②

答：您是什么意思？

问：是这样的，先生，您和麦克维先生曾一起溜进国家警卫队的院子并偷了一些东西，是吗？

答：是的，先生，是这样。

问：那是一种偷窃行为，是吧？

答：是的。

问：尼克尔斯先生当时没有跟你们一起，是吧？

答：是的，他没去。

问：他和那件事毫无关系，是吧？

答：是的，没有关系。

问：因此您知道麦克维先生是一个贼，是吧？

答：是的。

问：现在，除此之外，你还知道麦克维先生很多次说过他想去炸掉一个建筑物，是吧？

答：是的。

问：他告诉过你他将去炸掉一个里面有人的建筑物，是吧？

答：是的，他这么说过。

问：您知道麦克维先生服用过致幻毒品，是吧？

答：他用过。

问：您见到几次麦克维服用政府管制的毒品？

答：两三次。

问：你和麦克维先生在一起的时候，看到他用什么样的毒品？

答：他和我吸过一次大麻，另外还有两三次他用冰毒（crystal meth）。

***

问：现在，您从未见过尼克尔斯先生偷过任何东西，是吧？

答：从未见过。

问：您知道尼克尔斯先生有两个孩子，是吧？

---

① "韦科事件"是指在 1993 年联邦政府和一个被称为大卫教派（Branch Davidians）的宗教组织之间的枪战。枪战最后和最激烈的一天是在 1993 年 4 月 19 日，而这正是麦克维选择 4 月 19 日这一天作为爆炸时间的原因。See Armageddon in Waco: Critical Perspectives on the Branch Davidian Conflict (Stuart A. Wright ed., 1995). 这一系列问题也有助于把福蒂尔和尼克尔斯的观点与麦克维的区分开来。

② 我们现在开始处理麦克维缺乏可信性的问题。

答：那时候——现在我知道了，是的。

问：是的。实际上，他的女儿和您的孩子凯拉（Kayla）是同岁的，是吗？

答：大概差一岁——我想有将近一岁的差异。

福蒂尔和麦克维做过，尼克尔斯没做

问：在退役之后，您第一次见到尼克尔斯是在 1993 年的秋天，是这样的吗？

答：是的，是这样的。

问：你在沃尔玛见到他，然后他到你家待了一会，是吧？

答：是的。

问：您告诉我们，正是在那一次他和您的妻子——或者尼克尔斯夫人和您的妻子洛丽谈起了宝宝的事情，您和尼克尔斯先生谈到了他将会去拉斯维加斯找一份木匠的工作，是这样的吗？

答：是的。

问：现在，在那段时间——在那次聊天的时候，您听到尼克尔斯先生威胁过他人吗？

答：没有。

问：他没有说他想要去炸掉什么东西，是吧？

答：没有，他没说过。

问：他也没有向您表达过任何政治观点，是吗？

答：没有。我们不谈论政治问题。

问：他没有给过您任何政治性文献，是吗？

答：没有，他从没给过。

***

问：那天晚上您没有和他谈论过任何种类的政治问题，是吗？

答：我不记得谈过。

问：现在，在 1994 年或之后的某个时间，麦克维先生离开了金曼，是吗？

答：他离开了。他在做生意，但那不是他离开的时间，应该是在此之前。

问：是的。当他做生意的时候，您买过他的什么东西吗？

答：是的。

问：您从他那儿买了什么东西？

答：我从他那儿买了爆炸方面的东西和其他一些东西。

问：当 1994 年麦克维先生离开金曼的时候，您从他那里买了哪些爆炸方面的东西？

答：我买了一些导火线。

问：什么东西？不好意思。①

答：一些导火线。

问：导火线。好的，先生。

答：一些雷管。

---

① 泰戈在福蒂尔第一次说的时候已经听到了，但是陪审团未必都听到了。

问：还有什么，先生？

答：一些他说能够以某种方式爆炸的铝粉，一罐火药，好像还有其他一些东西，但我记不清了。

问：除了爆炸品，您有没有从他那里买化肥？

答：没有，先生。

问：您是否曾经从麦克维先生那里买过化肥？

答：是的。

问：您是什么时候从麦克维先生那里买到化肥的？

答：那天晚上他问我，是否我需要买一些化肥，也就是袋子里面的硝酸铵。

问：就是在储物室里卖给你前面那些东西的同一个晚上吗？

答：是的。

问：他问你是否想买一些硝酸铵。你对他怎么说的？

答：我告诉他我不买，我不知道怎么使用硝酸铵。他问我可否替他保管一下。

问：然后您就替他保管了？

答：我把它带回家放到车库里了。

***

问：您昨天跟我们谈话的时候还提到了关于民兵组织的一些事，是吧？

答：是的。

问：你们是否联系过一些人或组织来组成一个义勇军？

答：我们联系过亚利桑那州的一个叫普雷斯科特（Prescott）的人，跟他谈过民兵组织由什么人组成以及我和麦克维如何建立一个民兵组织。

问：那个人是谁？

答：我记得他的名字叫沃尔特·巴赛特（Walter Bassett）。

问：那是一个民族联盟（National Alliance）吗？

答：我不知道。①

问：在您的生命中，有没有遇到这样的情况：麦克维先生和尼克尔斯先生站在所有人都能听到的地方，麦克维先生说："这是我的朋友特里。我们将去炸掉其他人的什么东西，比如建筑物"？

答：没有，先生。

问：在您的生命中，有没有遇到这样的情况：麦克维先生、您和尼克尔斯先生并排站着，每个人都能听到另外一个人说话，麦克维先生说："我的朋友特里和我将去炸掉一个有人的建筑物，杀死一些人"？

答：没有，先生。

***

[福蒂尔说过他和麦克维的一次公路旅行，在此期间他们观察了俄克拉何马城的莫拉大厦。]

---

① 后面的证据会把巴赛特和民族联盟联系起来。

福蒂尔的吸毒情况

问：现在，在直接询问中您告诉我们您曾用过甲基苯丙胺，是吗？

答：是的。

问：您是怎么用的？

答：我或者是抽烟式吸食，或者用鼻子直接吸进去。

问：当您"抽烟式"吸食的时候，您以什么方式吸——您是怎么吸的？①

答：我们把它放在玻璃或锡纸上，然后在下面加热，就会有烟出来。

问：那么当从玻璃或火锡纸上有烟冒出来的时候，你们怎么办呢？

答：你把它吸进去。②

问：您能够吸进去。一个人确实能够吸进去。那正是您所做的吗？

答：是的。

问：对您来说会产生什么样的效果呢？

答：它会让我感觉非常兴奋。

***

问：现在，您说您也直接吸食它，是吗？

答：是的。

问：您是怎么做的？

答：可以在什么东西的表面把它弄成一条线，你拿一根吸管——

问："把它弄成一条线"是什么意思？

答：有些时候它是以粉末状态存在的，有些时候则是凝固成块状。如果是固态的，你就得把它弄成粉末状。然后你可以弄成一条线，通过吸管吸到鼻子里。

问：请向陪审员演示一下您是如何做的。

答：你要做的是用刮胡刀片、刀刃或其他锋利的东西，您要像这样做［演示］，它就会形成一条线了。

问：然后就吸食它。您是怎么操作的？把吸管放到鼻子里吗？

答：是的。

问：然后怎么办？"唑唑唑唑"地吸？就那样吸？

答：就那样。

问：就那样？然后它就会起作用，当您把这些东西都吸进去之后，它会起什么样的作用？

答：马上起作用，一开始会有非常糟糕的灼烧感，然后就会消失。

问：您是故意这么做的？

答：是的。很多次是这样的。

问：好的。然后会发生什么？

答：然后你会感觉到好像——我把它形容为一种兴奋感。感觉像是从过山车上下来，

---

① 这是一个在交叉询问中的非主导型的问题，之后几乎没有对这个问题的进一步追问。See Michael E. Tigar, *Examing Witnesses*，Chapter 8（2d ed.，2003）.

② 他说的是"你"吸进去。我不接受这一因粗心而说出的术语，因此我在这里注明这一点。

你会有很强的欣快感。①

更多对福蒂尔-麦克维关于爆炸物方面的关系以及对福蒂尔的指控

问：现在，您说过麦克维先生把一些东西放到您家了，是吗？

答：是的。

问：因此您从麦克维先生那里得到一些雷管，我们已经谈过此事了，是吧？

答：是的。

问：您从麦克维那里得到一些硝酸铵，是吧？

答：是的。

问：您从麦克维先生那里得到一些起爆物，是吧？

答：我不知道什么是起爆物。

问：哦。您得到一宗物品——在直接询问的时候您看到橘色的管子。您从他那里得到的，是吧？

答：是的。雷管，是的。

问：那是雷管，但是它在末端有橘色的管子，是吧？

答：是的。

问：您从他那里得到一些 Kinepack（硝酸铵和硝基甲烷的混合物，双组分炸药的一种——译者注）或 Kinestik（双组分炸药中的另一种），一些双组分炸药［指由两种（混合前）不爆炸的材料组成，且只有在将一种组分加入另一种组分中之后才形成的具有爆炸性的混合物——译者注］，是吧？

答：是的。

问：两种您各得到一半？

答：是的。

问：您的理解是可以把它们混合起来，然后就可以得到炸药了，是吗？

答：是的。

问：您是一次性得到这些东西的，还是在房间里或储藏室里分别得到的？

答：在我院子里的储藏室里分别得到的。

问：您没有和蒂莫西·麦克维一起合谋炸掉建筑物，是吗？

答：没有，先生。我没有。②

福蒂尔的故事是如何发生和发展的

问：现在，先生，我想转到事件的不同版本这个话题上来——您在今天到这里之前

---

① 当一个人会引起一个理性人在作出重大决定面前迟疑不决的时候，法官的义务就是把这种合理怀疑表达出来。在法庭辩论总结时，泰戈可以问曾和麦克维有过诸多合作的迈克尔·福蒂尔是否是一个吸食毒品的人，陪审员们会犹豫应否让他照顾他们的孩子。

② 还是那个主题：福蒂尔比尼克尔斯做得更多，却没有被指控为犯有合谋爆炸的罪行。

说过的事情。您在什么时间第一次因为与这个案件有牵连而被联邦调查局面谈？①

答：我相信是在 1995 年的 4 月 22 日。

问：您确定记得是在 4 月 22 日星期六被特工威廉姆斯、皮特里（Petrie）和穆尼（Mooney）面谈的吗？

答：是的。

问：现在，他们告诉您在调查爆炸案件，是吗？

答：是的，他们告诉了。

问：您告诉他们曾经有几个月的时间没有离开过亚利桑那州的金曼了，是吗？

答：我是这么跟他们说的。

问：按照您今天所说的，那是真的，是吗？

答：不，那不是真的。

***

[针对他向 FBI 所陈述的故事内容，泰戈问了关于哪些是真的、哪些是假的问了一系列问题。]

问：面谈是在什么地方进行的呢？在您家还是在他们确定的其他场所？

答：都有。

问：那么就是现在一个地方，然后到了另一个地方？

答：是的。

问：你是如何决定哪些内容要照实来讲，哪些内容要撒谎呢？②

答：根据内容的合法性而定。对于那些违法的事情，我就会说谎。

问：那么，您为什么那么做？您害怕什么？

答：害怕惹麻烦。

问：您认为您遇到了什么样的麻烦呢？

答：一个原因，我家里有一批偷来的武器。我不想让他们知道这些。

问：了解。

答：我之前知道一些爆炸的知识，我不知道——我不确定那是否合法，但看起来这当然是非法的，因此我不想告诉他们任何之前的知识。

***

[下面的内容是在爆炸案之后他和 FBI 很多谈话的内容。]

问：您有没有看着您的妻子说："洛丽，让我们告诉他们，我们认识蒂姆·麦克维。让我们告诉他们每一次和他的见面，让我们尽最大努力回忆所有过去几个月发生的事情，这样我们就能对他们有所帮助了"？您这样说过吗？

答：没有，先生。

问：您这样想过吗？

答：是在爆炸的第一天的那个早晨吗？

问：21 日，先生。

---

① 现在询问顺次转向福蒂尔的故事如何随着时间而发展和建立起来的。

② 这是一个开放式的问题。用它来阐明在何时以及为什么这样的问题能够在交叉询问的时候有用。

答：在 21 日我没这样想过。

问：您曾这样想过吗？

答：没有，先生。

问：实际上，您对您和 FBI 的对抗感到阶段的自豪，是这样的吗？

答：是的。

* * *

[然后泰戈播放了一系列的电子监控摘录材料，这都是从 FBI 放在福蒂尔的家用拖车和电话等设备上录下来的。在这些对话中，他吹嘘说他将把他的故事卖出一百万美金，在他母亲面前夸夸其谈，要向媒体陈述而不要求对方支付对价，吹嘘自己作为潜在证人的功绩。在一段谈话记录中，福蒂尔所说的一些话中谈到他会挖一挖自己的鼻孔，然后把挖出来的东西弹向法官。从他的音调来看，他明显是因为什么东西而处于兴奋状态，很可能是甲基苯丙胺，这东西能让人喜欢吹嘘。在一份记录中，他被窃听到让他的妻子点燃用于吸食甲基苯丙胺的锡纸管。检方没有对福蒂尔滥用毒品的行为提起任何指控。

现在询问的话题转到了在什么时候福蒂尔决定成为跟检方配合的证人。]

问：先生，过了一段时间您收到了陪审团的传票，是吗？

答：是的。

问：您和您的妻子洛丽，去了俄克拉何马城？

答：是的。

问：您住在汽车旅馆？

答：是的。

问：在 1995 年 5 月 17 日的下午 4 点 30 分，您给 FBI 打了电话？

答：我打了传票上的一个电话，我不知道那是不是 FBI 的。

问：那一天，您后来是不是跟一些 FBI 的特工交谈过？

答：是的。

问：他们是下午 5 点 35 分到的，是吗？

答：大概是吧。

问：您告诉他们您想纠正您在亚利桑那金曼跟他们所作出的陈述，是这样的吗？

答：是的。我跟他们说了这样的话。

问：您的妻子，洛丽夫人，她喜欢被怎样称呼？福蒂尔夫人还是福蒂尔女士？还是别的什么？

答：夫人。

问：好的，福蒂尔夫人说她也想纠正她的陈述，是吗？

答：是的，那也是她的想法。

问：现在，您还说过，如果您的作证不利于蒂莫西·麦克维的话，您害怕来自雅利安运动（Aryan movement）的报复，是吗？

* * *

问：特工到了那里，您告诉他们您想纠正陈述，您谈到了报复行动和不想让福蒂尔夫人到大陪审团面前作证，然后他们问您是否仍愿意纠正您的陈述，事情是这样的吗？

答：是的，先生。

问：好吧。然后下一件事情发生了，先生。您和福蒂尔夫人开始谈论起您将要做什么，是吗？

答：是的。

问：当 FBI 特工走出房间的时候，您和福蒂尔夫人交谈了，是吗？

答：是的。

***

问：然后您走出了房间，是吗？

答：是的。

问：您去哪里了？

答：我去和特工沃尔兹（Volz）交谈。

问：在什么地点？

答：在房间外面的露台上。

问：露台在第二层吗？

答：是的。

***

问：实际上，您告诉特工"我想免受处罚，我会把蒂姆·麦克维的信息都给你"，您是这样说的吗？

答：实际上，那就是我说过的。

问：他们告诉您他们没有权力对您全部豁免，是吗？

答：我不记得他们说过这样的话。

问：他们有没有告诉过你他们将豁免您的责任？

答：没有，他们没这么说过。

问：他们有没有跟您说他们不能豁免？

答：我不记得他们说过不能豁免。

问：先生，他们是否告诉您这样的信息：向特工交代不会，也不能保证您被豁免，只有检察官才能这样做？

答：我不记得他们说过这些。

问：先生，他们有没有告诉过您，他们不需要您作出对麦克维不利的证言？

答：是的。我确定记得特工沃尔兹说过这样的话。

问：在他们告诉您这些话之后，您回到了房间，是吗？①

***

福蒂尔的枪支交易案现在浮现出来并在最后被利用

问：先生，现在我向您展示，有什么东西被——我可以问吗，法官阁下？

法庭：是的。

---

① 这是询问中的关键部分。福蒂尔不承认 FBI 特工说过他们不能豁免他的责任，但是陪审团知道实际上他没有得到豁免，只得到了诉辩交易，FBI 从其他渠道得到了证据。这里的关键之处在于他只提供了麦克维的信息，而没有尼克尔斯，他被直截了当地拒绝了豁免，因为 FBI 确定他们已经有了足够的麦克维的证据，不再需要福蒂尔在该案中作证。明显可以从中推论出他将不得不提出一些其他人的信息，很可能就是尼克尔斯，后者已经被拘禁了。他对政府所作的陈述在某种意义上逐渐地扩展到了他宣称的关于尼克尔斯的信息。

148

问：[继续] 在需要被鉴定的被告的第 397 号的文件是什么内容？第一页是政府文件。我请您看第二页并告诉我们是否认识上面的笔迹。

答：是的，是我做的。

问：先生，请问是谁的笔迹？

答：那是我的笔迹。

泰戈先生：法官阁下，我们提供了第 397 号证据的第一页和第二页。397 是一份自我确证的政府文件，第二页福蒂尔先生已经确认了。

检察官：同意。

法官：D397 文件被接受了。

问：我正在把被接受为证据的政府第 397 号文件的第二页放在这里。

问：福蒂尔先生，这是一份枪支交易记录，是吧？

答：是的，先生。

问：您曾经被问过是否对大麻或任何具有镇静、刺激或麻醉作用的毒品及其他能管制物品非法使用过或上瘾，你的回答是没有。是吗？

答：这是真的。

问：然后您签署了证言，是吗？

答：是的，我签了。

问：在您签署之前，您是否读过这一部分所写的内容："我特此证明，对上述问题的回答都是真实和正确的。我理解一个回答'是'的人被禁止购买和或拥有枪支，除非联邦法律另有规定。我也理解作出任何虚假的口头或书面陈述或关于此类交易的任何虚假或误导性确认都被作为重罪而应受处罚"？您读过这些内容吗？

答：我记不起来了。很可能是我跳过了这一部分。

问：那么，您回答的"没有"是真实情况吗？

答：不是，那个"没有"是虚假的陈述。

问：先生，您为什么对于枪支记录要作虚假陈述呢？

答：因为我知道如果我回答"是"，他们就不会让我购买武器。

问：就因为您想有一支枪，您犯下联邦重罪？

答：是的，先生。

***

问：我将把这个放在您面前，先生。我想请您翻到第 484 号文件。那是一份在 1993 年 12 月购买枪支的表格记录吗？请看 D484 的第二页。

答：这是一份枪支交易记录。

问：这是谁的记录？

答：我的。

问：是您签署的吗？

答：是的。

泰戈先生：请提交 D484。

检察官：同意。

法院：接受。

问：先生，您作出了同样虚假的陈述，是吗？

答：是的，我作了。

问：您说谎涉及的枪是什么型号的？

答：是 10/22 型的。

问：什么是 10/22 型的枪？

答：是一种轻武器，一种口径为 22 的步枪。

问：先生，您能看一下 D485 号证据吗？它是一份枪支交易记录吗？

答：是的，先生。

问：那是谁的？

答：是我的。

问：我们提议承认这份证据，法官阁下。

检察官：同意。

法院：接受 D485 号证据。

问：是 1993 年 7 月吗？

答：是的。

问：您撒谎了吗？

答：是的，先生。

问：是同一个谎言吗？

答：是的，先生。

问：从那个谎言中您得到什么样的枪支？

答：实际上是两支枪，一支 38 口径的手枪和一支 M-14 步枪。

问：现在，根据您的诉辩交易协议，您不会因为说过任何关于这些武器表格的谎言
  而受到起诉？是吗，先生？

答：我不相信这样。

法院：对于该回答我不能够确信。你不相信这是正确的？

证人：我不相信我会因此被起诉。

法院：好吧。

福蒂尔的诉辩交易

问：现在，您接受直接询问。先生，您已经花了不少时间和检察官一起讨论您将在
  法庭提交什么证据，是这样的吗？先生？

答：是的。

问：您说已经见过检察官 25 次了？

答：是的。每一次都要持续一天或两天。

* * *

问：现在，我将要向您出示政府所提供证据中的第 193 号，也就是诉辩交易部分的
  第 7 页。它的名字是"违反协议的责任"，是吗，先生？

答：是的，先生。

问：这是您和政府交易的部分内容吗？

答：是的，这是。

问：上面说，"如果有进一步的证据发现福蒂尔先生参加了炸毁任何联邦建筑物的密
  谋"——然后还有一些其他的事情。上面说"……那么合众国有权将这些行为
  定性为违反协议的行为"等等，是这样吗？

答：是的。

问：上面还说"……在这样的情况下，合众国在该协议中的义务变为无效义务，合众国有权对福蒂尔先生基于任何可能被指控的犯罪行为在任何地区或州进行起诉。"您看到这些了吗？

答：是的。

问：您没有被指控参与了联邦大厦的爆炸案，是吗，先生？

答：没有被指控。

问：合众国知道所有的事情，所有我们今天谈到的事实，是这样的吗？

答：他们知道。

问：他们知道麦克维先生在您家中留下了爆炸物，是吗？

答：是的。

问：他们知道麦克维先生能够住在您的家中并能够使用您的工具，是吗？

答：是的。

问：他们知道麦克维先生能用您的电话吗？

答：是的。

问：他们知道麦克维先生借过您的小汽车吗？

答：是的。

问：他们知道您曾和麦克维先生一起去过俄克拉何马城吗？

答：是的。

问：他们知道您为了运输包装过爆炸品吗？

答：我参与了此事，是的。

问：他们知道您曾用别的名字而不是自己的亲名得到一个用来存储的车库吗？

答：是的。

问：他们知道您买卖过您认为是偷来的枪吗？

答：是的。

问：他们知道您买卖过您认为是偷来的爆炸物吗？

答：是的。

问：他们知道您和麦克维先生分了那些卖枪得来的钱吗？

答：是的。

问：他们知道您想成立一个民兵组织并采取了一定步骤了吗？

答：是的。

问：他们知道您在家中有从麦克维先生那里得到的文献，是吧？

答：是的，他们知道。

问：那些只是——我们今天谈到的所有事情不是那些事情的全部—只是一部分，是吧？

答：这么说是对的。

问：先生，您今天坐在这里，您是否害怕合众国会决定因为您参与了密谋爆炸联邦建筑物而起诉您？

答：不，先生。我不害怕。

问：现在，您在直接询问中作证——请原谅。一分钟。如果可能，让我们看这些段落之外的材料。上面说，如果进一步的调查发现您拒绝回答任何问题——您没有这样做，是吗？先生？

答：没有，先生。我没有。

问："……或向调查人员或检察官作出任何虚假或误导性的陈述，或在陪审团或法院面前作出虚假的或误导性的陈述，或作伪证，"您看到这些了吗？先生？

答：是的。

问：现在，您认为谁有权利决定您是否作过伪证并基于此而起诉您？①

答：我相信应该是法官。

问：先生，是检察官有权决定是否起诉人们，这是您的理解吗？

答：是的。

问：您是否知道，如果我和伍兹先生，还有尼克尔斯先生认为您在作伪证，我们都无权起诉您？

答：我知道这些。

问：现在，先生，在您的直接证据中，您讨论过您被指控的罪名和可能受到的最严厉的惩罚。你还记得吗？

答：是的。

问：您如何理解你可能受到的最严厉的惩罚？

答：23年的有期徒刑。

问：现在，您想接受23年的徒刑吗？

答：我想那只是一种可能性。

问：现在，马什法官不再是将会对您作出判决的法官，是吗？

答：不再是，先生。

问：也就是说，为了这个目的，指令另一个法官来审判，是吗？

答：是这样的。

问：您知道是一位堪萨斯州的法官，是吗？

答：是的。

问：现在，您被判决的时刻还没有到来，是吗？

答：是这样的。

问：您的律师有权提供为什么刑罚会低于23年的理由，是吗？

答：是这样的。

问：您知道根据指导准则应判处的刑罚是什么吗？

答：是的。

问：好的。是多少年？

答：我相信是27个～33个月。

问：因此，如果您按照判案指导准则被判决，您会得到27个～33个月的徒刑，是吗？

答：是的。

问：现在，您的律师和您将有权为获得低于此的刑罚而论辩，是吗？

答：我相信是的。

问：将会准备缓刑？是吗？

答：是的。

---

① 这是诉辩交易中对告发者的交叉询问中至关重要的部分。所有这样的交易都列出如果告发者撒谎，他或她可能会被起诉的条款。检察官列出这些条款以确保告发者提供信息的真实性，为此求助于这些"担保条款"。See QXR case on impermissible vouching. 交叉询问必须指出谁作出决定和什么是真实、虚假。

152

问：此外，检方有权在审判听证时提出证据，是吗？

答：是的。

问：现在，您是否认为有这个权利，但没有这个义务——如果他们愿意选择的话——向法官说你已经提供了实质性的合作？

答：是的。

问：您是否知道不管是您、我或是尼克尔斯还有伍兹先生都没有任何权利向法官请求考虑实质性合作这一情节？您是这样理解的吗？

答：是的。

问：现在，请看您的诉辩交易的第五页，先生。您看到第 23 节第 65 段——对不起——第 3553（e）号动议，您认为第 3553（e）号动议是什么意思？

答：如果我履行了我对合众国检察机关承诺的义务，他们将在自由裁量权的范围内——他们可能起诉——他们可以请求法官降低对我的刑罚。

问：让我们读一下这段文字："如果福蒂尔先生完全履行了他在该协议中的全部义务"——这是第一部分，是吗？

答：是的。

问：您的义务之一是说出真相，是吗？

答：是的，先生。

问：但是，关于您是否基于该目的履行了义务的决定权是由检察官行使的，是吗？

答：是的。

问："在判决的时候，合众国会建议主审法官考虑福蒂尔先生所提供的全部帮助的性质、范围和价值。此外，合众国将会按照前述段落中的内容对福蒂尔先生所提供的信息进行评价。"您看到这些了吗，先生？

答：是的。

问：然后上面说，"如果检方在其全部的自由裁量权范围内认定福蒂尔先生在对其他牵涉犯罪行为的调查和起诉方面提供了实质的帮助"——"其他"包括了您之外的行为，是吗？

答：是的。

问："……那么它将按照……提出一个动议"——这部分引用了一些将向法官建议的法律。然后上面又告诉你法官有决定判决的裁量权，是吗？

答：是的。

问：现在，我们看这里所说的合众国有权对福蒂尔先生提供的信息进行评估。您看到了吗？

答：是的。

问：您怎么理解"评估"（evaluate）一词？先生，您曾在真值（True Value）硬件商店工作过，是吧？

答：是的。

问：您怎么理解"评估"（evaluate）一词？

答：我的理解是他们会对我的合作进行分级评分。

问：请再说一遍好吗？①

答："评估"一词意味着对我所提供的帮助进行分级或考量。

问：好的。按照这个协议的规定，合众国检察官是唯一有权对您的合作进行考量和分级评分的人，是吗？

---

① 泰戈很可能第一次已经听到了，但还是想让他再说一遍。

答：是的。

问：先生，当您去监狱的时候，您有刚出生的最小的孩子吗？

答：没有，先生。

问：您见过您最小的孩子吗？

答：是的。见过。

问：先生，您希望与您的孩子们团聚吗？

答：是的。

问：在世界上所有的事情中，和您的家人团聚是不是最重要的事情？

答：当然。

问：您希望尽快团聚，是吗，先生？

答：是的，我希望。

问：您对持枪一事撒过谎，是吗，先生？

答：是的，我确实这么做了。

泰戈先生：没有其他问题了。

■ 审判和结果

陪审团对超过 200 以上的证人听证，看过了超过 2 000 件的物证。有数十位证据专家检验了包括炸弹残余、塑料桶成分、卡车车体构造、工具痕迹、指纹和笔记分析等证据。辩方找到证人来证明己方的观点，即麦克维找到那些帮助他实施计划的人，其中并没有福蒂尔。检方着重强调一些直接和周边的证据来证明尼克尔斯和麦克维在犯罪方面的关联。[①]

在一周多的商讨之后，陪审团最后判定，尼克尔斯犯有密谋和非自愿过失杀人罪，密谋而没有犯下一级或二级谋杀罪，密谋而没有犯下纵火罪和使用武器进行大规模杀伤罪行。很明显，这是一个妥协的结果。

■ 量刑程序

辩方认为，根据第八修正案，这一判决不能引发量刑审判。马什法官拒绝了这一意见。[②]

刑罚阶段中充满了情绪化，这种情绪化达到了非同一般的程度。受害人

---

① 检方和辩护方的总结陈词花了几个小时的时间，可参见 1997 WL 765592（第一个早晨，检方开始总结陈词）、765971（第一个下午，包括部分检方的总结陈词，辩护方开始总结陈词）、769081（包括辩护方的总结陈词，和检方的驳斥总结）。

② 所定之罪是非自愿过失杀人罪和密谋纵火与使用大规模杀伤性武器罪。不能够断言密谋行为可导致判处死刑。辩方认为主要参与意在杀人——至少是明确得到二级谋杀——才是引发死刑判决的最低犯罪要求，而密谋并不能够提供这种基础。See LaFave, Israel & King, *Criminal Procedure* § 3.F5 (4th ed., 2004). 检方则认为可惩罚的犯罪目的问题应该在刑罚阶段依据 18 U.S.C. § 3529 (a)(2) 的规定处理。

154

集团和他们的支持者谴责陪审团最初的判决。在两个审判之间为期 10 天的休庭阶段，他们在丹佛进行了公共集会。在死刑案件中，联邦最高法院允许受害人影响证据。因此，受害人的家庭成员可以对证据进行检查。法院允许包括 8 名联邦政府官员在内的 168 名受害者的任何亲属进行检验。一个个的证人都哽咽了，有些甚至号哭起来。马什法官在某一时刻进行了干预，但是打断这一充满了痛苦记忆的人流是一份法庭内任何人都不想去做的工作。

联邦官员的亲人们在面对陪审团所作出的尼克尔斯非自愿过失杀人而不是谋杀罪的判决时不仅表达了悲伤，更表达了愤怒。此外，还有来自医疗和紧急救护人员关于伤亡情况的图表式的证据。辩方也请来一些尼克尔斯的朋友和家人来证明他的人品。

在一起联邦死刑案件中，陪审员会被告知有三个阶段的进程。首先，他们必须按照被告相应的目的和参与程度，决定被告是否对另外人士的死亡负有刑罚处罚的责任。[①] 其次，他们必须决定检方是否已经证成了一项或多项超出合理怀疑标准的加重因素。最后，如果他们通过这两个阶段，他们要基于制定法和双方提交的材料，来衡量法官曾对他们指导过的减轻和加重处罚的因素。

在这个衡量的过程中，每个陪审员都是具有最高决定权的人，在这个意义上，她可以按照自己所信任的标准对不同的因素赋予不同的权重。因此，一个陪审员可以认为有一个减轻处罚因素的重要性超过了其他任何因素，因此投赞同票不处以死刑。一个死刑判决要求所有 12 名陪审员在这三个阶段都达成一致，在任何阶段的任何不一致都会在现有法律下产生不判处死刑的判决。这一点在尼克尔斯案件的时候还没有被联邦最高法院建立。[②] 因此，当陪审员们宣布对第一阶段没有达成一致的时候，检方考虑到另一个死刑判决，转而主张这是无效审判。马什法官对这个问题考虑了一整夜，决定维持陪审团作出的否定意见为有效判决。在这样的解释之下，最终判决的内容由法官确定。马什法官判处尼克尔斯终身监禁。[③]

在刑罚阶段检方观点的核心是，检方声称陪审团应该必须通过发现尼克尔斯先生密谋的罪过和在俄克拉何马城造成的对生命的破坏与损失来作出裁判。辩方则采用了不同的对策：在一开始，辩方团队就已经决定，所有的证据和观点在提交的时候都要尽可能地平和，以营造出一种理性的氛围，来对抗弥漫于法庭中的愤怒和悲伤。

对于第一个问题，对应予刑罚处罚的参与行为，辩方转而去求助审判阶段的证据。这就是前面所说的"搭桥"的例子。此外，关于尼克尔斯在审判阶段的特点和行为的证据也再次提出来被要求考量。

辩方在裁判前的总结求助于避难所的想法。在避难所中，所有人都是团体的成员，具有同等的尊严。支持死刑的一方必须一直拒绝将被告人描绘成"另一个人"的建议，或描绘成不具有那些使其继续存活下去所应有的人类特性的人。[④] 辩方也必须一直集中讨论陪审员决定判决的程序，以及每个陪

---

① 18U. S. C. §3591（a）（2）.

② Jones v. United States，527 U. S. 373 (1999).

③ 后来，尼克尔斯在俄克拉何马州法院因为谋杀被审判，陪审团仍然没有投票赞成死刑判决。

④ 全部的论述可参见 1998 WL 1057。

审员为了最终的判决所承担的责任:

辩护律师、尼克尔斯先生、陪审团的成员们,在两周前的一个下午,你们来到这里参加此案并等待判决。从那时候起,对您来说,您将会毫不惊讶地发现专家们、受雇律师们、电视秀的主持人们、其他律师们和所有人都试图估量最终的结果。但是法官将会在几分钟后告诉您结果,这时,您已经完成了所有的估量。所有对观点的表达、所有的游行表态,这些都无法改变事实,无法改变法律。您所作出的判决是您的判决。这是终局性的。它对法庭内的所有人都发生效力,包括作出判决的陪审员们。

我不想花费太多的时间来告诉您决定是什么。我认为这将是一种冒犯的行为。相反,我将谈及那些法官[在他的指导过程中]将要告诉您而我们在这里已经结束了的那些要决定的事情,在心里想着不再回到那些已经结束的事情上。

我不会耽误您太多的时间。我们在这里所共同度过的时间,代表了巨大的牺牲和奉献。我知道,对所有人来说,一切都将结束,您将回到您的工作中去、回到您的社交圈子中去。我们将都会回到我们自己的工作中去,检察官去参与其他案件,我回去继续教书,尼克尔斯先生去监狱——是监狱而不是审前所待的拘留所,这就是您已经作出的判决的结果。我们今天在这里所决定的事情之一,是你们12人是否会签署一纸将对尼克尔斯先生执行死刑的判决。它将授权某人在某天对尼克尔斯先生执行判决,对他处以极刑。

当您回去之后,您不会看到的是这一方的人参加一系列的脱口秀节目和口述笔录式的书籍。我认为这些事情对于容忍它们的职业人员而言是一种羞辱,我认为对律师而言这是一种耻辱。

* * *

你们的判决是尼克尔斯先生密谋并实施了犯罪,使用武器进行了大规模破坏。而他没有犯下这样的罪行。在第三法庭,在关于此案的8个法庭上,都宣告他没犯下一级和二级谋杀罪,也没有犯下非自愿过失杀人罪。

现在,法官在那时对陪审员们作出了指导。正如我所说的,我无法形容你们作出的决定,我不认为任何人都有权利来告诉你们作出的决定是什么。法官确实允许你们有权判处尼克尔斯先生犯有密谋的罪过,哪怕根本他不知道和理解协议的所有细节,哪怕他根本不理解他所扮演的仅仅是次要的角色,而只要他知道该计划及自愿且故意参加这一计划的非法属性,他就会避免担任这一角色。

我请求你们,在对待你们现在马上就要作出决定的后果时,去回顾一下法官曾给予你们的指导。因为对我们来说,尽管我们可能犯错,但有一点很清楚,你们已经特别谨慎地读过这些指导,在要作出决定时,你们自己曾经讨论过这些词句的意思。

好吧,在你们讨论词句的意思并在判决中应用这些词句的时候,你们作出了决定。因此,你们将会重新思考这些词句,这样你们能够回顾并更新你们的想法，想想什么卷入了你们所做的事情、什么卷入了你们没有做的事情。

如果你们这样做，我想你们会避免很可能无意中犯下的像检察官在总结时候所说的那样的错误："他同意犯下的罪行发生了。"当它发生的时候，我一直在考虑，第一巡回法庭和第二巡回法庭是否也是这样。但正如我所说的，这将是你们的决定。

现在，为什么检方想要你们在这个案件中作出死刑的判决？他们说这是对法律图景的正确性进行的证明。他们说这是因为他们已经向你们提供了确定的证据。

     ＊＊＊

当你们回到陪审团室进行讨论的时候，程序分为三个阶段。第一阶段，正如辩护律师所说的，要求你们去看两个发现。除非你们能够达成超出合理怀疑的一致同意，如果你们的答案是"否"，程序就结束了。也就是说，那是一种合理的怀疑。你们回来，然后法官在第一法庭上宣布，就像他将在第四巡回法庭到第十一巡回法庭作出的宣告那样。

> ［泰戈逐项回顾了法官的职责，从审理阶段到刑罚阶段的证据。指导的主题是只有陪审员们才知道他们的决定，他们商议的判决结果可以合法地基于尼克尔斯的次要参与行为作出。然后泰戈回顾了检方指控的加重处罚的环境，专门指出这些环节中很多情况都要求陪审员将他们对迈克尔·福蒂尔所陈述故事的版本在充分信赖的基础上才能作出，而这需要回顾审理阶段的证据。］

     ＊＊＊

我现在感觉当我想到那些证据时，我好像站在你们面前，试图平息愤怒、悲伤和报复的浪涛。我感觉到了这种想法，我不知道是否你们可以感受到这种想法，这使我暂时中断了思维。但是当我想起这些的时候，我就会想法官将要给予你们的指导，因为这些指导像我们对愤怒、悲伤和报复的浪涛所作出的审慎思考一样，能够让我们有个更高的平台，因为这些指导会告诉你，无论愤怒、悲伤还是报复，都不能在这样的案件中成为判决的一部分，这会影响判决的公正性。

当我说这些的时候，我并非在攻击那些受害人。我们知道他们已经作出了牺牲。但是我们知道，数百年来我们文明已经发展到了很高的程度，我们已经不再基于报复和血亲复仇而达致正义。

这场审判是从俄克拉何马城移送而来的，我之所以提出异地审判的建议，是因为即便那些深受创伤者的邻居，也难免不受激愤情感的影响。因此，对于这些人，当我们听到他们的悲伤、愤怒和他们想要报复的心愿时，我们所能做的只能是祈祷"保佑那些需要安抚创伤的人们"。

但是当我谈到审判程序时，我想要说我相信其他的一些东西。我不想说出这些东西，因为我想我没有达到有资格说这些东西的位置。我并不代表正义，但可以和你们共享关于正义概念的思想，和你们共享一些将视野转向未来而不是一直朝向过去的思想。

我只向你们提供了9个证人。我本可以向你们提供更多的证人证言和其他证据，就像对方所做的那样。但是他们告诉你们，特里·尼克尔斯，作为罗伯特和乔伊斯（Joyce）的儿子，苏西（Susie）、詹姆斯和里斯（Les）的兄弟，克里斯蒂安（Christian）、尼克尔和约书亚（Joshua）的父亲，玛丽菲的丈夫和曾经帮助莱尔·劳（Lyle Rauh）挽救过他的农场的热诚朋友。这些证人住在同一个社区。我们努力想向你们提供特里·尼克尔斯的真实图像，而这就是我们正在向你们提供的他的生活画面。

我对检察官们如何反应很有兴趣，因为我心怀尊敬地向你们提出，这样对待尼克尔斯的确是不公平的。

［泰戈分析了检方对辩方提供的用以支持减轻惩罚的证据所进行的攻击，这些攻击包括检方对尼克尔斯行为和动机的形容。］

***

如果你打算要求 12 个人去签署一纸文件，文件要求在某一天把他抓起来放到带有轮子的床上，然后把毒液注入他的血管里，为什么主张这样的行为是必需的呢？他们为什么要夸大呢？他们为什么要这么做呢？

***

［泰戈然后开始回到减轻处罚的因素这一话题上来，辩方基于法官的指导而提出了这些因素。］

现在，如果你到那里，你会发现在陪审团表格的第 5 页上有一个减轻处罚因素的列表。在它之后，有一个单独考虑所有这些事情的空间，和另一个空间，在这个空间里写着是否认为死刑、没有假释可能的终身监禁或其他一些法院作出的更轻的处罚，你要在这个地方签名。这些信息将被送交到马什法官那里，来按照约束包括这里所有人的法律和你们发现他犯有非自愿过失杀人罪的事实进行考量。

减轻因素 1：特里·尼克尔斯所参加的犯罪行为情节相当轻微。这里的术语"相当"由你们来确定。我已经读过法官在第一巡回法庭所作指导的摘要，指导的内容包括允许你发现他犯有密谋的罪行，哪怕你所发现的不过是他仅仅扮演了一个次要的角色。这是给你们看到。

第二，另一个被告人或应受同等惩罚的被告人将不会被判处死刑。检方没有要求陪审团考虑对迈克尔·福蒂尔进行死刑判决。检方甚至没有要求陪审团那样考虑。他的妻子洛丽和孩子们一起在家。你们听到了迈克尔·福蒂尔的所作所为。你们听到了他和蒂莫西·麦克维之间的关系；我们没有花费任何时间建议你们应该如何决定，只是试图要求你们思考一种方式，因为这与你们之前所做的事情纠结在一起，你们知道之前如何考虑这一事情。减轻处罚的因素在于你们如何思考这一问题。

胁迫。为什么说存在胁迫？因为有一次迈克尔·福蒂尔这样说："我们将会迫使特里·尼克尔斯去做。"我不知道你们如何思考迈克尔·福蒂尔的这句话，他说这话的时候因为害怕而正带着枪。这要看你们如何思考。

当然，之前没有任何犯罪记录。

一个关爱父母的儿子。

一个关爱孩子的父亲。

一个专一和疼爱妻子的丈夫。

这些就是不判处死刑要考虑的因素。没有人逼迫或要求你们去发现他是一个完美的人。我认为那是一个没有人能够做到的标准。

考虑一下他家庭的福利，即便在困难的环境下，在他的母亲给他钱让他买在监狱无法得到的东西时，他马上把这些必需的钱款寄到菲律宾[的妻子]那里。

他是一个会照顾他人的人，哪怕此人跟他没有任何血缘关系。

一个具有创造力的人，他曾力图运用自己的创造力去帮助他人。

一个对很多人的生活有过积极影响的人。

一个致力于完善自我的人。

一个在合众国军队诚实服役的人。

还有一点要让你们暂停一下，如果你们到了这里，联邦第十四巡回法庭，发现特里·尼克尔斯是一个具有尊严和鲜活生命的人类一份子。[①]我想你们看到了这一点。这强调了你们将要作出的判决的特殊性，对每一个审慎思考的陪审员而言，你们面临在作出决定的过程中如何衡量权重的问题。最终，当事情落到你们的手上，你们将根据自己良知的反应，作出合乎道德的决定。

现在，你们是否会回到某个大人物所说过的"以眼还眼"之处？你们可以说"等等"，然后开始。让我们读一下指导，可以吗？因为在判决中没有报复思想的空间，这个判决是此地我们所有人都发誓要致力于公平作出的。

你们已经发过几次誓言了，关于问卷表的内容发过誓，当我们到这里反复向你们发问的时候发过誓，对真实的回答也发过誓。所有的誓言都遵循法官的指导，都非常必要和重要。

但是，当有人主张以眼还眼的时候，社会的良知在哪里？确实，这样的文字在《旧约》里的确存在……但即便后来在被称为公会（Sanherin）的法院来决定谁应该生、谁应该死的问题时，也只能在圣殿宣告作出死刑的决定。公会停止在圣殿里开会讨论了，为什么？因为在我们文化传统最早期的发展阶段，人们公认：法律庄严、神圣地规定剥夺生命这种方式比深思熟虑后的报复要更为残酷，因为这与一个具有理性和激情的社会组织体制相冲突。

我要向各位说明，检方是想把你们拖回报复的时代。我要向各位说明，FBI特工在获得一份草草记录的证据之前，曾在1995年4月21日跟拉娜·帕蒂利亚说过："那两个家伙将会引发众怒"。这种匆忙的判断与应该做到的和认真思考的社会良知相冲突。我要向各位提出建议，让自己的深思熟虑向报复情绪投降就是拒绝我们从经历过的繁多艰辛和大量苦痛而获得的教训中总结学习。

没有人知道比那些恐怖行为的受害人所遭受更为严重的深重苦难了。但是在一个又一个的国家里，司法制度都规定，在每个案件中，个

---

① 尽管有检方的反对，马什法官还是将这部分作为减轻刑罚的出发点因素。

人的决定必须超越愤怒的情感……

在南非，当曼德拉从监狱中被释放的时候，尽管有针对黑人大众的暴力的记录，但仍然很难作出死刑宣判，仍没有以法律的名义来实行报复与愤怒的制度。

我已完成了形式要求，也已经完成了指导任务。如果我说过使你们想到我在努力告诉你们各位已经作出了什么决定，或者各位应该按照自己内心最深处的信仰应该做什么，请忽视它。

在最终陈述中我最后要告诉你们，我说过一些东西。现在让我以下面的强调作为结束吧：

如果你们能理解，那三个选项中选择一个，你们将要作出的建议对于法官具有拘束力。如果你们能理解，你就有三个可能发生的选项：死刑、无假释的终身监禁和其他判决。

当我作出前面的总结时，我走到特里·尼克尔斯前，说道："这是我的兄弟。"① 检察官站起来提醒我们所有人，我想他主要是想提醒我，在俄克拉何马城，有兄弟姐妹和父母被谋杀。当我说"这是我的兄弟"的时候，我当然不是在拒绝承认事实。我希望我说的是另外的一些东西。我说的是可以回溯至几千年前的传统，说的是一个特殊的真实事件。你们可能记得，当我们年轻的时候绝大部分人都学过约瑟夫（Joseph）哥哥们的故事，约瑟夫有一件色彩丰富的外套，在MTV里面叫做"梦幻华丽色彩外衣"（Technicolor Dream Coat）。他们嫉妒约瑟夫，把他扔到地窖里，认为他会死掉，发现他仍然活着后就把他卖给别人当奴隶。多年以后，他成为法老的司法官，恰好作为法官审判他的哥哥们。他的哥哥犹大乞求活命，另一个兄弟本杰明祈求能获得自由。约瑟夫让法庭上的其他人都出去，然后宣告："我是约瑟夫，你们的兄弟。"这就是全部的故事，这就是我想要讲清楚的想法，在这个时刻，在这个审判的时刻，讲述这个人类的故事。他的兄长犹大曾将他置于生命危险之中，然后把他卖身为奴隶。他走出来了，因为即便是在审判的时刻，他能够理解这是一个人类的过程，我们所分享的应该是向前看而不是向后看。②

陪审团中的各位成员，我们请求你们，我们建议你们：在法律之下，你们的判决应该是把该案交给马什法官，他会在法律之下，在你们各位已经达成的定论之下作出公正和恰当的判决。

---

① 前一阶段的总结是以下列语句结束的：168人在俄克拉何马城遇难。我们从未拒绝承认过这一现实。在三十多年前，我第一次去华盛顿特区。我看到的第一个公共建筑就是合众国联邦最高法院。我在那里看到上面写着"法律之下的公平正义"。这意味着，无论贫富，无论远近，无论是否反对纳税，无论某人是否跟你我相同或不同，都是如此。如果所有人都认为，对这168个死难者恰当的铭记就是经历一些暗夜，同时将这些字迹从合众国联邦最高法院的门楣上抹去，这是不是一种灾难？陪审团的成员们，我不嫉妒你们所拥有的这份工作。但是我要告诉你们：这是我的兄弟。他的命运在你们的手里。1997WL 769081。

② 约瑟夫的故事是基督教徒、犹太教徒和穆斯林教徒熟知的文化传统，这个故事通过大众化的音乐形式为更多的听众所知晓。因此，这个故事适合在法庭辩论的时候谈及，具有比小范围内传播的故事更好的说服力。在本卷的弗格森（Ferguson）教授的文章中论及的伯尔案中威廉沃特在辩论中所谈论的形象，也是来自于陪审员们所熟知的发生在那个时空下的材料。

我将没有机会对检察官所说的话进行回应，但我知道你们在前面阶段所经历的 41 个小时的审慎思考之后，你们已经非常习惯对可能想到的所有事情进行全面思考了。

我的兄弟的命运，在你们的手上。

结论

关于尼克尔斯的精神状态，陪审团没有达成一致的结论，而这是影响死刑判决的因素。陪审员们甚至也没有衡量减轻或加重处罚的因素。审判后，陪审员在接受访谈时意见分歧非常大。很多陪审员表示他们对检方证据的证明力和公正性失去了信任，其中一些人认为检察官有夸大其词的倾向。这些访谈让我们有理由相信"避难所"的观点和辩护主题起到了重要作用，它缓和了案件中固有的情绪并使得陪审员们能够看出潜在的问题。

（郭春镇 译）

第6章

宾州石油公司诉德士古公司

罗伯特·劳埃德（Robert Lloyd）教授[①]

[①] 罗伯特·劳埃德，田纳西大学法学院年轻特聘教授。

1985 年 11 月 19 日，得克萨斯州休斯顿市的一个陪审团作出一项裁判，该裁判让国内最大、最受尊重的公司之一德士古公司赔偿 100.53 亿美元。该裁决的尺度令整个商业世界震惊，它是历史上最大裁判金额的 5 倍之多，后者是在一起反垄断三倍损害赔偿诉讼中作出的，后来在上诉中被撤销原判。[②] 对德士古公司诉讼的估定损害赔偿超过了该公司的价值，这一价值或者是以德士古公司账簿上显示的净资产为基础，或者以该公司所有公开发行的股票的总价值为基础。更令人震惊的事实是，该裁决并非来自于大规模侵权诉讼或三倍损害赔偿反垄断诉讼，而是来自于一次单独的商业交易，在该交易中，相关领域的大多数专业人士均认为，德士古公司并没有错。

那么，陪审团为什么会判给原告这么多钱呢？答案在于，一位名叫乔·基麦尔（Joe Jamail）的人身伤害律师，他自称"后背疼痛律师"，将一起看似复杂的商业案件变成一出简单的情节剧。如同所有的情节剧，这起案件成为善与恶的交锋，基麦尔能将原告描绘成纯粹的好人，而将被告描绘成纯粹的恶魔。人性所有的错综复杂都被冲刷到一边，故事遵循着标准情节剧的主线，品德高尚的人即将赢得奖励（在本案中，并不是真爱，而是另一家石油公司），坏人则把奖励偷走，后来英雄（在本案中指陪审团）来了，并纠正了错误。

尼尔·费根森（Neal Feigenson）教授有一部著作名叫《法律责任》，在该书中，他解释了优秀的侵权律师如何能直观意识到陪审员将案件视为情节剧，这些律师又如何将案件当成情节剧呈现给法庭。乔·基麦尔的天才之处就在于，通过自己长期从事的人身伤害案件实践，他能将这种技术适用于全新的案件情形。宾州石油公司诉德士古公司案涉及一系列复杂的商业交易，并涉及不同种类的复杂的人物性格，但是，历经 4 个半月的审判和长达 24 000 页的审判记录，基麦尔能将所有一切联系到简单的故事线索上，这个线索就是，宾州石油公司有一笔交易，德士古公司及其罪恶联盟将该交易偷走，陪审团有机会去矫枉过正，并向美国公司传递这样一个信息：这种行为不被容许。

格蒂石油公司

所有的麻烦都源自于格蒂石油公司，该公司由美国商业界传奇人物之一 J·保罗·格蒂（J. Paul Getty）所创办。格蒂是位怪人，他的个人特点（在这里，特点一词是如此温和）对于发生在他去世多年后的公司经营还产生着间接的影响。

J. 保罗的父亲是明尼亚波利斯一家保险公司的律师。一次，他前往俄克拉何马州收账，发现那里的石油业处于发展的初期，于是便举家搬往该州。在这里，他成为最早的投机分子之一，并赚到几百万元，这在当时是一笔相当可观的财富。J. 保罗出生后，在富裕的条件下长大。他曾经是一位放荡不

---

② MCI Communications Corp. v. AT & T，708 F. 2d 1081（7th Cir. 1982），*cert denied*，440 U. S. 971（1983）.

羁、鲁莽冲动、不计后果的花花公子，但不久后，他便满怀创造巨大财富的激情。他积极投身于石油业，他兼具商业敏锐性、驾驭性及对财富无情的贪欲，这些都使得他成为美国最早的亿万富翁之一。20世纪50年代晚期，《财富》杂志称他是美国首富。此外，他对女色的贪婪追求仅次于他对财富的贪婪。

石油界其他传奇人物一般均被描绘为（不管正确与否）雍容大度、具有浪漫主义气息，J·保罗·格蒂却不同——他冷酷、精于计算、心胸狭隘。他先后有5位妻子，但他对妻子们并不好。他还有5位儿子，但对儿子们更糟。大儿子乔治似乎注定要在他父亲的生意上取得成功，他担任了格蒂石油公司的首席运营官，是一位非常受人尊敬的商人，连美国银行和道格拉斯航空公司都用他的名字命名自己的董事会。但是，在父亲的强迫、控制下，巨大的工作压力最终导致乔治以自杀结束了自己的生命。另外，J.保罗剥夺了二儿子罗纳德的继承权，原因在于，J.保罗认为罗纳德的母亲在离婚协议上占了大便宜。三儿子名叫尤金·保罗·格蒂，后来改名为小J·保罗·格蒂，他是典型的纨绔子弟，跻身富豪阶层，与英国滚石乐队的成员米克·贾格尔关系密切，成了一位无药可救的瘾君子。J.保罗还有个儿子叫蒂莫西，婴儿时即夭折，几乎被父亲忽略。

与上述4个儿子相比，唯一一位幸免于难、未受伤害的儿子名叫戈登·格蒂（Gordon Getty）。他古怪但却充满魅力，在父亲的石油公司度过一段悲惨时光后，他成为一名诗人、作曲家。戈登究竟是一位绝望的无辜者，还是他表面心不在焉之下隐藏着精明的头脑，这成了后来审判中的核心问题。

应当看到，戈登这人是非常重要的，因为他是家族信托基金的受托人。这事还得从戈登的父亲J.保罗说起。在J.保罗经营的早期，一次，为了接管泰德沃特（Tidewater）石油公司，他想从自己母亲莎拉·格蒂那里借些钱（此时，他的父亲已经去世）。由于担心儿子的鲁莽冒险会致家族财富受损，莎拉·格蒂对借给儿子的钱进行了限制。她将借给儿子的那笔财产和儿子自己的财产一起建立了一个信托基金，取名为莎拉·C·格蒂信托。到了1983年，该信托基金已拥有格蒂石油公司40%的股份，而且，戈登是该信托唯一的受托人。

但是，父亲J.保罗并不想让儿子戈登成为信托基金唯一的受托人。在去世之前，J.保罗修改了信托，以便在他去世后会有3位共同受托人，他们分别是：加利福尼亚州第二大银行安全太平洋国家银行，J·保罗·格蒂的长期合作律师兼好友兰辛·海斯，还有戈登，父亲J.保罗认为他在活着的4个儿子中能力最差。在J.保罗去世之后，安全太平洋国家银行拒绝担任受托人，原因在于，其每年因管理信托所获取的300万元收入还不足以补偿管理如此一大笔财产所带来的内在风险。[③] 这样一来，在兰辛·海斯死后，戈登就成了信托唯一的受托人。

在1976年J·保罗·格蒂去世之前，他为自己建造了一个纪念馆，取名为J·保罗·格蒂纪念馆。20世纪30年代，格蒂成为艺术收藏者，热衷于

---

③ 银行尤为担心的是，假如信托基金在格蒂石油公司内部出售自己的股份，将会产生相应的责任。后来，事实证明，这种担心是有充分依据的：如果银行一旦成为受托人，它将成为宾州石油公司诉讼中的被告之一。

经济大萧条时代的艺术廉价品，他当时表现出来的冲动、鲁莽就和在石油业上表现出的一样。在去世之前，格蒂委托别人建造纪念馆来保存自己的收藏品。据说，他将纪念馆设计成罗马宫殿的样式，因为他相信自己就是哈德良皇帝的化身。一位作家这样描述他的纪念馆："那是一个花费了 1 700 万元打造的花哨俗气的怪物，其中充满了原古典的廉价货。"④ 格蒂将纪念馆作为慈善基金，将其在家族信托中拥有的部分财产留给了纪念馆，其数额约占格蒂石油公司 12% 的股份。后来，当对格蒂的遗产进行认证时，纪念馆所占的财产份额竟高达 1.2 亿元。

■ 格蒂石油公司的麻烦

J·保罗·格蒂的去世改变了格蒂石油公司。J·保罗·格蒂在去世之前最后的几年时间，住在英格兰，将公司的日常经营交给老式学校出身的严肃的石油商哈罗德·贝尔格（Harold Berg）。在格蒂去世两年后，贝尔格退休了，公司的领导权落于以希德·彼得森（Sid Petersen）为首的一群职业管理人手中。希德·彼得森是一位金融人士，特别喜欢装饰办公室，因此，部下们称他为"帝国董事长"。

戈登·格蒂成为家庭信托的唯一受托人后，决定，彼得森及其管理团队不再经营公司，以便能为信托利益提供最好的服务，因为这部分利益占有公司 40% 的股份。戈登认为，根据公司拥有的石油储备价值，其股票价格还低于其应有的价格。他还研究了公司的财务，结交了一些局外人，向他们征求改进信托投资价值的意见。这一做法使格蒂石油公司的管理层感到很震惊，原因在于，戈登征求意见的对象不仅包括竞争对手石油公司的行政官，还包括一些可能利用戈登提供的信息接管公司的人。⑤ 即使与戈登交谈的人没有提出带有敌意的接管，但是，戈登谈话的新闻一定会泄露出去，这样一来，就会使其他人将格蒂石油公司当成潜在的目标。包括彼得森在内的格蒂石油公司的管理者和董事警告戈登，这些接触是不正确的，而且具有危险性，但戈登对此置之不理。⑥ 戈登甚至听不进自己律师的意见，结果律师们向他递交了一封措辞强硬的信，警告他披露内幕信息可能承担的潜在责任。但是，他没有听从这些警告，而是一如从前我行我素，甚至与臭名昭著的公司掠夺者 T·布恩·皮肯斯（T. Boone Pickens）会面，后者提出了自己关于接管格蒂石油公司的计划。

最后，为了阻止戈登看似随意的计划，并为了显示戈登与公司管理层的齐心协力，彼得森同意雇用有威望的高盛投资银行来研究提高格蒂石油公司

---

④ Thomas J. Petzinger, Jr, "Oil And Honor: The Texaco—Pennzoil", *Wars* 88 (1988).

⑤ 与戈登交谈的一些人直接提出了接管的建议，其中之一就是通过石油暴富的卡伦（Cullen）家庭，他们甚至将安排 80 亿美元的贷款为接管提供资金。

⑥ 正如一位作家所言："在彼得森看来，戈登就像古老的基督徒，问饥饿的狮子它们晚餐想吃什么。"〔Steve Coll, *The Taking of Getty Oil* 49-50 (1987).〕

被压低的股票价格的方法，并对董事会采取的行动提出建议。高盛投资银行的研究花了数月时间，并花掉了格蒂石油公司一百多万美元。该研究探索出很多的可能性，包括戈登提出的以及他曾咨询过的人们的所有计划；并且得出结论认为，所有这些想法都不切实际。由于其中的很多策略都已经在其他公司运行过，而格蒂石油公司的规模和信托的特殊税负问题使得这些想法对这些实体而言不切实际。1983年7月，高盛投资银行在一次董事会会议上公布了研究得出的结论。在会上，几位董事对轻松花钱安抚戈登一事表示出愤慨，对此，戈登认为，"应当考虑其他的选择"，这就使事情变得更糟。一名外部董事、灰狗（Greyhound）公司董事长约翰·蒂滋（John Teets）问戈登他想干什么，戈登回答道："我真正想做的，就是找到使价值最大化的最佳途径。"

对此，蒂滋这样回应："戈登，你应当知道你刚才所说的内容，但这间屋子里没有人会这么做。"对于戈登的回应，其他董事均赞同，他们清楚地意识到，无论是戈登还是公司管理层进行的研究和探索，都必须终结。

但是，戈登不听劝阻，他马上开始设计新的方案，其中一项方案是，要求信托与拥有公司12％股票的J·保罗·格蒂纪念馆通力合作，这样一来，他们就能通过杠杆收购取得公司剩余的股份。与戈登所有其他方案一样，这项方案也会使格蒂石油公司的董事希德·彼得森以及其他大多数资深管理者丢掉饭碗。管理层对戈登方案的反对是源于上述事实，而非真正对公司关注，这一点也成为审判中的一个问题。对此，投资银行家解释道，杠杆收购会使公司的整个未来（和信托的整个命运）处于风险之中。正因如此，戈登放弃了这个计划。但不久之后，他又提出了另一项计划，在该计划中，信托和纪念馆将联合起来，通过联合形成的52％的表决权来取代整个格蒂石油公司董事会。戈登自己的律师反对这项计划，纪念馆也立即表示拒绝。

纪念馆的董事长是有一定声望的哈罗德·威廉姆斯（Harold Williams），他当过公司高级主管，后来成为加州大学洛杉矶分校工商管理研究生院的院长，再后来又担任证券交易委员会主席。威廉姆斯意识到，戈登的策略可能会导致戈登与格蒂石油公司管理层之间的斗争，而这不可避免地会波及纪念馆。他知道，纪念馆需要一位律师，于是，他说服自己的朋友马蒂·立顿（Marty Lipton）担任自己的代理人。立顿是全世界顶尖的并购律师，也是反兼并手段"毒丸"的发明者。[7] 他很快得出结论，认为，对于所有相关人员而言，最好的事情是，所有各方都停下手头正在做的事情，参与到中止性协议中来，在中止性协议中，各方都同意，在特定的时期内，没有人会采取涉及对格蒂石油公司进行控制的行动。

与此同时，戈登的律师作出决定，如果戈登介入自己正在筹划的某种交易，那么，他就需要一位投资银行家。基于此，律师们选择了基德（Kidder）、皮博迪（Peabody）公司的马蒂·西格尔（Marty Siegel）。后来，西格尔因向套汇掮客伊万·布斯基（Ivan Boesky）出售内幕信息而被监禁[8]，

---

⑦ "毒丸"是一项股东权利计划，该计划允许现有股东获得额外的保障，通过保障，可以使实体持股者的敌意接管失去吸引力。

⑧ 布斯基利用从西格尔那里获得的内幕信息，从格蒂石油公司的接管中获取五千多万元。

但是，在 1983 年，西格尔仍被认为是商业界最出色、最激进的投资银行家之一。此外，他也是马蒂·立顿的朋友。

在西格尔的参与下，公司、信托和纪念馆三方在戈登的律师位于圣弗朗西斯科的办公室举行了会面。在那里，在威廉姆斯、西格尔、立顿甚至自己律师的大力敦促下，戈登勉强签下了手写的中止性协议。该协议是西格尔和立顿在从纽约飞往圣弗朗西斯科的航程中草拟的，除了规定在 12 个月内公司不能发生重大变更外，还规定，纪念馆董事长哈罗德·威廉姆斯和戈登的主要律师摩西·拉斯基（Moses Lasky）成为格蒂石油公司的董事。戈登和哈罗德·威廉姆斯在协议上签字后，立顿将协议呈给格蒂石油公司的董事长希德·彼得森和公司的外聘律师巴特·威诺克（Bart Winokur），威诺克拒绝代表自己的当事人在协议上签名，并提出反对意见，认为，协议的内容过于模糊，留下了太多争论的空间。对此，立顿坚持认为，该协议是他们想从戈登那里得到的最好的结局，因此，彼得森最终签字，并在自己签字的下面写下"需经董事会批准"的字样。

就在他们协商中止性协议的同时，格蒂石油公司的管理层正密谋通过别的方式反对戈登。戈登成为家庭信托的唯一受托人后，其他家庭成员都很关心戈登管理信托的能力，并努力争取任命一位共同受托人。戈登及其律师拒绝了家庭成员的要求，对此，家庭成员似乎不想诉诸法律诉讼。但是，为了获得更适宜的保守的财务机构，希德·彼得森认为，任命共同受托人是防止戈登从事自己冒险计划的一种有效途径。兰辛·海斯死后，巴特·威诺克成为格蒂石油公司主要的外聘律师。在巴特·威诺克的帮助下，彼得森编造情节，让一名信托受益人提起诉讼，通过诉讼迫使任命共同受托人。1983 年 4 月，他们开始忙于这一方案，并向加利福尼亚的几位顶尖信托与资产律师提出咨询，他们中的一些人拒绝涉及其中。后来，通过中间人的介绍，彼得森和威诺克使洛杉矶一位受人尊重的律师赛特·胡弗斯特德勒（Seth Hufstedler）同意，如果能找到合适的受益人，他愿作为诉讼监护人，代表信托受益人提出诉讼。他们与戈登的哥哥小 J. 保罗·格蒂以及小 J. 保罗在伦敦的律师商议后，决定认为，小 J. 保罗 15 岁的儿子是合适的原告。这个孩子目前住在英国的寄宿学校，他出生在父亲是嬉皮阔佬成员期间，拥有一个讨厌的名字，叫塔拉·加百列·格勒克斯·格瑞莫芬·格蒂（Tara Gabriel Galaxy Gramaphone Getty）。其实，他对自己名字的含义一无所知。

1983 年 11 月 11 日，格蒂石油公司在位于休斯顿的地区总部举行了定期的季度会议。此次会议上发生的事情对于后来成为诉讼主题的交易并未产生直接影响，但是，基麦尔的法律团队却能利用此次会议上所发生的事件去影响陪审团，而这可能是他们取得胜利的决定性因素。在此次会议中，第一项议题是中止性协议。由于信托和纪念馆都是中止性协议的当事人，因此，戈登离开了会议室。在他离开后，巴特·威诺克走进会议室，陪伴他的有高盛投资银行并购部领导杰夫·布瓦西（Geoff Boisi），还有赫伯·格兰特（Herb Galant），他是一名华尔街律师，当格蒂石油公司的管理层明显意识到戈登的策略会使他们成为接管的对象时，管理层聘请了他。审判时，这三个人是如何走进会议室的，其真实情景成为审判的问题之一。对此，宾州石油公司认为，这三个人是秘密进入会议室的，从而向戈登隐瞒他们准备讨论任命共同信托人的诉讼这一事实，而且，宾州石油公司的律师将威诺克视为"后门男爵"。但是，威诺克指出，他和自己的同伴只是迟到了，与每个人走的门是一样的。

在戈登离开期间，董事们讨论了中止性协议问题，但他们把更多的时间花在讨论格蒂石油公司是否应当参加共同受托人诉讼问题上。一些董事认为，介入家庭事务是不正确的，这会使公司招致批评。但是，彼得森和威诺克坚持认为：公司的介入是非常必要的。如果没有公司的支持，诉讼监护人胡弗斯特德勒将无法进行诉讼，因此，公司必须参加到诉讼中来，从而保护公众股东的利益（公司48％的股份掌握在公众手中）免受戈登不理性、专制行动的侵害。戈登已经试图接管公司，只有纪念馆拒绝，才能阻止这种行为。在彼得森和威诺克的劝说下，最后，董事们同意参加诉讼。

接着，董事们叫戈登重返会议室。他们告诉戈登，中止性协议已经获准，却没有告诉他对他诉讼的任何情况。

董事会在星期五举行，到了第二周的星期一，胡弗斯特德勒在洛杉矶提起诉讼。星期二时，格蒂石油公司向法院提交了参加诉讼的通知。纪念馆董事长哈罗德·威廉姆斯听到诉讼的消息后，感到非常愤怒，他的律师马蒂·立顿也有同感。他们认为，格蒂石油公司管理层的这一做法是不道德的，因此决定与戈登联合。戈登想让纪念馆与信托联合在一起取代董事会，让彼得森及其管理团队开火，从而由他们自己管理公司。但是，威廉姆斯和立顿并不想走那么远，他们只想采取相对不那么激烈的行动。12月初，总共占格蒂石油公司52％股份的信托和纪念馆利用自己作为公司大多数股份持有者的权力修改了公司内部章程，修改后的公司章程规定，公司的主要事务必须取得16位董事中14位的优势多数同意。之所以如此规定，原因在于，有3名董事是戈登任命的，章程的修改也就意味着，戈登能够阻止任何主要公司事务。但不幸的是，章程的修改还有一个戈登想不到的作用，那就是，它实际上告诉全世界，格蒂石油公司有麻烦，公司已经准备好接管。

▮ 交易

宾州石油公司的董事长海尔基·利特克（Huge Liedtke）听说格蒂石油公司的允诺后，看到了机会。自从10月份对外公布中止性协议后，他一直在关注格蒂石油公司的形势，允诺的消息告诉他，是时候采取行动了。利特克想成为石油业的大玩家，成为大玩家也就意味着要从润滑油向汽油、柴油、航空燃料以及诸如此类的燃油扩展，而要做到这一点，就需要巨大的石油储备。宾州石油公司没有这些储备，但格蒂石油公司有，如果能买下格蒂石油公司，将会使宾州石油公司和利特克成为石油业界主要的玩家。

为了以最小的花费控制格蒂石油公司，利特克决定收购该公司20％的股份，这样就能使他与戈登联手，从而去做威廉姆斯和立顿不愿做的事情，即赶走现在的管理层。利特克的金融专家分析了他能够从格蒂石油公司获得的所有信息，分析显示，如果宾州石油公司以每股120美元的价格收购格蒂石油公司，就会获得一笔不错的交易，但利特克认为，他能以较低的价格获得20％的股份。戈登采取相关活动的消息公布后，投资者相信会存在接管，因此去买股票，这就使股票价格低至50美元。尽管如此，此后，股票的价格是80元每股。

12月27日星期二，宾州石油公司宣布对格蒂石油公司的收购，收购价为每股100美元。这一宣布引起了轩然大波，在其中，不同派别形成联盟，或者从事单边交易。立顿与宾州石油公司的投资银行家会晤，商讨向宾州石油公司出售纪念馆的股份。戈登向哈罗德·威廉姆斯提出一个计划，计划中提到，由信托和纪念馆接管公司，而戈登将成为公司的首席执行官。这是戈登计划的另一糟糕之处。威廉姆斯认为，戈登的计划太不现实，因此决定，如果戈登留在公司，他想把纪念馆的股份出售给格蒂石油公司。威廉姆斯的决定抹杀了另一项计划，该计划是他的律师马蒂·立顿独立从事的，内容是，在迫使希德·彼得森从格蒂石油公司董事长的职位上退休的条件下，纪念馆、信托与公司联手，来反对宾州石油公司的接管。

最后，站得住脚的建议是戈登及其顾问向利特克的顾问提出的，该建议提出，信托和宾州石油公司平分格蒂石油公司的所有股份，通过安排协调，使信托取得公司的4/7，而宾州石油公司取得3/7，股份的所有权和董事会的席位也按照这一比例划分。宾州石油公司的人认为，如果协议包含分离条款，分离条款的内容是，1年之后，如果事情并未解决，双方当事人将分道扬镳，将格蒂石油公司的资产按4/7、3/7分割，那么，在这种情况下，利特克会同意交易。这些内容也是利特克与顾问曾经探讨过的、做最坏的打算，这种情况也能使宾州石油公司通过廉价取得许多石油储备。

1984年1月2日，格蒂石油公司董事会举行紧急会议来讨论宾州石油公司的收购。由于戈登在纽约举行此次会议，因此利特克飞往纽约，与戈登商讨由戈登一方建议提出的交易事项。在新年这天，戈登、利特克及双方律师、投资银行家和其他顾问在皮埃尔饭店戈登的套房内举行了会晤。当利特克向戈登谈到自己的公司以及自己过去与戈登的父亲联合的事情时，他相当有魅力。他们赞同由戈登担任公司董事长，利特克担任首席执行官，负责公司的日常运作。戈登一方的投资银行家马蒂·西格尔坚持认为，宾州石油公司应将向公众股东支付的价格增加至110美元每股，这是董事会能够接受的最低价格。对此，利特克不大情愿，但最后同意，在通过马蒂·立顿具体运行交易后，他赞同110美元每股的价格。在这一点上，立顿曾指出，纪念馆会以110美元每股的价格接受交易，而不是更低的价格。1月1日至2日晚，宾州石油公司在休斯顿的律师事务所博克·博特（Boker Botts）的合伙人莫尔顿·古德罗姆（Moulton Goodrum）起草了一份5页的协议备忘录，在其中详细写明了协议的条款。第二天，戈登·格蒂与海尔基·利特克分别代表信托和宾州石油公司在协议上签字。协议备忘录中写道，"该计划需经将于1984年1月2日举行的格蒂石油公司董事会的批准，如未经批准，该计划终止。"

为了使戈登再次改变主意，宾州石油公司聘请的一名协助交易的纽约律师亚瑟·利玛（Arthur Liman）起草了一封信给戈登，让他签署。在信中，戈登同意，他不仅会在董事会举行之前支持计划并反对任何竞争性计划，而且，即使董事会不支持计划，他也会取代董事会同意执行计划。同时，该信还要求戈登，要尽最大努力使纪念馆同意同样的计划。在信上用手写下自己的任务是"只服从受托人义务"后，戈登在信上签了名。

格蒂石油公司的董事会计划在当天下午 6 点钟举行。当天早些时候，宾州石油公司已经向彼得森、布瓦西和威诺克通知了戈登与利特克达成的基本交易（但未提到那封信，在信中戈登同意，如果双方无法获得联合，他将取代董事会）。史蒂夫·科尔在他的《接管格蒂石油公司》一书中描述了当时董事会的氛围：

> 很难想象当晚甚至第二天弥漫在洲际饭店的愤怒和混乱。在会议开始之前，与会双方之间已经经历了很多，无法擦去的、苦涩的毒药已经渗入他们的关系之中。戈登·格蒂一直以来的、有时甚至失去理性试图控制公司，希德·彼得森及其顾问想煽动家庭反对戈登的诉讼，不计其数的律师和投资银行家之间不断升级的如争吵般的谈判，哈罗德·威廉姆斯和纪念馆不停转换的角色，所有这些都影响着聚集在洲际饭店 3 楼第二萨顿室的行政官、董事和顾问们。

会议开始时有 30 人，除董事会成员外，还包括许多律师和投资银行家，他们挤在狭小的会议室。格蒂石油公司的法律总顾问戴夫·科普利（Dave Copley）拿着所有说过的话的手写记录。会议开始时，纪念馆还未在协议备忘录上签字，董事们一直等到马蒂·立顿作出改变，哈罗德·威廉姆斯代表纪念馆签字。接下来，董事们谈论并否决了宾州石油公司原来的收购，与此同时，他们也在等待着协议备忘录重新输入并复印出来。

最后，协议备忘录被分发给大家并大声朗读出来，由于并不是每位董事都有协议的复印件，因此，大多数董事感到很愤慨。有些人认为，协议里的价格太低，但真正使他们不安的是这样的规定：只要董事会开会，交易就很不错。董事们没有时间去研究，被迫对涉及数亿美元的提议投票表决，还可能导致诉讼。

一些董事认为，如果他们赞成每股 110 美元的价格，那么他们就没有履行保护公众股东的职责。当高盛投资银行的银行家杰夫·布瓦西对 110 美元是公平价格拒绝给出意见时，董事们感觉更不舒服。在此类交易中，通常情况下，公司董事会会要求自己的投资银行给出一个"公平意见"，在意见中，银行家会正式建议董事会，支付的价格对股东是公平的。这些意见的主要目的在于，能够使董事们在面临指控他们未尽最大努力为股东争取公平价格的诉讼时获得一些保护。通常的指控认为，公平意见只是幌子，投资银行家会提供交易所需要的意见。但是，这里发生的情形并非如此。布瓦西认为，110 美元每股的价格太低。对宾州石油公司的提议投票表决时，根据统计出来的模糊不清的投票，董事会以 10 比 5 或 9 比 6 的结果否决了提议，

随着会议的进行，董事们对戈登·格蒂更加灰心，原因在于，他在通常没有明确理由的情况下反对所有其他选择性提议。刚过中午 1 点 30 分，长期董事哈罗德·斯图亚特（Harold Stuart）怀疑还会不会继续其他事情，他要求戈登，如果与宾州石油公司有什么秘密协议，请他直截了当地说出来。对此，戈登认为，他必须跟自己的律师谈谈。之后，戈登的一名律师提姆·

科勒尔（Tim Cohler）从走廊进入会议室，在走廊里，他已经等了许久；并大声朗读了信件，在信件中戈登承诺，如果董事会没能通过宾州石油公司的提议，他会取代董事会。（在审判中，该信件以"亲爱的海尔基"信而为人所知。）知道这一内容后，包括戈登自己任命的董事在内的所有董事都感到十分愤怒。

但是，到了下午两点半，董事们的心情慢慢平静下来，并且同意一项反要约。在反要约中，根据律师和投资银行家计算出的条款，将通过一个复杂的方案决定每股股份的价格，这一方案在一定程度上取决于格蒂石油公司出卖自己的保险子公司收到的价格，当然，出卖自己的保险子公司也属于交易的组成部分。据此方案，计算出来的价格接近 120 美元每股。此后，董事会休会一直到第二天下午 3 点。通过休会，给利特克时间来对反要约作出回应，也给董事们进行休息的时间。

反要约并未收到如董事们期望那样的回应。利特克十分恼火，原因在于，自己第一次发出要约时，格蒂石油公司的股票只卖到 80 美元，他认为，110 美元的价格已经非常慷慨。但是，利特克的顾问变得更加平静，他们提出一个利特克能够忍受的复杂的价格方案。由于马蒂·立顿被所有各方当事人信任，因此他充当了事件的中间人，向宾州石油公司方面保证，他们的提议不会泡汤。但是，立顿与利特克在谈判中的发言人、纽约律师利玛一起提出一个选择性方案，立顿认为自己可以将这个方案卖给董事会。该方案的内容是：格蒂石油公司出售自己的保险子公司，出售子公司的税后收益超过 10 亿美元，这笔钱将分配给格蒂石油公司的股东。宾州石油公司和信托会保证，支付给股东的金额至少是 5 美元每股，而且，这笔钱在 5 年之内收到。由于利特克很生气，因此，直到董事会批准该方案后，利玛才将该方案拿给利特克。

与此同时，格蒂石油公司的投资银行家布瓦西正在为公司寻找其他买家，他联系的其他石油公司包括雪佛龙、壳牌，当然还有德士古。

董事会再次召开时，立顿出示了自己的提议。尽管面临来自立顿及其他人的压力，布瓦西仍然拒绝提供公平意见。他介绍道，自己已经与其他买家正在协商，其他买家会提供一个较高的价格。（对此，每个人似乎都在假设，如果高于 110 美元每股的那部分收入被称为"头"的话，那么，折算成现在的价值，这个"头"为 2.5 美元～3 美元。）经过三个多小时的讨论，尽管没有公平意见，董事会仍以 15 比 1 的投票结果同意了这项反要约。接着，董事会休息，让利玛去争取利特克对提议的接受。

纪念馆律师立顿是组合交易的发起人，他将董事会的行动告诉了充当宾州石油公司与董事会联络者的利玛，利玛又电话告知利特克。利特克表示，他赞同反要约的内容。利玛将利特克同意的消息告诉立顿，立顿告诉他，董事会必须再召开会议，在会议上宣布利特克接受反要约的消息。信托的投资银行家马蒂·西格尔作出了事实上的宣布，于是，会议被中止。格蒂石油公司的外聘律师巴特·威诺克问道，董事会会不会批准包含交易条款的文件。对此，立顿告诉他，通常情况下，一份最终的书面协议应当经董事们批准。

接下来发生的事情在审判过程中引起热烈争论。董事们在会议室开会，利玛一直在会议室外面的大厅等待。他证实，会议结束时，他进入会议室，马蒂·立顿、马蒂·西格尔及其他参会者祝贺他达成一笔交易，并同他握手。没有其他人记得这些。立顿后来证实，他不记得有这样的事情，无论如何，他关心的是布瓦西拒绝提供公平意见，没心情去祝贺任何人。在审判中，西格尔的记忆非常模糊不清。《华尔街杂志》作家托马斯·派特应格是这样评价证人证言的，"只有一半人握手，没有人记得有那么多握手"。

那天晚上晚些时候，另一个看似不重要的社会处境也在后来的审判中显得很突出：利特克打电话到皮埃尔饭店戈登的套房，当时戈登不在，但他的妻子安妮·格蒂接了电话，邀请利特克参加他们即将举行庆祝的香槟派对。由于计划与自己公司的高层行政官共同进餐，利特克拒绝了安妮·格蒂的邀请。而且，格蒂石油公司的董事拉里·蒂奇（Larry Tisch）确实去了戈登的套房，并提议为交易干杯。

当行政官和董事们庆祝时，律师和投资银行家还有工作要做，头等大事就是新闻稿。根据证券法的要求，董事行为应尽快向公众披露。通常情况下，这种规模的交易会由来自马蒂·立顿事务所的几名有经验的律师指导新闻稿的起草。但是，这一次，由于立顿参与了交易，因此变得不同寻常。在最后一刻，他加入进来帮哈罗德·威廉姆斯的忙。这一次，没有大批律师与他一起为交易事务忙碌，只有一名工作了 2 年的同事帕特里夏·瓦拉哈克斯（Patricia Vlahakis）协助他。立顿感到很累，因此他离开瓦拉哈克斯，与公共关系专业人士一起工作。（宾州石油公司和格蒂石油公司均聘请了纽约公共关系公司的专业人员参与新闻稿的发布。）公共关系专业人士起草了新闻稿的第一稿，草稿中指出，格蒂石油公司董事会投票"承认"了一项计划，计划合并宾州石油公司和格蒂石油公司。在其他地方，草稿还指出："协议规定……"瓦拉哈克斯发现，这是不能接受的，于是，她找到戈登·格蒂的一名律师，两人一起准备了一份草稿，在没有获得相关资格的情况下，草稿中使用了"同意"一词。恰恰相反，新闻稿指出，格蒂石油公司、宾州石油公司、纪念馆和信托"今天宣布，他们基本上同意"合并。

第二天上午，如大多数并购专家一样，杰夫·布瓦西相信，基本上达成协议并不具有约束力，因此，他继续寻找能够支付更多金额给格蒂石油公司的买家。他叫来了许多潜在的买家，包括沙特阿拉伯政府。在这些潜在买家中，布瓦西将德士古公司当成首选，因为该公司在石油工业界很有名（在代理格蒂石油公司的过程中，布瓦西已经成为该业界的专家），而且，该公司的石油储备即将用尽。在与德士古公司的董事长艾尔·德科林（Al Decrane）的一次谈话中，布瓦西向德科林保证，宾州石油公司与格蒂利益集团之间没有合同，格蒂石油公司仍待出售。

德科林非常清楚，德士古公司以前错过了与储备丰富的科诺克（Conoco）公司的合并良机，因为公司当时不够积极进取。于是，德科林往自己的老板、德士古公司主席约翰·麦金利（John McKinley）在阿拉巴马的家中打电话。他将自己与布瓦西谈话的内容告诉麦金利，并且说，如果德士古想投标格蒂石油公司，就得动作快点。麦金利这人一向以谨慎、小心著称，他打电话给布瓦西的老板即高盛投资银行主席约翰·温伯格（John Weinberg），向他核实布瓦西告诉德科林的内容，即格蒂石油公司与宾州石油公司之间并没有交易。温伯格证实了这一内容，这样一来，麦金利才放心。而且，麦金利已经与温伯格相识多年，两人经常在一起打高尔夫。麦金利搭乘德士古公司的航班飞往纽约。

差不多在同一时间，另一名来自第一波士顿公司的投资银行家布鲁斯·瓦塞斯特恩（Bruce Wasserstein）也参与进来。瓦塞斯特恩因在公司接管方面的激进战术而闻名（或者说是臭名昭著）。数月以来，瓦塞斯特恩一直在关注格蒂石油公司的麻烦，期望会有接管发生，并且希望自己参与其中，赚取一大笔费用。如果另外还有一笔交易，他想找到一位当事人。但是，由于他毕业于哈佛大学法学院，因此，在他参与之前，想先确定让自己的当事人参与到已经完成的交易中不会给自己带来麻烦。另外，马蒂·立顿是他的朋友，因此，他打电话给立顿，询问是不是真的有一笔交易。立顿向他保证没有交易。

接着，瓦塞斯特恩又打电话给自己的另一位朋友，格蒂石油公司董事拉里·蒂奇，这个人在一些美国最大的接管案中担任过负责人。蒂奇同样向瓦塞斯特恩保证没有交易，但忘了告诉瓦塞斯特恩前晚他曾举杯为交易庆祝一事，他认为，这事并不重要。

得知了这些消息后，瓦塞斯特恩开始打电话给其他潜在买家，向他们保证，格蒂石油公司仍可以获得，但却警告他们必须快速、激进地行动。后来证实，一名买家找到了他，这个买家就是德士古公司。德士古公司需要一个投资银行，通常情况下，该公司会使用传统、保守的摩根史丹利投资公司，但是，雪佛龙公司已经利用摩根史丹利投资公司，帮助自己来完成对格蒂石油公司的潜在投标。另外，其他顶尖投资银行都已经代表各自当事人参与交易，这样一来，只剩下第一波士顿公司和德崇证券公司。德士古公司认为，德崇证券公司是不可能的，因为该公司以过于激进的实践（还有人称之为名声败坏）而闻名。（后来，该公司领导即风险债券之王迈克尔·米尔肯因违反证券法被监禁，公司也随之垮台。）这样一来，德士古公司就与第一波士顿公司配成对，第一波士顿的并购部门富有活力且积极进取，而这与德士古公司行政层稳健、沉着的作风格格不入。

当天很晚的时候，德士古公司的行政官才最后见到瓦塞斯特恩的老板，第一波士顿公司并购部领导约瑟夫·皮耶罗（Joseph Perella），而瓦塞斯特恩则乘坐私人飞机从休斯顿返回，在休斯顿，他还在处理另一桩事务。皮耶罗向德士古公司的行政官简单介绍了格蒂石油公司目前的状况，不仅讲到了宾州石油公司的交易，还谈到其他可能投标的潜在买家。当时，艾尔·德科林记了手写笔记，这成为审判中的关键证据。皮耶罗描述了一种策略，该策略的内容是，德士古公司应首先与纪念馆和格蒂石油公司达成交易，这样就会使戈登·格蒂成为少数股东，从而将其挤掉。皮耶罗解释道，这样做是必须的，因为信托条款规定，只有在为了避免损失的情况下，受托人才可以出售格蒂石油公司的股份。在这种情况下，为了使戈登出售格蒂石油公司，就必须将他置于避免损失的位置。

第二天下午，麦金利召开了德士古公司董事会紧急会议。他花了一上午时间来思考，是不是要对格蒂石油公司出价。从马蒂·立顿那里获得宾州石油公司与格蒂石油公司之间没有合同存在的保证后，他决定出价。董事会向他授权，给格蒂石油公司股票的价格为 125 美元每股。

与此同时，宾州石油公司的律师们正忙于适用于新闻稿中的"最后的合并协议"以及所有必需的相关附随文件。按照惯例，应由收购方宾州石油公司准备文件的第一稿。这项工作比预期的更庞大，整个交易异常复杂，不仅仅因为涉及的金钱数额巨大，而且这里有四方当事人，而不是一般情况下的两方。另外，关于抽头（即通过出售保险子公司向股东们将来支付的数额）的细节问题起草起来特别复杂。为了完成工作，宾州石油公司的主要律师事务所博克·博特增加了一些律师，于1月4日星期三上午8点半从休斯顿飞过来，这个时间正好比皮耶罗与德士古公司行政官会晤的时间早一两个小时。最后，宾州石油公司的律师将文件草稿给对方当事人格蒂石油公司，而后者曾期望在12小时之前就能收到这些文件。基于此，格蒂石油公司的律师认为，时间太晚了，他们当晚不能开展工作。在此之前的两天晚上，他们大部分时间都在忙于教育，因此他们决定，现在最好回家好好睡一觉，等到早上再开始审阅文件。1月5日一整天，他们都在审阅文件，而且据威诺克说，他们还研究了很多宾州石油公司文件中未提到的重要问题。这一天，麦金利正在下决心是否对格蒂石油公司出价，并且召开了董事会。宾州石油公司的律师听说了其他公司对格蒂石油公司感兴趣的传言，因此，他们一直打电话督促对方加快速度。

　　最后，威诺克及其团队同意下午6点钟在利玛事务所的办公室召开会议。协助马蒂·立顿进行交易的副手帕特里夏·瓦拉哈克斯计划前去参加会议，因为她一直在关注着协议草案。但立顿告诉她不要参加，格蒂石油公司与德士古公司之间有一笔潜在的交易，与德士古公司方面的人士会面时，他需要她跟自己一起。

　　与此同时，另一条阵线打开了。戈登已故的哥哥乔治有一个女儿，名叫克莱尔·格蒂，长期以来，她一直在关注着戈登对信托的管理。她并不愿意参加任命共同受托人的诉讼，但现在，她想有时间研究一下宾州石油公司的交易。1月4日下午，她的律师前往加利福尼亚法院，获得一张禁令，该禁令禁止戈登签署"任何有法律约束力的文件"，直到第二天听证会的举行。基于此，摩西·拉斯基律师事务所的合伙人提姆·科勒尔飞往加利福尼亚处理这场诉讼。

　　1月5日晚上9点，麦金利到达皮埃尔饭店戈登的套房，陪同人员有瓦塞斯特恩及两名德士古公司的行政官，一位是公司副主席吉姆·金尼尔（Jim Kinnear），另一位是总法律顾问比尔·威特泽尔（Bill Weitzel）。麦金利想更早时间安排一次会议，但戈登需要时间向顾问进行咨询。在这种临时通知的情况下，戈登通知到的全部顾问只有两个人，一位是投资银行家马蒂·西格尔，另一位是拉斯基律师事务所的另一名合伙人汤姆·伍德豪斯（Tom Woodhouse）。麦金利是一位内向的技术官僚，应对这样的场面很是笨拙，因此，在开始的轻松幽默之后，他们讨论了戈登实际上是否能自由接受出价的问题。威特泽尔和伍德豪斯探讨了这个问题，并将探讨的重点集中在"亲爱的海尔基"信件问题上。在德士古公司谈判者的参与下，伍德豪斯建议戈登，他能够而且应当自由接受更高的出价。

　　几分钟之前，伍德豪斯接了一个电话，没有人知道这个电话的重要性。电话是科勒尔打来的，他从洛杉矶向伍德豪斯报告了克莱尔·格蒂诉讼的情况。事实上，科勒尔是从宾州石油公司律师办公室打的电话。在口头辩论中，科勒尔指出，在宾州石油公司、信托和纪念馆之间的"交易现在已达成"。此外，他还提出一份马蒂·西格尔的宣誓书，这份宣誓书是基于上述目的传真给他的。在后来的审判中，该宣誓书成为一份重要证据。由于宣誓书的主要目的在于使法院相信，对于信托而言，与宾州石油公司的交易是可供选择的方案中最好的一个，其中有些语言可供宾州石油公司的律师用作证据，来证明各方当事人之间已经存在一个有约束力的协议。但在当时，西格尔很明显没想到这些，因为宣誓书的重点在于交易的内容，而非是否存在有约束力的协议。之所以如此，是因为西格尔是投资银行家而非律师。

在此之后，由于戈登和麦金利都不想首先出价，因此，谈判陷入僵局。马蒂·西格尔则找到正在饭店庆祝朋友生日的拉里·蒂奇，让他过来帮忙改变僵局。于是，蒂奇开始出面调解，但未取得太多成功。基于此，西格尔又打电话给马蒂·立顿，因为他在解决宾州石油公司交易方面非常成功。立顿能够使戈登和伍德豪斯同意，如果他们双方能够决定一个价格，在加利福尼亚禁令解除的前提下，戈登会签字同意出售给德士古公司。

当戈登及其顾问在套房等待时，蒂奇、立顿与德士古公司的谈判者在饭店休息室召开了秘密会议。立顿和蒂奇告诉麦金利，戈登没心情去讨价还价，如果他想进行交易，必须出价125美元每股，这也是德士古公司董事会授权的最高价额。后来，他们回到戈登的套房，麦金利告诉戈登，"既然你说你很高兴收到出价，我会准备出价，我心目中的价格是大约122.5美元每股"。说到这里，麦金利停了下来并且微笑着说，"但是，我在这里得到一些提示，提示说还有另一个价格，而那个价格是你更容易接受的，因此我准备出价……"麦金利还没说完，戈登就说，"我接受"。后来他又补充道，"啊！你是首先出价的人"。每个人都笑了，戈登又说，"如果法院认可并且价格就是我听到的这样，我想我们或许可以做生意"。

立顿亲笔书写了即将由戈登签字的信件，信中说，如果加利福尼亚禁令解除，戈登将把公司出售给德士古公司。伍德豪斯打电话给自己的合伙人提姆·科勒尔（就是那天告诉加利福尼亚法院"交易现在已达成"的那位律师），向他解释所发生的事情。而且，伍德豪斯还把信的内容读给科勒尔听，科勒尔建议作出一些修改。于是，立顿又写了一个新版本。之后，戈登决定，由于交易重大，他想让莫斯·拉斯基负责运作。当时，莫斯·拉斯基正在一家中餐馆吃晚餐。当大家最后找到他并把信件的内容读给他听时，他说，自己对信件没有问题，而且他认为戈登做得很正确。基于此，午夜后不久，戈登就在信上签了字。

离开皮埃尔饭店后，德士古公司的谈判者前往立顿的办公室，在那里，他们把当晚剩下的时间都花在协商德士古公司购买纪念馆股份的协议问题上。立顿坚持认为，只有德士古公司向纪念馆赔偿因宾州石油公司交易产生的诉讼的相关损失，纪念馆才会同意出售。立顿向大家保证，由宾州石油公司、信托和纪念馆完成的协议备忘录并不是具有约束力的合同，而且，格蒂石油公司的投票表决仅仅只是授权进行协商谈判。如此一来，自然就产生这样的问题：如果你如此确信，那么，你的当事人为何还需要进行赔偿呢？立顿对此问题的回应是：哈罗德·威廉姆斯是自己当事人一方的董事长，他是一位公众人物，以前曾担任商学院院长，并担任过证券交易委员会主席。他的名誉需要保护，不会冒险卷入一场公众诉讼。接着，立顿又坚持提出另一条款，该条款规定，格蒂石油公司的利益不受约束。这一规定与他之前保证的内容更不一致。而且，协议必须包含一项声明，声明的内容是，"不准表述与宾州石油公司协议有关的内容"。德士古公司的行政官同意了上述内容，不仅因为他们想达成交易，而且，他们尊重立顿。⑨ 他们尊重立顿，不仅仅因为他是国内最优秀的并购律师，而且，在整个交易的过程中，他一直充当着公正无私的调解者的角色。从这一点来说，他似乎没做错什么，但是，直到后来，德士古公司才发现，自己的看法是多么地错误。

当德士古公司与纪念馆之间的谈判正在进行时，格蒂石油公司的律师正会同宾州石油公司的律师忙于合并文件问题。到了晚上很晚时，格蒂石油公司的律师一个个安静地离开。大约凌晨一点钟时，宾州石油公司的律师突然意识到，尽管还有很多要点不为人所知，但已经没有格蒂石油公司的人在这里进行协商。

为了确保自己的交易不会如宾州石油公司的那样没有完成，德士古公司的工作团队发疯一样地工作，来准备最后的文件。德科林、金尼尔和威特泽尔也以个人名义参与到谈判和最后的文件起草工作中来，这里的工作并不像宾州石油公司的那样复杂，原因在于，这里的交易没有那么复杂。由于纪念馆已经获得补偿，代表戈登和格蒂石油公司董事的律师提出要求，认为他们也应得到与纪念馆一样的补偿。德士古公司支付了这些补偿，没有人意识到，这里的补偿在将来会使他们花费多少钱。第二天中午，格蒂石油公司的董事举行了会议，会议商讨并投票表决"撤销"该公司向宾州石油公司发出的 112.5 美元每股的反要约，同时承诺与德士古公司进行交易。

诉讼几乎马上开始。利特克向格蒂石油公司的董事长发了一封威胁性电报，作为回应，格蒂石油公司在特拉华州提起诉讼，请求法院确认自己与宾州石油公司之间不存在合同。3 天后，宾州石油公司也在特拉华州提起自己的诉讼，请求格蒂石油公司与自己之间的合同履行实际。⑩ 发现程序的速度是惊人的，宾州石油公司的律师很快得知，德士古公司向格蒂利益集团支付了补偿金。宾州石油公司的律师将补偿金看做德士古公司知道格蒂利益集团与宾州石油公司之间存在合同一事的证据，对起诉状进行修改，起诉德士古公司妨碍合同。

与此同时，利特克与德士古公司主席约翰·麦金利在华盛顿会面，来看看他们之间谁能够达成交易。不幸的是，麦金利愿意给出的价非常微薄，这使得利特克更加生气。

特拉华州衡平法院否决了宾州石油公司提出的预防禁令要求，而关于德士古公司是否妨碍了合同的最后决定留给审判去解决。同时，法院指出，宾州石油公司在最初充分显示，自己与格蒂石油公司之间存在合同，而且，没有充分的证据表明，德士古公司知道上述合同的存在。

---

⑨　应当指出，在德士古公司与戈登·格蒂达成协议后，立顿仍没有改变这些针对德士古公司谈判者的条件。在德士古公司的谈判者与戈登会面之前，他已经向他们提出了赔偿问题。

⑩　See Petzinger, *supra* note 4, at 241.

海基尔·利特克认为，赢得案件的方法就是将案件移至得克萨斯州，在那里，自己的朋友乔·基麦尔可以成为首席律师。基麦尔是有史以来最伟大的人身伤害律师之一[11]，他赢过四十多起案件，解决的争议金额超过100万美元，比历史上任何人都多。[12] 他之所以闻名，不仅仅因为他自己在法庭的戏剧性表演，还因为他自己的当事人。他曾与威利·尼尔森混在一起，据说，尼尔森的歌曲《好心肠的女人爱着守时的男人》就是受到基麦尔长期遭受苦难的妻子的鼓舞而完成的。开始时，基麦尔拒绝参加本案，但最后还是同意接手案件，原因在于，妻子告诉他，出于友情他应当接手案件。[13]

博克·博特事务所的律师约翰·杰弗斯（John Jeffers）和埃文·特勒尔（Irv Terrell）担任宾州石油公司诉讼团队的领导，他们发现了将诉讼移至得克萨斯州的方法。与其他地方一样，特拉华州的法律也规定，在被告提交答辩状之前，原告在任何时候均可以在没有偏见的情况下终结诉讼。本案中代理德士古公司的律师习惯于提出禁止合并令，他们没有提交答辩状，原因在于，提交答辩状会影响禁令的时间。提交答辩状的期间届满后，交易或者被批准，或者没有。而在上述每个案件中，答辩都是没有实际意义的，因此，在本案中，他们没有提交答辩状。当杰弗斯和特勒尔意识到这种开放性做法带给他们的结果时，他们在特拉华州提出撤诉，15分钟后，又在休斯顿起诉。[14] 德士古公司律师的这种疏忽因"100亿美元的错误"而被人知。

审判

当德士古公司的行政官得知他们将不得不在休斯顿进行诉讼时，他们知道，自己需要当地律师。经过广泛调查，他们选择了迪克·米勒（Dick Miller）。米勒在塔尔萨长大，二战期间，他离开就读的中学加入海军陆战队，但最后毕业于哈佛大学法学院，曾担任博克·博特律师事务所诉讼部领导，并且帮助培训过埃文·特勒尔和约翰·杰弗斯，其实，他把这两人当成自己的门生。他热情、充满动力，后来，他离开博克·博特律师事务所，成立了自己的精品诉讼律师事务所，名字叫米勒、肯顿、布利斯通 & 布朗。

作为审判准备的一部分，米勒及其搭档进行了3场模拟审判，德士古公司赢了其中的两场。在德士古公司获胜的两场模拟审判中，陪审员认为，宾州石油公司没有合同，原因在于，仍存在待解决的问题，而且，并没有明确的书面协议。第三场模拟审判的陪审团认为，"交易是不能随便更改的"，因

⑪ 根据基麦尔的说法，他和利特克曾"与我们的妻子一起环游世界"［Joe Jamail, *Lawyer: My Trials and Jubilations* 138（2003）]。

⑫ 2003年，基麦尔出版了自己的传记，在传记中他声称，"在两百多起人身伤害案件中担任首席律师，收回的金额超过100万美元"［Jamail, *id.*（dust jacket）]。

⑬ *Id.* at 139-140.

⑭ 林恩·罗普科斯和沃尔特·维劳赫指出，"按照当地惯例，宾州石油公司应当将自己终结诉讼的意图通知德士古公司，并且通过提交答辩状来防止撤销。但是，宾州石油公司的律师经过深思熟虑，决定忽视这一惯例"［Lynn M. LoPucki & Walter O. Weyrauch, "A Theory of Legal Strategy", 49 *Duke L. J.* 1404, 1417（2000）]。

此宾州石油公司获胜。

米勒的案件有三个主要元素。首先，德士古公司是好人，它们是来拯救格蒂石油公司的利益，从而避免利特克将公司偷走；它们甚至将戈登从自己的愚蠢行动中救出。其次，宾州石油公司没有合同，但是，可能在油田作出了相关行为。在公司并购领域，直到推敲出细节内容并在最后的文件上签字且分发出去，才存在有约束力的合同。最后，即使宾州石油公司有合同，德士古公司也未侵犯、妨碍合同。德士古公司采取了每一种合理的预防措施，以确保没有合同的存在。

相比之下，宾州石油公司的策略则简单得多。基麦尔在自己的传记中是这样描述他的战略思想的：

> ……我不会从证券法的角度来解决这个案件，也不会考虑受托人责任或其他接管游戏问题，而是从名誉的角度解决。我会让陪审团传递这样的信息：公众需要华尔街及其大公司具有较高的行为准则……我计划强调的是，德士古公司从宾州石油公司那里偷了石油，这样的公司并不比小偷好多少。⑮

1985 年 7 月 1 日星期一，审判正式拉开帷幕。审判由安东尼·J·P·法里斯（Anthony J. P. Farris）法官主持，而他已经听过审前争点问题。⑯ 审判开始后的前两天主要是行政性事项。由于双方当事人在审判持续多久问题上达成一致，因此，最后证明，所有关于审判时间的估计是荒谬地乐观。人们对审判时间的估计从 4 周到 10 周不等。

第三天进行的是证据免提动议。在这个问题上，宾州石油公司取得了主要胜利；对于德士古公司提出的将格蒂石油公司内部争斗方面的证据排除的申请，法里斯予以否决。这一结果对基麦尔的一项主要战略目标非常重要，这一战略目标是：将格蒂石油公司的管理层、投资银行家、华尔街律师和德士古公司的行政官一起，作为情节剧中的坏蛋。

陪审团选任

与案件的所有其他方面相同，陪审团的选任也受到竞争性主题的驱使。米勒一直在寻找更聪明、更老练的人，因为他相信，这样的人能更多地接触商业实践，不太容易被基麦尔擅长的感情化辩论左右。

但另一方面，基麦尔正在寻找能理解自己主题的人，即能够理解案件只是简单的名誉事件。正如他所言：

> 我所寻找的人应具备两个特性，即忠心和诚实。为什么呢？因为当你表达观点时，那是出于忠心。我会证明格蒂石油公司董事会对公司的成立者 J·保罗·格蒂不忠。我希望陪审员婚姻长久、工作长久、信仰

---

⑮ Jamail, *supra* note 11, at 142-143.

⑯ 审判争点主要围绕基麦尔对法官再次竞选运动作出的贡献进行讨论。Petzinger, *supra* note 4, at 284-288；Jamail, *supra* note 11, at 141.

178

长久。[17]

案件的预先审查持续了 6 天，而且，与案件的其他很多方面相同，预先审查也非同寻常。一位观察家称之为"这是我在得克萨斯州见到过的涉及面最广的预先审查"。这里的意思是说，得克萨斯州以完全开放的预先审查而闻名。

基麦尔通过向陪审员介绍本方案件的精髓开始了自己的预先审查：

> 你们将听到很多问题，但等你们将所有问题甄别后，只有一件事情对你们而言是清晰的，即：这是一起有关承诺的案件，那些承诺对宾州石油公司意味着什么，最后又对德士古公司意味着什么。宾州石油公司与格蒂石油公司达成了承诺，承诺的内容是，格蒂有意将石油公司 3/7 的资产出售。这种承诺不是普通的承诺，它是人作出的承诺，而非公司。

之后，基麦尔将承诺进一步人格化：

> 我代理的海基尔·利特克是宾州石油公司的首席执行官和董事会主席，他也是我的朋友，今天就坐在这里。那些承诺不是某种建筑作出的，而是人。你们是被挑选出来从事陪审团工作的，你们最后必须作出决定的问题是，承诺的价值是什么，你们所言的价值是什么，合同的价值是什么。因为那是合同，是承诺。

上述内容中提到建筑，这是使基麦尔的发言具有说服力的一个精彩但却狡猾的动作。要知道，宾州石油公司总部是由设计师菲利普·约翰逊建造的一对 36 层高的梯形塔，该建筑是休斯顿市民的自豪之处，它于 1976 年完成，宣示着休斯顿成为世界主要城市之一。在整个审判过程中，基麦尔一直提醒陪审员，宾州石油公司是一家休斯顿公司，而德士古公司（该公司原名叫得克萨斯州公司）目前的总部在纽约，而且由"纽约律师"和"纽约投资银行家"充当代理人。

基麦尔继续自己的预先审查，他利用法庭的许可，实际上进行了涉及广泛并且重复的开场陈述。在占据庭审记录长达 90 页的一次演讲内容中，他大致勾勒出证据，在一些变化中努力使用道德主题，无数次提到承诺问题和握手问题，并且告诉陪审团，这个案件是有关"市场领域是否有道德"。他告诉未来的陪审员，"我认为，这是美国历史上发生的最重要的案件"。

基麦尔从自己的角度向陪审员叙述了整个交易的时间顺序，并继续自己的预先审查。在时间顺序中点缀着一些问题，这些问题表面上是探究陪审员的态度和先入之见，实际上则是宾州石油公司主要辩论点的高度概括，紧跟着的是宾州石油公司难以抗拒的买进对方的邀请。他关于补偿问题的叙述很具有代表性：

> 我想问你们每个人，这个问题非常重要：陪审团中有没有人不能而且不愿承认，在格蒂石油公司的坚持下，德士古公司向格蒂集团支付的补偿是其知道格蒂石油公司和宾州石油公司之间存在有约束力的协议的

---

⑰　Jamail, *supra* note 11, at 150.

证据？有没有人不能接受该事实作为证据？如果有的话，很显然我现在就会知道，因为这是我们的证明活动。如果有这样的人，请举手。我没有看到有人举手，我也不希望有人举手。

在预先审查中，法庭允许这样的询问，以便能将那些对案件有偏见的陪审员清除出去。但是，这种方法不应用来将陪审员置于某种特定立场。当然，这两者之间的界限很难区分，有影响力的律师会经常游走在界限的边缘，正如基麦尔在这里表现出来的。

基麦尔继续对诸如此类的事情进行争辩，如新闻稿、与宾州石油公司请求有关的免责声明、德士古公司在发出要约之前没有告诉宾州石油公司、在加利福尼亚诉讼中提出的宣誓书、德士古公司对自己读过新闻稿的承认、在与第一波士顿公司的投资银行家会晤时德士古公司的官员所作的手写记录等等，但是，基麦尔的争辩经常扩大范围。在上述问题的最后，他让陪审员将德士古公司企图引诱违约的事实作为证据，并让陪审团承认惩罚性损害赔偿问题。

陪审员詹姆士·塞隆（James Shannon）写过一本书，书中谈到本案的审判。他在书中指出，在预先审查的最后，"基麦尔已经获得准承诺，准承诺的内容是，陪审团将把支撑他所述事实的相关文件'接受'为'强有力的证据'"[18]。此外，他还获得了陪审团的承诺，承诺自己会否认德士古公司的争辩，例如，他问陪审团，是否会有人将新闻稿中"服从最后的协议"这样的表达接受为对宾州石油公司的请求"关上了门"，或者是否会将"亲爱的海基尔"信件中提到的戈登以"信托关系为条件的"受托人资格接受为"违反承诺的借口"。在预先审查的这部分内容中，基麦尔甚至使用图表来展示整个交易的时间顺序。

接下来，基麦尔通过解释自己的损害赔偿理论，继续让陪审员接受自己对案件的观点。他关于损害赔偿的理论包括以下要点：（1）宾州石油公司已经证实的3/7的储备是10.08亿桶石油，（2）宾州石油公司发现和发掘这些石油储备的历史花费是每桶10.87美元，（3）根据被违反的合同，宾州石油公司将以3.4美元每桶的价格获得格蒂石油公司的储备，（4）因此，宾州石油公司的损失就是上述两种价格之间差异的10.8亿倍，也就是75.3亿美元。他一列接着一列询问那些自己无法估算出这一损失的陪审员，没有人能估算出来。[19]此后，基麦尔将接下来的事情交给来自博克·博特事务所的诉讼律师埃文·特勒尔。特勒尔利用陪审团选任第三天剩下的时间，不仅向陪审团介绍了包括本方提出惩罚性损害赔偿金基础在内的宾州石油公司损失的更多细节内容，而且再次提到补偿问题。

星期五上午是陪审团选任的第四天，法里斯法官把律师们叫到自己的办公室，问他们"这场马拉松"将会花多长时间。基麦尔拒绝给出一个时间来结束自己对陪审员的"询问"。商讨之后，特勒尔继续进行预先审查。在预先审查中，他概括、总结了宾州石油公司的每位专家证人即将提供的证言，

---

[18] James Shannon, *Texaco and the $10 Billion Jury* 97 (1987).

[19] 在做这件事时，基麦尔告诉陪审员，他对这些数字并不满意，而只是说出了专家给出的数字。

并且问潜在的陪审员是否知晓这些证人，据此来敷衍现在仍然是预先审查的事实。之后，特勒尔还讨论了德士古公司的抗辩。陪审员在从德士古公司律师那里听到抗辩意见之前，已经从特勒尔这里先听到了。很明显，特勒尔用最不利的观点来描述德士古公司的律师，他是这么说的，"这些抗辩是这些人事后用来正当化他们行为的所谓借口"。接下来，他又回到德士古公司行政官与投资银行家会晤时的记录问题，并且问陪审员，当他们进行审议时，是否会再次阅读这些记录。

特勒尔结束"询问"时，陪审员再次去听基麦尔进行预先审查。基麦尔再次简要总结了宾州石油公司的案件，并且获得另一个机会让陪审团了解，德士古公司的行政官事实上是多么可怕。就在几分钟之前，特勒尔刚刚问过陪审员当他们进行审议时是否会阅读德士古公司行政官的记录，尽管如此，基麦尔仍然再一次向陪审员宣读了其中证据最确凿的部分，并且问他们，是否会将这些记录作为"毫不顾及、无情放纵的证据，德士古公司无视宾州石油公司权利的故意证据"[20]。接着，他又问了几个问题，以确定陪审员愿意作出大笔惩罚性损害赔偿金的决定。此后，他又回到德士古公司的不道德行为问题上。戴夫·科波利是格蒂石油公司的总法律顾问，他在1月2日至3日担任了格蒂石油公司董事会会议的秘书，对会议作了详细的手写记录。他口述过自己手写会议记录的最后版本的内容，而且，后来，他将手写记录毁掉。基麦尔指出，这是故意破坏证据的行为，而德士古公司也参与其中。

米勒开始自己的发言时是星期一。与基麦尔一样，米勒也通过开放性的得克萨斯州的规定，将自己的故事摆在未来的陪审员面前，但他与基麦尔的方法不同。基麦尔使用的方法是通过炫耀向陪审团显示自己街头战士的态度，米勒则不同。对此，《华尔街杂志》记者托马斯·派特应格写了一本与案件审判有关的书，他在书中是这样描述米勒的方法的："他走进法庭，像一位真正的南方绅士，就如同格里高利·派克在《杀死一只知更鸟》中扮演的阿提克斯·芬克那样。"[21] 米勒的战术很快就变得显而易见。基麦尔说，案件是关于名誉，但米勒说是关于金钱。他认为，该案并不是世界上最重要的案件，而只是一家贪心的公司想通过法律制度获得商业领域丢掉的正大光明。米勒是这样说的：

> 基麦尔先生和特勒尔先生告诉你们，这是人类历史上最重要的案件，对此，我有不同意见。两个月前，我接手一桩案件，在该案中，一个父亲想要回孩子。我认为，那起案件比这个案件更重要，这只是一场关于金钱的诉讼。当然，每个人都需要一定数量的金钱，但是，我想，那种认为金钱使得本案成为人类历史上最重要案件的想法，其实是告诉你们提起诉讼的公司的一些情况。

基麦尔讲述的故事是，德士古公司进来，从宾州石油公司那里将交易偷走。米勒的故事则是，应格蒂石油公司董事会的要求，德士古公司参与进来，从而防止戈登·格蒂的天真被掠夺性的宾州石油公司利用：

---

[20] Shannon, *supra* note 18, at 131.

[21] Petzinger, *supra* note 4, at 300.

我们没有打破局面，也没有干涉什么。格蒂石油公司的行政官和董事长通过他们的代理人来到德士古公司，让我们向公司出价。那么，他们为什么让我们出价呢？答案非常简单、直接。因为宾州石油公司说服戈登·格蒂，并且想让他承诺，他会成为自己父亲公司的领导。你们将会了解到，戈登·格蒂不是商人，而且永远不可能成为商人。

　　米勒指控宾州石油公司"首先依赖（戈登）想继承自己父亲事业的强烈渴望"，而且，"不是依靠人性最好的动机，而是最坏的动机"。格蒂石油公司董事会要求德士古公司参与进来，原因就在于他们正"处于一项收购要约的控制之中，该要约是宾州石油公司于 12 月 27 日以能够想象到的最保密的方式设计出来的。当宾州石油公司了解到格蒂石油公司正处于最弱的时候，甚至无法自保时，他们计划在圣诞节和新年期间提出自己的要约"。

　　之后，米勒改变了方法，试图将宾州石油公司团队妖魔化，从而与德士古公司高级行政官的形象作一对比。麦金利、金尼尔和德科林出现在法庭上，米勒介绍了他们。米勒认为，麦金利是"土生土长的阿拉巴马人，当他们在得克萨斯州游玩时，他甚至还想着阿拉巴马的根"。他指出，麦金利一辈子都在德士古公司，想将其描绘为坚定、忠诚的公司人员，从而与宾州石油公司在开始时描绘的邪恶的投机取巧分子相反。

　　米勒指出，金尼尔毕业于海军军官学校，在爱国的德斯萨斯人中间期望值很高，"自战争结束，他就一直待在德士古公司"（更加忠诚爱国）。米勒介绍道，金尼尔是"美国德士古公司的首脑，在休斯顿这里也有办公室"。但米勒没有提到，金尼尔除了是休斯顿子公司的首脑外，他还是德士古公司即母公司的副主席，而且正在考虑公司的最高职位。

　　米勒对德科林的介绍最为简短。等到麦金利退休时，德科林是金尼尔竞争公司最高职位的竞争对手。米勒指出，德科林毕业于圣母院和乔治敦法学院，"是三个人中唯一具有法律学位的人"。米勒继续进行预先审查时，对于交易情况，他讲述了自己的故事，这个故事与基麦尔的故事迥然不同。他描述了戈登·格蒂与格蒂石油公司管理团队和宾州石油公司之间的利益冲突，冲突的根源在于他们都想获得格蒂石油公司的储备。他将宾州石油公司的收购要约描述为试图"拆散（格蒂石油公司），获得由社会公众股代表的资源，通过对公众不公平的价格将股票收购到休斯顿"。此外，他还解释了善意收购要约与恶意收购要约之间的区别：

　　　"恶意"这个词本身就表明一种经济战争，在商业领域，从事这种收购要约的人通常被称为"收购狙击手"、"鲨鱼"或"掠夺者"。当你进行恶意收购要约时，通常你会认为，收购目标将来不可能反击，而你处理着自己小小的经济珍珠港。

　　之后，米勒拿出自己故事版本关键性文件的大幅海报，其中第一幅就是协议备忘录。他指出，协议备忘录最后一页需要有格蒂石油公司的签名，"签名在哪里呢？格蒂石油公司根本没签署协议，根本没有"。

　　第二幅海报是"亲爱的海基尔"信件。对此，米勒是用这些术语进行描述的：

　　　如果格蒂石油公司董事会的董事们没有表决通过戈登·格蒂的计

划，那么，他就与宾州石油公司签署秘密协议。通过乔治，我们会争取到更多的董事。如果这些董事不支持计划，我们会再找一些其他人。

米勒没有透露董事们是如何发现那封信的存在的，而是告诉陪审团，这封信产生诸多的不信任，以至于格蒂石油公司董事会后来进去与宾州石油公司的人士"握手"，这样做"有些过分，不是吗?"

宾州石油公司的律师曾说过"嘿! 我们喜欢竞争。"这简直是废话。自始至终他们所做的一切，包括他们之间存在合同的请求在内，都是反竞争的，原因在于，他们只对这种奇异的交易感兴趣，他们不想支付公平的价格。

在此之后，米勒想为新闻稿辩解，他指出，新闻稿是想遵守证券交易委员会提出的要求，要求的内容是，格蒂石油公司管理层应当对此前他们将公司股票撤出交易的行为进行解释。握手问题和新闻稿中使用"基本上达成一致"这样的术语是宾州石油公司方在辩论中提到的，对此，米勒也试图提出反对:

他们说:"对，我们握手了。"
我们则说:"那么，与谁握手呢?"
"我们与戈登握手。"没错，那么，你们与纪念馆的人握手了吗?
"没有，但我们向纪念馆的人挥手了。"
"格蒂石油公司如何呢? 有人曾与格蒂石油公司的人握手吗?"
"没有，我们从来没跟他们谈过，从来没跟格蒂石油公司谈过。"
这就是我们听到的握手生意，就这么多。他们曾与格蒂石油公司握手吗? 他们甚至没跟格蒂石油公司说过话。但是，新闻稿中说了什么? 其中说他们"基本上达成一致"。

协议的情况也是一样吗? 答案是否定的。

在纽约发生的这一背景下，"基本上达成一致"一句的意思正好相反，它的意思是，你们没有同意，你们只是在观念上达成一致。

如果说"同意"与"基本上达成一致"的意思相同，那么，他为何要用多余的词呢?

因此，参与接管业务的人应当知道它的意思是什么。在德士古公司成立以来的80年时间里，该公司从未进行过收购要约，而宾州石油公司进行过7次，在本世纪，他们进行了第一次主要的收购要约，因此，他们知道，他们知道。他们知道他们没有交易。

在第二天的预先审查中，米勒想在几分钟内教会未来的陪审员（这些人的智力、教育程度和兴趣各有不同）合同成立的步骤，在大学里，对于这一内容，合同法教授要花几周时间教给一年级的法律学生。与之相联系，米勒又一次探讨了新闻稿问题。这一次，他指出"执行最终的合并协议"一句。在陈述过自己的技术要点后，米勒又改变了方法:

律师为了获胜，是不愿意做某些事情的，在陪审员名单上面，我认为，因种族、信仰、地域及其他因素会产生偏见。

女士们、先生们，我建议你们，当你们用纽约律师所用的口音谈论他们时，他们想建议你们的东西更多。你们应当明白我的意思，我想确定，在本案中，我们不存在诸如此类的问题。如果他们能赢，就让他们赢得光明正大。

　　　　＊＊＊

　　有人想以谁来自哪里为基础来决定这个案件吗？我需要知道这一点，原因在于，如果我们看一个人、判断一个人不是基于他的优点，而是基于他的宗教信仰、种族或来自的地方，那么，这个案件就会出错。

在这次交易中，代理德士古公司、向该公司提出建议或者代表该公司作证的很多人中不仅仅有纽约人，还有犹太人，因此，米勒特别关注的一个问题是，地域歧视和反犹太主义都会在案件的审判中发挥一定作用。[22] 但是，对于审判，陪审员詹姆士·塞隆在他的书中是这样表述的："综观整个案件……反犹太主义绝对不是重要问题。"此外，塞隆还指出，对于米勒的言词，他当时感到很"迷惑"。他建议，如果米勒想提到某一问题，应当直截了当去做。[23] 很明显，米勒并不想直接指控自己的对手，不想使冲突变得更加激烈，可能也不想疏远陪审员。但是，由于没有直接指控对手，他可能无法提出自己的要点。

开场陈述

　　经过6天的预先审查后，7月17日上午，陪审员正式入席，开场陈述开始。经过广泛、深入的预先审查之后，并没有太多要说的内容，但这仍无法阻止双方当事人进行范围更广泛的开场陈述，正如陪审员詹姆士·塞隆所指出的那样："无论对于原告还是被告，冗余一直是案件的鲜明特征。"[24]

　　宾州石油公司一方的开场陈述是由约翰·杰弗斯进行的。由于杰弗斯在预先审查中没有向陪审团致辞，因此，他是新面孔，也是新声音。由于在预先审查中已经向陪审员解释过案件，因此，他的开场陈述主要是对米勒预先审查的内容进行反驳，并将此前基麦尔非常粗略的内容具体化。对于米勒对参与公司的描绘，他予以攻击，并且指出，"格蒂石油公司被认为弱小和无力自保时，其实它差不多拥有120亿美元"，而宾州石油公司的年度总收入"超过20亿美元"。引入格蒂石油公司之后，在1984年，德士古公司的总收入为470亿美元。

　　米勒将J·保罗·格蒂描述为不关心家庭的守财奴，将新闻稿描述为仅仅是格蒂石油公司的产物。对此，杰弗斯均予以反击。之后，他讲述了整个交易的详细历史。他的讲述从J·保罗·格蒂创办格蒂石油公司、利特克创办宾州石油公司开始，内容涉及信托的建立、公司法初级读本与包括会议、交易及全部内容在内的格蒂石油公司的策略。讲述上述内容时，他花了很多时间试图绕开德士古公司的争辩，争辩认为，宾州石油公司和格蒂利益集团之间在很多重要条款上都未达成一致。做这项工作的同时，他还尽力使陪审

---

[22]　Shannon，*supra* note 18，at 148.

[23]　*Id*. at 148.

[24]　*Id*. at 155.

团对充当德士古公司关键证人的那些人产生反感。他指出，"又是布瓦西，记住他的名字，杰夫·布瓦西，高盛投资公司的'1 800 万先生'"。

杰弗斯用精心编造的辩论为自己的开场陈述进行总结，总结在重复宾州石油公司的主题的同时，也用这一主题反对了德士古公司的主题。如前所述，基麦尔的策略是将案件作为"名誉事件"并且要求一大笔惩罚性损害赔偿金，据此，不仅仅教训德士古公司，而且教训美国的普通公司不要误入歧途，要重回基本的名誉观并且要信守承诺。但是，德士古公司则想根据合同法的规定教育陪审团，按照合同法的规定，"行业惯例"和其他商业规范能够决定，协议在何种情况下具有法律约束力。杰弗斯没有让德士古公司一方的想法得逞，他认为，投资银行家和德士古公司的律师并不比其他人能够更好地处理大型的、复杂的公司交易，他们不是一群专家，而是一小群躲避诚实人群正当行为规范的掠夺者：

> 此次审判中，将会有银行家作证。他们会根据自己的商业实践认为，原则上的协议是一种向世界的邀请，邀请别人向你出价。我们认为，在本案中，必须做的一件事情就是，让这些人得到法律的认可。
>
> ……德士古公司的人已经来到这里，有麦金利先生、金尼尔先生和德科林先生，这些人坐在世界上最大的一家公司的顶点。
>
> 但是，如你们这样的陪审员要判断出富裕和强大、渺小和微弱，这是你们来到这里的目的和职责。
>
> 德士古公司的人们会告诉你们，他们所做的事情是正确的。但是，如果他们做错了，假如没有此次的陪审团和法庭，谁又能告诉他们，他们做错了？
>
> 我们的政府是法治政府，而非人治。当我们讲述自己的故事时，请你们耐心宽容。谢谢你们。

下午的时间属于德士古团队。宾州石油公司在由基麦尔和特勒尔进行漫长的预先审查后，提供了杰弗斯作为新鲜面孔出现。与宾州石油公司的做法一样，米勒让自己的搭档理查德·肯顿（Richard Keeton）进行德士古公司一方的开场陈述。

肯顿是米勒事务所的第二号合伙人，以才智出众而闻名，他的父亲佩吉·肯顿（Page Keeton）是得克萨斯大学法学院享有盛名的院长。肯顿强调，在听说宾州石油公司的交易后，德士古公司并非唯一一个有兴趣对格蒂石油公司出价的公司：

> 我们相信，当读到"原则上达成一致"的内容时，公司很多复杂的人并不认为交易的大幕已经落下，原因在于，新闻稿尚未发布。
>
> 它没有提到"招标"，但其中要说的内容，很有可能要发生某种交易，而非必然发生。如果你想参与，如果你想得到某些东西，请出价。
>
> 它没有这么说，我不想愚弄你们，我正在对有知识的人说话。上述内容的含义就是这样，它的意思是，我们正在工作，即将会有收购要约，因此我们有时间压力。

最后，肯顿得出了自己开场陈述的关键点，即需要原告提供自己的行为动机：

> 有人会问你们："德士古公司侵权性地干涉某种合同了吗？"
>
> 我不认为你们将会发现有合同的存在，但是，为了发现德士古公司的错误，他们确定侵权性地干涉了合同，而且他们应当知道。他们知道，而非应当知道。

宾州石油公司的事实和论点

宾州石油公司的第一位证人是贝纳·克尔（Bainer Kerr），他曾是海军陆战队士兵，在瓜达康纳尔岛受重伤，后来成为博克·博特律师事务所律师，从事有关宾州石油公司的事务。他引起了利特克的注意，从而成为宾州石油公司的总法律顾问，后来担任该公司董事长。他是利特克那里的第二号人物，也是利特克的心腹密友。

之所以决定让克尔充当第一位证人，不仅是根据基麦尔多年的法庭经验，而且还根据克尔本人对参与人员的熟知。尽管很多人希望基麦尔将利特克作为第一位证人，但基麦尔担心，在交叉询问过程中，米勒会唆使好斗的利特克进行口头争吵，这样一来，就会使陪审团反对利特克，从而使米勒认为在本案中宾州石油公司是掠夺者的观点得到加强。因此，基麦尔选择了沉着冷静、温文尔雅的克尔，正如后来基麦尔所解释的那样，"我想定好调子。这里是德士古公司，还有它的欺负人的律师，那里则是一位可爱、友好的绅士，只想告诉他发生了什么。但是，米勒很有男子气概，我知道，他会吓唬克尔"。基麦尔相信，克尔胜任这项任务，因为"他的内心坚强如钢，他是一名坚强的海军陆战队士兵"[25]。

克尔将宾州石油作为一个公司讲述给陪审团。他向陪审团讲述了海尔基·利特克浪漫的、理想化的故事及其他建立公司的梦想，在此过程中，J·保罗·格蒂和乔治·H·W·布什（George H. W. Bush）参与进来，可能比历史记录中更著名。（第一任董事长布什成为利特克石油公司的合伙人。）按照克尔的说法，利特克的故事成为典型的美国梦想。陪审员詹姆士·塞隆将故事描述为"很鼓舞人心，对油田的描述几乎等同于琥珀色的稻谷波浪，仅仅少了雷鸣般的管弦乐和闪耀的视觉效果"[26]。基麦尔的计划是完美的，它遵循了传统的故事线索：男孩得到女孩；男孩失去女孩；男孩又重新得到女孩。但是，利特克缔造了美国梦想，而这一美国梦想受到德士古公司及一群纽约律师和银行家的阻挠，由普通美国民众组成的陪审团则可使美国梦想（以及与之相伴的美国商业道德）得以重建。

克尔也是一种媒介，通过这种媒介，宾州石油公司仔细解释了交易的大

---

[25] Petzinger, *supra* note 4, at 304-305. 在与陪审员作者詹姆士·塞隆的审后会面中，基麦尔用不同的方法进行解释：很多人认为，我们应当首先让利特克出庭作证，这样才能给陪审团留下深刻印象。我认为这是胡说八道。如果在预先审查阶段我没给他们留下深刻印象，那么我们就很麻烦。我们开始时既有坚固的事实又有毫无趣味的胡话，但是，必须要有这样的记录。不仅如此，基于上诉的目的，你必须有记录，就如同盖房子。Shannon, *supra* note 18, at 215.

[26] Id. at 200.

部分细节，并且将支撑自己案件基础的文件通过证据的形式反映出来。法庭技术尚不成熟，因此杰弗斯运用传统的工具进行询问，这种工具就是，将文件放大到很大的黑板架上，就像宾州石油公司的时间顺序表所做的那样。在克尔讲故事时，杰弗斯甚至用一大幅曼哈顿市区地图，用指针在上面标示出交易者的活动情况。

尽管基麦尔及其团队界定案件基础的主题非常简单、非常基本，但毫无疑问，读者深知，案件的事实是复杂的。经过 7 天的预先审查和开场陈述之后，陪审员们有些麻木，因此，故事很难继续下去。对此，米勒很清楚。在克尔讲述完宾州石油公司的背景并开始详细讲述交易故事时，米勒使故事变得更难继续。根据自己多年的法庭经验，他甚至可以对最无害的问题提出技术性异议。法里斯法官接受了这些异议，因此，杰弗斯被迫经常要换一种说法，来打破克尔故事的流程（假如像这样的故事有流程的话）。由于经常被花絮问题困扰，其中很多问题变得炙手可热并涉及广泛，因此，陪审团变得茫然。[27]

杰弗斯对克尔进行了 4 天的主询问，之后，米勒获得进行交叉询问的机会，这项内容持续了 3 天。通过询问，米勒尽力将宾州石油公司描述为掠夺者，而将戈登·格蒂描述为弱小、天真、不可靠的格蒂石油公司的圈内人，这样一来，宾州石油公司就能利用他作为自己的掩护马。在这个问题上，米勒取得一些成功，但克尔同样刻画了一些要点，尤其起作用的是他在面对米勒纠缠时表现出的自然情感的爆发，通过爆发慷慨激昂维护了戈登·格蒂，就如同一个人在面对不合理待遇时维护自己的权利。这种维护不仅仅是基于格蒂石油公司董事会，而且基于自己家庭的一员。

《华尔街杂志》记者托马斯·派特应格在自己的书中赞美了基麦尔利用博克·博特律师事务所的律师，尤其是利用特勒尔和杰弗斯的方法。他认为，基麦尔利用了这些人的以下力量：务实的举止态度，处理复杂公司案件的经验，大量的律师，处理有许多证人和书证的复杂案件需要的辅助人员和实体设备。米勒要自己完成大部分关键性工作，而基麦尔则富有成效地将工作负担分散，利用博克·博特的律师对很多重要证人进行审查，并且从事许多重要争辩。

在克尔作证之后，宾州石油公司必须进行长达两周的令人伤脑筋的书面证词展示，从而向法庭介绍传票范围之外的不友好证人所提供的第一手证据事实。当时，录像带证据还不像今天这样普遍，因此，在宾州石油公司掌握的 63 份书面证词中，只有 15 份是录像带证据[28]，其他的书面证词必须进行宣读。对于陪审员而言，录像带证据可能还有些娱乐性，因为录像带证据的内容是充满怨恨的事件，对此，律师反复提出异议，有时还会互相咒骂甚至展开攻击。但这仅仅意味着，陪审团必须花更多的时间在大厅，而法里斯法

㉗ Shannon, *supra* note 18，at 202. 米勒运用了各种各样的异议。他提出异议认为，证人在讲故事，而证人证言应当以问答的格式进行。之后，他又对诱导性问题中的关键点提出异议，而没有对其他问题提出异议，从而让其他诱导性问题得以过关。另外，他还对传闻证据和法律上的结论提出异议。当杰弗斯试图将不连贯的证言片段结合在一起时，米勒提出异议认为，询问正在概括证人证言的内容。

㉘ Petzinger, *supra* note 4，at 311.

官则要听律师们争辩应当允许陪审员看哪部分录像带。陪审员所看的大部分录像带都是枯燥无味的，在观看录像带时，随着灯光的熄灭，陪审员甚至想睡觉。

但是，正是通过这些书面证据，很多重要证据得以显现，其中包括戴夫·科普利与格蒂石油公司董事会数分钟的会面，还有在加利福尼亚禁令听证中马蒂·西格尔的宣誓书，其中声称，"格蒂石油公司董事会的董事批准重新组织交易"。在书面证言中，还包括关于酬金的信件，在其中，高盛投资银行于格蒂石油公司董事会投票表决后要求其支付自己为交易提供服务的费用，将宾州石油公司的合并视为已完成的交易，高盛投资银行的合伙人杰夫·布瓦西甚至将格蒂石油公司出售给德士古公司及其他公司。

基麦尔没有提供书面证词作为证据。当然，他也想在陪审团看到德士古公司一方的证人回答该方律师的简单问题之前，通过充满敌意的询问，以最坏的方式展示德士古公司一方的证人。当他这样做时，一份特别的证据变得关键起来。在发现程序中，宾州石油公司送给德士古公司一份质询书，其中指出："《华尔街杂志》东部版本上刊登了一篇题为'宾州石油公司与信托的联盟与格蒂石油公司相符'的文章，请确定德士古公司于1985年1月5日看到这篇文章的每个人。"对此，德士古公司是这样回应的："在已经查明的人员中，没有人于1985年1月5日看到这篇文章。"德士古公司苦苦斗争，不想让之成为证据的那篇文章描写了宾州石油公司与戈登之间的交易，其中14次用到"协议"一词。实际上，博克·博特的律师问过每一位德士古公司的证人，他们是否经常阅读《华尔街杂志》，大部分人的回答是经常阅读。但是，当问到他们是否阅读了（1985年）1月5日的杂志时，每个人都说没读过。这种做法所产生的破坏性让人难以置信，正如塞隆所写的那样："我猜这有可能，但是，我想坐在陪审员席上的人不会相信。"[29] 这样做正好落入基麦尔的手中，使得米勒很难证明，德士古公司的人是诚实的生意人。

在书面证词中，还有很多其他内容，通过微妙的方式对德士古公司产生不利。事实上，如果将证词内容放到一起，甚至可以使陪审团推断出，其中存在掩饰。希德·彼得森证实，格蒂石油公司董事会15比1的投票结果只是对价格的批准。后来，律师将彼得森的证言放到他本人面前，并向他出示了《财富》杂志上的一篇文章，他在文中说，"我们批准了交易，但我们并不喜欢"。对此，彼得森指出，他不记得说过这样的话。戴夫·科普利在口述过自己手写记录的最后版本后，将手写记录毁掉，这种做法使人认为，德士古公司（即他的新老板）要求他更改记录。提姆·科勒尔在加利福尼亚禁令听证中担任了戈登的律师，他在得知德士古公司的出价后，更改了自己在加利福尼亚诉讼中的宣誓书。对此，塞隆指出："看看原始的宣誓书，很明显，科勒尔是在告诉加利福尼亚法院，至少，信托相信自己与宾州石油公司之间存在交易。修改后的宣誓书的含义对陪审团起到了作用。"[30] 杰夫·布瓦

㉙　*Id.* at 208.

㉚　*Id.* at 219.

西的证词指出，"如果我的时间允许，"我会在审判中作证，并强化了基麦尔对纽约投资银行家特征的描述，即他们是一群需要接受主流价值观教育的骄傲自大的富人。布瓦西所在的公司几天的工作就可以赚取1 800万美元的费用，这一证据也强化了基麦尔对纽约投资银行家特征的描述，而且，这也使宾州石油公司团队将布瓦西视为"1 800万先生"③。格蒂石油公司的外部法律顾问巴特·威诺克证明，会议期间，他没有正常记录，而是拿一支笔在手中。

为了使案件变得鲜活，在录像带证据之后，基麦尔选择亚瑟·利玛作为宾州石油公司方的第一位证人。在格蒂石油公司召开董事会会议时，利玛担任宾州石油公司的谈判人员。利玛是保罗、维斯、瑞夫康德、沃顿 & 格里森律师事务所纽约机构的合伙人，他除了是纽约顶尖审判律师外，在公共服务方面成就卓越，曾担任阿提卡监狱暴动报告委员会总调查人及纽约警察局暴行事件调查委员会主席。

作为讲述宾州石油公司与格蒂利益集团之间交易故事的人，利玛可谓是最佳人选。由于具备成就卓越的背景，他具有很好的可信度，除此之外，他还是一位天才的说故事的人。作为一名来自纽约的犹太人律师，他面临着米勒对地域偏见和宗教信仰偏见的指控。他解释了宾州石油公司与戈登和纪念馆之间谈判的最初的步骤，由于很多会议和各种玩家之间的交换他都没有参加，因此，他证言的很多内容只是传闻。后来，德士古公司团队的鲍勃·布朗（Bob Brown）对利玛提出异议，但异议被法庭否决。

通过布朗提出的异议②，利玛谈了自己对戈登·格蒂的印象：

> 我对戈登·格蒂的看法是，他知道自己想要什么，他理解自己谈判地位的实力，他试图接受通过系统性方法得出的结论，他特别有计划。对于未被当做有巨大财富的人加以利用，他很认真。他很关心人们想操纵他并对此高度防备。在挑选顾问以确定自己得到最好的建议方面，我以前从未见过有谁如他这般竭尽全力。

之前，米勒在自己的争辩中一再强调，戈登·格蒂是一位不切实际的无辜者。但是，以利玛的资格，对戈登·格蒂所作的评价必然会对米勒的可信度产生巨大影响。

接下来，围绕格蒂石油公司董事会会议，特勒尔带领利玛回顾了谈判的复杂细节。这样做需要很长时间，而且很棘手，但它使宾州石油公司对自己在开场陈述中提出的很多细节获得证据。作为宾州石油公司的代理人，利玛

---

③　这是对曾经风靡一时的电视剧"六百万先生"的引喻，该剧的主角具有超人能力，这一能力源自植入其体内的仿生体，这一植入的花费让人难以置信，就是600万美元。在自己的开场陈述中，米勒对上述内容想咬上一口。他指出，宾州石油公司的律师将布瓦西视为"1 800万先生"，而他为格蒂石油公司获取更高价格的努力使股东多赚了12亿美元。无论如何，与基麦尔从案件中赚取的金额相比，布瓦西获得的报酬是微不足道的。

②　布朗指出，利玛的观点"与案件内容完全不相干"。对此，特勒尔回应认为，德士古公司将戈登的能力放入问题之中。根据米勒预先审查呈现的内容，这一点看起来很正确，尽管基麦尔在告诉陪审团时有点夸张地说："他们想留给陪审团的印象是，宾州石油公司利用了一个笨蛋。"

布朗还提出异议认为，利玛与戈登的接触非常有限，但法官似乎已经被基麦尔的争辩说服，该争辩认为，这一事实取决于相关证据的分量，而不是它的可接受性。

没有出席董事会会议，而是在套房里等待，套房是戈登在洲际饭店开的，与格蒂石油公司举行会议的地方正好在同一层。他解释到，对方通知自己，董事会否决了协议备忘录，因为110美元每股的价格不够高，他们想每股增加10美元。利玛讲述了利特克对反对案的反应："他认为这是不合理的……"他还讲了宾州石油公司的新提议，立顿对此的反应是，新提议"太精明了"。此外，他还讲述了提议对"头"内容的发展、利特克对新内容的同意以及立顿提出的5美元保证金的反对案。

为了继续讲述董事会重新开始后、利玛无法参会的情况下发生的故事细节，特勒尔让利玛宣读了科普利记录中的内容：

> 接着，威廉姆斯先生让董事会接受宾州石油公司的提议，提议指出，与经济委员会有关的支付数额为5美元每股。米切尔（Mitchell）赞成这一提议，投票的结果是，所有董事均投了赞成票，只有梅德波利（Medberry）投了反对票。

董事会休会时，很多参会者走进戈登的套房。西格尔和立顿将董事会的反对案告诉了利玛，利玛打电话给利特克，利特克接受了反对案。接下来，根据利玛的说法，内容是这样的：

> 接着，（立顿）和其他人返回董事会开会的房间。
>
> （立顿）说，"你可以在外面等，这里只会进行两秒钟的会议，"说完后，他进入开会的房间。

特勒尔询问接下来发生了什么，对此，利玛是这样证明的：

> 几分钟后，马蒂·立顿和马蒂·西格尔走了出来，大门也打开了，他们说，"祝贺你，亚瑟，你们获得了交易"。

利玛继续讲述祝贺和感谢之后发生的事情：

> 我说，"我想获准进入董事会会议室与所有董事握手，因为他们已经在那里待了很长时间，我想跟所有人握个手"。
>
> 他们说没问题，因此，最后，我获准进入董事会会议室。
>
> ＊＊＊
>
> 每个人都在会议室转来转去，我猜可能有二十人，因为其中有董事、律师和银行家。我在会议室四处走动，介绍我自己，并与可能的每个人握手。
>
> 我说，"祝贺你们"。
>
> 他们说，"祝贺你"。
>
> 我说，"感谢你们这么长时间的投入，我知道你们尽力了"。

之后，特勒尔继续谈德士古公司的购买行为。对方提出异议认为，利玛的反应是无关紧要的。通过这一异议，利玛证实，当他听到上述消息时，他的反应是"不相信"。他继续指出，当他打电话给马蒂·西格尔时，他告诉西格尔，西格尔应当自己将德士古公司购买的消息告诉利特克，"而不是偷偷溜走"。

上述内容是对米勒案件理论的另一次毁灭性打击。米勒深深相信，德士古公司的行为与那些所有时候从事这种行为的人的方法是完全一致的。而现在，来自纽约律师协会的一位核心人物更有说服力地告诉陪审团，这不是做事情的方法。

在交叉询问中，布朗让利玛承认，马蒂·立顿是"一位诚实的绅士"、"可信赖的绅士"，是"守信的人"。利玛承认了，但是，他在后两种特性中添加了这样的限定词，即"把我们的争端放在一边"。

劳伦斯·蒂奇（Lawrence Tisch）是德士古公司的另一位关键证人。对于这位证人，利玛指出："他是个好人，长期以来，他都是我和我的家庭的亲密朋友。"布朗问利玛："按照你的观点，陪审团会相信蒂奇所说的一切吗？"这时，法里斯法官认可了一项异议。但是，利玛却指出：

> 我毫不怀疑，劳伦斯·蒂奇会将他所记忆的事件告诉陪审团，就如同我做的一样。对此，我毫不怀疑。

利玛完成了他在耶鲁法学院的课程，他敏捷地将布朗的询问回击给对方，充分显示了自己的杰出才能。接着，布朗将问题转向马蒂·立顿，想让利玛承认，立顿太诚实了，因此不会建议当事人违约。对此，利玛解释道：在我们的法律制度中，只要人们愿意赔偿违约所导致的损失，通常情况下，法律是允许人们违约的。立顿为自己的当事人（即纪念馆）做了"一项非凡的工作"，这项工作使他的当事人从与德士古公司的合同中获得额外收益，使他的当事人获得补偿，而由德士古公司为违约导致的损失承担责任。

如果这些还不够，那么，德士古公司在其后质疑利玛的努力却反而强化了利玛的影响。对此，詹姆士·塞隆这样写道：

> 如果我们（即陪审团）对利玛证言的重要性持有疑问，他们会很快躺下休息。在剩下的 3 个月的审判当中，德士古公司的律师继续竭尽全力质疑利玛，他们的努力只会反复提醒陪审团，亚瑟·利玛有多么可信。[33]

在案件中重新加入一些兴奋点之后，基麦尔又回到录像带证据上，以确保一些有关损害赔偿的书证得到认可，这些书证包括德科林和德士古公司副总会计师帕特里克·林奇（Patrick Lynch）的手写记录。

首先出示的是林奇的书面证词。当第一波士顿公司的投资银行家约瑟夫·皮耶罗警告德士古公司要快速行动，高过宾州石油公司的出价时，林奇是出席者中最年轻的德士古公司的行政官。林奇的记录抓住了皮耶罗作为投资银行家的丰富多彩的语言，其中使用了诸如"停车"、"停止签署"这样的语句。对于这些语句，宾州石油公司争辩认为，这些语句是德士古公司故意介入宾州石油公司交易的证据。

德科林的记录甚至更重要。在自己的预先审查中，基麦尔曾将这些记录视为"确凿证据"，在终结辩论中，他仍然持同样的观点。从宾州石油公司的角度来看，这些记录是德士古公司实际知道宾州石油公司与格蒂利益集团之间存在合同的确凿证据。而这些记录是由德士古公司的董事长作出的，他

---

33 Shannon, *supra* note 18, at 236.

本人又是律师，这一事实对宾州石油公司而言，可谓锦上添花。

在自己的录像带证据中，德科林给陪审团留下很坏的印象，这或许是陪审团不支持德士古公司的一个因素。作为律师，德科林应当非常清楚，自己应当在书面证词中做什么。他的回答很简短，而且不自愿提供证据。不明白问题时，他要求对方进行解释。当他想不起来时，也要求对方进行解释。不幸的是，当宾州石油公司的律师为陪审团播放这些内容时，他的上述表现使他看起来难以捉摸。所有陪审员肯定看过水门事件的听证，在这次听证中，尼克松顾问"我记不清了"的回答仍然留在每个美国人脑海中。要让在任何审判的证人能够说"我记不清了"，而且这样的回答不会使人回想起白宫圈内人坐在国会委员会面前掩饰真相的情形，需要很多年时间。

接下来，基麦尔团队开始展现自己的损害赔偿证据，而陪审团将实际损失判定为 74.7 亿美元可谓是对基麦尔技术给出的最终礼物。在商业案件中，即使是相对简单的案件，其损害赔偿金的计算也非常困难且令人困惑，因此，大多数法学教授甚至不想教学生如何去计算。基于此，向陪审团解释损害赔偿金的数目很容易变成困境。

然而，宾州石油公司团队想出一个非常简单的解释方法。如果德士古公司没有介入合同，宾州石油公司会得到格蒂石油公司 3/7 的资产，这部分资产由 10.08 亿桶已经证明的石油储备组成。而所谓已经证明的石油储备，也就是已经发现并已拥有的石油，只不过还在地上。对于格蒂石油公司 3/7 的资产，德士古公司如果获得交易的话，他们支付给格蒂石油公司的数目是每桶石油储备 3.40 美元。而对于这样的石油储备，宾州石油公司在发现和获取方面的历史花费是 10.87 美元每桶，这样一来，二者之间的差价就是 7.47 美元每桶。将 7.47 美元每桶乘以 10.08 亿桶的石油，也就意味着，德士古公司介入宾州石油公司的购买使后者花费 75.3 亿美元。宾州石油公司团队用 5 英尺高的粗黑体字向法庭呈现了这个计算公式。

对于陪审团审判来说，这是一个完美的理论，因为它简单、符合逻辑且易于理解。按照《华尔街杂志》记者托马斯·派特应格的说法，它还"绝对出人意料"[34]。其实，这一理论经不起经济学上的推敲。假如格蒂石油公司的石油储备值 10.43 美元每桶，那么，该公司石油储备的总价值应当是 274 亿美元。假如格蒂石油公司没有什么东西比自己的石油储备价值更大，那么，该公司的价值应当是 274 亿美元。由于有 7 900 万股份尚未支付，计算一下，尚未支付的股份每股价格应当是 346 美元。宾州石油公司用 115 美元每股的价格，会从公众股民那里把格蒂石油公司偷走，董事会因过失批准这样的交易其实近似于犯罪。当然，格蒂石油公司不会价值如此，原因在于，在戈登准备将公司出卖之前，华尔街人和石油大亨会争相斗争以接管公司。简而言之，宾州石油公司的损害赔偿理论归功于处于非理性的市场，在非理性的市场中，在自由市场下，即使最顽固的对手在提出请求时也会感到尴尬。即便如此，基麦尔及其团队还是能够推销出去。

宾州石油公司继续谈损害赔偿金问题，并且向法庭出示了证人罗恩·路易斯（Ron Lewis）博士，他是该公司近海部门的首脑。路易斯博士向法庭

㉞ Petzinger, *supra* note 4, at 318.

提供了宾州石油公司历史上发现和开发石油储备的平均花费，但他的证言技术性很强，很无趣。詹姆士·塞隆似乎在想，如果自己给证人施加更大压力，那么理查德·肯顿或许会在交叉询问过程中发挥更大作用。但是，为了避免与法里斯法官的冲突，他没有这么做，因为法里斯法官在最近举行的律师协会民意测验中曾因没有保护证人而遭受批评。[35]

托马斯·巴罗的证言使宾州石油公司的损害赔偿理论获得可信度。巴罗最近刚从标准石油公司副主席职务上退休，在宾州石油公司进行预先审查期间，埃文·特勒尔曾对巴罗进行过大肆吹捧。特勒尔指出，巴罗还曾任肯尼科特铜矿公司主席，并且是埃克森石油公司董事会的董事。特勒尔特别强调，巴罗是作为专家证人作证，并且不收取通常情况下专家证人作证需要的报酬。他之所以这么做，不是出于与利特克和克尔的友情，巴罗与他们并没有个人交往。对此，特勒尔告诉陪审员："你们自己判断一下，他为什么在该案中作证。"

在自己的预先审查中，米勒曾对巴罗的动机进行了攻击。他指出，巴罗曾多年担任得克萨斯州商业银行的董事，该银行是博克·博特律师事务所的客户。正如米勒所言：

> 你们都知道，收取补偿金的方法不止一种。它当然可以是金钱的形式，也可以是创造交情和商业机会的形式。赔偿金的形式有很多种。

对此，詹姆士·塞隆并没有什么深刻印象，他将该理论描述为"米勒投在自己预先审查中的另一颗烟幕弹"，并且指出："无须添加任何理由，这一理论的证明力也会缩减"[36]。但是，为了减轻米勒可能产生的猜疑，杰弗斯宣读了米勒的声明，让巴罗具体来进行反驳。巴罗证实，博克·博特律师事务所并非得克萨斯州商业银行的主要律师事务所，博克·博特律师事务所从未代理过他的个人事务。最能说明事实的是，与跟利特克和克尔的关系相比，他与德士古公司的高层官员麦金利和金尼尔关系更密切。

当问到他的作证为什么不收取报酬时，巴罗是这样回应的：

> 首先，我对充当职业专家证人并不感兴趣。其次，根据我的理解，合同问题是原则性问题。因此，我愿意在原则的基础上作证。

这太完美了！一位在石油业界公司内外董事会都具有经验的人，根据原则和名誉来作证，而这与宾州石油公司首先呈现案件的动机完全相同。另外，巴罗不是休斯顿的好老人。在之前的主询问中，杰弗斯把巴罗精心打造成东部权势集团的一员。他不仅证明，自己生活在纽约城，生活在康涅狄格州格林威治的高级社区；而且，法里斯法官还询问了他关于出席菲利普斯安多瓦学院的情况。

宾州石油公司提供巴罗，是作为"合同成立和损害赔偿问题"的专家。对此，肯顿提出异议认为，有关合同成立问题的专家证言侵犯了陪审团的权力领域。法里斯法官否决了异议，他指出，为了明白格蒂石油公司董事会

㉟ Shannon, *supra* note 18, at 244-247. 法里斯法官指出，有人曾批评他对证人"刻薄"，但很明显，他对此批评的理解（至少在部分上）是，他没有保护证人免受对方律师的纠缠。

㊱ *Id*. at 148.

193

15 比 1 的投票结果，他准许巴罗作证。他说，"我会允许以他服务于不同董事会的经验为基础的提问，而不是将他看成能看透人心的人"。

接下来，杰弗斯向巴罗提出了一系列精心措辞的问题，询问他关于董事会行动的重要性。对于以 15 比 1 的投票结果批准对宾州石油公司的反对案，杰弗斯问道："在那次董事会投票中，你读过有关资格性或试验性提案吗？"

巴罗回答："没有。"

杰弗斯又问，在巴罗作为董事会成员的广泛经验中，是否处理过"像这种类型"的动议和投票。巴罗回答处理过，于是，杰弗斯就让巴罗宣读德士古公司一方几分钟前刚说过的部分内容：

> 东部标准时间 1984 年 1 月 3 日下午 6 点 55 分，会议再次召开。会议召开后，西格尔建议董事们，宾州石油公司已经向他提出，该公司会接受董事会的反对案。

之后，杰弗斯又问："根据你的经验，那几分钟内容或记录的含义是什么？"

巴罗回答道："含义是说，格蒂石油公司董事会进行了出价，而且宾州石油公司接受了出价。"

杰弗斯问："根据你的经验，它对事件所产生的影响是什么？"巴罗是这样回答的：

> 它意味着原则上达成了协议，协议内容是，他们会按照他们讨论出来的条款和条件出售公司。价格和形式都已经设定。

巴罗的证言引来其他质问和异议，质问和异议认为，该证言侵犯了陪审团的权力领域。在此之后，巴罗证实：

> 以我所看到的内容和我在董事会从事行政事务的经验为基础，我得出的结论是，格蒂石油公司与宾州石油公司之间达成了协议。

接着他又证明，"协议一旦达成，董事会的职责是，要准备并执行最后的书面协议"。他还指出，在最后文件的谈判、协商过程中，双方当事人都要受协议中"金钱条款"的约束。但是，他从来没提到存在"合同"，他经常使用的是"协议"一词。

尽管没有直接反驳，但是，巴罗确实削弱了德士古公司的一个关键点。在自己的预先审查中，米勒曾强调，"在纽约发生的这一背景下，'基本上达成一致'一句的意思正好相反，它的意思是，你们没有同意"。

但是，当被问到，根据自己的经验，"基本上达成一致"的含义时，巴罗证实："它意味着，他们对主要条款达成一致。在本案中，价格和结构是两个最重要的条款，他们正继续对剩余问题达成协议。"他指出，新闻稿中使用"基本上达成一致"这样的术语绝不会改变自己的结论，结论就是，当事人之间达成了"协议"。他还指出，"无论如何，他都不认为"已经"同意"交易的董事会让自己的投资银行家寻找更高的价格这样的做法是正确的。

击破德士古公司关于合同形式的理论之后，杰弗斯又带领巴罗进入损害赔偿金问题，在这个问题上，巴罗的证言起了最重要的作用，使宾州石油公司的理论具有可信度。但是，在这个问题上，巴罗对自己的证言很警惕，原因在于，他非常清楚，宾州石油公司的理论有严重缺陷。杰弗斯带领巴罗通过了模拟，模拟的内容是：宾州石油公司历史上的发现石油储备的花费是 10.87 美元每桶，减去 3.40 美元每桶，得出的数字就是 7.47 美元每桶。格蒂石油公司已经证实的 3/7 的石油储备是 10.08 亿桶，二者相乘得出的数字就是 75.3 亿美元。然后，杰弗斯让巴罗为这一模拟进行担保，他的提问用词严谨，从而达到比巴罗愿意走的更远的目的。

> 问：根据你在石油业界的经验，按照你的观点，这种关于损害赔偿金的代替模拟有效吗？
>
> 答：有。
>
> 问：这是计算损害赔偿金的可接受的方法吗？
>
> 答：是。
>
> ***
>
> 问：如果你处于宾州石油公司或其他任何公司的位置，打量着格蒂石油公司，看它是不是理想的交易，在这种情况下，你实际上会注意你的发现费用与你能购买格蒂石油公司石油储备的价格之间的差异吗？
>
> 答：这当然是我要考虑的一个因素。

在交叉询问中，肯顿可以得出很多好的要点，这些要点能削弱巴罗有关损害赔偿金证言的作用。他让巴罗承认，宾州石油公司发现和开发石油储备的花费并不是衡量格蒂石油公司储备价值所必需的，而且，宾州石油公司的理论没有考虑诸如石油的质量、位置、生产费用等因素。最后，肯顿还让巴罗承认，他并不想将格蒂石油公司的石油与宾州石油公司以 10.87 美元每桶的费用发现的石油相等同。

最后，肯顿在交叉询问中得出很多不错的要点。假如巴罗是典型的受雇枪手，那么，肯顿的交叉询问会破坏，至少会严重损害他的作用。但是，德士古公司给陪审团的印象是没有信用基础，因此，陪审团相信，肯顿并不是如自己所声称的那样，他不是美国商业界公正的领导者，也不是为了维护商业交易中的公平和名誉。假如他说存在"协议"，陪审团为什么会相信其他内容呢？假如他说宾州石油公司的损害赔偿金模拟是正当的，谁又会怀疑呢？更重要的事实是，陪审员已经坐在法庭听了 7 周令人讨厌的证人证言，对于他们而言，很难集中精力跟随肯顿指出的要点。相比之下，基麦尔提出的简单理论和巴罗现在所证明的内容更容易跟随。

与之前的很多次相同，在巴罗作证之后，审判改变了方法。宾州石油公司介绍了戈登·格蒂的录像带证据。㊲

戈登作为奇怪人物而出现。在他的 80 岁的律师莫斯·拉斯基的认真教导下，他的出现有些不可捉摸，但却充满魅力而且天真无邪。至少，对于老练的观察者来说，很明显他也非常聪明。尤其值得注意的是他的一个回答。当问到与纪念馆董事长哈罗德·威廉姆斯的谈话时，他的回答是：

㊲　戈登·格蒂拒绝在法庭上作证，原因在于，他正参与另一起家庭成员之间的诉讼。

我记得一些事情，但记忆这个东西很微妙。我们记得的一些事情可能不是最重要的，但基于某种原因，我们记住了这些事情。我确实记得他曾指出，以 100 美元每股或者更高的价格，纪念馆确定是卖家而非买家。这是一个押韵，我是在诗歌的循环中使用押韵。顺便说一下，那到底是最低的循环。

像这样的话语，夹杂着戈登许多紧张的特殊习惯、手势和面部表情，这就使他的录像带证据比之前的更有趣。

关于香槟祝酒问题，戈登的证言似乎有利于德士古公司。当问到庆祝的是什么时，他说："对我而言，似乎是，我想提高信托价值的抱负取得不少进步。"当被要求更加具体表述时，他说："我认为，14 比 1 的投票结果就是进步。那很具体，我希望可以将投票表决的情况讲述得更清楚一些，但我不能。尽管如此，我仍然认为这是进步。"

值得争论的问题在于，戈登没有将它视为协议，而仅仅视为为信托获得更多利益方面的进步。但是，对此，詹姆士·塞隆有不同看法：

> 香槟是宾州石油公司安排的与证据有关的另一片马赛克。与握手一样，香槟并不是案件的转折点，但是，这些事情确实开始说得通，尤其是从书证的观点进行考虑时，更是如此。[38]

当然，杰弗斯也能深入洞察戈登的想法，这种做法对构建宾州石油公司的案件故事很有帮助。面对杰弗斯的诱导性问题，戈登同意，当马蒂·立顿宣布纪念馆出售给德士古公司时，他"感觉到信托已别无选择，只有这么做"。戈登也指出，德士古公司的投资银行家布鲁斯·瓦塞斯特恩自己解释得很清楚，如果信托不出售给德士古公司，它就会成为被关在门外的少数派，在对公司的控制上就没有发言权。换句话说，在这一点上，戈登的证言是，支持宾州石油公司的故事，即：德士古公司作为恶霸参与进来，强迫戈登违反自己与宾州石油公司之间的合同。当然，与此同时，这一证言也削弱了德士古公司的故事，即自己是作为拯救者参与进来，拯救天真的戈登不被花言巧语的利特克利用。

在交叉询问中，米勒几乎没有深入自己的争辩。他的争辩是，戈登是被石油大亨利用的无辜者。戈登确实承认，在交易开始之前，他首先想到的就是宾州石油公司，原因在于该公司以高尔夫球员阿诺德·帕尔默为特色的电视广告。但是，他不认同米勒的建议，该建议认为，戈登可能以为阿诺德先生是宾州石油公司的行政长官。看起来是基于其他原因，当米勒向戈登询问宾州石油公司律师亚瑟·利玛谈论过格蒂石油公司董事昌西·梅德波利什么时，对于乱七八糟的生意，或许戈登没有运用的最好证据到来了。戈登拒绝重复利玛将梅德波利描述为"口是心非的刺"，原因在于，一名女性法院记录员将上述内容呈现在书面证词中。直到米勒获得法院书记官的许可后，戈登才愿意说这些话，但之后，他对做这件事明显感到不舒服。

在戈登之后，基麦尔向法庭提供了海尔基·利特克。基麦尔亲自询问利特克，表演得很漂亮。基麦尔为自己朋友的作证进行了准备，无论在自己家

---

⑧ Shannon, *supra* note 18, at 276.

还是在利特克家，他们在喝酒时谈论案件，每周要谈三四个晚上，这种情况持续了好几周。基麦尔告诉利特克，"如果我们有机会，你必须出庭作证，就如同坐在我家客厅里的海尔基·利特克那样"。

这确实是利特克出庭的方式，不是作为在恶意接管中充当先驱的野心勃勃的机会主义者，而是作为碰巧成为成功商人的邻居，流露出与基麦尔同样的低调魅力。基麦尔开始自己的精心安排，先让利特克回答有关年龄、家庭状况、背景和教育情况这样的标准问题。但是，假装是为了利特克的利益，基麦尔解释道，这些问题"能使陪审团更好地了解你，了解你是什么样的人，从而给他们更好的机会去判断你的可信度和你所提供的证言"。在回答这些问题时，利特克表现得如同一位有同情心的人。对于不记得自己5个孩子生日的事情，他感到很尴尬。

从这些问题出发，基麦尔让利特克讲述了他是如何创建自己公司的故事。在故事当中，利特克讲述了他在石油业界与后来的美国副总统乔治·H·W·布什之间的合作，还有与格蒂石油公司、J·保罗·格蒂以及戈登的哥哥乔治·格蒂之间的合作。经过艰苦卓绝的努力，最后，经过第二次世界大战和参与得克萨斯大学法学院，利特克将自己的小石油公司变成《财富》杂志评选的500强之一。尽管如此，但他仍是与原来一样的淳朴的海尔基·利特克，喜欢与家人和朋友之间的简单的快乐，还喜欢钓鱼。当然，他的讲述漏掉了幕后操纵和残酷交易事件，而这些事件反映了利特克时代石油经营商的独立性。利特克充分显现了这种特性，但没有成为美国公司丑闻。

在对宾州石油公司的收购要约和交易进行描述时，利特克坚持了同样的主题。他不像德士古公司和格蒂石油公司的行政官那样，身边有会计师、律师和投资银行家。在从事交易时，他会对价格进行封底计算，并直接与其他人进行谈判。实际上，他仍然是得克萨斯石油商。

他还描述了发生在格蒂石油公司的纷争，他卷入其中不是为了接管公司，而是为了使敌对各方得到平息。在描述此事时，他获得了再次叙述格蒂石油公司董事会"后门从男爵"及其他阴谋诡计的机会，通过再次叙述，进一步强化了这样的观点：格蒂石油公司的管理者不仅是公司阴谋者，还是德士古公司的同盟。他想通过讲述营造的气氛是，人们会对这里发生的事情感到大为惊奇。很明显，陪审团对他职业生涯中参加过的许多公司阴谋并不知情。其实，法里斯法官曾指出，德士古公司不能提及利特克以前与证券交易委员会有关的问题。

另外，基麦尔还向利特克问及了有关格蒂家庭信托的问题。对此，利特克认为，信托建立的目的在于防止家庭出售格蒂石油公司的股份。在与宾州石油公司的交易中，信托不可能出售自己的股份。但在德士古公司的提议中，"信托被迫出售，而且基于恐吓而出售"。提议对戈登的恐吓是，如果戈登不出售给德士古公司，就会成为冻结的少数股东。

通过利特克的证言，基麦尔实际上覆盖了宾州石油公司案件的各个方面，通过容易理解、有趣的方式将之前令人厌倦的6周时间里的关键证言重复了一遍。而且，基麦尔通过对利特克的运用，削弱了德士古公司一方许多最强有力的争辩。对于交易中与格蒂石油公司利益有关的开放性问题，利特克总是以诸如这样的评论打发掉，"基麦尔先生，你正在纠缠于小节问题"，

"如果从这次交易的角度而言，这只是百分之一的内容"。

德士古公司的争辩之一在于，在宾州石油公司的提议中，如何处理格蒂石油公司的员工是一个未解决的问题，而这一问题是主要的症结所在。但是，如果不是从法律的效果而是从陪审团的同情效果来看，这一问题后来变成了对宾州石油公司有利的因素。"这是我们建设格蒂石油公司的计划……显而易见，宾州石油公司是一家建设性公司，而非破坏性、消灭性的公司。"接着，利特克继续讲述德士古公司解雇格蒂石油公司员工以及将该公司的养老金转移的做法。

当被问及德士古公司是否知道格蒂石油公司已经与宾州石油公司之间达成协议一事时，利特克回答道："在公司中，如果不做功课，人们是不会达到某个地方的。"当被问到他本人是否介入别人的交易之中时，他说，"基麦尔先生，我认为这种做法是傲慢的、不道德的"[39]。

塞隆描述了在利特克作证期间宾州石油公司的故事是如何有效展开的：

> 主席和他的律师朋友之间的和谐一致就如同两位爵士音乐家一样，基麦尔从自己的喇叭中吹奏出少量不连贯的内容，这些内容得到了利特克男中音萨克斯的强音的回应。[40]

在其他地方，塞隆将利特克的证言描述为"令人着迷的剧场"，对于那些经历了诸多枯燥无味的证言的陪审员而言，产生了积极作用。[41]

米勒对利特克的交叉询问持续了 6 天时间，但却丝毫没有减弱利特克发挥的作用。在交叉询问中，利特克没有承认什么，而且，事实上还对自己的一些观点进行了刻画。很明显，利特克对米勒的交叉询问进行了精心准备。派特应格引用了基麦尔准备内容中的一页：

> 米勒会引诱你，我不想看到你与他陷入鱼贩之间的斗争。如果你那样做，我会疯掉的。
> "我怎样才能知道你疯掉呢？"
> 你会看到我的屁股走出门外。
> "你会离开？"
> "没错。"[42]

作为宾州石油公司最后一位证人，基麦尔叫来了德士古公司主席约翰·麦金利。这是一个最与众不同的举动，但与平常一样，基麦尔知道自己在做什么。有人是好的证人，也有人是坏的证人。对此，基麦尔明白，尽管约翰·麦金利作为公司行政官能力卓著，但他将成为坏证人。实际上，约翰·麦金利在掌管巨大的、官僚主义的公司方面的某些特征使他成为坏证人。更重要的是，基麦尔明白，米勒也知道这一点。他猜想米勒不会让麦金利充当德士古公司一方的证人，因此，他让麦金利成为宾州石油公司的证人。除了要相信麦金利的证言之外，在基麦尔力所能及的范围之内还要确保，在德士

---

[39] Petzinger, *supra* note 4, at 332.

[40] Shannon, *supra* note 18, at 294.

[41] *Id.* at 296.

[42] Petzinger, *supra* note 4, at 33.

古公司讲述自己的故事之前，麦金利受到了攻击和伤害。[43] 为了确保麦金利能够出庭，在德士古公司进行预先审查期间，米勒将麦金利和金尼尔、德科林一起呈现给法庭作为德士古公司的形象代表时，基麦尔即已要求法院向其发出了传票。

从理性的、智慧的角度而言，麦金利作证的表现很不错。他避开了很多基麦尔的陷阱，而且，在获得许可时，他会对自己的回答进行修饰。他提到了好几位格蒂石油公司的人，这些人向他保证，他们根本没有具有约束力的交易。当他解释投资银行家是如何向他保证格蒂石油公司没有具有约束力的交易时，基麦尔悄悄加入了一点儿争辩："我们已经讲过在这类事情上投资银行家的金融利益。"

尽管麦金利极力在保护自己，但很显然，他还是技不如人，这就仿佛是在主人的游戏中，他要对付主人一样。利特克已经作为毫无隐瞒的美国梦想的直接缔造者的形象出现，相比之下，麦金利的出现则是作为一位仅仅追求利益、让人捉摸不透的官僚主义者。按照詹姆士·塞隆的说法，基麦尔"将威胁的成分加在了温文尔雅的工程师身上"[44]。另外，在詹姆士·塞隆看来，基麦尔至少已经获得了自己想要的主要观点，并"将宾州石油公司对德士古公司的知识和干涉的请求进一步强化"[45]。

这样一来，米勒就处在了不得不通过交叉询问来获得本可以在主询问中获得的证言这样的位置，正因如此，他就不大可能去恢复麦金利的名誉。另外，麦金利既没有戏剧性的本领，又缺乏幽默感，这就使得米勒的工作变得更加困难。[46] 米勒开玩笑时，麦金利根本不会作出回应。米勒让他谈论自己时，他的反应是如此平淡乏味：

> 问：麦金利先生，你在公司的成就如何？一位来自阿拉巴马的人是如何成为德士古公司的首脑的？
> 答：如果正面回答的话，我认为，没有人真正知道这种事情是如何发生的。

在对麦金利的再主询问中，基麦尔刻画了更多的要点。他询问道，在麦金利决定接管格蒂石油公司时，是否曾期望解雇该公司的员工。麦金利的回答显然没有考虑自己的答案对由休斯顿居民组成的陪审团产生的影响，他回答道，"对，我希望会有冗员，他们会被解雇"。

基麦尔一定是集中了自己所有的表演天才将麦金利这位难能可贵的人放在自己的控制范围之内，但他的确控制了自己，通过虚拟恐怖询问麦金利："那是你的希望?"[47]

上述做法尤其对宾州石油公司的案件进行了总结。这时候，距离陪审员

---

[43] 派特应格指出，德士古公司一方还可以利用其他 3 名行政官来讲述本方的故事，其中两位是律师，即迪科恩和公司总法律顾问比尔·温特泽尔，另一位是金尼尔，在审判的每一天，他都坐在法庭里。Id., at 340.

[44] Shannon, *supra* note 18, at 312.

[45] *Id.* at 317.

[46] 据报道，麦金利其实很有幽默感，但他比较正经、内向。基麦尔明白，对陪审团而言，他所具有的无论何种幽默和热情都不会成为证据。根据历史学家的记载，乔治·华盛顿与麦金利的性格相似。在基麦尔的询问之下，华盛顿也会给人留下不好的印象。

[47] Petzinger, *supra* note 4, at 343.

第一次走进法庭并被告知他们可能被挑选出来参加一个大案已经有9周的时间，记者对此的文字记录已长达13 992页。基麦尔的团队认为，自己居于优先地位，米勒的团队则认为自己有些落后。

德士古公司的事实和论点

德士古公司提供的第一位证人是巴特·威诺克。与米勒在案件中的其他关键性决定一样，这一做法也受到了别人的怀疑。德士古公司管理层曾建议使用得克萨斯人作为第一位证人，这个人可以是格蒂石油公司董事长罗伯特·米勒，或者是格蒂石油公司董事会成员、前主席哈罗德·博格。开始时，迪克·米勒计划使用希德·彼得森，但他改变了主意，决定将威诺克作为第一位证人。

宾州石油公司希望米勒使用的第一位证人是德士古公司表达清晰、泰然自若的董事长艾尔·德科林。然而，对于米勒而言，用来自格蒂石油公司而非德士古公司的人作为第一位证人非常重要。德士古公司的案件有两部分，如果能够使陪审团确信其中的任何一部分，该公司都会赢得案件。第一部分是，宾州石油公司与格蒂利益集团之间不存在合同；第二部分是，即使存在合同，德士古公司也不知道合同的存在。来自格蒂石油公司的证人主要证明上述第一部分内容，而来自德士古公司的证人则主要证明第二部分内容。米勒认为，将来自德士古公司的人作为第一位证人看起来像是承认了自己争辩的第一部分内容。而且，米勒希望有人能让陪审团理解戈登·格蒂和海尔基·利特克施加给董事会的压力。

米勒曾告诉过希德·彼得森让他担任德士古公司的第一位证人，但后来又改变了主意。相比之下，威诺克更为可靠、更善于表达，他是个讲故事的高手，也是经验丰富的并购律师。他能够向陪审团解释，并购业务有自己独特的语言和文化，其文化在于，在并购业务中，人们用文书详细记载相关事实，而不是在握手的基础上进行交易。对于德士古公司出价时宾州石油公司与格蒂石油公司之间仍然处于公开状态的问题的重要性，他能够作出解释。

米勒当然知道，宾州石油公司团队试图让陪审团对"后门从男爵"产生憎恶，这一做法或许已取得胜利，因为宾州石油公司的律师曾打电话告诉过他。尽管如此，考虑到威诺克证言的有利之处，他甘冒风险。

米勒运用威诺克这一做法与宾州石油公司运用贝勒·克尔的目的是一样的，即向法庭呈现交易的背景和整个交易的全貌，只不过这一次要描绘出与德士古公司案件理论相适应的图画。他试图描绘的图画是具有自己的语言、习惯和自身规则的特殊形式的交易，在这种交易中，人们不会随便签订合同。当时，为了回应戈登和利特克之间"我们不是在谈五分钱的糖果，而是在谈100亿的公司"的计划安排，威诺克提到了格蒂石油公司董事会支持"受控拍卖"的计划。

与利特克将宾州石油公司接近格蒂石油公司描述为友好方式相反，威诺克暗示性地指出，当宾州石油公司在自己的收购要约文件中指出，它想"通过建设性的方法参与到"格蒂石油公司的重建中时，其实是在撒谎：

假如有人对通过建设性的方法参与到公司的重建中有兴趣，人们会认为，他们一定曾向该公司谈论过重建事宜。

另外，我认为，如果你想具有建设性，不用拿枪对着别人的脑袋。我的意思是，如果有人来到你家门前，一只手拿着画笔、另一只手拿着枪对你说，"我听说你家需要粉刷。"此时，你会怀疑，他来这里不是为了粉刷，而是为了别的。

当时，米勒、肯顿律师事务所的合伙人 J. C. 尼肯斯（J. C. Nickens）对威诺克进行主询问，让他对接管业务中的一些行话进行解释，如"比赛进行中"、"熊抱"、"内行"、"血溶于水"、"用枪顶着脑袋"等。威诺克对此进行解释时，德士古公司的一名律师站在白板前面，将上述行话一一列举下来。之后，威诺克就将这些行话用在自己所讲述的故事之中，格蒂石油公司的明争暗斗使该公司"比赛进行中"，而且"血溶于水"，"内行"（即宾州石油公司）闻到了气味，"用枪顶着"格蒂石油公司董事会的"脑袋"，将该公司"熊抱"进自己怀中。

此后，尼肯斯想让威诺克详细描述 1 月 2 日至 3 日召开的格蒂石油公司董事会的细节，并对格蒂石油公司的想法进行解释。对此，特勒尔强烈反对，他认为，威诺克不能为格蒂石油公司说话，因为他不是董事会成员。特勒尔还提及了科普利的笔记问题，争辩道，对于笔记中没有的事实问题，威诺克不能作证，并据此再次引发了这样的暗示：德士古公司故意破坏了证据。同时，他认为，威诺克或者他所在的事务所在破坏证据中起到一定的作用：

> 我想提请法庭注意，科普利先生是在威诺克所在律师事务所的办公室准备了这些编辑修改后的笔记，在科普利先生扔掉原始笔记时，威诺克的合伙人正好也在办公室。更重要的是，在破坏笔记之前，威诺克所在的律师事务所于 1 月 6 日提起对宾州石油公司的诉讼。如果让这个人现在站出来谈论那些甚至没有在与科普利先生一起编辑修改过的笔记中出现的事情，将是正义的彻底的失败。我认为，他没有权利这样做。

但是，法里斯法官准许威诺克对这些事实作证，只要证言不包括法律意见即可。

从作证开始时，威诺克就不停地超越事实问题，陷入法律意见之中。法里斯法官提醒他"滑进"了法律意见之中，而且，法官在陪审团面前使用了"滑进"一词，使米勒和法官之间陷入了对彼此的怨恨。威诺克到底是故意将证言滑进法律意见问题，还是无意地行走在事实意见的边缘？对此问题尚不明确，但塞隆认为是后者。[48]

但事实上，法里斯法官"滑进"的评价是威诺克证言所面临的最小的麻烦。尽管威诺克讲述的故事对宾州石油公司一方而言是毁灭性的，但他的举止态度冒犯了陪审团，以至于陪审团成员似乎忘记了他证言的重要性。派特应格指出，他"看起来很讽刺挖苦，而且很冷漠。对于自己的成

48　Shannon，*supra* note 18，at 353.

绩和德士古公司的成就，他表现得太聪明、太油腔滑调了"⑭。塞隆也同意这样的评价：

> 威诺克对原告的不屑一顾似乎贯穿在整个审判当中。至于对陪审团，他甚至故意不往我们所在的方向看去。仿佛我们就是粗作女仆和庄稼汉，被获准进入大庄园，观看主人的辩论会场。他从未屈就自己哪怕看看陪审团。

> * * *

> 我在想，德士古公司的律师是如何认为这个家伙能成为好的证人。⑤

对此的答案是，在正确的环境下，威诺克能够充满魅力，并善于逢迎。他所在的律师事务所认为，他是"客户的人"，是一位能给商业客户留下良好印象的律师。事实上，他有能力使自己迎合客户，这种能力使他能够首先进入交易之中。当他的律师事务所与兰辛·海斯的事务所合并时，就已经获得了格蒂石油公司这个客户。兰辛·海斯律师事务所的高级合伙人曾担心，在海斯去世后，该事务所可能会失去格蒂石油公司这个客户，因此他们寻找一位能与公司管理层融洽相处的律师，这个人要能够使事务所将格蒂石油公司作为自己的客户。他们选择了威诺克，而这看起来是个不错的选择。希德·彼得森发现，与生硬、粗暴的海斯以及由迪赫特（Dechert）和普瑞斯（Price）代表事务所相比，威诺克带来了耳目一新的变化。

不幸的是，威诺克的个性中也有骄傲自大的一面，而陪审团看到的正好是这一面。后来，塞隆在自己的书中描写了威诺克的个性对陪审团评议产生的影响：

> 威诺克作证时表现出的肆无忌惮的嚣张气焰改变了他证言的预期效果。当他本应当刻画被告方的观点时，他对原告方的憎恶是如此明显，以至于这种明显的憎恶改变了自己证言的色彩。⑤

另外，还有他在格蒂石油公司董事会会议上的事情。当戈登缺席时，他走进会议室，力劝董事们对戈登提起诉讼。其实，陪审员们在看到活生生的巴顿·威诺克之前，他们已经知道他是"后门从男爵"。

更糟糕的是，威诺克想在星期五下午完成自己的作证，以便能返回费城与家人一起庆祝犹太人节日。一般情况下，这并不是问题，但该案的审判已进入第10周，法里斯法官已经让陪审员在星期五下午休息，以便他们能利用这个时间处理那些不能在周末进行的个人事务。陪审员没有理由相信，这个星期五下午他们不能自由安排了。他们中的两位已经和医生约好，其他人也都有自己的计划。最后，尽管不那么令人满意，问题还是解决了，陪审员们于星期五下午休息，同时准许威诺克返回费城去参加犹太人的节日，然后在下周对证言进行总结。

威诺克从费城返回法庭后，不再那么讨人喜欢，但却继续提供显示宾州石油公司案件弱点的证据。对于这种变化，米勒的合作伙伴 J. C. 尼肯斯对

---

⑭ Petzinger, *supra* note 4, at 347.

⑤ Shannon, *supra* note 18, at 359.

⑤ *Id.* at 479.

威诺克进行了主询问：

> 问：威诺克先生，作为公司的谈判者和顾问，你认为在1月3日格蒂石油公司和宾州石油公司之间达成协议了吗？
>
> 答：没有。
>
> 问：1月4日时，该公司与宾州石油公司之间达成协议了吗？
>
> 答：绝对没有。
>
> 问：在任何时候，该公司与宾州石油公司之间达成协议了吗？
>
> 答：没有。
>
> 问：你参与过多少次并购业务？
>
> 答：数百次。
>
> 问：你对这样的交易是否用文字的形式反映出来相关的习俗和实践熟悉吗？
>
> 答：当然。
>
> 问：其中的习俗和实践是什么？
>
> 答：这样的交易通常以文字的形式反映出来。
>
> 尼肯斯先生：法官阁下，这位证人通过了。

在交叉询问中，特勒尔有两个主要目标：一个是让陪审团比现在更不喜欢威诺克，另一个是通过后门董事会会议一事让威诺克感到难堪。正如派特应格所指出的那样，从严格的法律基础和理性基础而言，任命共同受托人的诉讼与宾州石油公司所提出的德士古公司干涉合同的诉讼是无关的，但是，该诉讼是基麦尔及其团队向陪审团讲述的故事的重要组成部分，它能显示利特克为什么参与进来拯救戈登及其父亲成立的公司，拯救他们不被坏人接管。此外，基麦尔的团队通过提出损害赔偿金，设法（后来证明，这一方法相当成功）让陪审团在脑海中将德士古公司与格蒂石油公司管理层的不正当行为联系在一起。

当天晚些时候，特勒尔通过后门事件开始了对威诺克的交叉询问。尼肯斯提出异议认为，特勒尔的询问与案件无关。这时候，特勒尔不仅抓住了攻击威诺克道德伦理的机会，而且极力使德士古公司成为犯罪的联盟：

> 这个人的可信度就摆在陪审团的面前。这个人参与进来并做了一些事，我想，陪审团应当知道这些，因为之前已经有证言谈到这个问题。这个人在这里宣誓过，他是德士古公司的第一位证人，而且，德士古公司担保他的可信度。我认为，陪审团有必要知道这些事实，这些与案件事实完全有关。

法里斯向陪审团指出，这是一个很好的停顿点，因为，他当天解散了陪审团。陪审团成员离开后，法里斯法官对特勒尔说：

> 我不希望你或者任何一方的任何律师告诉陪审团某人是坏人，只需要走上前询问他们就行了。在他们听到回答后，如果他们认为你是坏人，也只需要同样去做就行了。不要再次走上前，对他进行切割式询问。

特勒尔发现了许多对威诺克进行切割式询问的方法，而且这些方法不会引起法里斯法官的愤怒，其中一个方法就是简单地将对戈登提出的诉讼的相关事实进行发挥。这些事实是：在董事会达成中止性协议的同时，威诺克曾鼓励董事会加入诉讼中，而上述中止性协议正是威诺克本人帮助协商达成的。威诺克使董事会相信，格蒂石油公司仅仅只是加入别人提起的诉讼中，而事实上，威诺克和希德·彼得森才是诉讼真正的推动者。在戈登重新返回会议之前，威诺克离开了董事会会议。

对于上述事实给陪审团留下的印象，威诺克似乎置若罔闻，可能是因为他不认为自己做错了什么。特勒尔不仅运用后门董事会会议的具体细节对威诺克进行攻击，而且，由于特勒尔知道格蒂石油公司与德士古公司正在进行交易，他还提到了起草会议，在该次会议上，格蒂石油公司的律师阻止并耽搁了与宾州石油公司之间确定无疑的交易的最终性协议的准备工作。

威诺克极力想使特勒尔的上述工作变得困难，但是，或许是因为自己的骄傲自满，或许仅仅因为他在诉讼方面没有什么经验，他的努力只是使特勒尔的工作变得更容易。他不是清楚地回答询问，而是极力回避问题，而且在回答上模棱两可，有时候听起来很是荒谬可笑。

威诺克没有明白，陪审团不会觉得他的智力游戏很可爱、很聪明或者很有意思。恰恰相反，陪审团怒不可遏。[52] 为了这个案件，他们已经牺牲掉自己3个月的生活，而且仍看不到何时结束。当他们重新回到自己的生活中时，威诺克与特勒尔持续不停的争论仍会出现在他们未来的生活日子里。另外，威诺克看起来好像隐瞒了什么，正如詹姆士·塞隆所指出的那样，"那个傲慢自大的笨蛋坐在那里，就像全垒打的霍尔德曼那样打防守球"。这里提到的霍尔德曼是水门事件听证中理查德·尼克松的参谋长，法庭里的每个人都还记得这个人。[53]

除了用尴尬的事实敲打威诺克之外，特勒尔还通过运用非语言性的信号来强化威诺克留给陪审团的坏印象。对此，史蒂夫·科尔在自己的书中进行了描述：

> 特勒尔明白，在陪审团的眼里，自己和证人并没有站在同一水平面上。这里是威诺克，他是犹太人，毕业于哈佛大学。他看起来像个孩子，而且聪明、鲁莽、善于表达，主要对海尔基·利特克的可信度进行攻击，而利特克这个狗头模范认为德士古公司石油业务方面的所有做法都是好的、正确的。特勒尔脸上表现出的轻蔑令人心寒，这个身材瘦小的律师抓住每个机会将自己的感受传达给陪审团。特勒尔经常嘲弄式地摇头，或者将脸挤成一团表示出极度的怀疑，因此，德士古公司的律师总是对此提出异议。[54]

在威诺克之后，德士古公司提供的另一位证人是高盛投资公司的投资银行家杰夫·布瓦西，对于宾州石油公司的收购要约是公平的一事，他曾

㊷ 詹姆士·塞隆指出："威诺克的证言持续的时间越长，就越像在黑板上抓的手指甲印。"这些折磨人的话语表演使律师在很多人面前留下了坏名声，这是一个最突出的例子。Shannon, *supra* note 18, at 369.

㊸ Petzinger, *supra* note 4, at 354.

㊹ Coll, *supra* note 6, at 432.

拒绝给出自己的意见。布瓦西提供了强有力的证据来支持德士古公司。他解释了自己是如何花了近一年时间对格蒂石油公司进行分析，在自己所掌握的所有情况的基础上，他又是如何不能宣布利特克的出价是"公平的"。他描述了自己在提出公平观点时所面临的压力，而且，由于利特克和戈登在"亲爱的海尔基"信件中进行的单边交易，董事会也面临着巨大压力。他描述的董事会成员不是想拼命保住自己的饭碗，而是担忧他们在保护公众方面的诚信义务。他还描述了自己帮助董事会为股东争取最好价格所做的一切，认为应当将格蒂石油公司出售给许多石油公司，德士古公司只是其中的一家。

在自己的证言中，布瓦西坦率地认为，宾州石油公司没有进行交易。董事会的投票仅仅反映了对价格的批准，除此之外，不仅有关交易的其他事项仍保持公开，而且在董事会会议上还曾讨论过那些事项，讨论结果显示了与宾州石油公司解决这些事项的困难之处。布瓦西坚持认为，即使没有反映在科普利的记录中，这些谈话仍已经发生。

作为自己主询问的最后部分，米勒向布瓦西询问，当董事们得知"亲爱的海尔基"信件一事时感受如何，布瓦西对此的回答如下：

> 他们感觉到压力更大。这是第一次真正的承认，承认的内容是，如果他们不屈从于提议，将会失去现在的位置。当时，他们既感觉到愤怒，又感觉到恐怖的压力。

布瓦西的直接证言对德士古公司很有帮助，而且，假如没有受其他问题的困扰，这些证言会更有效果。首先，对陪审团而言，布瓦西的证言有所警惕，这一点表现得非常清楚。他在作证时并没有完全放开，之所以如此，显然是因为他担心所说的内容会损害自己的公司即高盛投资公司的名誉。在早期的询问过程中，当高盛投资公司律师坐在后面而且"看起来真正很严肃"时，米勒总是想通过提到高盛投资公司律师的出席，向陪审团暗示这一点。但很明显，陪审团并没有领会他的暗示。

布瓦西也是一位纽约的投资银行家，基麦尔及其团队已经让陪审团对这群人产生怀疑。米勒想通过幽默、低调的方式让布瓦西的形象得到改观，但布瓦西似乎没有领会米勒的暗示，米勒的努力使布瓦西看起来更加格格不入。更糟糕的是，陪审团很疲惫。米勒觉得，他必须将自己的询问缩短，如果有更多的时间，他或许可以点燃布瓦西的热情，让他通过讨好陪审团的方法进行作证。在此之后的内容是布瓦西关于后门事件的陈述，对此内容陪审团已经很清楚，原因在于，宾州石油公司在陈述事实时，曾播放过布瓦西的录像带证据，作为本方事实的主要组成部分。而且，特勒尔在交叉询问中也让陪审团对此内容更清楚。

特勒尔的交叉询问对布瓦西直接询问的内容进行了有力的攻击：

问：你是在告诉陪审团，在1月3日晚上，当投票的结果为15比1时，董事会的15名董事没有勇气站起来说，"不，你们这些暴徒，我们不会这么做"。只有昌西·梅德波利鼓起勇气挡开宾州石油公司，是吗？

答：我没有这么说。

问：好的。

特勒尔继续对布瓦西进行攻击。对此，派特应格描写道，特勒尔"感到有必要对布瓦西的回答表示怀疑时，他背对着布瓦西，发出叹息声，盯着天花板，将头放在桌子上，用硬币零钱发出刺耳的声音"⑤。在其他情形下，这样的表现会让陪审团对证人产生同情。但是，在这里，与威诺克一样，布瓦西甚至忽略了与陪审团进行眼神交流。他有眼皮往上翻的习惯，这个习惯让他看起来很傲慢。在录像带证据中，陪审团已经看到了他捉摸不定的回答，在这里，对于特勒尔的问题给予直接的、强有力的回答并没有使自己的形象得到改观，相反，在陪审团看来，他陷入了与威诺克一样的含糊其辞。而特勒尔的完美表现，使布瓦西看起来比他本人更不可捉摸。为了将布瓦西带进后门事件，特勒尔是这样开始的：

问：你还记得1983年11月11日在休斯顿举行的董事会会议吗？
答：我记得11月的会议，但记不得具体是哪天。
问：你记得是在休斯顿吗？
答：是在休斯顿。

在其他情形下，上述内容应当是无害的，但是，由于步威诺克捉摸不定的后尘，再加上陪审团现在很疲惫、很失意，这样就给布瓦西带来无法挽回的损害。对此，派特应格写道，"现在，一些陪审团瞪大眼睛，互相之间窃窃私语"⑤。

特勒尔故意对布瓦西施加压力，希望他能像高度紧张的纽约人那样出汗并口吃。这个方法奏效了，当特勒尔向布瓦西询问他参加后门会议一事时，他甚至不能给出强有力的回答：

问：你觉得那样做诚实吗？
答：我想我做了。

尽管布瓦西的回答捉摸不定，但特勒尔仍从他的回答中获取到一些非常有用的证言。布瓦西承认，在宾州石油公司进行交易的情况下，高盛投资公司获取的费用是900万美元，但在德士古公司交易的情况下，高盛投资公司可获取1 800万美元。这不仅是取消宾州石油公司交易的动机，也是几天工作的高额金钱回报，从而使纽约的投资银行家蜂拥而至，寻找这样的机会，这种表现更像鲨鱼。

德士古公司团队向法庭提供的第三位证人最终获得了成功。这位证人是亨利·温特（Henry Wendt），他是史可公司的董事长兼首席执行官，曾是格蒂石油公司董事会成员。他看起来仿佛是从电影制片厂演员选派部派来的首席执行官，其举止和长相俱佳。他不像威诺克和布瓦西那样，而是直视陪审员，并且言辞有力。他的言辞非常有力，以至于对他进行主询问的鲍勃·布朗不得不让他从麦克风前移开。更重要的是，陪审团将他视为一位相对公正的证人。

---

⑤⑤　Petzinger，*supra* note 4，at 359.

他的证言要旨与他的举止一样好。当被问到，如果没有对所有当事人具有约束力的书面文件，他是否会允许自己的公司参与重大交易时，他的回答是，"我无法想象这样的事情"。他认为，宾州石油公司的出价是恶意出价，董事们一致认为，宾州石油公司的出价"极不适当"。这里的"极不适当"，他引用了高盛投资公司曾用过的词语。当被问及他个人对"亲爱的海尔基"信件的反应时，他说："我绝对愤怒，现在仍然愤怒。"他"将信件看成是戈登·格蒂将其他股东出卖到河里去的一种活动"。当被要求对此进行解释时，他说，他"看到了宾州石油公司因为戈登·格蒂公司主席的头衔而对股份权衡出一个较低的价格"，而且看到，"从此次交易中，公众股东无法获得他们股东的全部价值"。

到了此时，德士古公司团队必须作出一个主要决定：是否将马蒂·立顿作为证人？这不是他们轻易就能作出的决定。将立顿置于陪审团面前到底对德士古公司的案件有益还是有害？对此问题，不论在米勒的事务所还是在德士古公司的高层，都已进行过广泛争论。派特应格引用德士古公司专职律师查理·卡兹卢斯克斯（Charlie Kazlauskas）的话，提出"每个人都应当被撕破"。而在本案开始之前很久，肯顿已经知道立顿，他争辩道，德士古公司必须使用立顿作证。在交易中，立顿是一位主角，实际上，迄今为止的每一位证人都强调过立顿在交易中的角色。他不仅能够对宾州石油公司的证人给出的理由进行最好的反驳，而且，假如德士古公司不将其作为证人，看起来就像德士古公司在隐藏什么。

此外，立顿可以说是世界上顶尖的并购律师。基于此，除了他，还有谁更适合向陪审团解释宾州石油公司并没有具有约束力的合同呢?[57]

另一方面，德士古公司团队的很多人担心，立顿不能给陪审团留下良好印象。他们感觉到，陪审员对来自东部海岸地区的人怀有敌意，假如开始时不存在这种敌意，威诺克和布瓦西或许就能够放手去做些什么。布瓦西已经感受到诸多敌意，因此，他询问立顿，如果立顿到休斯顿旅游，他为自己的人身安全准备了些什么。

米勒也感到怀疑，因为宾州石油公司还没有罢免立顿。他猜，当自己将立顿置于陪审团面前时，基麦尔会在第一时间向他提出自己想要的问题。[58]反对立顿作为证人的另一个理由是，由于审判已经持续了太久，陪审团变得很没有耐心。

此时，在宾州石油公司一方，基麦尔和特勒尔分别与帮助董事会能够确保有最佳上诉记录的上诉实践顾问吉姆·克洛泽（Jim Kronzer）打赌，他们赌了250美元，赌德士古公司不会传唤立顿作证。结果，基麦尔和特勒尔输了。

---

⑰　科尔指出，将立顿从德士古公司董事会成员中传唤来作证也存在一定的压力，因为德士古公司董事会成员对立顿这个人很了解。还有一个需要关注的问题是，如果不传唤立顿作证而且德士古公司输了官司，那么，这决定将面临着事后批评。Coll, *supra* note 6, at 441.

⑱　*Id.* at 441. 后来，杰弗斯向史蒂夫·科尔解释道，宾州石油公司选择没有罢免立顿的部分原因在于，在得克萨斯州的法庭里作证，立顿会感到很不舒服。他们不想在纽约律师的办公室里对他进行热身练习，因为在纽约他会感到舒服多了。*Id.* at 442.

到了最后，德士古公司可能已经别无选择。塞隆指出，如果德士古公司不传唤立顿作证，自己就会认为德士古公司隐瞒了什么。[59] 其他陪审员可能也有同样的想法。

立顿前来作证。他穿着一身双排扣套装，上衣口袋里放着一块鲜艳的红色的手帕。他戴着一副厚片眼镜，口音显示，他是在泽西城长大的。肯顿让立顿介绍了自己的资格，并以此开始了对他的主询问，通过介绍清楚地显示，立顿是一个地地道道的纽约人。肯顿询问了立顿与休斯顿之间的关联，想让他能更引起共鸣，但立顿对此的反应是，他代理过一些休斯顿公司。这一回答反过来揭示这样一个事实：由立顿及其华尔街同伴们操作的并购业务导致休斯顿很多人被解雇。

在立顿的直接证言中，并没有多少惊喜之处，只不过将其他人已经向陪审团描述过的内容又叙述了一遍。他叙述这些内容主要是为了支持德士古公司，但是，他的表达非常单调、乏味，毫无感情色彩，因此，并没有给人留下什么深刻印象。在某些情况下，他的直接证言可能损害了德士古公司的利益。例如，在描述自己是如何向德士古公司的行政官保证宾州石油公司没有具有约束力的合同时，他叙述了德士古公司方面人士的声明，该声明显示，德士古公司担心宾州石油公司确实存在有约束力的合同。

甚至在肯顿完成直接询问之前，基麦尔就已经能够让人对立顿产生怀疑。基麦尔通过指控威诺克和布瓦西在后门事件中参与双重交易，削弱了他们证言的证明力。与威诺克和布瓦西一样，立顿面临的指控是，他让自己的同事帕特里夏·瓦拉哈克斯离开宾州石油公司与格蒂石油公司起草文件的会议，从而降低交易的速度。肯顿对上述指控的阻击如下：

问：为了耽搁或使与宾州石油公司的谈判受阻，你阻止她参加会议或让她不要参加会议，是吗？

答：不是。

基麦尔：法官阁下，我反对。他给出的答案太明显了，完全是在为自己说话。他告诉那位女士不要参加会议，对于为何要那样做，他现在又通过这位证人进行辩解或说出一些自私自利的托辞。我反对。

肯顿：法官阁下，宾州石油公司对此问题提出意见的目的正是这位证人可以陈述的内容，也正是我所问的问题。

法官：基麦尔先生，如果你觉得需要进行纠正，你当然可以在交叉询问中进行纠正。反对无效。

基麦尔：好的，我会在交叉询问中进行纠正。

基麦尔已经告诉陪审团，自己将会对立顿这部分证言进行纠正，而陪审团也一定在想，他会不会对证言的其他内容进行纠正。

在交叉询问阶段，基麦尔对立顿进行了自己描述为"非常得意"的询问[60]：

59 Shannon, *supra* note 18, at 377.
60 Jamail, *supra* note 11, at 152.

问：立顿先生，你看起来是一位能准确表达的人，是吗？

答：我尽力。

问：我对你之前证言的理解是，你的客户中没有一个曾在签署最终合并协议之前就受协议的约束，是吗？当你这样表达时，你的意思是这样吗？

答：对。

> 这时候，基麦尔从宾州石油公司律师席那里拿了一份3页的文件。

问：你参与伊斯马克（Esmark）对诺顿·西蒙美术馆的收购了吗？

答：对，参与了。

> 基麦尔将手中的文件给立顿看，该文件是伊斯马克与诺顿·西蒙美术馆之间达成的初步收购协议的复印件。

问：尽管没有最终的合并协议，但这是具有约束力的协议，不对吗？

答：对，先生。

问：先生？

答：没错，先生。

问：好的。现在让我们说说西格尔先生。你认为西格尔先生是一位能够准确表达的人，对吗？

答：对。

问：西格尔先生在并购业务方面知识渊博，是吗？

答：是这样。

问：如果是宣誓过，人们是不会胡乱用词的，是吗？

答：没错。

> 这时候，基麦尔将西格尔宣誓书的复印件递给立顿，这份宣誓书是戈登的律师提交的，目的在于反对戈登的侄女试图迫使戈登继续与宾州石油公司进行交易。

问：请你大声读一下，好吗？

> 在此之前，陪审团已对上述内容听过多次，但这一次，由于由刚刚为此担保的立顿来朗读，因此更有影响力。

问：立顿先生，他使用了"现在交易达成"这样的词语，不是吗？

答：对，确实如此。

问：那好。他知道他在说什么，对此你相信吗？

答：不相信。

问：你只是不同意，是吗？

答：我不同意。

问：从来没有人给你看过这个，是吗？

答：我没有看过。

此时，米勒对肯顿说，"告诉立顿，让他扔掉那块讨厌的手帕"。

当立顿第二天重返法庭时，他似乎对基麦尔利用自己对宾州石油公司案件发挥作用所使用的方法不再那么清楚。他继续被基麦尔操纵，操纵进入自己别无选择的地方，而只能说一些对德士古公司案件造成损害的话。

德士古公司争辩认为，格蒂石油公司董事会对与宾州石油公司的交易进行投票，仅仅是因为利特克和戈登对他们施加的压力使他们不得不作出让步。

问：立顿先生，你第一次知道宾州石油公司的收购要约是在何时？当时，你感到震惊和有压力吗？

答：对，我很震惊，也有压力。

问：仅仅是因为收购要约就使得产生压力吗？在此情形之下，使你采取无理性的行动了吗？

答：我希望没有。

问：你知道在压力之下应当如何行动，不是吗？

答：希望如此。

问：你获得了一大笔金钱，去帮助那些处于压力之下的人学会如何作出反应，如何去防止收购要约，去做你告诉给我们的一切事情。是这样吗？

答：没错。我的职业生活主要就是向那些收购要约的对象提出建议，建议他们应当如何应对收购要约。

问：确保他们在压力之下不会无理性地采取行动，是吗？

答：对。

问：确保他们不屈服于压力，是吗？

答：没错。

问：你感觉到恐怖的压力了吗？

答：对，感觉到了。

问：你没有被压力压垮吗？

答：希望没有……

问：你是在告诉陪审团，你为自己成为本国顶尖收购律师而骄傲，但由于宾州石油公司的威胁，你无法阻止董事会屈服于压力，是吗？你是在告诉我们，16位董事会成员和他们的律师顾问，所有这些每天都面对压力的老于世故的人们，最终屈服于宾州石油公司的压力，对于自己提出的反建议，进行了15比1的投票，是吗？

答：不，我不认为是宾州石油公司的压力驱使他们那么做。我认为（在这里，立顿再一次被基麦尔打断）……

问：回答问题。

还有一次，基麦尔能够抓住立顿自己的纠正，但是这个纠正太复杂了。对法律原则的解释使得德士古公司的整个案件理论显得不仅过于精英化，而且很荒谬可笑。对此，基麦尔是这样描述的：

与自己所获报酬相当的审判律师愿意放弃自己精心设计的询问线索，去抓住一小部分证言并将其放大，通过放大，使陪审团无法忘记。当立顿作证时提出，假如不聘请精通复杂油气交易的律师，戈登·格蒂将无法完成与宾州石油公司的交易时，这样的机会来了。[61]

基麦尔继续接下来的问答：

---

[61]　Jamail, *supra* note 11, at 154.

问：你是在说，假如双方不雇佣律师告诉他们，他们已达成协议，那么，双方就无法达成协议，是吗？

答：基麦尔先生，我根本没有那么说。我说的是，双方准备对有关1百亿美元的交易达成协议，在这种情况下，如果只是以提纲为基础而且没有律师的建议，那么，这种交易太荒唐了。

问：立顿先生，你是在说，无论是否属于1百亿美元的交易，如果只是由普通人签订合同，会存在一些区别，是吗？在你看来，存在不同的标准吗？

答：是的，确实如此。

此时，根据自己多年的陪审团案件对时间掌控的经验，基麦尔停了下来，从而让立顿发言的效果被陪审团领会。

陪审团的确领会了立顿的发言，正如塞隆所描写的那样："对此发言，我大吃一惊。正如我所看到的那样，立顿承认了宾州石油公司的全部案件事实主张。"[62]

之后，基麦尔带领立顿在同一条道路上继续向前：

问：我明白了。也就是说，如果格蒂石油公司与宾州石油公司之间的交易不涉及这么多钱，就能达成协议，是吗？

立顿没有发现，陪审团并没有分享他的合同法观点。他对上述问题的回答是："如果只涉及五块钱或十块钱，我想，你可以这么认为。"

但是，基麦尔明白了陪审团在想什么，正如他所指出的那样："就陪审团而言，他们在想，马蒂·立顿在商业界获得的名誉取决于交易所涉及的金额数量。"[63]

通过如下的评论，基麦尔总结了对立顿的交叉询问：

他是一位聪明的律师，但我会记得，交叉询问就如同斗牛。在我进行询问时，我攻击他，咬他。马蒂，我让你流血了，只要我愿意，随时都可以置你于死地。真让人开心。

但是，基于礼貌，我不得不说，看，马蒂·立顿是美国最出色的收购律师。[64]

就在立顿作证期间，法里斯法官得知自己患有严重癌症，生存的时间已所剩无几。后来，法院任命所罗门·凯瑟伯（Solomon Casseb）法官接管此案。案件被接管后，德士古公司提出宣布审判无效。他们认为，不仅新法官无法正确了解并熟悉审判记录（现在的审判记录差不多包括18 000页），而且，有必要通过无效审判来纠正德士古公司遭受的偏见。这里的偏见是，由于法里斯法官的治疗问题，自己的案件在进行期间经常被中断。凯瑟伯法官驳回了审判无效的申请，并且给每方当事人90分钟时间对案件进行总结，在此之后，他准备主持审判剩下的内容。

凯瑟伯法官马上制订了新规则来加快审判的速度，这里的新规则包括：审判于早上8点半开始而不是9点，并且一直持续到下午5点，而不是在法里斯法官审判期间已经形成惯例的4点15分。中间停止吃午饭的时间是60

62　Shannon, *supra* note 18，at 381.

63　Jamail, *supra* note 11, at 155.

64　*Id.*（原文进行了强调）.

分钟,而非 90 分钟。另外,不允许陪审员于周一上午和周五下午去处理自己的个人事务。尽管没有告诉别人,但凯瑟伯法官想在三周时间内结束案件。或许他应当告诉陪审团,他想在短时间内让他们自由,原因在于,他加速审判的措施使陪审员的神经拉得更紧。

米勒感觉到了这种紧张,决定将自己的案件最大限度地削减,并且决定传唤很多他原本准备使用的证人。

他不想放弃的其中一位证人是已经退休的美国银行主席昌西·梅德波利。通过 J·保罗·格蒂,梅德波利成为格蒂石油公司董事会的一员,而且,正是他,投了反对与宾州石油公司交易的唯一一票。他强有力地指出了德士古公司案件的关键之所在:

> 仅仅以发生在午夜的讨论为基础,你们不能出售一家价值 1 百亿亿的公司。必须要有一份文件,文件中应当包括所有同意的、敲定的、谈判的条款,这才是这个国家做生意的方式。

身为美国最大银行的前任首脑,梅德波利能给人留下深刻的印象。他给出的角色定位是:戈登·格蒂没有能力,利特克是个坏人,利用了戈登,他自己则是支持正义一方的人:

> 这里是一个买家,他们嗅到了一次可以快速杀戮的机会,于是在周围盘旋,并施加压力。基于不同的原因,他们已经获得了两个主要股东的支持,支持尽快与宾州石油公司进行交易,在此情形下,其他股东只能束手就擒。

在交叉询问中,特勒尔使用了一个聪明的圈套来削弱梅德波利的证言,该证言的内容是,宾州石油公司的收购要约不是以完全摆在台面上的方式进行的。特勒尔向梅德波利询问,美国银行是否会对主动提供的要约提供资金。对此,梅德波利认为,只有经过仔细审查,它们才会对这样的要约提供资金。这里暗含的意思是,并非所有主动提供的要约都是不好的。紧接着,特勒尔向梅德波利抛出了一个后者不知道的事实:美国银行参与了宾州石油公司收购格蒂石油公司的融资。

在梅德波利之后,米勒提供了书面证言。不像宾州石油公司那样,德士古公司没有将书面证言制成录像带,因此只能进行宣读。尽管大部分证言都是米勒做成的,但他仍要部分充当证人的角色,坐在证人席上宣读证言,他的搭档鲍勃·布朗则充当米勒的角色,来宣读询问。这样的安排很沉闷、乏味,证言的实质内容并没有产生特别强有力的作用。对于特别重要的关键点,米勒会通过音调变化对证言内容进行强调,而且会停下来直视陪审团,据此进行强调。每到这种时候,基麦尔会通过看似不经意的方式予以对抗。

宣读过书面证言之后,米勒又向法庭呈现了一位证人,那就是美国公司界另一位巨人劳伦斯·蒂奇。在所有出现在法庭的证人中,蒂奇的资格让人印象最为深刻。他是劳伦斯公司的主席,该公司拥有很多陪审员非常熟悉的品牌,如宝路华手表、CAN 保险公司、肯特和纽波特香烟以及许多豪华饭店。同时,他还是纽约大学信托委员会的主席。另外,蒂奇还具有其他可信度,原因在于,戈登·格蒂曾邀请他参加公司董事会,而且,他没有卷入戈登与董事会之间早期的纷争。

蒂奇为德士古公司提供了直接有力的证言:

问：蒂奇先生，请您准确地告诉陪审团，当你们的董事会会议于 3 日下午继续举行时，你对自己投票的提议的理解是什么？

答：我们估计，宾州石油公司提议的 110 美元每股的价格包括 5 美元的赚头，在每股 2.50 美元或 3 美元的领域内，是值得的。

问：蒂奇先生，你是否明白，那份提议包括对协议备忘录的投票？

答：提议并不包括对协议备忘录的投票。

问：你是如何确定的？

答：我清楚我为什么而投票。

> 基麦尔对蒂奇进行了交叉询问。在蒂奇看似对基麦尔询问的自然回答中，基麦尔恰到好处地总结了自己的主题，即本案是有关石油界荣誉的案件。

问：你不是戈登·格蒂的朋友？

答：不是。

问：戈登·格蒂认为你是他的朋友吗？

答：请对朋友加以界定，这样我才能回答。

问：我无法对纽约友谊进行界定。

答：得克萨斯的朋友和纽约的朋友之间没有区别……格蒂先生是我的熟人。

对于上述问答，基麦尔深感自豪，以至于在自己的自传中，基麦尔在 3 章内容中都介绍了上述问答，通过介绍来对审判进行讨论。⑥⑤

另外，基麦尔还利用蒂奇来支持利玛，因为德士古公司的其他证人都攻击过利玛的可信度问题。通过一系列"是"或"不是"的问题，基麦尔让蒂奇证实，蒂奇认识利玛已经有 20 年，利玛是一位"诚实、高尚、讲真话"的人。蒂奇证实，自己记不起来利玛走进董事们开会的房间与董事握手，但在交叉询问阶段，蒂奇却承认，如果利玛认为自己走进会议室与董事握手，自己不对此进行争论。当基麦尔问到安妮·格蒂邀请蒂奇到自己家中庆祝一事时，蒂奇对此的回答是，"我认为，这是对达成协议的价格的接受"。

在蒂奇作证之后，又是很长时间的对书面证言的宣读，这对陪审团而言，异常沉闷、乏味。凯瑟伯的审判记录指出，"陪审员很疲惫，感觉很乏味，都有点想睡觉了"。

在此之后，米勒向法庭提供了 3 位德士古公司的行政官，分别是金尼尔、德科林和公司总法律顾问比尔·温特泽尔。知道此事，米勒才提供了格蒂石油公司和纪念馆的观点，二者均认为它们没有签订合同。现在，该轮到德士古公司的管理层去说，"他们当然没有合同，即使他们之间存在合同，我们也能够善意地相信，他们之间没有合同"。

金尼尔在陪审团面前表现得不错。在所有证人作证期间，他都坐在法庭内，对于威诺克、布瓦西以及其他许多德士古公司证人表现出的逃避和借口，他感觉到陪审团很生气。正因如此，他表现得很友好，很开放。他讲述了一个开门见山而且看似很有说服力的故事，强调指出，德士古公司一直都

⑥⑤ Jamail, *supra* note 11, at 135. 有趣的是，史蒂夫·科尔暗示指出，通过最后的回答，蒂奇较好地完成了问答。Coll, *supra* note 6, at 449. 陪审团的裁决则似乎暗示了其他内容。对此，塞隆态度并不明朗，只是将其描述为"奇怪的问答"。Shannon, *supra* note 18, at 394.

明白，信托和纪念馆在法律上对宾州石油公司并没有约束力。对于金尼尔的表现，基麦尔一点也不紧张，或许他感觉到陪审团很同情自己，原因在于，自己已经与陪审团一起，共同度过了枯燥、乏味的4个月时间。

温特泽尔是德士古公司的总法律顾问，他毕业于哈佛大学法学院，曾经担任过审判律师。他对戈登和麦金利之间的谈判进行了最详细的描述，而且尽最大努力为德士古公司一方进行陈述，从而确信，宾州石油公司与格蒂利益集团之间并不存在有约束力的合同。⑯ 在交叉询问中，杰弗斯指出，德士古公司拼命想获得交易，是因为它需要新的石油储备，而温特泽尔之所以想让交易获得批准，是为了使自己在公司的职业获得更大发展。这些内容激起了温特泽尔的愤怒。

之后，米勒让德科林出庭作证，并且花了4天时间与他一起回顾了交易的各个方面。在整个审判过程中，宾州石油公司经常向陪审团提到在德士古公司与第一波士顿投资银行家之间的最初会议中德科林作出的记录，并且认为，用基麦尔在预先审查中的话来说，该记录是"德士古公司故意干涉宾州石油公司协议和合同的证据"，也是"德士古公司恶意和动机的证据"。对此，米勒试图让德科林力所能及地进行解释。德科林解释道，自己所记录的如"停车"以及"关键人物——马蒂·立顿"这样的逐字逐句的内容已经被第一波士顿的投资银行家扔掉，记录中的内容并不是自己的想法。当德士古公司被告知不存在有约束力的合同时，自己记录的内容是，"只有口头协议"。对陪审团而言，德科林的证言并未取得预期的效果，詹姆士·塞隆将其描述为"解释和辩解……太少，而且来得太晚"⑰。

无论陪审团如何评价德科林的证言，不可否认的是，德科林很圆滑而且受到控制。在交叉询问中，特勒尔没有使德科林中套，也没有得到任何具有损害性的承认，但通过将他描绘为一位冷酷、精于计算的生意人，这一描绘正好与利特克浪漫、理想主义的形象相反，特勒尔将其带入宾州石油公司的案件之中。

此时，米勒将案件搁置下来。他决定不进行损害赔偿案件，这一决定成为美国辩论史上最无端猜测的决定之一。

通过不讨论损害赔偿的方法使原告的案件不能获得应有的尊严，是一种众所接受的辩护策略，在过去，米勒一直很好地运用这一策略。事实上，这种策略也是他辩论风格的组成部分。当需要处理巨大风险时，他喜欢将自己想象成愿意冒巨大风险的律师。

在讨论是否继续审判时，米勒告诉麦金利，如果决定由德士古公司承担责任，陪审团不大可能让德士古公司承担2.5亿至5亿美元的赔偿责任。他代理过的最糟糕的案件是"幕后陪审团"电影剧本案件，该案赔偿金额为20亿美元。当时，民事裁判的最大金额为18亿美元，发生在MCI电讯公司对美国电话电报公司提出的反垄断案件中。在这起反垄断案件中，提出的6亿美元补偿性损害赔偿金被翻了3倍，但上诉推翻了该损害赔偿。

不将损害赔偿的证言在法庭上演的决定是由米勒最后作出的，但对此决

---

⑯ Petzinger, *supra* note 4, at 270. 其中对温特泽尔的引用是，他认为，陪审团知道他在讲真话。

⑰ Shannon, *supra* note 18, at 400.

定，他不仅咨询了自己的合作伙伴，而且咨询了德士古公司的管理层。约翰·麦金利告诉作家史蒂夫·科尔，他本人只不过是紧紧跟随米勒的建议[⑧]，但德士古公司的其他行政官坚决支持米勒的决定。这些行政官认为，他们没有做错什么，陪审团应当会理解这一点。

直到最后一刻，米勒才作出决定。他安排 3 位证明损害赔偿的证人飞往休斯顿，让他们随时待命。但最后，他觉得自己的案件非常强有力，不需要去反驳巴罗关于损害赔偿的证言。他认为，巴罗并没有给陪审团留下什么深刻的印象。

假如米勒知道自己即将得到的陪审团指示，他绝对会采取完全不同的做法。对于宾州石油公司是否存在合同这一问题，纽约法律作出了规定，但凯瑟伯法官决定不让双方当事人对合同构成问题进行简要陈述。凯瑟伯法官自豪地认为，自己是一位严肃、正经的法官，因此，他让当事人将他们依赖的案件副本交给自己。当双方当事人将一摞案件副本交给他时，他发现，只有 3 个案例同时出现在双方当事人提交的副本中，因此，他决定只依靠这 3 个案例进行裁判。

米勒将案件搁置下来之后，凯瑟伯法官安排在第二天举行会议，来敲定对陪审团的指示。而且，他告诉律师们留下来，一直到对陪审团的指示结束。在对陪审团进行指示时，指示中几乎逐字逐句地采纳了宾州石油公司在关键问题上提出的建议所使用的语言。例如，它使用了"协议"一词而非"合同"。而且，其中有 32 次使用了"协议"一词，"合同"则从未使用过。还有大量专刊，其中最重要的专刊都使用了宾州石油公司的用词"协议"。一号专刊问道，宾州石油公司与格蒂利益集团之间是否"想受协议的约束"；二号专刊则问，德士古公司是否"故意介入宾州石油公司与格蒂利益集团之间的协议，"并对此继续追问。

凯瑟伯法官明显承认了基麦尔关于"合同"与"协议"二者经常互换使用的争辩，但他对陪审团的指示忽视了这样一个事实，即在双方当事人的交易以及他们的审判证言中，在可能表明或不能表明存在合同的地方，多次使用了"协议"一词。例如，在德科林与投资银行家关于会议的记录中，写道"只存在口头协议"；新闻稿中宣称的是"原则上达成协议"；在巴罗的证言中，他谈到董事会是如何达成"协议"的，而从未使用"合同"一词。

更糟糕的事情可能是，法官对陪审团的指示并不包括德士古公司关于损害赔偿的理论。米勒之所以决定不提供损害赔偿的证据，部分原因在于，他希望自己能够获得一个包括损害赔偿理论在内的对陪审团的指示，该理论是建立在股票价格的基础之上，而不是基于宾州石油公司发现石油的历史花费。但是，凯瑟伯法官并没有对陪审团作出任何米勒所提议的指示。

宾州石油公司在陪审团指示方面取得胜利的决定性因素是准备充分。当宾州石油公司的其他律师忙于案件时，得克萨斯大学法学院院长、前合同法教授马克·尤朵夫（Mark Yudoff）正与博克·博特律师事务所的合伙人兰德尔·霍普金斯（Randall Hopkins）为指示问题而忙碌。他们共准备了 10 份指示草案，而且，霍普金斯花了大量时间研究熟悉纽约的合同法，这种心

---

⑧　Coll, *supra* note 6，at 456.

甘情愿将特定的法律才能投入特别问题的做法可能对案件的最终结果产生了重要作用。后来，米勒坚持认为，自己事务所有限的资源并不是决定案件最终结果的因素。当德士古公司需要他们时，他们能将更多的人投入工作。正因如此，德士古公司的情况没有变得更好，这让人很难相信。⑥

在陪审团指示对自己的形势变得不利之后，终结辩论就成为米勒团队扭转形势的最后机会。凯瑟伯法官概括处理了德士古公司对指示的异议之后，立即开始了终结辩论。自陪审团听完最后一位证人作证，48小时已经过去了。

在终结辩论中，凯瑟伯法官给各方当事人的时间是4个半小时。基麦尔继续坚持团队工作的方法，由约翰·杰弗斯先开始，重点讨论了托马斯·巴罗的证言。他提醒陪审团注意巴罗在商业界的身份，而且，巴罗自愿以专家证人的身份作证，且不收取任何报酬，"原因在于，他相信，本案涉及的原则问题是非常重要的"。杰弗斯用最强有力的术语详细讲述了巴罗的证言，"对他而言，原则上达成协议意味着对重要条款意思表示达成一致，在此基础上，就产生了诚信的义务，并基于诚信去继续完成协议"。

在早期的争辩中，杰弗斯介绍了宾州石油公司的主旨，即"本案有机会传递一个信息，这个信息将能够维持美国商业系统的名誉和尊严"。在终结辩论中，杰弗斯继续了1个半小时，大肆抨击德士古公司一方的证人，包括"著名的马蒂·立顿"和格蒂石油公司董事会，指控他们企图两次出售公司。杰弗斯微妙地暗示，德士古公司应当为自己证人的行为负责。通过告知陪审团，他是这样总结的：

> 愚见认为，被告对这些问题的答辩是不合理的掩饰。如果德士古公司的证人能够为自己所说的话侥幸脱逃，如果他们能在市场上从事对宾州石油公司所做的事情，那么，他们能在任何地方、对任何人这么做。
>
> 但是，他们在这里。对于此事，我们已经深入研究了4个半月，到算账的时候了。

在杰弗斯之后，由埃文·特勒尔进行另一半终结辩论。詹姆士·塞隆将他的辩论比喻为"想将德士古公司送进监狱关很长时间的刑事检察官"⑦。特勒尔通过与杰弗斯总结所使用的同样的方法开始了自己的终结辩论。他告诉陪审员，他们正在决定一个"异常重大"的案件，正在对整个商业社会发送信号：

> 你们将决定道德规范，将决定你们是否可以走过去夺走别人的交易，仅仅因为你更强大、更有权威，有很多律师和投资银行家。

特勒尔的终结辩论也持续了1个半小时，他充满热情地辩论道，证据，尤其是损害赔偿的证据，表明，德士古公司的行政官傲慢自大、不可靠，而且说谎。

等轮到米勒开始终结辩论时，已经是下午2点45五分。一些观察者认为，他看起来很疲惫。应当是这样。4个半月以来，他一直忙于案件的审判，并在

---

⑥　宾州石油公司的审判团队还包括吉姆·克洛泽，他是来自得克萨斯州贝城的私人律师从业者，被认为在得克萨斯州民事诉讼方面最有权威。整个审判期间，克洛泽都坐在法庭内，从而确保能够获得上诉的正确记录。相比之下，米勒则没有类似的后援。

⑦　Shannon, *supra* note 18, at 413.

很久以前就开始努力准备案件。他的主题是：宾州石油公司一方的人，尤其海尔基·利特克，是坏人。而且，德士古公司将格蒂石油公司的持股者从强加于他们的糟糕交易中拯救出来。宾州石油公司一直纠缠于事实，利特克是个魔鬼，而不是德士古公司的行政官。正是利特克，曾经有过从事恶意收购的历史，而德士古公司则从未这样做过。利特克是一位让人难以置信的利益追逐者，而麦金利只是一位职业经理人，尽自己最大能力来保护持股者的利益。

第二天，米勒更加强调这样的法律论据，即宾州石油公司与格蒂利益集团之间并不存在合同，即使存在，德士古公司也可以基于合理的理由相信不存在合同。米勒认为，德科林的记录是对德士古公司一方强有力的证据，其中的"停车"以及"停止签字"意味着，双方还不存在合同。德士古公司不想介入已经存在的合同，只是想在格蒂利益集团承诺之前争取一个更好的出价。

之后，米勒又重新回到前一天的主题上："我们没有粉碎这方当事人，我们是受邀成为当事人的。我们没有找他们，而是他们找到我们……公司救星被凶残之人起诉，这会成为历史上第一起此类案件。"

米勒也试图正确看待宾州石油公司提出的损害赔偿请求。他指出：德士古公司所有已发行股份的市场价值（该公司现在拥有格蒂石油公司的全部财产，而不是宾州石油公司所提出的3/7财产）还不足一百亿元。而在全部23年时间里，宾州石油公司从事经营获取的全部收入仅仅为20亿美元。"我的小孙子有一本小书，其中提到，'10亿元是多少?'书中说，要数10亿元的话，需要花95年的时间。"

米勒的终结辩论结束之后，法庭休庭吃午饭。每个人都知道，午饭之后，乔·基麦尔将进行最后的陈述。

基麦尔的发言没有书面稿，他的辩论漫无边际，但却慷慨激昂。通过对米勒辩论的内容进行猛烈抨击，他开始了自己的发言：

> 米勒先生告诉你们的内容有很多不实之词，我不打算回答全部的不实内容。开始时，他花了4个小时向你们解释德士古公司的行为，而且，他是这样结束的，"不要将我们的公司拿走，原因在于，如果说有什么错误之处，也是格蒂石油公司的错误"。

基麦尔不仅强烈谴责德士古公司的证人，而且从整体上批判并购团体。其中有"后门从男爵，他们将戈登·格蒂骗出会议室后，通过幕后进行交易"。还有马蒂·立顿，"对立顿来说，钱才是真正的目标，事实就是如此"。据此，基麦尔得出结论认为："你不得不对付的那个专业性团体已经根植于我们的商业社会，根植于我们的法律，他们自称为并购律师，将美国公司塑造成他们自己喜欢的样子。他们聚集在一起，相互之间的距离不过几米远。他们中有人今天赢了，还有人在其他时间赢了。而投资银行家则在所有时候都是赢家，他们还赢了这些损害赔偿金。"

赔偿是个主要问题。在米勒的终结辩论中，他曾极力为赔偿问题进行辩解，并将其比喻成保险单。他认为，你为自己的汽车投了保，但并不意味着你希望事故的发生。但基麦尔知道，米勒无法让陪审团明白，赔偿问题是很多商业交易中合法而且重要的组成部分。正因如此，基麦尔对赔偿问题进行了强调，这种做法与他自预先审查一来的做法是一样的。在终结辩论开始时，基麦尔就曾告诉陪审团，德士古公司"获得赔偿时，它们其实是在为此次诉讼买单"。基麦尔反复提到赔偿问题，他指出，立顿就如同德士古公司请来的进行刹车的"工程师"，"能平滑面对赔偿问题"。

基麦尔指出，未受到驳斥的证人证言支持自己关于赔偿问题的理论，相反，却没有证据支持米勒的理论。"并没有关于损害赔偿措施的证据，这对你们和我们而言都是侮辱性的，因为这有违我们的宣誓。"

和以前的经常性做法一样，基麦尔向陪审团总结道，应当"向美国企业传递一种信息"。原因在于，他希望这一信息具有空前大的规模。而且，他给予陪审团特别的鼓励：

> 请记住，你们一生中只有一次这样的机会，不可能再发生。你们有机会去纠错，去纠正一个滔天大错。
>
> 这样做需要勇气。你们有这种勇气……因为你们有道德，有良心，有能力。
>
> 千万别错过这个良机。

陪审团裁决

陪审团裁决并非已成定局。在一号专刊问题即宾州石油公司与格蒂利益集团之间是否存在"协议"上，陪审团第一次投票以 7 比 5 的结果赞成两者之间存在协议。根据得克萨斯州法律的规定，必须至少有 10 票赞成。在经过周末休息及更审慎的考虑之后，多数派又争取到了 3 票。此后，陪审团开始讨论德士古公司是否属故意干涉问题，在该问题上，第一轮的投票是 10 比 2。

三号专刊问题是："如果进行赔偿，从优势证据来看，基于德士古公司故意干涉宾州石油公司与格蒂利益集团之间的合同所带来的直接结果，德士古公司应当为宾州石油公司的实际损失赔偿多少?"一些陪审员不愿意给予宾州石油公司要求的损害赔偿，他们争辩认为，应当给予宾州石油公司较少的赔偿额。还有些陪审员认为，应当让德士古公司承担宾州石油公司要求的赔偿数额。另外，还有陪审员关心对迪克·米勒的影响，因为随着审判的进行，他们已经渐渐喜欢上这个人。但是，詹姆士·塞隆宣读了法官对陪审团的指示："你们不应当考虑或讨论没有证据提供证明的事情。"关于这一点，塞隆还补充道："看看吧，这不是我们为德士古公司编造案件的地方，我们必须依据法庭提供的证据来决定案件的结果。"据此，陪审团以 10 比 2 裁判由德士古公司给予宾州石油公司 75.3 亿美元的补偿性损害赔偿金。

在惩罚性损害赔偿金问题上，陪审团之间出现了分歧：一些陪审员认为应当支持宾州石油公司提出的全部 75.3 亿美元的赔偿要求，还有些则坚决反对给予任何惩罚性损害赔偿金。很显然，支持惩罚性损害赔偿金的陪审员对德士古公司及其行政官并没有像对格蒂石油公司人士那样生气，特别是对充当德士古公司一方证人的外部顾问并没有那么生气。曾经一度，一名陪审员建议给予宾州石油公司 30 亿元的惩罚性损害赔偿金，分别由威诺克、布瓦西和立顿承担 10 亿元。

陪审团主席里克·劳勒（Rick Lawler）很关注上述问题，他给法官送了一张纸条，其中写道："德士古公司应当在多大程度上为立顿、威诺克和布瓦西的行为负责？"对此，基麦尔立即抓住了陪审团房间内正在发生的事情的重点，并且告诉法官，自己会告诉陪审员依据证据和指控进行裁决。此时，米勒犯了个大错，可能是因极度疲惫导致的错误。他错误地回忆道，指控中包括当事人只为自己当事人的行为负责这样的指示，因此，自己没有提出异议。直到当天晚上，他才想起来，自己回忆的内容已经在德士古公司提交的材料中，但是，凯瑟伯法官没有将其纳入最后对陪审团的指示之中。第二天上午，米勒要求凯瑟伯法官对陪审团进行指示，但法官否决了此项要求。最后，陪审团同意德士古公司向宾州石油公司支付 30 亿元惩罚性损害赔偿金，这 30 亿元不是分别由威诺克、布瓦西和立顿这 3 位令人厌恶的证人承担，而是由德士古公司向戈登、纪念馆和格蒂石油公司董事会分别支付 10 亿元。

该裁决的金额如此巨大，因此，德士古公司无力交付上诉担保。该裁决被送至纽约联邦法院，获得了联邦法院的禁制令，禁止在上诉期间对判决进行强制执行。联邦法院指出，在此种情形下，要求交纳上诉担保违反了美国宪法第十四修正案所规定的正当法律程序条款。宾州石油公司将案件诉至美国最高法院，最高法院支持了宾州石油公司。德士古公司则根据《破产法》第十一章提出进行重组，这是美国历史上最大的破产案。最后，该案件勉强认可了 30 亿元。

基麦尔从未透露过自己胜诉收费的具体数额，一位作家认为有 6 亿元[71]，还有人认为只有 3 亿元。[72]

宾州石油公司为何获胜

宾州石油公司为何会取胜呢？其中有一些原因。

首先，宾州石油公司的案件具有简单的、易于理解的主题，并且遵循了传统通俗剧的格式，即：宾州石油公司与格蒂利益集团之间进行了一笔交易，德士古公司将该交易夺走。于是，案件被带到陪审团面前，陪审团将交易还给宾州石油公司。陪审团能够理解这个主题。

相比之下，德士古公司的主题比较复杂、独特。从道德层面，德士古公司认为，"我们正在拯救格蒂利益集团免受来自宾州石油公司强加给他们的糟糕交易，凶猛之人则在对白衣骑士提起诉讼"。从法律层面，德士古公司

[71] Harold A. Segall, "An Executive's Lesson in the Law from a Typical Business Encounter", 23 *Fordham Urb. L. J.* 257, 260 n. 18 (1996).

[72] Herbert M. Kritzer, "From Litigators of Ordinary Cases to Litigators of Extraordinary Cases: Stratification of the Plaintiff's Bar in the Twenty—First Century", 51 *Depaul L. Rev.* 219, 221 (2001).

进行着二选一的辩论，即：宾州石油公司与格蒂石油公司之间并不存在合同，但是，如果存在合同，我们对此并不知情。

从法律上而言，德士古公司关于合同形成具有较为有利的辩论空间。[73] 每一位法学院一年级的学生都知道，合同是否形成要取决于总体情况。在某些情形下，特定的语言或行为会导致合同形成，但在其他情形下则不一定。交易越大，随之而来越大的可能是，直到双方当事人签署包括所有细节条款在内的明确协议之后，当事人才受合同的约束。商业风俗和习惯也是如此。马蒂·立顿提出，在纽约会议室签署合同与在得克萨斯州油田签署合同是不一样的。他的这一观点是正确的。但是，这一观点需要法学院学生花点时间去理解。想要非专业的陪审团理解这一观点，是非常困难的，但宾州石油公司的法律团队却使其变得几乎不可能。从基麦尔的预先审查开始，他们就不断重复"交易就是交易"的主题，因此，当立顿提出法律上的正确观点时，陪审团不仅不相信，还将其视为浅薄、侮辱性的谎言。凯瑟伯法官对宾州石油公司关于陪审团简单、巧妙的委任的采纳，排除了任何取消损害赔偿的企图。

除了直截了当之外，宾州石油公司的故事还前后一致。宾州石油公司几乎所有的证据都符合"我们有一笔交易，他们将交易偷走"这一简单的主题。相比之下，德士古公司的主题则前后矛盾、漏洞百出。德士古公司将格蒂石油公司董事会描绘为宾州石油公司侵略性攻击的无辜受害者，但是，当幕后董事会会议召开、董事会参与驱逐戈登的诉讼事件被曝光后，格蒂石油公司董事会看起来并非如德士古公司所描述的那般无辜。熟悉公司律师因不留漏洞带来困扰的人不会将赔偿看成与善意相信宾州石油公司不存在合同不一致的行为，因此，对非专业的陪审团而言，这些行为就会显得前后不一致。

证人也与案件的裁决有很大关系。宾州石油公司的证人毫无例外都是富有同情心、和蔼的、诚实的人，相比之下，德士古公司的许多重要证人都存在问题。例如，威诺克除了傲慢、捉摸不定之外，还因后门事件存在污点。对于布瓦西而言，由于他是美国历史上为数不多的观点公正的投资银行家之一，因此由他担任证人应当具有特别高的信任度，但是，他看起来也是捉摸不定，其风格让人感到困惑和讨厌。此外，宾州石油公司团队对布瓦西冠以"1 800万先生"的绰号，将其视为贪得无厌的典型。对于在公司并购中如何形成有约束力的合同，立顿应当最具有权威，但基麦尔使他看起来很愚蠢。无法说清楚米勒的团队是否尽了全力，也无法说清楚，如果对证人的挑选更仔细些、对证人的准备更充分些，他们是否会表现得好些，但是，很显然，德士古公司一方关键证人的糟糕表现对德士古公司的灾难负有重大责任。

另外，基麦尔的律师技巧也发挥了重要作用。在每个环节，他似乎都采取了正确的行动，但不可否认，好运气也是一个重要因素。假如法里斯法官主持整个审判，他是否会对陪审团进行更加公平的指示呢？詹姆士·塞隆指出，自己在陪审团评议中的角色并没有一些请求那么重要。据此，不难看

---

[73] 关于本案合同形式问题的深入探讨，see Michael Ansaldi, "Texaco, Pennzoil and the Revolt of the Masses: A Contracts Post—Mortem", 27 *Hous. L. Rev.* 733（1990）。

出，他是案件裁决早期的、强有力的支持者。开始时，他只是候补陪审员，由于另一名陪审员被免职，他才有机会参与对案件的评议。

案件产生的影响

宾州石油公司诉德士古公司一案的陪审团对美国公司传递了一个信息，但这一信息并非他们打算传递的信息。

美国公司学到的一件事件是，在所有的细节磋商完成和最后的文件签署之前，没有人能够声称存在合同。在该案之后，根据该案之后数年一封信中提到的"原则上达成协议"的建议，开始谈判时双方当事人要如下签署声明成为惯例：

> 尽管如前所述……或者如过去其他情形所述，现在或将来书面或口头的同意指示、对谈判结果的指示或基于谈判所达成的对部分事项或全部事项的协议，计划交易中的任何一方当事人都不承担与计划交易及类似交易相关的法律义务，不能在事实上、法律上或基于公平包含有要约、承诺、不容反悔的允诺或任何基于本质的义务，直到交易的正式协议达成，该协议包含有具体的法律条款、条件、事实陈述和担保（由适当的第三方进行保证）内容，该协议要得以执行，并被送至打算受到约束的所有当事人手中……只有书面指示特别指出，需要修改这段内容，并且由受约束的各方实体的权威官员负责执行时，这段内容才可以被修改、替换或取消。[74]

从该案中，美国公司还学习到，要当心陪审团，尤其是当地的陪审团。该案对运用仲裁条款提供了额外奖励，但陪审团放弃了仲裁条款，转而选择法庭条款。这些条款，加上如该案般巨大裁决可能引起的争端解决倾向，有利于促进民事案件陪审团审判的消亡。

资料来源及进一步阅读

关于格蒂石油公司并购及由此引致的诉讼，有三本书进行了专门论述。一本是詹姆士·塞隆的《德士古公司与100亿元的陪审团》，该书对学习辩护的学生特别有用。它从陪审员的视角关注案件的审判，其中内容包括很多对审判记录的引用。第二本是小托马斯·派特应格的《石油和荣誉》，本书对整个交易和审判过程进行了详细的描述。第三本是史蒂夫·科尔的《接管格蒂石油公司》，该书重点关注了整个交易过程，其中关于审判的描述很简短，但却提供了很有价值的观察视角。除上述三本专门资料之外，在乔·基

---

[74] Quoted W. R. Grace & Co. v. Taco Tico Acquisition Corp, 454 S. E. 2d 789，790（Ga. . Ct. App. 1995）.

麦尔的自传《律师：我的审判和喜悦》中差不多有一百多页内容与案件的审判有关。

在写作本章内容的过程中，我主要利用了上述 4 种资料，同时也重点利用了审判记录，该审判记录可以在位于得克萨斯州奥斯汀的美国历史中心查阅到。感谢美国历史中心和得克萨斯大学塔尔顿法律图书馆的工作人员，特别感谢珍妮·普瑞斯（Jeanne Price），感谢他们在我为本章内容进行调查研究时所提供的帮助。

通俗剧中的角色

格蒂利益集团

（包括格蒂石油公司、莎拉·C·格蒂信托和 J·保罗·格蒂纪念馆）

哈罗德·博格——格蒂石油公司董事，信托董事会和 J·保罗·格蒂纪念馆主席。而且，博格曾任格蒂石油公司主席。

杰夫·布瓦西——高盛投资银行合伙人，格蒂石油公司的投资银行家。而且，布瓦西还是自己事务所并购部的首脑，在审判中充当德士古公司一方的证人。

查理斯·科勒尔——拉斯基、汉斯、科勒尔 & 蒙特律师事务所合伙人，戈登·格蒂和莎拉·C·格蒂信托的律师。

戴夫·科普利——格蒂石油公司副总裁及总法律顾问。

戈登·格蒂——J·保罗·格蒂之子，格蒂石油公司董事，莎拉·C·格蒂信托唯一受托人。

J·保罗·格蒂——格蒂石油公司和 J·保罗·格蒂纪念馆创始人。

兰辛·海斯——J·保罗·格蒂的律师和知己。从 1976 年格蒂去世到 1982 年其本人去世期间，他统治着格蒂石油公司和莎拉·C·格蒂信托。

莫斯·拉斯基——拉斯基、汉斯、科勒尔 & 蒙特律师事务所资深合伙人，戈登·格蒂及莎拉·C·格蒂信托的律师。

马蒂·立顿——沃奇特尔、立顿、罗森 & 凯兹律师事务所合伙人，J·保罗·格蒂纪念馆律师。

昌西·梅德波利——美国银行已退休主席，格蒂石油公司董事。

希德·彼得森——格蒂石油公司主席。

马蒂·西格尔——基德、皮博迪公司合伙人，莎拉·C·格蒂信托投资银行家。后来，因向套汇商伊万·布斯基提供内幕信息，西格尔被捕入狱。

劳伦斯·蒂奇——劳伦斯公司主席，格蒂石油公司董事，在审判中充当德士古公司一方的证人。

帕特里夏·瓦拉哈克斯——沃奇特尔、立顿、罗森 & 凯兹律师事务所助理，J·保罗·格蒂纪念馆律师。

亨利·温特——史克公司主席兼首席执行官，格蒂石油公司董事，在审判中充当德士古公司一方的证人。

哈罗德·威廉姆斯——J·保罗·格蒂纪念馆董事长，掌握格蒂石油公司12%的股份。

巴特·威诺克——迪奇特、普瑞斯 & 罗德斯律师事务所合伙人，格蒂石油公司外部法律顾问。由于卷入格蒂石油公司董事会秘密反对戈登的诉讼，威诺克被宾州石油公司诉讼团队冠以"后门从男爵"。

宾州石油公司

乔·基麦尔——宾州石油公司首席审判律师。

约翰·杰弗斯——博克·博特律师事务所合伙人，宾州石油公司法律顾问。

贝恩·克尔——宾州石油公司董事长。

海尔基·利特克——宾州石油公司主席。

亚瑟·利玛——保罗、维斯、里夫康德、沃顿 & 格里森律师事务所合伙人，在格蒂石油公司收购中代表宾州石油公司一方的纽约律师。

埃文·特勒尔——博克·博特律师事务所合伙人，宾州石油公司法律顾问。

德士古公司

艾尔·德科林——德士古公司董事长。

吉姆·金尼尔——德士古公司副主席。

约翰·麦金利——德士古公司主席。

迪克·米勒——德士古公司首席审判律师，米勒、肯顿、布里斯通 & 布朗律师事务所合伙人。

J·C·尼肯斯——米勒、肯顿、布里斯通 & 布朗律师事务所合伙人，德士古公司审判律师。

约瑟夫·皮耶罗——第一波士顿公司合伙人，德士古公司投资银行家。

布鲁斯·沃瑟斯顿——第一波士顿公司合伙人，德士古公司投资银行家。

比尔·温特泽尔——德士古公司总法律顾问。

其他

所罗门·凯瑟伯法官——法里斯法官生病后，由该法官主持审判。

安东尼·法里斯法官——直到生病之前，该法官一直主持审判。

詹姆士·塞隆——陪审员，《德士古公司和100亿元的陪审团》一书的作者（普伦蒂斯霍尔出版社1988年出版）。

（杨瑞　译）

第7章

公民诉辛普森案：种族问题和庭审辩护

安杰拉·J·戴维斯 （Angela J. Davis）[①]

---

① 美利坚大学华盛顿法学院法学教授。

■ 案情简介

　　1994 年 6 月 12 日晚，妮可·布朗·辛普森（Nicole Brown Simpson）在洛杉矶的意大利餐馆与她的家人一起吃了晚饭。当晚 10 点左右，意大利餐馆服务生罗恩·古德曼（Ron Goldman）将妮可忘在酒店桌子上的一副太阳镜送到了妮可家。在大约 10 点至 10：30 的这段时间，妮可和古德曼竟被人残忍地用刀杀死在妮可家的院子里。

　　妮可是辛普森的前妻。离婚前后他们的关系一直很不稳定。据说辛普森多次对妮可使用家庭暴力，离婚前妮可也曾因此几次报警。洛杉矶警察局警告辛普森禁止使用家庭暴力，但收效甚微。曾有报道说，面对有人指责他虐待妮可的事实，辛普森无言辩驳。

　　案发后辛普森自然就成了首要怀疑对象。6 月 13 日凌晨，菲利普·万尼特（Philip Vannater）和马克·福尔曼（Mark Fuhrman）两位警探就来到辛普森家里，声称是向辛普森告知其前妻的死讯。福尔曼随后在辛普森家门外的空地上找到了一只手套，这只手套与凶杀现场发现的另一只手套恰好是一副。福尔曼还发现辛普森停在家门口的福特烈马越野车上明显染有血迹。最终，经过 DNA 检验，警方称在辛普森住所及在妮可和古德曼身上采集的血液样本，以及在凶案现场发现的与辛普森的血液样本都是一致的。6 月 17 日，电视上出现了令人难忘的"飞车追逐"的镜头：警方巡逻车队和电视转播直升机紧紧追赶着由辛普森及其好友艾尔·柯灵思（Al Cowlings）驾驶的福特烈马越野车，最终辛普森被警方逮捕。

　　由于辛普森是一位著名的前橄榄球运动员和 B 级电影演员，又被指控杀死前妻和前妻的男友，该案自然引人瞩目。但仅就案件当事人和事实而言，都并不能使本案成为世纪大审判。辛普森并非史上最著名的橄榄球运动员，当然更不是最红或最有天赋的电影明星。事实上，相对于其在电影里的低劣表现，辛普森代言的果汁广告和租车公司倒更广为人所知。妮可能为公众所知也仅因其是辛普森的前妻，她的男友古德曼更是洛杉矶一家餐馆的一个不知名的服务生。本案所控主要事实也并非特别富有趣味或古怪离奇。尽管如此，关于该案的审判依然成为了 20 世纪最重要的审判之一。

　　辛普森案之所以能在美国诉讼史上占有一席之地，在于它包含了刑事诉讼制度中几个最重要的问题，如阶级差异、种族歧视、家庭暴力、警察伪证及 DNA 证据使用等，这些问题都是引人关注的。当然，这些问题也不是仅反映在辛普森案中。但无所不在的电视、广播、纸质媒体等以前所未有的方式将上述问题告知了美国公众和世界，尽管通常都不尽准确。报纸、杂志、学术期刊上无以计数的文章将辛普森案的每个环节描画得淋漓尽致。② 像很

　　② See generally Isabelle R. Gunning, "An Essay on Teaching Race Issues in the Required Evidence Course: Lessons from the O. J. Simpson Case", 28 *Sw. U. L. Rev.* 355（1999）；Peter Charles Hoffer, "Invisible Worlds and Criminal Trials: The Cases of John Proctor and O. J. Simpson", 41 *AM. J. Legal Hist.* 287（1997）；George Fisher, "The O. J. Simpson Corpus", 49 *Stan. L. Rev.* 971（1997）；Keith Marder, "O. J. Simpson Trial Verdict Top TV Moment of Year", *Albany Times Union* h1（Dec. 31, 1995）；Christopher Goodwin, "In a Prison without Bars: O. J. Simpson", *The Sunday Times*（United Kingdom）9（Nov. 26, 1995）.

多与本案无直接关联的学者和个人撰文写书一样，连案件中所有的检察官③、大部分辩护律师④以及几个陪审员也纷纷为此案著书立说。⑤

　　本文所要关注的是，在辛普森案中种族问题是如何影响庭审辩护的。本案中的其他问题都没有像种族问题一样对诉讼策略和法庭辩护产生如此大的影响。一位著名的非裔美国橄榄球运动员被指控杀死了他的白人前妻——这一断言本身就将种族问题暴露得一览无余。这个指控不禁让人想起美国那段不光彩历史，即对被认为与白人女子有点关系的黑人滥用私刑，也激起了各种族的人们关于种族关系的模糊和无意识的认识，这些认识作为美国扭曲的种族历史的结果，已被很多美国人深植于内心，包括辛普森案中的每个人也都不能例外，如证人、检察官、辩护律师、陪审团成员及法官。辛普森与其前妻所属阶层及权力对比是与种族问题并存的，并使后者更加复杂化。辛普森的前妻曾是一名服务员，辛普森当初跟她约会时她才满 18 岁。关于辛普森对其前妻身体及心理虐待的指控给本案的种族问题增添了另一层复杂性。

　　基于种族问题在辛普森案中具有的重大影响，一个令人惊讶的现象是，竟有很多评论家和学者指责辩护律师"打种族牌"——意指辩护律师将种族问题莫名其妙地"引入"案件中。这些人还认为辩护方在整个庭审中过分地关注种族问题是为了迎合以非裔美国人为主的陪审团。然而，他们并不了解庭审辩护的本质。辩护就是说服——尤其是说服被选出的 12 名陪审员在庭审中发现事实和作出判决。如果律师忽视案件中最关键问题，并忽视该问题对陪审员的影响，这样的律师肯定是一个失败的辩护人。辛普森案中的大部分辩护律师深知种族问题正是这样的关键问题，而公诉方并不知道。各方对种族问题不同的运用方法最终决定了案件结果。

　　种族问题深刻影响了辛普森案中的许多关键性决策，包括陪审团选择、询问证人的内容和方式及终结辩论等。这样的决策继而塑造了本案的庭审辩护形式，并决定了本案的最终结果。只要案件中存在明显的种族问题，关于种族的潜意识认识就会影响到所有庭审参与者的行为和决策。尽管如此，关于种族问题还在本案的庭审过程中公开讨论，并且成了本案中对最重要证人——马克·福尔曼警探进行直接询问和交叉询问的焦点。马克·福尔曼嘴边常挂着"黑鬼"这样的字眼，并且对非裔美国人明显怀有种族偏见，而经过遴选，决定案件事实的 12 名陪审员中，有 9 名都是黑人。种族问题在约翰尼·科克伦（Johnnie Cochran）的终结辩论中也得到了充分利用，约翰尼·科克伦是辩护团队的首席律师。

　　尽管种族问题表现在辛普森案的几乎每一个环节，庭审过程也持续了一年多的时间，但我将集中关注种族问题对庭审辩护影响最大的几个关键部分。庭审辩护并不是始于开场陈述，而是始于每个能最终说服 12 名陪审员

　　③　See Marcia Clark, *Without a Doubt* (The Penguin Group, 1997); Christopher Darden, *In Contempt* (Harper-Collins Publishers Inc, 1996).

　　④　See Alan M. Dershowitz, *Reasonable Doubts* (Simon & Schuster, 1996); Robert L. Shapiro, *The Search for Justice: a Defense Attorney's Brief on the O. J. Simpson Case* (Warner Books, 1996); Gerald F. Uelmen, *The O. J. Files: Evidentiary Issues in a Tactical Context* (West Group, 1998).

　　⑤　See, e. g. Amanda Cooley et al. , *Madame Foreman* (Newstar Press, 1996); Jeffrey Toobin, *The Run of His Life* (Random House, 1996).

的决策。因此，本文中我将对以下内容进行探讨：控辩双方律师的选择；律师如何利用种族问题影响案件；陪审团的抉择；对马克·福尔曼警探的直接询问和间接询问；终结辩论。

律师

辛普森案中律师的选择是决定庭审结果的关键。虽然双方律师都犯过错误，但辛普森一方的表现显然比加州公诉方一方更加出色。总的来说，辛普森的辩护团队更有经验和能力。在美国大多数刑事被告都是穷人，其代理律师也都通过法院指定，他们别无选择。但辛普森有能力选择律师，他的律师团队中囊括了几个美国最好的辩护律师。而控方的律师团队的所作所为和庭审策略都表现得相当愚笨，他们关于种族问题的应对办法也许是最大的败笔。

控方律师

马西娅·克拉克

辛普森案中有多位公诉人，但以马西娅·克拉克和克里斯托弗·达登（Christopher Darden）为首。鉴于本案的重大影响，应由洛杉矶地方检察院来办理公诉，地方检察官吉尔·贾西提（Gil Garcetti）本有望组织他最具经验和能力的公诉人团队。但克拉克和达登却成了控方的主要公诉人，这个结果并非刻意选择，而纯属偶然。

马西娅·克拉克是一位经验丰富的检察官，辛普森被捕时，她已有 13 年的检察官经历，并办理过多起广受关注的案件，其中有些案件还涉及复杂的法庭证据和家庭暴力。然而当时在洛杉矶地方检察院还有更有经验和能力的公诉律师，贾西提也没有选择克拉克。她最终能够加入本案，是缘于警探万尼特在调查辛普森时打给她的一个电话。出于谨慎，万尼特当时是向克拉克询问是否有足够的证据获得对辛普森住所的搜查令。万尼特之所以给克拉克打电话，是因为在另一起涉及法庭证据的谋杀案中曾与克拉克合作过。从那时起，克拉克就开始跟踪这起案子。7 月 20 日，克拉克提出了指控并召开了一个新闻发布会。克拉克也从此成为控方的发言人。贾西提要撤换掉克拉克也很难了，即使当时他认为其他人比克拉克更适合做首席公诉人。

认为有人比克拉克更适合是有理由的。克拉克一向是一位性格严厉、执著敬业的检察官。在她办理的案件中，克拉克对待被告人极其轻蔑，而对待被害人过于同情。例如，1989 年在一起影迷杀害女影星的案件中，克拉克曾给这位女星的母亲写了一封信，其中有以下内容：

> 如果可能，污秽的牛粪也应当被判有罪……我将尽我所能使瑞贝卡的逝去得以报偿。我不能承诺正义实现，因为那对我来说意味着瑞贝卡的重生以及凶手的偿命……我能够向您承诺的是，当这一切结束时，我

能诚恳地告诉您，我已毫无保留地尽我最大努力。除此之外，我的情意也将与您同在。⑥

在 7 月 20 日的新闻发布会上，克拉克也使用了一样夸张的言辞：

> 这是一起有预谋的凶杀，凶手明显故意为之。他（辛普森）正是因此被指控的，我们也将证明这些是确凿无疑的。⑦

在案件的早期，这样的言论不仅非常轻率、不合时宜，而且非常冒失、鲁莽。克拉克明显没有关于预谋杀人的证据。虽然公诉方当时也认为辛普森是一个虐待狂，并最终杀了他的前妻，但即使从这个观点看，充其量也只能认定为非预谋杀人罪或二级谋杀，而非一级的故意杀人罪。从诉讼策略的角度看，在诉讼程序一开始就要公诉方去证明辛普森故意杀人无疑是有风险的。但克拉克愿意承担这个风险，也许是为了影响潜在的陪审团候选人。也认为辛普森有罪，曾担任检察官的记者杰佛瑞·托宾写道："在诸如无罪推定等法律细节上，克拉克没有任何作为。"⑧

克拉克也许是在试图影响陪审团候选人，但她显然不清楚种族问题的影响程度。贾西提选择在洛杉矶城区而不是在圣巴巴拉来起诉辛普森，是有原因的。洛杉矶城区的陪审团候选人主要是从黑人社区中选出，而圣巴巴拉的陪审团候选人将以白人为主。贾西提相信他已经取得了黑人社区的支持，并认为以黑人为主的陪审团作出的有罪判决更具有公信力，看上去也更公正。⑨但贾西提和克拉克高估了黑人社区对洛杉矶警局的信任。刑事公诉案件要靠陪审团对警察的信任，而洛杉矶警局就曾有一段歧视黑人、迫害黑人的不光彩历史。克里斯托弗委员会（Christopher Commission）是为研究罗德尼·金毒打案（Rodney King beating）后果而成立的机构，关于洛杉矶警局，该委员会有以下论断：

> 洛杉矶警局的种族歧视和偏见加剧了过度暴力带来的问题。这样歧视和褊狭的态度最终演变成了不可容忍的暴力行为。⑩

尽管辛普森生活在以白人为主的圈子里，娶的也是白人老婆，但在案件判决前后，大多数黑人仍支持他。洛杉矶的黑人群体将辛普森被捕视为洛杉矶警局不公平对待黑人的又一例证，当看到电视直播的"飞车追踪"中辛普森的烈马越野车超越警察的车队时，他们无不欢呼雀跃。黑人报纸和社团也纷纷支持辛普森。在案件早期的新闻发布会上，克拉克就以如此激进的态度，而不是审慎地指控辛普森，犯下了她在本案种族问题上一系列失误中的第一个失误。

克拉克的愤怒和情绪高涨的抨击几乎贯穿整个庭审过程始终。她这样的风格也许感染了一些陪审员，但明显让更多的陪审员不能接受，而正是这些陪审员最终宣告了辛普森无罪。她几乎每时每刻都带着愤怒和尖刻。后

---

⑥ Toobin, *supra* note 5，at 77.

⑦⑧ *Id*. at 114.

⑨ *Id*. at 118.

⑩ *Id*. at 30.

来，在审前准备阶段，一位受人尊敬的陪审团顾问自愿为控方团队提供服务。在一次对模拟陪审团成员的调查中，这位顾问请他们对本案的律师作出评价。结果，所有的黑人陪审员，尤其是女性，对克拉克都非常反感。克拉克对这位顾问的建议不予理会，并辞退了他。可见，克拉克很可能不是控方首席公诉人的最佳人选。

克里斯·达登（Chris Darden）

跟马西娅·克拉克一样，克里斯·达登也不是一开始就被选入控方团队的。贾西提原已安排比尔·赫基曼（Bill Hodgman）做马西娅·克拉克的搭档。赫基曼是一位经验非常丰富的检察官，并且风格沉稳，为人低调，在这一点上正好与克拉克相反。赫基曼负责处理科学证据，而克拉克则关注构成谋杀的各个事件。随着克拉克职责范围的不断扩充，她就请求贾西提允许克里斯·达登加入控方团队。达登最初负责处理关于"飞车追踪"的大陪审团调查。作为一名诉讼律师，达登并不具有良好声誉，但达登却是克拉克的朋友。因此，克拉克说服贾西提让达登负责本案中家庭暴力问题的处理。达登具有的另一个优势是，他是一个黑人。控方当然知道，在这个带有种族问题争议的案件中，全是白人的公诉人团队的形象，显然是不当的。

尽管达登一开始只是控方团队中的无名小辈，但在约翰尼·科克伦作开案陈述的那天，赫基曼突然病了，达登就直接取代了赫基曼的位置。开案陈述的当天晚上，在与贾西提和克拉克会谈时，赫基曼突然感到胸闷，不得不紧急送到医院。医生建议如果继续参与诉讼将影响他的健康。于是达登就取而代之，成为第二公诉人。

不幸的是，与克拉克一样，达登也是一个急性子，没有耐心处理琐碎问题。而且，他还缺乏判断力和庭审经验，常常忽略一些资深律师的建议。达登在庭审中犯下的最大的错误是——让辛普森试戴手套，最终证明是不适合的——这也成了科克伦终结辩论中的一个标题。在控方团队已决定不这样做的情况下，达登还是坚持在庭审中即席作出了这样的决定，这类似于违背了交叉询问的一个最基本规则——"如果不知道答案，就不要提问"。达登正是在不知道手套是否合适的情况下，要求辛普森试戴手套的。这很可能是庭审中导致辛普森被宣告无罪的第二个决定性因素，仅次于控方意图对马克·福尔曼证言的可信度进行保证，而福尔曼是一个带有种族主义的警探，并为他的种族主义犯下了伪证罪。

达登基本上不是一个诉讼律师。在洛杉矶地方检察院的 15 年里，他一直在特别行动调查署工作，负责对洛杉矶警局的警官们进行调查和起诉。达登只有一次庭审经历，在那个案件中，所有的警官都被宣告无罪。他明显缺乏诉讼经验。除了那件尴尬的手套事件，达登在诉讼中一直笨手笨脚，不知所措。

还有一个问题，就是达登还一直拿自己与辩方中的同为黑人的约翰尼·科克伦相比较。但两人并不具有可比性。科克伦是一名经验丰富的诉讼律师，在黑人群体中素有声望；在与洛杉矶警局对抗的民事和刑事案件中，科克伦都取得了成功。即使在科克伦担任检察官时，他也是在负责对流氓警察调查、起诉的部门工作。科克伦是一个富有激情而又小心谨慎的诉讼律师，给人的印象是干练、可信。而达登则恰好相反，他在法庭上的所作所为也无所助益。在审前会议上，达登时而向科克伦论战，时而还向科克伦道歉，科克伦则把达登当小孩一样训斥，此时达登干脆撅嘴跺脚，完全失去了诉讼律师应有的形象。有时，达登所作的陈述近乎怪诞。比如，在科克伦开场陈述之后，达登在其作出的回应辩论中，竟公开表示出对科克伦的赞赏：

> 每当我在法庭上遇到科克伦先生，我都会为他感到骄傲。法官大人，我喜欢他。我真不想与他进行对抗。⑪

两人之间最激烈的一次交锋，是关于辩方是否被允许对马克·福尔曼使用"黑鬼"一词进行交叉询问。达登强烈反对交叉询问的适用，其反对的主要理由是：不管是从谁的口中说出或在任何背景下，只要听到这个词，陪审团就会被煽动起来，导致其不能公平地评价证据。

> 这是一个肮脏不堪的字眼……我从不允许任何人在我家里提到它。我相信科克伦先生也是这样。原因在于这个词带有非常强烈的诽谤性和中伤性，原因在于它是如此偏颇和具有煽动性，以至于无论在任何情况下使用这个词，只要被非裔美国人听到，都将引起他们的情感反应……它会让黑人陪审员感到不安。它将提到一个问题……这个问题就是：你是站在哪一边的？是站在白人控方及白人警察这一边，还是站在黑人辩方及其优秀的黑人律师这一边？其结果将是：要么属于白人一方，要么属于黑人兄弟一方……科克伦先生和辩方正有此意，其目的就是要煽动本案的陪审团，并让他们作出立场选择，而不是以证据为基础……我们的意图不在于使陪审团注意被告人迷恋金发白人女子的事实，这是极不合适的，也会激起陪审团的情绪。那个词是极其无礼的。⑫

对此，科克伦的回应也同样精彩和富有激情：

> 他今天上午的说法也许是我执业 32 年来在法庭上听到的最不可置信的说法。他将非裔美国人贬低为一个团伙。因此我想……向全国的非裔美国人道歉……他说，在这个国家已经遭受了二百多年压制的非裔美国人，不能与主流社会一起工作，不能听到这些攻击性词语，这样的说法对于我们的陪审员来说，也是一种贬低……达登先生竟允许自己成为这个人（指福尔曼）的辩护人，我为此感到羞愧……所有的美国人，请相信我，黑人此刻正在遭受伤害，因此我必须指出这样的冒犯是不合时宜的，对于我所敬重的一些人来说更是毫无道理、不可接受的——也许达登先生对此已变得充满同情。⑬

这次交锋甚至比对马克·福尔曼的交叉询问还要精彩激烈。达登关于陪审员要作立场选择的说法，无疑是他在庭审中角色冲突的表现——他正好站在白人警察一边，这些警察中包括一个种族主义者，他常使用英语中最具种

---

⑪　Toobin，*supra* note 5，at 261.

⑫　*Id.* at 292-293.

⑬　*Id.* at 293-294.

族歧视性的脏话。无论法官是否裁决对福尔曼进行交叉询问，达登是知道黑人陪审员立场的。尤其在辩方有科克伦的情况下，控方达登的表现远不足以打动黑人陪审员。

科克伦的精彩回应使两人之间的反差更加巨大，也成了科克伦维持其作为黑人维权专家地位的一个例证。他更加老练、聪明、智慧，是个能力出众的律师。当科克伦为年轻、鲁莽的黑人检察官的愚蠢说法而向所有非裔美国人道歉时，就像当众打屁股一样打在了达登身上——这样的情况在整个庭审过程中是不少见的。

辩方律师

与控方一样，辩方也有自己的律师团队，但这是一个人数更多、更有实力和能力的团队，媒体称之为"梦之队"。颇有讽刺意味的是，在这场美国史上被最广泛直播的诉讼中，公众从中得到的关于刑事诉讼制度运作的观感是异化的。因为大多数刑事被告人并不富有，其代理人通常都是工作辛苦、收入低微的公设律师或者其他法院指定律师。[14] 辛普森案与此恰恰相反。

依字母顺序排列，梦之队的成员包括：F·李·贝利（F. Lee Bailey）、约翰尼·科克伦、阿兰·德肖维茨（Alan Dershowitz）、彼得·纽菲尔德（Peter Neufeld）、巴里·希克（Barry Scheck）、罗伯特·夏皮罗（Robert Shapiro）和杰拉尔德·乌尔曼（Gerald Uelmen）。肖恩·查普曼（Shawn Chapman）和卡尔·道格拉斯（Carl Douglas）是科克伦律师事务所资历较浅的合伙人，他们出现较少。在这个团队中，有几个人在美国诉讼律师界已名声赫赫，其他的还不大为人所知。然而，当他们在辛普森案中与控方抗衡时，他们已经声名远播，无论他们是否配得上。

辩方团队的一个最大问题是它的成员数量。辛普森案证明了辩护律师并不是越多越好，尤其是其中有几个律师已习惯主导他人时。由于本案中的各种因素，在辩方团队中明显存在内部斗争，这个情况对辛普森显然是不利的。另外一个问题是，不同的辩护律师在不同的场合——如电视脱口秀、广播、新闻发布会或其他他们能够面对公众的场合——对案件发表的观点也是不同的。有时这些公共言论是为了推动案件辩护，即便他们并不总能达到目的。但不幸的是，辩方律师大多时候在公共场合露脸只是为了推广自己，比如罗伯特·夏皮罗，这样做对辛普森先生是有害无益的。

也有许多律师在本案的种族问题上发挥了直接、重要的影响，包括夏皮罗、科克伦、贝利和希克。他们都以自己的方式，在利用种族问题影响陪审团成员及案件最终结果上扮演了重要角色。

罗伯特·夏皮罗

在洛杉矶警察局将辛普森作为头号嫌疑犯后，罗伯特·夏皮罗并不是辛普森的第一个代理律师。当时，辛普森的经纪人兼私人律师是里罗伊·塔夫

⑭　美国司法部司法项目办公室、司法统计局：《刑事法律援助统计》，载http：//www.ojp.usdoj.gov/bjs/id.htm。其中发现，1998年联邦法院66%的被告人，及人口最多的100个郡的82%的重罪被告人，其代理人均为公益律师。

特（Leroy Taft）。塔夫特并不是刑事诉讼律师，所以他就请霍华德·威斯曼（Howard Weitzman）帮忙。威斯曼曾为辛普森代理过家庭暴力案件。但是，威斯曼几乎没有刑事辩护的经验，在本案中为辛普森代理不久就犯下了关键性错误。威斯曼从警局会见辛普森后，警探万尼特约见了他。没有经验的刑事辩护律师也知道，如果涉嫌杀害两人的嫌疑人答应向警方作出供述，是没什么好处的。即便作出的是无罪陈述，警方也不会相信这个人是清白的，相反，这个供述还常被用来对抗嫌疑人，尽管它意在申明无罪。

威斯曼没有解释过他这样做的理由，但别人推测是在会见时辛普森坚持要他如此。[15] 多数刑事诉讼律师还是坚信，即使再固执的当事人也不会与警方会面。在这样的情况下，辛普森的朋友、洛杉矶一位有实力的商人罗杰·金就请夏皮罗为辛普森代理，后者答应了。

夏皮罗是辛普森辩方团队的发言人，一段时间内也是辩方的首席律师。当科克伦加入辩方及案件进入诉讼阶段时，夏皮罗就不再是首席律师了。夏皮罗并不是一位杰出的诉讼律师。在担任检察官时他曾办理过多起刑事案件，包括一些涉及名人或体育明星的影响较大案件。但夏皮罗在刑事辩护上还是小有名气，他曾多次成功地为其当事人作出轻罪辩护，或使当事人被减轻或取消监禁处罚。夏皮罗还常在媒体上露面，甚至写了一篇名为"利用媒体优势"的文章，发表在《冠军》杂志上，这是由美国国家刑事辩护律师协会主办的刑事诉讼律师的首选杂志。

夏皮罗不仅缺乏诉讼经验，而且还缺少为刑事案件当事人成功代理的另一样东西——一种强烈的、以当事人为中心的辩护律师职业操守。从一开始，不管是夏皮罗公开的还是私下行为，都可证明他关注自身形象和未来胜过关注他的当事人。警方批准逮捕辛普森时，夏皮罗开始介入此案。但在一定时间内警方仍不能将辛普森抓获时，夏皮罗似乎更担心关于他窝藏逃犯的传言，而不是去为他的当事人着想。夏皮罗在警方到处寻找辛普森时召开了新闻发布会，这更是莫名其妙。在不知道辛普森身在何处以及不清楚辛普森为何不知所踪的情况下，夏皮罗的新闻发布会除了让人怀疑辛普森有罪外，起不到别的作用。更让人惊讶的是，他还向媒体（和全世界）披露了他当时知道的所有情况，包括他告知辛普森他已介入本案，以及此后不久辛普森就消失的情况。这些对其当事人不利的反常言论只能证明他的目的是维护自己的名声，就像他自己说的："警方几乎快把我当成重案犯了。"[16] 他还强调告诉媒体他有与洛杉矶警局进行合作的经历：

> 在过去25年里，我曾多次与洛杉矶警局及地区检察院进行合作，并履行了自己的承诺。事实上，正是有了这样的基础，我安排了埃里克·梅嫩德斯从以色列回国自首。但本案的突然转折使我们都感到震惊。[17]

---

⑮ Shapiro, *supra* note 4, at 10；也可参见，CNN电视广播，1995年3月17日（报道称威斯曼表示他曾反对辛普森向警探万尼特作出供述）。

⑯ *Id.* at 45.

⑰ Toobin, *supra* note 5，at 95.

夏皮罗还不罢休，他还让辛普森的好朋友罗伯特·卡达施安（Robert Kardashian）向媒体宣读所谓的辛普森的"自杀留言"。尽管辛普森后来不承认，但它听起来就像一个跑路的逃犯所写的自杀留言。它就更让人怀疑辛普森有罪，也表明了夏皮罗所做的这些是为了与执法部门合作。夏皮罗的言行一定程度上违反了律师—当事人守密特权原则，也与真正的辩护律师的职业道德操守相违背。

辩护律师是绝不应泄露其当事人的秘密或有罪信息的，即使法官在庭审中直接向律师询问，律师也不能透露。例如，在当事人没有出庭接受审讯的情况下，法官问辩护律师他的当事人现在何处时，律师有权拒绝回答，除非答案是对其当事人有利的。如果当事人告知律师他不打算露面，或者律师也根本不知道当事人身在何处，辩护律师也不必透露这些情况，最多可这样回答："法官大人，目前我还没有得到授权这样做。"如此回答既不回避律师对法庭坦诚的义务，也没有违背其对当事人忠实的原则。

夏皮罗召开的新闻发布会之不同寻常之处就在于，并没有法官命令他披露关于其当事人的任何信息，他也没有被指控窝藏逃犯的现实危险。这样做完全是出于他的个人目的。他并不知道辛普森在哪里，但假设辛普森真的已犯下罪行，夏皮罗就意图借此使自己与假定的罪行划清界限。夏皮罗不是在其当事人和政府之间架设一道保护屏障，反而却将辛普森推到了更危险的境地。许多辩护律师宁愿冒着藐视法庭或坐牢的风险，而去保护当事人，但夏皮罗没有这样做。

夏皮罗一直试图讨好洛杉矶警局和地方检察院，这也进一步证明了他缺乏刑事辩护律师的职业操守。在辩方聘请了专家证人后，夏皮罗竟以电传方式向警方推荐辩方的专家，协助警方的调查活动。即便夏皮罗的目的是让辩方专家影响公诉方聘请的专家，但在案件的较早阶段，这也并不是明智的选择，因为他也不知道警方的调查结果。

诉讼过程中夏皮罗还有很多令人费解的举动。本来，从无证对辛普森住宅搜查，到福尔曼的伪证罪——本案中警察的不端行为比比皆是，攻击警方的可信度顺理成章地可作为辩护主题之一。诉讼中，执法官员一度统一别上带有蓝丝带的胸针以显示与警方的团结一致。人们惊奇地发现，夏皮罗竟也佩戴同样的胸针出庭。

夏皮罗还反对科克伦在结案辩论中攻击警方——这不仅显示了他与警方处于一方的立场，也充分证明了他并不具备作为一个辩护人应有的能力。在一个明显有警察腐败证据的案件中，如果不去攻击警察，这样的律师辩护就是失败的。夏皮罗就想让科克伦放弃这样的攻击：

> 对于参与调查的两个警探和警方实验人员，确实存在值得我们质疑的一些问题，但我反对以指责全体警察腐败的方式来迎合陪审团。我建议："假如事实真的如此，就让陪审团自己作出判断吧。"[18]

这就是本案中夏皮罗关于9名黑人陪审员的最高评价，尽管前国务卿瓦伦·克里斯托弗在一个以其名字命名的委员会出版的报告中，已指责洛杉矶

---

[18] *Id.* at 229.

警察局存在种族歧视问题。

　　夏皮罗除了缺乏诉讼和刑事辩护经验外，他对种族问题在本案中所起的作用及如何应对也都一无所知。像很多听到"种族"二字就不爽的人一样，夏皮罗似乎认为最好的办法就是忽略它。在陪审团选任时，从他与科克伦的对话中也可以看出他的天真：

> 夏皮罗：现在有些事情我很不喜欢。种族问题不能作为本案的一个争点。
> 科克伦：鲍勃，这一直是一个争点。它也是生活中的一个现实问题。
> 夏皮罗：但我希望不是这样，我相信也不应该是这样的。
> 科克伦：那是因为你不是黑人。[19]

　　令人不可思议的是，判决之后，夏皮罗竟在拉里·金脱口秀和芭芭拉·沃尔特斯脱口秀节目上批评科克伦在其终结辩论中提到了种族问题。他似乎认为在辛普森案中，尤其辩方总是先拿种族问题说事，这在一定程度上消解了国家为消除种族偏见所做的努力：

> 自从人权运动以来，我们的国家在种族关系上已取得巨大进步……但本案所导致的种族分化严重弱化了先前取得的成就。

　　尽管夏皮罗有很多缺点，但他也为辛普森做了很多工作——他邀请到了许多杰出的律师和专家加入了辩方团队。夏皮罗有自知之明，他知道仅凭自己是应付不了的。在加入此案不久，他就邀请哈佛大学法学教授、律师阿兰·德肖维茨和圣克拉拉大学前院长、法学教授杰拉尔德·乌尔曼来处理本案中复杂的法律问题。他们全面的丰富的法律知识和娴熟的诉讼技巧，对几场胜利辩护起到了关键作用，尤其是他们提议取消了大陪审团。[20] 夏皮罗邀请了巴里·希克和皮特·纽菲尔德，他们是分析 DNA 证据的专家。这可能是夏皮罗最明智的决定。希克对公诉方提供的 DNA 证据的论证和对公诉方专家进行的巧妙的交叉询问，都对辛普森最后被宣告无罪起到了关键作用。夏皮罗还邀请了 F·李·贝利，尽管后者对辩护没有提供太大的帮助。有趣的是，科克伦并不是夏皮罗请来的。辛普森希望科克伦加入，但夏皮罗却选择了盖瑞·史宾斯（Gerry Spence）代替了科克伦。但当时史宾斯因故不能加入，科克伦才得以受邀。一个实力强大的律师团形成后，夏皮罗就不得不退居末席了。当然，他是极不情愿失去辩方首席律师地位的。

约翰尼·科克伦

　　加入辩方团队不久，约翰尼·科克伦就成了首席律师。2005 年他因前列腺癌去世。科克伦虽不是国内最有能力的律师，但也非常出色。他是辛普森案辩方团队优秀的领导人。科克伦与夏皮罗一样，也曾当过几年的检察官。但与夏皮罗不同的是，科克伦有着坚定的辩护律师职业操守。如果认为科克伦也不具备广博的诉讼经验，那就大错特错了。他曾在多起备受关注的案件中，直接与洛杉矶政府和警察局对抗，并最终赢得诉讼。这些正是涉及

⑲　*Id*. at 192.

⑳　Dershowitz, *supra* note 3, at 28.

黑人遭受警察迫害的案件，因此科克伦在黑人社区中威望极高，而辛普森案的陪审团候选人正是产生于这些黑人社区。

科克伦还知道种族问题在本案中的重要性，尽管不是唯一重要的。他之所以知道，不仅因为他是一个非裔美国人，而且因为他比别人更了解洛杉矶警局有那么一段残害黑人的不光彩历史。他知道，在黑人陪审员面前，白人警察不得不背上因警察局曾欺诈、羞辱、迫害黑人带来的巨大包袱。他还知道，黑人陪审员对此是一清二楚的，那就是自《黑人法典》以来，黑人在刑事诉讼体制中——不管作为被告人还是作为受害人——一直受到不公正对待。人们都还清楚记得西米谷市罗德尼·金案判决及随后的克里斯托弗委员会。科克伦知道，马克·福尔曼录音的发现距此还不算太久。

与克拉克和达登（还有夏皮罗）不同的是，科克伦没有忽略种族问题，而是给予了充分的重视。媒体（和大众）称之为"打种族牌"——这显然是个贬义词，其将种族问题粗浅地理解为不需要证据、事实和法律就能控制黑人陪审团的万能灵药。事实上，即使科克伦也忽略种族问题，判决还是会受到种族问题的影响。优秀的辩护人当然知道陪审员在判决中的作用，以及陪审员如何利用其生活经验合法、合理地影响判决，因此在种族问题表现突出的案件中，辩护人就不应忽略它。法官通常指导陪审员要用他们的常识和生活经验帮助他们作出判决。对于大多数非裔美国人而言，种族主义是他们不能抹去的生活体验。科克伦受到批评就是因他将这些事实用到了他对证人的询问中和他的终结辩论中。科克伦的批评者想让他放弃种族问题，不仅因为这个词让他们觉得不自在，而且因为科克伦的辩护将影响辛普森的无罪判决，而绝大多数美国白人都认为辛普森是有罪的。

有趣的是，科克伦是辩方团队中首要被批评对象，尽管辩方中的每个人——除了夏皮罗——都知道并赞成以种族问题作为辩护策略。或许因为科克伦是辩方首席律师，也或许因为在他多次演讲和媒体表现中激励了非裔美国人组织的成员，总之，科克伦受到了比别人更多的责难。

很多人都认为，科克伦的黑人身份也使他在与陪审团沟通上具有天然优势。毫无疑问，优势是有一点，但并非决定因素。毕竟，克里斯托弗·达登也是黑人。科克伦的诉讼技巧才是最关键的。在全国的刑事诉讼案件中，由白人检察官提起公诉、黑人陪审员对黑人被告作出有罪判决的案件不在少数，而且这些案件中很多时候还是由黑人担任辩护律师。事实上，马西娅·克拉克也曾多次在以黑人为主的陪审团审理的案件中赢得有罪判决。在涉及黑人被告和黑人受害人的案件中，有能力的白人辩护律师也可以并能够说服黑人陪审员作出无罪判决，甚至在公诉人同样由黑人担任的情况下。在哥伦比亚特区涉及黑人被害人以及由黑人担任公诉人的案件中，公设辩护人中的白人律师，也常常可以从以黑人为主的陪审团那里获得无罪判决，原因在于他们业务出色，并懂得如何说服陪审团成员。有些黑人陪审员可能会认同黑人律师或公诉人，尤其是年长的黑人陪审员，看到非裔同胞能够出人头地时，他们也会引以为荣。但如果看到的是个庸碌无能的黑人律师，这种荣耀便荡然无存。可见，如果科克伦没有足够的说服力，他的黑人身份是根本不能说服陪审团的。

科克伦也经常在媒体上露面，这一点和夏皮罗一样。在他被邀请加入辩方之前，他就是美国国家广播公司的时事案件评论员。加入本案后，他也召开了新闻发布会。在媒体上讨论一个未决案件通常是不合时宜的，对控辩双方都是如此。尽管科克伦会因此受到批评，但他每一次公开发言都是为了当事人的利益。当伊藤法官（Ito）只准许播放两小段关于证明福尔曼对黑人存有种族偏见的录音，而不准全部播放时，科克伦马上召开了新闻发布会，对法官的裁决进行公开谴责：

> 包庇行为仍然存在……这个不可思议、毫无根据的裁决，更让人相信了刑事司法腐败的说法。[21]

科克伦也许不应该在新闻发布会上公开批评法官，但与夏皮罗在媒体上的发言不同，至少他的动机是单纯的——为他的当事人进行辩护，而不是为了他自己。

F·李·贝利

在辩方团队中F·李·贝利是名头最大的，他比其他辩方律师都更有诉讼经验，为很多知名人士代理过案件，包括山姆·谢伯德（Sam Sheppard）、帕蒂·赫斯特（Patty Hearst）等。人们甚至把F·李·贝利本人和这个名字当成了杰出律师的代名词。如果有人说"他又不是F·李·贝利"或者"他以为他是F·李·贝利呢"，别人就知道这是什么意思。

夏皮罗很久之前就认识贝利，本案开始时只是向贝利电话咨询，最后还是邀请贝利加入了辩方团队。在有人看来，依贝利的能力，在一场刑事诉讼中如果不将他放在主要角色的位置上，是有些别扭的。贝利是被请来为"夏皮罗的团队"提供服务的，在案件早期他自己也声称理解并接受这样的角色。但到了案件快要结束时，贝利与夏皮罗还是发生冲突，最终两人互不与对方讲话——他们的内斗不仅被每一个陪审员看到，也为其他很多人所知。

随着夏皮罗越来越被辩方团队疏远，贝利在诉讼中的地位就越来越突出。对警探马克·福尔曼的交叉询问是庭审中最重要的环节之一。辩方认为福尔曼故意使用了有罪证据来陷害辛普森，辩方也准备通过补强证据来证明福尔曼这样做的动机。在福尔曼当庭作证时，辩方还没有发现福尔曼对黑人歧视的录音带。但辩方也调查了几个证人，他们准备出庭作证，证明曾听到福尔曼说过"黑鬼"及其他侮辱黑人的话。辩方决定不能由科克伦来做这个交叉询问（从事后看，这个决定也许是不正确的）。希克是一位出色的交叉询问人，但他正在准备对付公诉方的DNA专家证人。夏皮罗显然不是可选之人，不仅因为夏皮罗的诉讼经验和交叉询问技巧有限，而且因为他根本不认同这样的辩护方案。贝利显然是个合适之选，尤其还因为他是一位出色的交叉询问能手。

正如下文所述的，贝利对福尔曼的交叉询问并不会被作为最精彩部分载入史册。事实上，在整个诉讼中贝利的表现是糟糕的，他大多数的交叉询问目标散漫、毫无章法。但贝利还经常在媒体上夸耀自己表现得多么出色。不幸的是，在本案结束之后的一个案件中，贝利因未履行辩诉交易协议、移交

---

[21] Toobin, *supra* note 4, at 406.

一位当事人的财产，而被拘禁在了联邦看守所。更有讽刺意味的是，在这个案件中，夏皮罗本是一方当事人的辩护人，却成了与贝利相对抗的公诉方的主要证人。贝利后来被取消了律师资格。

巴里·希克

希克与本案中的其他所有律师都不一样，他从不召开新闻发布会，从不在媒体上发言。他不穿花哨的衣服，也从不在法庭上或别的地方开玩笑。在本案中希克可能比其他律师工作都更努力。他聪明能干，并为当事人尽职尽责。这些事实不用多说，人尽皆知。希克的勤勉敬业为他赢得了声誉，他从不夸夸其谈，而是说到做到。

巴里·希克开始在布朗克斯（Bronx）当法律援助律师，后来在卡多佐法学院担任法律诊所教授，并在那里教授和代理刑事案件。一位律师朋友请他为一个涉及 DNA 证据的谋杀案提供帮助，后来竟成就了诉讼史上的一段佳话。希克在此案中与皮特·纽菲尔德共事，两人后来成了美国 DNA 证据方面的顶级专家律师，并共同建立了"昭雪计划"（the Innocence Project），该计划就是通过 DNA 证据来甄别被错误定罪的冤枉者。

如果没有希克对公诉方刑事学家丹尼斯·冯（Dennis Fung）的交叉询问，如果没有希克对辩方专家证人李昌钰博士（Dr. Henry Lee）证词的直接询问，辛普森几乎不可能获得无罪判决。通过这些询问和陈述，希克充分证明了犯罪现场已被严重地交叉污染。在冯承认证据在犯罪现场被错误处理后，希克能够及时对这份证词进行分析应对。当希克完成对冯的质询时，情况就清楚了，即因为警方和司法部门的疏忽或故意行为，在犯罪现场获取的辛普森的头发和血液都不能再被作为证据使用。在合理怀疑之后，希克再次确立了合理怀疑。当冯走下证人席时，他看上去疲惫不堪。庭审中也出现了怪异的一幕，当冯走过辩护席时，科克伦和辛普森纷纷与他握手，夏皮罗竟激动地拥抱了冯！

当李昌钰博士为辩方作证时，希克就熟练地指导他，如何通过证词以通俗易懂甚至充满趣味的方式来解释复杂的司法证据。李昌钰当时是康涅狄格州首席刑事学家，有着近乎完美的履历。尽管他是一位受聘的专家，但他几乎没有任何偏颇，完全忠于事实。他论证严谨，在批判公诉方专家时还略显歉意。实际上，在他作专家证人的案件中，95％的案件都是为控方提供证词。李昌钰对冯关于犯罪现场被污染的有限承认作了进一步证实，并解释道，即使外行人也不会如此收集证据。李昌钰"某地方出错了"的话还为希克的终结辩论所引述。通过对冯的交叉询问及对李的直接询问，希克成功地将公诉方大量的 DNA 证据变成了一堆受了污染的碎石烂瓦。

公平地讲，如果不是希克对两位证人的询问，辩方的辩护策略很难奏效。希克成功证明了犯罪现场已被严重污染。他所确立的合理怀疑为无罪判决奠定了基础，这与确凿证明福尔曼存在极端种族偏见和作伪证的证据一起，就像组合拳一样，对公诉方形成了连续重击，使它再也站不起来了。

科克伦和希克显然是辩方团队中最出色的辩护人。当然德肖维茨、乌尔曼、纽菲尔德和布莱齐尔（Blazier，另外一个 DNA 证据专家）等也作出了重要的贡献，但本案的庭审辩护几乎是被科克伦和希克两人撑起来的，他们对最后的无罪判决起到了关键作用。贝利对福尔曼的交叉询问也可以称得上是非常关键的。夏皮罗在邀请到其他律师加入后，他的工作就基本结束了。总的来说，"梦之队"的工作成效相当显著。

陪审团选任

鉴于由 12 名陪审员组成的陪审团中立于双方当事人，仅靠证据来决定案件结果，陪审员资格的预先审查是陪审团审判中最重要的环节。然而任何一个陪审员都不可能做到对案件中的任何问题没有一丝偏见或先入为主的想法。尽管法官会告诫陪审员应当依靠常识和生活经验来评判案件，但某些偏见正是来源于他们的生活经验。

虽然在刑事审判中存在偏见，但辩方总是希望陪审团作出无罪判决，而控方总是希望陪审团作出有罪判决。控辩双方可以通过绝对排除候选陪审员或有因排除候选陪审员来有限地影响陪审员的人选。绝对排除候选陪审员的人数是有限的，而有因排除候选陪审员的人数则不受限制，因此在预先审查中如果发现陪审员候选人存在不被容许的偏见，他就会被"有因"排除掉。预先审查还有另一个重要的功能，即在法官允许双方律师自行进行预先审查，或者允许律师通过与陪审员候选人直接沟通的方式参与预先审查时，律师就有机会与陪审员发生直接联系，甚至与其建立起良好的信赖关系，这将有助于律师在后来的审判中说服陪审员。

审判管辖地

关于辛普森案的审判管辖地，吉尔·贾西提曾面临一个选择——圣塔莫尼卡（Santa Monica）或洛杉矶。他最终选择了洛杉矶，主要基于以下理由：首先，基于本案引起的高度关注，审判地需要较好的安全保障和其他便利条件，而圣塔莫尼卡法院在这方面的条件较差。其次，贾西提表示他并不希望本案在以白人为主的圣塔莫尼卡审理。在此之前，贾西提在黑人社区中一直有较好的声誉，他不想使人们认为他要把这个案子交给一个白人陪审团，从而使本案受到种族偏见的干扰。贾西提很清楚，他的前任检察官曾将对毒打罗德尼·金的警察的公诉案移送到西米谷市（Simi Valley），受到了很多批评。就像杰拉尔德·乌尔曼提到的那样，贾西提"不想再去冒着被批评的风险，将案件移送到凡奈斯（Van Nuys）或者圣塔莫尼卡"[22]。

尽管如此，贾西提的做法仍遭到了很多指责[23]，这些批评者认为他应当回避不同城市的种族差异，而直接在圣塔莫尼卡法院起诉，从而组成一个以

[22] Gerald F. Uelman, *Lessons from the Trial—the People v. O. J. Simpson* (Andrews and McMeel，1996)，at 81-82.

[23] See，e. g.，Vincent Bugliosi, *Outrage: Five Reasons Why O. J. Simpson Got Away with Murder* (W. W. Norton & Co.，1996).

白人为主的陪审团。在陪审团选任期间，以种族或性别来排除任何陪审员是违反宪法的。[24] 尽管联邦最高法院没有将这一条明确规定下来，但如果案件在白人社区起诉，其目的仅是排除黑人陪审员，那么贾西提对于批评就真的受之无愧了。事实证明，洛杉矶的陪审团候选人根本不是以黑人为主，非裔美国人还只是其中的少数，仅占 28%；相比之下，白人占 40%，西班牙裔人占 17%，亚裔人占 15%。[25]

贾西提不希望适用死刑也对陪审团的变化产生了影响。对死刑提出良心上反对的陪审员将不会对执行死刑投赞成票，这样的陪审员在死刑案件中肯定会被排除掉。研究表明，少数民族对死刑的支持率较低，因此在死刑案件中，少数民族相对于白人而言，能被选任为陪审员的机会较小。[26] 贾西提放弃了在陪审团选任中控方可能适用死刑的权利，对此，杰拉尔德·乌尔曼感到很惊讶，并称赞他作出了符合道义的决定。[27]

陪审团顾问

辩方聘请了著名的陪审团顾问乔艾琳·狄米曲斯（Jo-Ellan Dimitrius）协助他们的诉讼工作。狄米曲斯女士非常尽职尽责，为辩方提供了很多不错的建议，如她提出最好的辩方陪审员是没有良好教育背景的、年轻的非裔人。在陪审员预先审查阶段，伊藤法官还将她介绍给陪审团候选人。关于陪审团的每一项裁决，她都会与科克伦和夏皮罗交换意见。

控方也有一位陪审团顾问，但他们却没有采纳他的建议。马西娅·克拉克对这位陪审团顾问一直非常抵触。这位顾问叫文森（Vinson），是一家陪审团顾问事务所的主任，他自愿为控方提供免费的咨询服务。文森与贾西提相熟，曾在梅内德斯案（Menendez Case）中为贾西提提供帮助。贾西提想再次得到文森的帮助，但克拉克却恰恰相反，她认为在陪审团的选任上根本不需要他人帮助。在辛普森案之前，克拉克在她办理的案件中基本都获得了胜利，在这些案件中克拉克都是自己选陪审团。而且，克拉克还喜欢两个检察官同一群高收入的律师及顾问孤军对抗的感觉。但贾西提坚持让克拉克和比尔·赫基曼接受文森的建议。

与狄米曲斯一样，文森也组织了模拟陪审团和分组讨论演练。文森的看法与狄米曲斯也基本一致，都认为黑人陪审员要更倾向于辩方。模拟陪审团通常会按种族分为两个阵营，一方是非裔黑人，他们主张辛普森无罪；另一方则是白人和其他种族的陪审员，他们主张有罪。文森还注意到了一个被控方忽视的情况——在黑人陪审员中，尤其是女性，都不太倾向将家庭暴力问题与本案联系起来。最后，文森组织的模拟陪审团小组中的黑人女性都很反

㉔　Batson v. Kentucky，476 U. S. 79 (1986)；J. E. B. v. Alabama ex rel. T. B. ，511 U. S. 127 (1994) .

㉕　密苏里大学堪萨斯法学院：《美国著名诉讼》，载http：//www. law. umkc. edu/faculty/projects/ftrials/Simpson/Jurypage. html。

㉖　Uelman，*supra* note 21，at 84.

㉗　*Id.* at 95.

感克拉克，她们用"阴险"、"尖刻"来形容克拉克，甚至背地里叫她"婊子"[28]。克拉克最终被激怒了（她在隔壁房间的监控电视上听到了她们的言语），并终止了顾问活动。贾西提还是将克拉克留下来了，但克拉克却解雇了文森。

选任过程

陪审员资格的预先审查是一项周期长、难度大的程序，最终持续了两个月。最初，陪审员候选人有900人，他们要填写一份用来决定是否适于参与陪审的具有相当难度的调查问卷。没有通过调查的候选陪审员被法官辞退后，还剩304人，但仅需从中选出12名陪审员和12名候补陪审员。候选陪审员还要被要求完成一项包括294个问题的调查问卷，这些问题中部分是由控辩双方提出来的。双方律师都很看重对未来陪审员提问的机会，因此积极参与其中。

鉴于种族问题在本案中的重要程度，预先审查中自然不能回避它。但问题是"如何处理"，因为有太多需要考虑的因素，这些因素有时可能还是冲突的。在辩方看来，他们不得不去关注辛普森与妮可的婚姻关系。无论哪个种族，可能都对辛普森与妮可的婚姻关系持否定态度——在这一点上，非裔人（尤其是非裔女人）和白人可能也是一样的。黑人女陪审员是否对辛普森娶白人女人感到愤恨？辛普森一直居住在白人社区，他们会怎么看？显然，辛普森几乎没有黑人朋友，也没有和黑人住在一起。但狄米曲斯的研究表明这些情况对辩方来说并不是问题，黑人对辛普森总体上还是比较赞赏的。相对于被他们视为种族主义分子和野蛮者的洛杉矶警察来说，黑人当然更喜欢辛普森。

首先涉及种族问题的是马克·福尔曼对黑人的种族歧视，福尔曼对像娶了白人女人的辛普森这样的黑人尤其存有偏见。辩方有足够的证据证明这一点，他们计划以此来攻击福尔曼的可信度。在预先审查中，辩方对此并不需要做什么，毕竟，对于如此歧视非裔的人，人们都会质疑他的品格。

对于控方，就存在一个问题：他们是否需要在预先审查中做或说些什么，来确保陪审员不因福尔曼的歧视性言论而对福尔曼或公诉方产生反感？恐怕是无能为力的。控方的错误不是没有在预先审查中对福尔曼进行应对，而是决定让福尔曼在第一回合中出庭作证。

双方的律师都很重视种族问题，他们的目的都是确保陪审团不受种族偏见的影响，从而根据证据作出他们的判断。例如，以下的对话就显示其中一位陪审员具备这样的想法：

> 科克伦：下面，将向你提问有关种族的问题。我想你一定在法院或法庭周围看到过正义女神的塑像或画像吧？
>
> 1118号候选人：是的。
>
> 科克伦：你可否在你心里默想一下，正义女神是被蒙住双眼的。我

---

[28] Toobin, *supra* note 4，at 193.

们可以想见，正义女神是被蒙住双眼的。因此在案件中，除非需要识别，一个人的种族应该与案件审理无关。你是否也认为如此？

1118号候选人：是的。

科克伦：换句话说，在本案中辛普森的种族不会对他产生有利或不利影响。这样的说法是否正确呢？

1118号候选人：是正确的。

科克伦：如果本案中会出现种族问题，你是否一定会提醒法庭注意对它进行否决？

1118号候选人：是的。

科克伦：我们现在所做的这些都是为了使诉讼双方平等，你是否可以理解？

1118号候选人：是的，完全理解。㉙

克拉克：下面，是关于种族问题。受害人的肤色是与案件审理无关的，你认为是这样吗？

第1118号候选人：是的。

克拉克：如果一个人因他的肤色而被人杀害了，这个案件与其他将没有区别，是这样吗？

第1118号候选人：是的。

克拉克：你是否同意这样的说法，如果我们过分注意当事人的肤色或种族，将分散我们关注证据的注意力？

第1118号候选人：是的，我同意。

克拉克：审判意味着寻求真相，我们所做的这些都是为了正义，为了加州的全体公民，为了被告人。你同意吗？

第1118号候选人：是的。㉚

在下面的对话中，科克伦是想让一位候选陪审员理解种族歧视的本质，并预防他被有因排除：

科克伦：你一定被人问过社会上是否存在种族歧视的问题，我想你的回答是你认为现在社会上的种族问题并不严重，是这样吗？

第321号候选人：是的。

科克伦：那么从你的观察出发，现在社会种族问题是怎样的状况？

第321号候选人：首先在我身上不存在种族歧视问题。我知道很多人对事物都有他们自己的看法，我与他们在一起工作。我曾住在纽约，也在部队服役过。这些年遇到过很多人，我了解他们，我也有自己的主见，我这里不存在种族偏见问题。

科克伦：很高兴听到你这么说。也就是说不管一个人的种族、年龄或者宗教如何，你都会接受他，是吗？

第321号候选人：是的，正是如此。

科克伦：那将是我们所追求的一个完美世界。但你是否同意，尽管

㉙　1994 WL 557335 at 12.

㉚　*Id.* at 21.

我们不喜欢这么看，在我们的国家确实存在种族主义？

第321号候选人：当然是这样。

科克伦：也存在种族歧视？

第321号候选人：是的。

科克伦：从你刚才的回答，我想向你确认你已理解了这样的观念，即在你的生活中你并没有受到种族歧视的影响，可以这样说吗？

第321号候选人：是的，我受到了影响。

科克伦：确实受到影响吗？

第321号候选人：是的。哦，不。我想到了问题的另一面。

科克伦：你想到了，你知道种族歧视是存在的，是吗？

第321号候选人：是的，我知道这是事实。

科克伦：如果你注意到种族歧视或者种族主义的因素已经渗透到本案中，从陪审团的立场，或不管怎样，你都将勇敢地提请法庭注意，并指出那是错误的，你会这样做吗？

第321号候选人：是的，我肯定会。

科克伦：你能保证吗？

第321号候选人：绝对保证。[31]

下面是科克伦和另一名候选陪审员的对话，科克伦也在预防他被有因排除。霍奇曼试图对此回应：

科克伦：你是非裔吗？

第620号候选人：是的。

科克伦：你应该知道任何种族和出身的人都可以坐在陪审席上，是吗？

第620号候选人：对，是这样的。

科克伦：你是非裔，辛普森也是非裔，你并不会因此就喜欢他，是这样吧？

第620号候选人：当然是的。

科克伦：虽然你们肤色相同，但我们确信这并不影响你做一个公正无私的陪审员，你会以证据作为依据来评判案件，是吗？

第620号候选人：我想这一点我已在调查问卷中表明了。我认为本案的底线就是证据，这是我们必须遵守的原则。

科克伦：如果你是一名陪审员，你愿意做一名为正义而努力并愿意看见正义实现的陪审员吗？

第620号候选人：当然愿意。[32]

霍奇曼：此前科克伦先生问你了几个问题，他已跟你确认你是非裔，你是否认为种族问题与本案有关？

第620号候选人：不，我认为是无关的。

霍奇曼：你是否想到种族问题会是本案的一个因素？种族问题是如

---

[31] *Id.* at 32-33.

[32] 1994 WL 586412 at 42.

何影响案件的，你能说说吗？

        第 620 号候选人：我想不出来。

        霍奇曼：好吧。[33]

在预先审查中，克拉克和霍奇曼已经犯了几个关键错误，使她们明显与一些未来的陪审员疏远了。一次，在一场有记录的听证中，陪审员并不在场，克拉克指责许多陪审员在预先审查中为了进入陪审团而说了谎话：

        即使不是大部分，也有许多陪审员都撒了谎，伤害了全体公民的利益。他们坐在法庭里像被告人的粉丝一样，还说道："我们想进入陪审团……这样，无论如何我们都能认定被告人无罪。"……我希望能对所有的陪审员进行测谎，因为这样全体公民就可以得到 12 名真正公正无私的陪审员来评判证据，我们也会得到事实的真相。[34]

说过之后，她就意识到了错误，请求法官封存法庭笔录，但被法官拒绝了。这件事还上了第二天的新闻。比尔·霍奇曼做得更糟，他还想试试看其他的候选陪审员是否看到了这则新闻。他用一种故意屈尊的慢速语调，问一位老年黑人是否知道测谎仪。[35] 弄得这位陪审员相当生气。后来，一位黑人女性陪审员回答了霍奇曼的问题，她说："你让我感觉到，就像我被审判一样。"[36]

难得的是，克拉克试图正面处理种族问题，但她并不具备这个能力。当预先审查到了最后阶段，候选陪审员被淘汰剩 50 人时，伊藤法官给双方各 75 分钟的时间做最后一轮提问。克拉克是这样说的：

        我们都知道白头神探，他给我们带来了很多笑声……我们把他当作美国的英雄……但要告诉你们的是，这样的人也会犯下重罪。他很有名，并且如此受人欢迎以至于很容易受到诱惑，去做一些与法律要求不同的事。这是很可怕的事情，我们都不会喜欢，但这并不意味着我们可以放弃规则的约束。就像一场橄榄球比赛——不管是谁参加比赛，比赛场地总是 100 码。即使辛普森所在球队上场，场地也是 100 码，既不会变成 80 码，也不会变成 120 码。规则就是规则。[37]

在指出本案中存在的诸如异种婚姻、黑人被告人、白人受害人、家庭暴力等种族问题后，克拉克问候选陪审员这些问题是否对他们产生了影响：

        其中哪一个问题会对你产生影响呢？你是否试图在心里做一些平衡？这是错误的！平衡这些问题的地方是投票箱，是这个法院。这里有哪一位是支持这一边或另一边的？我不在乎支持哪一边。如果你现在支持"有罪"，我希望你站起来，庄严、体面地将自己从陪审员名单上划掉……如果你已经决定本案会以怎样的结果终结，那么你就不能做到公

[33] *Id.* at 45.

[34] Clark, *supra* note 2, at 209.

[35] Shapiro, *supra* note 3, at 190-191.

[36] Clark, *supra* note 2, at 211；1994 WL 595261 at 22.

[37] Clark, *supra* note 2, at 212-213；1994 WL 600993 at 33-34.

正。这些阴谋论如何？黑手党会这样做，哥伦比亚联盟组织会这样做，一群白人小偷会这样做。在审查证据之前，你们是否希望我驳斥这些疯狂、古怪的理论？我得在这打多少官司？你们能使证据证明任何东西，但那是不公平的。㊳

然后，克拉克又开始介绍罗德尼·金案：

那个案子从一开始就陷入了麻烦，不是吗？因为陪审团全是警察社区的白人。通过录像带证实，你可以想象这个案子应该是板上钉钉的事实。但控方最后却败诉了，我们都知道这是为什么。

你知道这起案件的败诉与全是白人的陪审团有什么关系吗？与这起案件在一个居住着很多警察的社区起诉有何关系？……

如果你们不审查证据，如果你站在私人利益立场上投票，这样的情况还会发生。㊴

夏皮罗对此提出反对，指出克拉克的发言属于"违反职业道德行为"，并请求对她进行制裁。检察官职业道德准则禁止检察官在候选陪审员面前评论判决。克拉克向法庭和候选陪审员作了道歉，并请求："我希望，我所作的关于罗德尼·金案判决的任何评论没有冒犯你们……"候选陪审员一起回答："没有。"

试图从候选陪审员那里得到一个承诺是很莽撞的举动，因为除了案件事实能够影响他们，陪审员不能给出任何承诺。克拉克没能传递这样的信息，她也没有取得候选陪审员的信任，也没有将信息表达清楚，信息本身也是有误的。克拉克拿罗德尼·金案来作对比也是不恰当的，辛普森案中并没有录像带，而且离"板上钉钉"还有很大距离。夏皮罗恰当地反对了克拉克的发言。克拉克本应通过一种更加精确的方式来阐明这个信息，而不是指明具体案件。

然而，主要问题在于传递信息的人，而不在于信息本身。克拉克总是一副恼怒的、令人讨厌的神情，明显对辛普森怀有敌意。她还说候选陪审员"撒了谎"。控方不仅没有实现预先审查的一个重要目的——建立其与陪审员的良好信赖，而且还把事情弄得更糟，他们给自己挖了个坑，然后跳进去再也爬不上来了。

■ 对福尔曼的直接和交叉询问

在辛普森案中辛普森之所以能够获得无罪判决，马克·福尔曼作为证人功不可没。福尔曼是一个具有种族主义偏见的警察，还在陪审团面前作伪证——陪审团从一盘录音带中听到福尔曼说出了那个最具种族侮辱性的词语，而此前福尔曼还刚刚发誓说他 10 年内从未说过这个词。福尔曼对黑人

㊳　1994 WL 600993 at 39 - 42.

㊴　Clark, *supra* note 2, at 213.

非常歧视，尤其是与白人结婚的黑人。这种歧视已被明确的证据证明，如他的同事和他谈话的记录、几个无利害关系证人的证言、录下他的谈话的录音带等。如何能使陪审员——无论她是何种族——相信福尔曼说的话？

然而，当辛普森的辩护律师通过对福尔曼进行交叉询问以及其他有力证据，恰当指出福尔曼存在极端的种族歧视时，有人却批评辩方"打种族牌"。这些批评者是否认为辩方应该对这种种族歧视视而不见呢？这样做恐怕是失职的——至少无助于辩护。

更让这些批评者吃惊的是，并不是辩方要求福尔曼出庭作证的——而是控方要求的。控方要求福尔曼作证，而且在他作伪证被揭穿之前，控方一直支持他，维护他的信誉。控方将福尔曼放在证人席上，作为第一个到达犯罪现场的警察之一，福尔曼就他看到的情况进行了陈述。最关键的是，福尔曼称他在搜查辛普森住所时发现了一只血手套——它与同一晚上早些时候在犯罪现场发现的另一只手套恰好是一副。控方希望陪审团相信福尔曼。

交叉询问的首要目的是攻击证人的可信度，证明证人没有讲实话，要么是因为有意说谎，要么是因为无意犯错。当然，交叉询问有时也可以用来在证人那里发现有用信息，此时，询问者希望陪审团相信证人。但福尔曼并不是这样的证人，他属于提供对辛普森具有强大破坏性的有罪证据的证人，因此辩方的目的是使陪审团认为福尔曼是不能被信任的。

攻击证人的可信度有许多方法，例如，交叉询问人可以证明证人出错了，因为他的视力或听力减弱或被干扰，他的记忆减退，或者因为他看到事件发生的时间非常短。然而，如果是证人说谎，交叉询问人就会采用完全不同的方法。一般来说，证人说谎的原因可能有以下几个：证人与控方之间存在一个交易，即用作证换取减刑；证人犯了罪，撒谎是为了保护他自己；他人犯了罪，证人撒谎是为了保护他人；证人存在偏见——对被告人、公诉人或被害人。

偏见通常具有关联意义[40]，它常与证人的可信度联系在一起。种族偏见是最强烈的一种偏见。如果一个证人对一个特定的种族群体怀有偏见，而被告属于这个群体的成员，辩方有义务并有权利对这个证人的种族偏见进行交叉询问。[41]

证明福尔曼具有种族偏见的证据在本案早期阶段就出现了。福尔曼曾在20世纪80年代早期写了一份残疾申请，当时被拒绝了，他还为此提起了一场诉讼。这些文件属于公开档案，存放于洛杉矶郡法院档案室。其中有一份报告，来自为福尔曼进行检查的精神病医生，福尔曼告诉医生他从海军退役的原因，是因为"有几个墨西哥人和黑鬼，他们是志愿兵，他们告诉我有些事他们是不会去做的"[42]。

关于福尔曼的种族主义还有其他证据。一个名叫迈克尔·兰达（Michael Landa）的人曾与福尔曼一起在海军服役，他还记得福尔曼说过他"痛恨狗娘养的黑鬼"。一位名叫凯瑟琳·贝尔（Kathleen Bell）的女士曾遇到

40　Davis v. Alaska，415 U. S. 308（1974）.

41　Delaware v. Van Arsdall，475 U. S. 673（1986）.

42　Toobin，*supra* note 5，at 148.

过福尔曼，她所作的陈述也许最为确凿。贝尔说福尔曼告诉她，他要掀翻一个黑人男人和一个白人女人一起乘坐的汽车。贝尔如此描述她们之间的对话：

> 我就问他："如果你没有充足的理由怎么办？"福尔曼说："我就编造一个理由。"我又问他："如果车里的两个人是一对情侣呢？"福尔曼脸上立刻露出厌恶之色，说道："如果我能做到的话，我要将所有黑鬼装在一起，然后全部烧死。"[43]

还有其他几位证人也能够证实福尔曼存在种族主义偏见，其中包括一名洛杉矶警察局的警探安迪·珀迪（Andy Purdy），他说在他与一位犹太女子结婚后，福尔曼曾在自己在警局的储物柜上画了很多纳粹标志。[44]

在本案早期，控方对于这些关于种族偏见的证据都是知情的，但他们仍决定将福尔曼放在证人席上。这真是让人费解，当时还有其他证人，如万尼特和朗格，他们也都在辛普森住所看到了血手套。但控方还是坚持使用福尔曼。

从不同方面来看，决定将福尔曼作为证人出庭都显示了控方在案件待决期间典型的自大和不成熟。克拉克和达登都作过草率且不合常理的决定，但克拉克应为这次决定负责。福尔曼自己都曾告诫克拉克，在他人事档案里有些信息如果被媒体发现了，他们会"揪住不放，大肆宣扬的"[45]，克拉克说人事档案中的任何材料都是保密的，媒体不会发现的。克拉克没有马上去查找档案在何处，而是问福尔曼档案里的内容是否会影响他证言的真实性。福尔曼回答说不是的，称这些内容与本案毫无关联。克拉克接受了这个回答，再也没有追究下去。根据克拉克所述，"当然，事后看来，我应该立刻去追查档案的。但由于当时紧张、忙乱，我只是在心里记下了要再核查一下"[46]。但她根本没去做。这是一个令人难以置信的疏忽，尤其是在对福尔曼种族主义的质疑声音越来越大的时候，克拉克却不再考虑这些。她在检察院的一位同事吕西安娜·科尔曼（Lucienne Coleman），对她说了关于纳粹标志和关于福尔曼其他消息的事，克拉克的回答是："这都是辩方制造的垃圾谎话！"[47]克拉克对此所做的调查就是问福尔曼他们说的是否是真的，在得到福尔曼的否定回答后，克拉克就不管了。

好在达登从来都看福尔曼不顺眼，他也不相信福尔曼的回答。最初控方让达登把福尔曼放到证人席上，但在为福尔曼作证进行准备时，达登确信福尔曼在说谎。最后，达登拒绝让福尔曼作证，把这个工作交给了克拉克。

控方让福尔曼作证的理由并不充足，按照克拉克和达登的意思，她们不希望福尔曼出庭，就像把福尔曼雪藏起来。但控方在预审阶段已将福尔曼放在证人席上了，如果在正式庭审中不使用福尔曼，辩方将对此大做文章。但

---

[43] Darden, *supra* note 3, at 193.

[44] Boobin, *supra* note 5, at 315.

[45] Clark, *supra* note 3, at 110.

[46] *Id*. at 110-111.

[47] Boobin, *supra* note 5, at 315.

这会比全部通过旁证来证明福尔曼的种族主义的情况更差吗？当然，当时控辩双方都还不知道那盘录音带，但凯瑟琳·贝尔和其他人的证言已经足以证明。决定使用福尔曼作证是控方无能的另一个例证，控方还坚持不听取关于陪审团、关于血手套、关于向媒体公开的合理建议，这些问题还将继续下去。

种族歧视还只是福尔曼一个方面的问题，他的另一个问题是作伪证。除了作为证明种族偏见存在的价值外，F·李·贝利对福尔曼使用"黑鬼"一词进行的交叉询问还在另一个层面证明了，福尔曼的证言缺乏可信度。证人在交叉询问中作出与先前不一致的陈述一般可证明该证人缺乏可信度。不管证人是说谎还是确实不记得，与先前不一致的陈述都将破坏证人的可信度。贝利的交叉询问更进一步，他通过现有证据证明了福尔曼是作伪证者。不难想象，缺乏可信度的证人提供的证言还是要比犯伪证罪的人提供的证言更具证明力。

控方当然也有福尔曼作伪证的证据，有足够的证据显示福尔曼曾说过带有种族歧视的言论，并且使用了带有种族侮辱性的词语。这些证据在很多地方都可以发现，而且来源是毫无关联的，因此不能不引起重视。控方知道辩方将对福尔曼提供的证言进行交叉询问，也知道福尔曼不会承认作伪证，但直至播放录音带之前，控方还是不承认福尔曼犯了伪证罪。检察官们并不是没有对伪证罪提出过指控。在录音带播放之后，全世界都知道福尔曼犯下了伪证罪，控方只有对福尔曼提起公诉。但后来福尔曼认罚不认罪。

直接询问

对于成功地对福尔曼进行直接询问，克拉克能做的确实不多。福尔曼已说了谎，这是不能再改变的。克拉克本不应让他出庭作证的。任何直接询问策略都不能阻止辩方对福尔曼及其卑劣的种族偏见进行交叉询问。如果福尔曼承认其有种族偏见，势必使控方的努力毁于一旦。控方知道福尔曼不会承认，如此辩方就会举证证明福尔曼是在撒谎。克拉克在将福尔曼置身于证人席时，还不知道录音带的存在，但克拉克清楚会有几个证人站出来指证福尔曼。克拉克明显以为陪审团不会理会这些证人证言。

如果律师知道她的证人将被交叉询问的信息是对己方不利的，最好的应对办法是在直接询问中先把这些信息提出来，这种策略有时被称为"拔钉子"，它有这么几个作用：首先，律师可以主动把问题提出来，使它对己方造成的损害减到最小，也可以使证人用自己的话解释问题。其次，如果陪审团已事先知晓了这些不利信息，则这些信息对交叉询问产生的影响将是最小的。最后，如果陪审团在交叉询问中才第一次听到这些信息，陪审团会认为这一方的律师在试图隐瞒该方证人的这些不利信息。

克拉克显然清楚，她要对贝利的交叉询问"拔钉子"。她是这样开始直接询问的：

问：福尔曼警探，你能告诉我们你对今天来作证有何感受吗？

答：紧张。

问：是吗？

答：其实不情愿来。

问：能说说为什么吗？

答：从一开始——自 6 月 13 日开始到现在，似乎我看到的很多证据都被忽视了，而关于我个人的很多问题却不断被传出来，我感到很糟糕。

问：好的。你是不是在媒体上听到了很多关于你自己的信息？

答：每天都有。

问：先生，根据你所说的，你对作证感到紧张。你是否在地方检察官在场的情况下重新检查了你的证言，以便为出庭作证做准备？是否重新检查了准备用以回答辩方询问的证言？

答：是的。

问：先生，在那次准备询问中，你证言的主题是否是关于你的工作，是否谈到你曾对邦迪（Bundy）和罗金汉（Rockingham）做过的调查？

答：没有。

问：那次准备询问仅涉及一些枝节问题，是吗？

答：是的。

问：好的。那次询问的目的是什么？

贝利：反对，这与本案无关。

法庭：反对无效。

证人：我从未面对过像这样的刑事诉讼程序，所以我想，应该考虑到总有些事项是我从未接触过的。

问：你说你从未面对过像这样的诉讼程序，但之前你曾出庭作证过，是吗？

答：是的。

问：在刑事案件中作过证？

答：是的。

问：涉及杀人案？

答：是的。

问：那么你说"像这样的情况"是什么意思？

答：好吧，似乎大家关心的问题并不是案件本身的证据或犯罪证据，而更关心个人的问题。

问：好的，先生。㊽

　　真不清楚这一系列的问答意在何为。贝利应该更早点提出与本案无关的反对。福尔曼对作证的感觉，以及他认为案件许多证据被忽视、"个人问题"被传出，这些才真是与本案无关的。在这一部分，克拉克的提问也极具诱导性。贝利也许不应该过多地反对，因为这次询问基本上对辩方没有什么不利。事实上，很可能连陪审团也不知道福尔曼在说什么。如果陪审员们都遵照伊藤法官的指示，不去看报纸或电视上关于本案的报道，那么福尔曼"个人问题"的模糊表达一定会让这些被隔离的陪审员们感到困惑。即使陪审员

㊽　1995 WL 97332 at 35－36.

们理解了他的证言，他们理解的意思也会是福尔曼因为还没有在证词中说出的什么个人原因而感到紧张或不愿作证。这组问答显然没有起到"拔钉子"的效果，也没有使福尔曼显得值得同情或让人喜欢。

在简单、草率地介绍了福尔曼的问题后，克拉克又问福尔曼1994年6月12日他被安排在何处工作，然后又跳回到1985年，问他一起涉及辛普森和他前妻——本案死者之一——的家庭暴力事件。克拉克问了一连串问题，使那起事件被详细地描画出来。然后在毫无铺垫的情况下，突然就问起福尔曼是否认识一位叫凯瑟琳·贝尔的女士（她是一位证人，曾听到福尔曼使用了带有种族侮辱性词语）。

问：先生，现在回溯到1985、1986年，你能告诉我们你当时是否认识或碰到一位名叫凯瑟琳·贝尔的人吗？

答：好的，我所能告诉你的是我不认识这个人。

问：但你认得这个名字，是吗，先生？

答：是的。

问：你第一次听到这个名字是在什么时候？

答：1994年，我想是在1994年秋天。我不记得具体月份了。

问：在秋天，你是指9月或是10月吗？

答：是9月或10月。

问：你是否能回忆一下，你何时在本案的预审中作证的？

答：好的。

问：那么是什么时候，先生？

答：我想是在1994年7月5日或6日。

问：好的。也就是说，你在预审作证之后才第一次听到了凯瑟琳·贝尔的名字，是吗？

答：是的。

问：那么你是在什么样的情况下听到她的名字的？

答：当时有种说法，说我在1985年或1986年的某一天曾对她说过一些话。

问：你在哪里听到了这些说法，先生？

答：在电视新闻里。

问：在同约翰尼·科克伦做完预审听证后，你是否被告知凯瑟琳·贝尔在1994年7月给科克伦写过一封信？

答：是的。

············

问：那么你现在对这位女士写给科克伦先生的信的内容已非常熟悉了吧？

答：是的。

克拉克：我想问法庭这封信的证据编号，并申请出示这份证据。

法庭：102。

克拉克：谢谢法官阁下。[49]

***

---

[49] *Id.* at 38-39.

问：在询问中断前，我们曾问你是否看过凯瑟琳·贝尔女士在 1994 年 7 月写给科克伦先生的那封信。我认为这封信写于 1994 年 7 月 19 日，我想请你在监视器前读一下这封信，可以吗，先生？

答：可以。

* * *

问：首先，关于这一段，在 1985 年或 1985 到 1986 年之间，你是否到过在雷东多比奇（Redondo Beach）的海军招募办公室？

答：是的。

问：你是否记得 1985 到 1986 年之间在海军招募办公室遇到了一位名叫凯瑟琳·贝尔的女士？

答：不记得。

问：本案中的一位地方检察官是不是曾叫你看拉里·金直播秀？

答：是的。

问：你能想起来大约什么时候叫你看的吗？

答：我想是在上个月。看那个节目是不久之前的事，我想大概是一个月前。

问：大概一个月前？

答：一个月，是的。

问：你观看拉里·金直播秀的目的是什么？

答：他们叫我看直播秀，看看是不是认得那位女士。

问：然后你就看了那个直播秀，是吗？

答：是的。

问：你是否看到一位女士，自称名叫凯瑟琳·贝尔？

答：是的。

问：你是否认得她？

答：不，不认得。

* * *

问：凯瑟琳·贝尔在信中写到的那场谈话是否发生过？

答：不，根本没有。

问：在一开始你作证的时候，我们是说在那次有几个地方检察官同你一起进行的准备询问中，是否也就凯瑟琳·贝尔的相关问题为预期的交叉询问做了准备？

答：是的。

问：那次询问是否涉及你在本案中作为一名警探的实际工作？

答：不，并没有涉及。

问：那次询问持续了多长时间？

答：20 到 30 分钟。

问：凯瑟琳·贝尔在这封信中写到的那场谈话，确实没有发生过，是吗，先生？

答：是的，从未发生过。

这两组对话就是克拉克关于种族偏见问题的全部提问内容，而这些问题在交叉询问中还将被提出来。克拉克直接询问的其他内容主要是就福尔曼在本案中的活动进行的常规提问，包括福尔曼到犯罪现场的调查、到辛普森住所的调查、发现血手套等。

交叉询问

对福尔曼的交叉询问对辩方非常关键。辩方的设想是，马克·福尔曼是位种族主义者，而且不诚实，他故意伪造证据就是为了陷害辛普森。从这个设想出发，福尔曼的动机就是，他对非裔黑人尤其是与白人约会或结婚的非裔黑人怀有极端的种族偏见。辩方的另一个设想是，福尔曼希望通过发现最关键的有罪证据来表现自己，从而提高其在本案中的地位。

在对福尔曼进行交叉询问时，辩方还没有发现那盘能够听到福尔曼多次说"黑鬼"的关键录音带。但也有几位证人准备指证福尔曼歧视黑人。福尔曼是公诉方的"明星"证人，辩方需要破坏其可信度。贝利是有能力做到的，但不幸的是，虽然他以交叉询问能手而闻名，但他的实际表现却让人大失所望。

贝利似乎违反了交叉询问的基本规则。而且，与往日表现大相径庭的贝利还不是表现得像老练的庭审律师一样具有冒险、创新精神，而是像过气明星的告别演出。不是就每个问题点进行简要的、有针对性的提问，贝利的提问往往冗长、晦涩；不是以坚实的观点来开始或结束提问，贝利提问的论点大多是苍白无力的；不是通过提问去证明事实或观点，贝利往往费尽周折才找到答案，让陪审团都摸不清开始为什么问这个问题。更糟的是，贝利还不时重复问过的话，或纠缠于细枝末节的问题，总之，贝利的交叉询问充满了冗长、散漫、重复性和杂乱无章的提问，除了偶尔被一些关于证明性问题的争议打断外，这场询问竟持续了3天半的时间。

贝利从几个开放式的问题开始交叉询问，这些问题几乎无关紧要——是关于在辛普森的车子后备箱里发现的一个没有实际意义的塑料盖子：

问：早上好，福尔曼警探。

答：早上好，贝利先生。

问：你能告诉我们，你是在何时在辛普森先生的烈马车里发现了那个塑料盖的吗？

答：好的，我想是在星期六。

问：星期六？

答：是的。

问：也就是说，在9个月的调查后，你在一个星期六发现这份重要的证据是无关紧要的，是这样吗？

克拉克：反对！这是虚构事实。

法庭：反对有效。这是推测。

贝利问：好的。当你在辛普森的烈马车里第一次看见那个铲子，你是否认为那是一个重要的发现？

答：我想我不觉得是"重大"发现。

问：你有挖土的经验吗，福尔曼警探？

答：是的，先生。

问：你知道挖洞用的铲子和用来运土的铲子之间的区别吗？

答：是的，我知道。

问：那么这是哪一种铲子？

答：哦，是堆谷子用的那种铲子。

问：就是铲狗粪的那种吗？

答：比那要大一些，我想我知道你说的那种。

问：那种也可以，不是吗？

答：是的，先生。

问：好的。据我所知，你的同事，警探万尼特和朗格，在1994年6月13日与辛普森先生一起待了整整3个小时，是吗？你知不知道这件事？

答：不，我不知道待了有多长时间。

问：那么你知道他们的谈话了？

答：是的，我知道。

问：你知道他们的部分谈话——

克拉克：反对。

贝利问：部分与辛普森的谈话被录音了，是吗？

克拉克：反对！这是传闻证据，而且与本案无关。

法庭：反对无效。他们从录音带听到对话属于事实。

贝利问：部分被录音，部分没有录音，你知道这些情况吗？

克拉克：反对，法官阁下！

法庭：反对有效。这是推测，没有事实依据。

贝利：好吧。

克拉克：与本案无关。

贝利问：你是否知道那天某些时候进行了一次正式谈话，是或者不是？

克拉克：反对。这是猜测，证人与此毫无关系。

法庭：反对无效。证人可以回答这个问题。

证人：我只能从其他信息来源来说，我是推测和听说的，我并没有亲眼看见或亲耳听到。

贝利问：你从未向警探万尼特和朗格谈起有关犯罪嫌疑人在那次谈话中说到的内容吗？

答：是的，我没有。

问：从来没有？

克拉克：反对。

法庭：反对有效。陪审团不用在意这些。贝利先生——你等会，你要注意一下。继续吧。

贝利问：你是否知道辛普森先生曾问起过关于塑料盖的事吗？

法庭：反对有效。同意法庭对此提出反对。这是传闻。

贝利：好的。你是否向辛普森问起过有关塑料盖的事？

答：我从未问过——

克拉克：反对。他已假定证人已问过了。

法庭：反对无效。

贝利问：你是否问过？

答：我从未向辛普森先生问起过任何事情。

问：好的。⑩

然后，贝利莫名其妙地让福尔曼详细地介绍起了他的教育背景：

　　福尔曼警探，你是否愿意说说你的教育背景，比如高中、大学或其他相关情况？⑪

这个问题引发了一长串关于福尔曼受教育、培训及工作经历等方面的问题，贝利意图证明的观点是——福尔曼知道延迟对犯罪现场的调查能使证据受到污染。

接着，贝利又提出了一个疑点，在妮可·辛普森家的地板上如何会有些可疑脚印，犯罪现场没有得到完好保护。而在此之前，贝利还是不厌其烦地让福尔曼描述了从他家里到犯罪现场的每一处细节。最后，贝利才提到了关键问题——关于能证明福尔曼极端歧视黑人的证人凯瑟琳·贝尔，但他的提问还是绕来绕去，令人费解：

问：福尔曼警探，你不承认认得凯瑟琳·贝尔，你又声称在辛普森的住所发现了右手手套，对于这两个表述，你认为哪一个的真实性更强，或者是相同的，你是如何看待的？

答：我不知道你在问什么。

问：你不清楚这个问题吗？

答：不清楚。

问：你是否像确认在辛普森先生的住所发现右手皮手套一样，确认你在任何场合都根本不认得凯瑟琳·贝尔吗？

克拉克：反对。对证言错误表述。证言是，关于凯瑟琳·贝尔，福尔曼是不记得了，不是——

法庭：克拉克女士，我不明白你的意思，是不是——

克拉克：我不想——

法庭：你反对什么？

克拉克：反对对证言错误表述。

法庭：好吧，反对无效。继续询问。

克拉克：反对。模糊的提问。

法庭：反对有效。⑫

这场询问大多时候都是漫无目的的，贝利经常突然地从一个话题跳到另一个话题，或者回头重复之前问过的话题。关于可疑脚印的问题就被多次重复，以至于伊藤法官有一次终于打断了贝利，当着陪审团批评他对这个问题重复了 3 次之多。具有讽刺意味的是，当贝利就福尔曼打断证人凯托·凯林（Kato Kaelin）的谈话进行提问时，他竟也多次打断福尔曼回答问题：

问：你是否问过他，在那天晚上 11 点一辆贵宾车在那干什么吗？

---

⑩　1995 WL 103849 at 20 – 21.

⑪　*Id.* at 21.

⑫　*Id.* at 40-41.

答：没有。我打断了他的谈话，把他带进屋子了。

问：事实上，你问他是否听到了什么状况，然后打断了他的回答，还说："是谁开那台烈马车？"是这样吗？

答：我想是这样的。

问：你为什么打断他？

答：我不明白，先生。

问：你是不是为了得到一个不同的答案而打断了他的回答？谁开烈马车，这是重要问题吗？

答：不，他回答了那个问题。

问：嗯？

答：他回答了那个问题。

问：我知道。你是为了得到别的答案打断了他，没有让他回答前一个问题——当晚是否发生了什么状况或任何状况。是这样吗？

答：是的。

问：好的。为什么谁开烈马车的问题与打断证人谈话是同样重要？[53]

后来，伊藤法官批评贝利多次打断福尔曼回答他的提问——回答他开放式的提问。更加反讽的是，贝利就福尔曼打断凯托·凯林的询问，激起克拉克就贝利多次打断福尔曼一事作出不太适合但一针见血的批评：

问：好。你是否总在向一个人问了一个问题后，在他拥有公平的机会回答前，又去问另一个问题打断他？

克拉克：有些人就总是这样。[54]

在其中一场重要的交叉询问中，贝利试图指出福尔曼故意单独在辛普森住所的后面，假装"找到"了手套，这样一来辩方就可以指控福尔曼下圈套。最终，贝利费尽周折才把这个问题问清楚：

问：嗯，你为什么让他坐在一个高脚凳上？

答：我就是想让他坐在那。

问：你为什么想让他坐在那，福尔曼警官？

答：如果不是我，万尼特或其他警官也会这么做的。

问：但那样会把他们两个也牵扯住，是吗？

答：哪两个？

问：你是否让万尼特去询问凯林，这样一来，这个屋里4个人或5个人中的两个就被支开了去谈话了，是吗？

克拉克：反对。这是推测。

法庭：反对无效。

贝利问：你明白我的问题吗？

答：不明白。

---

53 1995 WL 103850 at 18.

54 1995 WL 106322 at 20.

问：好吧。福尔曼警官，你是否同意这样的说法，人们都可以去到一些地方？

答：我同意。

问：但一个人不能同时在两个地方，是吗？

答：同意。

问：那么，如果你两个人在某个地方谈话，在这场谈话结束之前这两个人就不可能出现在其他任何地方，是吗？

答：可以这么说。

问：好。现在我再次问你，你是用命令的方式让万尼特去询问凯林，而没有向他建议其他事项，是吗？

答：不是用那种方式，但我确实那样做了。

问：好的。你已经计划好到房子后面的暗地里去找什么东西了，是吗？

答：没有。

问：没有吗？

答：我还不知道从房子前面可以通过去。

问：你不是已经告诉我们，在你从平房到楼房的时候，你已决定要去查看声响发出的地方吗？

答：我还没有——

问：对不起，你是不是那样说过？

答：是的。

问：好的。嗯，那之后你又说："菲尔，去问问凯林先生。"这时你在走路，是吗？

答：是的。

问：你根本就没有犹豫吗？你说出那些话的时候一直在走路吗？

答：是的。

问：你看见菲利普斯在打电话，是吗？

答：是的，我想是这样。

问：当时你看到朗格警官了吗？

答：我不记得是否看到他了。

问：他是不是和阿内尔·辛普森在一起，正在同她谈话？

答：应该是的。

答：好的。当时房里有5个人，是吧？

答：是的。

问：现在在回过头来看，根据你当初所受过的军事或者警察训练，如果存在现实可能发生的危险，你就不能独自一人前往，你能说这不是应当遵守的一个原则吗？

答：嗯，是的，在特定情况下应该是这样的。

问：让我们来看当时的情况，你正在调查——如你在证言中所称的——一起非常重大的凶杀案，是吗？

答：是的。

问：好。这可能是你工作11年来遇到的最重大的一起，是吗？可以这样说吧？

答：是的，先生。

问：好。你当时已经看到了能够证明有人——在精神错乱或心理失常的情况下——残忍地将两个被害人杀害的证据了，是吗？

答：是的。

问：但你明白，如果你碰到凶手，他们也不会在脸上写着自己就是凶手，但会非常危险，是吗？

答：我想当时我们不知道谁是凶手，但从现场情况看，我敢保证凶手是非常危险的。

问：你是否已想到可能是凶手的那个人会毫不犹豫把你自己打倒？

答：是的。

问：好。所以当你从房子里出来的时候，你把3支枪留在了房里，是吗？

答：是3个警探。

问：3个警探每人都带有和你那天带的一样的配枪，对吗？

答：是的。

问：是格洛克自动手枪，是吗？

答：不是的。

问：那是什么？

答：我想，3个警探中，一位带的是两英寸点38口径36型手枪，一位带的是史密斯·维森不锈钢手枪，至于万尼特警官，我不记得他带的是哪种了，我的是贝雷塔手枪。

问：都是自动手枪吗？

答：是的。

问：每一把手枪都能快速、连续射击，是吗？

答：是的。

问：那么，你当时是否想过叫他们其中一位陪你一起去，或许有人还有手电筒？

答：没有想过。

问：你从来都没有这么想吗？

答：是的，没有想过。

问：好吧。我再次问你：单独去南墙那边并非你的目的，是吗？

答：不是我的想法。

问：但事情就是那样的，是吗？

答：我并不知道南墙那边是可以过去的。

问：不，事情就是你离开房子，并单独进行了15分钟或更久的调查，是吗？

答：就是那样的。

问：就是那样。[55]

贝利本该以更有效的方式进行此次询问的，简洁、精练的引导性提问会更奏效，例如前面的问题可以从以下角度提问：

福尔曼警官，当你所谓在"找"手套时是独自一个人，是吗？

你是自己决定要到辛普森房后的暗地里走走吗？

即使你知道那个地方会很危险，你还是会单独去那里吗？

从你的警察和军事受训背景看，你非常清楚两人同行制，对吗？

你在受训中曾被告诫如果一个地方可能存在危险，绝不要单独进入那个区域，对吗？

当时在辛普森住所里还有两名携带武器的警官，是吗？

[55] *Id.* at 23-24.

万尼特和朗格，是吗？

你本可以叫他们中的任何一个跟你一起去搜查那个地方的，是吗？

但相反，你却叫万尼特和凯托·凯林谈话，是吗？

然后你还看到朗格正和阿内尔·辛普森谈话，是吗？

所以屋里的几个警官都没空，是吗？

然后在这种情况下，你决定单独走那个黑暗之地，是吗？

然后，幸运的是，据你所说就在那时发现了手套，是吗？

当时就没有其他人在场？

如果这些问题都能以合适的口吻提出，且能不失时机地略带讥讽，福尔曼对每一个问题都很可能面带微笑回答"是的"，这样对陪审团来说就不言而喻了。

交叉询问中最精彩、最重要的部分当属对福尔曼使用"黑鬼"一词的询问。正是这一组交叉询问，才显示出贝利并非辩方中对付福尔曼最合适的人选，尽管他已尽其最大努力。不管白人在任何时候提起"黑鬼"这个词，即使当时并非有意诋毁，也不论当时语境如何，就可能会冒犯非裔人，至少会让非裔人听着不舒服。因此，很多人用"N"这个字母来代替这个词，在一些地方最近已发起了禁止使用"黑鬼"一词的运动。[56] 有趣的是，科克伦在其结案陈词中也尽量避免使用这个词。尽管他在引用贝利的交叉询问时说过两次，但大部分时间——甚至在引用福尔曼或贝利的对话时——他都会用字母"N"代替那个词。

但是，由于清晰度的缘故，同时要向陪审团渲染福尔曼对非洲裔美国人所持偏见的程度，因此，无论由谁对福尔曼进行交叉询问，都不得不使用"黑鬼"一词。科克伦或许能较好地执行这一任务吧？有这种可能。不管使用什么内容和方法，有一点是毫无疑问的，即这样的词语由非洲裔美国人使用时，会与别人使用具有不同的效果。贝利对该词语的使用尽管最后并未对辛普森的辩护造成损害，但对贝利而言，用自己雷鸣般强有力的声音不断重复这个词语是非常冒险的。

问：这些年，无论何时在征兵站，当你看到黑鬼驾车与白人妇女在一起时，你都会让他们靠边停车。你说过这话吗？

答：没有。

问：如果你没有理由让他们靠边停车，你是否记得其他人让你怎么做？

答：先生，我不记得有人问过我这样的问题。

问：你说过，如果你需要理由，你可以找到这样的理由，是吗？

答：我没这样说过。

问：那好……你说过，在征兵站的任何时候，包括凯瑟琳·贝尔在内的任何女人出

---

56 See, e. g. , Erika Hayaski, "N-Word is Still Spoken in N. Y. ", *Los Angeles Times* 5, 2007. （该报道称纽约市议会已通过禁令禁止使用"N"字，纽约的韦斯切斯特郡和纽亚克也施行了类似的禁令）；Allen Salkin, "Comedy on the Hot Seat", *New York Times*, Dec. 3, 2006，§ 9（该报道称包括杰西·杰克逊牧师和众议员马克辛·沃特斯在内的一些政界人士呼吁禁止使用"N"字）。这场运动很大程度上被引发于对喜剧演员迈克尔·理查兹（Michael Richards）事件的讨论，在一场夜总会表演中，迈克尔·理查兹多次使用"黑鬼"来攻击几名非裔观众。

257

现时，你只不过想看到所有黑鬼聚集在一起被杀掉，是吗？

答：不是。㊐

…… ……

问：1985 年和 1986 年，在亨尼的酒店，你曾与一位高个子女人一起交谈，其中你
　　说道，让白人妇女进入自己公司的黑人违反了自然属性的要求。是这样吗？

答：不是。

问：无论何时，当时看到这种情形发生时，你总会逮捕他们，是吗？

答：不是。㊑

　　在后来的交叉询问中，贝利又回到了主题问题上：

贝利问：在对人进行描述时你使用"黑鬼"一词吗？

克拉克：我提出同样的异议。

法官：现在吗？

贝利：对。

法官：驳回异议。

证人：不。

贝利问：在过去 10 年，你使用过那个词吗？

答：我记得没用过。

问：你的意思是说，假如你称呼某个人黑鬼，你已经忘记了，是吗？

答：先生，我不确定自己能够按照你所叙述的方式回答问题。

问：你在理解问题方面存在困难？

答：对。

问：我再说一遍。我想让你想想，自从 1985 年或 1986 年，或许你某些时候，你将
　　某些非裔美国人称为黑鬼。你可能已经忘了这回事了吧？

答：不，不可能忘。

问：福尔曼侦探，所以你说，在过去 10 年中，你没有用过那个词，是吗？

答：没错，这正是我要说的。

问：福尔曼侦探，你宣誓称，在过去 10 年里，你没有将任何黑人称为黑鬼，或者将
　　黑人说成是黑鬼，是这样吗？

答：先生，这正是我要说的。

问：因此，来到这个法庭的任何人，在谈到非裔美国人引用你的话时如果使用了那
　　个词，那么他就是在说谎。福尔曼侦探，是这样吗？

答：没错。

问：所有这些人，对吗？

答：对，所有人。

问：好的。谢谢你。㊒

　　无论交叉询问的形式或实质是什么，在这里，福尔曼没准备承认使用了

㊐　1995 WL 106323 at 22.

㊑　*Id.* at 23.

㊒　1995 WL 109035 at 23.

黑鬼一词。由于还没有发现录音带，所以，很明显，他寄希望于陪审团能够通过对自己证言提出质疑的证人来相信自己的话。然而，除了他的问题具有开放式、冗长的本性之外，通过这样的线索进行交叉询问或许会产生更好的效果。效果良好的交叉询问以强有力的方式开始，也同样以强有力的方式结束。由于福尔曼从未承认使用过黑鬼一词，因此，在询问开始时就沿着这个主题或许会产生最佳效果，这样做会吸引陪审员的注意，如果陪审员相信福尔曼在撒谎，这样做还可能会使陪审员在开始时就对福尔曼产生不信任。

尽管贝利的询问技术并非一流，但他确实成功地为对福尔曼的控告和质疑打下良好的基础。他在技术方面有欠缺，但却通过坚持不懈加以弥补。通过引出福尔曼反复否认自己说过"黑鬼"一词，贝利最终利用录音带将福尔曼推向了被指控的地步，在录音带中福尔曼多次说出了那个卑劣的字眼。

在对福尔曼的种族歧视性词语进行询问后，贝利又开始了一段怪异的交叉询问。他问福尔曼在直接询问中克拉克为何会向他提问某些问题。这段询问对于辩方来说似乎没有任何意义，而且控方对很多问题提出的反对都被支持了：

问：好的。你是否记得克拉克女士给你看过一封信，这封信据称是凯瑟琳·贝尔写给约翰尼·科克伦的，克拉克请你查看信件的文本，你还记得吗？

答：是的，先生。

问：你是否在进入法庭之前就说过这件事是将要发生的？

答：就这封信来说，是的。

问：这件事对你来说并不奇怪，是吗？

答：是的，不奇怪。

问：是不是有人向你建议这么做，这样就可以在交叉询问中抢风头？

克拉克：反对！法官大人，这纯属推测，与本案无关。

法官：反对有效。

贝利问：这是否可以解释为你试图分散后来可能对你提出的任何有关控告？

克拉克：反对，反对！

法官：反对有效。

贝利问：为什么——是否可以这样解释，你如此介绍证言的方法在本案中还会使用，是吗？

答：不能这么说。

问：换句话说，就我的理解，有人告诉过你当你站在证人席时，我们在这会问什么，以及问题的次序，是吗？

答：我不是检察官，先生。

问：我知道你不是检察官，你是证人。

答：就是说——

问：你是否知道这关系到你可能会接受交叉询问的相关经验？

答：不知道。

问：好吧。这封信在你刚开始作证时就出现了，对此你有何看法？

克拉克：反对，与本案无关。

法官：我认为他的心情是无关的。反对无效。

克拉克：据我理解他的方式——

科克伦：发言反对。

法官：不，我已经裁决了，律师先生。他的想法是有关联的，反对无效。

贝利问：告诉我们为什么会这样？

答：因为克拉克女士想对本案提起公诉。

问：好。除此之外，你并不知道为什么那样做，是吗？

答：不知道。[60]

　　贝利的最后一组交叉询问同样令人惶惑，不但乏善可陈，而且根本让人弄不清楚贝利为何会选这些问题提问：

问：福尔曼警官，在 13 日上午你是如何得知并找到凯林的汽车牌照的？

答：从警察对讲机中。

问：对讲机是不是叫流浪者？

答：是的，先生。

问：你是不是常把它别在腰上？

答：不是的。也可以那样，但很难别在衣服上，所以通常在车外时就拿在手上。

问：好的。那天上午你刚好带着对讲机，是吗？

答：是的。

问：好。当你在小屋里同凯托谈话时是否也带着对讲机？

答：我想不是这样的，当时没有带。

问：你在出去找响动发生之处时带着对讲机，是吗？

答：没有。

问：当时你没有带任何通信设备吗？

答：没有。

贝利：好吧。

（因辩方交谈而暂停记录。）

贝利问：福尔曼警官，在警察对讲机通话中是否会用一些特定的字母来指代特定的
　　　　词语，就像军事航空系统里那样？

答：是的，先生。

问：警方通话中，"N"代表什么？

答：诺拉（Nora）。

问："V"呢？

答：维克托（Victor）。

问："H"呢？

答：亨利（Henry）。

问："I"呢？

答：这可难住我了，在军队里是指爱达荷州（Idaho）。我用来指代艾达（Ida）。

问：好。对你来说，"NVN"是什么意思？

答：不知道。

---

⑥　*Id.* at 34–35.

问：我是说字母语言，比如诺拉等等。

答：哦，就像一个汽车牌照上的字母吗？

问：不，不是的。你说"V"代表什么？

答：维克托。

问：好，你用对讲机与其他警察通话时，是否说过"诺拉、维克托、诺拉"这样的话？

答：我为什么要那么说？

问：你是否在对讲机中向别的警察讲过"诺拉、维克托、诺拉"？

答：没有，先生。

克拉克：反对。

贝利：好吧，谢谢你。法官大人，我的询问完了。[51]

至此，对本案最重要的证人的交叉询问戛然而止。

终结辩论

辛普森案的诉讼开始一年后才进入终结辩论阶段，而且终结辩论持续了4天之久——从9月26日到9月29日。马西娅·克拉克和克里斯托弗·达登代表公诉方作了初步结案陈词，克拉克开头，达登对家庭暴力和种族问题进行了集中总结。约翰尼·科克伦代表辩方先进行陈词，巴里·希克讨论了科学证据，科克伦最后进行了总结。达登又代表公诉方进行了反驳陈词，克拉克最后总结陈词。

跟庭审中一样，双方律师在终结辩论阶段也对种族问题展开了激烈交锋：先是辩方提出种族问题，然后控方对其反驳。约翰尼·科克伦指出马克·福尔曼是一名种族主义者，其对所有黑人都有强烈的种族偏见，尤其憎恨辛普森，这就是福尔曼伪造证据并说谎的动机。控方称福尔曼的种族主义与本案无关，并称辩方利用种族问题不适当地吸引陪审员发生情感偏移。

当案件进入终结辩论阶段时，控方已不能指望福尔曼了。辩方举出一个又一个证人来指证福尔曼。几个证人与本案毫无利害关系，且相互之间也不相识，但均站在证人席上发誓说福尔曼曾说过"黑鬼"一词，并称福尔曼还有其他憎恨和歧视非裔美国人的言论。最有力的证人是劳拉·麦金妮（Laura McKinney），她是一位作家，曾为写一本关于警察的电影剧本采访过福尔曼。麦金妮还保留着采访录音带，伊藤法官同意辩方播放了部分录音，其中可清楚地听到福尔曼的声音，其称非裔美国人为"黑鬼"。

控方的错误在于，他们一开始就忽略了福尔曼反复说过歧视非裔美国人的词语的证据，以及福尔曼在很多不同场合都表达过歧视非裔美国人及其他民族的言论的证据，控方还是让福尔曼走上了证人席。直到他们听到录音带才被迫承认上述事实，但为时已晚。唯一的办法就是让陪审团不去注意福尔

---

[51] 1995 WL 111188 at 4-5.

曼怀有种族歧视的证据。此时控方已不能放弃福尔曼作证了，因为他是控方诉讼方案的核心，已就其在凶案现场和所谓在辛普森家中发现的客观证据进行了陈述作证。所以，控方最后只好希望陪审团相信福尔曼所说的一切，除了他说过的种族歧视性言论——这种想法显然不太实际。

尽管所有律师都谈到了种族问题，但都不会比科克伦和达登谈得更深入。两个黑人律师在一个以黑人为主的陪审团面前辩论敏感的种族问题的确值得玩味。当然，对于一名雄辩的律师来说，不管其身属何民族，都会做得同样精彩。但在既定的环境中，他们的辩论仍可分出高下。

马西娅·克拉克

虽然克拉克的职责是举证证明谋杀成立，但她在开始陈述时还是主动地提到了福尔曼的伪证和种族歧视问题。毕竟，福尔曼是控方的主要证人，很多关键证据正是通过他提出来的，因此也给陪审团留下了深刻的印象。对此，克拉克是这样展开论述的：

> 另一方面，如果你对福尔曼感到愤懑或反感，这也是完全可以理解的。从这个角度看，证明被告人有罪将是错误的——如此无罪正是这种愤懑或反感所致。

> 因此，当你们在倾听辩护律师的高论时，请记得该何时权衡事实，何时对证据作出认定；请记得你作为一名陪审员，如果借助于情感来认定事实就等于亵渎自己的职责。为公平起见，我们必须从客观理性、符合逻辑的角度来衡量每一份证据。

> 允许我再次提到马克·福尔曼，尽管事实已经非常清楚。当他在这个法庭里作证说他 10 年来从未说过种族侮辱性言语时，他是否在撒谎？是的。他是个种族主义者吗？是的。他是洛杉矶警察局里最坏的警察吗？是的。我们是否希望这个人从未被洛杉矶警察局雇请？是的。洛杉矶警察局应该雇请他吗？不。这样的人适合做一名警察吗？不。我们希望这个世界上根本就没有这样的人吗？是的。

> 但马克·福尔曼是一名种族主义分子以及他站在证人席上撒谎的事实，并不意味着我们未能以超过合理怀疑的标准证明被告人有罪。

> 女士们、先生们，正如我们已向你们说过的，在如此确凿的证据面前，如果你们仅因为一个警察的种族主义观点来认定被告人无罪的话，这将是一场悲剧。[62]

克拉克这段话存在的问题是，她忽视了陪审团审查认定福尔曼使用种族性蔑称——种族歧视的真正原因。克拉克意识到，福尔曼的歧视性语言确实激怒了陪审团中的黑人陪审员，但她仅攻其一点不及其余，最终受到了科克伦的激烈批判——克拉克认为黑人陪审员会因为福尔曼的种族歧视而不能保持"客观、理性"，这样的说法显然是无礼的。

---

[62]　1995 WL 672670 at 18-19.

克里斯·达登

在初步的结案陈词中，克里斯·达登对种族歧视问题涉入较深：

有些人认为，因福尔曼是个种族主义分子，我们应该置法律于不顾，或者法律就不能在本案中适用了。

但即使存在一些小问题和一些困惑之处，你在此也只为解决一个问题。这是一个单一的案件，只有一个问题：被告是否杀害了两个被害人？只有一个被告人：辛普森。在本案中，你们听到辩方反复证明了福尔曼说过那些侮辱性的字句和一堆卑劣、污秽、令人讨厌的字眼，如果可能我再不会叫他福尔曼警官，因为他根本不配那个称呼，他也配不上那份尊荣。但是，这不是马克·福尔曼的案子，而是辛普森的。

如果你们允许，请让我这么说。我并非意在冒犯或贬损，我希望你们不要有这样的感觉。但这的确是辛普森的案子，而不是马克·福尔曼的。如果马克·福尔曼构成犯罪，那也将会另案审判，而且也会是另一个陪审团。不必要现在就来审判。

本案是关于被告辛普森的案件，涉嫌的是谋杀罪，以"M"开头；而马克·福尔曼则并非如此，他涉嫌的是"N"字，大家都知道那个词指什么。

我想请你们认真考虑一下福尔曼所说的误述、谎言或假话，不管如何称呼，请你们认真考虑。这也是法律的规定，你们必须仔细衡量福尔曼在证人席上所说的每一句话，因为这就是本案的证据。

因此请你们对此认真考虑。别去想我说了什么，这些都不用管。也不用管福尔曼说的，不用管他对10年来使用种族性蔑称所说的谎言。我只想请你们从合理、正确的角度来审视这些事实，然后再决定它们的价值和作用。如果这些事实能够帮助你来评判福尔曼的可信度——当然是可以的，或者他本来就不可信，我也不知道——那么你就这么做吧。但请记住，福尔曼不是本案唯一的问题，他说过那个字眼也不是本案唯一的问题，你们对此须有足够的重视。作为本案控方的律师，我对此非常关注，因为对辩方来说它同样非常非常关键。

我的意思是，你们已经看到人们站出来指证福尔曼说了那个词，同时你们也听到了那盘录音带。所以，毫无疑问，福尔曼说了那些脏话。

你们听到了他说脏话的录音带，这一定让你们感到愤怒。但是愤怒还不够，你们不仅听到了这些话，艾尔默打字机还把它录成了文字，记得吗？

所以你们既能听到，也能看到。但这还不够。出于某种原因，你们还人手一份录音文本，并在上面标注重点。我不知道原因，但我知道你们这样做了。

这份证据，与本案的其他所有证据一样，你们可以对它作出任何合适的评价。我会建议用它来评判福尔曼的可信度，或许你们有别的用途，但一定要着眼于法律，着眼于法官给予你们的指令。[63]

---

[63] 1995 WL 672670 at 64-65.

达登认识到陪审团可以用有关证据评判福尔曼的可信度，他也力图指出福尔曼并非本案的检控对象。在这个意义上，这可能是达登能做到的最好的陈词。

约翰尼·科克伦

基于种种原因，在所有的终结辩论中，科克伦是让人最难以忘怀的。他的名言"如果手套不合适，你们必须宣告被告无罪"被报刊大量引用，而且，报纸刊登了他在终结辩论期间戴着绒线盖型帽的照片。可以断定，新闻传媒界的权威人士对他就福尔曼种族主义观点的重要性进行合法性辩论进行批判。

科克伦对陪审员们发言，好像他对其中每个人都很了解一样。他与陪审员们之间存在着信任，原因在于，他与他们连接在一起，就如同来自他们社团的人，对他们及洛杉矶警察局非常了解。科克伦所使用的语言和表现出来的形象很具有说服力，他在终结辩论中传递出的信息能够使陪审员和每一位听到这些信息的人真正地相信。这种做法对科克伦而言具有个人意义，其含义在于，洛杉矶警察局正在毁掉另一位无辜的黑人，陪审团有责任去制止这种行为。这一信息对陪审员产生很大作用，使得陪审员更愿意去做科克伦要求他们做的事情。在终结辩论的初期，科克伦这样提醒陪审员要注意自己的责任：

> 但是，你们对本案的裁决将远远超出 102 部的围墙，原因在于，你们的裁决将涉及美国正义问题，将涉及警察及他们能否置身于法律之上，或许将会以最近从未有的视角看待警察。请记住，我告诉你们，这不是基于天真、胆怯或心灵的微弱。[64]

科克伦深刻、细致地探讨了证据问题。探讨过时间表、客观证据以及对控方和辩方证人的可信度进行过对比之后，在着手探讨福尔曼种族敌意这一主题的具体内容之前，他又提醒陪审员注意自己的责任：

> 今天，达登先生说了一些有意思的内容。他说，"我只是个送信的"。请问，你们听到过多少次"别怪我，我只是个送信的，我只是在工作"？
>
> 没有任何的逃路。他是一位出色的律师，却不能藏在只是送信者的后面。那么，他送的是谁的信呢？在信件中，他又代表谁？他是个诚实人，"我只是个送信的"这样的说法不会被接受。他不是送信的，而是代表加利福尼亚州所有强制力的公诉人。
>
> 我们不想让他们如此，在本案中，我们不想让宪法只停留在表面上，我们不允许如此。因此，现在，如果你们不信任送信人并且提防他们所送的信件的话，请你们进入我们讨论的这部分内容。[65]

㉔ 1995 WL 686429 at 10.

㉕ *Id*. at 68.

除与陪审团形成亲密关系并且提醒他们的责任之外，科克伦使用了一种最富有成效的技术，即引用对方律师"我们不允许这样"的语言，并据此反对对方。"如果你不信任送信人，那么，我们也不信任信件的内容"这句话变成不断再现的主题，它简明、准确地解释了陪审团为何不考虑福尔曼证言的原因。福尔曼不是一位值得信赖的证人，原因在于，他承认自己对非裔美国人有强烈的偏见，在陪审团眼里，他犯了伪证罪。

后来，科克伦直接向福尔曼详细解释了陪审团为何应当对他的所有证言视而不见：

> 让我来告诉你，你为何要准备好知晓这一情况。他们想多谈谈发生在 1985 年的事情，但是，你错过了所有的关键点。在 1985 年，关于本案，有一些有趣的事情发生。这一年，马克·福尔曼响应了罗金汉的号召。福尔曼是一位说谎、清除异己并且提倡种族灭绝的种族主义者。从那时起，无论他何时进入辛普森的话题，他都会如以前那样做。这个时间是在 1985 年。
>
> * * *
>
> 当福尔曼在信中说，"如果我看到一对不同种族的配偶，我会阻止他们。如果我没有理由阻止他们，我也会编造一个理由"。此时，所有的问题就集中在他身上。这个人想当然地认为，他置身于法律之上……
>
> * * *
>
> 在本案中，对于马克·福尔曼信任度的缺失，对于他的谎言及其种族主义观点，没有谁比他的领导罗恩·菲利普斯更了解。对此，菲利普斯很显然选择了避而不见。对于这种不光彩的事情，我相信，福尔曼与任何人一样感到很尴尬。
>
> * * *
>
> 那么，你能够想象一下吗？持种族灭绝主义观点的福尔曼准备向辛普森报告，准备在需要之时去帮助辛普森。你能想象这种情形吗？他准备去帮助辛普森，和自己的孩子一起去帮助。这未免太滑稽可笑了。
>
> 从里斯科到布舍尔，你们已经看到而且正在看到这种沉默、这种掩饰，这里的掩饰就是劳拉·麦金尼谈到的掩饰。这些男性官员达成一致，互相为彼此掩饰，不要说真话，而要掩饰。你们不能相信这样的证据，不能相信送信者的话，也不能相信送信者传递的信息。
>
> 当福尔曼站在证人席上说，"我已经有 10 年没使用过黑鬼这个词了"，此时，你们认为，菲利普斯知道他在撒谎吗？你们中有些人或许知道他在撒谎，对于你们中间不相信这些事情会发生的人而言，就需要借助于这些录音带了。
>
> 在那些情形下，难道福尔曼没有义务挺身而出吗？假如福尔曼对在洛杉矶西部一家饭店遇到的那位女士能坦诚相见，那么，你们会认为他也会以同样的说话方式对那些来自政府部门的人吗？那位女士谈道，他按照警察程序，在警察局说了那些话，这就是他谈话的方式。这也是他自己的方式。没有人挺身而出揭露这一问题，我们来为你们揭露。
>
> 让我花几分钟解释一下。对我们而言，在本案中，与警察有关的所

有事情以及他们所做的一切让我们感到特别难过。对于所有头脑健全的公民来说，我们生活在洛杉矶，我们喜欢这里。但是，我们想要的是一个良好的、诚信的警察机关，有了这样的警察机关，无论人们身处这个城市的何处，都能受到公正对待，这也是你们想要的。正因如此，在向你们谈及此问题时，是不存在一己之骄傲的。当时，在我们开始时我就告诉你们，这个问题并非关于心灵的微弱。

＊＊＊

那天，在我们结束之前，我们又把话题回到了马克·福尔曼侦探身上。这个人的不光彩让人无法言表，对于自己是个什么样的人，他甚至在整个世界面前摘下面具，希望能产生积极影响。由于他谈及美国无法容忍的文化问题，因此，他的罪行超出了本案的范围。

让我们谈谈本案吧。人们担心，这不是马克·福尔曼的案件。没错，这确实不是马克·福尔曼的案件，他没有被拘留。而那个被拘留的人则是他们通过使用如马克·福尔曼的证人努力想关押起来的，而这个证人则是位腐败、堕落的警察，是个骗子，还是个种族主义者。

昨天，在辩论中，他们认为："嘿！你们认为他会犯重罪吗？"当安排由 F·李·贝利询问他时，你们认为会是一种什么样的情形？

到最后时刻，我们将会谈到关于福尔曼在 10 年间是否曾使用过"黑鬼"一词，他宣誓说会讲真话，但他撒谎了，而且，其他人知道他在撒谎。然而，我发现，尤其麻烦的事情是，他们都了解马克·福尔曼撒谎，而且，他们没准备告诉你们这一情况。也就是说，他们想减轻他的罪责。

在本案所有提供证言的证人当中，有多少人被带到大陪审团室，在那里，他们举行预备会议，去询问福尔曼所有这些问题？我又回到克拉克女士的问题上，并再次阅读了她对福尔曼的介绍。他们对多少证人做了这样的工作？即他们叫福尔曼过去，让他做好准备。

你们知道，他们知道凯瑟琳·贝尔的信件，但她并不符合要求，不符合他们想要的样子。他们不想要她，他们宁可中伤她而相信这个撒谎的警察。他们知道这些，千万不要弄错了。

正因如此，当他们为他进行准备、与他谈话、让他准备好、使他看起来像是绝顶好人时，当他们让他来到这里、举起右手宣誓，仿佛他准备说真话、向你们讲述真实故事时，其实，他们知道，他是个骗子，是个种族主义者。⑥⑥

接下来，科克伦以圣经中的善恶观开始，并且从威廉·卡伦·布莱恩特的诗歌"战场"中引用了众所周知的一段内容，这段内容经常被用在布道和演讲中。此后，他继续对克拉克在直接询问中对福尔曼的放纵予以嘲笑并谴责，这样做的结果是，使她明显归入"邪恶"的阵营，而这一阵营想努力"粉碎事实真相"。

有些事情与善良和邪恶的较量有关，还有些事情与真相有关。被粉

---

⑥⑥　1995 WL 686429 at 70-76.

碎的真相将重新站立起来，你们会经常依赖这些真相。因此，当克拉克女士温柔地将他放在证人席上，并且对他说，"请告诉我们，你对今天的作证有何感觉"。对此，他的回答是，"很紧张"，"很不情愿"。这样一来，所有的事情都与这个糟糕的凯瑟琳·贝尔有关。"这个糟糕的凯瑟琳·贝尔谈到了所有关于你的卑鄙的事情，而你甚至不认识她，是吗？当我们让你在拉里·金脱口秀中看她时，你无法认出她。你不认识她，这真恐怖。福尔曼侦探，所有的坏事情都发生在你身上了。"

回过头去，请你们看看，当他们将福尔曼带到这里让他伪装时，你们记录的证言内容是什么样的情况。这些事情都发生了。凯瑟琳·贝尔的信是在 1985 年、1986 年期间，这个时间与他们谈论很多的福尔曼在 1985 年走出辛普森家的时间是同一时间。

他们谈论的内容是什么甚至没有太大意义，我们现在谈论的是在本案中发生了什么。在所有这些异议之后，公诉方采纳并接受了这些内容。他们将福尔曼放到证人席上，你们也看到了。这让人很难受。[57]

后来，科克伦向陪审团解释了贝利的交叉询问：

我的同事李·贝利今天不能与我们在一起，但上帝保佑他，无论他在哪里，他都对这个人进行了交叉询问并问了一些有趣的问题。你们中会有人疑惑，"我不知道他为什么问那样的问题"。他问这个人是否曾见过凯瑟琳·贝尔，对此问题，他当然撒谎了。

他们极力想告诉你们，这并不重要。让我们记住这个人，这个人在凌晨两点刚刚进入本案之后就马上离开本案，这个人并不想离开本案。在他们按响阿什福德家的门铃时，这个人出去散步，而且，他描述了自己是如何散步的。

* * *

在他散步时，他说烈马车斜着停在那里，而且，他看到门上有污点。他获得了所有的发现。

由于他自 1985 年以来的观点，由于他把自己的见闻拿来对付 O.J.，因此，他逐渐成为大人物。就是这个人，他翻越栅栏。在其他侦探与家庭成员交谈时，这个人则进来与凯托·凯林谈话。这个人用灯去照凯托·凯林的眼睛，并且盯着鞋子去寻找犯罪嫌疑人。正是这个人，做了这一切。

这个人说，"我没有对谁说过墙上的重击声"。这个人离开本案，据称是为了帮助我们的当事人 O.J. 辛普森，而后来，辛普森是靠自己出去的，完全靠自己。

现在，他开始担心身体、犯罪嫌疑人或无论什么东西。他甚至没有掏出自己的枪，而是在房子一边四处走动，去观察。他声称自己发现了手套，手套是湿的，而且还黏黏的。

而根据他们的理论，大约在 10：40 至 10：45 时，手套才掉下来。现在刚过 6 点，那么，这中间有多长时间呢？这到底是什么呢？足足有

---

[57] *Id.* at 76.

7 个半小时的时间。有证言指出，这周围是干燥的，当晚并没有露水。那么，为什么手套是湿的而且黏黏的呢？除非是他把手套带到那里，放在那里，试图制造本案。而且，在那只手套上还有白种人的头发。

不能相信这个人。对公诉方而言，他罪恶深重。公诉方认为他并不重要，这不是实话，你们不要信以为真。原因在于，正义守护在这里，我们不会让这样的事情发生。⑱

***

科克伦在终结辩论的整个过程中，都会对巨大掩饰这一主题进行推敲，这其中不仅包括警察局，还包括公诉方。通过终结辩论，他成功对腐败、堕落的警察和警察局进行了描绘，而且，通过延伸，他还描绘了公诉方团队所表现出的样子。

为什么他们所有人都想为福尔曼这个人作掩护呢？这个人不仅是洛杉矶人最可怕的噩梦，还是美国人的噩梦，但是，为什么他们都转过头去极力为这个人进行掩饰呢？如果你们宣誓要维护法律的尊严，为什么还要那么做呢？

有些事与腐败有关。一只烂苹果最后会糟蹋一整筐，原因在于，如果其他人不具备我们要求你们在本案中具有的那种勇气，那么，人们只能伤心地袖手旁观。⑲

***

可靠性与人的头衔或地位无关，而是与人有关，正因如此，通过工作每小时赚两元钱的人会比工资最高的人更诚实可靠。这是内在的东西，它存在于你的心灵之中。这是上帝留下的东西，也是我们在本案中所探讨的内容。⑳

***

科克伦再次引用对陪审团的主要指示，该指示授权陪审员可以抛弃福尔曼的所有证言：

"证人在自己证言的实质性内容中故意提供不实内容，也就意味着该证人证言的其他内容也不可信。对于证人对证言实质性内容故意提供不实内容的行为，你们可以否定该证人的全部证言，除非通过所有证据你们相信，事实真相可能与该证人证言其他内容一致。"

该指示为何如此重要呢？

首先，两名公诉人现在均同意，我们已经使他们超出合理怀疑，即福尔曼是一位作伪证的极端种族主义者，在本案的很多关键点上，他都提供伪证。他的弥天大谎向你们说明了这个问题。

当你们返回陪审团室，你们中有人会说，嘿！要知道，男孩子就是这样。这只是警察在谈话，这就是他们谈话的方式。如果你采取那种态度，作为这一团体的本性特征，这种谈话方式是不能让人接受的。由于

⑱ *Id.* 76-77.
⑲⑳ 1995 WL 697928 at 8.

没有人有勇气说出那是错误的，因此，这就是为什么我们要说出来的原因。你们被授权指出，我们不能再那样了。我相信，对此，你们会作出正确的选择。

正因如此，你们具有权威性，你们可以否定全部证言，可以将福尔曼告诉你们的全部内容清除，这其中就包括手套以及他为了恢复手套的样子所做的一切。

这就是他们为什么担心的原因。当人们认为福尔曼并非核心问题时，这就是他们为什么失去理智的原因。他们已经失去了客观、公正性，他们不明白自己在说什么。

对于有学问的人而言，说那些话让人感到很尴尬。但是，他们有权表达自己的观点，而我们将说出事实真相。在法庭上，你们应当说出事实真相。一位证人，他穿过大门，举起右手，宣誓会说出真相。

你们已经听到一个又一个被揭示的谎言。当证人在证言的实质性内容中撒谎时，你们可以如事实法官那样，将他的全部证言都清除。

这就是你们决定的时刻，没有人能告诉你们决定什么。

为了不让你们会感到事实真相的较大可能性在于其他事情，他们指出，将这些事情清除。这不仅适用于福尔曼，还适用于瓦纳特，在此之后，你们会看到他们案件的麻烦是什么。原因在于，当瓦纳特提供血样时，他们撒谎说去那里做的。他们无法向你们解释他为何要那样做，原因在于，他们在陷害这个人。你们中间有人认为，手套只是放在那里，在6个半小时之后，手套很湿而且黏黏的，是吗？

　　　＊＊＊

证人在实质性内容上故意提供不实内容，会使其证言的其他内容变得不可信。

这两种形式基本上是公诉方案件的基础。

你们知道，人们在所有时间都会说话。无论什么情况下，你们都是在共谋。所有这些警察是如何扶持辛普森的？他们为何要这样做呢？

我将为你们回答这个问题。

他们相信辛普森有罪，他们想赢，他们不想失去另一起大案，这就是他们为什么这样做的原因。他们相信，辛普森是有罪的。

这些行为其实就是他们内心信念的体现，但是，他们与公诉方都不能作出判断。除了你们之外，没有人能够作出判断。

因此，当他们将法律玩弄于股掌时，他们比那些触犯法律的人更可恨，原因在于，他们是法律的守护者。[71]

将腐败和掩饰的事实建立起来之后，科克伦使陪审员们明白，在这个世界上，他们是唯一能够对案件作出最后判断的人。科克伦将沉重的责任置于陪审员身上，而且，科克伦的做法使陪审员他们觉得自己简直就是英雄。在接下来的内容中，这一情形会被反复引用：

谁是警察的警察？你们才是警察的警察。你们通过裁决来监督他

---

[71]　*Id.* at 9-10.

们，你们才是送信者。在这个社会上，除了你们，没有人能做这种事情。他们没有勇气，没有人有这个勇气。⑦

* * *

我们证明了这一内容了吗？我们证明这是妥协、玷污和腐败了吗？当然，我们证明了，我们甚至证明了更为邪恶的事实。我想，你们会相信我们做到了，但是，在我准备结束这部分开场辩论并将位置让给我的有学问的同事巴里·希克之前，我不得不说说关于福尔曼这个人的其他事情，不得不说说福尔曼曾经说过的一些事情。

我会请道格拉斯先生和哈里斯先生将凯瑟琳·贝尔的信件拿上来。我敢说，当你们中大多数人听到福尔曼说他没有使用过"黑鬼"一词时，你们可能会想，他在撒谎，我们知道那不是真的。这只是其中一部分内容，只是想让公诉方去做，只是谈到一部分内容。

这并不是在辩护中干扰我们的内容。我生活在美国，我理解，在我生命中的每一天，我都了解蔑视。

但是，我想告诉你们，关于凯瑟琳·贝尔的信件，有什么是麻烦的、恐怖的、可怕的。

* * *

你们会想起，上帝是善良的，当黑暗来袭时，他总会使你见到光明。通过机会，这位女士想进入夏皮罗的办公室，但没有进去。1994年7月，她向我的办公室发了这份传真，我的善良的、忠诚的、出色的员工在早期将那封信给我。

她在信中说了一些有趣的事情。而且，她不是辛普森的粉丝。那么，她说的是什么呢？

"我写信给你，与昨晚我在新闻中看到的故事有关。辛普森的辩护团队甚至建议，对辛普森的审判中可能包含有种族主义的动机，对此内容，我认为非常荒谬可笑。"

不错，当时，外面有很多会有这种想法。你不能因人们的无知去指责他，但是，如果这些人知道事实真相后仍然无知，此时，你们就可以指责他们。这就是事实，也是本案为什么重要的原因之所在。

在这个郡或者在这个国家，不要再说你不知道事情本来的样子。不要再假装天真无知，不要转过头去。请站起来，显示出诚实。

* * *

福尔曼想将所有的黑人烧掉或炸掉，这是极端的种族主义。那是种族纯化吗？那是什么？那是什么？我们付给这个人薪水，让他赞成这些观点吗？你们认为他会仅仅告诉只是遇见的凯瑟琳·贝尔吗？你们认为他会将这些内容告诉自己的配偶吗？你们认为领导知道这一情形吗？你们认为每个人都知道这些并转过头去吗？没有人做过这些。在你们的生命中，事出必有因。

* * *

你们不能相信这些人，不能相信这里的信息，也不能相信送信的

---

⑦ *Id.* at 10.

人。这很可怕，非常可怕。对于公诉方而言，现在还不是时候站起来说：啊，我们后退吧。

他们并不明白，我努力想指出的要点并不仅仅只是使用"黑鬼"一词的问题。忘掉这个问题吧，我们知道，对此问题，他在撒谎，忘掉吧。它是关于时间长短，在该时间内，他可以去抓获黑人。而且，如果白人与黑人有关，被抓的也包括白人。

这相当可怕。不只是非裔美国人，还有与黑人交往或屈尊与黑人一起外出或娶嫁黑人的白人。在美国，你们可以自由去爱自己想爱的人，因此，这影响了我们所有人。然而，他们为这个坏苹果进行掩饰，他们为他掩饰。

     ***

假如你持种族主义观点并将这种观点录下来，你能想象其中蕴涵的怨恨吗？感谢上帝，他将种族主义的观点录了下来，因此，凯瑟琳·贝尔来到这里，告诉你们在那些信中有同样的内容……

     ***

但是，福尔曼在做这件事时具有豁免权，而且，他的同事坐在那里听，却没有报告。这种行为很令人讨厌，而且，它持续了太长时间。

     ***

开始时，我向你们谈到弗雷德里克·道格拉斯以及他在一百多年所说的话，原因在于，在这个世界上，在这个国家，仍有马克·福尔曼这样的人，他让人痛恨，却被掌权的人接受。[73]

最后，通过科克伦的努力，他和陪审团明显作为一个团体在并肩作战，他们并肩战斗来维护福尔曼、警察局和公诉团队想要破坏的宪法的基本价值：

你们和我为自由、理想、正义以及一切而战，你们和我必须继续战斗去揭示痛恨、极端种族主义以及这些趋势。

正如我昨天告诉你们的那样，我们变成了宪法的守护者。原因在于，如果我们如人们那样，不去继续举起镜子照照美国的脸庞并且说，这是你们所承诺的，这是你们所传递的；如果你们不大声疾呼；如果你们不挺身而出；如果你们不做正确的事情，那么，此类行为将会继续永远发生，我们将永远无法建立理想社会。在这样的理想社会中，一个人活在对宪法或生命、自由、正义理念的真正含义之中。

我将坐在我的位子上，但我最后一次对你们说，就如同我以前说过的那样。

本案是关于一位无辜的人被错误的指控，你们看到他的时间已经长达一年零两天。无论顺境还是逆境，你们都在观察他。

不久之后，就轮到你们了。他的未来掌握在你们手中，你们拥有证据，通过这些证据，你们可以宣告他无罪。你们不仅有耐心，还有诚实和勇气去做正确的事情。

我们相信你们会做正确的事情，正确的事情就是，这个人对两项指

---

⑦③ *Id.* at 10-14.

控都无罪。[74]

接下来，巴里·希克进行了他的终结辩论。他向陪审团详细解释了科学证据，并且证实了科学证据是如何对辩方的植入和掩饰理论提供支持的。在希克的终结辩论之后，科克伦对辩论进行了总结，并通过提及《圣经》最后指出了陪审员应当承担的责任：

在这样的时候，我们经常通过《圣经》寻找答案，去弄明白，当你们置身于这种情形时，你们想得到什么答案，想理解什么。

恰巧的是，我真的很喜欢《箴言》这本书，在该书中谈到很多关于提供伪证的内容。该书指出，提供伪证者将会受到惩罚，撒谎的人将无法得到逃脱。在本案中，上述内容对我意味着很多，原因在于，马克·福尔曼的行为就如同少年歌者，他使你们相信，他是来到这里的最好证人，你们应当为他的精彩表现鼓掌欢呼。

事实证明，在此次审判中，他是法庭中最大的骗子。对此，《圣经》已经告诉我们答案，即提供伪证者将会受到惩罚，撒谎的人将无法得到逃脱。

同样是在《箴言》一书中，它告诉我们，忠实的证人不会撒谎，而提供伪证者会完全撒谎。

在《箴言》一书的最后说，讲真话的人显示出坦白、直率，而提供伪证者则显示出欺骗。

* * *

你们都知道，当山重水复疑无路时，往往会柳暗花明又一村。在你们的生命中，在我们所有人的生命中，你们有能力将辛普森昨天的黑暗变成明天的光明。你们有这种能力，权力就握在你们手中。

洛威尔指出，这是最好的错误和罪恶。他说，真相永远在断头台上，错误则永远在王座上，然而，断头台管着未来，在不知的朦胧中，神站在暗影之中，看顾属他的人。

你们每天都拿着那本书散步，你们拿着那本书，事情将找到你，你们能够揭示那些找到你穿着制服、居于高位却撒谎、腐败的人。

这就是本案所发生的事情，因此，事实真相现在将浮出水面。现在轮到你们了，一会儿我们会把接力棒递给你们。

你们将会做正确的事，你们已经承诺为正义负责，你们将会做正确的事。

某天，我将接手其他案件，克拉克女士和达登先生无疑也是一样。某天，伊藤法官也会处理另一起案件。我希望，这是辛普森在法庭上的一天。

他的生命掌握在你们手中，认真对待它，公平对待它，一定要公平。

不要成为继续进行掩饰的一部分。请记住，如果不符合，一定要做正确的事。如果这些送信者对你们说了谎，你们就必须进行无罪宣告，

---

[74] *Id.* at 16-17.

而不能相信他们提供的信息，要寻找事实真相。

　　无论看起来多么糟糕，如果真相不在断头台上，而错误在王座上，此时断头台仍在管着未来，在不知的朦胧中，全体子民的上帝还会站在暗影之中，看顾属他的人。

　　上帝一直在注视着我们，也会关注你们的决定。谢谢，愿上帝保佑你们！[75]

　　科克伦对《圣经》的反复引用和他雄辩的演说风格，给陪审团留下了极深刻的印象。他相信自己已用激情和雄辩向陪审团传递了他想表达的信息。想要反驳科克伦是个难事，对于达登来说尤其不易。

达登的反驳

　　达登的反驳基本上只是总结了其在整个庭审中对科克伦所作出的应对措施。他竭力向陪审团展示他能讲得像科克伦一样精彩，但总是力不从心，而且不时还会有些怪论。他力劝陪审团不要依赖情感，指责科克伦打种族牌，然后达登却抛出了下面奇怪的说法：

　　　　我听到他们昨天谈起了宪法，我也读过宪法，我是个律师，专门研究过宪法。我知道宪法意味什么，以及不能意味什么。我知道宪法是什么。

　　　　吉尔·史考特·海伦说宪法不过是一页纸，你们还记得吗？[76]

　　达登关于宪法知识的怪论，听上去像一个孩子一样，试图辩解自己跟科克伦一样聪明。他提到吉尔·史考特·海伦令人迷惑不解。史考特·海伦是个声名狼藉的黑人诗人和歌手，在60年代末和70年代曾红极一时，他沉迷于毒瘾与他的诗歌和音乐一样为人所周知。无疑每一个陪审员都知道史考特·海伦，但如果陪审员中有他的粉丝，达登这样的说法就有点冒失了。同时，虽然达登搬出了宪法，但对他说的东西也没有任何证明意义。他还引述了一大堆宪法上关于自由的说法：

　　　　昨晚我还特意查阅了宪法。我让我的助理把宪法取来，并仔细翻阅。你知道我看到了什么吗？在宪法中，我看到了关于罗恩和妮可的很多条文。宪法规定罗恩和妮可有自由的权利，有生存的权利，他们有权利追求幸福。宪法还规定如果妮可不想与辛普森一起生活就不必和他待在一起。这就是宪法的规定。

　　　　然后我继续查阅，看宪法中是否有关于辛普森的条文。你知道宪法是怎么规定的吗？它规定辛普森无权剥夺他们的生命，他无权那样做。[77]

　　接着，达登决定向大家讲述马丁·路德·金的故事，这对控方的公诉几乎不会有什么用处，其用意显然是在拉近与黑人陪审员之间的距离。他说，有人在哈莱姆区（Harlem）的一家书店里向金博士行刺，并在他的胸口上

---

　[75]　1995 WL 697930 at 49-50.

　[76][77]　1995 WL704342 at 5.

扎了一把匕首。被刺后，金博士还不断告诫他周围的人要保持冷静，等待救护车到来。后来，挽救了金博士的医生告诉他，匕首与他的主动脉仅差之毫厘，如果他没有保持冷静而突然移动的话，很可能因此窒息而亡。故事讲完后，达登又说：

> 有些人喜欢激怒你，使你感到如此不安，以至于突然为之动摇，陷入案件的细枝末节之中，最终被这种情绪窒息。这些人就是想让你变得疯狂、愤怒和痛苦。
>
> 马丁·路德·金曾指出，我们绝不能屈服于痛苦的压力，因为痛苦的后果之一就是盲目。所以不要因此而变得盲目，要专注于自己的职责。我知道你们的职责，你们也知道应该怎么做。[78]

这个类比一方面显得过于夸大，另一方面毫不隐讳地向黑人陪审员显示了，他对这位伟大的黑人领袖是如何了解。

后来，达登又一次提到了马丁·路德·金博士，也提到了马尔科姆·艾克斯，还是想再次诉诸黑人领袖的名声：

> 我将重新提及马丁·路德·金博士，因为我非常敬重他。实际上我还知道马尔科姆·艾克斯，但今天就不细说了，我不想说得太远了。
>
> ***
>
> 请跟我一起读马丁·路德·金关于正义的论述："对于所有的问题，正义都是一样的。正义不可归类，不可能说对部分人的正义是对所有人的不正义。正义是不可分割的。"

在反驳的最后，达登对犯罪现场、事件时序、手套证据等进行了分析。克拉克进行了最后总结，大多重复了之前对科学证据和家庭暴力证据的论述。

▨ 判决

10月2日，仅用了4个小时进行审议后，陪审团作出了无罪判决。10月3日判决宣告时，全世界的媒体都已蓄势以待。不同种族对判决的反应截然不同，有电视台用分割画面同时报道了黑人观众和白人观众在宣判时的反应，黑人欢呼雀跃，大肆庆祝，而白人则表示震惊、痛苦和愤怒。[79]在现代史上，辛普森判决比任何其他事件都更能显示美国社会存在着深刻的种族分歧。

尽管并非所有非裔美国人都为辛普森判决感到高兴，但民调显示绝大多数非裔群众支持判决结果。[80]辛普森在非裔中当然并不是最具影响力的，尽管如此，非裔群众对判决的支持也不足为奇。他们更多的是为一个黑人能受

---

⑱　*Id.* at 7.

⑲　See Katheryn Russell-Brown, *Protecting Our Own——Race, Crime and African Americans* (Rowman & Littlefield Publishers, Inc., 2006), 11.

⑳　1995年10月5日~7日盖洛普民意调查称，78%的非裔受访者认为他们相信判决是正确的。参见http://www.law.umkc.edu/faculty/projects/ftrials/Simpson/polls.html。

到美国刑事司法体制的公正对待而感到快慰，这情感表达远远超过了辛普森个人的那份高兴。从《黑人法典》到私刑，直到现在，非裔美国人一直遭受美国刑事司法体制的不公正对待——无论他们作为被告人还是作为受害人。[81] 因此对大部分非裔美国人而言，辛普森判决的意义远远超过了辛普森自己。

在主流媒体上，这份判决还是受到了法律专家、学者的广泛批评，陪审员更是被骂作懒人和蠢蛋。[82] 极少人承认，陪审团作出公诉方证明本案未能超出合理怀疑的结论是合理的。而大多数律师还是能够接受这份判决，认为它是根据证据和庭审情况作出的。

如果判决能够根据庭审控辩的状况进行预测，那么辛普森判决也是可预知的。虽然双方表现都不是最好的，但控方的错误显然更多，而且是致命的，直接导致了他们的最后失败。从忽视所有关于福尔曼的明确警示，到手套证据，控方比辩方存在更多的合理怀疑之处。尽管辩方团队中的个别成员也犯过错误，但最后他们都作出了较为明智的决定——从陪审员预先审查到终结辩论，都是如此。最重要的是，辩方律师们更懂得说服的艺术，更精于辩论。

控辩双方关于庭审辩论最重要的区别之一在于他们对待种族问题的方式。种族问题是本案的一个核心问题，控方却在大多时候选择回避，这样的决定不仅不是明智的，而且使其为之付出了代价。而辩方律师中除夏皮罗外，都深知种族问题的重要性，从陪审员预先审查到终结辩论的每一个环节都必须认真予以考虑。相比其他因素，双方对待种族问题的态度很可能更影响最终的判决。

种族问题对美国人生活的各个方面都一直有着深刻而持续的影响。不管有意还是无意，美国人都通过它来审视、思考、衡量周围的一切。辛普森案给人们留下最深刻的教训，就是种族问题所产生的巨大影响，它还将对美国的诉讼案件产生深远的影响。

（杨瑞 译）

[81] See generally, A. Leon Higginbotham, *In the Matter of Color: the Colonial Period* (Oxford University Press, 1978)（追溯了美国殖民时期的黑人历史）；Randall Kennedy, *Race, Crime and Law* (Pantheon Books, 1997)（主要研究了关于刑事司法制度中种族歧视的历史）；Katheryn Russell-Brown, *The Color of Crime: Racial Hoaxes, White Fear, Black Protectionism, Police Harrassment and Other Macroaggressions* (New York University Press, 1998)（称种族主义仍在破坏美国的刑事司法制度，并误导了公众对黑人和犯罪的感觉）。

[82] *See* Russell-Brown, *supra* note 79, at 53-55.

第 8 章

斯威特（Sweet）审判

芭芭拉·伯格曼（Barbara Bergman）[1]

---

① 新墨西哥大学法学院法学教授。

1925 年 9 月 9 日，一群白人暴徒聚集在位于密歇根底特律市的奥西恩·斯威特医生家的周围，这时一声枪响，将莱昂·布雷纳（Leon Breiner）打死。随后，警察将斯威特家中居住的 11 名黑人全部逮捕，包括斯威特医生及其妻子格拉迪斯（Gladys）、斯威特的弟弟亨利（Henry）和奥蒂斯（Otis），还有他的 7 位朋友，这些人均被指控为谋杀布雷纳。7 周以后，也就是 1925 年 10 月 30 日，该谋杀案的审判拉开序幕，克拉伦斯·达罗成为所有 11 名被告的辩护律师。

由此事件引发的审判其实是当时存在于底特律及其他北部城市的种族关系紧张的症状。1910 年，大约有六千名黑人住在底特律。随着底特律汽车制造业的迅速发展，需要更多的工人，在这种情况下，汽车生产企业开始以高薪水和好生活为诱饵吸引贫穷的白人和黑人，特别是来自南方的人。这样一来，大规模的向北移民开始了，至 1924 年，底特律的黑人人口已达 7 万人，他们大多住在该城市一个叫作"黑底"的隔离区域内。[1] 黑底地区的生活条件很差，但黑人们想搬到底特律居住的需求非常强烈，以至于房东们能够索取过高的租金且无暇对房屋进行修补。[2]

与此同时，三 K 党（the Ku Klux Klan）成为底特律强有力的政治力量。1923 年，该党在底特律有 2.2 万名成员[3]，而到了 1924 年，成员人数已增长至 3.5 万名。[4] 1924 年 11 月，底特律市市长因病辞职，市长职位空缺，在专门选举中，三 K 党努力想让其成员之一查理斯·鲍尔斯（Charles Bowles）当选，以填补空缺。在选举中，尽管查理斯·鲍尔斯以 7 000 张选票获胜，但选举委员会扔掉了他的 1.7 万张选票，并将最后的获胜给了他的对手约翰·史密斯（John Smith）。[5] 因为史密斯是前市长任期未满期间唯一的填补者，因此他必须参加 1925 年 11 月举行的重新竞选。基于此，三 K 党发动了一场恶性运动。1925 年 7 月，三 K 党在底特律西部举行了一次集会，参加集会的一万名成员身着白色长袍，并拿着燃烧的十字架。[6] 他们使用的激起底特律选举人恐惧和愤怒的一个方法是，"使黑鬼越过种族分界线，纷纷涌入白人居住的土地"[7]。

其实，早在本次选举运动之前，当黑人想搬离黑底地区与白人做邻居时，总是会受到来自三 K 党和白人的反对。白人尽管不支持三 K 党，但仍想保持与黑人相隔离的居住。20 世纪 20 年代早期，禁止将房产卖给黑人这样的限制性协议在实践中普遍存在。[8] 当黑人成功买到与白人相邻的房产时，白人暴徒就会攻击他们。1925 年夏天，有 5 名这样的暴徒在底特律对黑人家

---

[1] Kevin Boyle, *Arc of Justice* 108-113 (2004). 该书是鲍伊尔教授的著作，曾获美国国家图书奖，在本章中，我们会经常提到此书。该书对本案的历史及人物进行广泛调查并予以精妙的讨论。想获得细致、历史分析的人，可以读读此书。

[2] *Id.* at 109-113.

[3] *Id.* at 140.

[4] *Id.* at 8.

[5] *Id.* at 140-143.

[6] *Id.* at 24.

[7] *Id.* at 143.

[8] *Id.* at 144.

庭进行攻击，并将他们驱逐出去。斯威特医生与其中一位名叫亚历山大·特纳（Alexander Turner）的受害者很熟。特纳是邓巴纪念医院的外科主任，他在斯波坎（Spokane）大街买了一栋房子，该街位于底特律西边，其中居住的全是白人。在他搬进该大街之后刚5个小时，就遭到1名白人暴徒的袭击，而且，暴徒还破门而入对他家进行洗劫。特纳侥幸逃出，当晚即签订协议将房子移交给"社区改善组织"①。那个夏天，斯威特曾听特纳详细描述过那晚的恐怖情形。②

对于斯威特医生而言，种族暴力并不是什么新鲜事儿。1895年，他出生在佛罗里达中部一个贫穷的农民家庭，在10个孩子中排行第二。③ 年轻时，他就见证了弗雷德·罗谢尔（Fred Rochelle）的死亡。罗谢尔是一位16岁的黑人，供认自己强奸并杀害了1名白人妇女。斯威特后来描述了他是如何看到一位白人暴徒将罗谢尔放在装有可燃物的大桶上，将他绑在树上，在周围堆满干木柴，并将汽油泼在上面，最后由受害人的丈夫点燃火柴。斯威特会"详细讲述其中可怕的细节：火油的味道，被火焰吞噬时罗谢尔刺耳的叫声，人们把烧焦的身体拿回家当作纪念品"④。

13岁时，父母将斯威特送上开往俄亥俄州齐尼亚（Xenia）的火车，去威尔伯格斯大学接受教育，以便使他不再过如他们那般艰苦、困顿的生活。在威尔伯格斯大学，斯威特度过了8年时光，于1917年毕业。由于视力不好，他没能于第一次世界大战时在部队服役，因此他去了华盛顿并进入霍华德大学医学院。⑤ 一战结束后，华盛顿已出现种族关系紧张的态势，到了1919年7月，这种紧张关系终于爆发。一名白人暴徒在街上闲逛，见到黑人就予以攻击，而其中最恐怖的一些情形就发生在霍华德大学校园南边的几个街区。4天后，暴徒的行动才得到控制。在暴动期间，斯威特亲眼看到，暴徒将一名黑人乘客从正在行驶的车中拉下来并疯狂击打。⑥

1921年，斯威特从霍华德大学医学院毕业并回到底特律，在这里，他曾工作过数个夏天以赚取学费。1921年11月，他获得行医执照并在黑底地区开了一家诊所，要知道，他是这一年获得行医执照资格中唯一的黑人。⑦在此期间，他对种族问题产生更加浓厚的兴趣，他订阅了所有的主要黑人报纸及出版物，阅读整个世纪以来对黑人处私刑的情形以及发生在俄克拉何马州突沙市和佛罗里达州罗斯伍德（Rosewood）的种族暴乱。⑧

至1922年，斯威特的诊所业务开展得不错。后来，他遇到了格拉迪斯·米切尔（Gladys Mitchell），二人于这一年的11月结婚。由于新婚妻子很有教养且不会保护自己，无法住在黑底地区，因此这对新婚夫妇搬到妻子

---

①② *Id.* at 25.

③ *Id.* at 59-62.

④ *Id.* at 67-69.

⑤ *Id.* at 87.

⑥ *Id.* at 95-97.

⑦ *Id.* at 113.

⑧ *Id.* at 121-124.

278

的母亲家，与母亲和继父一起住在主要是白人工人居住的社区。① 1923 年 10 月 6 日，斯威特夫妇离开母亲家前往欧洲，去欧洲后的前 3 个月，他们待在维也纳，斯威特在维也纳大学参加了由顶尖外科医生安东·冯·伊塞博格（Anton von Eiselsberg）举行的演讲。后来，他们在巴黎度过了冬天和春天，因为玛丽·居里（Marie Curie）在索邦大学执教，斯威特可以参加她关于放射疗法疗效的演讲。②

在巴黎期间，他们的女儿玛格丽特降生。斯威特曾希望他们的孩子能在美国医院出生，那是一家私立机构，为居住在巴黎的美国移民提供治疗服务。斯威特曾向该医院进行捐助，但当格拉迪斯生育时，医院却拒绝接收她，原因在于，她是黑人。所幸的是，格拉迪斯和孩子并不需要特殊的医疗护理，但斯威特被医生的行为深深触怒。③

返回底特律后，斯威特夫妇仍与斯威特夫人一家住在一起，但开始寻找自己的家。曾有 3 次，他们找到了自己希望的房子，但每次都无功而返，原因在于，他们是黑人。最后，1925 年 5 月，他们发现位于格兰德 2905 号的一栋房子正在出售。该房位于白人工人阶层社区，而且房主也愿意卖给斯威特夫妇。房主将自己原来的要价增加至 18 500 美元，这一价格实际上比卖给白人家庭的价格要高，尽管如此，斯威特还是于 1925 年 7 月 7 日签订了买卖协议④，房主答应在 8 月 1 日之前搬离。

一个黑人家庭在格兰德买了房子这件事很快在社区迅速传播开来。那些反对斯威特夫妇搬家的人成立了一个组织，叫水厂公园改良协会，该组织致力于将黑人尤其是斯威特夫妇赶出社区。协会成立后，制定并通过了规章和章程，开展了将限制性协议适用于本区域房产的运动。⑤ 7 月 14 日，协会举行了一次公共集会，吸引了 700 人参加。⑥ 几天后，该协会的一位委员拜访了将房子卖给斯威特夫妇的玛丽·史密斯，试图使她取消交易。而玛丽·史密斯提出，如果该协会愿意向其支付新的要价 30 000 美元，她将取消与斯威特夫妇的交易，但协会没有同意，因此玛丽·史密斯拒绝了协会的游说。⑦

考虑到安全问题，斯威特夫妇推迟了搬进格兰德新家的时间。1925 年 9 月 8 日，他们终于搬家，并将小女儿留在外祖母家。考虑到社区邻居对斯威特一家的敌意，应斯威特医生的要求，警察为其提供全天候的保护，直到邻居们安静下来。尽管有警察的保护，但进入房子时，斯威特还是准备了一把猎枪、两把步枪、6 把手枪和 400 发子弹，以备不时之需。⑧

当天下午，格拉迪斯与丈夫在家，家里还有他们的司机乔·马克，雇用的杂工诺里斯·穆雷，斯威特的弟弟奥蒂斯和亨利以及亨利的朋友同学约

---

① *Id.* at 124-127.

② *Id.* at 127-131.

③ *Id.* at 132.

④ *Id.* at 145-146.

⑤ *Id.* at 158-160.

⑥ *Id.* at 134.

⑦ *Id.* at 165-166.

⑧ *Id.* at 27.

翰·拉廷。晚些时候，斯威特夫人的两位朋友来了，一位是女裁缝埃德娜·巴特勒，另一位是室内设计师塞雷娜·罗谢尔，她们来帮助斯威特夫人设计新家。① 格拉迪斯坚持留每个人吃晚饭，因此忘记了时间。在马克、穆雷、巴特勒和罗谢尔想要离开前，天已经黑了，当时已经很晚。这时，斯威特医生朝外看了看，发现有几百名白人聚集在他家对面附近的校园里，而警察正将从他家正前方经过的人群驱散开来。② 看到这种情形，斯威特让大家上楼并把枪发给他们。后来，屋里的灯熄灭了，大家拿着武器，守在楼上的窗户旁。这一晚，每个人都留在屋里，他们大多度过了一个无眠之夜。时间一点点过去了，并没有什么事情发生。第二天早上，格拉迪斯的两位朋友与穆雷、奥蒂斯和戴维斯离开了，亨利与拉廷留下来继续观察外面的情况，而马克则开车载着斯威特夫妇出去办事。③

第二天晚上，斯威特夫妇、斯威特的两个弟弟，还有前来帮忙的 7 位朋友都在家里。向外望去时，他们发现，外面已经聚集了更多的人，数百名白人在外面成群结队地到处乱转。刚过 8 点钟，暴徒们开始向房子扔石头和煤块，砸坏了好几个窗户。8 点 25 分前后④，突然，斯威特听到楼上卧室传来两阵枪响，第二阵枪响中的一枪射中莱昂·布雷纳的后背，而且，这是致命的一枪。⑤

意识到旁观者被枪击中并可能死亡后，警察请求支援，以帮助控制暴徒。接着，他们进入斯威特家并将每个人逮捕。尽管外面围着被激怒的暴徒，但警察仍将所有 11 名嫌疑人放进同一辆囚车。而据警察后来估计，当时围攻的人数大约有四千或五千名。⑥ 而且，警察还禁止暴徒对斯威特的家进行破坏。到了午夜，人们的激情渐渐冷却，只剩几百人仍在斯威特住宅的外面。

就在那时，现场指挥官诺曼·舒克内希特（Norman Schuknecht）督察邀请一名报社记者进入斯威特家。当他们在屋内参观时，舒克内希特向记者谈了自己对发生的事件的说法。根据舒克内希特的说法，在枪击发生之前，他正好在街上。他坚持认为，并没有暴徒对斯威特家进行袭击，也没有扔石头，恰恰相反，当屋内的人因不可知原因开枪时，街上很平静。以上内容出现在第二天早上底特律的报纸上，也是提供给公众的说法。⑦

当舒克内希特向记者谈论时，其他指挥官则将 11 名嫌疑人带到警察局，由助理检察官泰德·肯尼迪（Ted Kennedy）讯问他们。在讯问期间，开始时，每个人都讲了一个让人无法相信的故事，每个人都认为，他们因各种不同的原因来到斯威特家，而且这些原因都与可能发生的暴徒攻击无关。三位保险代理人之所以来到斯威特家，是为了纠正斯威特保险单中的一个错误；

---

① *Id.* at 27-28.

② *Id.* at 27-29.

③ *Id.* at 30.

④ Arthur Garfield Hays, *Let Freedom Ring* 195（1937）.

⑤ Boyle, *Arc of Justice* 33-40.

⑥ *Id.* at 182.

⑦ *Id.* at 182-185.

司机是在工作；受雇杂工是来拿以前工作的报酬；其他两位是潜在的搭伙者，是来看房间的。所有人都坚持认为，他们没有讨论过可能有暴徒，也没讨论过为保护家而努力，也没有人向他们发过枪。在肯尼迪的质问之下，上述这些故事并没有坚持太长时间。[①]

斯威特夫人更加强调，有人通知他们，可能会有麻烦。同时，她承认有枪，他们谈论过，如果需要，他们会用枪。这是她所说的全部内容。[②] 当肯尼迪问斯威特医生为什么搬入社区时，斯威特回答道："因为我买了房子，那是我的房子，我觉得我有权住在那里。"[③] 在上述讯问中，唯一承认开枪的人是亨利·斯威特。他是斯威特医生的弟弟，只有 21 岁。他说，为了自卫，他从楼上的窗户开了枪。第一次，他向空中开了枪，第二次则射向人群。尽管没有特别瞄准某个人，但还是想向暴徒的脚开枪，以使他们因害怕而散去。[④] 到凌晨 3 点半，讯问结束了，嫌疑人被送到韦恩郡监狱等待接下来的程序。[⑤]

斯威特家发生的事情很快传遍整个黑人社团。最后，斯威特医生叫来他的朋友、本地一名黑人律师朱利安·佩里（Julian Perry），佩里又联系一名经验更为丰富的刑事辩护律师塞西尔·罗丽特（Cecil Rowlette）帮忙。11 名被逮捕者之一休伊特·沃森（Hewitt Watson），则叫来当地另一名黑人律师查理斯·马奥尼（Charles Mahoney）寻求帮助。当佩里、罗丽特和马奥尼提出与自己的当事人会谈时，警察拒绝他们进入。[⑥] 直到四十多年后，联邦最高法院在裁决米兰达案时，法院才承认，在讯问期间，被告有权让律师在场。[⑦] 在当时，底特律的警察不允许辩护律师与他们的当事人说话。

9 月 10 日上午，3 位律师同意组建一个联合辩护团队。同时，他们迅速向法院提出人身保护令申请，接受他们申请的第一位法官将申请予以否决，但他们最终还是从巡回法院法官那里获得令状。律师们并未期望这一策略能释放他们的当事人，而是希望通过令状迫使控方提出正式指控，这样一来，他们就可以以被告的行为属于自身防卫为由使法院驳回指控。

38 岁的罗伯特·汤姆斯（Robert Toms）是韦恩郡的主诉检察官，以"正派人"的形象为人所知，但他也是一位有政治野心的人。因此，他很快觉察到，如果想在政治上有所发展，他必须对这 11 名嫌疑人提起公诉。根据警方和现场目击证人提供的事件叙述，他的策略是对以下问题进行争辩：由于房子外面并没有暴徒，因此住在屋里的人没有理由去害怕。[⑧] 这

---

① *Id.* at 174-175.

② *Id.* at 176-177.

③ *Id.* at 172-174.

④ *Id.* at 177-178.

⑤ *Id.* at 38-43，170-179.

⑥ *Id.* at 179-181.

⑦ Miranda v. Arizona，384 U. S. 436（1966）；Moran v. Burbine，475 U. S. 412（1986）（该案认为，在米兰达被监禁期间，当其放弃自己的权利，而警察未允许其姐姐委托的律师与米兰达会见时，他的权利并未受到侵犯）．

⑧ Boyle，*Arc of Justice*，at 185-187.

样一来，开枪行为就不具有正当性。就在那时，汤姆斯将委任状呈给刑事法院的首席法官弗兰克·墨菲（Frank Murphy），指控被告对莱昂·布雷纳犯一级谋杀，对另一名受伤的旁观者犯蓄意杀害的攻击未遂。在建议之下，墨菲法官接受了委任状。在这种情况下，既然已经对被告提起控诉，辩护律师则获准与他们的当事人会面，而这时候，距离枪击已经近三天时间。

当晚，水厂公园改良协会举行了一次大型会议，有1 000人参会，协会秘书坐在两名三K党成员中间，出现在指挥台上。当晚晚些时候，三K党也举行了自己的集会，整个城市陷入一片混乱之中。第二天，当墨菲法官将已经签署的委任状传给被告律师，并且宣布计划在下周六举行保释听证时，被告律师的希望破灭了。① 与此同时，公诉正向前推进。

当辩护律师积极准备法律策略时，全国有色人种协进会在底特律当地的分支机构也积极行动起来募集资金，并向被告保证，它会承担辩护方全部的费用。② 在协进会位于纽约的办公室，该组织的执行秘书詹姆斯·韦尔登·约翰逊（James Weldon Johnson）在报纸上看到一篇有关斯威特案件的文章，并将其作为反对种族歧视的重要工具。从1917年开始，全国有色人种协进会一直在通过法院向相对隔离居住实践提出挑战，并在某些方面获得成功。例如，它使联邦最高法院宣布肯塔基州路易斯维尔（Louisville）市的城市法令无效，该法令规定，"在路易斯维尔，禁止有色人种在更多数量白人居民居住的区域居住"③。发现合法性限制离自己越来越近后，种族隔离主义者开始转而通过其他方法获得同样的结果，例如，限制性协议禁止白人房屋所有权人将房屋出售给黑人，而歧视性抵押实践也证明了在产生黑人城区方面的平等效果。1923年，全国有色人种协进会卷入另一起案件，这一次挑战的则是限制性协议。④ 约翰逊希望能够集合全国的支持来应对这些挑战，同时也希望可以利用组织的声誉募集资金，从而为协进会接下来的工作提供经济支持。

全国有色人种协进会的资金已经严重亏空，基于此，约翰逊将种族隔离问题作为将许多不同的种族少数派结合成联盟的潜在因素，而且，所有这些种族少数派都在从事这样的实践。开始时证明，他通过这一问题募集资金的努力是不成功的。到了1925年秋天，约翰逊想出一个主意，即创立一个全国有色人种协进会法律辩护基金，这样就可以从美国公共服务基金那里募集到资金。美国公共服务基金是一个慈善组织，是由查理斯·格兰德（Charles Garland）用从父亲那里继承到的100万美元遗产创立的。约翰逊提议努力从公共服务基金那里获得25 000美元，使其与从私人捐助

---

① *Id.* at 192-94.

② *Id.* at 194.

③ Buchanan v. Warley，245 U. S. 60，73（1917）（根据宪法第十四修正案，禁止干涉私人的居住权，因此，该法令无效）.

④ 1926年5月，美国联邦最高法院认为，由于未提出重要的宪法性问题，法院无管辖权，因此将案件驳回。法院的记录是这样的："显而易见，没有哪个宪法正式修正案规定，鉴于私人对自己财产的控制和处分，因此禁止私人进入合同关系……"〔Corrigan v. Buckley，271 U. S. 323，330（1926）.〕

获得的另外 25 000 美元相称。为了募集到 25 000 美元的私人捐助，约翰逊知道，他需要一个理由，这个理由要能吸引黑人团体的眼球并能激励他们捐款。①

在报纸上读到关于斯威特案件的文章后，约翰逊认为，他发现了自己需要的东西。于是，他与全国有色人种协进会在底特律当地的分支机构联系，让其提供有关斯威特案更多的信息，然后提供"一切合作的可能"。开始时，该机构想自己处理案件，但几天后，底特律分支机构的 W·海斯·麦金尼（W. Hayes Mckinney）要求纽约办公室尽快将约翰逊的助理秘书沃特·怀特派到底特律，原因在于，怀特能逃过警察的眼睛到斯威特家中查找证据。②带着其他计划，怀特于 9 月 15 日星期二上午到达底特律，到达后，他与巡回法院法官伊拉·杰恩（Ira Jayne）见了面。杰恩是全国有色人种协进会执行委员会的成员，他向怀特解释道，底特律已经直接将种族分界线撕开，他担心还会有暴动发生。而且他还确信，只要有黑人律师为被告辩护，陪审团就会宣告被告有罪，因此，他建议怀特聘请全国有色人种协进会能够发现的最有声望的律师来接手案件。后来，怀特告诉当地律师，他们将会被降职。对此，当地律师表示出强烈反对，而且，他们准备在第二天进行预审③，拒绝被白人律师替代。

在预审中，助理检察官莱斯特·莫尔（Lester Moll）与汤姆斯一起处理本案。他没有直接证明被告有向人群开枪的共谋，因为在这个问题上，他掌握的证据太少。相反，他将重点放在社区是平静的证据上，因此，无论是哪一名被告开的枪，都没有正当理由。他争辩的逻辑思路是这样的：如果被告没有处于危险之中，那么他们搬入社区就是为了要挑起对抗，这一动机通过暗示表示出共谋。④ 在交叉询问中，尽管被告律师想让公诉方证人承认，开枪之前，有大量暴徒向房子扔石块，但证人不肯改变他们的证言。或许是因为该事件已经在整个城市产生强烈反响。在这种情况下，尽管公诉方提供的证据很匮乏，浮士德（Faust）法官还是发现了合理根据并决定将本案付诸审判。⑤

预审裁决作出后不久，怀特回到罗丽特的办公室，继续商讨需要 1 名

---

① Boyle, *Arc of Justice*, at 203-206.

② 怀特曾这样写道："我是一个黑人。我的皮肤是白色的，我的眼睛是蓝色的，我的头发是金色的，在我身上找不到我的种族特征。"〔Walter White, *A Man Called White; the Autobiography of Walter White* 3 (1948).〕在全国有色人种协进会工作期间，怀特的外表给了他很多作为黑人不可能得到的机会去接触一些人、去一些地方并获得一些信息。

开始在全国有色人种协进会工作的几年里，怀特揭露了南方处私刑的暴徒行走在南部芝加哥暴乱踩踏后的街道上，曝光了隐藏在阿肯色州菲利普斯郡 1919 年大屠杀背后的背信弃义，揭开了 1920 年发生在佛罗里达的选举暴力，还有 1921 年发生在塔尔萨的臭名昭著的种族暴动的可怕细节。在塔尔萨，他甚至加入一个白人武装队，对被烧的黑人居住城镇巡查。这是一项极其危险的工作。1919 年，他在阿肯色州的小镇海伦那收集信息时，一名黑人将他拉到一边并告诉他，白人已经发现了他的身份。于是，怀特赶快跑到附近的火车站，坐上开往北方的第一辆车。列车员不明白他为什么急着离开小镇，对他说："先生，正当乐趣将要开始时，你却正在离开。"怀特则这样问道："有一个该死的黑鬼来到这里，被当作是白人，而白人准备抓住他，白人会怎么对待他呢？"列车员说："当白人把他了结掉，他就不再被当成白人了。"〔Boyle, *Arc of Justice*, at 209; see also White, *A Man Called White*, at 50-51.〕

③ Boyle, *Arc of Justice*, at 212-213.

④ *Id.* at 215.

⑤ *Id.* at 214-217.

白人首席律师的问题。怀特已经将底特律最好的白人辩护律师列举造册，只需要当前的辩护律师同意即可。后来，罗丽特勉强同意在辩护团队中增加1名白人律师，但不同意黑人律师退出，并且坚持认为，自己唯一可以接受的白人律师就是托马斯·奇克（Thomas Chawke），奇克一旦接手本案，会得到5 000美元的报酬。另外，他还主张在3名黑人律师之间平分另外5 000美元。怀特并未准备付给他们这样的报酬，而且，由于奇克曾接受暴徒的聘请，这样的声望使怀特并不赞成聘用奇克。之后，怀特乘火车返回纽约。①

到纽约之后，怀特向约翰逊保证，斯威特一家"就是他正在寻找的典型"②。这正是约翰逊需要了解的全部，于是，他立即开始宣传斯威特一家所处的困境以及他们从事事业的重要性。接着，他的呼吁开始转向为被告提供经济支持，但不幸的是，并没有募集到多少钱。③

怀特继续为审判寻找新的白人首席律师。当怀特代表国家办公室给当地黑人律师施加压力的消息在底特律传开时，当地黑人团体感到很愤怒，他们成立了自己的斯威特辩护基金，与国家基金在募捐上展开竞争。④ 罗丽特利用本地辩护基金的发展暗中破坏怀特的努力，并且主张，法院已准许他处理即将到来的传讯并降低指控罪名。⑤ 究竟由谁来代理被告，这一斗争仍在继续。9月29日，奥蒂斯·斯威特代表自己及其他3名被告给全国有色人种协进会办公室写了两封信，信中提出，基于本案对所有美国黑人的重要意义，协进会应为他们的辩护尽到接管职责。4名被告还准备通过电报，将上述意见传递给协进会全国办公室。以上是怀特需要了解的全部内容，他准备重返底特律，向黑人律师发出最后通牒。但这样做时，他知道，他与原来列举造册的接管案件的白人律师进行了联系，但基于各种各样的原因，这些律师都拒绝了。

与此同时，在底特律，首席法官弗兰克·墨菲决定按自己的日程安排审判。⑥ 在很多方面，被告应当庆幸，审判此案的法官是弗兰克·墨菲。1923年，在墨菲竞选法官的运动中，他通过自由、开放的平台吸引种族少数派和黑人选民。他认为，根据法律的规定，种族少数派和黑人与白人具有平等的权利。商业团体对墨菲痛骂，但在选举当天，选民尤其是穷人、黑人和种族少数派占多数人口的东部选民均投票支持墨菲，从而使他以压倒性优势获胜。⑦ 自担任法官以来，墨菲一直遵守他的竞选承诺。他是一名虔诚的天主教徒，体恤穷人和受压迫者，法院的同事们背后都叫他"墨菲父亲"⑧。尽管

① *Id.* at 217-218.
② *Id.* at 219.
③ *Id.* at 219-221.
④ *Id.* at 223，224.
⑤ *Id.* at 222-223.
⑥ *Id.* at 214-217.
⑦ *Id.* at 138-140.
⑧ *Id.* at 193.

如此，但应注意，墨菲也是一位狡猾、精明的政客。①

10 月 3 日星期六，罗丽特处理了传讯，然后开始推翻指控。他争辩认为，由于没有得到确认的开枪射击者，也没有共谋的证据，控方指控第一谋杀的证据不足。在建议之下，墨菲法官接受了罗丽特的提议，并在整个周末对之详加考虑。10 月 5 日也就是星期一，为了与整个城市的政治风向保持一致，墨菲法官否决了提议，但同意以 1 万美元的保释金保释格兰迪斯·斯威特。之后，他计划两周后即 10 月 19 日开始审判。② 10 月 6 日，格兰迪斯·斯威特父母的朋友将保释金寄给她，她被监狱释放。③

就在那时，命运介入了。1925 年 10 月 2 日，担任《芝加哥保卫者报》④ 总法律顾问的一名芝加哥律师写信给全国有色人种协进会办公室，提出一个有趣的建议。⑤ 他声称，自己能"接触如达罗及其他著名律师的思想，因此，我们可以在不用支付费用的情况下利用他们的知识和经验"⑥。直到 10 月 6 日，怀特才看到这封信，但看过之后，他似乎更关注通过芝加哥的报纸获得对案件更大范围的宣传，而不是继续了解建议中提到的可以利用达罗这件事。但是，第二天，纽约办公室的某个人已经意识到信件建议中的暗示。

当时，克拉伦斯·达罗是美国最著名的刑事辩护律师，代理过尤金·德

---

① 离开巡回法院后，弗兰克·墨菲当选为底特律市市长，而这仅仅是他显赫职业生涯的开始。"他历任菲律宾总督、密歇根州州长、联邦总检察长。"（*Id.* at 341.）1940 年，罗斯福总统任命他为美国联邦最高法院法官。他在联邦最高法院工作了 9 年，在此期间，他继续为穷人及种族歧视受害者权益而斗争。

他捍卫了耶和华见证会的权利，该见证会可以不向国旗行礼；他维护了共产党员的权利，使他们能不必担心抗议者的报复而自由表达意愿；他还维护了被指控罪犯的权利，使他们得到公正审判。他憎恶"邪恶的种族主义的深渊"，二战期间，他撰文强烈谴责对日本籍美国人进行拘禁。当全国有色人种协进会的律师来到法庭，正如他们在墨菲任期内提出的几起重要案件一样，墨菲总是会支持他们。（*Id.* at 341-342.）See, e. g., West Virginia State Bd. of Education v. Barnette, 319 U. S. 624, 646（1943）（墨菲支持本案）（"我不能同意这样的观点：强制向国旗行礼对整个社会产生的作用是确定无疑的，根据人的良知和个人倾向，这种有声或无声的强制对个人自由的侵犯或限制是正当的。"）；Haley v. Ohio, 332U. S. 596（1948）（墨菲赞成多数人观点并且发现，"15 岁黑人男孩"作出的认罪陈述并非出于本意）；Screws v. U. S., 325U. S. 91, 134-135（1945）（墨菲持异议）（"黑人公民罗伯特·海尔被剥夺了通过法院裁判的权利，而非通过神明裁判的权利，而且，他还被剥夺了生命权本身。生命权属于他自己，不是因为他是黑人或任何特殊种族的成员，而是因为他是美国公民，他是人。正因如此，他有权获得与人的尊严相适应的尊重并受到公平对待，而人的尊严是宪法明确规定并保证的。但是，他甚至没有享受到正当法律程序的外观，根据种族理论，当地警察对他严刑拷打，直至死亡。"）；Korematsu v. U. S., 323U. S. 214, 233（1944）（墨菲持异议）（"在军事管制法缺位的情况下，来自太平洋东部地区的'所有日本血统的人，无论外国人还是非外国人'提出了军事需要的答辩。这种排除不应被许可，因为这样的排除正好游走在宪法强制力的边缘，并陷入邪恶的种族主义的深渊"）.

② Boyle, *Arc of Justice*, at 226-227.

③ *Id.* at 243.

④ 《芝加哥保卫者报》是芝加哥出版的黑人报纸。*Id.* at 1.

⑤ *Id.* at 227-228.

⑥ *Id.* at 227-228. 这封信是 1925 年 10 月 2 日由 N. K. 麦吉尔寄给怀特的，见全国有色人种协进会文件第 1114 框第 2 卷第 5 部分。

布斯（Eugene Debs）案①、怀尔德·比尔·海伍德（Wild Bill Haywood）案②、利奥波德和罗卜案③以及"猴子审判"中的约翰·斯科普斯（John Scopes）。④ 基于此，约翰逊马上想知道达罗是否愿意代理底特律这些被告的可能性。10月7日，约翰逊给位于芝加哥的达罗的办公室发了一封电报，电报在简要描述斯威特案之后，这样写道：

> 案件事关涉及全国的种族歧视重大问题，全国有色人种协进会已介入，该案有待联邦最高法院解决。
>
> 这个问题对美国黑人公民权利的宪法保障提出最高挑战。
>
> 辩护需要国内著名的最有才能的律师，只有这样我们才有可能保证谁愿意接手此案。
>
> 如果您考虑清楚愿意接手此案，请给我们回电报。⑤

第二天，达罗的秘书通知约翰逊说，达罗正在纽约拜访自己的朋友亚瑟·格菲尔德·海斯（Arthur Garfield Hays），他们两人在3个月前曾一起代理过斯科普斯案件的审判。当天晚些时候，约翰逊立即安排在曼哈顿海斯的家中与达罗见面。

于是，约翰逊、怀特、全国有色人种协进会法律委员会主席亚瑟·斯平加恩（Arthur Spingarn）和斯平加恩的法律合伙人查理斯·斯图丁（Charles Studin）一起来到海斯家，希望能说服68岁的达罗接手斯威特案。⑥ 斯平加恩口若悬河讲了案件事实及其重要性，后来，达罗是这样描述他对斯平加恩的讲述的反应的：

---

① 在成为工人和刑事被告的代理律师之前，达罗曾在芝加哥法律部门和芝加哥及西北铁路公司工作过。1894年，制造火车卧铺车厢的工人举行罢工。美国铁路工会主席尤金·德布斯要求工会成员联合起来，不再生产卧铺车。这时候，达罗意识到，与铁路一方相比，自己更靠近工会一方，于是，他辞去了芝加哥及西北铁路公司的工作，成为德布斯的一名律师。联邦法院发出禁制令，要求所有铁路工人重返工作岗位。但工人们拒绝了，于是，法院认为德布斯违反了禁制令，将其传讯。Boyle, *Arc of Justice*, at 233. 最后，达罗和 S.S. 格雷戈里一起成功击破了对德布斯的指控。尽管对德布斯的一审是无效审判，但在二审中，陪审团宣告他有罪，并判处6个月监禁，美国联邦最高法院确认了陪审团的裁判，In re Debs, 158 U.S. 564 (1895). See Clarence Darrow, *The Story of My Life* (1932), at 57-73.

② 1906年，西方矿工联合会一名著名的工人运动组织者怀尔德·比尔·海伍德被指控谋杀弗兰克·R·斯提尼博格（Frank R. Steunenberg），后者是爱达荷州工人运动的前组织者，1905年在家门前被炸弹炸死。有一名叫哈利·查德（Harry Orchard）的人因被怀疑杀害斯提尼博格而被捕，但他声称，为了报复斯提尼博格让麦金利主席动用联邦军队对科伦达地区的罢工矿工进行镇压的行为，海伍德和另一名联合会官员雇用他，让他杀死前组织者。在此次谋杀审判中，达罗担任首席律师，法庭最终宣判海伍德无罪。See Darrow, *The Story of My Life*, at 127-156; see also J·Anthony Lukas, *Big Trouble: A Murder in a Small Western Town Sets off a Struggle for the Soul of America* (1977)（该书讲述了谋杀、审判及当时的社会背景）.

③ 1924年，南希·利奥波德和理查德·罗卜被指控在芝加哥谋杀14岁的鲍比·弗兰克斯。在该案中，控方的证据是压倒性的，达罗同时代理两位当事人。在早上审判开始时，控方指控被告谋杀，达罗将辩护的重点放在，通过让卡维利法官分享被告的生活经历，判他们终身监禁。最终，他成功了。关于他在法庭上的精彩辩护，*Attorney for the Damned*, edited by Arthur Weinberg (1957), at 19-87. See also Darrow, *The Story of My Life*, at 226-243.

④ 1925年，在斯科普斯"猴子审判"中，达罗和海斯为约翰·斯科普斯提供辩护。斯科普斯是一名高校生物学教师，被指控非法讲授进化论。本案由三次总统候选人威廉·布莱恩担任公诉人。See Darrow, *The Story of My Life*, at 256-278.

⑤ Boyle, *Arc of Justice*, at 229.

⑥ Arthur Garfield Hays, *Let Freedom Ring* 196 (1937).

我找出通常的推辞借口，说我很累而且年事已高，无论身体还是精神都不适合。我知道，当我推辞时，我会接手。我一直对有色人种感兴趣，我一直生活在美国，因为我想这样。很多其他人来到这里，想改善他们的生活条件。黑人的祖先来到这里，因为他们在非洲被抓获并被装进奴隶船运至美国，三百年来，他们一直被强迫辛苦工作而且毫无报酬。最终，他们从奴隶制下获得自由，但获得自由后，在法庭上他们被处以私刑；在法庭之外，他们被绑在木柱上烧死，被驱赶至简陋、肮脏、污秽的郊区和棚屋，所有这些，就因为他们是黑人，或体内流淌着黑人的血。我意识到，即使是在北部，为黑人辩护并不是年轻人的工作，尽管年轻人有这个责任。①

见面结束时，达罗和海斯二人表示，只要当地的辩护律师想让他们参与，他们同意代理奥西恩·斯威特及其他被告。② 接下来，为了计算出财务细节，又花了一周时间。③ 与此同时，怀特返回底特律，与当地律师商讨当前的情形，当地律师同意继续留在辩护团队，但不会将案件的控制权交给达罗。④

为了宣布达罗接手此案，10月15日星期二，约翰逊写了一篇只有1页长的新闻稿，新闻稿中将案件描述为对白人暴徒进行正当防卫而开枪，然后将审判问题与即将到来的联邦最高法院有关限制性协议的案件联系在一起。这一次，基于达罗的知名度，全国性报刊刊登了这篇新闻稿。⑤ 接下来，怀特精心安排让达罗在法院"闪亮登场"，并提出例行动议，以寻求持续两周的审判。达罗在法院的出现引发很多新闻故事，随着他的出现，律师、法官、书记员以及法院工作人员纷纷涌向墨菲法官的审判室，去目睹著名的达罗。墨菲法官许可了达罗的动议，让辩护方准备审判的时间持续至10月30日。⑥ 此次有利宣传之后，约翰逊让人们知道，全国有色人种协进会急需资金来为辩护提供支持，这一次，捐款"蜂拥而至"⑦。

底特律的政治气候也开始发生变化。市长选举计划在11月3日举行，三K党也曾发起恶性运动反对现任市长约翰·史密斯。为了回应，史密斯"将三K党作为自己的攻击目标"⑧，求助于移民、黑人和工人来展开自己的行动。当史密斯对三K党的仇恨和偏见宣传言论予以攻击时，引起了移民、黑人和工人的强烈反响。⑨

---

① Darrow, *The Story of My Life*，at 302.

② White, *A Man Called White*，at 76.

③ 达罗答应以5 000美元的报酬接手案件（这个数字是他通常代理谋杀案收费的1/10），海斯则是3 000美元。Boyle, *Arc of Justice*，at 239.

④ 最后，还有另外两名辩护律师加入辩护团队，一位是底特律白人律师沃特·尼尔森（Walter Nelson），另一位是芝加哥律师赫伯特·弗里德曼（Herbert Freidman），他也是达罗的同事。Boyle, *Arc of Justice*, at 254；Phyllis Vine, *One Man's Castle：Clarence Darrow in Defense of the American Dream* 166 (2004).

⑤ Boyle, *Arc of Justice*，at 241-243.

⑥ *Id*，at 242-243.

⑦ *Id*. at 246.

⑧ *Id*. at 251.

⑨ *Id*. at 249-253.

10 月 16 日，达罗首次与自己的当事人会面。在此之前，他已经花时间从怀特那里了解到一些案件的事实。在案件的一个关键点上，达罗曾问怀特："被告向暴徒开枪了吗？"对此问题，怀特开始时极力回避，但最后承认，他个人认为被告开枪了。对于这一回答，怀特很担心达罗会重新考虑是否接手案件，但现在他放心了，因为对于被告开枪这件事，达罗不仅未过于关注，而且这样回答道，"如果他们没有勇气去开枪捍卫自己的生活，就不值得辩护"①。

在与当事人会面期间，当当事人描述那天晚上在斯威特家发生了什么事情时，达罗听得非常认真。他"小声告诉他们，要他们承认开枪，而不是墨守警察讯问那晚他们虚构的不真实的故事；并平静地向他们保证，即使他们向人群开枪，他们也会在审判中获胜。这一非凡礼物产生的共鸣在著名白人律师与 10 位陷入绝望的黑人之间架起一座桥梁"②。很明显，达罗和海斯将不会考虑罗丽特认为是最有利的争辩，即控方不会证明谁开了致命的一枪，相反，他们关注的重点是，无论是谁开了致命的一枪，住在屋里的人基于防卫自己的需要向暴徒开枪是正当的。③

对于任何刑事辩护律师而言，只有两周时间准备应对一级谋杀案是很难想象的，除非你是达罗。在准备期间，达罗从怀特那里突击学习了美国的种族暴力知识，其中包括约翰逊对 1919 年华盛顿暴乱的概括总结、怀特自己对塔尔萨暴乱的描述以及全国有色人种协进会关于 1924 年对黑人处私刑的报告。此外，怀特还向达罗介绍了全国有色人种协进会反对种族隔离的斗争及即将面对的限制性协议的挑战，并介绍了本案中路易斯·马歇尔（Louis Marshall）的概况以及 W. E. B. 杜波依斯的文章，文章是关于种族歧视与控制房地产市场者丰厚的不动产利益之间的关系。④

与此同时，考虑到他们是否应要求让每一名被告分别审理，及如何使共谋和一级谋杀的指控相分离，海斯进行了法律文献检索并设计出策略性的法律争点。海斯的法律文献检索工作从之前罗丽特提出的动议被驳回开始，还重点关注了 1860 年密歇根高等法院对庞德诉人民案的裁决，密歇根高等法院在裁决中指出，即使在未准确理解暴徒意图的情况下，人们也可以捍卫自

① White, *A Man Called White*, at 76-77.

② Boyle, *Arc of Justice*, at 244.

③ *Id.* at 254-255. 在海斯的自传中，他是这样描述与当事人会面的情形的：

我们已经得出结论，唯一的辩护就是坦白交代，把整个事件和盘托出，并且平静地表达出来。但是，我们的当事人看起来有些让人不可捉摸，没有人愿意说话。我们让他们一个个分别讲整件事情的经过，他们的说法并不完全一致。乔·马克曾坚持认为，在当时激动的时刻，他将自己锁在浴室洗澡，而这看起来不可能是真的。而且，每个人又说，不知道其他人在哪里，也不知道他们在做什么。这些都是他们向警察的陈述，我们的当事人基于人性的要求去支持自己原创但愚蠢的故事。之后，他们似乎感觉到，尽管我们告诫他们说实话，但如果我们并不知晓多少事实，我们或许会感到欣慰……但最后，我们逐渐向他们表明，我们真的需要知道整个事件的真相，只需要真相，而这才是辩护可以唯一依赖的希望。

Hays, *Let Freedom Ring*, at 199.

④ Boyle, *Arc of Justice*, at 255.

己的生命和家庭，这里只需要有合理恐惧即可。① 这样一来，达罗就有了强大的先例来支持自己的辩护理论。

不像很多成功的律师那样，达罗在审前准备中表现出的个人风格显得并不那么具有计划性和逻辑性：

> （达罗）不需要精心准备。当他利用自己 40 年的宝贵经验，确信自己可以使法庭震惊时，他不需要精心准备。当他知道，总会有方法使陪审团释放自己的当事人时，他不需要精心准备。当他努力将审判变成自己一生所从事的反对既有秩序的又一场战役时，他不需要精心准备。只要对案件及其内容有感觉，再加上自己的智慧、巧妙处理及无与伦比的说服能力，这就足够了。②

大多数律师，即使是有 40 年经验的律师，也不具有达罗成功运用的那些技巧和超凡魅力。除此之外，达罗通常会有如海斯这样的合作律师，他的合作律师更加关注细节、更加认真准备。

1925 年 10 月 30 日，星期五，开始进行陪审团选任。③ 由于墨菲法官承诺给被告一个公平的审判，因此，他欣然同意了辩护方提出的根据法定事由向陪审员进行解释的请求。④ 此外，根据密歇根州的法律，被指控谋杀的每一名被告均有权提出 30 项有因回避，而且，在当时，律师可以自由决定是否提出这种回避。由于达罗同时代理全部 11 名被告，因此，他就有权提出惊人的 330 项有因回避。⑤

开始时，墨菲法官传唤了全部 120 名陪审员，其中的 65 名来到法庭。⑥ 法庭里坐满了旁听者，首席检察官罗伯特·托马斯（Robert Tomas）⑦ 开始了预先审查。托马斯缓慢而认真地向陪审员提问，就这样，一上午时间过去了。到了下午 3 点，托马斯宣布，他对包厢里的 12 名陪审员很满意。接下

---

① Pond v. People, 8Mich. 150, 1860 WL 2630 (1860). 在该案中，法院首先指出，"与其他所有案件一样，这里的合理理解是充分的"。1860 WL at 16. 接下来，法院这样进行解释：

已有判例规定，根据防卫的本质特点，尽管暴乱本身不一定是重罪，但私人仍可以有效镇压暴乱或抵制暴乱者。防卫的本质要求，三个或更多的人结合在一起，为了实现恐吓他们的目标。在这种情况下，私人镇压他们的暴乱或保护自己即使杀死他们，也是正当的，原因在于，这是每个人为了获得和平所享有的权利。如果认为个人的重罪尝试会激起暴乱者的疯狂行动的话，好像还没有一个案件产生这样的情况。哪怕是极其有限的人性知识，也可以充分告诉我们，当人们联合起来去对他人及他人的财产侵害时，人性会产生激动和抵抗，在这种情况下，行为人不会半路返回，也不会仔细考虑重罪与轻罪的分界线。但是，当行为人的行为构成重罪并具有暴力特征时，很显然，就需要通过强制性方法去对他们进行有效镇压，在这种情况下，任何人基于保护自己、自己的家庭及财产所采取的行为都是正当的。

Id. at 16.

② Boyle, *Arc of Justice*, at 256.

③ 就在审判开始前，怀特了解到，查尔斯·格兰德的美国公共服务基金已经决定向全国有色人种协进会法律辩护基金提供首批资助基金。美国公共服务基金同意提供 5 000 美元作为斯威特案辩护的费用，而且，只要全国有色人种协进会自己募集到 3 万美元，它将另外提供 1.5 万美元给法律辩护基金会。Boyle, *Arc of Justice*, at 257.

④ 在某一特定案件中，如果潜在的陪审员显得不能做到公正，每一方当事人都可以要求法庭"根据法定原因"向陪审员作出解释。在决定是否许可这些要求时，法庭有很大的自由裁量权。See, e. g., Mu'Min v. Virginia, 500 U. S. 415, 428 (1991)（该案指出，法庭对陪审员公平的发现可以因"明显错误"而推翻）.

⑤ Boyle, *Arc of Justice*, at 261.

⑥ 实际上，墨菲法官还另外传唤了 65 名陪审员。*Id.* at 260.

⑦ 在莱斯特·莫尔（Lester Moll）和泰德·肯尼迪（Ted Kennedy）的协助下，托马斯代表州提起公诉。

来轮到达罗，他声音轻柔而亲切，向陪审员询问了他们的背景和宗教信仰问题。他问陪审员，如果他们有自己的家，假如黑人搬进他们生活的社区，他们有何感受。① 还问到，人是否有权捍卫自己的家免受暴徒攻击。最后，达罗问陪审员，他们是不是诸如三K党这般的秘密组织的成员。② 毫无疑问，根据法定事由，对上述问题回答"是"的陪审员被罢免。

在星期五接下来的时间及星期六一整天，达罗继续进行预先审查。到了星期一，达罗还剩下307项提出有因回避权，这时他宣布，他对在座的陪审员非常满意。接下来，托马斯利用剩下的时间先是根据法定事由去掉15名陪审员，又利用有因回避去掉另外9名。星期二是市长选举日，25万选民投票的结果是，约翰·史密斯以相当大的优势战胜三K党候选人取得胜利。到了星期三上午，托马斯继续进行预先审查。轮到达罗预先审查时，他根据法定事由仅仅去掉1名陪审员（这个人承认自己是三K党成员），并且宣称，自己对陪审团很满意。③ 这样一来，最终的陪审团就由12名白人组成。④ 当陪审团宣誓时，达罗这样说道："案件现在或者输或者赢，其他的只是装饰而已。"⑤

由于很清楚达罗在海尔伍德案和斯科普斯案的审判中是如何应对夸张的对手的，因此，托马斯并不想参与达罗知道该如何有效应对的戏剧表演。相反，他在对达罗表现出"最大限度尊重"⑥ 的同时，很认真、很有计划地呈现自己的案件，而这可能是每个人应对达罗时的英明之举：

> 怀特这样描述一名主操作手对另一名主操作手工作的敬佩："他是我见过的最让人吃惊的人，他使……法官、书记员及所有旁听者都跟着自己。由于三K党的强势，大多数陪审员都渴望就职，而他总是能说出一些滑稽的语言，使整个法庭哄堂大笑，这样一来，所有的紧张立即缓解。"⑦

在托马斯的开场陈述中，很明显，他计划向法庭提供与预审中同样的理论，即：开枪射击时，格兰德家周围并没有暴徒，因此，开枪不具有正当性。对此，海斯这样描述：

---

① 后来，海斯这样写道：

当有人向陪审员候选人问道，如果黑人买了他居住社区的房子，他有何感觉时，确保陪审团不偏不倚的困难已经非常明显。对于上述问题，陪审团候选人无一例外地回答，他们知道黑人有自由居住权和自卫权，但在给出答案时，他们似乎在质疑这种权利在实践中的正确性。一般而言，他们似乎赞同后来由检察官表明的见解：人们有很多自己自愿放弃的权利。在妇女占到座位之前，人们有权在公共汽车上占座位。人们有权穿着泳装参加舞会（尤其当他是主人时），有权把脚放在桌子上或在客厅脱鞋。但是，我们不会这样做，因为它不符合实践。无论是陪审员候选人还是检察官，似乎都没有意识到，有些权利是人们无法放弃的，无论什么代价，如生存权、拒绝受到威胁的权利。

Hays, *Let Freedom Ring*, at 200 – 201.

② Boyle, *Arc of Justice*, at 259.

③ *Id*. at 260-266.

④ 这12名陪审员包括两名退休男人、一名保不住饭碗者和9名工人，9名工人中有工厂工人、油漆工、电工和公交车售票员。尽管他们大多不是移民，但都在某种程度上与移民有关联。*Id*. at 266-267.

⑤ Irving Stone, *Clarence Darrow for the Defense* 478 (1941).

⑥ Boyle, *Arc of Justice*, at 268.

⑦ *Id*. at 265-266.

控方描述的画面是：在一个夏天的晚上，一个宁静的生活社区，斯威特家位于社区的一个角落，斜对面就是院落宽敞的中学。斯威特家对面和街道两边是一些小木屋，屋里住着单纯、友好的人们——男人大多是机械工，女人是家庭主妇，负责照顾孩子们。到了傍晚，人们坐在门廊上，享受着凉爽的空气，相互拜访或聊天，偶尔会有一些人沿着街道漫步，还有一些人去往角落的杂货店，各处还停着一些车。当然，有黑人搬进角落房子居住的消息引起了人们的兴趣，但有 6 名警察在各处看守，使人们不能在斯威特家前面或边上走动，因此，社区的和平、宁静得以维持。但突然之间，让人意想不到的是，无缘无故的情况下，房子后面、边上及前面连续传来阵阵枪声，正在戴夫（Dove）家门口对面跟一群人聊天的莱恩·布雷纳被杀死，被运走时，他的嘴里还衔着烟斗。①

为了证明上述事实，托马斯计划叫来 20 名警察和 41 名住在社区的居民，这些人经过认真挑选并准备否认暴徒的存在。②

但是，在控方传唤证人之前，海斯要求控方提供一份详情诉状，并在详情诉状中准确阐明控方想要证明的内容。托马斯坚持想要证明，11 名被告之间存在共谋，他们都同意由其中的一人或多人开枪射击。此外，托马斯还告诉法庭，由于其中一名被告瞄准射击，或在其他被告的教唆下进行射击，才导致布雷纳死亡。③ 为了应对控方，海斯后来提出一项辩方动议。

在控方进行开场陈述后，辩方有权立即给出自己的开场陈述，但基于一些不为人所知的原因，辩方决定等待并在控方出示证据后再进行开场陈述。在大多数案件中，将辩方开场陈述的时间延期至控方呈现案件之后的策略方法并非明智之举。原因在于，陪审团已经听到控方的理论，之后，在辩方面前呈现的所有证据都能以具有说服性、连贯性的方法来向陪审团解释控方的理论和主题。与之相反，强有力的辩方开场陈述则可以让陪审团知道案件还存在另一方，通过辩方的理论，陪审员会在心中对控方证人的证言仔细考虑。

在开场陈述之后，托马斯立即传唤控方的证人上场。首先出场的是一名社区居民，他曾在太平间辨认布雷纳的身体；接着是验尸官，他证明，布雷纳被一颗从后背射向前面的子弹射死。之后，托马斯叫来了舒克内希特督察，他证明，9 月 9 日晚，有 10 名警察与他一起在斯威特家。接下来，托马斯这样向舒克内希特督察询问：

问：当你到达现场时，没有人在哪里吗？你到达的时间大约是 7：30 分，是吗？
答：街上有人，但他们只是在走动，并没有人群聚集在一起。
······ ······
问：你看到有人拿着棍棒或其他武器吗？
答：没有，任何时间都没有。
问：8：15 分前后，发生了什么事？

---

① Hays，*Let Freedom Ring*，at 201-202.
② Boyle，*Arc of Justice*，at 267-268.
③ Hays，*Let Freedom Ring*，at 202-203.

答：突然，从斯威特家的窗户传来一阵枪声。

问：你看到了什么？

答：我看到有枪亮出。

问：有多少枪？

答：大约十五或二十枪。①

舒克内希特继续描述到，枪声之后，他进入斯威特家，屋里没有开灯，他在屋里发现了步枪和手枪。按照舒克内希特的说法，屋里的家具很少，只有几把椅子、一张小桌子和几个床垫。② "那是一种不祥的情景，11 名重型武装的黑人藏在空荡荡的房子里，伺机等待从事罪恶的行动——从舒克内希特的位置返回后，托马斯一直不停地徘徊，然后走向律师席……"③ 在辩方的交叉询问中，达罗问舒克内希特，他是否走到斯威特家外面的旁观者面前问他们为何在这里？他是否明白水厂公园改良协会的真正意图？询问最后，舒克内希特承认，在斯威特家卧室前面，他发现了一块小石头，地上还有一些碎玻璃，石头可能是从外面扔进窗户的。④

其他作证的警察进一步证实，他们告诉过斯威特一家，他们在这里会保护斯威特一家，如果发现有可疑之处，一定要告诉他们。另外，他们还描述了斯威特家几乎没有家具的房子，以使这一情景深深印在陪审员的脑海。⑤ 在交叉询问中，这些警察拒绝如舒克内希特那样向达罗作出重大让步。

外行证人基本上重复了与警察同样的故事，他们中有人时不时还支支吾吾。例如一名叫德怀特·哈巴伯（Dwight Hubbard）的证人，当向他询问发生了什么事时，刚开始他忘记了正本，而是说，"有很多人和警察……"这时他停下来进行纠正，"我不是说有很多，而是不少——"他又停下来，最后说，"那里有一些人，警察正让他们离开，突然传来一阵枪响"⑥。在交叉询问中，达罗自信地强调，这名证人是如何经过训练的。

问：当你开始回答时，你说看到一大群人在那里，不是吗？

答：对。

问：接着你改成一群人，不是吗？

答：对。

问：后来你又说一些人，是吗？

答：没错。

问：你知道你是怎样改变想法并快速削减数字的吗？

答：不知道。

问：上述内容，你已经说过很多遍，不是吗？

① *Id.* at 204-205.

②③ Boyle, *Arc of Justice*，at 269.

④ *Id.* at 275.

⑤ *Id.* at 269-270. 在这里，控方没有介绍的是，就在当天，斯威特一家买了家具，他们买了一套起居室配套家具、几把椅子，还给搭伙者买了两套卧室家具。*Id.* at 30.

⑥ *Id.* at 271；1925 年 11 月 11 日哈巴伯的证人证言。

答：不是。

问：有警察和你说过上述内容吗？

答：只有莱特·约翰逊，如果你视他为警察的话。①

问：我猜他做过这样的事……他跟你说过多少次？

答：一次。

问：刚开始时，你忘了你应当说一些人，不是吗？

(托马斯对此提出异议，墨菲对异议予以否决)

问：当你开始回答(托马斯的)询问时，你忘了说一些人，而是说很多，对吗？

答：没错。②

爱德华·维特劳弗（Edward Wettlaufer）住在斯威特家周围的角落，他作证指出，当枪响时，他就在斯威特家外面，看到布雷纳倒在地上。而且，他无意中说出，在枪响之前，他听到玻璃破碎的声音。③ 除了几个类似这样的失误，控方的一位位证人基本上重复着相同的故事。

在对这些外行证人的交叉询问中，达罗指出了几个重点。例如，在询问水厂公园改良协会的成员埃本·德雷伯（Eben Draper）时，达罗向陪审团展现了该协会的真正目的及规模。

问：协会是何时成立的？

答：很久以前就成立了。

问：你第一次听说一个黑人家庭搬入社区是在什么时候？

答：也是在很久以前。

问：黑人家庭搬入社区与你加入协会有关系吗？

答：可能有吧。

问：有关系吗？

答：有。

问：你加入协会的目的是保持社区是白人居住区，是吗？

答：对。

问：在学校举行的会议上，提到使黑人远离社区了吗？

答：对，提到了。

问：有多少人出席那次会议？

答：700人。④

在对阿尔弗雷德·安德鲁斯（Alfred Andrews）的交叉询问中，当问及水厂公园改良协会举行的会议时，达罗向其询问了会议上的演讲问题。

问：他向你谈到过发生在社区的暴乱吗？

答：谈到过，他告诉我们，一位叫特纳医生的黑人在斯波坎大街买了房子。

---

① 约翰逊是负责调查的侦探。

② Boyle, *Arc of Justice*, at 277-278.

③ *Id.* at 272-273.

④ 有关埃本·德雷伯的证词记录，可参见http：//www.law.umkc.edu/faculty/projects/ftrials/sweet/transcriptexcerpts.HTM。

问：他说他的组织会让特纳离开，是吗？

答：对。他说，他的组织不会让黑人住在他们社区，他们会与我们联合起来把黑人赶出去。

问：人群为他鼓掌欢呼？

答：对。

问：你鼓掌了吗？

答：当然。

问：现在，你的想法仍是如此吗？

答：对，从未改变。

问：黑人也有某些权利，你知道吗？

答：知道，我赞成通过法律手段使斯威特一家离开。

问：演讲者提到法律手段了吗？

答：没有，他是一个激进分子，我本人则不相信暴力。

问：在五百名或者更多的听众中，有人对演讲者提倡的暴力提出反对吗？

答：不清楚。①

雷·戴夫（Ray Dove）就住在斯威特家对面，他证实，9月9日晚，斯威特家外面聚集的女人和孩子比男人要多。在交叉询问中，达罗让他承认了如下事实：

问：你估计过人群中女人和孩子的数量吗？

答：没有。

问：由于控方问过这样的问题，所以你认为，你这样回答会比较安全，是吗？

答：不，不是这样。

问：斯威特家外面有人群吗？

答：没有。

问：有动乱吗？

答：没有。

问：你加入相关组织或协会了吗？

答：（未回答）

问：未回答上述问题，你有理由吗？

······ ······

问：你是何时听说斯威特买了社区的房子？

答：在他搬进来之前相当一段时间，我从社区居民那里听到传言。

问：相当多的讨论？

答：对，我想是这样。

问：讨论是在他搬进来之前多久开始的？

答：六周或两个月。

问：你从所有的社区居民那里听说的吗？

---

① 有关阿尔弗雷德·安德鲁斯的证词记录，可参见http：//www. law. umkc. edu/faculty/projects/ftrials/sweet/transcriptexcerpts. HTM。

答：对，他们中的两个、三个或四个人。

问：你与自己的妻子讨论过此事吗？

答：当然。

问：你不想他搬进社区吗？

答：我并不歧视他们，但我不信白人和黑人能混住在一起。

问：因此你不想他搬进社区，是吗？

答：不，不是这样……①

证人乔治·撒普斯（George Suppus）和里克·亚瑟（Ulric Arthur）都只有13岁，达罗通过询问让他们承认，四五个孩子曾向斯威特家扔石块，而且，他们听到玻璃破碎的声音，不久之后就传来枪声。② 其他证人也承认听到小石块砸向房子的声音，正如海斯后来所描述的那样：

> 一位证人听到，就在枪响之前，不时传来咕咚声，就像石块扔向房子的声音，还有窗户玻璃的破碎声。石块的尺寸是多大呢？直径大约两英寸，就像桌子上那些一样（这里指展示的证据），这些石块和水泥块是第二天从屋顶和院子里捡到的。达罗拿起其中一块展示给证人看，当石块落在地板上时，响声很大。③

在控方呈现案件的最后，达罗已经揭示出控方证人证言之间的矛盾，并且证实，控方对案件事实的叙述有违常识。对此，后来他在自传中这样写道："如果律师让陪审员相信奇怪或荒谬之事，陪审员就不会太信任该律师，这并非对陪审员心理状况的恭维，而是他们大多数人都有常识……"④

11月14日，星期六，托马斯暂停控方案件。就在此时，海斯转而驳回指控。⑤ 审判开始时，为了应对辩方要求提供详情诉状的行为，托马斯将控方的重点放在共谋理论上。而现在，（在陪审团未出席的情况下）辩方则指出，控方并未提供被告共谋将莱恩·布雷纳杀死的证据。海斯指出，控方的所有证据，包括房子里的人数、房子里没有家具、枪支武器等，正好与被告人无罪相吻合。在海斯争辩期间，法庭有位婴儿在哭，墨菲法官问道："谁把那孩子带到这里？"辩方回答道："那是斯威特的孩子，我们把她带到这里作为例证。假如那天晚上她也在屋里，她也一样会被逮捕，并面临如被告一样的指控。"⑥ 当天晚些时候，尽管有被告戏剧性的煽情和慷慨激昂的辩论，但墨菲法官并未支持被告提出的驳回指控的动议，并让陪审团重返法庭。⑦ 尽管如此，辩方的争辩似乎对控方产生一定效果，原因在于，星期一上午，托马斯悄悄告诉达罗和海斯，他愿意降低对斯威特夫人的指

---

① 有关雷·戴夫的证词记录，可参见http://www.law.umkc.edu/faculty/projects/ftrials/sweet/transcriptexcerpts.HTM。

② Boyle, *Arc of Justice*, at 278-279.

③ Hays, *Let Freedom Ring*, at 211.

④ Darrow, *The Story of My Life*, at 427.

⑤ Boyle, *Arc of Justice*, at 282-284.

⑥ Hays, *Let Freedom Ring*, at 212-214.

⑦ Boyle, *Arc of Justice*, at 286.

控。得知这一消息后，斯威特夫人提出抗议，说自己并不需要什么优惠待遇。其实，作为控方，本可以选择在审判之前或审判期间撤回指控且不需要被告的同意，但很明显，鉴于斯威特夫人的异议，托马斯并不愿意这么做。①

接下来，海斯开始了辩方的开场陈述，而且，他的开场是强有力的：

> 本案的辩护方要时不时面对含糊其辞和逃避，并要予以承认。我们并不为我们的当事人感到羞耻，我们也不会向他们表示歉意。我们是美国公民，陪审员们是美国公民，他们也是美国公民。每位陪审员都承认，所有的美国公民都具有平等的权利，基于被告享有的法律权利，我们开始我们的辩护。之所以这么说，是因为我们深知，人的生命神圣不可侵犯，而且，与控方一样，我们也对痛失亲人的死者家庭深表同情。②

之后，他介绍了正当防卫权的历史背景：

> 在盎格鲁-撒克逊的历史中，正当防卫权已经由来已久，并在查塔姆勋爵的古老措词中有很好的表述：

> 哪怕最贫穷的人，在自己的村舍小屋里，也可以对所有王权强制提出挑战。这种挑战很脆弱，穷人的屋顶或许处于摇摆之中，风可以进，暴雨可以进，山羊可以进，但英格兰的国王不能进，他的所有权力都不能越过穷人破房子的门口。③

紧接着，他进入辩方案件的核心：

> 尊敬的陪审员，已经有人将发生在9月9日那天故事的部分内容告诉你们，故事是以房子外面的人所见为视角。基于职责需要，我们很乐意从位于格兰德大道和沙勒沃伊大街那栋小房子内部的角度向你们呈现案件事实。案件事实中涉及的11名黑人，躲在黑人种族历史的背后，被自己种族从那些本该是自己兄弟姐妹和保护者的人那里遭受到的令人毛骨悚然的不文明对待所感染。也就是说，我们不仅会呈现房子里发生了什么，还会尝试一项极其困难的工作，即在法庭冰冷的气氛中再现这些被告人的心理状态，再现他们的担心、怀疑、痛苦及明显的陷入绝境，这种心理状态由他们种族其他人的遭遇所引起，这种遭遇不仅发生在他们的祖先曾经是奴隶的南部，甚至发生在曾一度为他们自由而战的北部。

> 我们认为法律应当是这样的：一个人仅仅因为恐惧而开枪是不正当的，但如果他基于合理的背景而感到恐惧，在这种情况下开枪就是正当的。换句话说，人必须将自己置于合理人的位置，但合理人并非虚构出来的，而是有生活背景、有上天赋予的肤色的人。问题不在于，在一个白人城市，在某种情形下，白人会怎么做，恰恰相反，问题在于，一个

---

① Id. at 286；Hays, *Let Freedom Ring*, at 214.

② Hays, *Let Freedom Ring*, at 214.

③ Id. at 214-215.

有色人种，一个合理的有色人种，他知道因为自己的肤色受到的歧视，知道如果搬入社区，那里的人们会炸掉他的家并杀死他；知道成立了一个组织（也叫改良协会），该组织的目的就是要将其驱逐出去；知道当暴徒握有权力时会对并已经对有色人种做了什么；知道历史和心理学，对呈现在他们面前的事实深深理解并感到恐惧。①

然后，海斯又讲了奥西恩·斯威特的故事②以及那天晚上，根据屋里人的预测，外面发生了什么。他描述到，斯威特联想到自己以前所见所谓的事实，并联系到自己读过的美国发生的对黑人的暴力侵犯事件，因此，当暴徒聚集在他家外面时，他正想些什么。③

接下来，辩方开始传唤自己的证人。④ 证人塞雷纳·罗谢尔和埃德娜·巴特勒是格兰迪斯的朋友，他们描述了枪击发生前的那个晚上他们在斯威特家度过的情形，包括外面进行攻击的人群。证人菲利普·阿德勒（Philip Adler）是《底特律新闻》的一名白人记者，据他估计，在枪击发生前的几分钟，斯威特家前面聚集的人群大约在"四五百之间"⑤。斯波尔丁夫妇（the Spauldings）是一对黑人夫妇，在枪击发生前他们正开车前往附近的街道，描述了自己看到的斯威特家外面聚集的人群。詹姆斯·史密斯（James Smith）是一名黑人，在枪击发生后，他与叔叔开车外出，正好遇到警察设置的路障，他的证言证实，"相当多的暴徒"是如何猛攻他的车并将挡风玻璃砸碎的。另一名黑人查理斯·肖弗纳（Charles Shauffner）描述道，当他开车进入社区时，在他将车启动并驶离之前，一名暴徒挤进车里，还有人用砖击打他的头。他说，看起来有"五千人"聚集在那里。⑥

证明暴徒的存在及本质之后，海斯叫来奥西恩·斯威特医生作证。根据宪法规定，斯威特医生享有拒证权，但考虑到辩护方的理论和海斯的开场陈述，可以说，斯威特的证言绝对关键。在开场陈述中，海斯已经对决定开枪时斯威特的想法进行过描述，而能有效证明这些内容的证人只有斯威特。在开场陈述中，一旦某一方当事人告诉陪审团他将向法庭呈现某种证据，那么，如果想获得陪审团的信任，律师就应当这么做，这也是对律师而言，为什么在开场陈述中他们探讨的每个关键点都必须要有证据支撑的原因之一。如果未呈现这样的证据，至少来说，律师必须在终结辩论阶段作出解释，而且，对方律师可能会提醒陪审团，这样的律师在开场陈述

---

① *Id.* at 215-216.

② 在海斯的开场陈述中，有一处不和谐的地方，就是他让奥西恩·斯威特"站起来，以便陪审团能看到他"，这些话与对奴隶制的回忆相去甚远。*Id.* at 217.

③ Boyle, *Arc of Justice*, at 287.

④ 就在此时，达罗正在出色地点燃法庭的情绪。例如，辩方传唤证人来证明斯威特夫人的性格特征。而在当时，这样的证人只能根据人在特定团体中的声誉来证明。一名这样的证人证实，"他从未听有人说过斯威特夫人的声誉"。而当控方对这样的证言予以回击时，"辩方对控方回击的感叹正好是证明斯威特夫人名誉的一种方法，而且这一方法很具有娱乐效果"。Hays, *Let Freedom Ring*, at 229.

⑤ Boyle, *Arc of Justice*, at 287.

⑥ *Id.* at 287-288.

中未履行承诺。①

作为一名受过高等教育的医生，斯威特是所有被告中最能言善道、最可靠的一位。斯威特必须知道，他在作证过程中表现如何可能直接决定着审判的结果。海斯将斯威特要讲的故事做了认真发展，带领他回顾了自己的生活历程，并展示了海斯在开场陈述中已经描述过的事实。② 之后，海斯让斯威特描述"自己印象最深刻的种族事件"③。于是，斯威特叙述了弗雷德·罗谢尔之死、华盛顿暴乱期间他亲眼见证的打人事件以及他听说过的所有种族暴力故事。对此，托马斯提出异议，而达罗认为，斯威特叙述的内容与案件相关，因为"与种族有关的一切都反映了它的行为"④。墨菲法官未支持异议，允许斯威特作出回答。⑤

在对种族暴行进行长篇细致的描述之后，海斯开始带领斯威特回到枪击发生之夜位于格兰德大街 2905 号的那个地方。在海斯的指引下，斯威特描述道，卖房给他的那位女士曾打电话警告他，她收到一个电话，电话中说，如果他们之间的买卖继续的话，她和斯威特都会被杀死，房子也会被炸掉。⑥在此之后，斯威特描述了他是如何于 9 月 8 日搬进房子的，也承认了准备有枪支、弹药。他告诉陪审团，有些武器是别人给他的，只有 3 把枪是他用准备参加医学会议的钱买来的。⑦ 海斯让斯威特介绍了枪击发生当晚留在房子里的人，并总结了斯威特的证言，如下所示：

> 当晚留在房子里的人有约翰·拉廷和亨利·斯威特，两人都是威尔伯格斯大学的大四学生，曾住在米切尔家。他们希望留在斯威特医生这里四五天，之后就回学校。而且，两人都在预备军官训练队服役。屋里还有莫里斯·穆雷，他一直在斯威特房子周围干零活儿，并粉刷了斯威特的办公室。乔·马克一直给斯威特开车，也在房子里。还有斯威特的弟弟奥蒂斯·斯威特，他是一名牙医，一直住在米切尔夫人家⑧，也想与哥哥生活在一起。威廉·戴维斯是一名联邦麻醉官员，也住在斯威特

---

① 当然，在刑事案件中，控方在做如此争论时必须格外小心，以免陷入"证明责任转移"。在刑事案件中，对于公诉方而言，争辩被告有义务证明自己无罪这种做法是不正确的，而且经常构成可撤销判决的错误。See generally In re Winship, 397 U. S. 358, 364 (1970)（"除非公诉方的证明超出犯罪嫌疑人被指控的犯罪构成所需的每个事实的合理怀疑，否则，正当法律程序将保护被指控者免于被宣告有罪"）. 在刑事案件中，当控方通过对被告辩护失败之处作出评论进行证明时，也会涉及可撤销判决错误的风险。根据宪法第五修正案的规定，每一位被告都享有不得自证其罪的特权，也就是说，被告享有拒证的宪法性权利。因此，如果控方基于被告在作证中出现的失败建议陪审团对其作出不利推论，通常会构成可撤销判决的错误。See Griffin v. California, 380 U. S. 609, 614 (1965)（该案指出，宪法第五修正案既禁止控方对被指控犯罪嫌疑人的沉默予以评论，也禁止法庭指示这种沉默是有罪证据）; see also Chapman v. California, 386 U. S. 18, 24 (1967)（该案将宪法上的无害错误原则适用于控方对被告证明失败的评论，并指出，"在联邦宪法性错误被免责之前，法庭必须坚持这样的信念，即这是超出合理怀疑的无害"）.

② Hays, *Let Freedom Ring*, at 218-220.

③ Boyle, *Arc of Justice*, at 288; Hays, *Let Freedom Ring*, at 220-222.

④ Boyle, *Arc of Justice*, at 289. 尽管现代审判实践将所有询问、对异议的回应以及提出异议限制在每方一名律师对每位证人，但在本案的审判中，并未将此作为规则加以适用。

⑤ Hays, *Let Freedom Ring*, at 226-228.

⑥ *Id.* at 222.

⑦ *Id.* at 223.

⑧ 米切尔夫人是格兰迪斯·斯威特的母亲。

家。戴维斯和奥蒂斯·斯威特是霍华德大学的大学同学，在阿尔贡战斗中，戴维斯作为上尉参加了与法国的战争。[1]

最后三位是保险代理人，也是斯威特的朋友，自愿前来帮助、保护自己的朋友。[2]

接下来，海斯让斯威特描述了 1925 年 9 月 9 日晚当他到家时发生了什么。

问：9月9日晚你到家时做了些什么？

答：我记得的第一件事是，我妻子告诉我，她与巴特勒在电话里谈了一会儿，巴特勒告诉她，自己无意中听到公交电车司机与一名女乘客的谈话，谈话中透露了他们对黑人家庭搬入社区的反应，并且透露黑人家庭会在明晚之前被赶出社区。

问：你第一次观察到外面的情形，是在何时？

答：我们正在打牌，大约八点钟时，有东西砸到屋顶上。

问：之后发生了什么？

答：有人去了窗户那儿，之后我听见说"有人，有人"。

问：然后呢？

答：我跑向厨房，我妻子在那里。屋里亮着几盏灯，我把灯熄灭并且打开门，听见有人喊道，"到前面去闹事，我去后面"。我很害怕，拿了一把枪跑到楼上。不断有石块砸向我们的房子，我倒在床上躺了一会儿。大约十五分钟后，一块石头破窗而入，被砸碎的玻璃落在我身上。

问：接下来发生了什么？

答：大混乱即将迸发，我想这是最好的表达方法。每个人都在屋里跑来跑去，一片嘈杂。有人在喊："有人来了！"其他人说，"那是你弟弟"。一辆车停在路边，我弟弟和戴维斯逃了出去。暴徒们喊道："这里有黑鬼，抓住他们，抓住他们！"当他们冲出去时，暴徒们蜂拥向前了十五或二十英尺，如同人海一般。石头砸得更快了，我跑到楼下，又一个窗户被砸碎。接着有人开了一枪，再接着从楼上传来八声或十声枪响，后来枪声一片……

问：好好想想枪击发生时的情形。

答：当我打开门看到暴徒时，我意识到，我正面临与我的种族在整个历史过程中面临的同样的暴徒。在我脑海中，当时我的背靠着墙，对我面临的情形充满自信。我内心充满莫名的恐惧，如果不了解我们种族的历史，你是无法理解这种恐惧的。我非常清楚，暴徒们以前对我们种族的人做过什么。[3]

在这种情况下，托马斯通过"出人意料的、极具进攻性的交叉询问"来对斯威特展开攻击也就不足为奇了，对于这种交叉询问，斯威特的回应"既保持尊严又鼓舞人心"[4]。例如，在交叉询问中，托马斯向斯威特提出，他在审判中提供的证言与被捕后告诉警察的内容相差甚远，对此，斯威特是这样

① Hays，*Let Freedom Ring*，at 223.

② *Id.* at 224.

③ 有关奥西恩·斯威特的证言，可参见http://www.law.umkc.edu/faculty/projects/ftrials/sweet/transcriptexcerpts.HTM。

④ Boyle，*Arc of Justice*，at 290.

回应的："现在我是宣过誓的，而当时我太激动，恐怕所说的内容被曲解了……"① 最终的结果是，在对斯威特的证言进行攻击方面，托马斯并未取得什么成效。

剩下的证人对案件并不重要。针对被告提出的异议，法庭准许控方介绍亨利·斯威特在警察局所作的陈述，他在陈述中说，自己曾向人群开枪。接下来，辩方传唤了莱夫特内特·威廉姆斯·约翰逊，向其质问他对被告的讯问方法。对此，辩方争辩认为，警察所采取的讯问方法就是要让嫌疑人承认他们并未从事的犯罪。此外，辩方还传唤怀特作证，让他描述"自己对暴徒侵犯行为的广泛调查，而且，他解释道，到处都弥漫着袭击的气息，每位黑人都活在恐怖之中"②。到了 11 月 23 日星期一，证人作证结束了。

第二天上午，终结辩论开始了。莱斯特·莫尔首先开始控方的终结辩论，他花了两个半小时回顾了案件事实并贬低了辩方的理论，将辩方的理论称为"一派胡言"和"废话"③。午饭之后，辩方律师开始进行终结辩论。在辩方的终结辩论中，海斯首先开始，他"对控方的争辩予以尖锐的攻击，有时这种攻击显得漫不经心，而且，他吟诵了哈莱姆文艺复兴时期康蒂·卡伦(Countee Cullen) 的一首诗④，并给出了最终的原则"⑤。考虑到陪审团的组成，海斯的终结辩论不可能特别有效，"这是海斯在审判中最差的表现，对于全部由工人组成的陪审团而言，这太深奥了……太令人费解而无法让人信服"⑥。

之后，达罗开始长达 7 小时的终结辩论，在他的终结辩论中，有时好像在不同的话题之间蜿蜒来回。开始时，他谈到"种族、肤色和信仰在人类制度中的罪孽"⑦ 问题，接着，他将重点直接放在偏见问题上：

---

① 有关奥西恩·斯威特的证言，可参见 Http：//www. law. umkc. edu/faculty/projects/ftrials/sweet/transcrip-texcerpts. HTM。

② Boyle, *Arc of Justice*, at 290.

③ *Id.* at 291.

④ 海斯向陪审团读了下面这首诗：
"曾经骑马奔驰在古老的巴尔的摩
内心充满欢乐
我看到一位巴尔的摩人
站在那里注视着我
"我八岁了还很小
他的年龄也不大
我对他微笑，他却走过来
张开舌头喊我'黑鬼'
"从四月到十二月
我看遍巴尔的摩
看遍那里所有的一切
而我所记得的就是这些。"
Hays, *Let Freedom Ring*, at 230.

⑤ *Id.*

⑥ Boyle, *Arc of Justice*, at 291-292.

⑦ 有关达罗终结辩论的内容，源自密歇根大学本特利历史图书馆用显微胶片保存的全部审判记录，也可参见 Http：//www. law. umkc. edu/faculty/projects/ftrials/sweet/Darrow summl. HTM。除非另有说明，以下所有对达罗终结辩论的引述均来自上述内容。

如果我认为你们中有人会反对我的当事人，我对此并不担心，因为我会说服你，使你信服。让人表明他们的观点是错误的并不难，但若想消除他们的偏见则不大可能。偏见并非取决于事实，而是依赖于向我们灌输的思想，而这种思想早在我们吃奶时就已开始灌输给我们，它们深深植入我们心中，就如同肤色那样不可改变。我并不担心12位陪审员中任何一个人的观点，更不用说案件的证据了，因为我知道，此时此刻在这里的12位，如果你们面对的情况是一群白人为了捍卫自己的家园将一名黑人暴徒杀死，你们就不会离席。我不需要说，不应当逮捕任何一个人，不应当审判任何一个人，你们知道，对此我并不担心。我的当事人在这里，被指控谋杀，但他们之所以在这里的真正原因是因为他们是黑人。

他指出，陪审员与黑人交往是不可能的，并将原因归责于偏见。

当达罗将重点转向特定证言尤其是控方证人的证言时，他的悲痛中带有几分愤怒。他指出，每位控方证人都在撒谎，"如果不清楚事情为何发生，就不会知道本案的事实。不管他是警察、社区居民、检察官、陪审员还是仅仅是听众，如果不是亲眼所见，就不会知道发生了什么……"他认为，控方证人被教导如何作证，被教导说街上只有"几个"人，并引用德怀特·哈伯德的证言予以说明。

其后，达罗又回到9月9日事故发生当晚，让陪审员将自己置于被告的角度，不是作为白人，而是作为黑人来思考问题。而且，他回顾了水厂公园改良协会成立的情况及成立的原因：

在斯威特医生买房后，他们聚集在一起，开了一个由六七百人参加的会议。我问他，在会上是否有人提到黑人的事情，他说，"没有，没有"。我又问："你们在商议何事？""只是一般的改良事务。""提到要使社区远离黑人了吗？"对此问题，有人会在一定程度上撒谎，但不会偏离太远。在这方面，每位证人都承认，他们参加了协会举行的大型会议，由于参会人数众多，他们不得不从礼堂换到校园举行，原因就在于，斯威特买了紧邻社区街道对面的房子。

此外，达罗还诋毁了警察的角色。假如"没什么问题"，那么为什么警察需要在那里？为什么他们会请求增加警力来到现场？实际上，他们无法驱散暴徒。毫无疑问，暴徒正在朝斯威特的房子扔石块和水泥块，控方证人也承认了这一点。

达罗的终结辩论中贯穿的另一个主题是，社区里白人工人阶层试图驱逐的那个人比他们更聪明、受过更多教育、更有文化，"因为证人证实，居住在格兰德大街上卑劣的北欧人决定将比他们更优越的邻居驱逐出去"[1]。

后来，当谈到种族暴力和暴动的历史时，达罗回到辩方的全部主题上来：

有预见到麻烦的理由吗？当然。假如你是黑人，你会预见到有麻烦

---

① Boyle，*Arc of Justice*，at 293.

吗？为什么呢？因为斯威特先生是聪明人，他了解自己种族的历史，他知道，回顾一下历史中那些可怕的岁月，他能看到答案。他的祖先被强制带离自己的非洲家园，像沙丁鱼一样，被装在轮船中层甲板的箱子里，路上有一半人死去。他知道，作为奴隶，他们像私人物品那样被卖掉，并被强迫劳动，没有工资。他知道，根据宪法和法律，即使黑人已获得解放，但被暴徒杀死的黑人的尸体仍被悬挂在联邦每个州的树枝上。他知道，在联邦的每个州，电线杆上都用绳子挂着黑人的尸体，就因为种族仇恨，别无其他。他知道，在自由的美国，他们被绑在柱子上，被火活活烧死。他知道，在北部、在大城市、在这里的底特律，他们被赶出家园。他来到这里，不仅仅为了捍卫自己、自己的家园和朋友，更为了争取属于自己种族的尊严和独立。先生们，我想说的是，如果愿意，你可以将他送进监狱，但是，你只能将他视为英雄，为反对极端不平等而战的英雄，为权利、正义和自由而战的英雄，当我们大多被人遗忘时，他的名字仍然存在，仍被人尊重。

在整个终结辩论的大部分时间，达罗似乎是通过较高的道德高度和宣告被告无罪来吸引陪审员，因为陪审员能够放下偏见。此外，他有时会显得有些放弃，可能是担心自己的立场不受欢迎。例如，谈到种族隔离时，他将自己的真实理念缓和，他没有说种族隔离是错误的，而是说，假如种族隔离是"正确的，那么它就会体现在法律中，不是吗？"最后，他让陪审员：

> 运用自己所有的判断力、理解力和同情之心来决定案件。我不仅仅在为 11 名被告说话，还在为一个种族说话，为一个你们之前并不真正了解的种族说话。我不仅仅代表 11 名被告向你们说话，还代表数百万黑人，这些黑人遍及全国各地，他们的生活像一团乱麻，他们的祖先被用链锁带到这里，他们盼望着 12 名白人能根据宪法和法律，带给他们信心、信任和希望。我代表底特律的黑人向你们说话，他们在你们的工厂和作坊里工作，他们必须生存，否则，他们将无法工作。我代表那些自案件开始就出没在法庭的面孔向你们说话，他们的生活、他们的心灵、他们的希望、他们的恐惧都集中在你们面前。我要你们代表我当事人的利益，代表经常受到诋毁和践踏，很难保护、很难获得的正义，代表你们自己，代表我们种族去看看案件，不要伤害他们。我要你们以未来的名义，而未来有一天终将解决这些恼人的问题，未来是我们的，也是他们的，我要你们以未来的名义对案件作出公正的裁决。

> 十二位白人先生，请用你们的智慧，用强加给你们的偏见，用你们的同情之心，用我给你们强调的判断，来理解我的当事人。我以种族的名义，以过去和未来希望的名义，基于黑人与白人之间同样的公平，你们将对本案作出无罪判决。

上述内容完成后，达罗坐了下来。

其后，托马斯代表公诉方进行最后两个小时的反驳。在反驳中，他把话题转到死者莱恩·布雷纳身上，"怎么忽视了可怜的布雷纳呢？可怜的布雷纳，他是被害人，我甚至把他给忘了。我们到了奥兰多，我们到了塔尔萨，我们到了华盛顿，我们到了维也纳，我们到了巴黎……但是，我们让布雷纳死在底特律"①。

终结辩论结束后，墨菲法官向陪审团宣读了法律上的指令，后来，海斯描述了这些指令的作用：

> 在本案的审判中，弗兰克·墨菲法官的表现比任何公正无私的司法官都要好……在对陪审团的指示中，墨菲法官毫无保留地明确指出，家是一个人的城堡，任何人都无权攻击或侵犯它。当一个人基于合理的恐惧认为自己的生命或财产处于危险之时，他有权开枪。尽管社区的普遍态度并不这么认为，他却明确指出，这些权利既属于白人，也属于黑人。②

接下来，陪审团退庭进行评议，时间一天天过去。最后，经过长达 46 小时的评议，星期五下午，墨菲法官宣布，陪审团陷入毫无希望的僵局，此次审判为无效审判。③

在离开底特律之前，达罗和海斯为 10 名仍被监禁的被告申请（并获得）了保释④，并告知墨菲法官，下次他们想对每位被告单独审判。⑤ 总体而言，达罗对审判结果最初的反应是，第一次审判已经达到了辩方所希望达到的效果，控方证人没有表现好。相比之下，辩方证人的表现还不错，斯威特医生的证言很精彩。而且，法官是公平的且富有同情心，复审也会给辩方一个纠正错误的机会。

对于要支付 11 名被告单独审判费用的想法，沃特·怀特并不激动，但在第一次审判期间，举行了一次集会，集会要求全国有色人种协进会募集到建立法律辩护基金的 3 万美元。⑥ 此外，关于单独审判，一个值得注意的策略性问题也浮出水面。在对被告共同审理时，控方必须应付对被告提出的共谋指控，对此指控，如果有证据存在的话，该证据很弱。而在单独审判中，控方可能会挑选最弱的被告，这个人很可能就是亨利·斯威特，因为他承认向人群开枪。这样一来，控方对其中一个案件的证明就会很容易，而任何一名被告被判有罪，对全国有色人种协进会而言都是一种灾难。另外，达罗确信，在将 11 名被告共同审理的情况下，陪审员会自由"通过不同方法将他们的投票分开……对于每一名被告，陪审团只会作出单一的选择：将他送进监狱或让他自由"⑦。果不其然，1926 年 2 月，托马斯宣布，他会首先对亨利·斯威特提出控诉。⑧

3 月 22 日，审判开始。与此同时，辩护团队开始遇到难题。怀特想让黑人律师退出案件以节省费用，3 月 13 日，亚瑟·格菲尔德·海斯通知全国有

---

① *Id.* at 296.

② Hays, *Let Freedom Ring*, at 231.

③ Boyle, *Arc of Justice*, at 299. 在陪审团室的一次投票中，所有陪审员都同意，8 名被告应被宣告无罪，但他们不赞同对奥西恩·斯威特和亨利·斯威特宣告无罪。由于一些无法解释的原因，他们也不赞同对其中一名保险代理人宣告无罪。

④ Darrow, *The Story of My Life*, at 310.

⑤ Hays, *Let Freedom Ring*, at 232.

⑥ Boyle, *Arc of Justice*, at 302.

⑦ *Id.* at 313.

⑧ *Id.* at 311.

色人种协进会，他不能在第二次审判中与达罗合作了，因为他在处理纽约的另一起案件。直到 3 月 21 日，怀特才将这一消息告诉达罗，但达罗可能已经知道海斯将不再参与本案，因为他已经决定由哪位律师代替海斯。他告诉怀特，他想让托马斯·奇克接替海斯，对此选择，怀特并不高兴。在本案中，3 名黑人律师之前想让底特律白人律师奇克参与其中，但怀特认为，他不是辩方的合适代理人，因为很多人都知道他被暴徒雇用过。但是，达罗仍坚持让奇克接替海斯。① 对于奇克而言，本案与其他案件一样，并不需要什么原因，而只是业务。最后他同意，如果妥善处理，他愿意成为合作律师，而且，他提出了比达罗更高的报酬。尽管如此，在审判开始前一周，还是与奇克达成了合作协议。② 与此同时，审判日期推迟到 4 月 19 日星期一。

审判开始后，控方明显想进行与第一次审判同样的案件，他们使用同样的证人，提出同样的争辩。由于达罗有时间去对第一次审判进行思考，而且现在由奇克担当合作律师，因此，辩方使用了完全不同的方法。在陪审团选任期间，达罗和奇克一遍又一遍问到偏见问题。达罗对陪审员的挑选建立在"直觉和假定的基础之上，这种训练有素的辩护将陪审员选任演变成持续的开场陈述，在此期间，将争论的重点重复展现给所有陪审员听，然后选出那些最不愿意倾听的人"③。

到了下周一，又是由 12 名白人组成的陪审团被挑选出来。当天上午，控方律师来到法庭，将所有从斯威特家搜到的武器放在桌上，这样的情形使陪审团无法视而不见。接下来，辩方进行开场陈述，描述了与第一次审判相同的证据，但将重点放在枪击发生当晚亨利·斯威特对向人群开枪的承认上。

控方希望辩方将自己的开场陈述拖延下去，一直拖延到如第一次审判时那样，控方已将其案件呈现。基于此，在向陪审团告知辩方的证据后，托马斯计划立即开始传唤证人。但是，当控方完成开场陈述时，达罗站起来开始辩方的开场陈述。他告诉陪审员，很可能是来自斯威特家中的射击杀死了布雷纳，也可能是亨利·斯威特开的枪，但是，这并不能使亨利·斯威特构成谋杀罪。恰恰相反，是那些真正的恶棍促使亨利·斯威特开了枪，而这些人即将为控方作证。④

此后，法庭准许控方传唤自己的证人，而辩方则有权获得在第一次审判中控方所有经宣誓提出的证人证言。这样一来，只要辩方偏离在第一次审判中所说的内容，就要面临毁灭性的交叉询问。⑤ 另外，达罗和奇克处理交叉询问的方式也与第一次审判迥然不同。

除了作证的儿童之外，辩方没有采用在第一次审判中有时采用的方

---

① *Id.* at 314-315.

② *Id.* at 315

③ *Id.* at 317.

④ *Id.* at 319.

⑤ 从技术上来说，当对对方证人进行交叉询问时，双方当事人都有这种权利，但是，由于掌握有第一次审判的记录，这就给辩方提供了一个机会，通过这个机会，辩方可以对第一次审判中未充分审视的领域进行挖掘和发展。Boyle, *Arc of Justice*, at 319-326.

法，不再有温柔的宣传，不再诱使证人说一些伤害性质的话。询问变得激烈、快速了……达罗典型的温柔嗓音夹杂着讽刺，奇克的深低音也因愤怒而升高，两人勇敢使控方证人不再坚持自己的立场，迫使他们崩溃。①

通过达罗和奇克对控方证人的交叉询问，格兰德社区存在的根深蒂固的偏见显而易见。

辩方也传唤了许多与第一次审判相同的证人，包括奥西恩·斯威特在内，但他们至少增加了一位让人吃惊的证人，即特里萨·海特斯（Theresa Hinties）。她是奇克家的清洁女工，正好住在斯威特家对面的巷子里。第一次审判时，她没有出庭，但这一次，她证实，枪击发生当晚，她想去街上遛狗，却无法穿越聚集在斯威特家周围的暴徒人群，至少有三百人。

在控方的终结辩论中，莱斯特·莫尔再次将重点集中在死者莱恩·布雷纳身上，并取笑达罗和奇克，认为他们想通过对黑人选择居住权的强调误导陪审团。对此，奇克将案件重新回到偏见问题上回应莱斯特·莫尔的取笑，他说，"在最后时刻，检察官去了莱恩·布雷纳的墓地，将他毫无用处的身体拉到你们面前，以使你们将亨利·斯威特送进监狱，只是因为莱恩·布雷纳死了，亨利·斯威特是黑人而非白人，这让我觉得很是诧异"②。

第二天上午，达罗进行终结辩论。这一次，他充满激情，滔滔不绝，而这一点在第一次审判时他的终结辩论中并未做到。第一次审判时，提到偏见问题时，他总是小心谨慎，怕激怒陪审员。而在此次审判中，他做对了：

> 我将从昨天我的朋友莫尔先生开始的地方谈起。昨天，他轻描淡写地说：这不是种族问题，而是一桩谋杀案。我们不想有偏见，我们也不想对方当事人有偏见。种族和肤色与本案无关，本案就是一桩谋杀案。
>
> 我坚持认为，本案只不过是偏见问题。假如颠倒一下，11名白人为了抵御自己的家园和生命不受黑人暴徒的攻击而开枪杀死一名黑人，没有人会想到指控他们。我知道我在说什么，你们也知道。恰恰相反，11名白人非但不会被指控，还可能因此而获得勋章。
>
> ……你们都是白人，不是吗？至少你们都这么想。陪审团中没有一位有色人种，没有。曾经传唤过一名有色人种，但他被取消资格。你们12位白人正基于种族偏见对一名有色人种进行审理……先生们，我想把这块场地给你们，除非你们对有色人种存有偏见，除此之外，我对你们深信不疑。
>
> ……先生们，我认为你们有偏见，但我认为，你们会有一些有色人种同事或朋友，因此，我相信，在此次审判中，你们会克服自己的偏见。对方当事人告诉我说，没有什么种族偏见问题，这很明显是废话。我们是谁？一个孩子降临到世间，没有任何知识。他的大脑只是一块油灰，没有继承任何知识或思想。如果他是白人，他不懂什么是肤色，也不会讨厌黑人。

---

① *Id.*

② *Id.* at 329.

黑人和白人会一起生活、一起玩耍，但是，孩子一出生，我们就开始给他灌输思想，将种子埋进他的心灵。我们告诉他，他必须这样做而不能那样做，我们告诉他种族、社会平等及其他成千上万的事情，而这些事情是人在长大成人时才谈论的。这些思想灌输给我们，而你们也带着那些想法坐在陪审团席，那些想法已被灌输许久，已成为你们生活的一部分。

　　你们不用告诉我说，你们没有偏见，关于这一点，我比你们更知道。无论如何，我们或多或少会存有偏见，我们对别人的肤色有偏见，对别人的信仰有偏见，对别人的政治观点有偏见，对别人的相貌、穿衣方法有偏见，可以说，我们充满偏见。从一个人孩提时代开始，你可以教给他一些东西，也可以剥夺他一些东西，而我们却不为此负责⋯⋯

　　陪审团的先生们，我所希望的全部就是：你们足够坚强，足够诚实，足够正当，在本案中，你们有能力将偏见问题搁置在一边，有能力如你们应当做到的那样去决定本案。[①]

在此次终结辩论中，达罗没有兜圈子，而是争辩道，莱恩·布雷纳并非无端受害的旁观者：

　　是莱恩·布雷纳吗？假如他是无辜者，他离开家，在角落和他家之间来回走了两三次，然后去了戴夫家门外的台阶上，那里聚集了一群人，他静静地拿出烟斗开始抽烟，直到事故拉开序幕。对此你们都知道。问题在于：他为何在那里？他之所以来到那里，与罗马民众为了争斗聚集在圆形大剧场是一样的，在圆形大剧场，他们带着奴隶和角斗士，等待放出来的狮子出现。这就是他来到那里的原因，他在那里等待，想看看黑人是如何被驱逐出家园。他静静地抽烟，就如在船底凿洞使船沉没的人一样无辜。其实，在那里，并没有无辜者。那么，布雷纳干了什么呢？他坐在那里，一群男孩过来站在他前面，离他不过5英尺远，他们朝黑人的家扔石头，难道他没有扔吗？他举手了吗？他想去保护黑人们吗？没有，他在那里，只是在等待好戏的开场。

在叙述中，达罗用到一些他在第一次终结辩论中使用的概念，但他对这些概念进行了重新加工，因此更有效果。例如，控方认为被告人是胆小鬼，对此，他这样予以还击：

　　在本案中，到底谁才是胆小鬼？11名黑人，11名绅士，他们的祖先不想来美国，但却被奴隶船带到这里，他们为白人辛苦工作，毫无报酬。他们的生命奉献给了联邦的每个州，在这片自由的土地上，他们成为暴乱的受害者。在每个人攫取到自己想要的东西后，他们只能接受剩下的东西，唯一摆在他们面前的东西，就是战场。当我们战斗时，我们给他们死的机会，那是他们最好的机会。但是，在其他任何地方，白人们不顾法律和自由，不顾正义带给人们的共同情感，通过烈焰、绳索、

---

① 1927年，全国有色人种协进会将上述记录的内容公开出版，可参见Http：//www.law.umke.edu/faculty/projects/ftrials/sweet/darrowsummation.html。除非另有说明，文中所有对达罗终结辩论内容的引述全部来自上述记录。See also Arthur Weinberg, ed., *Attorney for the Damned* 233-263 (1957).

刀枪以及自己的仇恨，将他们变成任人宰割的食物。他们是胆小鬼吗？不，先生们，他们可能是枪手，他们可能想去谋杀，但他们不是胆小鬼。

由于知晓自己种族的历史，知晓发生在底特律自己面前的情形……知晓枪击、杀戮、侮辱和伤害并未结束，因此，11名黑人知道这意味着什么。他们待在屋里，没有警察的保护，面对暴徒和社团仇恨时，拿起武器为自己的权利而战，为你们和我的权利而战，为每一个生活的人的权利而战。他们走出去，直面那些想将他们撕成碎片的暴徒。他们不是胆小鬼。

暴徒中那些胆小的卑鄙小人弃法律于不顾聚集在那里，很多孩子在前面扔石头，他们在斯威特家前面待了两天两夜，就是想通过侵袭将黑人驱逐出去。你们应当知道，这些人才是胆小鬼。假设一下，这些黑人中不会有10人在光天化日之下站出来攻击10名白人。先生们，他们不会，不会，他们的血液是如此纯洁，他们不会如一群丛林狼那样，咬噬那些没有机会的受害者。

我的当事人被人称为胆小鬼。先生们，称呼他们点别的吧。在历史发展进程中，这些黑人有过很多称谓，但是，在伤心的岁月里，他们一直相信正义和仁慈，相信宽容、爱和友善，他们相信，即使是在被锁链束缚的年代，黑人也应当拥有权利。他们甚至疯狂地期望并梦想，有一天，他们能够拨云见日，在世界人民中取得属于自己的一席之地。如果他们做到了，那是通过他们的勇气和文化，通过他们的智慧、学识和努力。因此，我想说，陪审团的先生们，诚实、善良的你们，无论是在陪审团还是其他任何地方，在这种他们背后或他们面对的伟大斗争中，必须用诚意衡量他们的行为。

达罗完全重新组织了自己的终结辩论，不再如第一次审判那样从一个话题蜿蜒转至另一个话题。在此次终结辩论中，达罗找到自己的跨越，既有节奏和力量，又引人注目。他非常清楚自己去哪里、需要说什么。控方指出，当晚并没有暴徒。对此，他是这样应对的：

（暴徒）违反了宪法和法律，违背了人类情感，他们将正义、仁慈和人道扔在风中，对自己的邻居展开致命的攻击，就因为邻居是黑人。这样做与对此撒谎二者相比，哪种做法更坏呢？在对暴徒进行描述时，我很多次从控方证人那里听到"几个"一词，以至于我在睡梦中都能听到这个词。我想，当我死去时，我将会听到"几个"、"几个"、"几个"人，这是我从底特律那些撒谎、撒谎再撒谎的人那里听到的。

在解释他们为何这样做时，达罗争辩认为：

住在沙勒沃伊和格兰德角落周围的人比其他人更糟糕吗？你们都知道控方证人在撒谎，你们都知道，他们想把黑人驱逐出去，现在又想把他们送进监狱，这样他们就不会回来。他们所有人都违反了法律，想让你们从事这项工作。他们比其他人更坏吗？对此，我不如他们自己清楚。而你们又对偏见问题了解多少？种族偏见、宗教偏见，这些情感将人类分开，使他们作出最恐怖的事情。偏见将人绑在柱子上烧，将人放

307

在架子上打伤，将人的关节撕裂，将无数人毁灭。基于可怕的偏见，人们这么做，甚至直到今天，偏见仍伸出头，暗中破坏我们的共和政体，破坏我们制度中最珍贵的自由。

这些证人坚信，他们比黑人优越，我则不这么认为。他们坚信，黑人是劣等种族，将黑人驱逐出去是自己的职责……对此，他们深信不疑，甚至为之着迷，而当人对此深信不疑时，他们就会变得异常残酷。他们并不孤立，其他人也会做同样的事情，只要这个让人厌倦的古老世界仍然存在，其他人就会做同样的事情。他们可能再次做这样的事情，但是，他们不应当让你们维护他们……

接着，达罗有条不紊地回顾了辩方的证人证言和控方的证据，并尖锐地指出，控方的证据很荒谬。[①] 控方争辩指出，被告把枪带到格兰德以从事谋杀。对此，达罗并不赞同：

他们去格兰德是为了居住，而且，他们知道那里有危险。你们为什么认为他们带有枪支、弹药呢？难道因为他们想杀掉某人？太荒唐了。他们之所以把枪支、弹药带到那里，是因为他们认为有必要防卫他们的家园和生命，因此他们才决定这么做。他们把枪支带到那里，是为了以备不时之需，他们可以战斗，甚至可以为了自己的家园、为每个人、为他们的种族和人民、为基于宪法和法律我们所有生活的人享有的权利战斗至死。如果不这么做，我们很快会成为种族的奴隶，无论我们是黑人还是白人。"自由的代价是永远警惕"，过去如此，将来仍然如此。难道你们以为他们住在那里是为了别的目的吗？先生们，他们将武器带到那里，根本没机会做别的事情。

到了终结辩论的最后，达罗花了几分钟时间让陪审员回顾历史：

让我们回过头去看看黑人种族的历史……这些被告之所以出现在这里，是因为没有办法。在非洲的丛林和平原，他们的祖先被人捕获，就像捕获野兽那样，于是，他们与自己的家人、亲戚骨肉分离，被装进奴隶船，如沙丁鱼那样被塞进箱子里，有一半人死于航程。在奴隶制存在的地方，当他们有机会选择死亡时，有些人在疯狂中跳入大海。他们被抓到这里，被带到这里，他们没有办法。他们如奴隶那样被人买卖，他们辛苦工作却没有薪水，就因为他们是黑人。

一代又一代，他们经受着所有这些，直到最后他们获得法律上的自由，但这还远远不够，原因在于，在这个世界上，每个人的生活必然与其他人的生活混合在一起，无论制定什么法律，无论采取何种预防措施，除非我们遇到的人是友善的、正派的，富有人性并热爱自由的，否

---

① 达罗对控方很多证人的贬低以及有时的人身攻击显得很尖锐、刺耳，但他对那些人的行为表现出来的愤慨是没有问题的。综观整个终结辩论，达罗不停表示出对住在格兰德社区的那些无知的人们的蔑视。例如，他取笑一名不能准确拼出格兰德大街名字的证人。再比如，谈到斯托厄尔（Stowell）小姐时，他说："斯托厄尔小姐，你们看到她了吗？我看到了。S-t-o-w-e-l-l，先生们，要记住，她给我们拼出来了，我在睡眠中都能拼出来，我甚至能倒着拼出来。好的，我会再次传唤她。她在格兰德和'歌特（Gother）'大街角落的学校教书，在中学当了15年老师，但是，与社区里的其他人一样，她也叫'歌特'大街。"

则，不可能有自由。自由来自于人，而不是法律和制度。

这就是他们的历史，他们是奴隶制的孩子。如果我们归属的种族能够使人拥有某些东西或拥有这个宇宙上的某些权力的话，那么，黑人也应当拥有。对于其他人而言，他们对这些从未获得过偿还的黑人负有义务和责任。但是，我从未见有人履行过这种义务和责任，而我想，我应当为我的种族偿还部分欠下的债务。先生们，对于本案，如果你们能如你们应当感觉到的那样，你们的感情将会与我一样。

差不多七个小时之后，达罗通过强有力的恳求结束了自己的终结辩论：

先生们，再说一句，我将结束此案。我没有生活在底特律，但我对这个城市并不反感。相反，实际上，我将经常对这个城市保有最亲切的追忆，特别是如果本案结果能如我所想所感觉的那样，我更将对这个城市感到亲切。我是最后一位来到这里掀起种族仇恨或其他仇恨的人，我不信赖仇恨的法律，我并不总是忠实于自己的理想，但是，我信赖爱的法律，而且，我相信你们拿仇恨没有办法。我想看到这样的时光：人们对自己的同胞充满爱而忘记他的肤色或信仰，直到这样的时代来临，我们才变得文明。

我知道，黑色人种还有很长的路要走。我相信，黑色人种的生活曾经悲惨、不公正并饱受压迫。法律已经给了黑人平等，但人类还没有。接下来要分析的就是：人类做了什么？法律没有做什么？我知道，在黑人取得其应有的地位之前，还有很长的路要走，在他们面前，还有痛苦、悲伤、苦难和死亡，甚至白人也会经历这些。很抱歉，我会尽我所能转移这个话题。我会提议耐心，我会提议容忍，我会提议理解，我会提议所有这些，因为对于生活在一起的人们而言，这些都是必不可少的。

先生们，请问在本案中你们的责任是什么？我每天都在观察法庭上这些黑色而紧张的面孔，现在，这些黑色的面孔正指望着你们12位白人，正感受着，种族的希望和恐惧掌握在你们手中。

先生们，本案行将结束。对于被告人而言，这就是生命。陪审团中没有人与他们的肤色相同，他们的命运掌握在12位白人手中。他们的眼睛盯着你们，他们的心跟着你们，他们的希望寄托在你们的裁决上。

这就是全部。为了被告，为了这些求助于你们的无助的人们，为了这个伟大的国度，为了必须公平面对该问题的这个伟大的城市，请你们以进步和人类的名义，对本案作出无罪裁决。

当达罗结束终结辩论时，法庭一片寂静，没有人走动，"接着，人群开始向他涌去"[1]。后来，詹姆斯·韦尔登·约翰逊这样写道："他通过恳求结束了自己的辩论，这个恳求让所有人的眼睛变得湿润。当他结束时，我走过去向他表示欣赏和感激，他的眼睛也是湿的。他把手放在我肩上，我想结结巴巴说出几个字，却流着泪说不出来。"[2]

---

[1] Boyle, *Arc of Justice*，at 334.

[2] James Weldon Johnson, *Along This Way* 384 (1933).

第二天上午，托马斯进行了控方的反驳辩论。虽然托马斯尽职尽责，但无法与前一天达罗的演说相提并论。① 这一次，在作出"无罪"判决之前，陪审团的评议花了 3 小时 27 分。②

　　在亨利·斯威特被宣判无罪后，其他被告人均没有因谋杀莱恩·布雷纳被再审。此后，托马斯花了一年多时间，直到 1927 年 7 月 25 日才驳回对其他被告的所有指控。直到此时，案件才真正结束。③

（杨瑞　译）

---

①　Boyle, *Arc of Justice*, at 334-335.

②　White, *A Man Called White*, at 79.

③　审判结束后数年，在达罗的支持下，托马斯成为巡回法院的法官，并成为公民权利的坚定支持者。后来，他甚至加入了全国有色人种协进会在底特律的分支机构。最后，他在纽伦堡审判中对纳粹战犯提起公诉。Boyle, *Arc of Justice*, at 341.

第9章

关于万络（Vioxx）诉讼的两个案例

迈克尔·E·泰戈（Michael E. Tigar）[①]

> 恩斯特诉默克公司案，盎格鲁顿（Angleton），得克萨斯州法院
>
> 普伦基特诉默克公司案，休斯顿，得克萨斯州联邦法院

---

① 华盛顿大学法学院法学研究教授、杜克大学法学院客座教授。

1999 年，制药业巨头默克公司发布了一种治疗慢性疼痛的新药，名为万络。万络和辉瑞制药公司的同类竞争性药物西乐葆一起，看似给关节炎患者带来了福音。自上市以来，万络畅销至八十多个国家，2003 年，其销售额高达 250 亿美元。在此之前，大多数关节炎疼痛患者一直靠服用某些非甾体类抗炎药，如布洛芬或者阿司匹林。但应当看到，大多数非甾体类抗炎药都会引起胃出血，尤其是对于服用非甾体类抗炎药的老年人而言，胃出血事故的发生率更高，由此带来的后果包括出血致死、胃壁穿孔以及其他严重后果。

对于非甾体类抗炎药所产生的上述副作用，化学和生理学将其归因为一种叫做 Cox 抑制剂的事物。在万络研制成功之前，人们相信，人体内存在一种 "Cox 酶"，这种酶主要从事两项工作：一是给痛觉神经传递信号，二是帮助抑制胃壁炎症。相比之下，非甾体类抗炎药抑制了这种酶作用的有效发挥，这就是非甾体类抗炎药在治疗疼痛的同时引起胃出血的原因之所在。制药公司的科学家发现，实际上，人体内有两种酶在工作：一种是 COX-1，它能有效保护胃部；另一种是 COX-2，它能帮助向痛觉神经传递信号。万络的研制成功被认为是革命性的，原因在于，它抑制了 COX-2 而只留下 COX-1 单独工作，从而使得该药物在治疗疼痛的同时又能保护胃部。

然而，随着万络在临床中的使用，医生们开始质疑万络的安全性问题。自万络投入市场以来的 6 个月内，医生们对万络和一种名为萘普生的非甾体类抗炎药进行了比较，初步研究表明，服用万络的患者比服用萘普生的患者更易患因血栓引起的心脏病。默克公司对上述研究结论进行了评估并声称，产生上述差异的原因在于萘普生具有抗血栓、保护心脏的作用，而不是因服用万络增加了患心脏病的风险。对此，或许有人会说，最好的检验方法是做一个试验，在试验中，一部分病人服用万络，而让另一部分病人服用安慰剂或者糖丸。其实，这种方法并不可行，原因在于，参与研究的所有候选人都患有疼痛，让这些疼痛患者停止服药长达 6 个月甚至 1 年时间，对他们是不公平的。应当看到，在后来进行的所有万络诉讼案中，上述研究扮演了关键性的角色，并以其缩写 VIGOR 为人所知。① 在诉讼中，原告律师与被告默克公司分别从相反的方向来看待万络副作用研究的结论：到底是万络增加了心脏病发作的风险，还是萘普生降低了这种风险？

一些心脏病专家并不认同默克公司对万络副作用研究的解释方法，其中具有代表性的一位是埃里克·托普尔（Eric Topol）医生。埃里克·托普尔医生是克利夫兰心脏病诊所的负责人，他于 2001 年 8 月在《新英格兰医学杂志》上发表了他的新发现。在后来的万络诉讼中，托普尔医生成为一名非常重要的人物。他拒绝了诉讼争议双方的邀请，同时也拒绝接受其所在州以外的法院向其送达的出庭通知书，因为根据《联邦民事诉讼规则》第 45 条（b）（2）的规定，距离超过 100 英里，可拒绝出庭。基于此，双方当事人取得了他的书面证词，以便向陪审团展示。《纽约时报》这样描述托普尔医生：

---

① 英文 "万络副作用研究"（Vioxx Gi Outcomes Research）的缩写。

"他是一位与危险药物及其生产商进行斗争的圣战士。"①

通过上述争论，产生了一个焦点，这个焦点出现在每一个有关万络的故事中，同时也出现在每一个有关万络的审判中，即：万络会给疼痛病人的血液产生何种作用？为了更好地了解这一问题，我们必须从头说起。我们会注意到，很多成年男性每天都会服用小剂量的阿司匹林，这是因为，医学研究表明，阿司匹林会对血红细胞产生影响，它能使血红细胞更加"光滑"，从而防止血栓的形成以及由此所引致的心脏病和中风的发生。阿司匹林是一种非选择性的 Cox 抑制剂，它既能减轻疼痛，同时又能防止血栓的形成。但应当看到，过度服用阿司匹林会引起胃肠道出血。对于默克公司的科学家而言，他们是否花了足够长的时间、做了足够充分的研究来检验他们生产的万络在防止胃肠道出血的同时会加速血栓的形成？当他们对此影响发出"早期警告"时，他们采取措施警告医生了吗？难道是他们经营万络所获的利益让他们忘记向医生发出警告了吗？

随着争论的不断继续和一些诉讼的提起，默克公司的科学家展开了一项临床试验，通过试验来评估万络是否有助于预防结肠复发和直肠息肉的形成。该项试验以其名称字母的缩写 APPROVe② 而为人所知，而且，试验带来了一些令人不安的信息。2004 年 9 月 30 日，默克公司举行的新闻发布会宣布了以下信息：

> 在有关万络对结直肠息肉影响的研究中，通过对 18 个月一直服用万络进行治疗的患者和同样时间内服用安慰剂的患者进行的对比表明，前者存在较高的患诸如心脏病和中风等心血管疾病的危险。该项研究前 18 个月得出的结论并未显示万络存在患心血管疾病的高风险，而且，这一情况与当前美国对万络标签的描述相类似。

在当天的新闻发布会，默克公司还宣布，该公司正从全球市场范围内撤回万络。之所以这么做的原因在于，默克公司是一家上市公司，万络对其财务业绩发挥着至关重要的作用。在公共领域，默克公司不得不面对并回应大量的、不可避免的诉讼，这些诉讼声称，服用万络会导致伤亡。到了 2006 年 9 月 30 日，在《诉讼时效法》所规定的两年诉讼时效期间内，在司法管辖权的范围内，大约有 1.7 万起对万络的诉讼，其中还有一些是集团诉讼。根据美国法典第 28 章第 1407 条的规定，因审前目的，联邦法律诉讼已联合为多地区诉讼。

默克公司的总法律顾问名叫肯尼思·弗雷泽（Kenneth C. Frazier），他以前是费城德林克·比德尔（Drinker Biddle）律师事务所的诉讼合伙人。在公司外部顾问的建议下，默克公司宣布，它将应对所有已提起的诉讼。同时，2006 年 10 月，默克公司坚决拒绝通过大型的替代性纠纷解决程序解决问题。这是因为，如果一旦通过替代性纠纷解决程序，就意味着默克公司承

---

① See "Ties to Industry Cloud a Clinic's Mission", *New York Times*, December 17, 2005, online edition, at http://www.nytimes.com/2005/12/business/17clinic.html?ex=1292475600&en=d44d70e27af8c3e5&ei=5090&partner=rssuserland&emc=rss. 2006 年 10 月. 托普尔宣称，他将离开克利夫兰心脏病诊所并前往加利福尼亚州的一所医学院任职。

② Ademantous Polyp Prevention On Vioxx 即有关万络对结直肠息肉影响的研究。

313

认了责任并且要建立起支付赔偿机制。

在不同的法院，有关万络的损害赔偿诉讼一个接一个地上演。从 2005 年至 2006 年，共有大约 12 个审判发生在得克萨斯州法院、新泽西州法院、位于休斯顿的得克萨斯州联邦法院和位于新奥尔良的路易斯安那州联邦法院。从裁判结果来看，几乎都是原、被告双方各承担一半责任。

面对此种情况，有关民事侵权政策的著作会产生疑问：对于此类大型的产品责任案件，现行民事审判系统是否适合呢？在这类著作中，重点往往会放在辩护问题上。对此，我会选取万络诉讼的两个案例加以证明：一个是恩斯特（Ernest）诉默克公司案，发生在得克萨斯州法院所属的布拉佐里亚郡。该案的原告名叫卡罗尔·恩斯特（Carol Ernst），她是鲍勃·恩斯特（Bob Ernst）的遗孀，而鲍勃·恩斯特已于 2001 年 5 月去世。在去世之前，鲍勃·恩斯特的主治医生为他开具了万络，在去世之前，鲍勃·恩斯特服用万络达一年时间，而鲍勃·恩斯特的真正死因也自然成为审判争论的焦点。该案的开场陈述于 2005 年 7 月 14 日进行，到了 2005 年 8 月 19 日，陪审团作出裁判，由默克公司向原告支付 24 万美元补偿性损害赔偿金和 229 万美元惩罚性损害赔偿金。而根据得克萨斯州的相关法律，陪审团判处的惩罚性损害赔偿金不得超过 26.1 万美元。对此裁判，默克公司提起了上诉。

根据得克萨斯州法律，在恩斯特一案中，陪审团的裁决是通过问答的形成完成的。

首先，

在默克公司将万络投入市场之时，该药品本身是否存在缺陷？该缺陷是不是导致鲍勃·恩斯特死亡的近因呢？药品的市场缺陷包括未提供足够的警告，而所谓近因，就是"通过正常与不间断的因果关系链而自然而然导致损害结果发生的原因"，因此，本案应该有不止一个近因存在。

其次，

在默克公司将万络投入市场之时，该药品是否存在设计上的缺陷？该设计缺陷是不是导致鲍勃·恩斯特死亡的近因呢？设计缺陷会使产品存在不合理的危险，陪审团必须考虑并衡量产品的益处和风险弊端，而原告也必须证明，事实上存在可供选择的更为安全的产品设计。

再次，

默克公司是否存在过失，而正是这种过失直接导致了鲍勃·恩斯特的死亡？所谓直接原因即近因，是指"伤害或损害时某种行为的直接结果或合理结果，如果没有该原因，则结果就不会产生"。作为近因，也就意味着，尽到通常注意义务的主体，能够从其作为或不作为行为中预见到某种结果或类似结果的发生。而且，会有不止一个近因导致结果的发生。

在恩斯特案件中，法院向陪审员指出，补偿性损害赔偿金包括财产利益损失、交往利益损失及精神损害赔偿，而惩罚性损害赔偿金的判处应建立在有责性、应受惩处性的基础之上。

为了进行比较，我选取的另一个案件是普伦基特（Plunkete）诉默克公司案，该案发生在位于休斯顿的得克萨斯州联邦法院。当然，该案是从新奥尔良转移至休斯顿进行审判的，之所以转移，是因为位于新奥尔良的联邦法院在卡特里娜飓风中受损。该案的原告名叫伊夫林·普伦基特（Evelyn Plunkete），她是理查德·迪奇·伊万（Richard Dicky Invin）的遗孀，她以自己的名义并代表两个未成年的孩子里奇（Richey）和艾什莉（Ashley）提起诉讼。她认为，伊万服用万络大约有 30 天，其死亡与服用万络有关。对于此案，陪审团未作出裁决并驳回诉讼。在该案的再审中，陪审团作出了对默克公司有利的裁判。

普伦基特案是依据佛罗里达州法律进行裁决的，该案的原告提出了 3 项诉讼请求：第一，被告未尽警告义务。对此，原告必须证明被告默克公司知道或者应当知道万络存在或可能存在超出正常范围的危险性；第二，对于死者伊万的处方医生斯奇摩（Schirmer），被告默克公司向其提供的有关万络危险性的警告未尽到合理注意；第三，被告未尽警告义务的行为是造成原告损害的法定原因，而根据得克萨斯州法律的规定，法定原因与近因相同。

上述第二项请求其实就是"设计缺陷"，对此，原告必须提供证据证明"基于有缺陷的设计，万络属于缺陷产品"，也就是说，"万络在设计上的缺陷是造成原告损害的近因……如果一项产品在设计上存在的危险超出其带来的益处，该产品即存在不合理的危险性"。

上述第三项请求是过失。根据佛罗里达州法律，该案的陪审团必须对默克公司、斯奇摩医生以及死者三者各自可能存在的过失进行比较。①

在普伦基特案件中，由 9 名陪审员组成的陪审团无法作出最后的裁判。而在后来进行的再审中，默克公司赢得了诉讼。在该案中，有关万络和原告损害之间存在因果关系的证据少得可怜，在这种情况下，为什么还会有至少一名陪审员支持原告呢？其中的原因可能在于默克公司内部有关药物研制及其安全问题的相关文件及态度，这些文件及态度成为对其有害的证据。对此，读者可根据审判摘录自己进行判断。

我所选取的两个案件也显示了截然不同的律师辩论风格和辩护策略。辩护方运用策略和方法的不同，导致了两个案件结果的差异。当然，造成上述差异的还有其他一些重要原因，例如对法院的选择、联邦诉讼程序与州诉讼程序的不同以及两个案件迥异的事实场景等。举例来说，在得克萨斯州法院，根据《联邦证据规则》第 611 条（b）的规定，交叉询问并不限于主询问的范围，这种差异也使得两个案件的审判策略变得不同。我相信，对这两个案件一起进行研究有助于提升对问题的洞察力。与这两个案件有关的审判资料副本有七千多页，正因如此，给读者讲述审判故事并对审判进程有所洞察是一项富有挑战性的工作。

▓ 恩斯特诉默克公司案，盎格鲁顿（Angleton），得克萨斯州法院

恩斯特案件的原告律师是马克·拉尼尔（Mark Lanier），他来自得克萨

---

① 在原告举证阶段结束之际，原告撤回了另外两项诉讼请求，一是关于欺诈的请求，二是关于违反担保的请求。

斯州的布拉佐里亚郡，该郡与休斯顿相邻。拉尼尔是一位兼职牧师，也是一位强大的、具有超凡魅力的律师。他所在的律师事务所接手了许多与万络有关的案件，在可能的情况下，他似乎想在本州法院解决所有这些案件。除拉尼尔外，原告方还有一位律师，他是来自达拉斯的利萨·布鲁（Lisa Blue）。利萨·布鲁是巴伦和巴德（Baron & Budd）律师事务所的合伙人，具有丰富的诉讼经验。

被告方的代理律师分别来自华盛顿的威廉姆斯康诺利律师事务所、休斯顿的富尔布莱特和贾沃斯基及其他律师事务所。而且，被告方律师团队中还有两位律师拥有医学博士学位。

在恩斯特案开始后的第一周，由于辩护策略得当，拉尼尔能够主导控制审判主题及审判进程，其对案件事实的描述也给陪审团留下了深刻的印象。与原告方的表现相比，被告方有些相形见绌。审判记录显示，被告默克公司好像总是慢半拍，包括审判人员在内的很多经验丰富的审判观察家也同意这种观点。

在案件进行过程中，拉尼尔的开场陈述贯穿着一个主题，即默克公司是一家追逐利益最大化的、毫无社会责任感的公司，据此，他对有关万络的警告标志进行了生动、详细的描述，并指出，任何人都能从默克公司有关万络的研究中发现这一警告标志。上述描述是拉尼尔最有力的观点。同时，他也探讨了万络与鲍勃·恩斯特死亡之间所谓的因果关系，但对此并未予以详述。审判证明也渐渐显示，有关万络与鲍勃·恩斯特死亡之间因果关系的内容是原告方证明力最弱的部分，也正因如此，直到陪审团听到有关万络安全性的大量证据后，拉尼尔才最后提出，尽管尸体检验并未发现有血栓的存在，但仍然是服用万络引起的血栓最终导致了鲍勃·恩斯特之死。

在具体叙述中，拉尼尔从鲍勃·恩斯特和卡罗尔·恩斯特谈起。在遇到卡罗尔之前，鲍勃曾经结过婚，卡罗尔是二婚。拉尼尔谈到了鲍勃和卡罗尔在一起后的生活，并重点强调，他们热爱运动，一起参与了多种形式的户外运动。这里隐含的意思是，鲍勃·恩斯特并不是冠状动脉的潜在患者。谈完上述内容后，他又回到了案件的主题。让我们来看看他是如何履行自己的说服责任说服陪审员，并用第一、第二、第三这样的层次结构予以证明的：

> 鲍勃死时只有 59 岁。陪审员们，你们的基本职责是成为这里的侦探，侦探出他是如何死的，服用万络是不是导致其死亡的原因之一，这就是你们的工作。如果我们把它变成电视节目，名字应该叫"安格尔顿犯罪现场"，这正是你们的机会。
>
> 你们的工作方法真的很容易，那就是：像真的侦探那样遵循证据进行判断。证据会给你们指出一个地方，那个地方叫默克公司，是世界上最大的制药企业之一。当你们获得重大发现时，这一发现可能会通过很多不同的方法向你们呈现。
>
> 在昨天（的预先审查）中，劳瑞女士告诉你们，默克公司是一家好公司，公司里都是好人。我并不怀疑默克公司里有好人，但你们将听到一个与电子邮件有关的故事，这封电子邮件是劳瑞女士引用到的，但并非如此简单——你们一定明白，人有时会把自己并不想放的内容放进电

子邮件里。在这里，你们会发现证据，该证据并非来自某一个人，而是来自科学。科学诅咒了食品及药品管理署并表明了真相。

你们将听到有关此电子邮件的所有证据，而你们的工作就是据此给予我们应有的公平、正义。除了你们，没有人能查明默克公司的药物到底是不是引致患者死亡的原因。这就是你们当下的神圣使命，除你们之外，没有人具备这种能力，甚至连法官都不能。这不是法官审判，法官没有这项权力，政客也没有，除你们之外的任何人都没有。这是你们的权力，有着这项权力，你们能改变世界，绝对可以。

那么，你们应当怎么做呢？我的建议仍然是：遵循证据。为了给出证据，首先，我会向你们一一呈现案件发生的动机、侵权的手段、被害人死亡的事实，在此基础上，最后我会向你们呈现被告的辩解、托词以及这种辩解、托词的苍白无力。

我会向你们呈现案件发生的动机并对此予以证明。在这个问题上，按照证明责任的要求，我的证明责任只要求达到51%的优势证据标准，但我仍会向你们证明全部内容。证明之后，你们的心中不会再有疑问，你们会清楚地看到案件的动机之所在。

在侵权手段这一问题上，我会向你们呈现，万络就是导致被害人死亡的原因，这是证明责任对我的要求，是法官要求我做的，也是我乐意去做的。我会向你们呈现作为本案发生动机及侵权手段的万络与卡罗尔的丈夫鲍勃之死之间的因果联系。

在完成上述证明之后，我们会一一击破被告方的辩解。我认为，这些辩解至少包括我昨天听到的内容、在报纸上读到的内容以及正在听到的内容。让我们一起来看看这些辩解，我会告诉你们，这些辩解是站不住脚的。

那么，就让我们从默克公司的动机开始吧。默克公司的动机是什么呢？就是金钱利益。千万别误解我的意思。我认为，企业存在的目的就是创造利益，只有这样我们才有工作，才能获取生活所需的各种产品，这是好事。但是，企业必须做到的是，它不能以牺牲公众健康和安全来获取对利益的追逐。

1994年，默克公司引入了新的管理机制，这种新的管理机制试图把默克公司变成一台自动柜员机，能够源源不断地吐钱，只要他们想、他们需要，一按按钮，就能取出现金。

这就是默克公司新的发展方向，对此，你们应当听到过这样的表示："默克公司换卫兵了吗？"没错，卫兵变了，默克公司发生了突变。

应当看到，历史上的默克公司一直是一家家族管理式的公司，是一家口碑很好的公司。在管理上发生变化以前，该公司的历史是非常好的。该公司由乔治·默克所创立，并书写了真正好的传奇，多年以来，它真正致力于为公众研发好的药品。

正是这家公司，偶然发现①了一种药物，能够治愈一个非洲国家出现的失明症。通过服用这种药物，患河盲症的人能够得到痊愈。但是，

---

① 这一用词是经过精心选择的，它不是"通过耗资巨大的科学研究"，而是"偶然发现"。

非洲国家的患者既没有钱去买药，也没有医疗保险，于是，默克公司就把本公司的药物免费送给患者试用并悉心照顾他们。当然，这些并非全部是免费的，因为默克公司获得了税收上以及诸如此类等的优惠。尽管如此，应当看到，默克公司把药物免费送给患者，我为这一举动而鼓掌致意。

这是一家由科学家管理的信誉良好的公司。有一个叫瓦格洛斯（Vagelos）医生或叫瓦格洛斯的家伙就是从事管理的科学家，他为有关公司的书籍写过前言。我从未见过他，但读过有关他的资料，他是一位不错的科学家，也是国内最好的医生之一，他管理着这家公司并管理得很好。但是，后来到底发生了什么呢？

时间是在1994年，这一年，默克公司打破传统，雇用了一名新的首席执行官，名叫雷·吉尔马丁（Ray Gilmartin）。我刚才说了，默克公司的这一举动打破了传统，原因在于，在历史上，默克公司一直是由家族成员掌管公司，该成员在家族等级秩序下长大，所以他能理解公司的价值以及公司如何运作。同时，该成员还是顶尖的科学家、顶尖的医生。但到了1994年，由家族掌管公司的时代结束了。此时，这家国际性大公司关注的问题是，要把公司改造得面目一新，于是，董事会选择雇用雷·吉尔马丁。

说到这里，你们或许会想："雷·吉尔马丁到底是什么样的人？他是否如同瓦格洛斯医生那样，也是国内顶尖的医生之一？"不，他不是。那么，退一步说，即使董事会没有选择医生，或许会选择一位化学家吧，因为公司从事的是化学产业，是不是？或许他们会选择一位世界上最优秀的化学家来帮助公司研发好的药品。不是，他们也没有雇用化学家。再来猜一下，或许他们雇了一位药剂师，因为该公司是一家生产药物的企业，雷·吉尔马丁或许是一位药剂师吧？

不，雷·吉尔马丁既不是顶尖医生，也不是化学家或药剂师，这些都不是雷·吉尔马丁能够加入公司的优势。事实情况是，雷·吉尔马丁是一位经过哈佛专业培训的商人，而不是科学家。如果管理得当，由商人掌管公司并没有错，但问题是，你们将看到雷·吉尔马丁是如何掌管、如何做的。打个比方吧：如果说童子军手里指南针的方向总是指向北方的话，那么，雷·吉尔马丁掌管公司后，其指针就一直指向美元，而这也正是默克公司选择的新的发展方向。

对于雷·吉尔马丁而言，他首先考虑的不是科学，不是健康，不是药物，而是利益，他把一家好端端的制药公司变成以追求利益为本的公司。

拉尼尔仔细检查了案件的所有元素，与此同时也向法官展示了他们在审前程序中已经发现的可接受事实。与普伦基特案件相比，在向法庭提交有关默克公司与食品及药品管理署关于万络药品的标签产生的争端方面的证据这一问题上，恩斯特案件的原告拥有更多的回旋余地，这种差异也在实践中证明了审前防止偏见申请的作用及价值。

在动机问题上，拉尼尔提出证据证明，在2000年和2001年，默克公司有不少药品的专利权即将到期，这就给万络投入市场带来压力。

原告方的表现给被告律师的开场陈述带来了特殊的挑战，要求被告律师必须唤起陪审员的注意，必须在原告的基础上讲述一个可供陪审员选择的故事。陪审员渐渐把案件当成一个故事，对于到底发生了什么，他们已经有了初步看法，更容易接受那些能够支撑起初步看法的证据。陪审员需要引导，只有这样，他们才能看到案件最重要的问题，才能明白他们看到的、听到的证据的重要程度。很显然，在开场陈述阶段，律师不得不承认对己方不利的证据并把重点放在能使己方赢得案件的问题上。在本案中，当原告律师将案件描述为一个重要的道德和社会问题时，被告律师必须仔细选择应当如何回应。

在恩斯特案件中，被告律师的开场陈述很令人失望。其实，被告有强大的证据可以证明万络并未导致鲍勃·恩斯特心脏病发作，被告律师也知道，有大量有关默克公司行动及其态度的证据，陪审团或许会发现与案件无关。但是，如果默克公司想在因果关系问题上获胜，上述证据会显得不相干。刑事案件的律师会很熟悉默克公司律师面临的问题：被告并不值得同情，但他或她并未从事指控的行为，或者至少与此指控相关的证明并不充足。当然，律师会努力将被告描述为最好，但那需要合适的时间和地点。

被告律师的开场陈述是这样开始的：

> 先生们、女士们，下午好！我叫戴维·基尔南（David Kiernan），很高兴今天下午能代表默克公司与你们交谈。你们或许会想，假如这个故事没有两面之词，今天我们就不会出现在这里。如果此案正如原告所建议的那样是一个简单案件，那它早就该结束了。事实情况是，正如哈丁（Hardin）法官在陪审团选任时所介绍的那样，这将是一个耗时很长的案件，该案有许多文件证据、许多证人、许多经宣誓提出的证人证言，还有录音带。在审判过程中，你们将会看到所有这些证据。
>
> 我们钦佩你们每个人所从事的这项重要工作，这是一项困难重重的工作，需要把所有证据分门别类并衡量其证明价值，需要指出当事人主张与证据证明之间的差异。正因如此，我们感激你们承担起了这种责任。我们也相信，到本案的最后，你们将会看到，默克公司的科学家和领导们是慎重的、负责任的。我不要你们在开始时就相信我的话，此时此刻，我要你们保持开放的心态，只有这样才能吸纳所有的证据。
>
> 本案可以归结为四个问题：第一，在万络的开发过程中，默克公司有责任吗？从本案中，你们将了解到，不管是在药品投入市场之前还是之后，万络都是历史上研究最仔细认真、最广泛的一种止痛药，默克公司一直持续不停地检测万络的安全性问题。
>
> 第二，默克公司是否分担了，或者如原告所言，隐藏了万络的科研信息？在此问题上，证据会显示，默克公司对于万络安全性的研究是由食品及药品管理署提供并进行分析的。食品及药品管理署报告了包括心血管事件在内的药物不良反应，而且，默克公司已经检测出这些不良反应，标明在提供给医生的标注中，并公开了这一研究结果。

第三，像吉尔马丁先生①这样的公司领导人是以科学为依据作出领导决策的吗？对此，证据会表明，2000 年 10 月前后，在恩斯特先生开始服用万络时，对包括数千名患者在内的研究数据显示，与服用安慰剂相比，服用万络并未增加患心脏病及中风的危险。即使是在科学已有重大突破的今天，证据仍然表明，除非每天持续不断地服用万络达 30 个月或更长时间，它不存在任何危险性。而在恩斯特服用时，其风险非常小，小到与你们在当地药店买到的诸如艾德维尔、美林、布洛芬等止痛药带来的风险几乎相同。我们现在已经知道，今天上午我们所谈的万络带来的危险大致与所有同类药品是相同的。这一点非常重要，因为在恩斯特先生服用万络之前，他一直在服用如艾德维尔或布洛芬这样的止痛药，而且每天服用 16 粒。

我提醒你们千万别忽视第四个问题，即恩斯特先生的死亡是服用万络所致吗？这个问题将决定整个案件。是的，恩斯特女士失去了丈夫，对此我深表同情。但证据会告诉你们，到案件结束时，不管你们对万络持何态度和看法，它与恩斯特先生之死毫无关联。恩斯特先生是死于心率失常，也就是心跳不规则。他并没有心脏病，心脏病是由于血栓阻止了血液向心脏的流动所致。心脏病与心率失常是截然不同的，请一定注意，不要将二者混为一谈。从来没有任何一位从事相关研究的科学家指出过，服用万络会增加患心率失常的风险，万络没有这种副作用。

以上就是我提醒你们在审判中应当加以重视的四个问题。为了证明这些问题，我们不会向你们提供数据片段，只有这样，我们才不会使你们误解科学研究的真正内容。请注意，我们将向你们呈现所有相关数据，只有这样，你们才能判断出默克公司的科学家是否作出了合理的决定。同时，我们也不会提出，从公司 62 000 名员工所收发的 10 万封电子邮件中选取出的少数邮件能够为长达十余年的科学调查提供解释。

以上呈现的内容存在什么错误呢？错误就在于，这样的开场陈述欠缺戏剧性。这位律师直到案件的最后才谈到其关于因果关系最强有力的观点，关于为什么万络是一种革命性药物、默克公司是如何靠科技进步的、每种药物的作用及危险具体如何等问题，律师言之甚少，甚至什么都没说。

若要了解本案开场陈述失去的大好机会，一个好的方法是，让我们看看在普伦基特案中律师菲尔·比彻（Phil Bech）代表默克公司所作的开场陈述，他是这样开始的：

> 谢谢阁下！刚才原告律师伯奇菲尔德（Birchfield）谈了约 60 分钟，在这 60 分钟里，全美国大约有 60 人死于与伊万先生死亡同样的原因，而他们中无一人在服用万络。我也将谈 60 分钟，在我谈话的 60 分钟时间里，全美国又会有 60 人死于与伊万先生死亡同样的原因，他们中也没有一个人在服用万络。原因在于，导致伊万先生死亡的原因正是导致

---

① 在一个小时的开场陈述中，律师花了 5 分钟来维护雷·吉尔马丁的品质，介绍其家庭背景、对社会公益的参与、去教堂做礼拜以及其家庭生活等。吉尔马丁没有作为证人出现在法庭上，而是提供了书面证词。其实，争议的问题并不在于吉尔马丁的个人品质，而是他对默克公司的管理是否有效、他的决策是否建立在科学的基础之上。

美国人死亡的首要原因，无论是在万络投入市场之前，抑或是在万络已退出市场的今天，事实均是如此。每年，都会有成千上万人死于斑块引起的动脉受阻，由此导致斑块破裂，这样一来动脉中就形成了血栓，不再有充足的血液流向心脏，这就是导致美国人死亡的首要原因。

很多因此死亡的人与伊万先生具有同样的特征：他们是 50 岁上下的男人，有些肥胖，医生告诉他们为了保护心脏应加强相关锻炼，但他们没有做到。同时应当看到，伊万先生服用万络只有不到 30 天的时间。而且，你们看到了许多关于万络的研究，在以后的审判过程中，你们还将听到这些研究内容。可以说，在已有的关于万络的绝大部分研究中，并没有证据显示，无论服用多久，万络会增加患心脏类疾病的危险。也没有相关研究显示，只有每天服用万络至少达 18 个月者会存在患心脏病的危险，而且，只有服用达 30 个月以上，才存在他们所称的"医学上显著的"患病危险。同时，有关研究显示，短期服用（如一个月）万络者与未服用者根本没有任何区别。事实上，有关万络的研究非常之多，其中并没有任何一项研究表明，服用万络约一个月时间会增加患心脏类疾病的危险。

据此，该案的证据将证明两个问题，而我们出示的证据也将集中于以下两个焦点：其一，万络并未导致伊万先生的死亡；第二，在开发、试验万络的过程中，默克公司是负责任的。

事实上，我将从第二个问题开始，而在此后转向第一个问题。在开发、试验万络的过程中，默克公司到底是怎么做的呢？对此问题，若想了解万络的开发过程，就应当了解万络为什么会被开发，这一点非常重要。万络是一种为了治疗疼痛而进行研发的药物，关于这一点，你们已经从伯奇菲尔德先生那里听到过一些。我们每个人都经历过疼痛，其中很多人经历过剧烈疼痛，它令人非常难受，以至于无法集中精力在别的事情上，甚至无法在人群中出现。所幸的是，对于我们中的大多数人，那种疼痛已经成为历史，确切地说应当是，某些事物使得我们大多数人能够忍受剧烈疼痛，这样一来，疼痛也就不再是疼痛了。而对于另外一些人而言，他们患有真正剧烈的疼痛，没有好转，而且他们知道以后也不会有所好转。他们每一分钟、每天每夜、积年累月在经历疼痛的折磨，挥之不去，这也使得他们无法过正常人的生活，诸如行走、抱孙子、写一句"谢谢你"的便条等简单的事情，他们都无法做到。那些患严重关节炎及类似疾病的人所经历的疼痛非常剧烈，使得他们根本无法过正常人的生活。在美国，这种慢性疼痛是一个大问题，大约有 70 万骨关节炎患者就经历这种疼痛，这样一来，就有很多人需要从剧烈疼痛中解脱出来。为了更好地说明问题，我想花点时间谈谈我们的身体是如何工作的，人们是如何感知疼痛的，包括万络在内的药物是如何缓解疼痛的，我将通过人扳动手指作为例子来解释上述问题。

接下来，贝克（Beck）谈到了吗啡、阿司匹林及布洛芬等止痛药的使用情况。他指出，持续服用阿司匹林和布洛芬会增加胃出血的危险，相比之下，万络则既能有效抑制疼痛传送酶，同时又不会对胃保护酶造成破坏。

让我们把关注的目光再次回到恩斯特案件。当公司或其他组织作为诉讼当事人时，它可以指派一名代表坐在律师席上。在恩斯特案件中，默克公司选择了南希（Nancy）作为代表。南希是一位内科医生，参与了万络的研发工作，但她不再继续行医。在开场陈述后不久，拉尼尔将南希作为敌意证人，如同交叉询问一般对其进行审查。[①] 在审查中，拉尼尔的问题是建立在这样的基础之上的：默克公司从 62 000 名员工中挑选出圣阿内洛（Santanello）女士作为公司的法人代表，但她并非公司或公司任何部门的高级行政官。

接下来，拉尼尔又提到了默克公司一方的开场陈述。圣阿内洛女士说，她出席了诉讼双方的开场陈述。对于拉尼尔提出的要求，默克公司的代理律师选择回答以下问题：默克公司误导了公众；食品及药品管理署已经发出警告信。同时，默克公司的代理律师提供了一封来自食品及药品管理署的信函，信函中对默克公司一种治疗高血压药物广告的字形及字体大小表示出不满。而拉尼尔则向圣阿内洛女士出示了另一封警告信，这封信是寄给吉尔马丁先生的，内容与万络有关。[②] 关于警告信这一问题，让我们来看看拉尼尔对圣阿内洛的询问：

问：让我们来看看这封信，看看它是不是关于字体颜色、字的间距或标题，看看它是不是来自食品及药品管理署的科学家。你面前有这封信吗？

答：我们是要看寄给吉尔马丁先生的那封警告信吗？

问：当然，正是此信。

答：知道了。

问：你面前有此信吗？

答：有。

问：让我们来看看，信中第二段提到，"你参与了万络的推广活动，通过推广，使……最小化"。你看到这里的"最小化"一词了吗？

答：看到了。

问："使潜在的严重心血管疾病最小化。"让我们在这里停一停。"心血管疾病"也就是指心脏系统和血液系统疾病，对吗？

答：没错。

问：它包括心脏病，对吗？

答：没错。

问：它也包括突发性心脏猝死，对吗？

答：对。

问：就像恩斯特先生那样，就患有突发性心脏猝死，对吗？

答：对，我认为是这样的。

---

① 关于敌意证人的使用，see Michael E. Tigar, *Examining Witnesses*, ch. 7 (2d ed. , 2003)（以下称为"审查证人"）。

② 这些警告信或者已经作为证据被提前承认，或者遵循证据可采性规则被承认。在向陪审团"公布"已被承认的展示证据内容时，律师有自由裁量的权利。通常情况下，律师可以直接宣读展示证据的内容，但如果需要，对方则有权宣读其他内容。同时，律师还可以让证人宣读展示证据的内容。经过法庭许可，律师还可以通过放大的照片展现展示证据的内容，或者在法庭的视频屏幕上展现。*Examining Witnesses* 84-156.

问：那好。所以你"参与了万络的推广活动，通过推广，使潜在的严重心血管疾病最小化，这种潜在的严重心血管疾病是在有关万络对胃肠道影响的研究中观察到的"。你们给这项研究起了个绰号，叫VIGOR，对吗？

答：对。

问：正是由于你们的VIGOR研究，"使你们歪曲了万络的安全性"，信上是这样说的吗？

答：是的，你读得没错。

问：这样一来，信的内容就不再仅仅是关于字体颜色、字的间距或标题，而是涉及很严肃的内容，是不是呢？

答：是这样的，这是一封警告信。

问：对，食品及药品管理署在警告你们，你们正在违法，对吗？

答：但问题在于，你将所有的信件都描述为警告信，其实这不这样的，先生。只有这封信是警告信。

问：不，女士。如果你回顾一下我的开场陈述，一句一句地回顾，你会发现，关于这些信件是什么，我已经说得非常清楚。

答：好吧。

问：在开场陈述中，我说得非常精确。基尔南先生认为，那些信件的内容是关于字体颜色和字间距的，而现在我们应当清楚，它不是有关字体颜色和字间距，而是涉及非常严肃的内容，是不是？

答：对，这是一封警告信，默克公司对此警告信也非常重视。我想，基尔南先生也已经指出，由于未收到过警告信，所以默克公司具有非常良好的声誉。默克公司并不习惯于收到警告信，正因如此，我们对此非常重视。

问：这并不是你们收到的来自食品及药品管理署的唯一一封警告信，你们还收到过其他警告信，是不是？

答：我不清楚。

拉尼尔先生（对其助理说）：请拿出其他警告信。

在这里，到底发生了什么呢？拉尼尔运用其开场陈述的部分内容展示了默克公司在过去多年收到的来自食品及药品管理署的警告信，这些信涉及不同的问题，其中包括诸如药品广告所使用的字体这样的枝节问题。法院裁决认为，由于大多数警告信均与万络无关，因此这些警告信具有可采性。基尔南代表默克公司进行开场陈述，在陈述中，他直接攻击了拉尼尔开场陈述的内容，并展示了对广告字体不满的那封信件，却并未重点谈及那些更为严重的警告信。对于被告律师而言，直接引用原告方开场陈述的内容是非常冒险的，这样的开场白会被认为是对对方律师的人身攻击，由此会引来法庭对其的指责或者遭到对方的反击，就如同这里发生的一样。这样一来，律师的个人信用就成为问题，正因如此，有些法官绝不允许律师这样做。

如果准备充分的话，开场陈述对被告方来说也是一个讲述自己故事的好机会，在这样的机会面前，被告方可以将开场陈述变成对对方的防御性回应。当然，律师精心设计的"现场"回应可能会存在缺陷，也可能会为对方的反击提供可乘之机。因此，在决定放弃一个经过深思熟虑的、可靠的案件理论和审判计划之前，律师应当三思而后行。一些对方律师会试图引诱对手犯战术性错误，对手一旦上钩，会非常危险。

圣阿内洛女士并未准备去处理默克公司的经营决策和公司与食品及药品管理署的关系，也未处理默克公司在决定将万络投入市场以及后来从市场撤回时所面对的涉及广泛的政策问题。与大公司的很多长期雇员一样，圣阿内洛对公司忠心耿耿，对公司及其同事印象良好，当公司或其同事受到攻击时，会挺身而出进行防御，她的防御看起来好像是敌意、愤怒甚至缺乏坦诚。默克公司事先并未料到圣阿内洛女士会成为原告方的第一个出庭证人，也没有为其出庭作证准备充分。

运用食品及药品管理署的警告信，拉尼尔继续将重点集中在万络的 VIGOR 研究问题上：

问：在 VIGOR 研究实验完成之前，你们已经开始出售药品，我说得对吗？

答：没错。当 VIGOR 研究正在进行过程中，药品已经投入市场。

问：也就说，在 VIGOR 研究得出最终结论之前，你们已经开始出售药品，是这样吗？①

答：正是。

问：现在，VIGOR 研究的结论已经产生，结论中有一些相当令人震惊的发现，你同意这一观点吗？

答：关于研究结论的发现是否令人震惊，取决于你谈话的对象。

问：对，因为你们都怀疑这些发现可能会在实践中发生，所以你们不会感到震惊。我这样说公平吧？

答：其实，在心脏保护功能方面，万络与萘普生的原理是一致的。

问：好啊，女士。你的这种声明恰恰是食品及药品管理署认为存在问题的，而直到今天，你仍然持这种观点。请问，你读过信的最后一段吗？

答：我个人认为，萘普生具有保护心脏的作用，因此……

问：尊敬的女士，我的问题是，你读过这封信的最后一段吗？在该段中，食品及药品管理署指出，不能再谈如你所述的那些内容，你读过这些内容吗？

答：因此，信中说道，其中所谈到的内容正是心肌梗塞患病率上升的真正原因……

问：正是。

答：……通过万络治疗过程观察到的心肌梗塞患病率上升的真正原因还不为人所知，是吗？

问：对此，我会逐步解释，但在解释之前，我得先解释一下为什么这一问题很重要②，好不好？如果你看过食品及药品管理署所说的内容，你应当知道，它们说，提到董事会上的有关万络研究的推广活动歪曲了其安全性，事实情况是，在 VIGOR 研究中发现，服用万络的患者患心脏病的风险是未服用者的 4 至 5 倍。这就是信中所说的内容，是吗？

答：是的。

---

① 这里发生了什么？拉尼尔提出了一个诱导性问题来寻求肯定性的答案。在他看来，证人好像有点胡扯。为了加强对交叉询问的控制，他坚持得到他想要的答案。

② 拉尼尔已经将食品及药品管理署的信件放在证人面前，但仍按一定顺序和节奏向证人提问，以便陪审团能够知晓他正在探讨深究问题的真正原因。对于那些非常熟悉案情的律师而言，跳过一些步骤或"从中间开始"是非常容易的。拉尼尔之所以如此做，是在提醒他自己和证人要放慢速度。

问：因此，与服用萘普生的患者相比，服用你们药物的患者患心脏病的比率增加了4至5倍，是吗？

答：对。

问：食品及药品管理署之所以对你们公司发出警告，就是因为你们所有人都歪曲了这一事实真相，对吗？

答：嗯……

问：而这正是信中所说的内容，是这样吗？

答：是的。但我想，你们必须看看到底是什么原因造成了那样的歪曲。

问：好的，这正好是信中下一段的内容，"尽管心肌梗塞患病率上升的真正原因"——这也是我们正在谈论的心脏病，对不对？

答：是的，没错。

问："尽管通过服用万络者观察到的心肌梗塞患病率上升的真正原因"——这也正是我谈到的问题，对吗？

答：对。

问："尽管通过服用万络者观察到的心肌梗塞患病率上升的真正原因还不为人所知，但你们的推广活动有选择性地提供了如下……"下面的词是什么？

答：假设。

问：对，是"假设"，这也就意味着它是未经证实的，而只是一种假设、一种想法，对吗？

答：对，只是一种假设。

问：好的，"对于心脏病增加的原因，你们的推广活动有选择性地提供了如下假设性解释：你们断言万络并未增加患心脏病的危险。与阿司匹林一样，萘普生也具有阻止血小板聚集的能力，而VIGOR研究的发现正好与此相一致"。以上就是信中所说的内容，对不对？

答：没错。

问：上述内容也是你向陪审团陈述的内容。你说，你的个人观点是，萘普生保护了心脏，而万络伤害了它。我说得对吗？

答：对，没错。

问：对此，食品及药品管理署向你们发出了警告。警告中说，上述内容是一种可能的解释，但你们并未揭示它只是假设，也未能拿出重要的证据予以证明，更未提供其他的合理性解释。

从7月18日下午开始到19日一整天以及20日的大部分时间，拉尼尔都让圣阿内洛出现在法庭上。因为向法庭提供原告方的两名证人，中间有过中断，中断之后，拉尼尔又让圣阿内洛提供了长达两天的证人证言。通过对展示证据的运用，拉尼尔引导她提供的证言内容包括：食品及药品管理署的警告，关于万络的研究，默克公司采用的营销技巧备忘录以及万络的营利性。在此基础上，拉尼尔通过一系列问题对其询问进行了总结，总结得出的结论是：鲍勃·恩斯特本人几乎不具有与致命心血管疾病相关的风险因素。

默克公司的代理律师戴维·基尔南是这样对其开场陈述进行总结的：

我要说的最后一点是，我的总结是建立在对方这样的主张之上的：默克公司的领导与科学家们故意眼睁睁看着病人死于心脏疾病，为了获取利益，他们昧着良心。我想告诉你们的是，这里有一些来自默克公司的人，在万络从市场撤回之前，他们一直在服用万络。这些人包括：默克公司所有科学研究的负责人埃德·斯克尼尔克（Ed Scolnick）；市场营销及美国销售总监戴维·安斯蒂斯（David Anstice），今天上午对方律师还提到过他；万络发展规划的负责人艾伦·尼斯（Alan Nies），还有杰弗里·梅森（Jeffrey Mason），据说，他是曾亲眼目睹并具体描述华莱士（Wallace）医生的一名代表，而华莱士医生在本案中是开处方者；路易斯·舍伍德（Louis Sherwood），他是默克公司的内科医生，被指控曾对那些批评万络的人进行威胁；彼得·金（Peter Kim），他是默克公司现任所有科研项目的负责人；还有南希·圣阿内洛（Nancy Santanello），今天她也在这里。在万络从市场撤回之前，上述所有人都服用过。对此，你们要好好想想。

或许有人会问，对对方的"主张"进行重新陈述甚至进行反驳，这样做是否有效呢？律师通过这样的主张结束开场陈述，这样做是否明智呢？最后，事实证明，提出这样的主张是不明智的。原因在于，拉尼尔在最后通过反询问证明，圣阿内洛确实服用万络长达数月之久，但她只是在特定条件下偶尔服用，每月仅服用一次或两次。

此后，由默克公司的律师格里·洛瑞（Gerry Lowry）对证人进行交叉询问。对于敌意证人而言，交叉询问就如同主询问，询问者不能提诱导性问题。在一些介绍性问题结束之后，洛瑞通过询问那些从事万络研发工作的人开始他的交叉询问，他询问的人涉及不同头衔、不同角色。读者朋友们，你们可以想象一下法庭此时此刻的情景。在此之前，拉尼尔曾通过询问圣阿内洛对原告案件的几乎每个方面进行了重温，在这样的情况下，当被告默克公司的律师出现时，如何给陪审团一种方向感就显得特别重要。

有关主询问环，主询问如何开始，如何过渡转换，我曾经这样写过：

> 所谓主询问环，也就是通过对之前回答的重复来强调这一回答，从而有助于指引证人应对后面的问题。通过开场白，可以预先设定询问的主题。所谓过渡转换，也就是通过声明或提问来显示在询问主题上的变化。在主询问和交叉询问中，无论对何种证人，上述三种策略均可使用。对于集中关注证明的重要元素和提供证明内容而言，它们是最重要的策略。[①]

由于拉尼尔已占据案件的优势，默克公司就需要收复失地，对案件故事再次作出解释。正因如此，洛瑞对圣阿内洛的询问对于审判的走势可谓举足轻重，而圣阿内洛自身的经验和学识也使其能够帮助默克公司一方完成重任。基于此，对于洛瑞而言，她可以通过开场白介绍其准备通过询问深究的主题，她的询问可以通过展示证据，可以提供证人，可以使圣阿内洛适应询问进程，从而使陪审员能够记住圣阿内洛证言的内容。但遗憾的是，其他证人破坏了交叉询问的友好气氛。在一些重要问题领域，律师提供了证人，但看起来并无完整的全盘计划。

---

① *Examining Witnesses* 61-63.

当然，有人可能会争辩，对方的反询问很容易使圣阿内洛发生动摇，因此，她不可能实现默克公司对她的期望。这样的争辩没错，但重点在于，审判接下来将进入原告方，被告方要想占据优势控制局面，对圣阿内洛进行询问就成为唯一可能的选择。

在对圣阿内洛的询问结束后，原告方将重点转向戴维·埃及曼（David Egilman），他是一名医生，从事内科医学和预防医学领域的教学、讲座和临床实践工作。在拉尼尔所在律师事务所处理过的数百起石棉及药品案件中，他被视为专家，在过去 25 年当中，他为数百起案件的审判提供过专家证言。拉尼尔通过图表来对埃及曼与圣阿内洛的资格进行对比，通过对比显示，埃及曼比圣阿内洛更具有专家资格。

在埃及曼医生的资格问题上，拉尼尔的主询问花了约两个小时，在询问结束时，陪审员们准备听信之。以下是拉尼尔对埃及曼医生进行询问的一组例子：

问：让我们来谈谈你的教育背景。你上过大学吗？

答：上过。

问：何时大学毕业？

答：1974 年。

问：你毕业于哪所大学？

答：布朗大学。

问：布朗大学在哪里？

答：普罗维登斯的罗德岛。

问：它是一所常春藤联盟学校吗？

答：是的。

问：你获得的大学学位是什么？①

答：分子生物学学士学位。

问：分子生物学。② 你能否向陪审团解释一下你的学位的含义，尤其是在该案中，你的学位意味着什么？

答：好的。我以药品为例来说明，简单来说，我所研究的是药品所含物质如何进入血液，如何从血液进入细胞，如何改变细胞并对细胞产生作用，这就是我所研究的进程。

问：在这方面，你有大学学位吗？

答：有。

问：除了上述大学学位，你还获得过别的大学学位吗？

答：获得过。

问：那么，你接下来接受的教育是什么呢？我想，你应当有医学学位，是在大学读的吗？

---

① 请注意看看拉尼尔是如何将信息一一分解的，而不是让证人直接说，"我于 1974 年在位于普罗维登斯罗德岛的布朗大学获得分子生物学学位"。如果信息需要，证人会回答每一个问题，并会让询问者提出下一个问题。证人能够认真倾听每一个问题，在交叉询问中，这样的认真倾听对其很有好处。

② 在这里，拉尼尔运用了一个"环"，将回答作为下一个问题开始的前奏，从而对其中的内容加以强调。

答：我在医学院读的研究生。

问：但那仍然是大学，对不对？

答：我愿意与你保持一致观点。

问：很好。我只是想知道你所接受的下一项教育。

答：我考入了医学院，并于1978年毕业。

问：好的。你说你于1974年大学毕业，是吗？

答：是的。

问：大学毕业后，你直接进入了医学院，对吗？

答：不。

问：那么，大学毕业后，你先从事了什么呢？

答：我成为一名街景志愿者，该志愿者组织属于和平工作团的国内组成部分。

问：干了多久？

答：一年。

问：一年后，你进入医学院，是吗？

答：是的。

问：作为街景志愿者，具体做些什么工作呢？

答：我在普罗维登斯的社区诊所工作。

问：当进入医学院时，你去了哪里？

答：布朗大学。

对此，一些法官提出，关于专家资格询问的进程过于简单。在普伦基特案件的审判中，在主询问开始时，法官要求每名专家证人准备并向陪审团宣读长达3页的有关教育背景及资格的摘要。

其实，关于埃及曼医生作为专家证人的资格这一问题，在其出庭之前已经有所裁决，正因如此，拉尼尔才能够在得到专家资格的信息之前就开始对专家进行询问，并且通过询问使陪审团获悉埃及曼证言的关键点：

问：埃及曼医生，对于制药公司而言，将其所知晓的药品的真相告诉公众是非常重要的，是这样吗？

答：当然。

问：制药公司将其药品的安全性信息告知公众是非常重要的，为什么呢？

答：这里首要的问题在于：谁拥有药品的安全性信息？对此，制药公司对药品进行了测试。

问：食品及药品管理署对药品进行测试吗？

答：没有。无论是私人医生还是从事学术研究的医生，均不能以个人名义对药品进行测试，除非是作为由公司赞助的测试组成部分。在药品投入市场之前，是由生产药品的公司进行控制的，由公司决定如何测试及在哪里进行测试。这样一来，公司就率先获得测试的结果。

为了证明警告声明失败的原因，拉尼尔最后出示了布伦特·华莱士（Brent Wallace）医生的证词。布伦特·华莱士是一名处方医师，他曾经与圣阿内洛医生一起探索过这样的问题：药品推销员拜访医生并通过奖励使医生开具一些特别的药品。另外，埃及曼医生与默克公司的销售代表有过交往经历：

问：默克公司派销售人员去过你的办公室吗？

答：去过。

问：男女销售人员都去过？

答：对。

问：他们是不是试图让你在处方中开具万络？

答：当然。

问：他们告诉你，万络是安全的，对吗？

答：对。

问：他们向你提供有关万络安全性的信件了吗？

答：提供了，因为我对此有所争论……

问：你为什么会对万络的安全性进行争论呢？

答：是这样的。在2001年前后，有另一家销售西乐葆的制药公司，你应当听说过。关于该公司如何通过长达一年的研究证明西乐葆能够有效治疗溃疡，有很多故事都与此有关。而且，6个月后，该公司将其研究对外公布。在这6个月内，该公司生产的药品似乎能够防治溃疡，正因如此，公司才将其研究予以公布。但是，在公司公布研究成果时，它也获得了12个月的研究结论，公司并未将此研究结论对外公布，而是对外提供了完全相反的结论。这种做法就如同我在给学生讲课时讲到的一个类比：你想知道从一栋高楼跌落下来会不会摔死，你就在7楼计算，并且说："到目前为止情况良好，还没有人因从高楼跌落而死亡。"同样的道理，当制药公司采取上述做法时，其实已经表明，他们的药有问题。正因如此，我不想用他们的药。

由于埃及曼医生不具备作为临床试验专家的资格，法庭未让其对默克公司的研究进行全面批判，但却接受了其主要观点。他将重点放在VIGOR研究中令人感到不安的问题，之后又谈到了因果关系问题。此时，陪审团还没看到鲍勃·恩斯特的尸检结论，而尸检结论在因果关系问题上存在严重争议。尽管如此，拉尼尔仍首先说出原告方的理论。考虑到被告方的开场陈述并未将因果关系问题作为谈论的重点，拉尼尔的上述策略还是富有成效的。

在询问中，埃及曼医生对其理论概要进行了陈述，其理论认为，对于如同鲍勃·恩斯特这般的患者，服用万络会导致心脏病的发生：

问：你相信万络会导致心脏病吗？

答：相信。

问：那么，万络是如何导致心脏病发生的呢？……

答：（证人拿起一幅图）对此，我简单说一下。我们血液内都有血小板，它能够使血液凝块。如果你的手臂有伤口，血小板会抵达伤口处，使伤口闭合，并在你的前臂形成血栓凝块。同样的道理，心脏也会发生这种情况。从根本上而言，心脏病也就是由于供氧的不足而使心脏无法正常工作。有两种情形会导致心脏供氧不足：一种是吸入氧气过少；另一种是心跳过速而导致供氧不足，在心跳过快的情况下，心脏的工作负荷加重，工作负荷超过了氧气的供给。你们应当听说过，正在锻炼身体的人得了心脏病。而如果只是简单地走路，是不会得心脏病的。当人的心脏工作负荷加重时，需要更多的氧气供给。此时，如果血小板充足，血液就无法达到心脏、给心脏提供充足的氧气。这就是心脏病的发生，从根本上来说，这就是一个供给和需求问题。

血小板通常是在血液中循环流动，但有时它会游出血液。如果血小板从血液游出而你的手指正好有伤口，它就会说，"好的，我们受伤了"。

接下来，血小板要做的工作是，它会激活 COX-1 酶，从而使很多其他酶进行活动。当血小板说"好的"时，其实是在召集周围所有友好的血小板。接着，血小板会说，"这里有一个伤口，我们要让伤口停止流血，我们要在这里形成血栓，我们要使伤口凝结"。会有很多酶来做这些工作。

最后，血栓会停止工作，否则，每一次你伤口凝结的同时，你的身体也会凝结。正因如此，身体有另一种机制，这种机制会说，"好的，伤口已经凝结了，我们该停下来了"。发挥这种作用的酶就是前列环素，这种酶是作为反馈循环进行工作的。[①]

问：时间到。在这里，说"停止凝结"的前列环素与圣阿内洛医生的万络减少的那种前列环素是一样的吗？

答：没错，就如同汽车的油门和刹车一样。油门就是能够产生凝血烷的血小板，它会说，"让我们把所有的凝血赶出去"。但是，车上有刹车，而且刹车是自动的，因此，如果车速过快，刹车会自动发挥作用，不让血栓生成。最后你的体内会产生溶栓，它会使血栓消除，这就是为什么人每次受伤后血栓会消失而不会永久存在的原因。同样的道理，如果静脉血管有血栓，最后也会消除。原因在于，如果存在血栓，你的身体系统会自动修正，使静脉和动脉血管改道而行。

上述陈述支持了这样的理论：或许是血栓导致了鲍勃·恩斯特的心脏病。但是，对于为什么尸检并未显示与血栓相关的证据这一问题，该证人仍未予以解释。在周五上午，陪审员们听到了埃及曼医生在最后询问中给出的自己的结论：

问：埃及曼医生，在你分析研究的基础之上，基于流行病学的科学理性和合理的医学可能性，从你看到的不同出发，在万络是否是引起鲍勃·恩斯特心脏病的原因之一这一问题上，你是否有自己的观点？

答：有……

问：你的观点是什么？

答：鲍勃·恩斯特服用万络导致并（或者）促使心脏病的发生。

在星期一接下来的审判中，拉尼尔获准不按顺序让艾萨克·维纳（Isaac Wiener）医生出庭作证。维纳是一名心脏病学家和心脏电流生理学家，也是安装心脏起搏器专家。拉尼尔花了大约一个小时来详细检查维纳的相关资格，并重点检查了他的临床工作以及其与心率失常相关的公开出版物。接下来，维纳拿出一个心脏模型[②]，通过模型向陪审团展示心脏结构及周围分布的血管。应当看到，维纳并非流行病学家，并未读过有关万络及其潜在副作

---

① 在主询问中，很多法官不会允许如此长篇大论的回答，但这里并未禁止。

② 这个模型是默克公司提供给医生的。

用的研究。对于被告基于流行病学考虑提出的反对观点，法官予以否决。

然而，维纳曾经看到过鲍勃·恩斯特的心电图表和尸检报告。他首先指出，服用万络能够引致鲍勃·恩斯特所经历的那种心脏疾病，尤其是"心脏突然间无法获得充足的血液"。"在鲍勃·恩斯特心脏病问题上"，万络是"一个非常重要的作用因素"。

考虑到尸检报告并未显示有阻碍血液供给的血栓存在的相关证据，维纳推论指出，根据统计，诸如鲍勃·恩斯特这般的突发性心脏病大多是由血栓所引起，因此，很有可能存在血栓。关于这一点，圣阿内洛的证言曾指出，如果存在血栓，应该可以发现。维纳不赞同这种说法，而是认为，血栓可能已经分解，因此无法被发现。在血栓分解问题上，他使用了"细胞溶解"一词。

如果存在血栓，诊断得出的结果应该是心肌梗塞。在交叉询问中，被告律师戴维·基尔南首先提出了心肌梗塞的医学认定标准，这些标准包括胸部疼痛、疼痛辐射至手臂等等。接下来，他对如下重要问题进行了提问：

> 问：事实上，在恩斯特先生死亡时，并不存在心肌梗塞或心脏病的诊断标准。维纳医生，这样说对吗？
> 答：对，我也这样认为。当时并不存在相关诊断标准，但却设置有限制性标准。正因如此，我想我们不能单方面认为他是否患有心肌梗塞。
> 问：你不能说，是吗？
> 答：可能吧，或许也不是。我们只是不能说。
> 问：实际上，有人向你提供本案尸检的切片，对吗？
> 答：对，他们向我提供了切片。
> 问：但是你根本就没看切片，是这样吗？
> 答：没有可以观看的地方，我不知道看什么。
> 问：所以你不是专攻病理学，对吗？
> 答：我已经回答过这个问题。我对病理学压根不感兴趣，但我跟一些著名的病理学家一起工作。
> 问：嗯。
> 答：他们大有用武之地，我尊重他们。
> 问：很好。验尸官做过微观组织检查，检查结果再次表明，并不存在恩斯特先生过去或现在患心肌梗塞的证据，对吗？
> 答：检查报告指出，并未有过去或现在患心肌梗塞的证据。我仍然认为，有关过去患心肌梗塞的信息非常重要，而不能过分依赖有关现在患心肌梗塞的证据。
> 问：在本案中，无论是大致对心脏进行观察，就像你今天上午在陪审团面前所做的那样，还是通过显微镜对心脏组织进行观察，通过这两种方法，验尸官均未发现患新旧心肌梗塞的相关证据，对吗？
> 答：检查报告上就是这么说的。
> 问：好的。报告中也未指出，并不存在血栓方面的证据，对吗？
> 答：我没看到报告中有关于血栓的介绍。

后来，询问如下进行：

> 问：我们很清楚，对于患心脏病或中风的病人来说，有些药物可以用来使血栓消除，

对吗？

答：有这样的药。

问：恩斯特先生未使用这些药，对吗？

答：不对。

问：并没有证据显示，他服用过使血栓消除的药物，对吗？

答：他没有服用过溶栓类药物。

问：以我们今天上午讨论的所有证据为基础，维纳医生，对于恩斯特先生患心肌梗塞这一问题，你并不能向陪审团提供一个医学概率上的合理性标准，对吗？

答：我已经说过，我个人认为，诊断心肌梗塞的传统方法并不能用来诊断突发性心脏死亡，原因在于，病人死亡得太快，我们无法对此加以控制或进行排除。

问：维纳医生，我再一次问你，以今天你在这里探讨的所有证据为基础，对于恩斯特先生患心肌梗塞这一问题，你并不能向陪审团提供一个医学概率上的合理性标准，对吗？

答：嗯。

问：你同意这种观点吗？

答：对，我同意。

此外，维纳医生也承认，恩斯特患有冠状动脉堵塞，这就使他存在患心脏疾病的危险。

对维纳医生的询问花了半天时间，之后，圣阿内洛再次出现在法庭上来接受被告律师的进一步询问。她探讨了默克公司在开展万络研究问题上的态度及拉尼尔曾经提到过的食品及药品管理署关注的不同方面，此外，被告律师还让她对原告方证人埃及曼医生提出的医学上的结论进行检查并予以反驳。被告方的这种做法自然引发了原告方更多的反询问，在反询问中，拉尼尔对圣阿内洛和埃及曼医生二人的观点进行了比较。在对圣阿内洛的询问结束之后，继续由埃及曼出庭作证。

总体上而言，被告方采取的中断圣阿内洛作证以及试图通过其作证对原告进行反驳的做法对本方是有害的。根据审判时间表的要求，圣阿内洛不可能有充分的时间来对原告方的理论提出全面反驳。而且，与被告方在本方举证阶段提供的其他证人不同，圣阿内洛并不具备作为心脏病学或病理学专家证人的资格。此外，在最开始的反询问阶段，她并未给陪审员们留下良好的印象。相比之下，如果被告方能坚持原告方案件，在某一特定时间只提供一名证人，在对方主询问之后紧接着对证人进行交叉询问，效果则会好得多。

在圣阿内洛作证之后[①]，原告又提供3名内科医生作为专家证人，还提供了默克公司首席执行官雷蒙·吉尔马丁的录像带证据以及卡罗尔·恩斯特的女儿和恩斯特夫人的证言。此外，原告不顾反对，还向法庭提供了病理学家玛利亚·阿拉内塔（Maria Araneta），他从事了恩斯特的验尸工作。

埃及曼医生出庭作证时，拉尼尔花了很多时间与他一起探讨有关万络的不同研究。而当圣阿内洛被中断后重新出现在法庭上时，她用这样的语言对

---

① 上文提到，由于原告提供了两名专家证人，因此圣阿内洛的作证被中断，而根据审判时间表的要求让圣阿内洛重返法庭，对原告是有利的。那些严格控制法庭审判进程的法官会严格坚持，在另一名证人宣誓作证之前，要完成对一名证人的询问，同时禁止重复性提问。

埃及曼的分析进行描述：

> 他的分析就如同把苹果、橘子、桃子、蓝莓和樱桃混在一起，把一切都混在水果沙拉里。

当埃及曼再次出庭时，他在对很多问题的回答上都紧紧抓住圣阿内洛的上述比喻，将在研究中通过文件证明的万络的副作用描述为各种各样的烂水果。在审判辩护中，合理使用形象化比喻是富有成效的，但在涉及生命的诉讼中，形象化比喻也可能被对方刺穿，或者会对运用该比喻的人不利。

在被告律师戴维·基尔南的交叉询问中，他努力将埃及曼医生描述为主要为原告提供支持的"职业专家"。对于基尔南的问题，埃及曼尝试着予以回击：

问：在你作为专家证人的职业过程中，你曾对许多公司和政府机构提出过批评，对吗？

答：没错。

问：你曾指控过石油行业及其雇用的从事错误分类工作的流行病学家，对吗？

答：对。

问：你曾指控过 IBM 公司及计算机和商业设备制造商协会，认为它们掩盖了与使用键盘相关的肌肉骨骼疾病的信息，对吗？

答：对。

问：你曾对化学品制造商协会共谋隐藏化学品对人体健康危害的行为提出过指控，是吗？

答：不是共谋，但它们确实一起做了。

问：1999 年 3 月 12 日，你曾作为专家证人证实，通用耐火材料公司与其他公司一起共谋，不惜以牺牲工人利益追求利润，是吗？

答：我不认为我使用了"共谋"一词，但它们的此种行为是千真万确的。

问：你曾指控过美国胸腔医学院，认为它帮助石棉公司向公众隐藏石棉对人体危害作用的信息，对吗？

答：在某一特定问题上是对的。

问：你还批评过美国环境保护署、职业健康和安全机构和食品及药品管理署，对吗？

答：对。

有人或许会问，为什么会提这些问题。无论这些问题还是答案，都不是为了要表明埃及曼医生做错了或他对这些案件的观点是没有价值的，而是要表明，他看起来像是一位有公益心的人，对于本案的陪审团来说，至少基本表明他是一名平民主义者，是一位反对公司化、反对官僚主义的人。

基尔南继续他的交叉询问，在询问中，他宣读了埃及曼医生的一位学生对其的负面评价，对他的反公司化偏见予以批判，并提到了"法院"对埃及曼医生证言的批评。对于基尔南的交叉询问，尽管拉尼尔未提出异议，但询问中的问题引发了有关传闻证据的话题。更为重要的是，基尔南试图通过交叉询问来达到更多目的。交叉询问主要是关于内在性[①]，也就是证人与律师的问答变化中蕴涵的内在实质是什么。假如埃及曼医生的名声欠佳，辩方证

---

① 有关内在性的观点，see *Examining Witnesses* 200。

人可以就其资格的欠缺与结论的不可靠性进行介绍。①

接下来，基尔南继续他的交叉询问，通过询问得出这样的结论：埃及曼医生从未参与过任何主要临床试验的设计工作，也未参与任何一种药品的标签设计，也未参与过与其所提供观点相关的其他领域的工作。基尔南还指出，美国医学协会的道德规范限制专家对证人资格问题作证。他是这样继续他的询问的：

> 问：现在，我来问问你在非甾体类抗炎药方面的经验。你从来没有在任何一种经同行评审的医学期刊上发表过与万络有关的论文，是吗？
>
> 答：对，没有发表过。
>
> 问：你从来没有在任何一种经同行评审的医学期刊上发表过与非甾体类抗炎药有关的论文，对吗？②
>
> 答：对。
>
> 问：你从来没有在任何一种经同行评审的医学期刊上发表过与药品有关的论文，没错吧？
>
> 答：没错。
>
> 问：你不是执业病理学家？
>
> 答：对。
>
> 问：你不是执业心脏病学家？
>
> 答：对。
>
> 问：实际上，你未从事过任何一种常规的临床实践？
>
> 答：对。

接下来，基尔南转向因果关系问题：

> 问：死亡证明显示，造成恩斯特先生死亡的直接原因是心律失常，对吗？
>
> 答：对。
>
> 问：死亡证明显示，心律失常是在恩斯特先生死亡之前几分钟发生的，对吗？
>
> 答：对。
>
> 问：死亡证明显示，心律失常是因冠状动脉粥样硬化引起的，对吗？
>
> 答：对。
>
> 问：死亡证明显示，恩斯特先生患冠状动脉粥样硬化已有数年，对吗？
>
> 答：对。
>
> 问：死亡证明并未指出，恩斯特先生是死于心脏病发作，对吗？
>
> 答：对。
>
> 问：其实，死亡证明指出，恩斯特先生死于心律失常，对吗？

---

① 在交叉询问中，基尔南也问到了埃及曼作为专家证人的收费标准问题。对此，埃及曼指出，本案中他不收取任何费用，而拉尼尔则在再主询问阶段证实，埃及曼将其有权获取的费用捐献给了当地一家心脏保健机构。对于反对专家证人的律师而言，一定要从审前发现程序开始就对此类情形加以注意，只有这样，律师提出的有关损害赔偿的问题才不会招致相反结果。

② 通过一系列诱导性问题向陪审员描绘医学领域经同行评审的公开出版物，这种做法是非常有用的。作为选择，律师也可以在开场陈述中探讨这样的问题，然后通过对方专家证人来讨论。通过对埃及曼的询问，基尔南也可以引出这样的结论：对方的专家证人来自贝勒医学院，该医学院是一所顶尖的医学教学和研究机构。

答：对……

问：在本案中，有人向你提供了一套病理学切片，对不对？

答：对。

问：但是你根本就没看，是吗？[①]

答：没错。

此外，还有其他领域的交叉询问直接显示，埃及曼医生甚至在阅读相关文件之前就已得出结论并同意作为专家证人。审判记录也清楚地显示，在很多诉讼案件中，埃及曼均与拉尼尔所在的律师事务所密切合作，可谓是一名"万能的"医学专家。[②] 在很多案件中，由于欠缺相关领域的教育背景和实践经验，同时也欠缺相关领域经同行评审的公开出版物，他的结论总是面临着严重的可采性问题。

接下来，原告向法庭提供了玛利亚·阿拉内塔医生的录像带证据。玛利亚·阿拉内塔是得克萨斯州强森郡的一名助理验尸官，参与了鲍勃·恩斯特的验尸工作。作为助理验尸官，她的主要职责在于排除谋杀和自杀，因此，对于验尸，她并没有独立的记忆，而只能对尸检报告以及尸检文件中的其他信息进行证明。在急救室记录上，她确实看到了恩斯特可能患心肌梗塞的迹象。后来，她仔细检查了恩斯特的心脏及相关血管，并在尸检报告结论中写明这样的死亡原因："主要死于心律失常，并伴有冠状动脉粥样硬化。"验尸报告中没有提到心肌梗塞，因为"看不到有心肌梗塞的迹象"。

接下来，玛利亚·阿拉内塔医生提供了支持恩斯特案件的如下观点：

> 从逻辑情况来看，本案是一起急性缺血性事件。在该事件中，有东西堵住了恩斯特先生本已很狭窄的动脉，这个堵塞物可能是血凝块，可能是裂块，也可能是破裂动脉粥样硬化的破裂物。可能这些堵塞物已经消失，因此我什么都没看到。经过抢救，恩斯特先生苏醒了，苏醒后精力很充沛，可能是因为动脉内的血栓已不存在。在抢救中，抢救人员猛烈击打他的胸部，肋骨都断裂了。可能心肌梗塞就在我面前发生，但我没看到，又怎么能写在报告中呢？

简而言之，恩斯特的动脉中可能存在血栓，但血栓或者已"消失"，或者在抢救过程中被取出。在拉尼尔的询问之下，阿拉内塔明确指出，恩斯特死于心肌梗塞，而血栓才是引发其死亡的导火索。不论这种结论有无可能性，也不论阿拉内塔是否具备发表意见的资格，已经有充足的科学支撑表明，恩斯特案件的裁判将会上诉。法官接受了阿拉内塔的证言，也接受了支持上述观点的原告方专家证人的主张。[③]

接下来，拉尼尔提供了戴维·安斯蒂斯的录像带证据。戴维·安斯蒂斯

---

① 这些提问都是不错的诱导性问题，但美中不足的是，这里缺少了一两个定义和解释"动脉粥样硬化"和"心律失常"的诱导性问题。假设陪审团在审判中已经听到过这些术语，但这里对被告方重要的是，验尸报告支持恩斯特死于心脏病发作的主张，而心脏病发作是在恩斯特服用万络之前，其与服用万络是毫不相干的。律师是不会对这些"结论性"问题进行提问的，但却可以通过提问推论出上述否定性事实。

② 默克公司也对埃及曼提出指控，认为他向政府机构提供了默克公司的发现文件，违反了审前保护令。

③ 了解到鲍勃·恩斯特的死讯后，默克公司的一名员工与阿拉内塔进行了交谈，并留下了谈话的备忘录。在谈话备忘录中，阿拉内塔说道，尽管恩斯特夫人非常关注万络引起其丈夫死亡的可能性，但她本人感觉到恩斯特的死亡与服用万络无关。对于上述谈话内容，阿拉内塔记不起来了，默克公司也没有将与阿拉内塔进行谈话的那名员工作为证人。

是默克公司负责加拿大、拉丁美洲、日本、澳大利亚和新西兰地区人类健康部门的主席①，曾任北美默克公司的董事长，具有商业背景。在此，拉尼尔将重点放在万络的市场销售问题上。通过如下的问答，你可以发现这种反询问的特点：

问：……我知道你是默克公司某个部门的主席，你负责哪个部门？

答：人类健康部，负责加拿大、拉丁美洲、日本、澳大利亚和新西兰地区。

问：曾经有一段时间，你是美国默克公司的主席，是吗？

答：是的。

问：是在什么时候？

答：从1994年下半年一直到2002年年底。

问：你是人类健康部的主席，但你并没有医学学位，是吗？

答：是的，我没有。

问：你在医学院读过书吗？

答：没有。

问：作为人类健康部的主席，你读过哪种与之相关的学校？

答：对于药品的市场销售活动，我负有责任。31岁时，我在默克公司接受了技能发展及相关培训。

问：先生，我的问题不是这样。如果想做人类健康部的主席，你在何种与人类健康相关的学校读过书？

答：我接受过经济学专业的高等教育，后来进入默克公司，与很多人一样从事商业性工作。我没有医学学位或医学教育背景。

问：也就是说，人类健康部的主席是一名商人？

通过对安斯蒂斯的询问，拉尼尔再次证明，在1999年至2000年期间，默克公司一些重要药品的专利即将到期，在这种情况下，公司需要新产品以求得发展。安斯蒂斯也承认，他知道默克公司的科学家及其他人试图向公众封锁有关万络潜在安全性的信息；他也知道，关于如何平息批评家提出的意见，曾在默克公司员工中引发热烈讨论。

为了证实心肺复苏治疗可能会取出血栓这一理论，拉尼尔请出本尼迪克特·鲁塞斯（Benedict Luccesi）医生作证。本尼迪克特·鲁塞斯是密歇根大学的药理学教授，具有医学博士学位，自20世纪60或70年代以来，他从未参加过医学临床实践，也没有心肺复苏治疗方面的经验。在没有陪审团参与的情况下，被告律师戴维·基尔南对鲁塞斯进行了预先审查询问，通过询问来防止鲁塞斯表达心肺复苏治疗具有取出血栓作用的观点。询问是这样进行总结的：

问：你知道有哪一种已出版的著作文献表明，心肺复苏治疗能取出或移动血栓吗？

答：不知道。

问：你知道有哪一个治疗案例报告显示，心肺复苏治疗能取出或移动血栓吗？

---

① 对此，默克公司提出异议，异议认为，对销售及市场实践的广泛询问与案件无关，也是对其他证据的重复。

答：不知道。

问：你知道世界上有哪一种出版物表明，心肺复苏治疗能取出或移动血栓吗？

答：不知道。

问：在有记录的人类历史中，无论何种语言，都没有吗？

答：没有。

对此，法官指出，鲁塞斯医生并不能给出心肺复苏治疗对血栓潜在影响的观点，但是，他却能为埃及曼医生提出的理论提供证据支持。多年来，鲁塞斯医生一直在研究药物的凝血倾向性对 Cox 抑制剂产生的作用，对此问题，他曾出版过论著。他也相信，去心脏纤颤过程中产生的电荷能够使堵塞血管的危险的血栓得以溶解，或者使其破碎。在回答询问的过程中，他简要总结了自己的观点：

问：请将你的所有理论运用到鲍勃·恩斯特案件中，他每天服用 25 毫克的万络。以合理的医学可能性为基础，对于万络是否是导致鲍勃·恩斯特死亡的原因之一，你有自己的观点吗？

答：让我想想。

基尔南先生：我反对。

法官：反对无效。

证人：关于恩斯特死亡的相关文件已经非常清楚。以合理的医学可能性为基础，我得出的最后结论是，恩斯特死于心律失常，心律失常是由短暂的缺血性事件所引起[1]，而且，短暂的缺血性事件还导致了心室纤颤。

（拉尼尔先生）问：在上述引起死亡的进程中，万络是一个原因吗？

答：对于这一问题，我们必须考虑这样一些事实：恩斯特正在服用万络，万络会妨碍 COX-2 发挥作用；而且，恩斯特患有潜在的血管疾病，这也使他成为万络实验的候选人。基于此，对于这一严重事件，我得出的唯一结论是，万络是导致恩斯特死亡非常重要的因素。这一结论超越了任何一种可能性，这里的可能性就是，应当赞同万络导致恩斯特死亡这一观点。而且，恩斯特不是唯一的死亡者，我们曾见到很多其他类似的案件。

问：以合理的医学可能性为基础，如果不是服用万络，鲍勃·恩斯特今天会出现在这里吗？

答：很难说。或许他会在错误的时间横穿马路，或许还会发生其他事。但是，我们看到了，他的治疗记录上没有任何死亡的症状，我真的不知道，今天他为什么不会出现在这里。

在交叉询问过程中，被告律师戴维·基尔南指出，鲁塞斯医生已经公开承认，如果提供充足的警告信息，万络应当留在市场上，以便用于治疗那些高危胃出血病人。他也承认，他得出血栓作用的结论所依赖的一些文献著作是建立在对西乐葆而非对万络的研究之上的。他还承认，对于 COX-2 抑制剂能对血栓产生作用这一观点，医学理论界存在实质性争论。接下来，询问转向了有争议的 VIGOR 研究。对此，基尔南是这样询问的：

---

① 这里的缺血性事件是指阻塞。

问：先生，在你看来，在 VIGOR 研究中，在某种程度上，服用萘普生的人得益于血小板抑制作用的发挥，对吗？

答：可能吧。

问：那好。你知道卡罗·帕特罗诺（Carlo Patrono）医生吗?[①]

答：非常熟悉。

问：你尊重他吗？

答：什么？

问：你尊重他，对吗？

答：对。

问：他是一位出色的科学家吗？

答：是。

问：你对《循环》杂志很熟悉，对吗？

答：对。

问：不是该杂志编辑委员会成员吗？今天，你仍可能在编辑委员会，对吗？

答：是这样。

基尔南先生：你那里有被告方的第 454 号证据吗？我想它已经是证据了。请拿起来一会儿。法官大人，第 454 号是证据吗？如果不是，我们会予以证实。它是一篇发表在《循环》杂志上的文章。

拉尼尔先生：法官先生，对此我没有异议。

法官：允许它作为一篇学术性论文。

（经承认后，对第 454 号证据进行展示）……

（基尔南先生）问：这是一篇发表在《循环》杂志上的文章，作者是卡波恩（Capone）医生和卡罗·帕特罗诺医生，后者就是我们刚刚谈到的那位先生，对吗？

答：对……

（基尔南先生）问：《循环》是你今天在这里提到的杂志，对吗？……卡波恩医生在文章中指出："我们发现，在每天两次共服用 500 毫克萘普生的情况下，如果长期服用这种疗效显著的消炎药，在整个 12 小时的服药间隙时间内，它能长久的，甚至完全抑制血小板凝血烷的产生，这使其根本无法与服用小剂量的阿司匹林相区分。"我读得对吗？

答：对。怎么了？

问：这就是卡波恩医生的观点，对吗？

答：对。

问：好，我们来看看接下来的引文："总之，目前的研究证实，通过依赖萘普生对心脏的保护作用，COX-1 也产生了药效上的可信性，这种作用有助于对 VIGOR 中的心血管研究进行解释。"我读得对吗？

---

① 在对专家证人的询问中，是允许其对其他专家的观点结论进行介绍的，也允许其提到学术性论文和论著。*Examining Witnesses* 424-428.

答：对。

问：你同意上述观点吗？

答：事实就是如此，根本不需要卡波恩医生告诉我……

问：谢谢。杂志的第245页写道，"……由于万络研究试验产生的造成明显过多的心肌梗塞风险的原因还没有最终确定，因此，对于这些令人意想不到的结果，萘普生本身具有的心脏保护作用及其作用发挥的机会结合在一起，就似乎能为这些结果提供一种可能的解释。由于不得不考虑其他相关机制，因此，在目前，人类社会几乎没有证据表明，昔布类药物具有亲血栓的作用。"我读得对吗？

答：没错。①

当我写完上述内容，我的研究助手娜塔莉·希尔特（Natalie Hirt）读了读，并在上述引用的内容旁写下这样的注解："对于外行人，理解起来会相当困难。"她说得没错，在这里，基尔南没能对其中的关键点重新叙述，也没能让证人提供一种可以让人理解的叙述说明。

在鲁塞斯医生之后，原告向法庭提供了鲍勃·恩斯特的女儿肖纳·谢里尔（Shawna Sherrill），让她来讲述其母亲与继父之间的亲密爱恋关系。之后，拉尼尔播放了一小段录像带证据，该录像带是由鲍勃·恩斯特的主治医生布伦特·华莱士提供的。② 由于在案件开始时华莱士是作为一名被告，因此，拉尼尔可以向其提出诱导性问题。对此，华莱士很配合，他指出，默克公司的销售代表并未向其通告食品及药品管理署的警告，也未告诉他万络可能存在的副作用。假如获得通告，他就不会给鲍勃·恩斯特开具万络。

在被告律师的交叉询问中，华莱士医生承认，很多药品都有副作用，而有时候这些副作用是很严重的。他指出，自己后来知道了VIGOR研究，而且默克公司销售代表告诉他这样的观点：该研究主要是为了解释为什么萘普生具有保护心脏的功能。正因如此，在VIGOR研究之后，他不仅给患者开万络，自己也服用。

原告提供的下一个证人是肯麦科（Ken McCoin）。他是一名精算会计师，向法庭计算出在鲍勃·恩斯特自然终其一生的情况下对其家庭能够贡献的财务数据预测。法官限制了这里的交叉询问，原因在于，这里的交叉询问应当会指出，在娶现在的妻子之前，鲍勃·恩斯特曾结过5次婚，这就不得不使人怀疑，他能否与恩斯特夫人白头偕老。此外，这里的财务预测是建立在恩斯特能够常年劳动这样的基础之上的。

最后，恩斯特夫人出现在法庭上，由利萨·布鲁对她进行主询问。利萨·布鲁是得克萨斯州一名著名律师，也是巴隆和巴德律师事务所的合伙人。在主询问中，恩斯特夫人描述了她是怎样遇见、怎样产生爱恋、怎样与鲍勃结婚并生活在一起的，并对自己丈夫死亡的相关事件予以陈述。整个主

---

① 基尔南对鲁塞斯的交叉询问紧紧抓住了流行病学上的问题，这一询问始终处于基尔南的控制之下，且富有成效。反观这里的交叉询问，可以再次表明，基尔南在开场陈述阶段错过了通过积极主动方式而非防御性方式展现案件故事的机会，同时也表明，应当让陪审团预先知道他们将从默克公司那里听到什么。被告应当通过开场陈述告诉陪审团，自己一方的案件是通过对本方证人的交叉询问开始的，而反过来，这种交叉询问又与开场陈述的内容相吻合。

② 尽管华莱士医生在得克萨斯州执业，本案的审判地就在该州的布拉佐里亚郡，但他可以突破有效传票的地域限制，不能强迫其以个人名义出庭作证。

询问组织严密且富有成效，现摘录部分如下：

> 问：我有六个方面的问题想问您，可以吗？
> 答：没问题……
> ***
> 问：下一个问题，在此次审判中，由于鲍勃·恩斯特无法作证，因此你多多少少就
> 　　成了他的代言人，是这样吗？
> 答：没错。
> ***
> 问：第二个问题结束了，继续第四个问题。
> 答：好。
> 问：我们已经回答了下一个问题，因为我想把关于你和鲍勃的问题放在一起，好吗？
> 　　你讲了你们是怎么相遇的。
> ***
> 问：现在，我想谈谈在鲍勃死后你的生活是什么样的。我猜，应当是如黑夜一般漆
> 　　黑吧？
> 答：对。

接下来，被告律师格里·洛瑞对恩斯特夫人进行了交叉询问。据报道本案的记者说，无论是洛瑞的语气还是询问方式，都使陪审团有距离之感，审判记录也证实了这一点。对于恩斯特夫人的家庭背景和教育程度，洛瑞提出了很多问题，通过设计的问题表明，恩斯特夫人与恩斯特之前婚姻所生的子女的关系并不亲密。洛瑞指出，当恩斯特夫人第一次见到恩斯特时，他并非单身，而是正在离婚。通过询问，恩斯特夫人承认，在恩斯特死前的两年时间内，他丢掉了在一家比萨店的管理工作，之后去沃玛特工作，在此期间，他的工资有所下降。在本案的审判中，假如裁判让默克公司向原告支付一大笔补偿性损害赔偿金，洛瑞的上述询问只能有助于减去赔偿金中很小的部分，这部分就是支持与陪伴的损失。但是，损害赔偿金潜在的"节省"与使陪审团有距离感的重大危险相比，实在是微不足道，而且，这种做法对陪审员而言可谓是火上加油，可能会使他们抬高其他部分的赔偿金。

在原告休息后，被告向法庭提供了4名证人和一份录像带证据，录像带证据是由雷蒙·吉尔马丁作出的，他在1994年至2005年期间担任默克公司的首席执行官。按照先后顺序，被告提供的证人分别是：艾伦·尼斯，他是默克公司研发万络的管理者；病理学家托马斯·惠勒（Thomas Wheeler）；吉尔马丁；艾里斯·文森（Alise Reicin），他参与了默克公司关于万络的临床试验及其他研究工作；还有心脏病学家克雷格·普拉特（Craig Pratt）。

尼斯介绍了默克公司的氛围以及万络研发过程中制药行业的情况，通过介绍来为万络的研发进程进行辩护。在交叉询问中，拉尼尔向他提供了默克公司关于万络重要性的文件，通过文件表明，就在尼斯正在指导研发万络时，默克公司关注的问题则是，瑟尔也就是西乐葆应当作为一种Cox抑制剂率先进入市场，同时通过万络获取可观的经济收益。让我们来看看拉尼尔对尼斯的询问：

问：当你告诉陪审团说，你们对万络的研发是在没有压力、不追求速度、不知道西乐葆中的瑟尔在哪里的情况下进行的，而事实上，你们所有人至少早在两年前就猜测，你们的竞争性药品西乐葆将会在 1998 年第四季度进入市场，不是吗？

答：是这样的。

问：正因如此，你们都有压力并决定加速研发进程。让我们来看看万络的研发进程是多么急功近利，文件中是这样写的，"必须大力加快万络的研发进程"。

答：没错，我们想早点把万络研发出来。

问：是因为经济利益，对吗？

答：我们感到，万络对患者的治疗是一个重大进步。

问：不，你们想尽早研发万络是因为经济利益，是吗？

答：我不这么想。

问：你们的公司，你们的研发计划想尽快研发万络，首先是为了万能的金钱，对吗？

答：对，我们想研发出药品，从而在市场上销售，这一点毫无疑问。

问：不对，我的问题不是这样。你们想率先进入市场的真正原因是（引用了默克公司的文件），"为了应对西乐葆带来的挑战，必须大力加快万络的研发进程，研发的主要目标是获得与西乐葆相同的专利申请日"。相同的申请日，看到了吗？

答：没错，我们的目标是在 1998 年第四季度申请。

问：如果看看文件的最后，就会明白，在 1998 年第四季度提出申请的原因在于，如果你们率先申请，将会额外获得 600 万美元甚至更多的收益。对吗？

答：不清楚。

问：那好，让我们看看文件。

答：这不是我的专长。

问：它就在你们的计划中，写在你们文件的第 64 页中。其中提到，万络率先进入市场这一最好的结果意味着，你们将赚取 889 万美元。看到这些内容了吗？

答：嗯。

问：如果万络不能率先进入市场，你们将只能赚取 278 万美元。看到这些内容了吗？

上述简短摘录再次显示了很多产品责任案件中被告所面临的内在矛盾。公司的商业经营是为了获取利润，关于这一点，无论是公司内部文件还是对股东和监管机构的公告，都会依据利润及潜在的增长能力来对公司计划、活动及成效进行解释说明。同时，公司对员工的评估也集中在员工对公司"底线"的贡献上。而与此同时，公司的管理者会基于很多理由提出生产的产品应当是安全的、有效果的、做工精细的，这里的理由包括潜在的诉讼、管理控制、股东不满、市场声誉等。当然，管理者也可以围绕某种特定价值观去创造并培育公司的内在文化，甚至去设定公司的公益性服务目标。在本案的审判中，拉尼尔最有力的观点就是他对默克公司的公司理念发生变化的形象描绘。尽管站在默克公司的立场之上，但被告律师应当非常清楚拉尼尔使尼斯面临的矛盾。因此，在对案件的陈述上，被告律师有责任承认甚至信奉这种矛盾。

被告的第二位证人托马斯·惠勒是贝勒医学院的一名教授，也是著名的病理学家。他浏览了恩斯特的治疗记录、尸检报告和与尸检相关的冠状动脉组织制作的切片，然后指出，恩斯特的冠状动脉严重钙化，连手术刀都无法割开它。必须用化学药水浸泡，使其充分软化，只有这样，才能通过显微镜观察到它的横断面薄片。对于埃及曼、阿拉内塔和鲁塞斯提出的恩斯特死亡原因的理论，他直接予以反驳。而且，他还告诉陪审团美国人尤其是老年男人死于突发性心脏病的具体数字。另外，他向陪审团展示了验尸切片：

问：那些严重钙化的动脉是从哪里来的？

答：来自恩斯特先生。

问：你是否愿意向我们指出尚未讨论过的其他重要事项？

答：有好几片这样的组织，这只是三片中的一片。

问：好，走过来让我们看看。

答：这些组织片显示的结果基本相同。在这个组织片中，可以更好地观察到钙化情况。这里有粉红色的粗纤维帽，它如皮革一样结实，还有大块的钙，这种情况实际上表明……

问：在这个组织片上，你还观察到哪些对我们有用的信息？

答：重要的东西正是我们看不到的。我们看不到含丰富脂肪的胆固醇斑块，因为这些斑块很容易破裂，尤其是带有薄帽的斑块就更容易破裂。这里看到的主要是带有粗纤维帽的钙，几乎看不到胆固醇。动脉粥样硬化斑块不容易破裂，因此不会促使血栓的形成。

问：从本案的底线来说，上述内容能告诉我们什么呢？

答：它告诉我们，不要期望这个组织片会形成血栓。

以下询问与鲁塞斯的理论有关：

问：鲁塞斯医生告诉我们，在人死亡后，血栓仍会继续溶解。这种观点正确吗？

答：绝对错误。

以下询问专门针对阿拉内塔的理论：

问：阿拉内塔的证言提出，尽管她没有发现血栓的存在，但仍有血栓存在的可能性，只不过在心肺康复治疗的过程中血栓已溶解或被取出。还记得这些证言吗？

答：记得。

问：当医生对恩斯特进行心肺复苏治疗时，这里采取的紧急救护能够溶解血栓或使其破碎吗？

答：我不想对他人不敬，但不得不说，基于数个理由可以认为，这种观点是荒谬可笑的。

问：解释一下。

总而言之，惠勒医生对被告方理论的探讨很有逻辑层次，也很生动、形象，同时也对原告专家证人的观点予以回击。但是，审判到了这个时候，被告方这种良好的表现已经显得太晚。此前，戴维·基尔南在其开场陈述的最后已经提到恩斯特的尸检报告，当时只是简单提到惠勒医生及病理学家克雷格·普拉特，却并未让陪审团完全了解他们的专家资格，也没有对他们的观点预先进行详细阐述，因此错过了向原告证人呈现重要因果关系证据的机会，也错失了使因果关系问题成为被告故事的中心话题的大好良机。

在对惠勒的交叉询问中，拉尼尔强调，惠勒的病理学研究经验主要集中在前列腺病变而非心脏病变上；并举出证据，对惠勒在描述恩斯特冠状动脉疾病程度的一些用词予以反驳。毫无疑问，拉尼尔的交叉询问是建立在原告方专家已经发现并提出的学术性研究材料基础之上的。

在文森作证期间，再次引发默克公司科学家的可信度问题。在直接询问中，她给人的印象是一位忠于职责、对人对事关心的科学家。她并不赞同原告方专家的观点，先是探讨了万络的研究工作，接下来介绍了万络的市场销售情况：

> 问：文森医生，我想直接进入关于万络的话题，如果可以的话，让我们对此讨论一会儿。关于万络的研究，陪审团已听到太多，我想在已触及的基础上继续推进。但今天，我想主要沿着 VIGOR 研究向你提问。如果让你给出一个从开始至今关于万络的临床试验或临床研究的总数字，你可以吗？
> 答：有许多临床试验。在我们按照监管机关要求提交新药上市申请之前，大约有 58 项相关临床试验，试验涉及近一万名患者，是默克公司曾提出的涉及患者人数最多的新药上市申请，或者说是涉及患者人数最多的新药上市申请之一。申请之后，我们做过的试验更是不计其数，是默克公司曾执行的最大计划之一，也可能是其他任何一家制药公司曾执行过的最大计划之一。我想，申请后开展的试验大约有 70 项或者超过 70 项，涉及 4 万名患者。正因如此，我们正在谈论有关万络功效及安全性的庞大无比的数据库和计划。
> 问：如果我计算得没错，有关万络的临床试验超过 125 项，对吗？
> 答：是这样的，没错。

> 后来，询问这样进行：

> 问：我们从原告方专家证人埃及曼那里得知，你们为新药上市申请开展的研究太少。你赞同这一观点吗？
> 答：不赞同，管理机构也不赞同。
> 问：我们从埃及曼那里还得知，你们的研究时间太短。对此你赞同吗？
> 答：还是不赞同。我个人认为，对于新药上市申请，我们拥有涉及广泛的、长期的研究资料，这些资料是监管指引要求提交资料的数倍。

文森还提到普拉特研究，对此问题，被告律师戴维·基尔南曾向鲁塞斯提问，提问主要集中在萘普生的心脏保护性能方面。基尔南的主询问既有组织又有分寸，针对原告引发的问题开展，遍及万络研发与试验的方方面面。文森则是默克公司临床研究的副总裁，学术和职业成就非常卓越，而且，她也是一名泰然自若、准备充分的证人。她通晓科学，能深入理解药品研发的进程，也出现在普伦基特案件中。对她的主询问是这样进行的：

> 问：最后几个问题。恩斯特死于心室性心律失常，有研究表明万络会引起心室性心律失常吗？
> 答：没有。
> 问：万络会导致心室性心律失常吗？
> 答：不会。

问：本案的原告声称，恩斯特血管内可能存在血栓，并由此导致心脏病发作和突然死亡。请你假设一下恩斯特服用万络达 6 至 8 个月，在这一假设前提下，有没有针对安慰剂或糖丸的临床试验表明，每天服用万络数毫克并长达 6 至 8 个月时间与心肌梗塞或心脏病发作之间存在统计学上的重要关系？

答：没有。

问：有没有针对安慰剂或糖丸的临床试验表明，患者服用 25 毫克的万络与突然死亡之间存在统计学上的重要关系？

答：没有。

问：你自己服用过万络吗？

答：服用过。

问：服用过多长时间？

答：我的后背有问题。有时我会服用几天，但我已经服用很长时间，长达数月。

问：万络退出市场后，你停止服用了吗？

答：对。

问：请回顾一下，关于万络，你们做过什么不同的事情吗？

答：我想我们做对了，万络是安全的。我服用这种药，我们会继续对这种药进行研究。如果做其他事情，会与我所强调的要点背道而驰，会违背我从事医学行业的所有理由，也会违背默克公司与我一起工作的同事的核心要求。

在交叉询问中，拉尼尔的进攻通过引述文森的人事档案开始。文森的人事档案显示，默克公司的上级表扬她"捍卫了万络的经销权"，并且为"COX-2 的商业化奠定了科学基础"。拉尼尔向文森出示了一份复印的电子邮件，邮件中将万络的批评者视为"站在大门口的野蛮人"。接着，他对文森在平息万络面临的来自公司内外的批评过程中所充当的角色刨根问底，在追问中得知，上级让文森对鲍勃·恩斯特的死亡直接发表意见。在询问中，拉尼尔提到了有关恩斯特的健康史问题：

答：我真的无法详细介绍恩斯特的患病情况，因为我不清楚。

问：你没有看他的病历吗？

问：在你进来之前，你向陪审团作证指出，万络与恩斯特的患病没有联系。在提供上述证言时，你甚至没看过恩斯特的病历？

答：没有人要我看他的病历。

法官否决了被告的异议，准许拉尼尔询问万络的市场销售和标签问题，而文森并不具有与这些问题相关的专业知识。对于文森的交叉询问，拉尼尔花了一天多的时间，是她参加主询问时间的两倍多。

被告提供的最后一名证人是心脏病学家克雷格·普拉特，他是得克萨斯州休斯顿市一名备受尊重的从业医生，也是一名教师，还是一位电流生理学家，并担任他所在医院药品委员会的主席。被告律师格里·洛瑞审查了普拉特的专家资格，接着向他问了一系列与原告方专家相关的问题。普拉特公平地、直截了当地对他本人与原告方专家的资格进行了比较，并且提到，鲁塞斯是一位"才华横溢的基础科学家"，她的"主要研究工作是在动物模型领域"。

普拉特对原告方专家的理论进行了解构，并且提出了自己关于鲍勃·恩斯特死亡的观点，认为鲍勃·恩斯特的死亡与服用万络可能产生的因素并无关联。

在对普拉特的交叉询问中，拉尼尔将重点放在他与制药公司在专业上的联系及作为专家证人的收入问题。如果在主询问提出这样的问题，会比在交叉询问中提问效果更好。

法官否决了被告的异议，准许原告再次传唤鲁塞斯作为反驳证人。在反驳过程中，他再次重申自己的理论，认为血栓与鲍勃·恩斯特的死亡有关。同时，法官也允许鲁塞斯提出心肺复苏治疗使可能出现的血栓消失的观点。鲁塞斯还提出，由于血栓可能存在于很小的周围血管中，它太小了，以至于在尸检中无法看到。在对鲁塞斯的交叉询问中，被告律师戴维·基尔南将重点放在他在人体血液研究成果上的不足和研究经验的欠缺问题上，由于这些不足和欠缺，他的反驳证言无法提出科学、有效的观点。

拉尼尔对恩斯特案的证据总结并没有追求强烈的戏剧效果，而是将重点集中在即将由陪审团回答的问题上，集中在被告默克公司被指控的不当行为上。被告方的证据总结则以谈论因果关系问题开始，然后又涉及各种不同的科学问题和市场销售问题。在被告的证据总结上，先由格里·洛瑞进行，接着戴维·基尔南进行，最后再由洛瑞总结。这种将证据总结分开的做法是否是一种有益的做法，仍有待进一步探讨。

当洛瑞进行最后的证据总结时，她提出了一个论点，审判观察家将其视为一个战术性错误。让我们来看看：

> 当恩斯特夫人作证时，她告诉你们，她感到万分内疚，因为是她建议自己的丈夫去医生那里了解万络的情况。所有的原告律师都告诉她，万络致其丈夫死亡，因此我确信，她的内疚感仍未有丝毫的减轻。但是，你们有机会去做正确的事情，那就是将真相告诉恩斯特夫人，使她从内疚中解脱出来。这里的真相就是，万络与她丈夫的死亡毫无关系，导致其死亡的原因其实早在她遇见自己的丈夫之前就有存在。在本案中，你们有机会告诉她真相，将她从内疚感中解脱出来，否则的话，这种内疚感将伴其终生。千万别再让她有这种错误的感觉了。

对于上述论点，拉尼尔是这样予以反驳的：

> 我真想将你们的注意力从刚才的那些话中转移出来，因为那些话打扰了我。我被过去的两小时五十分钟里对方所说的很多话所打扰——我想，对方大概超时十分钟吧。我之所以被打扰，原因在于，我们击中了一个要害，即：有些医生并不值得信赖。埃及曼医生，你可以处理这个问题，因为你曾将这样的医生挡在你家门口前。鲁塞斯也能做到。当那些医生抓着恩斯特夫人不放时，我真的很生气。当他们今天故技重演时，我再次感到生气，因为那样做是错误的。他们厚颜无耻地站在这里说，基于恩斯特夫人的缘故，请支持默克公司，只有这样，才能消除恩斯特夫人的内疚感。这样做太恶劣了！

正如前文所述，本案的结果是，陪审团支持了原告的主张。

普伦基特诉默克公司案，
休斯顿，得克萨斯州联邦法院

普伦基特案件的审判法官是埃尔登·法伦（Eldon Fallon），他来自位于路易斯安那州的美国东部地方法院，处理过联邦多地区诉讼的审前程序。对于万络案件中普遍存在的问题和个性特征，包括那些不止在一个案件中出现的专家证人和事实证人，他几乎无所不知。

法伦法官的审判风格显示出他对美国《联邦证据规则》深刻的理解，另外，他通过限制律师辩论时间、抑制当事人提出异议、提醒律师不准重复等做法，使审判进程稳步向前推进。在审判中，他允许当事人介绍 2004 年默克公司将万络从市场撤回，但对于有关欧文死亡后事实的证据，他则予以排除。同时，他还对有关万络市场销售情况的证据予以限制。如前所述，他根据《联邦证据规则》第 611 条（b）的规定，将交叉询问的范围限制在主询问范围之内，通过限制，使双方当事人能够更好地控制各自案件的内容，从而使案件的对抗更加连贯。这些做法的结果是，普伦基特案的审判时间比恩斯特案短得多，只花了大约九个审判日[1]，而后者的时间则长达二十多个审判日。

在普伦基特案中，原告的首席律师是杰雷·比斯利（Jere Beasley）、安迪·伯奇菲尔德（Andy Birchfield）和来自阿拉巴马州蒙哥马利的保罗·赛兹莫尔（Paul Sizemore），被告律师是菲利普·贝克（Philip Beck）和来自芝加哥的塔雷尔·伊斯梅尔（Tarel Ismail）。我们已经在前文看过被告律师贝克的开场陈述，而原告律师伯奇菲尔德则是这样开始的：

> 假如默克公司警告过服用万络存在使心脏病发作的危险，我们就不会出现在这里。你们已经听法伦法官说过被告没有提出警告，在本案的最后，你们还将听到，所有的药物对人体都有风险，制药公司有责任，也有义务对其药品的风险性予以警告。基于此，当这些风险演变成重伤或死亡事故时，应当由谁来承担责任？对这一问题的回答取决于以下情形：如果制药公司发出了警告，责任就从制药公司转移至医生或病人。而如果制药公司没有发出警告，责任就应当由制药公司承担。在本案中，默克公司蓄意预谋出一项财务决策，而没有发出警告。那么，制药公司为什么要这么做呢？如果能够通过简单的警告使责任转移，为什么不这么做呢？基于此，你们会听到能够回答动机问题的证据。这位是伊芙琳·欧文·普伦基特夫人，在其丈夫去世 3 年后，她再婚了，而在此之前，她与普伦基特的婚姻长达 31 年。他们一起同甘共苦，养育了 4 个孩子。在普伦基特去世时，他们的婚姻与以前一样幸福、坚固。

接着，伯奇菲尔德道出了主题：

现在，我要谈谈证据问题。如果我们把证据分为 4 类，将有助于更好地说明问题。这 4 类证据的先后顺序分别是：药物、死者、市场销售和动机。

迪奇·欧文 53 岁时去世，在去世之前，他在一家海鲜店上班，负责将装有海鲜的箱子装卸、运送到店里，再从店里送到饭店和商店。在工作中，他的背部损伤了。他的女婿克里斯·斯奇摩是一名急诊医师，给他开了 30 天剂量的万络。在之后的 24 天时间里，迪奇·欧文服用了 22 粒万络，患上了所谓的"万络心脏病"。因此，该案引发的不仅仅是以尸检报告为基础的死因问题，还有流行病学问题，即：如此短时间服用万络是否会提高药物副作用发生的现实可能性。由于涉及欧文死亡的事实证据不足，休斯顿的陪审团没有作出裁判。在新奥尔良的再审中，陪审团作出了对被告默克公司有利的裁判。

原告提供的第一位证人是本尼迪克特·鲁塞斯医生。在法伦法官的审判中，专家应当首先向陪审团宣读一个简短的声明，介绍自己的教育背景、专家资格和相关经验。对于这些问题，律师没有机会进行询问，但对方律师则可以在预先审查中对证人的资格进行询问。即使知道证人会被法庭承认为专家，律师通常仍会利用这一机会，将其作为降低意见证据价值的一种方法。①

比斯利：他是我们提供的专家……涉及的专业领域包括心血管药理学、生理学、包括临床试验在内的药物研发。

法官：你可以对他进行交叉询问。

（贝克）问：请问医生，你是何时从医学院毕业的？

答：1964 年。

问：毕业后，你参加过正式的实习计划吗？

答：没有。

问：你获准从事实践医学临床了吗？

答：没有。

问：你获准开药了吗？

答：没有。

问：食品及药品管理署设有一个咨询委员会，该委员会主要是为了对万络及其他 COX-2 抑制剂进行观察。对此你知道吗？

答：知道。

问：食品及药品管理署请你参加 2002 年的咨询委员会了吗？

答：没有。

问：他们请你参加 2005 年的咨询委员会了吗？

答：没有。

问：食品及药品管理署有没有因药品问题请你参加过任何一届咨询委员会？

答：没有。

问：关于标签问题，你写过药品标签吗？

---

① 在有关默克公司的诉讼中，鲁塞斯曾出庭作证，因此，在向他提问之前，律师已经知道所有问题的答案。

答：没有。

问：你参与过处方药的标签起草吗？

答：没有。

问：你读过食品及药品管理署关于标签的规则要求吗？

答：记不清了。

问：在该领域，你不认为自己具有专业性，是这样吗？

答：对。

问：在处方药的广告问题上，你曾读过食品及药品管理署的相关规则要求吗？

答：没有。

问：在直接面对消费者的广告问题上，你曾看过默克公司提交给食品及药品管理署的相关材料吗？

答：没有。

问：你读过食品及药品管理署对默克公司广告的回复吗？

答：我读过一些信，在信中，食品及药品管理署斥责了默克公司的一些广告。

问：你读过默克公司对那些斥责信的回复吗？你知道食品及药品管理署后来是如何处理这一问题的吗？

答：我记得读过，但记不起默克公司回复的具体内容了。

问：当你为本案作证时，你读过默克公司在新药上市申请时向食品及药品管理署提交的备用材料吗？

答：我记不清了。

在此之后，又进行了一些类似的提问，还有再主询问。通过询问，法伦法官将鲁塞斯视为"他自己选择从事领域"的专家。①

鲁塞斯关于万络的理论是原告的核心。该理论认为，欧文血管内有血栓，而血栓导致了他的死亡。对于短期地、小剂量地服用万络是否可能成为此次死亡事故的原因，鲁塞斯也予以回答。对于病理学家而言，回答万络是否是致死原因这样的问题，是应该可以胜任的。假如鲁塞斯的观点在科学界存在很大争议，是不是会有人建议原告将稍后出庭的反默克公司派证人作为首位证人出庭呢？

在询问开始时，鲁塞斯简要总结了自己的观点：

问：请明确告诉陪审团你的观点是什么，之后我们将回到……

答：首先，我相信，万络作为一种 COX-2 抑制剂会产生血栓。其次，我确信，默克公司知道或应当知道这种潜在的风险。在相关文献著作中，很多文档都提出这样的事实：如果妨碍 COX-2 发挥作用，就可能产生血栓。我见过这样的假说性观点：默克公司想捍卫本公司药品在 VIGOR 研究中的地位，将萘普生作为万络的比较药品，通过比较认为，萘普生具有保护心脏的作用。这样一来，看起来好像是万络会损害心脏。我不同意上述观点，也不认为萘普生具有保护心脏

---

① 根据通常实践，法伦法官指出，证人可以作为"专家"作证。他提醒陪审员们，在是否接受鲁塞斯的观点以及其观点是否以事实为依据问题上，陪审员才是最终的法官。对此，科罗拉多州地方法院的理查德·马什采取了不同的做法：他不会告诉陪审团证人是"专家"，而是指出，证人可以提供"意见"证言。他相信，如果法官对证人使用"专家"一词，会不当地妨碍陪审团功能的发挥。

的作用。我的观点是，默克公司不仅会在基础研究方面投入巨资，而且会设计一些专门的临床试验来检验这样的假说：在此种条件下，是否有潜在的血栓存在？总而言之，我认为，如万络这般的药物对专门挑选出来的特定患者存在特定的风险。尤其是对于那些有患心血管疾病风险的病人来说，尽管他们不知道自己患潜在的心血管疾病，但如万络这样的药物会带给他们危险。

问：具体点，对于万络是否会使那些已经处于患病风险中的人群变得更加危险这一问题，你有自己的观点吗？

答：有。

问：是什么？……

答：在服用万络的情况下，那些患潜在心血管疾病的人将会面临患包括血栓在内的疾病更大的风险。

问：也就是会形成血栓？

答：对，形成血栓。

问：对于万络是否会导致心脏病发作这一问题，你有具体的观点吗？

答：有。

问：是什么？

答：我相信，万络对心脏病发作具有潜在的影响作用。

鲁塞斯的理论是这样的：当血小板变得活跃，就有可能产生血栓，而万络抑制了细胞作用的发挥，这样就使血栓形成或者使已经形成的血栓无法溶解。在这种情况下，即使没有动脉斑块破裂，也会使心脏病发作。鲁塞斯认为，如果换一种说法，其理论就是：如同跷跷板一样，其上下摆动反映出人体内细胞和血栓烷之间的自然平衡，其中细胞抑制血栓的形成，而血栓烷则促进其形成。阿司匹林能均衡抑制上述两种物质，万络却不能。正因如此，服用万络的病人体内的平衡会发生倾覆，从而面临形成血栓的高风险。

两名原告专家查看过欧文的尸检切片，查看之后，其中一位认为其中有斑块破裂，另一位则认为可能有，而斑块破裂会导致心脏病发作，与万络产生的作用无关。鲁塞斯不是病理学家，因此不得不承认，自己没有资格查看尸检切片。

由于鲁塞斯的发言散漫、不着边际，法伦法官将律师叫至跟前，对他说，"我们得加快速度。你每问他一个问题，他就像演讲一样说上十分钟。如果这样下去，你的询问将无法完成。你快没时间了，但还得继续询问他"。

通过这种变化，我们可以看到法伦法官的审判管理技术。法官可以通过不同的方法加速审判进程，包括这里运用的对律师提问和对证人出庭时间的限制。像法伦这样具有丰富律师经验的法官就能够独具匠心地制作出相关规则，通过这些规则，既能节约陪审员的时间，又不影响法庭辩论的有效性。陪审员通常的抱怨是，律师反复重复，从而浪费了时间。为了加快审判进程，有些法官会限制律师的出庭时间，这样的做法，既低估了律师的辩护角色，也削弱了律师选择如何通过最好的方法说服陪审员这一辩护角色功能的发挥。要知道，审判速度并不是最终目的。

后来，鲁塞斯好像并未留意法伦法官提出的信息。在这种情况下，法伦法官当着陪审团的面告诉鲁塞斯：

鲁塞斯医生，你还是没听从指挥。今天我们将完成你的作证，我真的需要你的合作。所以，如果你将注意力集中在提问上，请直接回答。

被告对鲁塞斯交叉询问的内容集中在两个问题上：一是短期服用万络造成损害的证据，二是血栓形成的风险。① 通过以下对询问的引述，我们可以看出被告律师贝克的询问技术：

问：除了你公开发表的数百篇经同行评审的文章外，你有没有写过关于短时间服用万络是否会导致心脏病发作这一主题的文章？

答：没有。

问：在你探讨你是如何看待诸如西乐葆这样的其他COX-2抑制剂的作用之前，你写过有关短期服用西乐葆是否会导致心脏病发作的文章吗？

答：写过。

问：对人们短期服用西乐葆是否会导致心脏病发作这一问题，我想，你的文章并未得出结论，是吗？

答：我的文章是以动物模型为基础的，与默克公司在测试药品时使用的动物模型一样。

问：对人们短期服用西乐葆是否会导致心脏病发作这一问题，人们能从你文章中读到相关内容吗？

答：我的文章对适用于人类和动物的生物学问题进行描述，通过对描述进行演绎推理，可以得出那种假设。

贝克：请回答问题，先生。

法官：医生，你必须帮助我们尽快离开这里。请听清楚问题并回答。如果需要解释，我会让你解释。

证人：谢谢。抱歉。②

接下来，交叉询问是这样进行的：

问：对于大多数人来说，万络很安全。你同意这一说法吗？

答：同意。

问：根据你的了解，万络在市场上占有一席之地，对吗？

答：对。

再后来：

问：我会提一个不同的问题，我真的希望你能回答。我的问题是，世界上有没有一部论著能够证实，万络会促使冠状动脉斑块破裂？有没有这样的论著？

答：是动物研究还是人类研究？抑或二者都包括？

问：针对人类研究。

答：我不知道有相关的人类研究，也不知道有任何一项临床试验得出这一特别的假

---

① 为什么不把血栓问题的重点放在研究上，而是集中在治疗上，对此，被告默克公司一方的证人会给出理由。

② 据此，对于鲁塞斯感到歉意的自己漫无边际、没有答案的回答，法官已经纠正过来。这一事态发展将不会使原告失去陪审团的信任，毕竟，这是原告方的第一位证人。

说。对此，你如何进行测试呢？你如何才能把病人必须签的知情同意结合到一起，其中说我们正在决定是否——？

法官：医生，你的答案是什么？

证人：我的答案是，无法进行这样的研究。

问：但如果愿意，你可以在动物身上做这样的研究，是吗？

答：对。

问：世界上没有一部论著能够证实，在以动物为模型的研究中，万络会促使冠状动脉斑块破裂。这种观点也是不真实的，是吗？

答：你可以证实，COX-2会加剧动物的动脉粥样硬化。对此，菲茨杰拉德（Fitzgerald）医生曾研究过。

问：这是你于2005年10月18日提供的证言吗？

⋯⋯ ⋯⋯

问：当时，你是宣誓过的，正如今天一样，对吗？

答：没错。

问：在法庭记录的第331页第21行至第332页第1行，有这样的提问："问：没有任何一部医学论著能够证实，即使是在以动物为模型的研究中，万络会促使冠状动脉斑块破裂。你同意这一观点吗？""答：今天可能没有。"上述内容是你经宣誓后提供的证言？

答：如果特别指万络，上述回答是我上次作证时提供的，也是我今天的回答，但——

问：这就是我在过去15分钟问你的全部问题。

为了证明迪奇·欧文心脏病发作的起因，原告叫来了科林·默瑟·布鲁尔（Colin Mercer Bloor）医生。他是一名资质良好的病理学家，也是加利福尼亚大学圣地亚哥医学院的名誉教授。询问开始时，原告律师让布鲁尔医生给出其观点概要，从而使陪审团能够熟悉接下来的询问内容。[①]

布鲁尔指出，万络是血栓形成的影响因素，而血栓导致迪奇·欧文发作致命的心脏病。在交叉询问中，被告律师贝克通过布鲁尔在发现程序中提供的专家报告对其予以还击[②]：

问：屏幕上显示的是被告展示的第1029号证据，我会按照事件发生的先后顺序来了解你所做的工作。首先，你提出专家报告的时间是？

答：2005年9月24日⋯⋯

问：你第一次涉足本案，或者你签订本案聘用协议的时间至少是在2005年8月，我说得对吗？

答：对。

问：是与一名叫约翰·雷斯塔伊诺（John Restaino）的律师签的协议吗？

答：是。

问：接下来发生的事情是，你与雷斯塔伊诺进行了一次电话交谈，对吗？

---

① 当布鲁尔医生作证并且要求法庭依据《联邦证据规则》第615条时，一名被告专家出现在法庭上，原告律师对此提出反对。法官指出，专家可以不受规则的约束，事实上，一名专家可以介绍其他专家的证言。

② 对于被当事人雇用并要在律师的协助下尽快向法庭提出最初观点的专家来说，这是询问技巧的一个很好例证。

答：对。

问：而你之后真正所做的第一项工作是在9月份与雷斯塔伊诺会面之后，是这样吗？

答：是。

问：你在本案中真正开始工作是在2005年9月24日，对不对？

答：对。

问：就在这一天，你提出一份专家报告，正是你开始本案工作的第一天，对吗？

答：其实，在此之前，我已经有了报告所需的基本资料，因为我了解提交报告要求的格式。之所以未在此日期之前开始工作，原因在于，9月份我离开本州外出大约三周时间，上述日期是我和雷斯塔伊诺能够见面的最早时间。

问：但是，你第一次看到你上午提到的与欧文有关的材料，以及第一次看到尸检报告是在2005年9月24日，对吗？

答：没错。

问：而就在同一天，你提出了本案的专家报告，是吗？

答：是。

问：你提出专家报告的时间正是你看到本案相关材料的第一天，这两者之所以发生在同一天，是因为你知道本案提交专家报告的时间只剩下两天，对吗？

答：对。

问：这样一来，其实你只有一天时间来完成专家报告，是吗？

答：实际上，那天我花了相当长一段时间来写报告。

问：根据你以前的证言，大约六小时？

答：对……

问：你的报告长达18页，是吗？

答：没错。

问：在你报告18页的内容里，只有两页内容与本案相关。我这样说对吗？

答：对于雷斯塔伊诺那天拿给我参考的材料而言，应当是对的。

贝克让布鲁尔浏览报告的前15页内容，并且指出，这些内容不是涉及贝克的专家资格，就是有关病理学和心脏病的一般问题。[①]

答：在写这篇报告时，我使用了该报告的模板或格式，或者我以前写过的此种报告，因此我知道，这里的很多内容都应当包括在报告中。

问：当你谈模板时，大致上意味着，报告的前15页内容是从你以前为其他案件写的报告中复制、粘贴而来的，复制、粘贴后作为本案报告的前15页。我说得对吗？

答：不只是简单地复制、粘贴，也有新的内容。

问：复制、粘贴加上新内容？

答：对。

问：在你的专家报告中，我们最后找到两段与欧文相关的内容，对吗？……

问：第一段是报告的35段，该段是律师向你提供的材料目录，是吗？

[①] 对于遗漏问题或与之前陈述不一致问题的交叉询问，上述涉及广泛的摘录提供了一种方法。有时候，对主询问内容予以重申作为对其还击的前奏，是很有用的。贝克将问题集中在一点，这种做法实际上是用黑板写下关键点，从而加以强调。

答：对，是我在准备报告时参阅的材料……

问：实际上只有两段内容谈到了欧文，对不对？

答：没错，第36、37段。

问：请告诉我，我是否正确领会了你今天观点的核心内容。我听你说过，万络是导致欧文死亡的影响因素，这也是你今天作证证言的内容，对吗？

答：对。我认为，万络是一个重要影响因素。

问：根据你分析的一部分，你说过没有斑块破裂吗？

答：在我看过的切片中，没有斑块破裂，准确地说，在急性血栓发生的地方，没有斑块破裂。

问：根据你今天的观点，由于没有斑块破裂，一定有其他物质导致血栓形成，对吗？我们知道，欧文体内有血栓存在。

答：没错。

问：你今天给出的观点是，由于没有斑块破裂，其他导致血栓形成的物质就是万络。对吗？

答：由于在非附着性血栓出现的地方并没有斑块破裂，我想，应当有其他因素的存在。同时，考虑到病人在服用万络，以我以前提出的观点为基础，可以得出这样的假设：万络是一种凝血剂。这也是我为什么将其视为导致欧文死亡的重要影响因素的原因。

问：很不错的长篇大论。其实，你今天表达的内容是：由于没有斑块破裂，就一定有其他物质，而这种物质就是万络。是这样吗？

答：嗯，你表达得很通俗。另外，我在报告中又提到，"在非附着性血栓出现的地方"。

问：在你18页的报告中，总共提到多少次万络？

答：当时没提到。

问：在提交专家报告的时间只剩两天时，你将这两天时间都花在与雷斯塔伊诺见面上，而你的专家报告中根本就没提到万络，是吗？

答：在那个特定时间，我后来知道还有另一组切片，而我没有看到。

问：你的报告中提到万络了吗？

答：没有。

问：在你的报告说明中提到万络了吗？

答：没有。

问：你认为万络是一种凝血剂。凝血是不是意味着，某种物质能引起血栓或促进血栓的形成？

答：对，是形成血栓，有时使用的另一个术语是"凝血"。

问：当你在报告中的两段谈到欧文时，在你实际的专家报告中，有没有内容提到，凝血剂在起作用？

答：没有这样的内容。

问：当你与雷斯塔伊诺一起查阅材料时，你准备了报告的说明。在你的报告说明中，有没有提到凝血剂在起作用？

答：当时没有。

问：在你的报告或说明中，有没有提到COX-2抑制剂在起作用？其实，你并不知道是哪种COX-2抑制剂。

答：没有。

问：在你的报告中，你说过不存在斑块破裂吗？

答：请重复一遍。

问：在你的报告中，你说过不存在斑块破裂吗？

答：没有。

贝克：请问，我能从这里走过去吗？

法官：可以。

贝克继续询问：

问：我只是想将你专家报告的内容与你今天作证的内容加以比较。在专家报告中，
你没有提到不存在斑块破裂，对吗？

答：对。

问：其实，对于是否存在斑块破裂这一问题，你的报告中并没有结论，是吗？

答：没错。因为我知道，还有另一组切片我没看到。

问：但是，你报告中并没有这么说，是吗？

答：对，没有说。

接着，贝克将重点放在布鲁尔对鲁塞斯的信任问题上：

问：当得出上述结论时，你是不是这样假设：即使持续服用不超过一个月，但服用
25毫克这样小剂量的万络仍在某种程度上会增加血栓形成的风险？这是你的一
个假设吗？

答：是的。

问：因为你知道，从我们所知的来自欧文家庭的一切信息来看，他服用万络不足一
个月。是这样吗？

答：是的，我知道。

问：而且是25毫克的小剂量服用，对吗？

答：对。

问：而事实情况是，你自己对万络并不真正了解，是这样吗？

答：我没有专门研究过万络，因此，正如我前面已经提到的那样，我得出自己观点
所使用的假说是建立在鲁塞斯的专业知识、证人证言及专家报告基础之上的，
同时也建立在有关万络对结直肠息肉影响的研究得出的结论的基础上。此外，
关于所需时间问题，我会尊重流行病学家的意见。

问：我们清楚了，你是站在鲁塞斯医生的肩膀之上，对吗？

答：我想我可以站在他的肩膀上，因为我记得，虽然他并不高大，但仍相当强壮。

问：让我们回到你的观点上分析一下，如果要你的观点正确，前提是，鲁塞斯的观
点必须得到认可。是这样吗？

答：对。

问：也就是说，如果你关于欧文死亡原因的观点是正确的，那么鲁塞斯关于短期且
小剂量服用万络会导致血栓形成的观点必须正确。对吗？

答：我无法对此特性作出评论，我只是在谈论他对万络凝血活动的观点。"凝血"是
我使用的术语，你也可以用"死因"来表述。如果回到我对死因的观点，我要

说的是，斑块引起的急性缺血使欧文的血管已经非常狭窄，恰恰就在此处，急性非附着血栓形成了。血栓形成后，又导致严重的心律失常，下一步则是潜在引起急性血栓。这就是我为什么将万络视为导致欧文死亡重要影响因素的原因。

问：你为病人开过万络吗？

答：没有。

问：关于短期且小剂量服用万络是否会导致血栓，你没有任何通过实践得到的科学证据来给出答案，对不对？

答：对，我没有实践。

在布鲁之后，原告律师叫来了迪奇·欧文的女儿莱斯利。在父亲欧文死时，莱斯利和她的姐姐艾丽莎都已年满21岁。她谈到了自己的家庭，并提供了父亲后背疼痛的相关信息。下一位证人是里奇·欧文，父亲死时，他还是未成年人。而到案件审判时，他已经去了父亲曾工作过的那家海鲜店上班。

接下来，原告播放了戴维·安斯蒂斯的录像带证据，而这录像带是由来自加利福尼亚的律师马克·罗宾逊（Mark Robinson）提供的。在普伦基特案中，尽管罗宾逊并非主角，但他仍是该案的合作律师。2006年，在新奥尔良发生的另一起万络案件中，他成为首席律师，并使原告获得全胜。他对安斯蒂斯采取的方法与恩斯特案中马克·拉尼尔的方法非常相似。

原告继续努力，试图通过努力建立万络与致命血栓之间的联系。原告又叫来托马斯·弗雷德里克·鲍德温（Thomas Frederick Baldwin）医生，他是一名资质良好的心脏病学家。对此，被告则通过向原告提供其正苦苦追求的观点来挑战鲍德温的资格。被告律师塔雷尔·伊斯梅尔对鲍德温进行了预先审查，通过审查得出，他并非流行病学专家，从未诊断过与万络有关的血栓患者。而且，自1988年以来，他从未对突发性心脏死亡做过临床研究。法伦法官允许鲍德温作为专家作证，但却指出，对于特定领域的询问，他可以自由提出异议。

主询问之后，法官举行了一次审判前会议。在会议中，法伦法官裁决指出，对于万络与欧文死亡之间特定的尚未证实的关系问题，鲍德温不能作证。另外，根据《联邦证据规则》的规定，法论法官裁决认为，由于鲍德温读过关于万络问题的论文及其他有关资料，因此，他得出与万络有关的结论使用的方法论是充分可取的。但是，根据《联邦证据规则》第702条（法伦法官将该规定称为"第一道屏障"）的规定，他没有"资格"提出观点，因为他不具有与万络有关的个人经验，不是流行病学家，"对COX-2抑制剂的了解还没有他读过的多"。对此裁决，原告争辩认为，鲍德温医生具有"知识"资格，而这可以作为认可其专业知识的可供选择的基础。法伦法官并不认同原告的争辩。对此裁决，原告律师感到颇为吃惊，他们中断了一会儿，告诉鲍德温不要谈及万络。①

鲍德温浏览了尸检切片，他认为，欧文体内60％的冠状动脉阻塞物都不是"限流物"，因此，这些阻塞物本身并不是导致欧文死亡的重要影响因素。

---

① 有人或许会问，鲍德温为什么不可以像布鲁那样，只简单说他信赖鲁塞斯的专业知识。

经过咨询，法伦法官允许鲍德温提供如下证言：他曾见过大约一百名正在服用万络的患者，在"功效—风险分析"的基础上，他通常总是建议那些向其咨询的内科医生去发现万络的替代性药物。法伦法官认为，上述证言与鲍德温医生自己的个人经验有关。鲍德温还提到，欧文并不具有心脏病发作的重大风险影响因素。

被告方已经成功淡化了鲍德温在直接询问中的证言，不再对他进行交叉询问。毫无疑问，被告感到，鲍德温的限制性证言并未对本方造成严重损害，基于此，如果因某些原因使得交叉询问可能会离题太远，他们甘冒风险向不能成立的领域"敞开大门"。

原告接着又叫来了艾伦·尼斯医生，他是一名默克公司退休科学家，在万络的研发中扮演了主要角色。法院可以传票传唤尼斯医生，原因在于，审判地点在休斯敦，而尼斯的家正好在传唤的范围之内。由于尼斯是敌意证人，因此在对他的主询问中，律师提了诱导性问题，交叉询问则对他在恩斯特案中披露的内容仔细进行了检查。[①] 在恩斯特案中，被告将尼斯作为本方证人，而原告律师马克·拉尼尔的交叉询问成效显著，努力拆穿默克公司给人的以科学为驱动进行研究的形象。原告将尼斯作为敌意证人是否会利大于弊，可谓是一个开放性问题。不错，原告律师可以从尼斯那里获得许多有利证据，但是，"友好的"交叉询问向被告提供了一个良机，通过这一良机，被告一步步详细介绍了万络的研发和测试，而尼斯也非常愿意谈及这些内容。

为了证明默克公司知道万络的危险性以及服用万络带来的风险超过其益处，原告叫来韦恩·艾伦·雷（Wayne Allen Ray）医生作证。雷拥有计算机科学博士学位，同时还是一名药理流行病学家。他这样描述自己的专业：

> 药理流行病学主要研究药物的功效和风险，尤其是药物投入市场之后对病人健康产生的结果。举例来说，对于立普妥这样的药品，药理学家会研究它对人体血液及血液中胆固醇产生的作用，而药理流行病学家则会研究它能否预防心脏病发作或具有其他功效。简单而言，这就是我们的工作，我们研究人们服药时该药物对人体健康产生的功效和风险，而且这种结果是看得见的，如心脏病、溃疡等。

在此之前，雷医生从未在诉讼当中当过证人。他是范德比尔特医学院的终身教授，曾在其他一些大学教过书。同时，他还为十几家顶尖医学期刊撰写评论，并担任食品及药品管理署和很多知名制药公司的顾问，包括默克公司在内。另外，他对包括万络在内的非甾体类抗炎药特别关注并予以重点研究。从陪审团对他的第一印象来看，他是一名近乎完美的证人，没有"专业证人"的装备，对默克公司的输赢都没有明显的利害关系。在预先审查中，被告未对他的专业资格提问。

---

① 为了进行交叉询问，被告律师送给尼斯两张临时保单，其中包括询问中律师可能提到的证据展示。这种技巧具有以下优点：首先，在展示每一项证据时，它可以使律师不再在自己的座位席与证人之间走来走去；其次，在装备有供展示证据之用的录像播放器的法庭，它可以使证人更容易将注意力集中在律师和陪审团那里，而非不停地转向播放器；再次，它给陪审员呈现一幅形象化的图片，在图片中，证人拿着证据进行展示，就像评议阶段他们自己在陪审团室拿着证据一样。

2000 年 11 月，被告默克公司让雷医生对 VIGOR 试验作出评论，通过评论来对万络和萘普生进行比较。在原告的再主询问阶段，原告律师杰雷·比斯利通过询问尼斯得出以下证言：

问：默克公司曾向你寻求帮助，请你当顾问，是吗？

答：对，过去有过。

问：在什么专业领域？

答：是在一次会议中，我被邀参加探讨 VIGOR 试验对心血管的作用。时间是在 2000 年 11 月。

问：谁邀请你参加的？

答：哈利·格斯（Harry Guess）医生。

问：会上发生了什么事？

答：在会议上，默克公司公布了 VIGOR 试验得出的结果，尤其是试验对心脏病产生的结果，并提出对这些结果的不同解释，让与会人员对不同的解释作出评论。

问：默克公司的科学家或员工问过你在 VIGOR 研究上的观点或结论吗？

答：问过我。

问：当时，你的观点是什么呢？

答：我的观点是，用萘普生能有效防止心脏病发作这一理论来对 VIGOR 研究发现进行解释，是非常冒险的。我认为，用上述理论作为假设来解释 VIGOR 试验的结果是非常冒险、非常危险的。

在披露上述内容并对雷医生的资格和从业经验进行讨论后，原告律师保罗·塞兹莫尔让雷简要总结自己的观点[①]：

问：尊敬的医生，我想将你的观点转移至案件中来。你有关于本案的专家观点吗？

答：有……

问：对于本案，你已查阅过医学和科学文献，然后开展了相关研究，今天，你准备向我们给出一个具有合理、科学确定性的观点吗？

答：没错。

问：在发展形成观点时，你做到如你通常从事药理流行病学领域的研究时那样地认真、勤奋吗？

答：我当然倾尽全力。

问：请用摘要的方式告诉我们，你关于本案的观点是什么？只有这样，我们才能继续。

答：我的第一个观点是，万络导致欧文心脏病发作……第二个观点是，万络在治疗溃疡方面的功效远远小于其引起心脏病发作及其他严重心血管疾病的超高风险。第三个观点是，万络使心脏病发作风险增加这种情况发生在服用万络在 1 天至 30 天之间的人群身上。第四个观点是，有些人已经因风险因素的存在正处于心脏病发作的风险之中，对于这些人，服用万络会增加他们心脏病发作的风险。

---

① 在对专家询问的开始做这些工作，可以帮助陪审团为接受接下来的内容做好准备。当然，在其他情形下做这些工作也确实会收到同样的效果。在上述摘录中，当被告试图对雷有关因果关系观点的范围进行限制时，审判出现了中断。法官对上述问题作出裁判，禁止雷对导致迪奇·欧文心脏病发作的原因提出观点。

问：还有吗？

答：最后一个观点是，对于正服用万络且患心脏病的病人而言，万络更是引起这些人心脏病发作的原因。

接着，雷仔细检查了关于万络的不同临床研究并评估、得出结论。被告律师菲利普·贝克对雷进行交叉询问，在询问中，一定程度上将重点放在以下问题上：雷为默克公司的竞争对手当过顾问，而且，有一次雷写道，小剂量服用万络并不会导致心脏病发作。

但是，贝克将询问重点更多地放在雷确信能支持默克公司的地方，即：传统非甾体类抗炎药有造成胃出血的危险，如布洛芬、阿司匹林及非选择性Cox抑制剂都存在这种危险，老年人使用非甾体类抗炎药会导致死亡。接着，贝克一方面向雷询问能够显现万络与西乐葆之间相关风险评估的研究，另一方面还向其询问传统非甾体类抗炎药问题。在这样的交叉询问之下，雷并未防御，但无论如何，他不会动摇自己的主要结论。他的这一表现，正如在再主询问第一轮询问中显示的那样：

问：医生，贝克向你谈到了万络的功效和风险问题。你调查过此问题吗？

答：当然。有一项临床试验也就是VIGOR研究，通过该项研究，可以将万络的临床功效和临床风险加以对比。我检查过这项研究的发现。

问：对于万络引起心脏病发作和死亡的风险是否超出其对胃肠的疗效这一问题，你有自己的观点？

贝克：尊敬的法官，我反对。

法官：反对无效。

证人：VIGOR研究结果清楚地表明，情况确实如此。研究中，每一千名患者中，有9.4例患严重心血管疾病，而只有7.8例严重的溃疡并发症得到控制。因此，在服用万络的情况下，引发的严重心脏病比治愈的溃疡更多，这一点已经非常清楚。

问：问一个简单的问题，万络是医治因服用非甾体类抗炎药引起死亡的疾病的良药吗？

答：不是，真不是，你一定要相信。我和其他任何人一样，都乐意看到有比传统非甾体类抗炎药具有更少副作用的止疼药，而且，每个人都认为，万络可能就是这样的止疼药。但不幸的是，万络引发的心血管疾病比其治愈的溃疡更多，事实就是如此。

由于迪奇·欧文服用的万络是他女婿克里斯托弗·斯奇摩医生开的处方，因此，原告向法庭提交了斯奇摩的书面证词，证词中提到，斯奇摩的妻子即欧文的女儿艾丽莎将父亲后背疼痛的情况告诉丈夫，让丈夫从他位于佛罗里达的办公室打电话给阿拉巴马离父亲家最近的药店，告诉药店一个处方。斯奇摩是一名心肺技师，欧文不是他的病人，他们每年见两三次面。对于证明欧文是怎样与定期服用万络之间联系起来这一问题，斯奇摩的证言是非常重要的。斯奇摩的证言中指出，他没有看到与万络相关的任何警告，如果看到的话，他是不会开具这种药的。但是，在这个问题上，他并非专家。他参加过的唯——个与COX-2抑制剂有关的医学"会议"，其实是由辉瑞制药公司举行的有牛排和"十二年苏格兰威士忌"的晚餐，晚餐中谈到了西乐葆的功效优点。他对欧文身体状况了解到的信息全部来自他的妻子，而且，他没有检查过欧文的病历。

但是，斯奇摩确实在证词中提到，作为一名专门研究急救医学的主治医生，他依赖制药公司向其提供完整而准确的药物信息，只有这样，他才能评估出药物的功效和风险。

之后，原告律师决定结束专家作证，而是向法庭提供了两份录像带证据。这两份录像带证据一份来自埃里克·托普尔（Eric Topol）医生，他是一位心脏病学家，一直对万络和默克公司主动进行批判[①]；另一份来自爱德华·斯克尼尔克（Edward Scolnick）医生，他是默克公司的科学家，在恩斯特案中提供过书面证言。[②]

托普尔医生证明，当默克公司看到 VIGOR 研究的结果时，该公司的科学家们应当已经看到了万络对血栓形成及心脏病发作的影响。而且，他将自己关注的内容写成文章，并将文章的复印件给了包括艾里斯·文森在内的一些默克公司的科学家。对于默克公司和食品及药品管理署未将万络引起心血管疾病风险的信息告知患者这一做法，托普尔已经提出批评。他是这样简要总结自己的中心观点的：

> 答：1999 年 5 月，食品及药品管理署批准将万络投入商业使用，因此这是一个重要的时间界限。正是在这个时间，食品及药品管理署正式对万络进行检查，而此时，重要评论人士比利亚尔瓦（Villalba）医生已经在自己的文件中表示，甚至在 1999 年 5 月获批时，万络仍存在血栓风险。
>
> 问：这里你这样写道，"万络获批建立在持续三至六个月获得的试验数据的基础之上，而且这一试验包括那些对心血管疾病存在低风险的病人"。看到这些内容了吗？
>
> 答：看到了。

---

① 在医学期刊对万络的讨论中，包括托普尔合著的文章，例如：E. J. Topol, "Failing the Public Health: Rofecoxib, Merck and the FDA", *New England Journal of Medicine*, vol. 351, p. 1707 (2004)；E. J. Topol, et al., "Risk of Cardiovascular Events Associated with Selective COX-2 Inhibitors", *Journal of the American Medical Association*, vol. 286, p. 954 (2001). The Merck results were reported in Reicin, et al., "Comparison of Gastrointestinal Toxicity of Rofecoxib and Naproxen in Patients with Rheumatoid Arthritis", *New England Journal of Medicine*, vol. 343, p. 1520 (2000).

② 审判到了这个时候，陪审团已经听过很长时间的录像带证据，就和恩斯特案的陪审团一样。由于传票具有区域限制性，联邦和各州法院审判的大多数事实复杂的民事案件就需要律师提供证人的书面证词。在录像带发明之前，律师或律师助理要宣读证人的书面证词，"证人"则站在证人席上接受询问者的询问，这种做法仍是对尚未保存在录像带中的证人证言的现场实践。但是，有人一定会问，陪审员是否能真正将注意力集中在录像播放器上，要知道，其中只有一个"说话的人头"，而且一说就是二三十分钟。很多录像带证据只关注证人，这样一来，陪审团就错过了衡量证人与询问者之间相互作用的机会。轶事证据表明，陪审员的注意力很快就会减弱，因此，律师就应当将录像带证据编辑、剪辑，只将重要答案和一部分询问保留下来，向法庭提供编辑后的图像，从而压缩询问的时间。对于审判中的口头证言，不允许证人叙述。如果只允许法官控制和准许可接受性事实到达陪审员那里，那么询问必须通过问答的程序进行。而当书面证言已经给出结论或当事人已对自己想让陪审团听到的内容有所选择时，上述风险就不存在了。在本案中，斯克尼尔克医生的录像带证据花了整整一个审判日的时间，但其中的"肉"可能只有几个小时。另外，有人或许会说，他提供的信息很难加以预测，并且难以理解。

问：上述事实的重要性是什么？

答：它是整个万络临床试验中最重要的一部分，其重要性在于，在试验中，并未通过有效的方法测试出心脏病患者。而且，我们从大量相关调查及数据中得知，当万络实际应用于临床治疗时，至少有40％到50％服用该药的病人患了已有的心脏病。

为了回答托普尔谈论 VIGOR 研究结果的文章，文森给自己默克公司的同事们发了一封电子邮件，邮件中写道，"我们宁愿指着数据说，它是萘普生产生的"，或者说"应暂缓得出结论"①。之后，文森和默克公司的其他科学家前往克利夫兰，去与托普尔及其同事会面。对此，托普尔证明，自己确信，默克公司的科学家们并非真正关心科学问题，而是试图使自己更改结论。这些科学家向托普尔指出，如果他将文章发表，将会使他领导的诊所陷入"尴尬"的境地。

对托普尔证言的交叉询问并未降低其观点的有力性。在交叉询问中，他确实指出，因为患膝盖关节炎，自己曾服用过一段时间的万络。而且他承认，自己给默克公司的一名科学家送去一张便条，感谢他们对自己文章内容的深刻洞察，并会在文章的最终版本中体现这些内容。

通过向法庭提供爱德华·斯克尼尔克医生的录像带证据，原告结束了专家作证。在万络研发期间，斯克尼尔克担任默克公司研究工作实验室的主席。在反询问中，原告律师伯奇菲尔德将有关人员破坏关于万络问题的邮件往来问题摆在斯克尼尔克面前。1998 年 6 月 1 日，斯克尼尔克向默克公司的很多员工发了一封邮件，邮件中说，如果默克公司通过 COX-2 抑制剂进入市场，打败自己的竞争对手，他将会辞职。

斯克尼尔克很清楚，由托普尔提出的万络潜在影响心脏病的研究的话题虽然已经讨论过，但仍未结束。接着，伯奇菲尔德向其提出了 2000 年 3 月的一封电子邮件，在邮件中，斯克尼尔克对 VIGOR 研究作出回应：

问：在 2000 年 3 月，你已经知道研究中清楚地出现了心脏病和中风事件，而且你也知道上述事件与万络的机理有关，是这样吗？

答：当我看到 VIGOR 试验得出的数据时，这是我的第一反应。

问：你从一开始就知道，这是你的第一反应，对吗？

答：在获取其他数据之前，这是我的第一反应。

接下来：

问：尽管你以高标准要求自己，但对数据进行研究之后，你详细检查，并向每个人发出一份备忘录，告诉他们，研究中确实出现了心脏病和中风事件。这里的时间是在 2000 年 3 月，是吗？

答：对。

问：对于引起心脏病和中风事件这样的研究结果，你没有及时向大家发出有关命令，

---

① 与最近发生的很多涉及公司或其他组织的案件一样，在这里，草率起草、考虑欠周的电子邮件反过来让邮件起草者及相关组织感到苦恼、难受。

是吗?

答:我没有。由于试验中没有使用安慰剂,因此我们无法决定试验接下来做什么。基于此,我们采取了很多应急行动,想通过这些行动理解心血管事故。

在对 VIGOR 研究的第一反应作出 18 天后,斯克尼尔克改变了最初的想法,并提出这样的观点:萘普生的心脏保护作用能够对 VIGOR 研究作出解释,默克公司应当举行记者招待会,将上述解释公之于众。另外,伯奇菲尔德还向斯克尼尔克提供一份电子邮件,斯克尼尔克在其中写道,"食品及药品管理署就是混蛋"。这里是指,食品及药品管理署建议在万络中提出心脏警告。

伯奇菲尔德对斯克尼尔克的反询问持续了差不多一整个审判日。斯克尼尔克无疑是一名职业经历丰富的著名科学家,因此,他表达的方式及对公司的忠实度使他为原告方提供了良好的素材。

被告对斯克尼尔克的交叉询问非常简单。被告律师先是回顾了斯克尼尔克的资格和从业经验,然后让其探讨万络的功效和风险。被告律师对斯克尼尔克交叉询问的设计,或许是想从称赞的角度来展示他,而不想通过对原告问题的质疑来结束他的出庭之旅。

原告提供的最后一位证人是伊芙琳·欧文·普伦基特。她主要谈了自己与丈夫之间亲密无间的爱恋关系以及丈夫的运动锻炼和良好健康情况。在交叉询问中,被告律师贝克犯了一个对自己而言非常罕见的过失,而这种过失有时是因准备不充分而引起的。贝克指出,欧文夫妻曾分居过一段时间,可能是想证明他们的关系并不像欧文夫人所说的那样亲密。事实也证实,1996年,欧文失业了,他的家庭开始入不敷出,在这种情况下,欧文夫人搬到自己母亲那里照看孩子,而欧文则住在离工作地点较近的地方。此时,欧文的家庭仍继续是一个整体并从事所有的日常活动。

被告向法庭提出了 4 名证人,分别是:

● 戴维·西尔弗(David Silver)医生。他是一位风湿病学家,在洛杉矶执业并从事教学活动。对于风湿病学家这一职业,西尔弗是这样解释的:风湿病学家主要处理"包括疼痛如关节炎这样的炎症类疾病,还有关节、肌肉、骨骼和自体免疫性疾病";此外,他还具有内科医学认证资质,并担任一家从事新药临床试验的非营利中心的副主任医师,同时还是医院的员工及加州大学洛杉矶分校医学院的教职工。在治疗关节炎问题上,他写过经同行评鉴的论文和通俗读物。

● 布里格斯·莫里森(Briggs Morrison)医生。他是默克公司的副总裁,对万络的研发负有一定的监管职责。在审判过程中,当默克公司的法人代表作为事实证人而非作为专家作证时,他曾出现在律师席上。

● 艾里斯·文森医生。她曾在恩斯特案中出现,本案中,她探讨了万络的研发问题,并特别对托普尔关于自己文章草稿的声明作出回应。另外,对于托普尔提出的默克公司对心血管病人进行过临床试验的观点,她也特别作出回应。

● 托马斯·惠勒医生。他是一名病理学家,也在恩斯特案中出现过。他主要谈了引起迪奇·欧文致命心脏病的原因。

被告将西尔弗医生作为证人，是一个不错的选择。原因在于，西尔弗从事患者治疗工作，并懂得如何表达自己的观点。而且，他不是默克公司的自己人，为患者开过数千个涉及选择性和非选择性非甾体类抗炎药的药方，为几十所医学院做过关于COX抑制剂的讲座。与恩斯特案中的专家相比，在万络功效及万络为什么代表了医学研究的重要进步这些问题上，他提供了相当生动的证言。

原告律师在预先审查阶段得出结论认为，西尔弗不是心脏病学家、血液学家、病理学家、流行病学家或药理学家；除了在决定为病人开什么药时要考虑药品的警告，在药品警告标签问题上，他并非专家。对此，法伦法官裁决认为，在西尔弗所从事的COX-2抑制剂的风险与功效领域，他有资格给出自己的观点。

在主询问中，贝克介绍了对西尔弗询问的主题：

问：我们今天包括明天请你来到这里，是想让你跟陪审团谈谈慢性疼痛和炎症治疗的重要性问题，是这样吗？

答：没错。

问：我们请你来到这里，还想让你跟陪审团谈谈万络及其他COX-2抑制剂对治疗疼痛和膨胀（原文如此）的作用，是这样吗？

答：对。

问：抱歉，应当是炎症。我想对于膨胀，你真的无能为力。

答：没错，在膨胀问题上，我不敢说自己是专家。

问：我们请你来，是想让你跟陪审团说说我们已经提及的问题，那就是：根据你的职业经历来判断，万络的功效是否超出其风险？

答：是这样。

西尔弗还描述了这样的情形：当患者为缓解疼痛而服用足够剂量的布洛芬及其他非选择性非甾体类抗炎药时，也会导致胃出血。让我们来看看：

问：解释一下发生了什么。

答：这里发生的事情是，溃疡将血管腐蚀，接着血管开始流血。当动脉血管处于高血压之下，通常血会向外溢出。不幸的是，一般情况下，患者并未获得警告信号。在大多数案例中，直到开始吐血或血液出现倒流，患者才知道有溃疡发生。这种情况会在特别短的时间内发生，患者会大量出血。

问：你亲眼见过这种情况吗？

答：很不幸，我见过。当我还是医学院学生和住院实习医生时，我记得看到过加护病房的病人因溃疡而不停出血，并出血而死。不幸的是，我真的亲眼目睹了病人因此而死。通过这样的一种仪器，我和胃肠病学家一起对他们进行检查。通过将内窥镜这样的仪器放入病人嘴里和胃部，你可以看到正在流血的溃疡。血正在喷涌而出，就像水龙头一样。真的，这种情形看起来恐怖极了。

问：你认为有两个主要问题，其中一个是，是否有酸性物质开始穿过胃壁，对其中一条这样的动脉进行敲击。那么，随这些非选择性非甾体类抗炎药而来的其他最重要问题是什么？

答：其他重要问题就是穿孔。从根本上而言，溃疡能穿过整个胃壁，使胃部穿孔。

这样一来，胃里所有的东西都进入腹腔并引起腹膜炎，而腹膜炎是一种直接危及生命的可怕的传染病。

紧接着，西尔弗将问题转向COX-2抑制剂：

对于正在经受因不同原因引起的包括关节炎在内的慢性、严重疼痛的病人来说，当疼痛部位周围有COX-2抑制剂出现时，就为治疗提供了一个全新的机会。而且，我们现在能够治愈这样的病人。

在对西尔弗剩下的直接询问中，贝克运用了一张关于万络与其他镇痛药风险和功效之比较的图表，而且，在开场陈述中，他已向陪审团出示过这张图表。与此同时，当询问进程进行时，他还在图表中打钩，标出重点。对于提醒陪审团他们首先从被告那里听到的信息，这是一种非常不错的方法。

西尔弗是这样描述医生角色的：查阅有关药品所有能看到的文献资料，并在此基础上评估出药品对每一位病人存在的风险。对于万络的心血管疾病风险，他是这样评估的：

问：作为治疗医生、医学研究者和向医生及医学院学生提供教学的教授，对于像你这样的人通过风险—功效分析得出的心血管风险的结论是否充分，你有自己的观点吗？

答：有。我相信，这样的结论是适当的。

问：为什么？

答：因为它总结出了当时的观点是什么。它声明，这就是结果。对此结果，你可以作出自己的解释，但在当时，医疗机构对此的感觉是，这种结果的重要性尚不为人所知。

西尔弗很清楚鲁塞斯医生提出的假说，在此次审判中，该假说有时被称为菲茨杰拉德假说，但西尔弗对此并不赞同。我们来看看他是如何看待该假说的：

问：你听说过菲茨杰拉德假说吗？

答：当然。

问：该假说认为，COX-2抑制剂能导致凝血烷与前列环素之间的不平衡，是吗？

答：对。

问：你是什么时候第一次知道菲茨杰拉德假说的？

答：20世纪90年代晚期。

问：怎样知道的？

答：从1999年开始，文献著作和发表的论文中就讨论过该假说，而且，在科学会议及其他场合也讨论过。

问：在药物领域，"假说"这个词意味着什么？

答：假说就是这样的理论：有人会说，"通过我亲眼所见，我相信这能够发生"。在所有领域，我们都能听到这样的理论。还有些理论认为，由于COX-2有消炎功效，因此它能降低心脏病发作率。在我们周围，能听到菲茨杰拉德假说和不少其他理论。

问：如果与"假说"相关的事实已经发生，是不是就意味着该假说已通过实际的医学数字被证明或支持？

答：不一定。

问：未经证实的假说会影响你的药物实践工作吗？

答：绝对不会。如果我们认为每一种假说都是有用的并接受它，那么，作为医生，我们的手脚就会被束缚。在这种情况下，我们不能再从事医药实践，我们不得不查阅所有的临床数据来决定，当在办公室为病人诊治时，假说会不会对这位病人发生作用。

问：你获得的菲茨杰拉德假说这样的知识，使你不给那些需要镇痛的病人开具万络或西乐葆吗？

答：不是这样。①

对于陪审团，西尔弗还回顾了相关文献著作向他们表明，食品及药品管理署对鲁塞斯的假说提出质疑，而且，其他研究者的研究也对假说提出质疑。在对西尔弗进行询问时，贝克并未采取如专家向同行谈话那样的方法，而是力图成为陪审员的代理人，提出他认为陪审员想问的问题。

在交叉询问中，原告律师将本方专家的观点摆在西尔弗面前。此外，原告律师马修斯还认为，西尔弗并非心脏病学家。对此，西尔弗回答道，他理解欧文患严重疼痛，而根据自己的专业及日常从事的实践，有疼痛症状的病人一般也有心血管问题。

被告的第二名证人莫里森医生在开始时谈道，自己从读医学院起就同时对病人护理和实验室研究产生相同的兴趣。除了谈到万络的风险和功效外，对于默克公司为什么未对万络的心脏风险作专门研究、为什么他本人反对这样的研究，他直接给出理由。他说，主要原因在于，这样的研究需要处于心脏病高风险之中的人们的参与，而为了将万络潜在的作用独立出来，这些参与研究的人群不能服用小剂量的阿司匹林。在这种情况下，如果作了这种研究，将会对上述参与研究的人员产生令人无法接受的风险。另外，如果不让那些人服用阿司匹林，将可能增加心脏病的发作，而这种结果将会使万络遭受本不该承受的不公平责备。在交叉询问中，对于所有被告证人都必须要面对的焦点问题，莫里森坚持住了。

艾里斯·文森医生②是倒数第二位证人，贝克对她进行了主询问。在接受询问时，文森通过类推来表明她是如何看待 VIGOR 研究的：

问：让我们倒回去一点，你说过，你建立了与万络相关的第一个研究方案，或者说设计了与万络相关的胃肠道结果试验，对吗？

答：没错。传统非甾体类抗炎药的一个严重毒性是，它们会对胃肠道产生严重的副

① 当对方承担证明责任时，将对方的理论描述为未经证实的假说，这是一个很不错的方法。

② 在这里，还有一个问题，即默克公司的科学家在《新英格兰医学杂志》上发表的文章透露了 VIGOR 研究的部分结果，这种做法是否会产生误导。而且，这一问题在万络诉讼中继续引起关注。当发现上述遗漏后，《新英格兰医学杂志》对默克公司提出尖锐批评。在普伦基特案中，文森认为，文章遗漏是后来的数据报告引起的，而且，这一遗漏并不会更改默克公司结论的重要性。在这场争论的基础上，一名新泽西法官对一起案件重新进行审判，默克公司最终获胜。"New Jersey Judge vacates Merck Vioxx Win", at http: //jurist law. pitt. edu/papaerchase/2006/08/new-jersey-judge-vacates-merck-vioxx. php.

作用。我们想通过试验证明，万络作为一种 COX-2 抑制剂，与传统非甾体类抗炎药相比，它能大大减少对胃肠道的副作用。

问：医生，我想说的是，1997 年前后，当你们设计这种胃肠道结果实验时，当时的科学是一种什么样的状况。如果临床实验的一边放着安慰剂，而另一边放着阿司匹林，你想通过这种实验得出关于心血管疾病的什么数据呢？

答：实验中你会发现，服用阿司匹林的病人更少出现心血管事故，如心脏病发作。我猜我们谈的是小剂量的阿司匹林，从而区别于安慰剂。

问：安慰剂或者糖丸会使心血管疾病的增加，这种实验得出这样的结论，你觉得这种结论恰当吗？

答：我想你会这样假设：安慰剂是中性的，而阿司匹林会减少心脏病的发作。假设安慰剂会增加心脏病发病率是不恰当的。

对于为什么未对那些停止服用小剂量阿司匹林的潜在心脏病患者进行心脏病事件研究，文森也给出了理由。对于莫里森医生所发电子邮件的内容，她表示赞同。邮件中说，当病人服用万络时让他们停用阿司匹林，将会引起更多的血栓事故，而这种事故将会使万络承受不公平的责难。

后来，文森还描述了她作为同僚与托普尔会面的情形。她说，他们认真讨论了鲁塞斯信奉的菲茨杰拉德假说，即认为万络可能导致血栓形成：

在会谈结束时，他告诉我，他发现了非常可靠的数据，但他感到，对万络的心血管安全问题仍需进一步观察。他还告诉我，他热爱篮球运动并且膝关节有伤，为了治疗膝关节疼痛，他服用了万络，结果发现，万络是一种疗效相当不错的药。

接着，文森描述了万络对结直肠息肉影响的研究，并且对致使默克公司从市场上撤回万络的事件进行介绍。

在交叉询问中，原告律师伯奇菲尔德提到了文森根据相关早期研究反对变更万络标签的问题。对此问题，文森予以回答，并对如何决定在药品警告标签上写哪些内容这一问题给出了一个考虑周全的答案：

问：在药品标签上添加变异系数风险会对药品的销售产生重要影响，对吗？

答：当然会有影响。但正如我前面所言，我并不关心是否会影响药品销售，而只会做对病人而言是正确的事，我不信这样的事也要包含在药品警告中。

问：你不相信，变异系数风险应包含在万络的产品标签中，是吗？

答：我不相信变异系数风险应包含在药品警告中，但我相信，VIGOR 研究产生的万络对心血管的影响应包含在标签中。

问：心脏病是一种严重的风险，对此你赞同吗？

答：我赞同。但是，我们并不相信，万络会导致心脏病发作。我还是不相信，短期服用万络会导致心脏病发作。

问：但是，根据惯例，如果开始服药时并无损害的发生，你就不会将如心脏病发作这般严重的潜在风险告知医生，是这样吗？

答：在药物的发展中，过度警告与不警告一样危险。

惠勒医生是被告的最后一名证人。他拿着迪奇·欧文的尸检报告，逐字逐句地探讨其中的发现。同时，他还用尸检切片来证实自己的观点。他认为，欧文的病历严重不足，使得对一些问题的判定出现困难。但是，他相信，由于欧文的动脉阻塞，斑块破裂导致血凝块出现，这些事实都可以用来解释欧文的死亡。在对惠勒的询问结束时，他特别谈到布鲁医生和鲁塞斯医生。我们将引用上述交流的部分内容，因为它能够表明，一名专家如何通过专业的态度对其他专家的观点作出评论：

问：欧文体内的斑块破裂、血栓形成以及突发性心脏死亡有什么异常吗？
答：没有。这真的是美国最普通的心脏原因，也是西方世界的头号健康问题，没有任何异常。这里所有的结果，都是我们教给医学院大一学生的病理学的最基础内容。
问：布鲁作证时，你在这里吗？
答：在……
问：当对方的病理学家作证时，你为什么在这里呢？

原告律师对惠勒介绍布鲁证言的做法提出异议。对此，法伦法官并未支持，而是指出，"一般情况下，不允许事实证人介绍其他事实证人的证言，但专家除外。"

问：医生，我的问题是，为什么你想来到这里，并且真的在这里看到布鲁作证？
答：与我一样，布鲁也是病理学家。当我们之间有分歧时，我总会消除分歧，给他机会，让他解释自己及我所看到的现象。因为，我曾期望他能提供一些尸检切片并作出解释，但后来发现，并没有可供证实的切片。
问：你有没有听布鲁在证言中说，如果存在斑块破裂，就会使血栓形成，从而导致欧文死亡？你听到他在这个问题上的证言了吗？
答：当然。
问：布鲁说，如果存在斑块破裂，就会使血栓形成，并最终导致欧文死亡。你赞同这种观点吗？
答：赞同。
问：你读过鲁塞斯的证言吗？
答：读过。
问：鲁塞斯说，如果发生斑块破裂，身体对此的正常反应是，当这种液态脂质进入血液时，就会形成血栓。你读过这些内容吗？
答：读过，我记得这些内容。
问：即使从未服用过万络的人，也会发生这种情况。是吗？
答：对。

对惠勒的交叉询问非常简短，重点集中在惠勒作为专家证人的报酬问题上。在再主询问中，贝克证明，原告专家也是获得报酬的。惠勒作证结束时，贝克先是说，被告还有一名证人，但接着就改变了想法并进行休息。

本案的原告律师进行开场陈述并给出反驳证据总结，法官则将每方当事人证据总结的时间限制为一小时到一个半小时。原告的反驳证据总结时间花了大约四十分钟。

安迪·伯奇菲尔德进行了原告方的首个证据总结，他总结中最初的主题是想依赖那些"抵抗"默克公司的科学家们。据此，他列举了托普尔医生和雷医生，将他们视为甘冒职业风险、不计回报，提出负责任问题的内幕揭发者。接着，他特别向陪审员提到了裁判形式问题，他提到，证据显示，对每个问题都有肯定性回答。最后，他又回到了"抵抗"问题上并得出如下结论：

> 我想要你们知道，欧文家庭遭受了损失，但本案并不仅仅是钱和赔偿的问题，它还与坚持及影响有关。对于对理查德·欧文和艾什莉·欧文进行适当赔偿及其他问题，你们必须给出答案，因为她们就站在这里，而现在轮到你们了……你们已经听过万络的故事，已经了解，默克公司是如何在公司其他药品专利即将到期时，研究出一个拳头药品来填补空白的。斯克尼尔克的证言谈到了这些问题。在追求拳头药品的过程中，默克公司做了什么？他们不顾严重的心血管事件，不顾心脏病发作的风险。在将药品投入市场之前，他们没有停下来进行变异系数结果研究。当第一项重大研究即VIGOR研究显示会使心脏病发作增加5倍时，他们没有停下来。他们不惜牺牲公众利益，继续推行自己野心勃勃的营销活动。你们可以试作区别。托普尔医生在抵抗，为了公众健康而抵抗，另一位内幕揭发者韦恩·雷医生也在为公众健康而抵抗，现在轮到你们了。谢谢。

在被告律师的证据总结中，贝克通过因果关系而开始，正如他在开场陈述中所做的那样：

> 早上好！有斑块破裂吗？这可是本案的重大问题，原因在于，如果有斑块破裂，损害赔偿案就结束了，因为原告专家赞成这样的观点，如果有斑块破裂，那么万络对欧文的死亡就不起作用了。原告专家托普尔医生和雷医生均同意这一观点。
>
> 你们应当记得鲁塞斯医生，他是本案的第一位证人，是来自密歇根大学的一位年长绅士。他信奉菲茨杰拉德假说，并向你们具体描述过。当我向他询问时，他还说，如果存在斑块破裂——对此，我将会用一个不太科学的词'脂质'来表示。我问他："如果有斑块进入液态脂质，如果斑块破裂和血液与那种脂质结合在一起，此时，不管人体内是否发现有万络，人的身体会出现什么情况？"他说，"人体内将开始出现凝血瀑布"。他也赞同，如果存在斑块破裂，身体的本能反应是，将会形成我们看到过的血块，而血块会阻止血液流向心脏，从而引起突发性心脏死亡。他认为，这种情况早在很久之前就发生了，在有万络之前就发生了，在万络停止销售后仍在发生。而且，如果有斑块破裂存在，这种情况的发生与万络无关。
>
> 布鲁医生的回答更加直截了当。伯奇菲尔德在前面提到，布鲁证明认为，万络是欧文死亡的影响因素。布鲁确实这样说过，但是，他认为，这种情况是以自己提出的没有斑块破裂存在的假说为基础的。请一定记住，在这个问题上，我和布鲁反复推敲。他认为，如果有斑块破裂，万络将不起任何作用……对此，他说过好几次。我喜欢这样的回答，所以我不停地问同一个问题，而他则一直保持同样的回答，即"没错。如果有斑块破裂，万络将不起任何作用"。

接下来，贝克将自己证据总结一半的时间花在病理学家证据问题上，即：迪奇·欧文为何会出现致命心脏病发作？

在证据总结中，贝克通过一些证人，运用了与其在开场陈述中同样的直观教具。他用了一个磁力板，通过冰箱磁贴来展现案件的每个重要问题。表格中有无磁贴，是一种重要的帮助方法。在开场陈述中，律师会留下第一印象，并向法庭承诺将提供的证据。在审判中，通过交叉询问及传唤证人，律师遵守了自己的承诺。而到了证据总结阶段，回顾审判过程并指出，这就是我给你们的承诺，这就是我对承诺的遵守，这种做法是非常有用的。

贝克的证据总结也证实了一方当事人因夸大其词而给自己带来的危险。还记得托普尔曾说，默克公司的科学家在文章和会议上对他表现出无礼，因此，在关于录像带证据的主询问中，他特别谈到了此事。贝克将此问题旧事重提，认为托普尔夸大了会议的内容。这样做的原因是，如果托普尔夸大了事实，就会使人对他的科学结论发生质疑。这往往是"信徒"证人存在的问题：口音和方式产生的负面印象能够影响这些证人对隐含信息的判断衡量。让我们看看贝克是如何做到的：

> 我知道你们正高度集中精力。我听了托普尔的证言，他的性情是如此激烈。我想他是说，他写的文章比美国任何人都多。他这种人，不仅会计算自己写了多少文章，还会计算别人围绕他的文章写了多少文章。他是个重要人物，他就是这样评价自己的，但是，在他的证言中，他一直在自相矛盾。当他谈到 VIGOR 研究时，他今天提出了经宣誓的证人证言，但这些证言与他 2001 年写过的内容相矛盾。另外，我谈到了电子邮件，这些邮件不是世界上最大宗的交易，但它们可以折射出托普尔的问题。你们也知道，托普尔召集了会议，而且他说，"文森医生来了，对我进行威胁，让我吓得不敢写文章"。你们见到过艾里斯·文森，也在屏幕上见过托普尔，你们想想，只有 98 磅重、浑身湿透的文森，会威胁坐在克里夫兰诊所大办公室里的托普尔吗？而且，当托普尔说那很令人不快时，他的电子邮件里则这样写道，"很高兴见到你，感谢你的参与"。我的好朋友安迪·高德曼对此进行了询问，他说，"难道你最后没有说'感谢你的建议，它们对我很有帮助，我会看看能否在内容中并入你的建议'?"托普尔的回答是，"绝对没有。我没有得到任何建议，即使有的话，也不会对我有所帮助"。对于收到建议这样的想法，他很生气。后来，安迪又问，"但是你电子邮件中说，'感谢你的建议，它们对我很有帮助，我会看看能否在内容中并入你的建议'"。对于安迪展示自己电子邮件的行为，托普尔感到很生气，因为那与他宣誓后提出的证言相矛盾。因此正如我所言，电子邮件并不是世界上最大宗的交易，但看看这个家伙多么有意思。

贝克还提到了默克公司的应对行为。他将从事万络工作的默克公司的科学家、受邀的公司以外的科学家的名字及成就一一列举，在这些科学家的参与下，默克公司通过分析认为，万络对那些服用达 36 个月的病人可能存在风险，因此最终将万络从市场撤回。

正如前文所指出的那样，本案的陪审团未能取得一致意见。在重审中，默克公司获得胜利。

2007 年 11 月 9 日，默克公司宣布，它将会创立一个基金用于解决众多的万络案件。这种做法反映了原、被告律师在最初的诉讼案件中获得的经验。在本章中列举的这种审判的一个价值在于，它可以使当事人在相关诉讼中对问题解决的前景进行衡量。要知道，诉讼经验的价值远远超出对未接近真实生活审判结论可能性的估算。

（杨瑞　译）

图书在版编目（CIP）数据

审判故事/〔美〕泰戈，〔美〕戴维斯编；陈虎，郭春镇，杨瑞译 . —北京：中国人民大学出版社，2011

（中国律师实训经典·美国法律判例故事系列）

ISBN 978-7-300-15004-8

Ⅰ.①审…　Ⅱ.①泰…②戴…③陈…④郭…⑤杨…　Ⅲ.①审判-案例-美国-高等学校-教材　Ⅳ.①D971.25

中国版本图书馆 CIP 数据核字（2011）第 271627 号

中国律师实训经典·美国法律判例故事系列

审判故事

〔美〕迈克尔·E·泰戈（Michael E. Tigar）

〔美〕安杰拉·J·戴维斯（Angela J. Davis）　编

陈虎　郭春镇　杨瑞　译

Shenpan Gushi

出版发行	中国人民大学出版社			
社　　址	北京中关村大街 31 号		**邮政编码**	100080
电　　话	010－62511242（总编室）		010－62511398（质管部）	
	010－82501766（邮购部）		010－62514148（门市部）	
	010－62515195（发行公司）		010－62515275（盗版举报）	
网　　址	http://www.crup.com.cn			
	http://www.ttrnet.com（人大教研网）			
经　　销	新华书店			
印　　刷	北京玺诚印务有限公司			
规　　格	185 mm×260 mm　16 开本		**版　　次**	2012 年 3 月第 1 版
印　　张	23.75 插页 2		**印　　次**	2017 年 6 月第 2 次印刷
字　　数	520 000		**定　　价**	49.80 元